Daniela Forkmann · Michael Schlieben (Hrsg.)

Die Parteivorsitzenden in der
Bundesrepublik Deutschland 1949–2005

Göttinger Studien zur Parteienforschung

Herausgegeben von
Peter Lösche
Franz Walter

Daniela Forkmann
Michael Schlieben (Hrsg.)

Die Partei-
vorsitzenden in
der Bundesrepublik
Deutschland
1949 – 2005

VS VERLAG FÜR SOZIALWISSENSCHAFTEN

VS Verlag für Sozialwissenschaften
Entstanden mit Beginn des Jahres 2004 aus den beiden Häusern
Leske+Budrich und Westdeutscher Verlag.
Die breite Basis für sozialwissenschaftliches Publizieren

Bibliografische Information Der Deutschen Bibliothek
Die Deutsche Bibliothek verzeichnet diese Publikation in der Deutschen Nationalbibliografie;
detaillierte bibliografische Daten sind im Internet über <http://dnb.ddb.de> abrufbar.

1. Auflage Juni 2005

Lektorat: Frank Schindler

Der VS Verlag für Sozialwissenschaften ist ein Unternehmen von Springer Science+Business Media.
www.vs-verlag.de

Umschlaggestaltung: KünkelLopka Medienentwicklung, Heidelberg
Druck und buchbinderische Verarbeitung: MercedesDruck, Berlin
Gedruckt auf säurefreiem und chlorfrei gebleichtem Papier
Printed in Germany

ISBN 3-531-14516-9

Inhalt

Inhaltsübersicht

„Politische Führung" und Parteivorsitzende. Eine Einleitung

Daniela Forkmann / Michael Schlieben

> „[Political leadership] is highly
> visible, much talked about, and
> complex to assess" (Jean Blondel)[1]

Der Terminus „politische Führung", wie im oben angeführten Zitat des Florentiner Politologen Jean Blondel charakterisiert, bezeichnet ein schillerndes Kuriosum, ja er erscheint geradezu als semantisches Chamäleon – und das, obwohl er zu den klassischen Themen der politikwissenschaftlichen Forschung zählt. Nur selten findet sich der Begriff in den einschlägigen Politiklexika wieder, dennoch wird vielfach, wenn auch ohne terminologische Trennschärfe, über ihn raisoniert: „Führung", so heißt es einerseits, sei abhängig vom Charisma des jeweiligen Anführers, andererseits existiere aber ebenso das Phänomen des „noncharismatic personalism"[2]. Beliebt sind auch Kompendien von Eigenschaften und Fähigkeiten, die für „gute Führung" als funktional unabdingbar erachtet werden, die von Kommunikationsfähigkeit über Durchsetzungskraft bis zu Ideenreichtum reichen und von Aufsatz zu Aufsatz variieren. Kurzum: Auch nach eingehender Lektüre der entsprechenden Literatur wird nicht recht klar, was genau unter „Führung" zu verstehen ist; man sucht vergeblich nach einer Art Definition.

Dabei liegt in der begrifflichen Schwammigkeit ein Widerspruch zu der Geläufigkeit, mit der der Ausdruck alltäglich in medialen und privaten Diskussionen über Politik gebraucht wird: Da wird die „Führungsstärke" Angela Merkels zum x-ten Male angezweifelt, wieder und wieder wird von Parteichef Guido Westerwelle mehr „Führungskraft" eingefordert, Franz Müntefering wird als neuer Parteiführer der Sozialdemokraten sorgsam unter die Lupe genommen, und Joschka Fischer wird immer noch und immer wieder als eigentlicher Anführer der Grünen gesehen. Ja, es scheint sogar, als habe „Führung" wieder vermehrt Konjunktur im sogenannten Medienzeitalter, forciert durch dessen Neigung zu Personalisierung und Vereinfachung, als entstehe ein verstärkter

---

[1] Zit. nach: Fagagnini, Hans Peter: Was soll denn politische Führung?, in: Zeitschrift für Politik 47 (2000) 3, S. 274-292, hier S. 276.

[2] Vgl. Helms, Ludger: „Politische Führung" als politikwissenschaftliches Phänomen, in: Politische Vierteljahresschrift 41 (2000) 3, S. 411-434, hier S. 417. Das Phänomen des „noncharismatic personalism" wurde von Christopher Ansell und Steven Fish an den Politikern Helmut Kohl und Francois Mitterand entwickelt.

Wunsch nach „Führung" in Zeiten, in denen die nationale Politik im Dilemma zwischen Globalisierung und restloser Individualisierung nicht mehr recht ein und aus weiß, und einfache Patentrezepte zur Problemlösung fern sind. Obgleich „Führung" als Phänomen in der Politik nahezu als selbstverständlich und allgegenwärtig vorausgesetzt ist, vom Ortsvorsitzenden bis zum Regierungschef, erscheint sie doch mindestens ebenso sehr erklärungswürdig: Was eigentlich meint der Begriff „Führung"? Was bedeutet „Führung" im politischen Kontext, und in unserem speziellen Fall: für Parteien? Was sind Notwendigkeiten und Herausforderungen von „Führung", welches ihre Beschränkungen? Wer ist ein guter Anführer, wer ein erfolgreicher? Und (woran) sollte dies gemessen werden? Es sind also nicht nur Fragen nach der terminologischen Trennschärfe und dem Erklärungspotential des Begriffs, sondern auch danach, ob „Führung" normativ gewertet werden kann und soll – sowohl als nachträgliches, historisierendes Urteil als auch vorausschauend in dem Sinne, welche Determinanten für gute, gelungene „Führung" erfüllt sein müssen.

Die Politikwissenschaft als die Disziplin, die sich mit der Analyse und Interpretation empirischer politischer Phänomene auseinandersetzt, steht diesen Fragen relativ ratlos gegenüber. Auf der Jahrestagung der Deutschen Vereinigung für Politikwissenschaft (DVPW) im Herbst 2003 wurde das Gebiet der „politischen Führung" geradezu als Forschungsdesiderat identifiziert, zumal dort, wo es auf den Bereich der informellen Entscheidungsarenen zielt, nicht auf öffentlich oder offen nachvollziehbare Steuerungsprozesse politischer Institutionen oder Gesetzgebungsverfahren. Die Problematik der „politischen Führung" erscheint mehrdimensional, die Gründe für die begriffliche Verwirrung sind vielschichtig.

So ist die Abgrenzung gegenüber verwandten Begriffen nicht eindeutig, denn „Führung" wird in der Literatur heute nicht selten durch den Ausdruck „Steuerung" ersetzt, der die Gestaltungsaufgaben und das konkrete Gestalten des politischen Geschehens durch den Staat umfasst. In diesem Zusammenhang konkurrieren Begriffe wie „Leitung" oder „Lenkung", die zur Charakterisierung von Regierungstechniken, -potentialen und -herausforderungen genutzt werden.[3] Sicherlich ist die weitgehende Verbannung des Begriffs „Führung" aus der Literatur und die Umschreibung mit Hilfe anderer Termini der Diskreditierung durch den Nationalsozialismus geschuldet. Der Begriff ist historisch vorbelastet. Wer heute von „Führung" und „Führern" spricht, begibt sich auf sprachlich vermintes Terrain; richtig wohl ist niemandem dabei. Doch berechtigt dies zur nahezu synonymen Verwendung von „Regieren" und „Steuern", von „Führen" und

---

[3] Vgl. Derlien, Hans-Ulrich: „Regieren" – Notizen zum Schlüsselbegriff der Regierungslehre, in: Hartwich, Hans-Hermann / Wewer, Göttrik (Hg.): Regieren in der Bundesrepublik I: Konzeptionelle Grundlagen und Perspektiven der Forschung, Opladen 1990, S. 77-88.

„Lenken"? Die auf diesem Forschungszweig besonders quantitativ überlegene angloamerikanische Forschung beispielsweise differenziert den Begriff „leader ship" in diverse Teilaspekte.[4]

Ein weiteres Moment der Verwirrung besteht darin, dass „Führung" keine ausschließlich politikwissenschaftliche Kategorie darstellt. Tatsächlich wird sie inzwischen häufiger und mit ausgereifteren Quantifizierungen in den Wirtschaftswissenschaften und dort in der BWL verwendet, wo es um die Leitung eines Unternehmens geht.[5] Versteht man unter „Führung" eine Art Rollenhandeln, findet man sich schnell im Bereich der Soziologie oder auf dem Fachgebiet der Psychologie wieder, zumal wenn man versucht, inter- und intrapersonale Faktoren zu berücksichtigen.[6] Sogar für Biologen, Theologen oder Sportwissenschaftler, im Prinzip für alle Wissenschaftsdisziplinen, in denen man sich mit Gruppen(-prozessen) und deren inneren hierarchischen Staffelungen beschäftigt, ist das Phänomen der „Führung" ein möglicher, paradigmatischer Forschungsansatzpunkt.[7] In diesem Sinne ist „Führung" aber auch keine Erscheinung, deren Deutung allein in das Hoheitsgebiet einer der genannten Fachwissenschaften fällt, vielmehr handelt es sich um ein transdisziplinäres Phänomen, das nicht monokausal erfasst werden kann. Es liegt gewissermaßen in der Natur der „Führung", in ihrer hermeneutischen Vielschichtigkeit begründet, dass man sie nicht ausschließlich politologisch begreifen und analysieren sollte.

Uns erscheint hier die Anleihe bei Gedanken und Begriffen anderer Forschungszweige als dienlich, da sich das „Führungs"-Phänomen aus den unterschiedlichsten Einflussbereichen speist. Dass das politikwissenschaftliche Fach-

---

[4] Vgl. z.B. Lewis J. Edinger, der zwischen drei Abstufungen von leadership unterscheidet, aus denen sich das Gesamtphänomen speist: „1. The Positional-Ascriptive Definition: [...] this approach in general conceives leadership in terms of certain objectivity identifiable positions, offices, tasks, or functions which are explicitly or implicitly associated with assumed power and influence in various formal and informal groups of any size [...]. 2. The Behavioral-Descriptive Definition: Here the emphasis falls on performance rather than position; [...] Leadership is seen as the ability to guide and structure the collective behavior patterns of a given group in a desired direction [...] 3. The Cognitive-Attitudinal Definition: [...] the question of who or what is a leader might also be establishesd in terms of an individual's subjective perception." Edinger, Lewis: Political Science and Political Biography: Reflections on the Study of Leadership (II), in: Journal of Politics 26 (1964) 3, S. 648-676, hier S. 649 f.

[5] Vgl. beispielsweise zu Problemen des Managements im Sinne von Führung Ringsletter, Max: Auf dem Weg zu einem evolutionären Management. Konvergierende Tendenzen in der deutschsprachigen Führungs- und Managementlehre, München 1987.

[6] Vgl. zur Behandlung des Themas in der Psychologie beispielhaft Wegge, Jürgen / Rosenstiel, Lutz von: Führung, in: Schuler, Heinz: Lehrbuch Organisationspsychologie, Bern u.a. 2004, S.475-513.

[7] Insofern lässt sich auch nachvollziehen, dass zuweilen Kategorien sogar aus den drei genannten, an sich politikfernen Wissenschaften zur Erklärung politischen Führungsverhaltens herangezogen werden. Vgl. die zoologischen Analogien zu Politikern in: Ludwig, Arnold M.: King of the Mountain, The Nature of Political Leadership, Lexington, Ky. 2002, oder den göttlichen Charisma-Begriff oder die gängigen Fußball-Politik-Metaphern.

sprachen-Repertoire sich an dieser Stelle als nicht ausreichend erweist, zeigt sich exemplarisch, wenn man sich vergegenwärtigt, wie in der Vergangenheit der Begriff der „politischen Führung" überwiegend reduzierend verwendet worden ist: nämlich als Regierungshandeln im oben erwähnten, exekutiven Sinn von Leiten, Lenken oder Steuern. Vielfach wurde hier gefragt, welche Akteure und Institutionen an Regierungen im Sinne von Lenkung eines Staates beteiligt sind, und welche Chancen bzw. Restriktionen dies für einen Regierungschef bedeutet. Versuche, verschiedene Regierungssysteme auf die Implikationen des Regierungshandelns hin zu vergleichen, führten zu der „Institutionalismus"-These: „Führung" sei maßgeblich durch die Strukturen und Institutionen, innerhalb derer sie stattfinde, determiniert. Die Person des jeweiligen Anführers – in diesem Falle des Regierungschefs – spiele dagegen nur eine marginale, zu vernachlässigende Rolle.[8] Diese Theorie erklärt sich empirisch aus der Beobachtung, dass Oberhäupter anderer Regierungssysteme andere Lenkungsmöglichkeiten besitzen als beispielsweise ein deutscher Bundeskanzler, dessen Amtsausübung nationalregierungsspezifischen Restriktionen wie Koalitionsbildung oder Föderalismus unterlegen ist.

Allerdings erscheint dieser Ansatzpunkt zunächst als nicht sehr fruchtbar, zumal für die Betrachtung von Parteiführung (die definitorisch von Staats- oder Regierungsführung zu trennen ist): Denn folgt man dieser Annahme, so müsste sich beispielsweise „Führung" in den einzelnen Parteiorganisationen über Jahrzehnte stark ähneln. Dies ist aber augenscheinlich nicht der Fall: Die Adenauer-CDU war eine völlig andere als die heutige Merkel-Partei, auch die SPD unter Rudolf Scharping unterschied sich in nicht geringem Maße von der unter Oskar Lafontaine. Insofern scheint es doch einen Unterschied zu machen, welche Person sich in der betreffenden Führungsposition befindet. Die Gegenthese zum Institutionalismus findet sich dementsprechend in der sogenannten „great-man-theory", die die Qualität des Einzelnen als wichtigste Variable zur Erklärung des historischen und politischen Prozesses versteht.[9] Doch vermittelt dieser Ansatz die Illusion, „Führung" sei gleichbedeutend mit freier Handlungsweise und autonomer Entscheidungsgewalt des führenden Individuums, das sein Tun ohne weitere Beschränkungen wählen könne.

Auch hier liegt – wie bereits beim Problem der Interdisziplinarität – in keinem der Ansätze allein genügend überzeugende Erklärungskraft, sondern es ist

---

[8] Vgl. z.B. Murswieck, Axel: Führungsstile in der Politik in vergleichender Perspektive, in: Hartwich, Hans-Hermann / Wewer, Göttrik (Hg.): Regieren in der Bundesrepublik II: Formale und informale Komponenten des Regierens in den Bereichen Führung, Entscheidung, Personal und Organisation, Opladen 1991, S. 81-95, hier S. 82 f.: „Government is a organization, not a person (Rose, 1987:2) [...] Wir schließen uns der Annahme an, dass die Merkmale des Amtes mehr als die jeweiligen Persönlichkeitsmerkmale den Führungsstil des jeweiligen Regierungschefs determinieren [...]."
[9] Vgl. z.B. Elgie, Robert: Political Leadership in Liberal Democracies, New York 1995, S. 5 ff.

das Wechselspiel von strukturellen Gegebenheiten und persönlichen Freiheiten, von institutionellen Beschränkungen und Prägekraft des spezifischen Charakters der Führungsperson zu betrachten. Die unter einem Regierungschef Gerhard Schröder beinahe schon inflationär entstandenen Expertenkommissionen waren Ausdruck des Versuchs, vorgegebene Verhandlungs- und Entscheidungsstrukturen zu umgehen, doch zugleich waren sie als eigenständiges Führungsinstrument auch Ausdruck der Person Schröders und seiner persönlichen Willenskraft oder Kreativität. Als eine dritte benötigte Variable erscheint in der Forschung die „Umwelt" als ein Sammelsurium möglicher Einflussgrößen wie Gesellschaft, Zeitumstände oder historische Ereignisse. In diesem Dreieck aus Institution – Umwelt – Person findet das Phänomen „Führung" statt und nur in dem Zusammenspiel dieser Bereiche sind Führungsprozesse zu verstehen.[10] Die Göttinger Parteienforschung, die bereits seit längerem traditionelle Untersuchungen zu den klassischen, harten Bereichen der Politik und Ökonomie durch Analysen von Kultur, Lebenswelten und Mentalitäten der involvierten Menschen um eine historische und soziologische Dimension zu erweitern sucht, befürwortet diesen interaktionistischen Ansatz, wobei sie hier ihr Hauptaugenmerk auf die Bedeutung der jeweiligen Führungsperson legen wird.

Dabei bleibt es unbestritten, dass „Führung" und Führungsprozesse stets im Rahmen von institutionellen und strukturellen Gegebenheiten erfolgen. Im Kontext von Parteien bedeutet dies zunächst, dass die Person (oder Personengruppe), die mit der „Führung" einer Partei beauftragt wird, *zwingend* eine öffentliche, in der Regel demokratische, Legitimierung ihrer Gefolgschaft benötigt. Denn schließlich – und hier besteht ein entscheidender Unterschied zum Führungsverständnis der Wirtschaftswissenschaften – beruht „politische Führung" bei unserem Untersuchungsgegenstand, den Parteien der Bundesrepublik nach 1949, formell auf (inner-)parteilicher Auseinandersetzung und Mehrheitsfindung. Die parteipolitische Führung repräsentiert nach außen ein mehr oder minder heterogenes Interessensagglomerat, dem sie nach innen qua Wahl vorsteht. Damit ist selbstverständlich auch verbunden, dass der gewählte Parteiführer weit reichende Einflussmöglichkeiten bei personalpolitischen und inhaltlichen Entscheidungen seiner Partei besitzt, somit also über Macht im Weberschen Sinne verfügt.[11] Zudem wirken Parteiführer nicht nur intern gegenüber den Mitgliedern ihrer jeweiligen Partei, sondern auch extern im Wettstreit um politische Macht gegen-

---

[10] Dabei ist zu bedenken, dass die Änderung einer Variablen Folgewirkungen auf andere haben kann: In einer höchst fragmentierten Gesellschaft muss „politische Führung" augenscheinlich anders organisiert werden als in durch monolithische Milieus versäulten Systemen.

[11] Vgl. den Machtbegriff Max Webers, der unter Macht die „Chance eines Menschen oder einer Mehrzahl solcher […], den eigenen Willen in einem Gemeinschaftshandeln auch gegen den Widerstand anderer Beteiligter durchzusetzen" versteht. Zitiert nach Mommsen, Wolfgang J. (Hg.): Max Weber: Wirtschaft und Gesellschaft, Teilband I: Gemeinschaften, Tübingen 2001, S. 252.

über differenten Parteien. Es leuchtet dabei ein, dass Parteiführung in ihrer inneren und äußeren Wirkung durch einige formale Rahmenbedingungen bestimmt wird:

Die turnusgemäße Wahl, die sie auf Zeit legitimiert und die zugleich Ausdruck und Ergebnis interner Fraktionierung ist, setzt eine wie auch immer überprüfbare, auf die Partei ausgerichtete Tätigkeit voraus. Weiter hat ihre Verantwortung zur Folge, dass sie (zumindest über Delegierte) erreichbar und ansprechbar ist. Dafür benötigt sie in der Regel einen fest lokalisierten Arbeitssitz, Mitarbeiter und finanzielle Mittel. Nimmt man nun die eben skizzierten Rahmenbedingungen – Wähler, Hausmacht, Büro, Finanzen – ins operationalisierungsbereite Kalkül, befindet man sich bereits inmitten der Wirren des Triangels von Institution-Umwelt-Person. Denn es handelt sich dabei eben nicht nur, erstens, um parteilich institutionalisierte, fixe Vorgaben, die jeder Proband, der eine bestimmte Partei führen will, schlicht annehmen muss. Weiter unterliegen diese Vorgaben, zweitens, partei-externen und dynamischen Umwelteinflüssen. Dabei wäre an die verschiedenen Arenen zu denken, in denen sich Parteien und somit ihre Führung bewegen, wie Wahlkampf oder parlamentarischer Arbeitsalltag, aber auch an die externe und mediale Bewertung des parteipolitischen Geschehens. Drittens, quasi als Hypotenuse, bleibt der konkreten Person ein, in oben beschriebener Weise, gar nicht mal so schmaler Handlungskorridor, und nicht zuletzt dies macht das Studium von Parteiführung wieder frucht- und vergleichbar.

So qualifiziert beispielsweise den einen zur Parteiführung, dass er ein hervorragender Organisator ist, der mit einem effizienten Büro die Finanzen auf Vordermann bringt, während der Nächste, mitreißender und chaotischer, dafür ziemlich genau weiß, wie er (solange ihm die zeitgeistigen Umwelteinflüsse gewogen sind) Wahlen für sich gewinnen kann. Bis er vom Dritten, weniger provokant und mit größerer Hausmacht ausgestattet, abgelöst wird, der bald aber ein so großes Finanzchaos hinterlässt, dass die Partei wieder Hände ringend einen drögen Organisator sucht. Des einen Macht-Ressource kann des anderen Macht-Restriktion sein. Nicht selten profitiert der Nachfolger von den Schwächen seines Vorgängers.

Es ist eine Ausgangsüberlegung dieses Bandes, dass formale Gegebenheiten den Rahmen für Führung innerhalb von Parteien zwar vorgeben. So hat das Rotationsprinzip der Grünen eben aufgrund seiner inhärenten strukturellen Beschaffenheit andere Führungsprozesse gefördert als beispielsweise die Möglichkeit der CSU, über Jahrzehnte an ein- und demselben Parteivorsitzenden festzuhalten. Doch innerhalb dieses Rahmens eröffnen sich Handlungsmöglichkeiten, deren Ausmaß, Tragweite und Nutzung von der personalen Disposition und charakterlichen Beschaffenheit des jeweiligen Parteivorsitzenden abhängen. Denn dieser kann strukturelle und institutionelle Vorgaben akzeptieren, er kann sie aber auch uminterpretieren, umgehen oder verändern – seine Amtsausübung hängt nicht nur von Notwendigkeiten und Bedürfnissen seiner Wähler ab, sondern stark von seinen persönlichen Fähigkeiten und Dispositionen. Aus diesem Grund erscheint es uns notwendig, sich neben den strukturell-institutionellen Beschränkungen und Möglichkeiten eines Parteiführers auch und gerade mit dessen Charakterzügen und Handlungsmustern auseinander zu setzen, die aus seiner Biographie, seinen Prägungen resultieren.

Streng genommen verlässt die Politikwissenschaft an dieser Stelle ihr genuines Feld und begibt sich in den fachfremden Bereich der Psychologie und damit – möglicherweise – auf gefährliches Glatteis. Und wie, so ertönt an dieser Stelle häufig das Echo, legitimiert man diese Interdisziplinarität? Es ist bereits angedeutet worden: Wenn „Führung" durch Personen erfolgt, folglich das Handeln von Personen in gewissen Rahmenrichtlinien meint, dann ist dieses Handeln nicht nur durch Rollenverhalten zu erklären. Vielmehr wird jeder Parteivorsitzende sein Amt subjektiv anders ausformen als sein Vorgänger oder Nachfolger, aufgrund seiner lebensgeschichtlichen Erfahrungen und der damit erworbenen Werte, Orientierungen und Motive. Leadership, so schreibt die Wiener Politikwissenschaftlerin und Psychoanalytikerin Irene Etzersdorfer, wird damit zum individuellen Versuch, eine gegebene soziale Umwelt zu strukturieren und einen Platz darin zu finden.[12] Damit bekommt „Führung" neben dem Verständnis als bloße Machtausübung auch eine kognitive Komponente, für die die Lebensgeschichte eines Individuums eine neue, hervorgehobenere Bedeutung besitzt. Der US-amerikanische Politologe Murray Edelman spricht davon, dass „politische Führer" für ihre Gefolgschaft eine Symbolfunktion haben, welche zur Vereinfachung und Strukturierung der Umwelt dient und die Aufgabe hat, Ängstlichkeiten zu mindern, durch Personalisierung Komplexität zu reduzieren und die Welt etwas verstehbarer zu machen. Grundlegend ist bei Edelman weiter die Annahme, dass sich die Eigenschaften und Fähigkeiten der Führungsperson in den Bedürfnissen und Anforderungen der jeweiligen zeithistorischen Umstände und gesellschaftlichen Verfasstheit in gewisser Weise widerspiegeln.[13] Demnach wählen Gruppen – in unserem Fall Parteien – denjenigen zur Führungsperson, der von den zur Auswahl Stehenden ihre Bedürfnislage am ehesten befriedigt; entweder, indem der Betreffende die Befindlichkeiten der Gruppe reflektiert oder aber, indem er ihnen konträr entgegensteht. Um genau dieses Wechselspiel zwi-

---

[12] Vgl. Etzersdorfer, Irene: „Persönlichkeit" und „Politik": Zur Interaktion politischer und seelischer Faktoren in der interdisziplinären „Political Leadership"-Forschung, in: Österreichische Zeitschrift für Politikwissenschaft 26 (1997) 4, S. 377-391, hier S. 388. Nach Etzersdorfer wird das Selbst zur intervenierenden Variablen zwischen einer inneren Welt des subjektiven Verständnisses der politischen Identität und den Rollenanforderungen der Außenwelt.
[13] Edelman, Murray: Politik als Ritual. Die symbolische Funktion staatlicher Institutionen und politischen Handelns, Frankfurt a.M./New York 1990, S. 58 f. bzw. S. 68.

schen „Führern" und „Geführten" geht es also: Warum erwählt eine Partei ausgerechnet die an der Spitze befindliche Person? Und wie geht der Gewählte damit um? Traditionelle Rekrutierungsmuster und institutionalisierte Amtsausübungspraxen mögen dabei eine ähnlich große Rolle spielen wie individuelle und überindividuelle Leistungen und Prägungen. Ebenso wichtig wie die Frage, warum sich Gruppen einer bestimmten Führungsperson anschließen, ist, ob ein „politischer Führer" selbst den Geführten folgen kann, ob ein Parteivorsitzender die mitunter dynamischen Bedürfnislagen seiner Partei antizipiert, sie rechtzeitig erkennt.[14] Beides gilt es heraus zu finden, sowohl die mit der Zeit wandelnden Anforderungen und Erwartungen, die von Parteien an ihre „politische Führung" gestellt werden, als auch die jeweils konkrete Ausgestaltung.

Vermutlich gibt es nur wenige allgemeine, inhaltlich-charakterliche Anforderungen, die an Vorsitzende quasi über-parteilich und über-zeitlich gestellt werden. Ein Mindestmaß an Belastbarkeit, Intelligenz, Ehrgeiz oder Kommunikationsvermögen wird man keinem der Fallbeispiele absprechen können. Allerdings lassen sich zunächst kaum mehr als solch pauschale Qualifikationskriterien konstatieren. Und auch dies liegt, noch einmal, in der transdisziplinären Natur der „Führung" begründet: Jede Gruppe vermag ihre eigene Form der „Führung" zu finden und einzelne Gruppen sind – im dynamischen Idealfall – nicht starr, sondern verlieren und finden neue Mitglieder.[15] Auch jede Partei entwickelte und entwickelt stetig parteispezifische Auswahl- und Bewertungsmechanismen von „Führung". Die verschiedenen, sicher zuweilen auch voneinander inspirierten, Parteiführungsstrukturen sind auf deren unterschiedliche Entstehungsgeschichten, Entwicklungspfade und Mitgliederkonstellationen zurückzuführen.[16]

Doch wie wir gesehen haben, bewegt sich parteipolitische Führung nicht nur im inneren Arkanum der jeweiligen Organisation, sondern meist ist sie vom Erfolg, den ihre Partei bei Wahlen erzielt, abhängig und für diesen auch mitverantwortlich. Durch den Parteienwettbewerb wird einzelne Parteiführung ins Verhältnis zu konkurrierender Parteiführung gesetzt; sie findet nicht im luftleeren Raum statt. Denn Parteien streben im Normalfall nach politischer Gestaltungsmacht, sie wollen nicht nur in und für ihre Organisation wirken, sondern, als raison d' être, auch darüber hinaus. Dies verstärkt die allgemeine gesell-

---

[14] Vgl. dazu Fagagnini (Anm. 1), S.288.

[15] Die BWL-"Philosophie" des „evolutionären Managements" sieht gerade die „Idee einer geplanten Evolution", die permanente Antizipationsleistung an diverse Dynamiken als das „überlebenswichtige [...] zentrale Problem bei der Führung von Organisationen". Zit. nach Ringsletter (Anm. 5), S. 44.

[16] In der Organisationspsychologie spricht man in diesem Zusammenhang von gruppen- und aufgabenspezifischen Führungsschemata: Die Erwartungen einer Gruppe an einen Anführer ändern sich mit der zu bewältigenden Aufgabe bzw. hängen in starkem Maße von der (sozialen) Zusammensetzung einer Gruppe – in unserem Falle der Partei – und deren (Erlebnis-)Historie ab. Vgl. Hierzu auch Schuler (Anm. 6).

schaftliche Relevanz der Parteien und ihrer „Führung", denn aus ihren Spitzen-
kreisen rekrutieren sich die für die gesamte Republik verantwortlichen politischen Lenker und Leiter. Insofern ist sicherlich auch das zusätzliche Machtfun-
dament, auf dem der Parteivorsitzende steht, bei der Erklärung des Führungsverhaltens zu beachten. So hat der „politische Führer" einer Oppositionspartei strukturell zwar andere Machtressourcen, aber auch -restriktionen, als derjenige, der
selbst Minister oder Kanzler ist bzw. diese unterstützt.[17] Dadurch hat sich beispielsweise in der traditionellen „Kanzlerpartei" CDU ein anderer Parteiführungsstil entwickelt und etabliert als bei Parteien, die lange Zeit nicht oder noch
nie an der Regierungsbildung auf Bundesebene beteiligt waren.

Das Erkenntnisinteresse des vorliegenden Bandes – und auch der folgenden
– ist nicht nur und nicht einmal vorrangig ein parteitheoretisches. Unser zusätzli-
ches Anliegen ist es, Hintergrund- und Übersichtsanalysen zu bieten, die stets
fundiert, aber eben auch pointiert sein sollen. Denn oft wird es gerade dort für
Leser und Forscher erst spannend, wo wohlbekannte Strukturen als Erklärungs-
ansätze versagen und andere, überlagerte, nicht auf den ersten Blick ersichtliche,
gefunden werden müssen. Gerade der Untersuchungsgegenstand der mensch-
(und gruppen-)gemachten parteipolitischen Führung verlangt exemplarisch danach, ihn auch als einen vorübergehenden, ständigen, nicht wiederholbaren Prozess zu akzeptieren und diesen entsprechend, epiphänomenologisch, darzustellen.

Die Parteivorsitzenden, die diesem Band den Titel leihen, sollen der Untersuchung als Dreh- und Angelpunkt dienen. Obwohl es evident ist, dass „politische Führung" nie monopersonell zu verstehen ist, sondern durch viele Protagonisten[18] nebst Nebendarstellern auf vielen Ebenen geschieht, haben wir uns hier
ganz bewusst dazu entschieden, die jeweils institutionalisierte Spitze, die gewählten Vorsitzenden oder Sprecher, wie die Grünen sie nennen, der Parteien in
den Forschungsmittelpunkt zu legen. Ob sie tatsächlich auch die Chefs und Ent-
scheider, die „Parteiführer" im Wortsinn waren oder durch innerparteiliche, mit
anderen Ämtern und Machtressourcen ausgestatte Konkurrenten beeinflusst oder
durch Parallelstrukturen und informelle Machtzentren gehindert worden sind,
wird und soll sich dabei zeigen. Herbert Wehner oder Joschka Fischer etwa, die
beide nie mit dem formalen Amt des Parteivorsitzes betraut waren, bleiben demnach natürlich nicht unerwähnt, wenngleich sie sich in dieser Untersuchung mit
der Rolle als – wiewohl wichtige – Argumentationshilfen begnügen müssen.

---

[17] Vgl. beispielhaft zum Verhältnis von institutionellen Machtressourcen und leadership Crockett,
David A.: The Opposition Presidency. Leadership and the Contains of History, Texas A&M Univ.
Press, 2002.
[18] Walter spricht sogar von einer zunehmenden Tendenz zur „kollektiven Führung". Vgl. Walter,
Franz: Führung in der Politik. Am Beispiel sozialdemokratischer Parteivorsitzender, in: Zeitschrift
für Politikwissenschaft 7 (1997) 4, S. 1261-1337, hier S. 1287.

Die einzelnen Beiträge dieses Bandes sind in sich geschlossen. Die Autoren untersuchen die Vorsitzenden der Parteien, die seit 1949 im Deutschen Bundestag in Fraktionsstärke vertreten waren.[19] Dabei versuchen sie auch, anhand der erarbeiteten, auf die wechselnden Parteivorsitzenden fokussierten Führungsstruktur Rückschlüsse auf die jeweilige Gesamtpartei zu ziehen. Es werden spezifische Führungsprofile und wandelnde Bedürfnislagen herausgearbeitet und miteinander verglichen. Die biographisch orientierte Einzelanalyse der Vorsitzenden ist hierbei nicht Forschungsziel an sich, sondern vielmehr ein möglicher Forschungsschlüssel. Es sollen also weniger einzelne Portraits aneinandergereiht werden, sondern vielmehr anschauliche Typisierungen und Periodisierungen von Parteiführung erfolgen.

Unsere Arbeitshypothese sei noch einmal zusammengefasst: Als allgemeiner Untersuchungsgegenstand ist parteipolitische Führung ein kontextgebundenes Phänomen. Die Anforderungen und Führungsprofile ändern sich strukturell und spezifisch u.a. mit der Partei, mit der Zeit und mit der machtpolitischen Ausgangslage. In einem von Peter Lösche verfassten Fazit sollen die vielen gesponnenen Partei-Fäden und in dieser Einleitung dargelegten Gedanken zur Operationalisierung wieder zusammengewoben werden. Des Weiteren wird sich hier ersehen lassen, ob es charakteristische oder überkontextuelle Muster für „gute", „erfolgreiche" oder „langlebige" Parteiführung gibt.

Freilich geht es bei „politischer Führung" und deren Analyse um Funktionen, um Systeme und um Funktionssystemzusammenhänge; aber doch eben nicht ausschließlich. Häufig haben die Entscheidungen sowohl der Parteiführenden als auch der -geführten mehr emotionalen als rationalen, oft einen komplexen, nicht ganz selten einen trivialen Hintergrund. Allerdings sei doch darauf hingewiesen, dass das Ausgangsproblem unserer Untersuchung ein klassisch politikwissenschaftliches ist. Kaum eine Frage haben sich Professionelle wie andere Interessierte seit dem Beginn von politischen Gemeinwesen und dessen Überlieferung häufiger gestellt als: Wie entsteht, wie funktioniert und wie legitimiert sich „politische Führung"?

Am Ende dieses Sammelbandes soll es unser Ziel sein, die Frage nach Einflussfaktoren, Ressourcen und Restriktionen von „politischer Führung" in den bundesdeutschen Parteien eingehender und ausführlicher als bislang möglich zu beantworten. Weitere Bände über Kanzlerkandidaten oder Führung in Großorganisationen, durch die das breite Feld der „politischen Führung" praktisch vorabgegliedert ist, sind in Planung. Der Anspruch des mehrbändigen Gesamtprojekts

---

[19] Manche unserer Studien setzen bereits unmittelbar 1945 oder noch früher ein, da zuweilen nur mit Hilfe der Vorgeschichte Parteiführungsmechanismen und individuelle Führungsansprüche nachvollziehbar werden. Die im Kapitel zu den Nachkriegsparteien aufgeführten Parteien waren nicht sämtlich in Fraktionsstärke im Deutschen Bundestag vertreten. Auf die Führung der ostdeutschen Parteien werden wir in diesem Band nur am Rande eingehen können.

der Göttinger „Arbeitsgruppe Parteienforschung" ist es, mittels der einzelnen Arbeiten, welche die verschiedenen Spielarten und Ausformungen von „politischer Führung" untersuchen werden, auch allgemeine, theoretische Antworten zu „politischer Führung" in der Bundesrepublik zu geben.

*

Ohne Hilfe hätten wir diese Studien nicht verfassen können. Zunächst wollen wir besonders Peter Munkelt, Astrid Stroh und Natalie Raima danken, die uns mit umfangreichen Materialien und guten Ratschlägen versorgt haben. Profitiert haben wir überdies von der freundlichen Mithilfe und Arbeitsbereitschaft unserer Kollegen in der Göttinger „Arbeitsgruppe Parteienforschung". Das wöchentliche Kolloquium, unsere gemeinsamen Seminare und Aufsätze, die halbjährlichen Studienfahrten waren wichtige Inspirationsquellen. Eine spezielle Erwähnung verdienen Felix Butzlaff, Tanja Häbler, Robert Lorenz und nicht zuletzt Katharina Rahlfs, die die Manuskripte gegengelesen, das begleitende Oberseminar unterstützt, kritische Einwände formuliert und insgesamt die Arbeit sehr erleichtert haben. Vor allem aber wäre dieses Buch nicht zustande gekommen ohne unseren akademischen Lehrer Franz Walter, der den Anstoß zu diesem Projekt gab, uns stets die notwendigen Freiräume verschaffte und uns motivierend und inspirierend zur Seite stand. Auch Peter Lösche war uns mit seiner langjährigen Erfahrung eine wichtige Stütze. Ihnen allen – und unserem umsichtigen Lektor Frank Schindler – sind wir außerordentlich dankbar.

Die Vorsitzenden der CDU. Sozialisation und Führungsstil

Frank Bösch / Ina Brandes

Die CDU zählt historisch gesehen zu den Parteien, die scheinbar leicht zu führen sind. Auf ihren Parteitagen wurden selten spektakuläre Kampfabstimmungen und Proteste gewagt, ihre Jugendorganisation neigte kaum zum aufrührerischen Rebellentum, und ihre Parteiflügel fanden trotz aller Reibungen zumeist gemeinsame Leitlinien. Im Unterschied zu den linken Parteien mussten sich ihre Vorsitzenden selten in programmatische Grundsatzdebatten verwickeln, sondern konnten aus dem Kabinett und der Fraktionsspitze heraus ihre Akzente setzen. Eine stärkere Parteiorganisation, die sich gegen den Vorsitzenden hätte stellen können, entstand ohnehin erst in den 70er-Jahren, gewann aber nie ein mit den Sozialdemokraten vergleichbares Eigenleben. In Auseinandersetzungen kam ihren Vorsitzenden das bürgerlich geprägte Bedürfnis nach Harmonie und Respekt zugute. Zugleich fußte die CDU auf Milieustrukturen, die ihrer Prägung nach eher den Konflikt scheuten. Während sich die sozialdemokratischen Gewerkschaftstraditionen und der grüne Umweltaktivismus geradezu aus rebellischen Protesterfahrungen und traditionellen Überlieferungen speisten, war der historische Mythos der christdemokratischen Milieus mit der Harmonie in der Familie und der kirchlichen Gemeinde verbunden. Nicht zuletzt die vergleichsweise kontinuierlich guten Wahlergebnisse der CDU erleichterten die politische Führung in der Partei. Vergleichbar tiefe Einbrüche, wie sie die Sozialdemokraten und Liberalen in Sinn- und Führungskrisen stürzten, blieben der Union zumindest auf der Bundesebene weitgehend erspart. Vor allem ihre beiden großen Vorsitzenden Kohl und Adenauer konnten daher jene kontinuierliche und starke politische Führung verkörpern, wie sie kaum eine andere Partei erreichte. Bekanntlich blieb die Partei ihnen selbst am Ende ihrer Kanzlerjahre treu, als längst akzeptable Nachfolger in den Startlöcher scharrten.

Dennoch konnten sich zahlreiche CDU-Vorsitzende nur sehr kurz an der Parteispitze halten. Die Gastspiele von Erhard, Kiesinger, Barzel und Schäuble waren Konflikt beladen, und ihre resignierten Rücktritte erinnerten eher an die Kleinparteien. Ihr Scheitern machte erst deutlich, dass die CDU offensichtlich nicht ganz so leicht zu steuern war, wie es unter Adenauer und Kohl scheinen mochte. Unter Angela Merkel wurde dies ebenfalls regelmäßig deutlich. Die CDU bot und bietet immer noch von ihrer Parteistruktur her einige Fallstricke, über die ihre Vorsitzenden stolpern können. Ihre konfessionelle Spaltung in katholische und protestantische Traditionsräume verlor zwar zunehmend an Bedeutung, prägte aber lange die Stellung des Vorsitzenden. Trotz aller Ausgleichsproporze bildeten habituelle Differenzen und Zuschreibungen gewisse Hürden, die es erschwerten, bei der jeweils anderen Konfession volles Vertrauen zu finden. Die konfessionellen Prägungen gingen dabei auch mit weltanschaulichen und sozialen Differenzen in der Partei einher, die sich in so unterschiedlichen Vereinigungen wie der Christlich-Demokratischen Arbeitnehmerschaft (CDA) und der Mittelstandsvereinigung niederschlugen, die nach wie vor für recht verschiedene Sozialstaatskonzeptionen stehen. Die vielfältigen Wahlerfolge der CDU stärkten auch die Landesväter, die dauerhafter als die Sozialdemokraten ihre Machtstellung behaupteten und sich häufiger als selbständig und eigensinnig erwiesen. Da die CDU sich vornehmlich als Regierungspartei verstand, war die politische Führung besonders in Oppositionsphasen eine schwierige Herausforderung, wenn sowohl die Autorität als auch die Ressourcen des Kanzlers fehlten. Obgleich die deshalb in der ersten Oppositionsphase aufgebaute Parteiorganisation dieses Vakuum füllen sollte, wurde nach 1998 wieder deutlich, wie sehr den Vorsitzenden ein Parteiapparat fehlte, der über Kompetenz, Ansehen und Schlagkraft verfügte. Deshalb verlagerte sich die Parteiführung in Oppositionszeiten im hohen Maße in die Fraktion, aus der heraus die Parteivorsitzenden ihr Gegengewicht gegenüber den Ministerpräsidenten aufbauten.

Die christdemokratischen Parteivorsitzenden traten dementsprechend oft erst in zweiter Linie als Vorsitzende auf. In erster Linie agierten sie als Kanzler oder Fraktionsvorsitzende ihrer Partei und schlüpften dann bei Parteitagen oder Vorstandssitzungen gelegentlich in die Rolle des Vorsitzenden. Dementsprechend konzentrierte sich auch das wissenschaftliche Interesse lange Zeit auf die Führungsstile der jeweiligen Kanzler, während die CDU als Partei insgesamt kaum ins Blickfeld der Forschung geriet. Sowohl das schnelle Scheitern einiger Vorsitzenden als auch die dauerhafte Machtstellung von Kohl und Adenauer sprechen jedoch dafür, der Partei und damit auch ihrer politischen Führung einen weitaus größeren Stellenwert beizumessen.[1] Denn offensichtlich ist die Partei nicht nur eine Machtreserve, sondern auch ein hochkomplex strukturiertes Gebilde, das nur mit einigem Geschick sicher zu lenken ist. In gewisser Weise kann man die Position des christdemokratischen Vorsitzenden mit der des Trainers beim FC Bayern vergleichen. Es ist ein lukrativer Posten, der einige Vorausset-

---

[1] Vgl. ausführlich zur Entwicklung der CDU und Konrad Adenauers Rolle in der Partei Bösch, Frank: Macht und Machtverlust. Die Geschichte der CDU, Stuttgart/München 2002; ders.: Die Adenauer-CDU. Gründung, Aufbau und Krise einer Erfolgspartei (1945-1969), Stuttgart/München 2001. Der vorliegende Artikel baut hierauf in stark verkürzter Form auf.

zungen erfordert und denkbar große Erfolgschancen verspricht. Allerdings gilt es, unter hohem Erfolgsdruck einige eigenwillige Köpfe zu integrieren, wodurch der Posten schnell zum Schleudersitz werden kann.[2]

Der Prototyp des starken Vorsitzenden: Konrad Adenauer

Der erste Vorsitzende der CDU, Konrad Adenauer, war ein geradezu idealtypischer Repräsentant einer starken Parteiführung. Für den Spitzenposten brachte er von seinem Charakter her die besten Voraussetzungen mit. Trotz seines hohen Alters war er äußerst machthungrig, durchsetzungsstark und zielorientiert. Sein Auftreten war von äußerstem Selbstbewusstsein gekennzeichnet, oft hatte es autoritäre Züge. Diskussionen beherrschte er, indem er sie vorstrukturierte und fortlaufend eingriff. Um politische Ziele zu erreichen, pflegte er in aller Freundlichkeit persönliche informelle Absprachen, scheute sich aber nicht, politische Kontrahenten im Zweifelsfall eiskalt auf Abstellgleise zu verschieben. Sein permanentes Misstrauen bewahrte ihn vor Indiskretionen und leichtfertigen Entschlüssen. In inhaltlichen Fragen war er kein Dogmatiker, sondern konnte vorläufige Kompromisse schließen, um langfristig seine Ziele zu erreichen. Obwohl er in seinem Privatleben eher sparsam war, glänzte er in der Politik immer wieder durch eine Großzügigkeit, mit der er sich die innerparteiliche und öffentliche Zustimmung sicherte. Dabei hatte er nicht nur die Gabe, sondern auch die Chuzpe, komplizierte Fragen vereinfacht zuzuspitzen. Ebenso kam ihm zugute, dass er Humor hatte, mit dem er schwierige Situationen auflockern konnte. Gleichzeitig pflegte er aber selbst zu engen Parteikollegen eine nüchterne Distanz, wodurch er seine Autorität bewahrte. Nicht von geringer Bedeutung war schließlich seine Konfession: Er war ein frommer Katholik, der seine Gläubigkeit jedoch nicht demonstrativ zur Schau stellte. Seine Ehe mit einer Protestantin signalisierte bereits, dass er im Privatleben jenen Brückenschlag über die Konfessionen vorwegnahm, den er später als Parteivorsitzender einleitete.[3]

Da Adenauer wie kein anderer Politiker die Bundesrepublik prägte, hat die Forschungsliteratur über sein Wirken einen immensen Umfang angenommen. Dennoch wurde nur selten Adenauers Rolle als Parteivorsitzender analysiert. Im Vordergrund stand vielmehr seine Kanzlerschaft. Vieles, was zu seinem Arbeitsstil im Kanzleramt bemerkt wurde, ist natürlich im hohen Maße auch für den Parteivorsitzenden Adenauer von Relevanz. Das gilt zunächst für seine biogra-

---

[2] Frank Bösch verfasste die Abschnitte Adenauer bis Kiesinger; Ina Brandes schrieb die Kapitel Barzel bis Merkel.
[3] Vgl. zu Adenauer die glänzende Darstellung von Schwarz, Hans-Peter: Adenauer, 2 Bde., Stuttgart 1986/1991; sowie als kritischen Gegenentwurf zu Schwarz: Köhler, Henning: Adenauer. Eine politische Biographie, Berlin 1994.

phische Prägung. Adenauers politische Sozialisation verlief im Kölner Zentrumsmilieu des Kaiserreiches. Damit lernte er frühzeitig einen Parteitypus kennen, der den Charakter einer (wenn auch katholischen) Volkspartei hatte, die durch Proporze und Vereinigungen zusammengehalten wurde. Um den Ausgleich zwischen unterschiedlichen sozialen Gruppen in der CDU zu organisieren, war dies eine entscheidende Vorerfahrung. Ebenso wurde sein Parteiführungsstil durch seine Lehrjahre als Kölner Oberbürgermeister in der Weimarer Republik geprägt.[4] Seine eher autoritäre Leitung, die auf informellen Absprachen beruhte, bildete sich hier ebenso aus wie seine Neigung zu großzügigen Projekten. Im Unterschied zur reinen Parteiarbeit zwang der Oberbürgermeister-Posten zugleich immer wieder dazu, Kompromisse mit anderen politischen Richtungen zu schließen und das Wünschbare hinter dem Erreichbaren zurückzustellen. Dies betraf auch den Ausgleich mit protestantisch geprägten Politikern und Gesellschaftsrepräsentanten. Vor allem knüpfte Adenauer vielfältige Kontakte, von denen er später als CDU-Vorsitzender profitierte.

Nach 1945 erwies sich Adenauer schnell als ein Taktiker, der sich parallel zu den offiziellen Gremien durchsetzte, dann aber äußerst effizient die Partei aus der Zentrumstradition heraus aufbaute. Unmittelbar nach Kriegsende hielt er sich zunächst von den entstehenden christdemokratischen Parteigremien fern und übernahm nur kurzzeitig wieder sein Amt als Kölner Oberbürgermeister. Auf der informellen Ebene knüpfte er jedoch sofort Kontakte. Er schrieb Briefe, traf sich mit Weimarer Politikern und lud sie zu sich nach Rhöndorf ein, um Allianzen zu schmieden.[5] Ebenso bescheiden wie unzweideutig signalisierte er dabei seine Bereitschaft, trotz seines 70-jährigen Alters „vorläufig" Führungsposten zu übernehmen. Da er während des Nationalsozialismus keinerlei politisches Engagement gezeigt hatte, gleichzeitig über eine große politische Erfahrung und Reputation verfügte, konnte er ohne größere Konkurrenten Anfang 1946 den CDU-Vorsitz des Landesverbandes Rheinland und den der Britischen Zone übernehmen. Beide Posten waren wiederum eine gute Ausgangsbasis für seinen bundesweiten Führungsanspruch. Das Rheinland erwies sich aus der Zentrumstradition heraus als der am besten organisierte Landesverband der CDU.[6] Ähnliches galt für die CDU der Britischen Zone. Auch sie war im Vergleich zu den anderen

---

[4] Zu den Prägungen aus der Zentrumstradition vgl. auch die Aufsätze in: Morsey, Rudolf: Von Windthorst bis Adenauer. Ausgewählte Aufsätze zu Politik, Verwaltung und politischem Katholizismus im 19. und 20. Jahrhundert, Paderborn 1997.

[5] Vgl. Konrad Adenauer: Briefe. Bearb. von Hans Peter Mensing, Bd. 1 (1945-1947), Berlin 1983.

[6] Vgl. die entsprechenden Landesverbandsbestände im Archiv für Christlich-Demokratische Politik (ACDP), im Hauptstaatsarchiv Düsseldorf (HStAD) für Nordrhein-Westfalen und im Landeshauptarchiv Koblenz (LHAK) für Rheinland-Pfalz. Rückblickende Aufschlüsselungen zum Landesverband Rheinland in: Jahresbericht CDU Rheinland 14.2.1951, in: Archiv Stiftung Bundeskanzler Adenauer-Haus H 8/11.

Zonen recht gut organisiert und damit für Adenauer eine wichtige Hausmacht. Insofern wird man bereits dem frühen Parteivorsitzenden Adenauer eine große Organisationsleistung zusprechen müssen.

Zugleich erwies er sich bereits in der Besatzungszeit als ein machtbewusster Taktiker, der eine starke Bundesorganisation zurückstellte, wenn sie seine eigene Position gefährdete. Versuche, die Union über die Zonengrenzen hinweg zu koordinieren, blockte Adenauer hartnäckig ab, um seine Handlungsspielräume nicht zu gefährden. Zunächst bemühte er sich, den Einfluss der Berliner CDU einzudämmen, die eine „reichsweite" Führung beanspruchte.[7] Parallel dazu ließ Adenauer die Führungsansprüche der norddeutschen Protestanten ins Leere laufen. Da die CDU ihre stärksten Wurzeln im politischen Katholizismus hatte, konnte er diese leicht als Konservative marginalisieren. Adenauer selbst hatte dagegen den Vorteil, weltanschaulich für beide Seiten akzeptabel zu sein, da er viele wirtschaftliche Positionen mit den Protestanten teilte, aber zugleich ein gläubiger Katholik war, der auf den sozialen Ausgleich achtete. In einem dritten Schritt wehrte Adenauer schließlich den Einfluss ab, den die Süddeutschen über den Frankfurter „Zonenverbindungsausschuß" nahmen. Noch 1949/50, also nach Gründung der Bundesrepublik, pochte Adenauer auf die Eigenständigkeit seines britischen Zonenverbandes. Um Beschlüsse durchzusetzen, umging er die offiziellen Gremien. Stattdessen rief Adenauer einfach die Landesvorsitzenden zusammen, führte zahlreiche Einzelgespräche oder versammelte ausgewählte Parteifreunde, die ihm sichere Mehrheiten versprachen. Die Entscheidung für seine Kanzlerschaft fiel dementsprechend bei Adenauer zu Hause in Rhöndorf, als er seine Parteifreunde mit guten Weinen bewirtete.[8]

Seine Autorität und Macht schöpfte Adenauer bereits in den Nachkriegsjahren aus Ämtern, die er parallel zum Parteivorsitz übernahm. Zunächst engagierte er sich im Hamburger Zonenausschuss, den die Briten als Quasi-Parlament eingesetzt hatten. Seine Präsidentschaft im Parlamentarischen Rat sollte das entscheidende Sprungbrett zur Kanzlerschaft sein. Als Adenauer schließlich das Kanzleramt antrat, bevor die Bundespartei gegründet war, legte er endgültig den Grundstein für eine prägende Prioritätensetzung. Das Kanzleramt, nicht die Partei, wurde so für lange Zeit die entscheidende Macht- und Organisationsgrundlage der CDU. Sowohl seine Wahl zum ersten Bundesparteivorsitzenden als auch die eigentliche Gründung der Bundes-CDU gerieten dadurch 1950 zu einer Formsache. Die Partei huldigte hier ihrem Kanzler, den sie mit großer Zustimmung zu ihrem Bundesparteivorsitzenden wählte.

---

[7] Vgl. weitere Belege in: Bösch 2001 (Anm. 1), S. 65-68.
[8] Vgl. Morsey, Rudolf: Die Rhöndorfer Weichenstellung vom 21. August 1949. Neue Quellen zur Vorgeschichte der Koalitions- und Regierungsbildung nach der Wahl zum ersten deutschen Bundestag, in: Vierteljahrshefte für Zeitgeschichte 28 (1980) 4, S. 508-542.

Die von Adenauer geprägte Satzung und der Ablauf des ersten Parteitages zeigten sein Organisationsverständnis. Dem Bundesparteitag gestand Adenauer kein größeres Gewicht zu. Die Delegierten durften lediglich den vorher ausgewählten Vorsitzenden und seine beiden Stellvertreter bestätigen, nicht aber etwa die Vorstandsmitglieder. Ebenso sorgte Adenauer wie bei den späteren Parteitagen dafür, dass die Redner- und Diskussionsliste vorher sorgfältig zusammengestellt wurde, um auf dem Parteitag Geschlossenheit zu demonstrieren.[9] Aus seiner sicheren Machtstellung heraus trat Adenauer jetzt für eine stärkere Zentralisierung der Partei ein. Hierbei scheiterte er jedoch am föderalen Selbstverständnis der Landesverbände. Insbesondere Adenauers Vorschlag, einen Generalsekretär einzusetzen, widersprach ihrem föderalen Denken.[10] Unbegrenzt war Adenauers Gestaltungsspielraum als Parteivorsitzender folglich nicht.

Zweifelsohne zeigte sich seine starke, oft autoritäre Parteiführung nach 1950 auf unterschiedlichen Ebenen. Wenn Adenauer seine Linie verletzt sah, forderte er von den Betroffenen mit scharfen Briefen Erklärungen.[11] Um seine Ziele zu erreichen, umging er häufig die zuständigen Gremien. Zahlreiche wichtige Entscheidungen diskutierte er eben nicht mit der Fraktion, dem Parteivorstand und dem betroffenen Ministerium, sondern allein mit seinen Beratern im Kanzleramt. Das galt insbesondere für seine Außenpolitik.[12] Den Landesverbänden ließ Adenauer zwar eigenständige Spielräume, solange sie seinen Kurs unterstützten, Abweichler ohne Wahlerfolge wurden dagegen mit Adenauers aktiver Unterstützung abgesetzt.

Adenauer hätte sich jedoch kaum derart gut durchsetzen können, wenn er tatsächlich an der Partei und der Fraktion vorbei regiert hätte. Seine Führungskunst bestand vielmehr darin, die Entscheidungszentren souverän zu lenken. So fiel Adenauer die Unterstützung der christdemokratischen Bundestagsfraktion nicht einfach zu; vielmehr war die Fraktion nur schwer zu steuern. Ihre heterogene Zusammensetzung führte zu einer recht geringen Geschlossenheit.[13] Ade-

---

[9] Vgl. etwa die Diskussion in: Konferenz der Landesvorsitzenden, 11.5.1950, in: ACDP VII-004-395/3. Allgemein zu den frühen Parteitagen vgl. Dittberner, Jürgen: Die Bundesparteitage der Christlich Demokratischen Union und der Sozialdemokratischen Partei von 1946 bis 1968. Eine Untersuchung der Funktionen von Parteitagen, Augsburg 1969.

[10] Konferenz der Landesvorsitzenden 13.10.1950 und 20.10.1950, abgedr. in: Die Unionsparteien 1946-1950: Protokolle der Arbeitsgemeinschaft der CDU/CSU Deutschlands und der Konferenzen der Landesvorsitzenden, bearb. von Brigitte Kaff, Düsseldorf 1991, besonders S. 744 f. und S. 749.

[11] Vgl. besonders Konrad Adenauer, Briefe, bearb. von Hans Peter Mensing, Bd. 3 (1949-1951), Berlin 1986.

[12] Vgl. einführend zu Adenauers politischer Führung als Kanzler etwa bereits Niclauß, Karlheinz: Kanzlerdemokratie. Bonner Regierungspraxis von Konrad Adenauer bis Helmut Kohl, Stuttgart 1988; Haungs, Peter: Kanzlerdemokratie in der Bundesrepublik Deutschland von Adenauer bis Kohl, in: Zeitschrift für Politikwissenschaft 33 (1986) 1, S. 44-66.

[13] Vgl. die wenig geschlossenen Abstimmungsergebnisse in: Datenhandbuch zur Geschichte des Deutschen Bundestages 1949-1999, bearb. von Peter Schindler, Bd. 2, Baden-Baden 1999, S. 1785;

nauer bemühte sich deshalb von Beginn an um die Einbindung der Fraktion. Er erschien mitunter selbst bei den Sitzungen des Fraktionsvorstandes und lenkte die Diskussion. Ebenso ließ er gelegentlich einzelne Abgeordnete an Kabinetts-sitzungen teilnehmen, um so seine Linie zu vermitteln.[14] Insbesondere zum Frak-tionsvorsitzenden Heinrich Krone baute Adenauer zunehmend ein Vertrauens-verhältnis auf. Die enge Verbindung zwischen Kanzleramt und Fraktion zahlte sich aus. Ab 1957 erreichte die Unionsfraktion tatsächlich eine deutlich höhere Geschlossenheit.

Dagegen schenkte Adenauer der Bundesgeschäftsstelle fast keine Aufmerk-samkeit. In seiner ganzen Amtszeit besuchte er sie nur ein einziges Mal. Mit rund 60 Mitarbeitern blieb sie spärlich besetzt. Ihre Aufgaben beschränkten sich vornehmlich darauf, Wahlbroschüren und Parteiveranstaltungen vorzubereiten, und selbst hierbei fühlten sich die Bundesgeschäftsführer permanent übergan-gen.[15] Adenauer vernachlässigte sie, weil sie keine Multiplikatoren waren, und brachte ihnen gegenüber wenig Respekt auf, da er in ihnen lediglich ausführende Funktionäre sah, nicht aber ein gestaltendes Element der Politik.

Trotzdem wäre es kurzsichtig, Adenauer deshalb eine Vernachlässigung der Partei insgesamt vorzuhalten. Auch ihre Geschlossenheit stellte sich nicht von alleine ein, sondern musste auf allen Ebenen erarbeitet werden. Eine wichtige Integrationsfunktion hatten dabei die Sitzungen der Parteigremien, des Bundes-vorstandes und des Bundesparteiausschusses. Sicherlich wurden hier keine Grundsatzentscheidungen getroffen, sondern nur aktuelle politische Fragen und Probleme diskutiert. Konrad Adenauer verstand es dabei meisterhaft, die unter-schiedlichen Standpunkte lenkend aufzufangen. Die Sitzungen begann er regel-mäßig mit langen, ein- bis zweistündigen Lageberichten. Auf diese Weise setzte er Schwerpunkte und nahm den kursierenden Einwänden von vornherein den Wind aus den Segeln. Seine Eingangsrede spitzte er so weit zu, dass seine Posi-tion unmissverständlich war. Die anschließende Diskussion, in der sich zumeist nur die prominenten Christdemokraten meldeten, dominierte Adenauer ebenfalls. Abweichende Äußerungen rückte er häufig sogleich zurecht, sei es durch hu-morvolle Zwischenrufe oder mahnende Kommentare. Seine enorme Schlagfer-tigkeit erwies sich damit als ein Grundelement seiner Führungskunst. In den Sitzungen richtete er mitunter direkt das Wort an einzelne Landespolitiker und setzte so die abweichenden Köpfe unter Rechtfertigungszwang. Dagegen ver-mied Adenauer Abstimmungen über kontroverse Fragen, da dies nur die Kon-

---

Domes, Jürgen: Mehrheitsfraktion und Bundesregierung. Aspekte des Verhältnisses der Fraktion der CDU/CSU im zweiten und dritten deutschen Bundestag zum Kabinett, Köln 1964, S. 125-132.

[14] Dies zeigen die mittlerweile bis 1966 gedruckt vorliegenden Protokolle der CDU/CSU-Fraktion.

[15] Vgl. etwa Denkschrift Kraske 1959, in: ACDP I-157-013/1. Zur Geschäftsstelle in den 50er-Jahren vgl. auch Schönbohm, Wulf: Die CDU wird moderne Volkspartei. Selbstverständnis, Mitglieder, Organisation und Apparat 1950-1980, Stuttgart 1980, S. 49-53.

sensbildung gefährdet hätte. Adenauers Führungskunst, so könnte man also zusammenfassen, bestand somit im hohen Maße aus der kommunikativen Fähigkeit, Sitzungen zu strukturieren.[16]

Seine Kompetenz als starker Parteivorsitzender stellte er zudem bei der Auswahl der Partei-Eliten unter Beweis. Generell sorgte er dafür, dass die unterschiedlichen Strömungen in der Partei relativ gleichmäßig berücksichtigt wurden. Sein Proporz erstreckte sich auf konfessionelle, regionale, soziale und weltanschauliche Kriterien. War der Kanzler oder Parteivorsitzende katholisch, so sollten der Bundespräsident und der erste Parteivize evangelisch sein, auch wenn seine katholischen Parteifreunde Bedenken erhoben. Zudem vergrößerte er nicht nur sein Kabinett, sondern auch die Parteigremien, um möglichst viele Parteirepräsentanten zu integrieren.

Bei wichtigen Entscheidungen waren allerdings nicht diese Parteigremien, sondern Adenauers persönliche Berater die entscheidenden Diskussionspartner. Wichtigster Ratgeber in nahezu allen Fragen war dabei Adenauers Staatssekretär im Kanzleramt, Hans Globke. Globke war nicht nur in Regierungsfragen der zentrale Ansprechpartner, sondern stand auch bei der Koordination der Parteiarbeit helfend zur Seite. Er brachte per Telefon die Landesverbände auf Kurs, schlichtete innerparteilichen Streit, hielt den Kontakt zum kirchlichen Vorfeld, beriet Adenauer bei der Personalauswahl und verwaltete das Spendenwesen der Partei. Viele Landespolitiker wandten sich deshalb direkt an Globke, wenn sie innerparteiliche Probleme hatten. Da die antizentralistische CDU keinen offiziellen Generalsekretär zuließ, übernahm Globke somit die Rolle des heimlichen Generalsekretärs, der für alle Bereiche die Vollmacht zur regulierenden Kontrolle hatte.

In den 50er-Jahren konnte Adenauer die CDU auf diese Weise relativ problemlos lenken. Seit 1956 bekam seine innerparteiliche Stellung jedoch die ersten, fast noch unsichtbaren Risse. So musste der Kanzler im Bundesvorstand die erste Debatte über das Selbstverständnis der CDU führen. Auf dem Stuttgarter Parteitag steckte er im selben Jahr erstmals eine öffentliche Niederlage ein und musste gegen seinen Willen Parteireformen hinnehmen. Im Bundesvorstand trat zunehmend der protestantische Bundestagspräsident Eugen Gerstenmaier als offensiver Gegenredner auf. Auf dem Kieler Parteitag 1958 forderten mehrere Redner, die CDU müsse sich reformieren. Denn viele dachten daran, was im Falle des plötzlichen Todes ihres mittlerweile 82-jährigen Vorsitzenden geschehen würde. Adenauer selbst blieb zwar körperlich und geistig erstaunlich vital, zeigte aber

---

[16] Zur Gesprächsführung im Vorstand vgl. auch Bösch, Frank: Politik als kommunikativer Akt. Formen und Wandel der Gesprächsführung im Parteivorstand der fünfziger und sechziger Jahre, in: Föllmer, Moritz (Hg.): Sehnsucht nach Nähe. Interpersonale Kommunikation in Deutschland seit dem 19. Jahrhundert, Stuttgart 2004, S. 197-214.

einen gewissen Altersstarrsinn. Vor allem verlor er zunehmend sein Gespür für integrative Entscheidungen.

Die Präsidentschaftskrise von 1959 war schließlich der entscheidende Wendepunkt, der Adenauers Autoritätsverlust einleitete. In der Präsidentschaftskrise beging Adenauer gleich mehrere Fehler, die sein Ansehen untergruben. Zum einen diskreditierte er mit Ludwig Erhard einen der beliebtesten Unionspolitiker. Ihm sprach Adenauer direkt die Fähigkeit ab, sein Amt zu übernehmen. Zum anderen führte seine Rücktrittsbekundung dazu, dass die Partei sich kurzzeitig auf den Abschied ihres Kanzlers einstellte. Sein über die Medien verbreitetes Dementi wirkte daraufhin wie eine selbstherrliche Verfügung über das höchste Staatsamt. Besonders selbstherrlich erschien dies, weil Adenauer in dieser Krisenphase weder Bundesvorstand und Bundesausschuss einberief, noch den jährlich vorgeschriebenen Bundesparteitag abhielt. Damit konnte er nicht den Unmut kanalisieren, der sich nun in den Landesvorständen, in der Fraktion und über die Medien entlud. Als Adenauer im September 1959 endlich Vorstand und Bundesausschuss tagen ließ, hagelte eine bisher unbekannte Kritik auf ihn nieder. Die Partei wollte nun ein eigenständiges Gesicht zeigen und sich von Adenauers kurzer Leine lösen.

Auch wenn dieser Unmut bald verpuffte, sollte sich Adenauers Autorität nach der Präsidentschaftskrise nicht mehr regenerieren. Während seiner Regierung die zugkräftigen politischen Ideen ausgingen, häuften sich seit 1960 die innerparteilichen Krisen. Im Streit um die Einführung eines zweiten Fernsehsenders überwarf er sich mit wichtigen Landesfürsten, und Adenauers harter Wahlkampf gegen Willy Brandt vergrämte gerade im Zuge des Mauerbaus weite Teile der eigenen Parteiführung. Seine erneute Kandidatur von 1961 trug die Partei deshalb nur mit Murren. Trotz seiner vielfältigen Bemühungen gelang es Adenauer daher nicht, den Kanzlerposten gegen den Willen von Partei und Fraktion über 1963 hinaus zu behalten.

Da Adenauer dennoch bis 1966 Parteivorsitzender blieb, bekam die CDU nun eine neuartige Form der Doppelspitze. Adenauer entdeckte den Parteivorsitz als Reservemachtquelle und trat als Anwalt einer eigenständigen Partei auf, um auf seinen Rivalen Erhard einzuwirken. Nicht zufällig tagte das Präsidium seit Adenauers Rücktritt wesentlich häufiger, teilweise jede Woche – oft auch ohne Erhard.[17] Auch der Bundesvorstand sollte im ersten halben Jahr nach Adenauers Kanzlerrücktritt fast monatlich zusammenkommen. Nicht nur in den Gremien, sondern auch öffentlich scheute sich Adenauer dabei nicht, die Arbeit des Kanzlers im Namen der Partei offen zu kritisieren. Damit erfuhr die CDU, welche

---

[17] Vgl. die Vermerke neben Adenauers Terminkalender in: Stiftung Bundeskanzler Adenauer-Haus (StBKAH) III-039. Generell zur Rivalität des Parteivorsitzenden und des Kanzlers vgl. Koerfer, Daniel: Kampf ums Kanzleramt. Erhard und Adenauer, Stuttgart 1987.

Disharmonie eine eigenständige Partei bringen konnte. Zugleich verlangte Adenauer von Erhard, die Partei an politischen Entscheidungen zu beteiligen und in der Außenpolitik mitreden zu lassen. Trotz Erhards Konzilianz bekam Adenauer jedoch zu spüren, wie wenig Einblick ein CDU-Parteivorsitzender in die Regierungsgeschäfte hatte. Politisch gestalten konnte er nur durch seine öffentlichen Kommentare, nicht durch Parteibeschlüsse.

Der „laisser- faire"-Vorsitzende: Ludwig Erhard

Als Ludwig Erhard 1966 zum Parteivorsitzenden gewählt wurde, war seine Karriere in der CDU schon fast vorbei. Der Griff nach dem Parteivorsitz war eigentlich ein verzweifelter Rettungsversuch, um sich in der CDU-Führung doch noch behaupten zu können. Das Jahr unter Erhard und seine Bemühungen um die Partei seit 1963 zeigten vor allem, welches Geschick und welche Energie Adenauer aufgebracht hatte, um die Christdemokraten auf Kurs zu halten. Erhard blieb die Partei fremd, so wie umgekehrt die Partei keine emotionale Nähe zu ihm aufbaute. Erhards protestantische Konfession verstärkte sicherlich diese gegenseitige Fremdheit. Entscheidender war aber vermutlich sein fehlendes Talent zur politischen Führung.[18]

Erhards Führungsschwächen zeigten sich schnell. Viele, die eben noch über Adenauers autoritären Stil geflucht hatten, sehnten sich wieder nach dem starken Kanzler zurück. Erhard verstand es nicht, Diskussionen zu lenken und zu bündeln. Sowohl im Kabinett als auch im Vorstand ließ er Debatten einfach laufen. Erst nach einiger Zeit meldete er sich zu Wort, ohne aber Ergebnisse richtungsweisend festzuhalten. An seinen Lageberichten vermisste die Partei ebenfalls die pointierte Klarheit, die bei Adenauer die Marschrichtung vorgegeben hatte. Da Erhard einen kurzen Arbeitstag und lange Urlaube pflegte, war er häufig zu schlecht vorbereitet, um fundiert einzugreifen. Gleichzeitig fehlten ihm anscheinend die Skrupellosigkeit und das Gespür Adenauers. Dieser hielt sich in den ersten Vorstandssitzungen während Erhards Kanzlerschaft noch zurück. Dann nutzte Adenauer das Machtvakuum und übernahm seit 1964 wieder selbst die Leitung des CDU-Vorstands.[19]

Adenauer hatte wenigstens verbal betont, dass Parteireformen und die Mitgliederförderung wichtig seien. Erhard konnte sich noch nicht einmal dazu durchringen. Dazu passte, dass Erhard als zweitwichtigster CDU-Politiker erst

---

[18] Zu Erhards Werdegang vgl. die äußerst kritische Biographie Volker Hentschels, der allerdings kaum auf Erhard als Parteipolitiker eingeht. Hentschel, Volker: Ludwig Erhard. Ein Politikerleben, Berlin 1998.
[19] Vgl. die Protokolle in: Adenauer: „Stetigkeit in der Politik". Die Protokolle des CDU-Bundesvorstandes, 1961-1965, bearb. v. Günter Buchstab, Düsseldorf 1998.

1963 der CDU beigetreten war, wobei er seinen Ausweis dezent auf 1949 zurückdatieren ließ.[20] Unterstützung oder auch nur Verständnis für die Parteiarbeit konnte man von Erhard kaum erwarten. Als einziger Kanzler und Vorsitzender der CDU suchte Erhard die Bundesgeschäftsstelle nicht ein einziges Mal auf.

Erhard vernachlässigte jedoch nicht nur die offiziellen Führungsgremien. Im Unterschied zu Adenauer baute er auch kein informelles Koordinationsnetz auf, das bis in die Ministerien und vor allem in die Fraktion reichte. Erhards eigenwilliger Staatssekretär Ludger Westrick übernahm zwar vieles, war aber kein vergleichbarer Universalverwalter wie Globke. Die Kunst der informellen Ministerkontrolle, der gezielten Personalpolitik und der loyalen Aktenvorbereitung beherrschte Westrick wesentlich schlechter. Ebenso war überhaupt nicht daran zu denken, dass Westrick nebenbei auch noch die Parteigeschäfte lenkte.[21] Zudem stand Erhard in der dritten Ecke des Machtdreiecks, der Fraktion, mit Rainer Barzel ein ehrgeiziger Fraktionschef gegenüber, der nach seinem Posten schielte.[22] Adenauer hatte das Kanzleramt und den Parteivorsitz innegehabt und die Fraktionsführung eng eingebunden. Nun hatte sich diese starke Führungsbasis, auf der die Integrationskraft der Adenauer-CDU beruhte, auf drei Äste verteilt. Hinzu kam nicht nur Josef Hermann Dufhues als geschäftsführender Vorsitzender, sondern auch noch der CSU-Mann Franz Josef Strauß, der nach seinem Ministerrücktritt in der Spiegel-Affäre lautstark die CDU-Politik zu kritisieren begann.

Natürlich regierte Erhard unter schwierigeren Bedingungen als Adenauer. Nicht nur die Gesellschaft, sondern auch die Union begann sich zunehmend zu polarisieren. Und schon vor der Wirtschaftsrezession von 1966 tauchten die ersten Krisenszenarien auf, besonders in der Bildungspolitik. Erhard trug aber wenig dazu bei, ähnlich integrativ wie Adenauer zu wirken. Da er auf disziplinierende Briefe oder Gespräche verzichtete, äußerten nun alle möglichen Christdemokraten kaum verhüllt ihre Kritik am Kanzler. Selbst in der Außenpolitik, in der seit Anfang der 50er-Jahre ein gewisser Konsens bestand, brach nun eine Auseinandersetzung zwischen Gaullisten und Atlantikern aus, und in der Innenpolitik stritt die Union über sozialpolitische Fragen. Auf diesem Gebiet sank die Fraktionsgeschlossenheit bei namentlichen Abstimmungen auf den historischen Tiefstand von 80%.[23] Dem liberalen Protestanten Erhard fehlte offensichtlich das

---

[20] Vgl. seinen Ausweis im Archiv der Ludwig-Erhard Stiftung NE 05; dass Erhard sogar erst 1966 eingetreten sei, deutet Schwarz an, Hentschel geht davon aus. Vgl. Schwarz (Anm. 3), Bd. 2, S. 919 und Hentschel (Anm. 18), S. 826.

[21] Ein früher, aber treffender Vergleich von Globke und Westrick: Echtler, Ulrich: Einfluß und Macht. Der beamtete Staatssekretär, München 1973, S. 215-219.

[22] Notizen Globke, 13.1.1966, in: ACDP I-070-004/2.

[23] Zwischen 1961 und 1965; Datenhandbuch zur Geschichte des Deutschen Bundestages (Anm. 13), S. 1785.

Gespür dafür, welche unterschiedlichen Wurzeln die Union hatte. Besonders ihre rheinisch-katholische, christlich-soziale Tradition sollte er dabei sträflich vernachlässigen.

Deshalb half es wenig, dass Erhard 1966 überraschend den Parteivorsitz übernahm, als der nunmehr 90-jährige Adenauer endlich zurücktrat. Erhard wollte durch diesen Schritt vor allem seinen Rivalen Barzel ausbremsen. Wie wenig die Partei von Erhard hielt, zeigte sich in seinem Wahlergebnis: Gerade einmal 413 von 548 Stimmen erhielt der neue Vorsitzende, der ohne Gegenkandidat antrat. Eine einheitliche, starke Führungsspitze wie unter Adenauer entstand durch eine Kopplung von Parteivorsitz und Kanzleramt nicht. Dies erschwerte bereits die erneute Organisationsreform, mit der die CDU den ungeliebten Kanzler umrahmte. Mit Barzel trat ein erster stellvertretender Vorsitzender an seine Seite. Die zwei stellvertretenden Vorsitzenden Kai-Uwe von Hassel und Paul Lücke sowie Bruno Heck als geschäftsführendes Präsidiumsmitglied traten hinzu. Damit war die kollektive Führung der CDU institutionalisiert, die die Macht des Parteivorsitzenden weiter unterlief.

Seinen zurückhaltenden Führungsstil änderte Erhard trotz seines Parteivorsitzes und Adenauers zunehmender Abwesenheit nicht. Als sich ein halbes Jahr später die gegen Erhard gerichtete Große Koalition ankündigte, waren seine Tage ohnehin gezählt. Sein Parteivorsitz bot ihm da wenig Rückhalt. Zudem trat Erhard zu einem Zeitpunkt an die Parteispitze, als die innerparteiliche Lage denkbar schlecht war. Finanziell stand die CDU so mittellos da wie seit langem nicht mehr, weil ein Urteil des Bundesverfassungsgerichtes zur kurzzeitigen Aussetzung der staatlichen Parteienfinanzierung geführt hatte. Die Union musste deshalb harte Kürzungen vornehmen, was die innerparteiliche Beliebtheit des neuen Vorsitzenden nicht steigerte. Personell befand sich die CDU mitten in einem Generationswechsel, der die ohnehin bestehenden Konfliktlinien verschärfte. Und bei den Wahlen erlebte die Partei ihre ersten Niedergangserscheinungen, was weniger an Erhard als am Säkularisierungsschub der 60er-Jahre lag. Da Erhards wichtigste Integrationsressource jedoch sein Ruf als erfolgreiche Wahllokomotive war, traf ihn 1966 die Landtagswahlniederlage in Nordrhein-Westfalen besonders hart. Der in der Partei verankerte Adenauer konnte Einbrüche bei den Landtagswahlen vertragen, Erhard aber eben nicht. Schließlich scheiterte Erhard daran, dass die FDP nicht die Steuererhöhungen mittragen wollte und im Oktober 1966 das Kabinett verließ. Eine Große Koalition wollte Erhard nicht eingehen. Auch hier fehlte ihm die integrative Großzügigkeit, durch die Adenauer einst geglänzt hatte. Für seine Rivalen war diese Koalitionsfrage ein willkommener Anlass, den schwachen Kanzler und Vorsitzenden aufs Altenteil zu schicken.

Der präsidiale Vorsitzende: Kurt Georg Kiesinger

Mit Kurt Georg Kiesinger entschied sich die CDU für einen Nachfolger, der eine deutlich größere Integrationskraft versprach. Ähnlich wie Adenauer brachte Kiesinger schon von seiner Konfession her gute Voraussetzungen mit, um auszugleichen: Er war ein Katholik, kam aber aus einem konfessionell gemischten Elternhaus, weshalb er sich oft als „evangelischer Katholik" bezeichnete. Durch seinen Werdegang verfügte er über zahlreiche politische Erfahrungen. Er war zunächst Landesgeschäftsführer gewesen, dann als Bundestagsabgeordneter Vorsitzender des Auswärtigen Ausschusses, und schließlich hatte er als Ministerpräsident von Baden-Württemberg seit 1958 das ausgleichende Auftreten eingeübt. Vor allem war er ein glänzender Redner und hatte einen Ruf als erfolgreicher Wahlkämpfer. Nachdem die Fraktion ihn Ende 1966 zum Kanzler gewählt hatte, übernahm er im Jahr darauf auch den Parteivorsitz.[24]

In gewisser Weise war Kiesinger jedoch ein moderner Vorsitzender aus vergangenen Tagen. Sein intellektuelles Auftreten entsprach der Zeit, sein fehlendes Parteiengagement nicht. Der Vorsitzende initiierte die nun anlaufende Parteireform in der CDU nicht, er duldete sie aber mit präsidialem Gestus. Öffentlich glänzte Kiesinger als kluger Redner mit „silberner Zunge". Intern vernachlässigte er dagegen den Kontakt zur Bundesgeschäftsstelle und zu den einzelnen Parteivereinigungen. Stattdessen verstärkte Kiesinger die Anbindung an die Fraktion. Vorstand und Präsidium tagten unter Kiesinger regelmäßig und diskutierten nach seinen langen Lageberichten entscheidende Fragen. Im Vergleich zu Adenauer blieb Kiesinger in Diskussionen jedoch zurückhaltender und kompromissbewusster. Auch öffentlich verzichtete er auf zugespitzte Auseinandersetzungen. Im Unterschied zu Erhard glänzte er zumindest als integrativer Vermittler. Insgesamt gesehen verwaltete Kiesinger die Partei in einer schwierigen Lage, ohne jedoch zukunftsweisende Impulse zu geben.

Ebenso sah Kiesinger keine Notwendigkeit, den Informationsfluss im Kanzleramt zu modernisieren. Sein wichtigstes politisches Gremium war der Kressbronner Kreis, ein informelles überparteiliches Gremium von Union und SPD. Diese nach dem ersten Tagungsort benannte Runde sorgte für den Ausgleich zwischen den beiden Volksparteien, deren Spitzenvertreter sich hier trafen. Allerdings zeichnete Kiesinger sich auch hier eher durch kluge Gespräche aus, nicht durch konkrete Arbeit an einzelnen Gesetzen. Wie Erhard war auch Kiesinger kein Aktenleser. Bei der Kleinarbeit ließ er anderen freie Hand – nicht nur seinen Ministern, sondern insbesondere dem Fraktionsvorsitzenden Barzel, der

---

[24] Erst nach Abschluss des Manuskriptes erschien Gassert, Philipp: Kurt-Georg Kiesinger 1904-1988: Kanzler zwischen den Zeiten, München 2005.

zusammen mit seinem sozialdemokratischen Kollegen Helmut Schmidt die Ta-
gesgeschäfte koordinierte.

Natürlich war Kiesingers zurückhaltende Parteiführung auch im Zusammenhang mit den Vorwürfen zu sehen, die über seine Vergangenheit im Nationalsozialismus kursierten. Immerhin war er von 1933 bis 1945 NSDAP-Mitglied
gewesen und hatte während des Krieges in der Propagandaabteilung des Auswärtigen Amtes gearbeitet, wobei er schnell zum stellvertretenden Leiter der Rundfunkabteilung aufgestiegen war. Öffentlich spielte er dies selbstverständlich
herunter.[25] Die Ohrfeige, die er von der Nazijägerin Beate Klarsfeld auf dem
CDU-Parteitag 1968 erhielt, seine Zeugenaussagen in Holocaust-Prozessen und
die ihn fortlaufend begleitenden „Sieg-Heil"-Rufe der APO-Studenten hielten
seine Vergangenheit dennoch im öffentlichen Bewusstsein. Ein harter, autoritärer
Führungsstil wäre deshalb gerade bei Kiesinger umso unpassender gewesen.

Durch seine nachlässige Parteiführung und Parteibindung stand Kiesinger
vor einem ähnlichen Problem wie Erhard: Auch er war für die CDU so lange
akzeptabel, wie er Wahlen gewann und die christdemokratische Kanzlerschaft
sicherte. 1969 erreichte er zwar ein beachtliches Ergebnis, nicht aber den erhofften liberalen Koalitionspartner, den er ebenfalls leichtfertig vernachlässigt hatte.
Ohne den Kanzlernimbus war Kiesingers Ansehen daher schnell dahin. Da half
es wenig, dass Kiesinger auf dem Mainzer Parteitag 1969 noch einmal für zwei
Jahre zum Parteivorsitzenden gewählt wurde und sich dort als ein Reformer
ausgab, der nun forderte: „Unsere Entscheidungs- und Führungszentren müssen
die zentralen Parteiinstanzen sein".[26] Als Wahlkämpfer war er kaum noch zugkräftig, als Parteiführer weiter schwach und in der Fraktion kaum durchsetzungs-
fähig. Bereits im Frühjahr 1970 kursierten daher die ersten Rücktrittsgerüchte,
im August nahmen sie zu.[27] Besonders die Parteijugend im RCDS und die Junge
Union sprachen sich frühzeitig gegen Kiesingers erneute Kanzlerkandidatur aus.
Bereits Ende 1970 rechnete die Partei nur noch mit Barzel und Kohl, nicht mehr
mit Kiesinger. Angesichts des erneuten Reformschubs, den der Machtwechsel
von 1969 bringen sollte, war die Zeit des präsidialen Parteivorsitzenden endgültig abgelaufen.

---

[25] Vgl. Kroegel, Dirk: Kurt Georg Kiesinger, in: Oppelland, Torsten (Hg.): Deutsche Politiker 1949-
1969, Bd. 2: 16 biographischen Skizzen aus Ost und West, Darmstadt 1999, S. 7-17, hier bes. S. 11.
[26] Vgl. das Protokoll des Bundesparteitages 1969, in: CDU Deutschland (Hg.): Parteitag der CDU
Deutschlands 1969, Bonn 1969, S. 18.
[27] Vgl. etwa Frankfurter Allgemeine Zeitung und Die Welt, 18.08.1970.

Der Vorsitzende ohne Hausmacht: Rainer Barzel

Als Kiesinger schließlich 1971 von der Parteispitze abtrat, befand sich die CDU in einer merkwürdigen, gleichsam zwitterhaften Verfassung. Sie war nicht mehr Regierungspartei, wie sie es 20 Jahre lang gewesen war. Sie konnte sich zur Integration ihrer auseinanderdriftenden Flügel nicht mehr auf den starken „Kitt der Macht" verlassen;[28] aber sie war – oder glaubte es in ihrer Mehrheit zumindest – auch noch nicht Oppositionspartei, wenigstens nicht dauerhaft genug, um sich über eine ernsthafte strategische, inhaltliche und personelle Neuorientierung Gedanken zu machen. Schließlich hatte die Partei die Bundestagswahlen 1969 gewonnen und auch die anschließenden Landtagswahlen waren günstig ausgegangen. Nicht zuletzt schürte die chronische Schwindsucht der sozial-liberalen Bundestagsmehrheit die Hoffnung auf ein erfolgreiches Misstrauensvotum. Diese Aussicht bremste alle zaghaften Impulse einer kritischen Selbstreflexion aus – es galt, Geschlossenheit und Machtwillen zu demonstrieren. So war es nur selbstverständlich, dass die Entscheidung für einen neuen Vorsitzenden zugleich die für einen neuen Kanzlerkandidaten zu sein hatte. Trotz der ersten Kampfabstimmung in der Geschichte der CDU war damit von vornherein wahrscheinlich, dass sich auf dem Saarbrücker Parteitag im Herbst 1971 nicht der von außen kommende, auf Ämtertrennung und Reform setzende rheinland-pfälzische Ministerpräsident Kohl[29] durchsetzen würde, sondern der geschickte und erfolgreiche Oppositionsführer Rainer Barzel. Gewiss wären andere Alternativen denkbar gewesen, Gerhard Stoltenberg etwa oder der ehemalige Außenminister und „elder statesman" der Union, Gerhard Schröder. Beide hatten jedoch letztlich nicht den Mut und die Energie aufgebracht, sich in die Auseinandersetzung zwischen dem einflussreichsten Nachwuchspolitiker der Union und dem Manager der CDU-Bundespolitik einzumischen.

Tatsächlich hatte Rainer Barzel sich 1971, mit 47 Jahren, bereits eine beachtlich starke Position erarbeitet. Gestützt auf mächtige Förderer des katholischen Parteiestablishments wie Karl Arnold, Heinrich Krone und Konrad Adenauer hatte er auffällig rasch Karriere gemacht und schon in den 60er-Jahren als „Shooting-Star" der CDU auf der Bonner Bühne glänzen können.[30] Er war mit

---

[28] Vgl. dazu detaillierter Bracher, Karl-Dietrich: 1969-1974: Die Ära Brandt, Stuttgart 1986, S. 54.
[29] Kohl stand zu jener Zeit für das Konzept der Ämtertrennung. So wollte er selbst lediglich Parteivorsitzender werden, Barzel im Amt des Fraktionsvorsitzenden belassen und Gerhard Schröder zum Kanzlerkandidaten nominieren.
[30] Barzel, Rainer: Ein gewagtes Leben, Erinnerungen, Stuttgart 2001, S. 72 ff.; Blank, Ulrich: Rainer Barzel – Star der Union, in: Süddeutsche Zeitung, 14./15.11.1964; Grube, Peter: Mann des Jahres: Rainer Barzel, in: Der Stern, 02.11.1964.

34 Jahren Bundestagsabgeordneter im „Schlafwagenwahlkreis"[31] Paderborn, kurze Zeit später Minister im letzten Kabinett Adenauer und schließlich, so urteilte selbst der Spiegel, „der beste Fraktionsvorsitzende der Bundesrepublik" geworden.[32] Seine besondere Fähigkeit, komplizierte Sachverhalte undogmatisch in kurzen, schlichten politischen Formeln zusammenzufassen, die rasch ab- und zustimmungsfähig waren, seine stets straffe und zielführende Diskussionsleitung und seine beeindruckende rhetorische Begabung konnten die Fraktion aus ihrer seit der Kanzlerdemokratie Adenauers bestehenden Lethargie herausreißen und sie wieder zu einem bedeutenden Machtfaktor in der Bonner Politik werden lassen. In dieser Rolle lieferte Barzel gemeinsam mit seinem SPD-Pendant Helmut Schmidt ein politisches Glanzstück, das kongeniale Management der Großen Koalition. Beide konnten sich in einer Atmosphäre der Rivalität und des Misstrauens zwischen Kanzler und Außenminister den Ruf effizienter Organisatoren und Moderatoren erarbeiten.[33]

Doch gerade dieser rasante Aufstieg hatte Barzel schon früh und vor allem unter den eigenen Leuten viele Gegner eingebracht – und das auch nicht völlig ohne Grund. Gewiss, er verfügte über die entscheidenden Voraussetzungen für eine Karriere im politischen Betrieb, war intelligent, fleißig, loyal, rhetorisch begabt und sehr ehrgeizig. Doch hatte er sich in seiner Karriere mehr als einmal als etwas zu flexibel erwiesen. Zu häufig schienen seine politischen Ansichten überwiegend von Opportunitätserwägungen bestimmt zu sein. Er unterstützte die aggressiv antikommunistische Aktion „Rettet die Freiheit", wenn er an der Seite des rechtskonservativen Verteidigungsministers Strauß gefallen wollte.[34] Er inszenierte sich als Gewerkschaftsmitglied, wenn es galt, sich bei dem linken Parteiflügel in seinem Heimatverband Nordrhein-Westfalen die Unterstützung zu sichern. Und er profilierte sich als Mitglied des Vertriebenenverbandes und als „Ostpreuße", wenn es um das Gesamtdeutsche Ministerium ging. Diese Form der Beliebigkeit kam nicht gut an in einer Partei, deren Mitglieder und Funktionäre sich doch immer zuerst als Vertreter spezifischer sozialer, kultureller oder religiöser Interessenlagen sahen. Auch die Bonner Journalisten verhöhnten ihn als „Mehrzweck-Barzel"[35]. Zudem wirkte er durch das für sein Alter etwas zu forsche Selbstbewusstsein, die etwas zu modische Kleidung, das etwas zu extravagante Brillenmodell nicht wie ein nachdenklicher Mensch, der an den Erfolgen

---

[31] Vgl. Dreher, Klaus Rudolf: Barzel und Schröder in ihren Wahlkreisen, in: Süddeutsche Zeitung, 09.09.1971.
[32] Vgl. o.V.: Heil und Kreuz, in: Der Spiegel, 17.11.1969.
[33] Soell, Hartmut: Helmut Schmidt – Vernunft und Leidenschaft, München 2003, S. 588 ff.
[34] Zitiert nach Agethen, Manfred: Rainer Barzel, in: Oppelland (Anm. 25), Bd. 2, S. 174-185, hier S. 181.
[35] Henkels, Walter: Wie ein aufregendes Schachspiel, in: Frankfurter Allgemeine Zeitung, 08.01.1963.

und Niederlagen, den Erfahrungen und Erkenntnissen seines politischen Lebens gereift war.

Zusammengenommen wies sein politischer Stil Barzel als ein Mitglied jener viel beschriebenen zornigen, skeptischen oder auch betrogenen Generation der 45er aus – jener um 1925 geborenen jungen Frontkämpfer des Zweiten Weltkrieges. Auch sein Partner in der Großen Koalition, Helmut Schmidt, sowie Erich Mende, Hans-Dietrich Genscher und eine ganze Reihe weiterer bedeutender Nachkriegspolitiker gehörten dazu. Das frühe Kriegserlebnis, ihre schlechten Erfahrungen mit ideologischen Heilsversprechen hatten sie zu demokratischen Pragmatikern gemacht, die eine effizienzorientierte, rationale Herangehensweise an die Politik vertraten.[36] Helmut Schmidts berühmter Rat, wer Visionen habe, solle zum Arzt gehen, war ihr politisches Leitwort. So musste Barzels Karriere in der Politik stets unter der Frage stehen, ob die CDU und erst recht die Bundesrepublik der späten 60er- und frühen 70er-Jahre schon reif waren für diese Form des politischen Verständnisses.

Aber dennoch – trotz aller innerparteilichen wie öffentlichen Anfeindungen und Zweifel an seiner „Kanzlerfähigkeit" – 1971 war Barzel buchstäblich der einzige Mann, der in der Union, und vor allem in ihrem nun eigentlichen Zentrum, der Bundestagsfraktion, mehrheitsfähig war. Auf dem im selben Jahr stattfindenden entscheidenden Wahlparteitag der CDU in Saarbrücken verhielt sich Barzel überaus geschickt. Scheinbar mühelos rief er aus seiner breiten rhetorischen Palette das „Parteitagspathos" ab. So verstand er es in der Vorstellungsrede, sein mangelndes politisches Profil und das in der Partei insgesamt latent vorhandene, durch seinen Rivalen Kohl repräsentierte Bedürfnis nach mehr Eigenständigkeit und Einfluss der Organisation aufzunehmen und wenigstens scheinbar zu befriedigen. Im Anschluss an eine Hymne auf die Bedeutung der Parteiarbeit für die praktische Politik rief er den Delegierten zu: „Vorrang und Mitwirkung der Partei sind gesichert, wenn wir uns alle als Partei begreifen und nicht nur grundsätzlich entschlossen, sondern auch zu Grundsätzen entschlossen sind."[37]

Seine Wahl ist auch in der Parteienforschung gelegentlich als ein entscheidender Schritt der Emanzipation vom Adenauerschen Kanzlerwahlverein fehlinterpretiert worden.[38] Tatsächlich stellte sie in dieser Hinsicht keineswegs eine Verbesserung dar – was allerdings in Anbetracht von Barzels Karriereverlauf auch nicht verwunderlich war: Die Parteiorganisation war nie sein primärer politischer Ort, sein Rückhalt in Krisenzeiten gewesen. „Die glanzlose Welt der

---

[36] Schwarz, Hans-Peter: Die Bedeutung der Persönlichkeit in der Entwicklung der Bundesrepublik, in: Hrbek, Rudolf (Hg.): Personen und Institutionen in der Entwicklung der BRD, Kehl/Straßburg 1985, S. 7-19, hier S. 14 f.
[37] Zitiert nach Kleinmann, Hans Otto: Geschichte der CDU 1945-1982, Stuttgart 1993, S. 325.
[38] Ebd.

Parteibezirke, Vorstände, Funktionäre und der örtlichen Mitglieder blieb ihm fremd"[39]; er spielte lieber auf der großen Bühne.

So typisch Barzel damit für seine gesellschaftlich-politisch geprägte Generation war, so wenig entsprach er seiner innerparteilichen Generation der Kohls und Stoltenbergs, den Enkeln Adenauers. Diese waren in ihrer Mehrzahl schon sehr früh in die CDU und ihre Jugendorganisation, die Junge Union, eingetreten, hatten dort ihr politisches Handwerk gelernt und Jahrzehnte alte Seilschaften gebildet. Sie hatten sich in den 50er-Jahren im Kampf gegen das Parteiestablishment, die „Weimarer Spätlese", gestählt. Sie bildeten die erste Generation von *Partei*politikern. Barzel hingegen gehörte trotz seines jungendlichen Alters noch zur alten Garde der *Parlaments*politiker; er war nicht gegen, sondern mit seinen Vorgängern aufgestiegen. Er hatte nie einen Sinn für die Bedeutung von Parteiorganisationen vermittelt bekommen – er akzeptierte den Vorsitz vielmehr als notwendigen Schritt auf seinem Karriereweg.

Seine frühen Mentoren Adenauer und Krone hatten ihn gelehrt, dass man die CDU nicht aus der Parteizentrale führte, sondern aus dem Kanzleramt. Bis es jedoch so weit war, musste ihm das Büro des Fraktionsvorsitzenden als Kommandozentrale dienen. Freilich war Barzel jedoch politischer Profi genug, um zu wissen, dass doch zumindest der gute Schein gewahrt werden musste. So stattete er der Bundesgeschäftsstelle kurz nach seiner Wahl einen medienwirksamen Besuch ab, richtete eine Anzahl von Kommissionen ein und bemühte sich um eine Verbesserung der Organisationsstrukturen.[40] All dieser Aktionismus konnte jedoch nicht darüber hinwegtäuschen, dass Barzel keineswegs plante, seine beträchtlichen politischen Energien in die Parteiarbeit zu investieren und die Partei so gegenüber der Fraktion zu stärken. Kaum eine Handlung zeigte dies deutlicher als die Auswahl seines Generalsekretärs. Konrad Kraske war ein ruhiger, vernünftiger Politiker, Barzel gegenüber loyal bis zur Selbstaufgabe und ganz gewiss kein Mann, der sich auf eigene Faust aufgemacht hätte, die Partei zu reformieren.[41] Barzels Hausmacht lag in der Fraktion – hier entfaltete er eine hektische Betriebsamkeit, ließ Gesetzesvorlagen beinahe im Stundentakt erarbeiten, reformierte die Organisation und straffte die Strukturen.[42]

---

[39] Hartmann, Jürgen: Rainer Barzel, in: Kempf, Udo u.a. (Hg.): Kanzler und Minister 1949-1998 – Biographisches Lexikon der Deutschen Bundesregierungen, Wiesbaden 2001, S. 121-124, hier S. 124.

[40] Bösch 2002 (Anm. 1), S. 124; Lange, Hans-Jürgen: Responsivität und Organisation: eine Studie über die Modernisierung der CDU von 1973-1989, Marburg 1994, S. 162.

[41] Zundel, Rolf: Barzel: Gefragt war ein Kämpfer, in: Die Zeit, 08.10.1971.

[42] Veen, Hans-Joachim: Opposition im Bundestag: Ihre Funktionen, institutionellen Handlungsbedingungen und das Verhalten der CDU/CSU-Fraktion in der 6. Wahlperiode 1969-1972, Bonn 1976, S. 30.

Da er auf den Bau eines tragfähigen Machtfundaments in der Partei verzichtet hatte, fand Barzel sich jedoch gleich in zweierlei unsicherer Abhängigkeit: zum einen vom Wahlvolk und zum anderen von der Schwesterpartei CSU, die in der Fraktion keine geringe Rolle spielte und schon länger Zweifel an Barzels Eignung zum Kanzlerkandidaten hegte.[43] Mit dieser Entscheidung für die Fraktion als Machtbasis war sein Schicksal spätestens nach dem unter mysteriösen Umständen gescheiterten Misstrauensvotum gegen Willy Brandt im Frühjahr 1972 besiegelt.[44] Seine Demontage begann nun umgehend mit der in der Union hart umstrittenen Entscheidung über die Ostverträge. Barzel hatte sich nach einigem Lavieren für ihre Annahme stark gemacht. Bundesvorstand und Präsidium waren ihm zwar nach langer Diskussion gefolgt, um wenigstens den Schein der Geschlossenheit zu wahren, in der Fraktion jedoch setzte sich Franz Josef Strauß mit seiner CSU und dem rechten CDU-Flügel durch und ließ Barzel scheitern. Als dann bei den Bundestagswahlen kurze Zeit später sein politischer Pragmatismus, seine glatte Beliebigkeit und inhaltliche Nüchternheit gegen das Charisma Brandts und den Zeitgeist der frühen 70er-Jahre nichts ausrichten konnten, war Barzels Karriere in der Spitzenpolitik beendet. Die CDU ließ ihren glücklosen Vorsitzenden mit unsentimentaler Härte fallen. Barzel versuchte sich zwar Anfang 1973 gerade über ein verstärktes Engagement in der Partei noch einmal zu retten, doch kamen diese Bemühungen zu spät. Im Frühjahr 1973 trat er resigniert zurück und überließ seinem langjährigen Rivalen Helmut Kohl den Parteivorsitz.

Letztlich trat Barzel so als tatsächlich politisch führender Vorsitzender der CDU kaum in Erscheinung. Er lavierte, moderierte, organisierte. Er hinterließ keine wahrnehmbaren Spuren und vor allem unternahm er keinerlei ernsthafte Anstrengung, seine Partei den veränderten Bedingungen der Oppositionszeit in den 70er-Jahren organisatorisch und programmatisch anzupassen. Erst in seiner Niederlage lagen die Voraussetzungen der Erneuerung.

Der Generationen überdauernde Vorsitzende: Helmut Kohl

1973-1982: Diadochenkämpfe

Mit Barzels Scheitern bei den Bundestagswahlen 1972 war das Schicksal der Union auf lange Zeit besiegelt worden. Die sozial-liberale Regierung war stabili-

---

[43] Korte, Karl-Rudolf: Wie Parteien auf komplexe Wählermärkte reagieren: Das Beispiel CDU, in: Blätter für deutsche und internationale Politik 45 (2000) 6, S. 707-716, hier S. 713.
[44] Vgl. zum Misstrauensvotum Bracher (Anm. 28), S. 67 ff.

siert, die Rückkehr an die „Fleischtöpfe der Macht"[45] in weite Ferne gerückt, die Oppositionsrolle auf weitere vier Jahre festgeschrieben. Die Partei reagierte darauf mit der Wahl des als „Reformer" bekannt gewordenen Landespolitikers Helmut Kohl.[46] Mit ihm wählte sie zum ersten Mal nicht den Kanzlerkandidaten der Union, sondern nur den Parteivorsitzenden der CDU. Doch obwohl sie sich damit offenkundig den Verhältnissen anzupassen, sie zu akzeptieren versuchte, wurde rasch deutlich, wie schwer die Partei Kohl diese Arbeit machen würde.

Die lange Abstinenz von der Macht nach zwanzig Jahren der ununterbrochenen Regierungsverantwortung mag für die demokratische Entwicklung der Bundesrepublik gut gewesen sein – für die CDU war sie es gewiss nicht. Natürlich hörte man auch zu dieser Zeit die Experten raten, die Partei müsse sich in der Opposition regenerieren, den hektischen Aktionismus der Barzel-Zeit hinter sich lassen; sie brauche die Zeit abseits der Verantwortung, um neues Personal, neue Programme, neue Rezepte hervorzubringen. Diese Form der Regeneration mag einer sozialdemokratischen oder sozialistischen Partei vielleicht möglich sein – eine bürgerliche Volkspartei hat damit jedoch große Schwierigkeiten. Denn viele bürgerliche Parteien entfalten sich, indem sie regieren. In der täglichen Arbeit des Entscheidens und Verwaltens liegen Entwicklung und Vollzug des Programms zugleich. Damit ziehen sie nicht nur Wähler an, sondern – und nicht zuletzt über die Pfründen der Macht – auch Führungsnachwuchs. Ist ihnen das Regieren verwehrt, sehen sie sich auf das verwiesen, was sie nicht können, was ihre Wähler eigentlich auch nicht von ihnen erwarten, womit sie weder Anhänger noch Führungspersonal an sich zu binden vermögen: auf Programmdiskussionen. Das hat eine Weile den Reiz des Neuen. Aber da diese Art von Arbeit ihnen kaum gelingt, sie im Gegenteil die heterogene, hoch fragmentierte Volkspartei eher zu zerreißen droht und das Publikum die Ergebnisse mit unbarmherzigem Desinteresse begleitet, stürzen sich in die Opposition geratene bürgerliche Parteien unweigerlich auf das Feld der Personalpolitik. So finden sie sich bald in den wildesten Personalauseinandersetzungen wieder, hier suchen sie nach Ursachen für den Misserfolg; darüber lassen ihre Anziehungskraft, Glaubwürdigkeit und Verlässlichkeit nach.

Dies waren die Voraussetzungen, unter denen Kohls Parteiführung beinahe eine Dekade lang stand. Es verging kaum eine Woche, ohne dass einer der Diadochen einen nur notdürftig als inhaltlich begründet verkleideten Streit über die Führungsstruktur der CDU vom Zaun brach. Da war zunächst und vor allem Franz Josef Strauß, der unabhängig von den konkreten Personen, gleichsam

---

[45] Jox, Markus / Schmid, Josef: Zurück zum Kanzlerwahlverein? Die CDU in den 90er Jahren, in: Süß, Werner (Hg.): Deutschland in der neunziger Jahren, Opladen 2002, S. 71-82, hier S. 73.
[46] Stellvertretend für die umfangreiche Literatur über Helmut Kohl vgl. Clough, Patricia: Helmut Kohl. Ein Portrait der Macht, München 1998; Dreher, Klaus: Helmut Kohl. Leben mit Macht, Stuttgart 1998.

strukturell niemand anderen neben sich zu dulden in der Lage war. Außerdem gab es innerhalb der CDU selbst weiterhin einen starken Ministerpräsidenten(kandidaten)flügel um Gerhard Stoltenberg, Alfred Dregger und Heinrich Köppler, sowie die alte Garde um den rechtskonservativen Fraktionsvorsitzenden Carstens und den ehemaligen Bundesminister und „großen alten Herrn" Gerhard Schröder in der unter Rainer Barzel so erstarkten Fraktion. Sie alle hielten sich im Zweifel für den besseren Parteiführer, auf jeden Fall aber für den besseren Kanzlerkandidaten.[47] Dass es ausgerechnet Helmut Kohl – dem als provinziell und unbedarft, wenn nicht gar als einfältig verschrienen Provinzpolitiker – überhaupt gelang, die Partei über eine solch lange Strecke abseits der Regierungsverantwortung zusammen und sich selbst an ihrer Spitze zu halten, ist ausgesprochen erklärungsbedürftig.

Kohls wichtigste Ressource war schon zu jener Zeit seine tiefe Verankerung in der Partei. Er war einer der ersten Berufsparteipolitiker der Bundesrepublik, trat mit 16 in die CDU ein, gründete mit 17 die Junge Union in Ludwigshafen und erlebte dann, zwar nicht völlig ohne Rückschläge und Enttäuschungen, insgesamt aber doch einen sehr schnellen Aufstieg in der Politik, wie er typisch war für die wenigen begabten jungen Leute, die sich in den späten 40er-Jahren nicht der allgemeinen Politikverdrossenheit anschlossen.

Er wurde Landtagsabgeordneter und Fraktionsvorsitzender in Rheinland-Pfalz und drängte schließlich mit Hilfe eines langfristig und kunstvoll gesponnenen Netzwerks von Verbündeten Ende der 60er-Jahre den langjährigen CDU-Ministerpräsidenten Peter Altmeier aus dem Amt. Schon hier nutzte er einen wichtigen Vorteil, der sich über Kohls gesamte politische Karriere hinweg als nützlich erwies: Man unterschätzte ihn leicht. Denn schließlich schien von diesem fröhlichen, offenkundig doch eher unbedarften Gemütsmenschen kaum Gefahr auszugehen. Sein für einen Berufspolitiker geradezu provokant unbekümmertes Verhalten verschaffte ihm Sympathien und Vertrauen, die er geschickt in Einfluss umzumünzen verstand.[48]

Diesem äußeren Eindruck zum Trotz wurde Kohl von Beginn an von großem Machtwillen angetrieben. Tatsächlich hatte er seit seiner Schulzeit wohl kaum eine Entscheidung getroffen, die nicht unmittelbar seinem Karrierewillen diente. Kohl lebte nur für die Politik, genauer für die Partei. Er hatte keinerlei Verwurzelung in einem anderen Lebensumfeld, von seiner Familie einmal abgesehen. Er genoss die Machtspielchen und Kungelrunden, verbrachte einen Großteil seiner Zeit auf politischen Versammlungen, schloss unzählige Bekanntschaf-

---

[47] O.V.: Napoleon III., in: Der Spiegel, 30.09.1974; D´hein, Werner P.: Mann ohne Mumm, in: Der Stern, 03.10.1974; Süskind, Martin E.: Die Rivalen ringen um ein Datum, in: Süddeutsche Zeitung, 27.02.1975; Bruhns, Wibke: Duett oder Duell?, in: Der Stern, 27.02.1975.
[48] Herrmann, Ludolf: Die Dignität der Normalität, in: Die Politische Meinung 31 (1986) 226, S. 4-13, hier S. 7.

ten; bald wurde sein besonderes Gespür für politische Talente sicht- und nutzbar. Es gelang ihm immer wieder, bedeutende Nachwuchspolitiker um sich zu scharen; Heiner Geißler, Bernhard Vogel, Richard von Weizsäcker waren hier die bekanntesten Beispiele. Mit ihrer Hilfe konnte Kohl in Rheinland-Pfalz überaus erfolgreich regieren, seit 1971 mit absoluter Mehrheit. Sein Landeskabinett war damals ausgesprochen jung, es galt als das „dynamischste und qualifizierteste in der ganzen Bundesrepublik"[49]. Auch in der Bundespolitik hatte er sich durch seine unbekümmerte, aber stets kalkulierte Respektlosigkeit in der Auseinandersetzung mit der alten Garde der CDU bekannt gemacht. Er war in den 60er-Jahren ein Protagonist des Generationenkonflikts in seiner Partei und lehnte sich immer wieder gegen deren „Entmündigung" durch das Machtsystem Adenauers auf.

Dieser Ruf des Reformers brachte ihn 1973 schließlich an die Spitze der CDU, und Kohl wurde diesem in den ersten Jahren auch gerecht. Gemeinsam mit seinem Generalsekretär Kurt Biedenkopf griff er schon bald nach der Amtsübernahme die bisher nur rudimentär vorhandenen Reforminitiativen auf und leitete eine weit gefasste Modernisierung der Partei ein.[50] So erhielt die Bundesgeschäftsstelle eine wesentlich bessere Personalausstattung und jeder Kreisverband einen hauptamtlichen Geschäftsführer. Damit wurde zum ersten Mal eine dauerhafte, professionalisierte Kommunikation zwischen Parteiführung und Basis und damit eine kontinuierliche Parteiarbeit möglich. Außerdem halfen die nun neu eingestellten Mitarbeiter, Kohls Machtnetzwerk bis in die Kreisverbände auszubauen.

Durch diese Organisationsreform war es außerdem möglich, den enormen Mitgliederzuwachs der Partei – sie wuchs von 423.000 Mitgliedern im Jahr 1972 auf 652.000 im Jahr 1976 – aufzufangen und nutzbar zu machen. Die CDU wurde in diesen Jahren zu einer gut organisierten Mitgliederpartei. Dieser Erfolg war im Wesentlichen das Verdienst des Generalsekretärs. In der Tat war die Berufung Biedenkopfs zu diesem Zeitpunkt eine der wichtigsten politischen Entscheidungen Kohls in eigener Sache. Biedenkopf war ein vielseitig ausgebildeter Seiteneinsteiger, der die politischen Talente Kohls um einige wichtige Fähigkeiten ergänzte, Schwächen und Mängel in Kohls Persönlichkeit kongenial ausglich. Er war intellektuell ausgesprochen beschlagen, fähig zu nüchterner, bestechend logischer Analyse, verfügte über ein großes rhetorisches Talent und machte im Fernsehen, neuerdings ein wichtiges Medium, eine gute Figur. Die Arbeitsteilung zwischen Kohl und Biedenkopf, bzw. dessen Nachfolger Geißler funktionierte jeweils einige Jahre lang geradezu lehrbuchhaft. Während die Generalsekretäre die organisatorische und programmatische Erneuerung betrieben und

---

[49] Langguth, Gerd: Das Innenleben der Macht: Krise und Zukunft der CDU, München 2001, S. 41.
[50] Lange (Anm. 40), S. 147 ff.

sich der Konfrontation mit den Regierungsparteien stellten, konnte Kohl als Vorsitzender dieser heterogenen und föderal organisierten Partei seinem Temperament entsprechend als Moderator des Interessenausgleichs handeln. Zudem dienten die beiden Generalsekretäre Kohl gelegentlich als Blitzableiter gegenüber der Schwesterpartei: Zum Beispiel rief Biedenkopf 1975 ohne vorherige Absprache mit Strauß seinen Chef zum Kanzlerkandidaten der Union aus und konnte so ein fait accompli schaffen.[51] Auf diese Weise gelang es Kohl nicht selten, innerparteiliche Auseinandersetzungen von seinen Generalsekretären austragen zu lassen. Dass Kohl diese einflussreichen Politiker neben sich selbst überhaupt eine Zeit lang duldete – für einen ehrgeizigen, aufstrebenden Politiker bemerkenswert –, war ein Zeichen seiner gefestigten Stellung innerhalb der Partei. Nichtsdestotrotz lag es angesichts der Temperamente und der herausragenden Fähigkeiten Biedenkopfs und Geißlers geradezu in der Natur der Sache, dass ihr eigener Wunsch nach Profilierung früher oder später mit dem unbedingten Machtwillen Kohls in Konflikt geraten musste. Denn beide waren dauerhaft kaum für die Rolle des Zuarbeiters in der zweiten Reihe geeignet. Biedenkopf verließ die Bundesgeschäftsstelle 1977 gekränkt und verbittert, Geißlers Abgang 1989 war nicht weniger unangenehm.

Neben dieser unmittelbaren Stärkung seiner Parteiorganisation bemühte sich Kohl vor allem auch um eine Schwächung der unter Barzel so mächtigen Bundestagsfraktion. Er sorgte dafür, dass Präsidium und Vorstand der CDU vorwiegend mit Landespolitikern besetzt wurden, nicht mehr mit den ehemaligen Ministern aus der Fraktion. Gerhard Stoltenberg und Hans Filbinger waren hier als wichtigste CDU-Ministerpräsidenten seine entscheidenden Partner.[52] In den Sitzungen dieser Führungsgremien, aber auch in (partei)öffentlichen Auseinandersetzungen praktizierte Kohl den durch ihn berühmt gewordenen politischen Stil des „Aussitzens". Er bereitete Diskussionen zwar telefonisch informell vor, ließ sie dann jedoch laufen, ohne sich selbst eindeutig zu äußern oder lenkend einzugreifen. Lediglich zum Ende hin, wenn sich die Gemüter wieder etwas beruhigt hatten, bemühte er sich, die Ergebnisse in einem allseits akzeptablen Kompromiss zusammenzuführen – wenigstens in den Fällen, in denen sich das Thema partout nicht von selbst erledigen wollte. Diese zurückhaltende Form der politischen Entscheidung wurde ihm immer wieder von Freunden und Feinden als Führungsschwäche ausgelegt – schließlich habe er, so die Kritiker, als Vorsitzender eine klare Linie vorzugeben. Angesichts des labilen Zustandes seiner Partei war es aber wahrscheinlich die einzig vernünftige Strategie, durch vorsichtiges Moderieren eine weitere Eskalation zu vermeiden. Und für Kohl selbst war

---

[51] Vgl. dazu ausführlich Yeomans, Silke: Das Amt des Generalsekretärs in der Christlich Demokratischen Union auf Bundesebene 1967-1989, Augsburg 1995.
[52] Bösch 2002 (Anm. 1), S. 110.

es gerade in seiner frühen Karriere nicht selten „das kluge Vermeiden von nicht zu gewinnenden politischen [...] Auseinandersetzungen und somit eine bewusste Entscheidung"[53]. Durch diese Form der Konfliktvermeidung konnte er selbst die ungeheure destruktive Kraft des Franz Josef Strauß häufig einfach über sich hinweg fließen lassen.

Sowohl dank seines Temperaments als auch seiner „Prägung durch die Eigentümlichkeiten des Politikmachens"[54] konnte Kohl die so ständig auf ihn niedergehende Kritik recht gut verkraften. Schließlich hatte er während seines Aufstiegs einige schwere Niederlagen einstecken und harte Auseinandersetzungen führen müssen. So war er im ersten Anlauf nicht in den Fraktionsvorstand des rheinland-pfälzischen Landtags gewählt worden, hatte gegen seinen Vorgänger im Amt des Ministerpräsidenten, Altmeier, einen langen Atem beweisen müssen und 1971 gegen Rainer Barzel verloren. Diese Erfahrungen hatten ihm ein dickes Fell wachsen lassen, er nahm solche Niederlagen nicht persönlich – für einen Berufspolitiker wohl eine der wichtigsten Charaktereigenschaften. Sein Scheitern war für ihn stets eher Motivation als Anlass zu Selbstzweifeln. Und Kohl war schon zu jener Zeit ein Gefühlspolitiker. Die Art und Weise, wie er in Mainz in gediegenem Selbstbewusstsein sein kleines Land regierte, die Staatskanzlei, in der es eher zuging wie in einem Landratsbüro, dieser Rückzugsort, wo er sich vorwiegend mit Freunden umgab: Dies alles ließ ihn stets eine erstaunliche innere Ruhe bewahren. Man sah in Kohl selbst in diesen anstrengenden, konfliktreichen Zeiten einen Politiker, der sich wohl fühlte. Die sonst angesichts der großen physischen und psychischen Belastung eines Politikers nahe liegende Frage „Warum tut der sich das eigentlich an?" kam bei ihm kaum in den Sinn.

Kohl konnte seine Stellung innerhalb der ersten drei Jahre seiner Amtszeit so weit festigen, dass ihn die Union 1976 trotz seiner offenkundigen Defizite im Umgang mit den Medien zu ihrem Kanzlerkandidaten kürte. Seine Niederlage gegen den populären Kanzler Schmidt schadete ihm angesichts eines sehr guten Ergebnisses nicht. Im Gegenteil, er gab seine sichere Stellung als Ministerpräsident auf und wechselte als Fraktionsvorsitzender nach Bonn.

In dieser Funktion erlebte Kohl sicher die größten Krisen seiner Karriere. Das „Aussitzen" von Entscheidungen wurde gerade einem rhetorisch schwachen Oppositionsführer keineswegs als Stärke und als günstige Strategie der politischen Führung ausgelegt. 1979, als die vierte Legislaturperiode in der Opposition drohte, die CSU und die Medien auf ihn als den unfähigsten Parteivorsitzenden aller Zeiten eindroschen, konnte ihn nur noch die habituell-kulturell fest in seiner bürgerlichen Partei verankerte Abneigung gegen den „Königsmord" ret-

---

[53] Gauland, Alexander: Helmut Kohl. Ein Prinzip, Berlin 1994, S. 53.
[54] Schwarz (Anm. 36), S. 10.

ten. Selbst in der schwersten Krise traute sich unter den Parteifreunden niemand, den ersten Stein zu werfen.[55] Zudem verfügte Kohl über einen weiteren entscheidenden Vorteil, der ihm diese Krisenzeit einigermaßen unbeschadet überstehen half: Fortune. Für ihn war es ein Glücksfall, dass ausgerechnet Franz Josef Strauß bei den Bundestagswahlen 1980 antrat – in einer Situation, die wohl beinahe jedem anderen Unionskandidaten den Sieg gesichert und damit Kohls Karriere beendet hätte. Nach der erwartbaren Niederlage war Kohl seines schärfsten Kritikers auf einige Zeit entledigt und konnte angesichts der fortdauernden Krise der sozial-liberalen Regierung auf seine Chance warten.

1982-1990: Entwicklung zur Kanzlerpartei

Nach seiner Wahl zum Bundeskanzler gelang es Kohl rasch, sein Machtsystem innerhalb der Partei erheblich auszudehnen. Es hat selten einen Politiker gegeben, der es so virtuos verstand, Machtstrukturen genau auf die eigene Person zuzuschneiden. Dieses Machtsicherungssystem ist der Schlüssel zum Verständnis von Kohls Parteiführung und Kanzlerschaft. Es funktionierte nach den Prinzipien einer radikal personalisierten Herrschaft.[56] Kohl dachte nicht in Institutionen, Maßnahmen und Strukturen. Entscheidend waren für ihn immer die Personen mit ihren spezifischen Stärken und Schwächen. In Kohls politischem Verständnis gab es keinen zwingenden Zusammenhang zwischen Amt und Einfluss. Er begriff das politische Leben gleichsam „privat", im persönlichen Verhältnis zu anderen Menschen, wenn möglich Freunden; die wichtigste Tugend war ihm Loyalität. Politik entsprach seiner alltäglichen Lebenswirklichkeit. Allerdings war Kohl selbst in seinem politischen Leben an ausreichend Intrigen und Verschwörungen beteiligt gewesen, um zu wissen, wie entscheidend eine umfassende Machtabsicherung war. So entwickelte er im Laufe der Zeit ein fein gesponnenes Netz von Freunden, Verbündeten und Informanten, das beinahe jeden Winkel der Partei erreichte und wesentlich auf Patronage beruhte; es stützte sich auf die Loyalität der Menschen, die ihm Amt und Würden verdankten. Und davon profitierte Kohl: Denn politische Parteien sind Orte menschlicher Zusammenkunft und Zusammenarbeit, die von Misstrauen, Eifersucht und Aufschneiderei geprägt sind, gleichgültig auf welcher Ebene. Jetzt, da er unter seinen Parteifreunden reichlich Pfründe zu verteilen hatte, konnte Kohl all das Wissen über

---

[55] Kleinmann (Anm. 37), S. 408 ff.
[56] Haungs, Peter: Persönliche und politische Parteien – eine Alternative, in: Ders. (Hg.): Civitas. Widmungen für Bernhard Vogel zum 60. Geburtstag, Paderborn 1992, S. 573-585.

die psychologischen Verfasstheiten von Berufspolitiken, das er in den vergangenen fast 40 Jahren Parteiarbeit gesammelt hatte, genussvoll ausspielen.[57]

Kohl hielt viel von Machtdemonstration: Er duzte beispielsweise, wie es
ihm in den Sinn kam. Nie war es dem Zufall überlassen, ob er einer Rede im
Bundestag oder auf einem Parteitag aufmerksam zuhörte oder sich demonstrativ
gelangweilt mit anderen Dingen beschäftigte.[58] Ähnlich kalkulierend verfuhr er
mit anderen Gunstbezeugungen, wie etwa bei Einladungen zu den abendlichen
Gelagen im Kanzlerbungalow oder zu offiziellen Auslandsreisen. So zeigte er,
wer gerade sein Wohlwollen genoss und, noch wichtiger, wer in Ungnade gefallen war. Die disziplinierenden Briefe Adenauers wurden durch Telefonanrufe des
Kanzlers ersetzt; jedoch hatten sie viel seltener einen unmittelbar strafenden
Charakter. Häufig gratulierte Kohl seinen Gesprächspartnern, oft waren es
Kreisvorsitzende oder -geschäftsführer, nur zum Geburts- oder Namenstag – die
persönliche Bindung, die wachsende Loyalität war dem so Geehrten dabei wohl
oft gar nicht bewusst. Und schließlich waren auch die zu jener Zeit dank der
schwarzen Kassen üppig fließenden finanziellen Mittel ein wichtiges Element
der Machtsicherung, als Schmiermittel für den Parteiapparat.[59]

So intensiv Kohl sich mit dieser Form der informellen, persönlichen Machtsicherung beschäftigte, so wenig akzeptierte er die Institution des Parteivorstands
als Machtzentrum. Dort hielt er ähnlich Adenauer ausschweifende Eingangsrefe-
rate, meist über außenpolitische Themen, duldete kaum Diskussion und bündelte
die Ergebnisse zum Schluss in einem harmonisierenden Kompromiss, der selten
große Innovationskraft enthielt.[60] Die Partei degenerierte damit immer stärker
zum Erfüllungsgehilfen; sie war nie wirklicher Impulsgeber der Regierungspolitik.

Neben dieser Disziplinierung der Parteiorganisation bemühte sich Kohl,
auch die anderen Machtzentren möglichst umfassend zu kontrollieren. In der
Fraktion verfügte er aus der langen Zeit seines Vorsitzes über gute Kontakte, die
ihn zuverlässig mit Informationen versorgten, allen voran der neue Parlamentarische Geschäftsführer Wolfgang Schäuble. Der Fraktionsvorsitzende Alfred
Dregger war als Wahlverlierer aus Hessen von Kohl persönlich für diesen Posten
empfohlen worden und diesem deshalb in treuer Dankbarkeit verbunden. Abgesehen davon war die Fraktion nach der Regierungsbildung ohnehin stark geschwächt, da sie ihre ausgewiesenen Experten an die Regierung verlor; so war
sie lange Zeit mit ihrem eigenen Wiederaufbau beschäftigt.

---

[57] Langguth (Anm. 49), S. 29.
[58] Niejahr, Elisabeth / Pörtner, Rainer: Joschka Fischers Pollenflug und andere Spiele der Macht,
Frankfurt a. M. 2002, S. 31.
[59] Vgl. Leyendecker, Hans / Stiller, Michael / Prantl, Heribert: Helmut Kohl, die Macht und das Geld,
Göttingen 2000.
[60] Bösch 2002 (Anm. 1), S. 127.

Im Kabinett folgte Kohl zunächst dem wichtigsten Gesetz seiner hoch fragmentierten Partei und besetzte die Ämter streng nach Proporz. Stoltenberg als einflussreicher protestantischer und Blüm als sozialkatholischer Vertreter sind hier als wichtigste Beispiele zu nennen. Zudem schuf Kohl sich zusätzliche Verfügungsmasse, indem er die Zahl der in der Regierung zu vergebenden Posten immer weiter erhöhte. So konnte er Widersacher in die Kabinettsdisziplin einbinden. Das prominenteste Beispiel ist hierfür Heiner Geißler, dessen mittlerweile stark gewachsenes Unabhängigkeitsbedürfnis in der Bundesgeschäftsstelle durch ein Ministeramt kontrolliert werden sollte. Diese Taktik ging in seinem Fall jedoch kaum auf, da Geißler das Amt bereits 1985 wieder abgab.

Der tatsächliche Ort politischer Entscheidung wurde dagegen bald das Bundeskanzleramt. Hier liefen die Fäden zusammen, hier wurden die beiden zentralen informellen Gremien der Regierungsführung Kohls, Küchenkabinett und Koalitionsausschuss, koordiniert.[61] Politische Entscheidungen wurden also nicht auf Parteitagen, in Parteigremien und Fraktionsvorständen getroffen, sondern in von der Partei weitgehend unabhängigen Zirkeln. Damit handelte Kohl genau so, wie der von ihm in seiner „Sturm-und-Drang-Zeit" scharf kritisierte Adenauer.

Der Einflussverlust der Partei führte jedoch bald zu Spannungen. Schließlich war das einzige Machtzentrum, das sich Kohls Kontrolle einigermaßen zu entziehen vermochte, die Bundeszentrale der Partei mit Heiner Geißler an ihrer Spitze. Er berief sich weiterhin auf die Unabhängigkeit der Partei von der Regierung, kritisierte nicht selten deren Kurs und geriet darüber vor allem mit dem konservativen Flügel der Union häufig in Konflikt. Freilich handelte es sich hier zunächst nicht um ein Aufbegehren der Partei insgesamt, sondern nur einer kleinen Gruppe. Ihr Einfluss steigerte sich jedoch parallel zu der zunehmend als schwach empfundenen Regierungsleistung Kohls, den desolaten Umfrageergebnissen und den zahlreichen Landtagswahlniederlagen der späten 80er-Jahre. Kein Gedanke konnte die Union so in Schrecken versetzen, wie der neuerliche Machtverlust; zu gut erinnerte sie sich noch an die Frustrationen der 13 Oppositionsjahre. Diese Furcht musste das Fundament des Kohlschen Patronagesystems in seinem Kern erschüttern.[62]

Zwar kam Kohl bei der Bundestagswahl 1987 noch ein rechtzeitig einsetzender Wirtschaftsaufschwung zu Hilfe, sodass er sich trotz des schlechtesten Unionswahlergebnisses seit 1949[63] noch einmal im Kanzleramt halten konnte, aber die Krise seiner Regierungsführung konnte auch dadurch nicht endgültig beseitigt werden. Seine immer häufiger als ziellos kritisierte Regierungspolitik

---

[61] Vgl. dazu ausführlich Müller, Kay / Walter, Franz: Graue Eminenzen der Macht – Küchenkabinette in der deutschen Kanzlerdemokratie. Von Adenauer bis Schröder, Wiesbaden 2004, S. 136-167.
[62] Böhme, Erich: Ist es schon soweit?, in: Der Spiegel, 10.03.1986.
[63] Vgl. Conze, Eckart / Metzler, Gabriele (Hg.): 50 Jahre Bundesrepublik – Daten und Diskussionen, Stuttgart 1999, S. 459.

und die sich fortsetzenden Niederlagen bei den Landtags- und Europawahlen in Verbindung mit der autokratischen Parteiführung steigerten vielmehr den Unmut weiter, sodass eine Gruppe um Heiner Geißler, Kurt Biedenkopf, Ernst Albrecht, Rita Süßmuth und Lothar Späth auf dem Bremer Parteitag sogar einen „Putsch" plante. Mithilfe seines gut ausgebauten Machtnetzwerks konnte Kohl diese Attacken jedoch parieren, da er sich beispielsweise über das Telefon zahlreiche Delegiertenstimmen sicherte. Nicht zuletzt kam ihm aber auch hier wieder die Abneigung seiner Partei gegen den „Königsmord" zugute: Den „Putschisten" fehlte es letztlich an Mut und Konsequenz. Schließlich wurde Geißler als Generalsekretär durch Volker Rühe ersetzt und Kohl selbst, wenn auch mit einem mäßigen Ergebnis, wieder gewählt.

Helmut Kohl wurde außerhalb seiner Partei, von den „intellektuellen Eliten" der Bundesrepublik, stark für seinen Führungsstil und seine politisch-konzeptionelle Schwäche kritisiert. Jedoch verkannten diese Kritiker, wie sehr er trotz aller offenkundigen Defizite mit seiner Partei im Einklang stand. Gewiss stellte Wilhelm Hennis – wenigstens von seinem Standpunkt des Parteienkritikers aus gesehen – zu Recht fest, dass man sich keine der politischen Reden Kohls jener Jahre wirklich hätte merken müssen.[64] Und sicher faszinierte Kohl weder seine Partei noch die deutsche Öffentlichkeit mit Hilfe einer politischen Idee, wie es beispielsweise bei Willy Brandt der Fall gewesen war. In der Öffentlichkeit wurden seine Reden nicht selten als intellektuelle Zumutung empfunden, als schwülstig, naiv, anachronistisch.[65] Dennoch erfüllten sie stets eine entscheidende integrative Funktion. In ihnen schuf er Identität „in diesem unserem Lande", Wärme, eine gewisse Form der historischen Verantwortung; nicht in einem charismatischen Sinn, sondern urwüchsiger, natürlicher. So band er gerade die auseinanderstrebenden Flügel der CDU immer wieder zusammen, vermittelte ihnen über den tagespolitischen Streit um Steuersätze und Sozialversicherungsbeiträge hinweg ein geradezu erhebendes Gefühl für die Verantwortung dieser ersten überkonfessionell-konservativen Partei Deutschlands.

Gleiches galt im Grunde für seine Regierungspolitik: Zwar hatten die Führungsgremien der Partei kaum konkreten Einfluss auf ihre Gestaltung. Tatsächlich richtete Kohl, sich jedoch beinahe ausschließlich nach den Befindlichkeiten seiner Partei. Gerade der so hart kritisierte unkohärente, schwammige, kompromisshafte Charakter seiner Politik entstand aus dem Bemühen, möglichst viele der innerparteilichen Interessengruppen zufrieden zu stellen. Und auch in der Personalpolitik wurde er den Bedürfnissen der Partei so gut es ging gerecht. Er sorgte immer dafür, dass die wichtigsten Flügel der CDU, Protestanten, Katholi-

---

[64] Zitiert nach Dettling, Warnfried: Von Kohl zu Schäuble, in: Blätter für deutsche und internationale Politik 42 (1997) 12, S. 1418-1421, hier S. 1419.
[65] Gauland (Anm. 53), S. 56.

ken, Nationalkonservative und Sozialausschüsse einen wichtigen, öffentlich wahrnehmbaren Repräsentanten hatten; die entscheidenden unter ihnen waren wohl Norbert Blüm, Gerhard Stoltenberg, Alfred Dregger und Manfred Kanther.

So sorgte Kohl immer wieder für eine bemerkenswerte Geschlossenheit seiner Partei. Denn schließlich leitete sich seine Macht immer in höherem Maße von seiner innerparteilichen Stellung ab als von seiner Leistung im Amt des Bundeskanzlers.

1990-1998: Einheit und Abwahl

Die Krisenstimmung des Sommers 1989 war mit dem Mauerfall und der rasch folgenden Wiedervereinigung auf einen Schlag beseitigt. Mit der Inszenierung Kohls in der geschichtsträchtigen Rolle des Vaters der Einheit war seine Stellung innerparteilich endgültig unangefochten, ja geradezu unkritisierbar. Nun schöpfte die CDU – die Partei der Einheit – einen nicht unerheblichen Teil ihrer eigenen Identität aus dem Wirken ihres Vorsitzenden. Kohls Macht stützte sich nach der für die CDU überaus erfolgreichen Bundestagswahl 1990 auf einen Mythos der Unbesiegbarkeit, schließlich war es ihm immer wieder gelungen, scheinbar aussichtslose Situationen noch einmal umzudrehen, seine Partei an der Regierung zu halten.

Mit dieser neuen Rolle im „Scheinwerferlicht der Weltöffentlichkeit" verlor er mehr und mehr die Fähigkeit zur distanzierten, kritischen Bewertung der eigenen Leistungen und Fähigkeiten.[66] Er schottete sich im Kanzleramt immer weiter gegen Kritik ab, überließ die tatsächliche Regierungsarbeit anderen, vor allem dem Fraktionsvorsitzenden Schäuble[67], umgab sich so weit wie möglich mit Vertrauten und wurde immer misstrauischer. Gerade von der Person des Generalsekretärs schien ihm dauerhaft eine Gefahr für seine eigene Stellung auszugehen. So waren Geißlers Nachfolger parteipolitisch unerfahrene Menschen – ohne Ehrgeiz, der Partei zu einer wenn auch begrenzten Form von Eigenständigkeit zu verhelfen.[68] So verfügte Volker Rühe in der Parteiarbeit über wenig Erfahrung, kam aus dem völlig einflusslosen Landesverband Hamburg, sah sich eher in der Fraktion verwurzelt und konnte Kohl nicht über eigene Netzwerke gefährden.[69] Sein Nachfolger Peter Hintze, ein evangelischer Pfarrer, hatte zwar durchaus analytische Fähigkeiten – er verhalf Kohl 1994 mit Hilfe seiner Rote-Socken-Kampagne zur Bundestagsmehrheit[70] –, sonst vermochte er aber gegen die zu-

---

[66] Busche, Jürgen: Die CDU wirkt kopflos, in: Süddeutsche Zeitung, 17.04.1994.
[67] O.V.: Helmut Kohl – wer sonst?, in: Der Spiegel, 17.04.1992.
[68] O.V.: „Herr, bin ich's?", in: Die Woche, 15.04.1993.
[69] Langguth (Anm. 49), S. 52.
[70] Ebd., S. 54.

nehmende Beratungsresistenz des Kanzlers ebenso wenig etwas auszurichten wie sein Vorgänger. Die Bundesgeschäftsstelle degenerierte immer mehr zum Dienstleistungsbetrieb. Eine ernstzunehmende strategische Führung der Partei fand nicht mehr statt, sie wurde ab 1995 regelrecht kampagnenunfähig.

Durch den Anschluss der Ost-CDU vergrößerten sich außerdem die Partei und ihre Gremien so sehr, dass sie kaum noch arbeitsfähig waren. Im Kabinett saßen mehr und mehr Minister von Kohls Gnaden, wie Rudolf Seiters, Volker Rühe, Angela Merkel und Hannelore Rönsch. Und auch aus den Landesverbänden erwuchsen dem Kanzler nach den zahlreichen Wahlniederlagen kaum noch starke Kritiker oder gar Konkurrenten. Es gab in den 90er-Jahren, nach der Abwahl der Ministerpräsidenten Ernst Albrecht in Niedersachsen, Walter Wallmann in Hessen, Bernhard Vogel in Rheinland-Pfalz und dem Tod des Schleswig-Holsteiners Uwe Barschel faktisch keinen mächtigen CDU-Landespolitiker mehr, dessen Widerspruch Kohl ernsthaft hätte in Bedrängnis bringen können. Zwar gab es zuweilen Aufstände der so genannten „Jungen Wilden", der Nachwuchspolitiker um Roland Koch und Christian Wulff, die offen Helmut Kohls Führungsstil kritisierten. Sie verhinderten so immerhin die völlige Entmündigung der Partei, trotzten dem Parteivorsitzenden gelegentlich auch Lippenbekenntnisse zu Organisationsreformen ab.[71] Ernsthaft in Bedrängnis bringen konnten sie ihn jedoch nicht. Auch die Parteiprogramme jener Zeit dienten immer stärker der Machtabsicherung, der Harmoniesucht des Kanzlers. Gewiss, die CDU konnte ihrer Natur nach nie Programmpartei sein, dennoch hatte sie in den 50er- und 60er-Jahren meist im Prozess des Regierens die Antworten auf aktuelle Probleme und Herausforderungen gefunden. Diese Fähigkeit kam ihr in der selbstgerechten Trägheit der letzten Kohl-Jahre immer mehr abhanden. Der Machterhalt wurde nunmehr zum Selbstzweck.[72] Und so lief auch der letzte Wahlkampf unter ihrem „ewigen Kanzler" selbstzufrieden, mit dem nachgerade glorifizierten „Übervater" als „Weltklasse für Deutschland", dessen Mythos auch Kohl selbst verfallen war. Zwar gab es, insbesondere mit Wolfgang Schäuble, zahlreiche hellsichtige, aber stumme Kritiker, die die Niedergangserscheinungen der CDU genau wahrnahmen und die Wahlniederlage deutlich kommen sahen. Doch auch sie unterwarfen sich dem ungebrochenen Machtwillen des Kanzlers – nicht selten aus Furcht vor der Unbarmherzigkeit, mit der Kohl seine Kritiker zu verfolgen pflegte.

Nach der Wahlniederlage im Herbst 1998 übernahm Kohl zwar die Verantwortung und legte das Amt des Parteivorsitzenden nieder. Aus der Politik schied er jedoch vorerst nicht aus.

---

[71] O.V.: Unbequemer Hoffnungsträger, in: Die Welt, 06.11.1998.
[72] Gauland (Anm. 53), S. 54.

Der übergangene Vorsitzende: Wolfgang Schäuble

Als Wolfgang Schäuble im Herbst 1998 Vorsitzender der CDU wurde, folgte das einer lange gewachsenen, inneren Notwendigkeit, wie sie im kurzlebigen politischen Geschäft der Gegenwart eher selten geworden ist. Beinahe 20 Jahre gehörte er nun zum „System Kohl", war er der „Ziehsohn" des Kanzlers – und in dieser ganzen Zeit gab es keine parlamentarische oder gouvernementale Stellung, die er nicht mit der sprichwörtlichen schlafwandlerischen Sicherheit gemeistert hätte. Ohne Zweifel profitierte er in seiner Karriere als Kanzleramtschef, Parlamentarischer Geschäftsführer, Innenminister und Fraktionsvorsitzender wesentlich von der Protektion Helmut Kohls und der Schwäche seiner Vorgänger in dem jeweiligen Amt: Waldemar Schreckenberger[73], Friedrich Zimmermann und Alfred Dregger seien hier Beispiele genug. Dennoch, Schäuble war sicher das größte politische Talent der CDU jener Jahre, galt als ihr effizientester „Krisenmanager".[74]

Seine entscheidenden Vorzüge, aber auch manche Defizite im menschlichen Umgang wurden zu einem Gutteil schon in Schäubles Elternhaus geprägt. Er wurde 1942 in eine wertkonservative, protestantische Mittelschichtfamilie hinein geboren. In seiner Familie zählten Werte wie Fleiß und Pünktlichkeit, Disziplin und Effizienz; man hielt sich viel darauf zugute, hart und ehrlich für den bescheidenen Wohlstand zu arbeiten, ganz im Sinne der protestantischen Leistungsethik von Max Weber. So wurden auch die schulischen Leistungen der Kinder streng überwacht; schließlich war die universitäre Ausbildung, das Ziel eines jeden ehrgeizigen sozialen Aufsteigers für seine viel versprechenden Söhne, noch nicht jedem zugänglich. Wolfgang Schäuble bewies früh, dass er diesen Anforderungen gewachsen sein würde. Er verfügte über eine außergewöhnliche intellektuelle Schärfe, die er ohne viel Nachsicht einzusetzen wusste. Bereits in der Schule galt er als arrogant, besserwisserisch und überheblich, lieferte jedoch zugleich stets gute Leistungen ab.[75]

Schon während seines Jurastudiums und seiner ersten politischen Aktivitäten zeigte sich die nachhaltige Prägung durch dieses elterliche Leistungsprinzip. Er weigerte sich beispielsweise, die Bewerbung politischer Mitstreiter für bestimmte Positionen zu unterstützen, wenn deren akademische Ergebnisse ihm nicht zufrieden stellend erschienen. Politische Ämter musste man sich seiner

---

[73] Zu Schreckenberger vgl. Korte, Karl-Rudolf: Deutschlandpolitik in Helmut Kohls Kanzlerschaft. Regierungsstil und Entscheidungen 1982-1989, Stuttgart 1998, S. 31 ff.

[74] Riehl-Heyse, Herbert: Ein Mann, effektvoll auf dem Weg zum Mythos, in: Süddeutsche Zeitung, 23.11.1991.

[75] Filmer, Werner / Schwan, Heribert: Wolfgang Schäuble: Politik als Lebensaufgabe, München 1994, S. 45 ff.

Überzeugung nach erst durch besondere Leistungen verdienen.[76] Schäubles eigene Karriere verlief dabei schnell und zielstrebig. Die Zeit der Studentenbewegung, das prägende Erlebnis seiner Generation, ging völlig an ihm vorbei. Er gehörte zu jenen, die tatsächlich studieren wollten, drei Jobs gleichzeitig hatten und die, wie sie meinten, undankbare Rebellion und verwöhnte Faulheit ihrer Kommilitonen als abstoßend empfanden. So fand er rasch seinen Weg in die CDU, durchlief eine kurze, erfolgreiche Parteikarriere und kam 1972 in den Bundestag. Schnell wurde er dort von Helmut Kohls Gespür für außergewöhnliche Talente erfasst und in den engen Kreis um den Parteivorsitzenden hineingezogen.[77]

Die ruhige Effizienz des talentierten Juristen, die harte Disziplin des gläubig und streng erzogenen Protestanten, sein großes taktisches Verhandlungsgeschick und sein in der CDU konkurrenzloses rhetorisches Talent kamen ihm in seiner Partei sehr zugute, gerade weil der Kanzler diese Eigenschaften kaum besaß. So konnte er stets als das „vernünftige Moment" der Regierung glänzen, die emotionale Politik des Kanzlers in die Rationalität des deutschen Verwaltungshandelns übersetzen.[78] Diese Fähigkeiten brachten ihm schon früh die Anerkennung der veröffentlichten Meinung, gute Werte in der deutschen Demoskopie und den Respekt vieler Parteifreunde ein.

Trotz all dieser Eignungen und Erfolge stießen seine Ambitionen, durch das lebensbedrohliche Attentat 1990 eher vergrößert denn gedämpft, jedoch stets an eine Grenze – an das Machtbewusstsein Helmut Kohls. Immer wieder ernannte dieser ihn, einem autoritären Herrscher gleich, zu seinem Nachfolger, immer wieder ließ er Gelegenheiten zur „Amtsübergabe" unbeachtet verstreichen.[79] Doch nicht nur hierbei ließ Kohl Schäuble an seine Grenzen stoßen: Wenn sein Adlatus auch nur den leisesten Versuch unternahm, sich neben dem Kanzler eigene Freiräume zu schaffen, schien ihn dessen Nähe gleichsam zu erdrücken. Immer wieder ließ Kohl durchaus kluge, zukunftsweisende Initiativen Schäubles im Nichts verlaufen. Stets stand eine der drei unabänderlichen Prioritäten Kohls den Erneuerungs- und Öffnungsplänen Schäubles für Partei und Regierung entgegen: die Stellung Blüms als Arbeitsminister und wesentlichem Vertreter der Sozialausschüsse, die alternativlose Bindung an den Koalitionspartner FDP[80] oder Kohls eigene Rolle als ewiger „Kanzler der Einheit" in den Geschichtsbü-

---

[76] Filmer / Schwan (Anm. 75), S.53.
[77] Reitz, Ulrich: Wolfgang Schäuble – Die Biographie, Bergisch Gladbach 1996, S. 29 ff.
[78] Walter, Franz / Müller, Kay: Die Chefs des Kanzleramtes: Stille Elite in der Schaltzentrale des parlamentarischen Systems, in: Zeitschrift für Parlamentsfragen 33 (2002) 3, S. 474-501, hier S. 493 f.
[79] Reitz (Anm. 77), S. 13.
[80] Jäger, Wolfgang: Wer regiert die Deutschen? Innenansichten der Parteiendemokratie, Zürich 1994, S. 41.

chern. So scheiterten Initiativen Schäubles zu einer großkoalitionär organisierten Steuerreform, zur Senkung der Lohnnebenkosten, zu einer Ökosteuer, zu einer langfristig geplanten schwarz-grünen Orientierung.[81] Und immer wieder wussten auch Schäubles Gegner den Machtinstinkt des Kanzlers geschickt für ihre Zwecke zu instrumentalisieren.[82] Trotz dieser Demütigungen fand Schäuble jedoch nie den Mut, sich offen gegen den Kanzler aufzulehnen, zu tief steckte er schon selbst im „System Kohl", um diesen Schritt noch zu wagen.

Als die Union die Bundestagswahlen 1998 verlor und Schäuble schließlich doch noch an die Spitze der Partei gelangte, sein Lebensplan sich endlich zu erfüllen schien, fand er Bedingungen vor, die nicht mehr so recht zu seinen politischen Talenten zu passen schienen. Er war immer Motor der Regierung gewesen, als Moderator der Opposition musste er sich schwer tun. Denn Schäubles Aufgabe hätte es nun sein müssen, die verunsicherte Partei möglichst sicher und geschlossen durch die unangenehme Zeit der Opposition zu führen: Er hätte im Konsens mit der Partei einige vorsichtige personelle und inhaltliche Veränderungen anstrengen und vor allem das Patronagesystem der Kohl-Ära zumindest so weit einschränken müssen, dass es den destruktiven Charakter der letzten Regierungsjahre verloren hätte.

Hatte Schäuble tatsächlich die Chance, zum Erneuerer der CDU zu werden? Es stand dem wohl zu vieles entgegen. Da war einmal der Alt-Kanzler, von seiner Partei in immer noch großer Ehrfurcht zum Ehrenvorsitzenden erhoben und in dieser Funktion in allen Führungsgremien der Partei mit einem Sitz versorgt. Seine Anwesenheit verhinderte zuverlässig jede Form der Aufarbeitung, der Analyse und Veränderung. Auch die sich nach den zyklischen Abläufen des deutschen Föderalismus einstellenden Landtagswahlerfolge des Jahres 1999 und die vielen Pannen der neuen Bundesregierung taten ein Übriges, die Niederlage als Betriebsunfall aussehen zu lassen, wie es bereits 1969 geschehen war. Hinzu kam, dass Schäuble über keine wirksamen Mittel verfügte, um den Einfluss des Alt-Kanzlers wenigstens einigermaßen einzudämmen. Er war selbst nicht über die Partei groß geworden, verfügte nicht über ausreichend ihm persönlich verpflichtete Truppen. Seine Fraktion, der er 1998 bereits sieben Jahre vorsaß, achtete und respektierte ihn zwar überwiegend, besonderer persönlicher Beliebtheit erfreute er sich dort jedoch nicht. Dafür trat er immer noch zu kalt, zu belehrend auf, argumentierte oft mit schneidender Schärfe; dafür kostete er es zu sehr aus, schneller und kreativer denken zu können als andere.[83]

---

[81] Kornelius, Stefan: Die Getriebenheit der Sphinx, in: Süddeutsche Zeitung, 24.11.1995; Reitz, Ulrich: Schäuble und Kohl oder Kopf und Bauch, in: Die Welt am Sonntag, 10.03.1996; o.V.: Der gefesselte Reformer, in: Die Woche, 26.09.1997.
[82] Vgl. Niejahr / Pörtner (Anm. 58), S. 37.
[83] Filmer / Schwan (Anm. 75), S. 53; Reitz (Anm. 77), S. 21.

Doch nicht nur diese Defizite des politischen Stils schwächten seine Stellung in der Partei. Auch sein vom strengen Protestantismus der Eltern geprägtes Gesellschaftsbild wurde hier nicht immer goutiert. Wolfgang Schäuble war ein Asket, seine Reden und Bücher Appelle an Fleiß, Genügsamkeit, Sparsamkeit und Härte gegen sich selbst.[84] Er hätte kaum einen deutlicheren Kontrast zur wohligen Gemütlichkeit der „fetten Jahre" unter Helmut Kohl verkörpern können. So sehr er damit auch in einem wesentlich realistischeren Verhältnis zur Lage der Bundesrepublik gestanden haben mag als der Altkanzler, und so sehr ihn die Partei angesichts seiner überragenden Talente auch als ihren Vorsitzenden akzeptierte, emotionale Bindungen und verlässliche Loyalitäten konnte er so nicht aufbauen[85], zumal Letzteres auch an dem in einer Oppositionspartei chronischen Mangel an Pfründen scheiterte. Außerdem verfügte Schäuble kaum über starke Verbündete, die ihre Stellung nicht mindestens mittelbar dem Patronagesystem der Ära Kohl zu verdanken hatten. Insofern gab es wohl niemanden, der den Bruch mit den überkommenen Verhältnissen gesucht hätte. Auch Schäubles parteipolitisch eher unerfahrene Generalsekretärin Angela Merkel konnte ihm hier nur sehr begrenzt nützlich sein. Unter diesen Bedingungen war es Schäuble in seiner kurzen Zeit als Parteivorsitzender kaum möglich, die CDU tatsächlich zu führen, ihr ein neues Gesicht zu geben.

Letztlich entbehrte es angesichts dieser Bilanz jedoch nicht einer gewissen Ironie, dass er schließlich über die Rachsucht Helmut Kohls, die er so lange von sich fernzuhalten versucht hatte, stürzte. Sein erster Akt wirklicher Auflehnung gegen den Altkanzler, der unbedingte Wille, den Spendenskandal aufzuklären, kostete ihn – in ungünstiger Verbindung mit einer von ihm in Empfang genommenen, illegalen 100.000 DM-Spende – seine politischen Ämter. Schäuble wurde damit zu einem tragischen Vorsitzenden: Kohl hatte ihn groß gemacht und ihn letztendlich zu Fall gebracht.

Die unabhängige Vorsitzende: Angela Merkel

Die nachkriegsdeutsche Politik kennt Väter und Söhne, Enkel und „Junge Wilde". Sie besitzt ein eigenes Beziehungsgeflecht und spezifische Typologien. Daneben steht Angela Merkel. Sie ist nicht nur in ihrer eigenen Partei eine Ausnahmeerscheinung. Ihr Werdegang ist mit keiner anderen deutschen Politikerkarriere vergleichbar und kaum mit den vertrauten Kategorien zu bewerten.

---

[84] Vgl. z.B. Schäuble, Wolfgang: Und der Zukunft zugewandt, Berlin 1994; o.V.: Der Schattenkanzler, in: Wochenpost, 14.10.1994; o.V.: Ruf nach mehr Eigeninitiative, in: Die Welt, 24.02.1997.
[85] Bösch 2002 (Anm. 1), S. 148.

Ihre entscheidende politische und kulturelle Sozialisation erfuhr Angela Merkel in der relativen Abschottung des kulturprotestantischen Milieus der DDR; ihr Vater war Pastor in der Uckermark. So stand ihre Familie in ihrem ideologisch begründet antireligiösen Staat immer etwas im Abseits, war vorsichtig und misstrauisch – zwar keineswegs widerständisch, aber doch kritisch. Diese Außenseiterrolle spornte sie zu besonderem Ehrgeiz an. Gerade weil die Pfarrerfamilie mit der SED und ihrem Staat nichts im Sinn hatte, wollte sie durch Leistung unangreifbar sein.[86] So studierte Angela Merkel das höchst unpolitische Fach Physik, arbeitete und promovierte an der Akademie der Wissenschaften in Ostberlin.

Sie geriet erst 1989 mit dem Mauerfall in Kontakt mit der Politik, engagierte sich für den „Demokratischen Aufbruch" und kam schließlich durch Zufall in die CDU: Sicher hatte sie durch ihre christliche Erziehung eine gewisse weltanschauliche Nähe zu dieser Partei, ihr Weg dorthin verlief aber dennoch nicht zwangsläufig. Angesichts des großen Mangels an unbelasteten, begabten, zumal weiblichen Politikern in der ehemaligen DDR konnte sie jedoch in ihrer neuen Partei schnell Karriere machen. Schon bald galt sie als „Kohls Mädchen", immerhin erfüllte sie eine Anzahl parteiinterner Quoten und verhielt sich dem Kanzler gegenüber ausgesprochen loyal. So ernannte er sie schon 1990 zur Frauenministerin, holte sie ins Parteipräsidium und übertrug ihr 1994 schließlich das Bundesumweltministerium. Obwohl ihr eigentliches politisches Interesse eher in der Wirtschaftspolitik lag, bemühte sie sich fleißig und ehrgeizig, den neuen Ämtern gerecht zu werden. Die öffentliche Bewertung ihrer Arbeit fiel schon früh ausgesprochen gut aus. Schließlich war sie tatsächlich mal „etwas anderes". Ihre zu Anfang noch erfrischend schnoddrige Ausdrucksweise, ihre Abneigung gegen die in der Politik so verbreitete Phrasendrescherei und die Bereitwilligkeit, mit der sie zugab, auch mal etwas nicht zu wissen, machten sie selbst den chronisch gelangweilten Bonner Journalisten sympathisch.

Zwar ließ die Fürsorglichkeit des Kanzlers ihr kaum politische Freiräume – wie vor allem an ihrem Kompromiss über den Paragraphen 218 sichtbar wurde. Aber sie gab Angela Merkel auch Sicherheit. So konnte sie sich abseits des allgemeinen Erfolgsdrucks allmählich und über einige Jahre hinweg entwickeln. Man merkte ihr auch durchaus an, dass sie die Politik zunächst noch als naturwissenschaftlichen Selbstversuch erlebte, ohne sich zu sehr in gängige Strukturen einfinden zu wollen.[87]

1998 wurde Merkel als ehemalige stellvertretende Bundesvorsitzende und auf ausdrücklichen Wunsch Wolfgang Schäubles, zu dem sie ein gutes Verhältnis hatte, Generalsekretärin. In ihrer kurzen Amtszeit konnte sie zwar nicht sehr

---

[86] Palmer, Hartmut: Besser als alle anderen, in: Der Spiegel, 16.09.1991.
[87] Neander, Joachim: Ein Ausflug an die Macht als Selbstexperiment, in: Die Welt, 23.10.1992.

viel bewegen, aber sie verbuchte gemeinsam mit Schäuble die sich 1999 einstellenden Landtagswahlerfolge, gab strahlend Interview um Interview, wurde immer populärer und lernte das parteipolitische Handwerk. Als dann die Spendenaffäre über die Partei hereinbrach, war Merkel die erste führende CDU-
Politikerin, die sich von Helmut Kohl distanzierte. Sie traute sich, die Pfade der
Parteidisziplin zu verlassen und sich vom Übervater ihrer Partei zu lösen[88], und
so stand sie als Erste für Aufklärung und Neuanfang. Gerade ihre Unabhängigkeit von den Jahrzehnte alten Machtnetzwerken verlieh ihr Glaubwürdigkeit und
bildete hier zum ersten Mal ihre entscheidende Ressource.[89] Die völlig verunsicherte Partei ergriff dankbar diese Chance eines Neuanfangs und wählte sie auf
dem Sonderparteitag in Essen im April 2000 mit sehr großer Mehrheit zur Parteivorsitzenden. In dieser Zeit entdeckte Angela Merkel ein für ihre Zwecke
ausgesprochen hilfreiches Führungsinstrument: die Regionalkonferenzen. In
diesen allen Parteimitgliedern offen stehenden Versammlungen sicherte sie sich
inzwischen insgesamt drei Mal die Unterstützung für ihre politischen Entscheidungen. Diese Basislegitimation half ihr immer wieder, Auseinandersetzungen
mit den alteingesessenen Parteifreunden zu überstehen. Denn hier, im beinahe
persönlichen Gespräch mit dem Parteivolk, wirkte sie besonders überzeugend,
offen und natürlich. Doch trotz aller lauten Begeisterung, die ihr dort entgegen-
schlug, diese Ressource der Glaubwürdigkeit allein reichte nicht für eine dauerhaft starke Stellung Merkels. Vielmehr verblasste dieser Nimbus schnell, und sie
erschien in den ersten beiden Jahren ihres Parteivorsitzes ausgesprochen
schwach, konnte die CDU kaum geschlossen führen. Man warf ihr vor, keine
wirkliche politische Linie zu haben, unberechenbar zu sein, manchen Parteifreunden galt sie auch als zu liberal. Häufig wurde ihr vorgeworfen, sich zu sehr
abzukapseln, wichtige Entscheidungen allein oder im kleinen Kreis zu treffen,
die Parteiführungsgremien entweder zu wenig einzubinden oder die Diskussion
dort nicht straff genug zu führen.

Hinzu kamen strukturelle und im politischen Management liegende Defizite. Zum einen stand ihr in Friedrich Merz ein angesehener, inhaltlich profilierter
und hoch ambitionierter Fraktionsvorsitzender gegenüber, der in seinem Ehrgeiz
nicht zuletzt auch vom Chef der mächtigen Nordrhein-Westfälischen Landesgruppe Norbert Lammert bestärkt wurde.[90] Diese Konkurrenz stellte sich für
Merkel im täglichen Geschäft als großes machtpolitisches Defizit heraus, denn es
gelang ihr damit nicht, das wichtigste Machtzentrum der Opposition und die
entscheidende Clearingstelle zwischen CDU und CSU – die Fraktion – unter ihre

---

[88] Vgl. Birnbaum, Robert: Eine Frau blüht auf, in: Der Tagesspiegel, 13.12.1999.
[89] Boysen, Jacqueline: Angela Merkel. Eine deutsch-deutsche Biographie, Berlin 2001, S. 208 ff.
[90] Nelles, Roland / Inacker, Michael: Friedrich Merz grenzt sich von Angela Merkel ab, in: Die Welt,
03.02.2001; Höll, Susanne: Im Duo als Solist gut aussehen, in: Süddeutsche Zeitung, 08.02.2001.

Kontrolle zu bringen. Dabei wäre es gerade für sie als liberal geltende Parteivorsitzende sehr wichtig gewesen, die stärker konservativ geprägte Fraktion hinter sich zu wissen, ohne stets auf die zweifelhafte Loyalität ihres Fraktionsvorsitzenden hoffen zu müssen.[91]

Auch die Bundesgeschäftsstelle konnte Merkel lange Zeit nicht zu einem nutzbaren politischen Machtinstrument formen. Sei es aus parteipolitischer Unerfahrenheit oder aus Furcht vor zu viel Konkurrenz, die entscheidende Position des Generalsekretärs besetzte sie im Jahr 2000 zunächst mit dem weitgehend unbekannten Bundestags-Hinterbänkler Ruprecht Polenz. Er galt als außenpolitisch versierter, jedoch eher zurückhaltender Politiker – eine Reputation, die ihn als Generalsekretär schlicht disqualifizierte. Tatsächlich war Polenz weder bereit noch in der Lage, seine wesentliche Aufgabe, die scharfe Auseinandersetzung mit dem politischen Gegner, adäquat wahrzunehmen.[92] Schließlich ließ Merkel ihn bereits nach einem halben Jahr gehen. Doch auch sein Nachfolger Laurenz Meyer – weniger von Merkel nach Berlin gerufen als von Rüttgers geschickt – erwies sich zunächst als Missgriff. Er war zwar als ehemaliger Fraktionsvorsitzender im nordrhein-westfälischen Landtag in der konfrontativen Auseinandersetzung geübter als sein Vorgänger[93], schoss jedoch nicht selten über das Ziel hinaus.[94] Besonders ein Werbeplakat, auf dem er in Western-Manier nach Bundeskanzler Schröder fahnden ließ, verletzte die guten Sitten der politischen Auseinandersetzung, verunsicherte seine Partei, stellte geradezu ihre Kampagnenfähigkeit in Frage. So wurde er weder in der Partei noch in den Medien zu einem Sympathieträger.[95] Zudem vermochte auch er es lange Zeit nicht, die Regierung unter Druck zu setzen, sie tatsächlich vor sich her zu treiben. Man sagte ihm nach, seine Zeit lieber in einschlägigen Berliner Bars als am Schreibtisch zu verbringen. Und schließlich fand seine politische Karriere 2004 auch ihr zwar vorläufiges, aber doch unrühmliches Ende in einer Gehaltsaffäre.

Zu Meyers Nachfolger machte Merkel einen ihrer engsten Vertrauten aus der Bundestagsfraktion, den Ersten Parlamentarischen Geschäftsführer Volker Kauder. Dieser verfügte zwar über große politische Erfahrung, nicht zuletzt aus seiner Zeit als Generalsekretär in Baden-Württemberg, und hatte sich seiner Vorsitzenden als ein loyaler, fähiger Zuarbeiter empfohlen. Seine Berufung legte

[91] O.V.: Kohls „Mädchen" kann inzwischen auch kämpfen, in: Stuttgarter Nachrichten, 25.09.2002.
[92] Hildebrandt, Tina u.a.: „Das Rampenlicht blendet", in: Der Spiegel, 17.04.2000.
[93] Ulrich, Bernd: Angela Merkel will ankommen, in: Der Tagesspiegel, 24.10.2000.
[94] Hennecke, Hans-Jörg: Die dritte Republik: Aufbruch und Ernüchterung, München 2003, S. 170.
[95] Meng, Richard: Mayer lässt ausrichten: Bin das Gegenteil von amtsmüde, in: Frankfurter Rundschau, 25.07.2001; Melder, Heinz-Joachim: „Wo Rauch ist, da ist auch Feuer", in: Hannoversche Allgemeine Zeitung, 25.07.2001; Deupmann, Ulrich / Hildebrandt, Tina: Neigung zu Eigentoren, in: Der Spiegel, 29.01.2001.

ein deutliches Zeugnis von der prekären Personalausstattung der Bundespartei ab.[96]

Neben diesen personalpolitischen Problemen hatte Merkel aber auch lange um ihre persönliche Autorität zu fürchten. So war sie selbst den taktischen Manövern des Kanzlers nicht immer gewachsen, wie bei der Auseinandersetzung um die Steuerreform im Bundesrat, als Schröder die Front der Unionsländer aufspalten konnte, sichtbar wurde. Zusätzlich wurde Merkels Position auch durch die lange schwelende Frage nach dem Unionskanzlerkandidaten für die Wahlen 2002 geschwächt. Sie lieferte den Medien einen nicht enden wollenden Pool an Spekulationsmöglichkeiten – die Öffentlichkeit musste geradezu den Eindruck gewinnen, dass selbst die Partei nicht recht wusste, wer dieser Position gewachsen sein würde. Hier lag auch der Ursprung für viele Auseinandersetzungen Merkels mit dem in dieser Sache besonders ambitionierten bayerischen Ministerpräsidenten Edmund Stoiber.

Ihre unsichere Stellung ohne Hausmacht und wirkliche politische Verbündete ließ sie in dieser Zeit opportunistisch, mutlos und beliebig erscheinen. Sie versuchte, sich in alle Richtungen zu wenden, um nirgendwo anzuecken. Die von ihr pflichtbewusst eingerichteten Kommissionen zur Familienpolitik, zur Einwanderung und zur „Neuen Sozialen Marktwirtschaft" tagten zwar ordnungsgemäß und legten Papiere vor – an der Partei selbst gingen diese Anstrengungen jedoch weitgehend vorbei. Und auch ihre erste eigene Initiative der „Neuen Sozialen Marktwirtschaft" konnte sie kaum mit Leben füllen. So fielen die ersten umfassenden Beurteilungen ihrer Biographen ein oder zwei Jahre nach der Amtsübernahme ernüchtert aus: in einer gezielten Kontrastierung des lieben, netten, unbekümmerten Mädchens von 1989 mit der machtverdorbenen, emotionslosen Opportunistin, die sich durch die große Politik und besonders ihre Partei hatte korrumpieren lassen. Angela Merkel wolle selbst weder rechts noch links, sondern vorne sein.[97]

Im Grunde war es ein Glücksfall für Angela Merkel, dass sie angesichts der Stimmung in der Partei 2002 zugunsten des in der Demoskopie besser bewerteten Stoiber auf die Kanzlerkandidatur verzichtete. Denn nachdem mit der Niederlage Stoibers der enorme Druck von ihr genommen worden war, konnte sie ihren spezifischen politischen Stil entwickeln und die für sie erheblich verbesserten Bedingungen ausnutzen. Es gelang Merkel, sich allmählich ein kleines Netzwerk, das zunächst belächelte „girls camp", aufzubauen. Ihm gehörten mit beispielsweise Anette Schavan, Tanja Gönner und Hildegard Müller Ministerinnen

---

[96] Vgl. Feldmeyer, Karl: Die größten Risiken drohen aus der eigenen Partei, in: Frankfurter Allgemeine Zeitung, 24.12.2004.
[97] Roll, Evelyn: Das Mädchen und die Macht: Angela Merkels demokratischer Aufbruch, Berlin 2001; Boysen (Anm. 89), S. 165 ff.

und Präsidiums- bzw. Vorstandsmitglieder aus wichtigen Landesverbänden an. Sie waren in diesen Gremien stets für „bestellte Wortmeldungen" zugunsten der Vorsitzenden verfügbar und nutzten als wichtiges internes Kommunikationsmittel das Handy, um untereinander wichtige Informationen per SMS unmittelbar auszutauschen. Auch Christoph Böhr aus Rheinland-Pfalz und Dieter Althaus aus Thüringen gehörten im Parteivorstand zu Merkels treuen Anhängern. So gewann sie in der Parteiführung allmählich eine stärkere Position, konnte Sitzungen straffer führen.[98]

Ein großer machtpolitischer Vorteil ergab sich zudem für Merkel aus den folgenden Landtagswahlergebnissen. Die jungen, aufstrebenden Ministerpräsidenten, für einen CDU-Vorsitzenden immer eine Gefahr, blockierten sich seit 2003 gegenseitig. Je mehr Landesväter die Union stellte, desto sicherer saß Merkel im Sattel. Insofern ergab sich im Vergleich zu den SPD-"Enkeln" der 90er-Jahre, die einander vehement bekämpft hatten, ein gegenteiliger Effekt. Die großen Unterschiede in politischem Stil und politischen Zielen der „Jungen Wilden" – Roland Koch hatte mit seinem rechtspopulistischen Wahlkampf „auf die harte Tour" gewonnen, Christian Wulff und Peter Müller bewiesen, dass es auch anders ging – verhinderten eine Allianz dieser neuen Generation.

Erst in jener Konstellation wagte Merkel den wirklichen Bruch mit der CDU Kohlscher Prägung, erst jetzt konnte sie es sich erlauben, allen überkommenen Konventionen zuwider zu handeln. Seitdem entwickelte sich Merkel immer stärker zum Antitypus Kohls, sie verstieß gegen eine ganze Anzahl von ehernen Regeln der politischen Führung ihrer Partei, zumal in der Opposition. Sie hatte von nun an keine Scheu mehr, ihre eigenen Interessen hart zu verfolgen, auch wenn sie dadurch mächtige Parteifreunde gegen sich aufbringen musste. Einer Absprache mit Edmund Stoiber entsprechend, drängte sie kurz nach der Wahl den populären Fraktionsvorsitzenden Friedrich Merz aus dem Amt – das Verhältnis der beiden hat sich von dieser Demütigung nie mehr erholt.[99] In der Auseinandersetzung um die Bundespräsidentenkandidatur im Frühjahr 2004 brüskierte sie gleichsam mit einem Streich sowohl ihren Vorgänger Schäuble, den sie als Kandidaten verhindern wollte, als auch den hessischen Ministerpräsidenten Koch, der sich zu dessen Gunsten ausgesprochen hatte. Mit ihrer gelassenen Härte war sie dem ungezügelteren Ehrgeiz ihrer Parteifreunde weit überlegen. Und auch in der programmatischen Führung der CDU hatte sie nun keine Scheu mehr vor großen Veränderungen. Im Laufe von zwei Jahren trieb sie die „Entsozialdemokratisierung" der CDU energisch voran, die in der Ära Kohl so einflussreichen Sozialausschüsse entmachtete sie. Zunächst schloss sie sich ohne Zögern den drastischen Vorschlägen zum Umbau der sozialen Sicherungssyste-

[98] Vgl. Schütz, Hans Peter: Merkels Welt, in: Der Stern, 27.05.2004.
[99] Feldmeyer, Karl: Meisterin im Kampf, in: Frankfurter Allgemeine Zeitung, 25.09.2002.

me der Herzog-Kommission und der ebenso radikalen Steuerreform von Friedrich Merz an. Ferner unterstützte sie die Forderungen des marktliberalen Flügels ihrer Partei: Abschaffung des Kündigungsschutzes, Lockerung der Tarifvertragsbindung, Erhöhung der Wochenarbeitszeit.

In ihren Reden propagierte Merkel mittlerweile die völlige Ökonomisierung von Gesellschaft und Politik. Sie schritt als Vorsitzende tatsächlich energisch voran und beschränkte sich nicht auf die vorsichtige Integration und Moderation der unterschiedlichen Interessen. Dieser politische Stil war zwar insgesamt machtpolitisch nicht ungefährlich, jedoch in Anbetracht ihrer innerparteilichen Stellung ausgesprochen erfolgreich. Sie konnte auf diese Weise aus ihrer vermeintlichen Schwäche, ohne feste Hausmacht und Verbündete dazustehen, eine Stärke machen. Sie nutzte ihre Unabhängigkeit, denn sie kannte biographisch weder die Bedrohung noch die Wärme, die von diesen Netzwerken ausgehen können. Deshalb konnte sie in der politischen Auseinandersetzung eine Respekt einflößende Härte beweisen.

Diese Form des Politikmachens entspricht viel eher Merkels persönlicher und politischer Prägung. Als Physikerin kann sie weit besser in klaren, logischen Zusammenhängen denken und argumentieren als in vorsichtigen Kompromissen. Sie stellt deshalb mit einer gewissen Glaubwürdigkeit eine Politikerin dar, die einen für richtig erkannten Weg konsequent zu Ende geht, ohne sich unterwegs in Formelkompromissen zu verirren. Und auch ihre inhaltlichen Ziele lassen sich mit ihren biographischen Prägungen kongenial verknüpfen, denn durch ihre Erfahrung des Staatssozialismus kann sie die wirtschaftsliberale Öffnung der CDU überzeugend begründen. Ihre eigene innerparteiliche Stellung konnte Merkel auf diese Weise stark festigen. Die inhaltliche Bandbreite der CDU hat sie jedoch deutlich verschmälert. So gibt es unter Merkel keinen glaubwürdigen und von der Parteispitze rückhaltlos unterstützten Sozialpolitiker mehr, die Partei verliert deshalb zusehends den Kontakt zu den sozial schwächeren Bevölkerungsschichten.[100] Die Anbindung zum nationalkonservativen Milieu geht mangels eines überzeugenden Sprachrohrs ebenso verloren. Rechts von der CDU ist zum ersten Mal seit den ausgehenden 60er-Jahren wieder reichlich Platz.

Insgesamt individualisiert sich die CDU unter Merkel immer weiter – es scheint nicht mehr sicher, ob sie noch die spezifische „Balance zwischen Individuum und Gemeinschaft, zwischen Freiheit und Bindung"[101] der bürgerlichen Volkspartei halten kann. Dies scheint umso problematischer, als die CDU noch nie über so wenig inneren Zusammenhalt verfügt hat, wie sie es zu Beginn des neuen Jahrtausends tut. Die beiden früheren zentralen Integrationsmittel der

---

[100] Gauland, Alexander: Der Furor der Reformen, in: Die Tageszeitung, 31.10.2003.
[101] Walter, Franz: Zurück zum alten Bürgertum: CDU/CSU und FDP, in: Aus Politik und Zeitgeschichte 54 (2004) B40, 27.09, S. 32-38, hier S. 38.

Partei, der Antikommunismus und das katholische Milieu, sind ihr – Ersteres vollständig, Letzteres doch weitgehend – abhanden gekommen. Unter Helmut Kohl konnte sie noch durch Macht und Patronage, Einheitsmythos und Pfälzer Kleinbürgerlichkeit zusammengehalten werden. Doch diese Zeiten sind vorbei. Politische Führung ist in der CDU noch selten so schwer gewesen wie im Moment.

Angela Merkel hat alle sich ihr bietenden Chancen so gut es ging genutzt; sie hat sich die Partei durch Härte und Überzeugung gefügig gemacht. Jedoch können die Folgen dieser Enttraditionalisierung der CDU langfristig wohl nur durch die Rückkehr an die Macht und die damit stets einhergehende Stabilisierung aufgefangen werden.

Charismatiker, Kärrner und Hedonisten. Die Parteivorsitzenden der SPD

Anne-Kathrin Oeltzen / Daniela Forkmann

Die SPD als Parteivorsitzender zu führen, ist keine leichte Aufgabe. Schließlich ist die SPD eine Partei mit langen Traditionen, eine Partei mit mehr als 140 Jahren Organisationsgeschichte. Die Sozialdemokratie besitzt einen ganz eigenen Organisationsstolz, der sich am Ende des 19. Jahrhunderts unter dem Bismarckschen Sozialistengesetz herausbildete, seine Hochzeit in der Weimarer Republik erfuhr und sich selbst in der Bundesrepublik immer wieder erneuert hat. Für die Parteimitglieder und Funktionäre der SPD ist das Amt ihres Parteivorsitzenden von einer ganz besonderen Aura umgeben. Nur so erklärt sich die Legende um die „Bebel-Uhr", die, seit sie 1963 wieder auftauchte, angeblich von jedem Vorsitzenden an seinen Nachfolger weitergegeben wird.[1] Der Parteivorsitzende soll inhaltlich Richtung geben und Orientierung bieten. Er soll den Sozialdemokraten das Gefühl vermitteln, auf der richtigen, auf der guten Seite zu stehen. Sozialdemokratinnen und Sozialdemokraten wollen stolz sein auf ihren Vorsitzenden. Der Parteivorsitzende ist also hohen Erwartungen ausgesetzt – Erwartungen einer großen Mitgliedschaft, die begeistert werden will. Denn in der Bundesrepublik war die SPD lange Zeit die einzige große Mitgliederpartei, sie besaß zu Beginn der 1950er-Jahre bereits über 600.000 Mitglieder[2], ihre Zahl überstieg im Jahr 1976 die Millionengrenze, sank dann aber kontinuierlich auf schließlich 650.000 Mitglieder im Jahr 2003[3]. Und diese vielen sozialdemokratischen Anhänger sind oft unzufrieden, zum Beispiel wenn ein sozialdemokratischer Bundeskanzler Kompromisse schließen muss, tatsächlich zu entscheiden hat. Dann muss die Partei mit ihren hehren Zielen und Ideen im Regierungsalltag vermeintlich zurückstecken.

---

[1] Tatsächlich wird die „Bebel-Uhr", die der stellvertretende Vorsitzende Willy Brandt 1963 anlässlich des 50. Todestages von August Bebel vom Kanton Zürich geschenkt bekam, von der Friedrich-Ebert-Stiftung treuhänderisch verwahrt. Vgl. Schwennicke, Christoph: Agenda 1863. Die SPD feiert heute ihren 140. Geburtstag, in: Süddeutsche Zeitung, 23.05.2003.

[2] Vgl. Jahrbuch der Sozialdemokratischen Partei Deutschlands 1950/51, o.O. o.J., S. 170; vgl. auch Jahrbuch der Sozialdemokratischen Partei Deutschlands 1952/53, o.O. o.J., S. 180.

[3] Vgl. Niedermayer, Oskar: Parteimitgliedschaften im Jahre 2003, in: Zeitschrift für Parlamentsfragen 35 (2004) 2, S. 314-321, hier S. 316.

Die Vorsitzenden der SPD haben sich in der Geschichte der Bundesrepublik in ganz unterschiedlicher Weise auf ihr schwieriges Amt eingelassen. Was waren das für Parteivorsitzende an der Spitze der SPD? Was prägte sie, und wie haben sie diese große Mitgliederpartei jeweils geführt? Eine Partei, in der es mit den Partei- und Regierungsspitzen in den Bundesländern stets potentielle Rivalen um die Macht in der Partei gibt. Und in der auch die Bundestagsfraktion ein konkurrierendes Machtzentrum sein kann, denn auch hier sind Politikerinnen und Politiker versammelt, die eigene Ambitionen verfolgen und selbst Einfluss auf Führung und inhaltliche Richtung der Partei nehmen wollen. Wie also hat die Führung der SPD in der Bundesrepublik funktioniert? Wurde hier aus verschiedenen Machtzentren heraus kollektiv geführt – oder lagen die Führungsämter von Partei und Fraktion eher in einer einzigen Hand?[4]

In der Bundesrepublik standen bisher neun Parteivorsitzende an der Spitze der SPD: Kurt Schumacher und Erich Ollenhauer hatten der Partei noch jeweils bis zu ihrem Tode vorgestanden. 1964 wurde dann Willy Brandt Parteivorsitzender. Auf seinen Rücktritt nach über 20 Jahren an der Spitze der SPD folgte eine Serie schneller personeller Wechsel im Amt des Parteivorsitzenden. Nach Hans-Jochen Vogel kamen in den 1990er-Jahren die „Brandt-Enkel"[5]: Björn Engholm und Rudolf Scharping, aber auch die etwa gleichaltrigen Oskar Lafontaine und Gerhard Schröder hielten sich jeweils nur kurze Zeit als Parteichef, bevor sie über Affären stolperten, aus dem Amt geputscht wurden oder von selbst zurücktraten. Seit dem Stabwechsel von Schröder zu Franz Müntefering im März 2004 ist dieser Zyklus nun beendet, denn zur Gruppe der „Enkel" hat Müntefering nie gehört.

Was also macht einen erfolgreichen Parteivorsitzenden aus in der SPD? Dass er die Partei um jeden Preis als Einheit zusammenhält? Dass er ihr Selbstbild und ihre Traditionen bewahrt – auch zu Lasten ihrer Regierungsfähigkeit? Oder dass er die Partei sich ändernden gesellschaftlichen und wirtschaftlichen Rahmenbedingungen anpasst, sie inhaltlich erneuert oder mit einem attraktiven Personalangebot an der Spitze regierungsfähig macht? Und was war eigentlich das Fundament der Parteivorsitzenden Schumacher, Ollenhauer und Brandt, von dem aus sie ihre Partei nachhaltig prägten? Wie sehr und weshalb hat sich schließlich die SPD unter der Führung der „Enkel", zuletzt unter dem Parteivorsitzenden und Kanzler Gerhard Schröder, verändert? Die Antworten auf diese

---

[4] Vgl. zur kollektiven Führung der SPD auch Walter, Franz: Führung in der Politik. Am Beispiel sozialdemokratischer Parteivorsitzender, in: Zeitschrift für Politikwissenschaft 7 (1997) 4, S. 1287-1336.

[5] Der Parteivorsitzende Willy Brandt hatte 1987 eine Gruppe jüngerer Politiker zu seinen Enkeln auserkoren, dazu zählten Gerhard Schröder, Björn Engholm, Herta Däubler-Gmelin, Heidi Wieczorek-Zeul, Rudolf Scharping und Oskar Lafontaine. Vgl. Merseburger, Peter: Willy Brandt. 1913-1992. Visionär und Realist, Stuttgart/München 2002, S. 799.

Fragen müssen differenziert ausfallen, denn zum einen haben die Vorsitzenden
die SPD jeweils mit ganz eigener Handschrift geführt, zum anderen haben sie
eine jeweils recht unterschiedliche Partei vorgefunden, eingebettet in immer neue
Rahmenbedingungen. So haben sich die Führungsstrukturen der SPD und auch
die Partei selbst im Lauf der Geschichte der Bundesrepublik immer wieder verändert.[6]

Charismatisch, führungsstark – und erfolglos: Kurt Schumacher

Kurt Schumacher übernahm seine führende Rolle in der SPD in einer historischen Sondersituation: im kriegszerstörten Deutschland des Jahres 1945. Die
Sozialdemokratie existierte damals nicht als Partei, sie besaß keine Organisation,
keine Strukturen, keine Führungsgremien. Zwar wurden frühere SPD-
Funktionäre und Parteimitglieder in den Städten und Regionen des besetzten
Deutschlands wieder aktiv. Aber ob, wann und wie sich die SPD als Partei neu
oder wieder formieren würde, war so offen wie die gesamte Zukunft Deutschlands. In dieser Ausnahmesituation schuf sich Kurt Schumacher mit dem „Büro
Dr. Schumacher" in Hannover eine Aktionsbasis, von der aus er den Parteiaufbau koordinierte und vorantrieb.[7] Fast ein Jahrzehnt hatte er im Nationalsozia-
lismus in KZ-Haft verbringen müssen. Körperlich ausgezehrt und von Krankheit
gezeichnet, steckte Schumacher seine ganze Kraft in den Aufbau der Partei.
Noch im Jahr 1945 gelang es ihm, die zentrale Leitung von Parteiaufbau und
innerparteilicher Willensbildung zu übernehmen, indem er von elf westdeutschen
Parteibezirken ein Mandat einholte, das den „früheren Reichstagsabgeordneten
Dr. Kurt Schumacher mit der organisatorischen und politischen Führung der
Partei im gesamten Reich"[8] beauftragte.

In der Weimarer Sozialdemokratie hatte Schumacher dem Parteivorstand
nicht angehört. Er war Reichstagsabgeordneter gewesen, aber keine exponierte
Parteipersönlichkeit. Von 1924 bis 1931 war er Abgeordneter im württembergischen Landtag gewesen und hatte als Journalist für eine Parteizeitung, die

---

[6] Anne-Kathrin Oeltzen verfasste die Abschnitte Schumacher bis Brandt, Daniela Forkmann schrieb
die Kapitel Vogel bis Müntefering.
[7] Die Mitarbeiter waren typische Weimarer Parteifunktionäre; mit Hermann Hasselbring, Egon
Franke, Alfred Nau und Herbert Kriedemann standen Schumacher loyale Mitarbeiter zur Seite, die
von seiner Persönlichkeit fasziniert waren. Vgl. Merseburger, Peter: Der schwierige Deutsche: Kurt
Schumacher, Eine Biographie, Berlin 1997, S. 306-311.
[8] Zit. nach Grebing, Helga: Kurt Schumacher als Parteivorsitzender und seine Kontrahenten, in: Haus
der Geschichte der Bundesrepublik (Hg.): Nach-Denken. Kurt Schumacher und seine Politik, Berlin
1996, S. 13-28, hier S. 16.

„Schwäbische Tagwacht", gearbeitet.[9] In der Nachkriegs-SPD jedoch lagen alle Führungsämter bald gebündelt in seiner Hand: Seit Mai 1946 war er gewählter Parteivorsitzender, zur Bundestagswahl 1949 trat er als Spitzenkandidat der SPD an und übernahm im selben Jahr auch den Vorsitz der SPD-Bundestagsfraktion. Selbst für das Amt des Bundespräsidenten schlug die SPD im September 1949 Schumacher als ihren Kandidaten vor. Bis zu seinem Tod im August 1952 blieb er die unangefochtene Führungspersönlichkeit der SPD, obwohl die Partei mit ihm an der Spitze bei den Wahlen zum ersten Deutschen Bundestag mit 29,2% keinen überragenden Erfolg errungen hatte.

Dass Schumacher aus eigener Kraft die Führung der Westzonen-SPD übernehmen konnte, war zum einen auf die nach Kriegsende eingeschränkten personellen Ressourcen der SPD zurückzuführen. Nur wenige aus der Führungsriege der Weimarer Sozialdemokratie hatten die Verfolgung durch die Nationalsozialisten und den Zweiten Weltkrieg überlebt. Vom Londoner Exilparteivorstand erwuchs keine direkte Konkurrenz, denn nach dessen Selbstverständnis sollte die Nachkriegs-SPD von den Sozialdemokraten getragen werden, die in Deutschland geblieben und hier Widerstand gegen die Nationalsozialisten geleistet hatten.[10] In der politischen Generation Kurt Schumachers, unter den so genannten „militanten Sozialisten", hatte es vor 1933 mit Theodor Haubach, Julius Leber und Carlo Mierendorff fähige Politikertalente gegeben. Kurt Schumacher war der Einzige von ihnen, der das Kriegsende erlebte.[11] Anderen Weimarer SPD-Politikern sprach Schumacher die charakterliche Fähigkeit zur Mitarbeit an führender Stelle ab, weil sie vor dem Nationalsozialismus kapituliert hätten.[12] Als Politiker und hohe Funktionäre blieben somit nur Persönlichkeiten, die selbst eine makellose Biographie besaßen, die sich entweder im Exil weiter für die SPD engagiert oder die im Widerstand gekämpft und gelitten hatten.

Zum anderen war Schumachers eigener Antrieb, das Schicksal der SPD nach Kriegsende mit zu bestimmen, von entscheidender Bedeutung. Als Sozialdemokrat hatte er in KZ-Haft gesessen, für seine politischen Überzeugungen war er durchs Feuer gegangen. Daraus folgte seine enorme Charakterstärke und Willenskraft, seine fast brutale Entschlossenheit zur Selbstbehauptung, die ihn die Haft hatte durchstehen lassen. „Was wir hier erdulden müssen, wird uns die Berechtigung zur politischen Führung in den Jahren nach Hitler geben"[13], sagte Schumacher im Gespräch mit einem Mithäftling in Dachau. Schumachers unbe-

---

[9] Vgl. Klotzbach, Kurt: Der Weg zur Staatspartei. Programmatik, praktische Politik und Organisation der deutschen Sozialdemokratie 1945 bis 1965, Bonn 1996, S. 44.

[10] Vgl. ebd., S. 48.

[11] Vgl. Stamm, Thomas: Kurt Schumacher als Parteiführer, in: Geschichte in Wissenschaft und Unterricht 40 (1989) 5, S. 257-277, hier S. 259.

[12] Vgl. ebd., S. 261 f.

[13] Zit. nach Merseburger (Anm. 7), S. 154.

dingter Wille, seine Partei zu führen, war eine Eigenschaft, die spätere Parteivorsitzende nicht immer mitbrachten. Für Schumacher war die Führung der Nachkriegs-SPD geradezu eine Berufung, für die er weder sich selbst noch die SPD
schonte: Er opferte sich auf für seine Partei – und schwor diese zugleich mit
unnachgiebiger Härte auf sich ein.

Kurt Schumacher übte auch über den Kreis sozialdemokratischer Parteimitglieder und Funktionäre hinaus eine starke Wirkung aus, seine Persönlichkeit
faszinierte im Nachkriegsdeutschland. Auch die wesentliche Ressource von
Schumachers Führungskraft wurzelte in seiner Leidenszeit in den Konzentrati-
onslagern: seine moralische Autorität. Schumacher war von der deutschen Geschichte gezeichnet, als Kriegsfreiwilliger hatte er mit 18 Jahren im Ersten Weltkrieg an der Front gestanden und im Dezember 1914 seinen rechten Arm verloren.[14] Seine politische Biographie war mit der Weimarer Republik verflochten,
mit deren Entstehung, politischer Kultur und Untergang. Dieser Untergang wurde Schumachers persönliches Verhängnis – schuf aber zugleich die Grundlage
seiner späteren moralischen Autorität. Er war, was mit Max Weber als ein charismatischer Führer bezeichnet werden kann: Er besaß eine als „außeralltäglich"
geltende Qualität einer Persönlichkeit", aufgrund der eine Person „als ‚Führer'
gewertet wird"[15]. Dieses moralisch aufgeladene Charisma war der Grund für
Schumachers außergewöhnliche Machtstellung in der Partei. Sein persönlicher
Einfluss war so groß, dass er seine politische Linie im Parteivorstand stets
durchzusetzen vermochte. Dies gelang ihm selbst während seiner schweren Erkrankung zwischen März 1948 und April 1949; ihm musste ein Bein amputiert
werden. Vom Krankenbett aus dirigierte Schumacher per Telefon oder über enge
Mitarbeiter den politischen Kurs seiner Partei.[16] Schumachers Erfahrungen mit
dem Ende der Weimarer Republik übten auch Einfluss auf Stil und Art seiner
Parteiführung aus: Er führte unkommunikativ und autoritär, war unbeugsam und
hart in seinem Urteil. Um die Bundes- und Landespolitiker an die Entscheidungen des Parteivorstands und somit an seinen politischen Kurs zu binden, nutzte
er das Mittel der Parteidisziplin. Sozialdemokraten, die von der Parteilinie abwichen, wurden öffentlich formell gerügt oder aus Ausschüssen und Kommissionen der Partei abberufen.[17] Die Fähigkeit zu integrieren, Kompromisse und Kon-

---

[14] Vgl. Merseburger (Anm. 7), S. 39 ff.
[15] Weber, Max: Wirtschaft und Gesellschaft. Grundriß der verstehenden Soziologie. 1. Halbbd.,
Tübingen 1956, S. 140.
[16] Vgl. Renger, Annemarie: Ein politisches Leben. Erinnerungen, Stuttgart 1993, S. 143 ff.
[17] Paul Löbe etwa wurde 1947 wegen Verstoßes gegen den Parteikurs auf Druck Schumachers aus
dem außenpolitischen Ausschuss des Parteivorstands abberufen, und der Bremer Bürgermeister
Wilhelm Kaisen wurde wegen seiner Aussagen zum Schuman-Plan vom Parteivorstand 1951 öffentlich gerügt. Vgl. Stamm (Anm. 11), S. 263 f.; Sommer, Karl-Ludwig: Wilhelm Kaisen. Eine politische Biographie, Bonn 2000, S. 393.

sens herzustellen, war Schumachers Sache nicht. Ein innerparteilicher Meinungsbildungsprozess fand nicht statt, es war allein Schumacher, der den Kurs der Partei bestimmte. Dass Schumacher in der Partei alles überdeckte, was sich inhaltlich regte, dass die SPD unter seiner Führung geradezu erstarrte, war seiner außergewöhnlichen Machtstellung geschuldet.

Kritik an Schumachers Kurs, an seinem Führungsstil, an seinem Verhalten gegenüber dem politischen Gegner oder den Alliierten gab es durchaus. In den Parteigremien oder der Bundestagsfraktion wagten vor allem Sozialdemokraten wie Fritz Henßler, Hermann Louis Brill oder Fritz Erler ihm zu widersprechen, die selbst im KZ inhaftiert oder im Widerstand aktiv gewesen waren.[18] Daneben versuchten die Ministerpräsidenten der Länder und die Bürgermeister der großen Städte, auf die politische Linie der Partei Einfluss zu nehmen – so etwa der bayerische Ministerpräsident Wilhelm Hoegner sowie Wilhelm Kaisen, Ernst Reuter und Max Brauer, die Bürgermeister von Bremen, Berlin und Hamburg. Ihrer Ansicht nach kollidierte Schumachers strikte Oppositionsstrategie mit der Koalitionspolitik der SPD in den Ländern. Den Ministerpräsidenten und Bürgermeistern, die in den Städten und Regionen eine pragmatische und vermittelnde Politik betrieben, lief Schumachers Art zuwider, immer alle Fragen absolut zu formulieren und politische Kompromisse abzulehnen.[19] Aber die so genannte „Bürgermeister-Fraktion" formierte sich nicht als geschlossener Flügel oder gar als eigenes Machtzentrum innerhalb der SPD. Schumachers zentrale Stellung als Parteivorsitzender wurde von keinem Konkurrenten herausgefordert. Inhaltlich bestimmte er mit seinem strikten Oppositionskurs die Linie der Partei, etwa hinsichtlich der Ablehnung des Grundgesetzentwurfs im Parlamentarischen Rat, des Europarat-Beitritts der Bundesrepublik, des Schumann-Plans oder in der Ruhrfrage.[20]

Jedoch gelang Schumacher die Dominanz der Partei nur, weil er sich neben seiner charismatischen Autorität auf eine zweite Führungsressource stützen konnte: auf den geschäftsführenden Parteivorstand. Mit dem stellvertretenden Parteivorsitzenden Erich Ollenhauer und den besoldeten Vorstandsmitgliedern Fritz Heine, Herbert Kriedemann und Alfred Nau bestand mit dem „Büro" ein engerer Führungszirkel, der Schumacher loyal ergeben war.[21] Erst mit Hilfe des „Büros" und des zentralen Parteiapparates war es Schumacher möglich, seinen Kurs in den Parteigremien und bis hinein in die Parlamentsfraktionen und sozial-

---

[18] Vgl. Miller, Susanne: Kurt Schumacher, Vorsitzender der Sozialdemokratischen Partei Deutschlands, im Urteil von Zeitgenossen, in: Kocka, Jürgen / Puhle, Hans-Jürgen / Tenfelde, Klaus (Hg.): Von der Arbeiterbewegung zum modernen Sozialstaat, München u.a. 1994, S. 156-172, hier S. 159 und S. 164; Grebing (Anm. 8), S. 19.

[19] Vgl. Stamm (Anm. 11), S. 265-268 und S. 271 f.; Miller (Anm. 18), S. 162 ff.

[20] Vgl. Klotzbach (Anm. 9), S. 170 f., S. 198 ff., S. 202 f. und S. 206 f.

[21] Vgl. Merseburger (Anm. 7), S. 306-311.

demokratischen Länderregierungen durchzusetzen. Unter Schumacher war die Parteizentrale das eindeutige Machtzentrum der SPD. Schumacher selbst war ein klassischer *Parteipolitiker*, für ihn war die Partei Mittel- und Referenzpunkt seines Handelns. So gelangte noch einmal die SPD in ihrer Weimarer Prägung zu neuer Blüte: Eine Partei, die Kraft aus ihrem Organisationsstolz zog, und in der die hauptamtlichen Parteifunktionäre die Richtung bestimmten.

Ursprünglich hatte Schumacher für die Zeit nach dem Nationalsozialismus eine wirkliche Neuorientierung der SPD gewollt. Er war kein typischer Repräsentant der Weimarer Sozialdemokratie, sondern hatte die Organisations- und Führungsstrukturen der Weimarer SPD stets kritisiert. Gegen die lethargischen Parteibürokraten und die aus seiner Sicht erstarrte SPD-Führung setzte er vor 1933 seine eigene Auffassung von Parteiführung: Er war bereit, die Republik mit allen Mitteln zu verteidigen. Als „militanter Sozialist" hatte er im Stuttgarter Raum zu den Verfechtern des Reichsbanners und der Eisernen Front gehört.[22] In der Einschätzung der Potentiale war er dann nach Kriegsende jedoch realistisch: Bereits 1945 erkannte er, dass der Parteiaufbau in der Fläche im Wesentlichen von den alten Mitgliedern und Funktionären der Weimarer SPD getragen wurde. Nur die Generationen der 45- bis 70-Jährigen waren bereit und in der Lage, noch einmal eine große Mitgliederpartei auf die Beine zu stellen.[23]

In der für die SPD existentiellen Frage des Verhältnisses zu den Kommunisten trat Schumacher von Beginn an für eine radikale Abgrenzung ein, womit zugleich ein Mittel geschaffen war, um die Partei zusammenzuhalten und die eigenen Reihen zu schließen. Das Verdienst des ersten Nachkriegs-Vorsitzenden war es, die 1933 zerschlagene Partei unter einer zentralen Führung als organisationsstarke Mitgliederpartei neu aufgebaut zu haben. Über die Wiedererrichtung der Traditionskompanie hinaus entwickelte die SPD mit dem KZ-Opfer Schumacher an der Spitze eine Ausstrahlung, die für ihre zukünftige Entwicklung entscheidende Personalreservoirs erschloss: Zum einen traten mit Carlo Schmid, Adolf Arndt und Karl Schiller Angehörige der bürgerlichen Elite hinzu, zum anderen schlossen sich ihr Ex-Kommunisten wie Herbert Wehner[24] an. Darüber hinaus kamen aus dem Kreis der in der Weimarer Republik oder im Widerstand

---

[22] Vgl. Klotzbach (Anm. 9), S. 44 f.; Beck, Dorothea: Theodor Haubach, Julius Leber, Carlo Mierendorff, Kurt Schumacher. Zum Selbstverständnis der „militanten Sozialisten" in der Weimarer Republik, in: Archiv für Sozialgeschichte, Bd. 26, 1986, S. 87-123, hier S. 109 f.
[23] Vgl. Grebing, Helga: Zur Problematik der personellen und programmatischen Kontinuität in den Organisationen der Arbeiterbewegung in Westdeutschland 1945/46, in: Otto Brenner Stiftung (Hg.): Herkunft und Mandat. Beiträge zur Führungsproblematik in der Arbeiterbewegung, Frankfurt/Köln 1976, S. 171-194, hier S. 174 f.
[24] Vgl. Miller (Anm. 18), S. 159.

abgespaltenen Linkssozialisten Persönlichkeiten wie Fritz Erler, Waldemar von Knoeringen und Erwin Schoettle, Willy Brandt oder Willi Eichler in die Partei.[25]

Die Machtergreifung der Nationalsozialisten war für Schumacher der prägende politische Ernstfall gewesen. In seinem starren Umgang mit dieser Erfahrung lag jedoch zugleich das Dilemma und seine Tragik als Parteiführer: So sehr achtete er darauf, die Fehler der Weimarer Parteiführung nicht zu wiederholen, dass er übersah, wie sich die Zeiten bereits zwischen 1946 und 1949 verändert hatten. Schumacher besaß keinen Instinkt für die neuen gesellschaftlichen und politischen Entwicklungen. Die Einstellungen und Befindlichkeiten der Nachkriegsbevölkerung schätzte er falsch ein, denn bereits nach Stalingrad hatte die Mehrzahl der Deutschen „die Nase voll von großen Zukunftsversprechungen, dogmatischen Zielsetzungen, radikalen Zuspitzungen und polarisierenden Weltanschauungen"[26]. Die verbreitete Sozialismusneigung nach 1945 speiste sich lediglich aus dem „Bedürfnis nach materieller Besserung, Ordnung, Frieden und Sicherheit"[27]. So wandten sich große Teile der Wählerschaft von jeglichen Sozialisierungsideen ab, als sich die Chance des wirtschaftlichen Aufstiegs und des materiellen Wohlergehens nach der Währungsreform und mit Erhards Marktwirtschaft abzeichnete. Die Schumacher-SPD hatte sich für eine konsequente Oppositionspolitik entschieden, in seiner Analyse blieb Schumacher damit ganz in seiner Weimarer Erfahrungswelt gefangen. Das brachte ihn um die Offenheit und Weitsicht, der es bedurft hätte, um die SPD als eine auf Dauer erfolgreiche Partei im Nachkriegsdeutschland zu prägen. Der Preis, den die Partei für die überragende Führungskraft ihres charismatischen Vorsitzenden zu zahlen hatte, waren inhaltliche Isolierung und das politische Abseits auf der Bundesebene. So blieb die SPD im Bund bis zur Bildung der Großen Koalition im Jahr 1966 Oppositionspartei.

Organisationstreuer Traditionalist und Modernisierer: Erich Ollenhauer

Nach dem Tod Schumachers im August 1952 wurde Erich Ollenhauer Parteivorsitzender der SPD. Er übernahm eine in ihren Führungsstrukturen ganz und gar auf die charismatische Persönlichkeit seines Vorgängers ausgerichtete Partei. Auch Ollenhauer übte die Führungsämter der Partei in Personalunion aus, er übernahm neben dem Parteivorsitz zugleich den Vorsitz der Bundestagsfraktion und war bei den Bundestagswahlen 1953 sowie 1957 Kanzlerkandidat der SPD.

---

[25] Vgl. Merseburger (Anm. 7), S. 309.
[26] Lösche, Peter / Walter, Franz: Die SPD: Klassenpartei – Volkspartei – Quotenpartei. Zur Entwicklung der Sozialdemokratie von Weimar bis zur deutschen Vereinigung, Darmstadt 1992, S. 80.
[27] Klotzbach (Anm. 9), S. 178.

Aber während seiner Zeit als Vorsitzender änderte sich das Führungstableau der SPD tief greifend. Seit Herbst 1957 standen mit Fritz Erler, Herbert Wehner und Carlo Schmid drei Parteireformer als stellvertretende Vorsitzende neben Ollenhauer an der Spitze der Bundestagsfraktion. Auf dem Parteitag in Stuttgart 1958 ordnete die SPD in einer Organisationsreform ihre Führungsspitze neu und gab sich auf dem Parteitag in Godesberg 1959 ein neues Grundsatzprogramm. Zur Bundestagswahl 1961 führte dann mit dem Regierenden Bürgermeister von Berlin, Willy Brandt, erstmals nicht der Parteivorsitzende die Partei als Kanzlerkandidat in den Wahlkampf.

Erich Ollenhauer war ein typischer Funktionär der Weimarer SPD. Seit 1920 hatte er als Sekretär für die Jugendorganisation der SPD und als Redakteur der Zeitschrift „Arbeiterjugend" gearbeitet; von 1928 bis 1933 war er Vorsitzender des Verbandes der Sozialistischen Arbeiterjugend Deutschlands (SAJ). Zudem wirkte er von 1921 bis 1946 als Sekretär der Sozialistischen Jugend-Internationale, die er maßgeblich mit auf- und ausbaute. Ollenhauer leitete zwar die Jugendorganisation der SPD, aber er war kein aufbegehrender Arbeiterjugendführer. Und anders als Kurt Schumacher hatte er nicht zu denjenigen gehört, die die Weimarer SPD-Führung kritisierten. Ollenhauer repräsentierte den behäbigen Mainstream der Funktionärs-SPD, für das Drängen und die Ungeduld der Weimarer Jugend hatte er nicht viel übrig. Noch im April 1933 stieg er in die Führungsriege der SPD auf, als er in den Parteivorstand gewählt wurde. Ollenhauer gehörte mit zu der Gruppe um die beiden Vorsitzenden Otto Wels und Hans Vogel, die ins Ausland gehen und so die Arbeitsfähigkeit der durch die Nationalsozialisten bedrängten Partei aufrecht erhalten sollten. Als einer der „jungen Leute von Otto Wels"[28] war Ollenhauer in der Emigration nicht auf sich allein gestellt. Da die Parteikasse gerettet werden konnte, unterhielt der Exilparteivorstand in seiner ersten Exilstation Prag noch ein eigenes Büro und zahlte dem kleinen Mitarbeiterstab Gehälter. Zusammen mit ihren Familien mussten die Exilvorstandsmitglieder im Mai 1938 von Prag nach Paris fliehen und im September 1940 weiter über Spanien und Portugal nach London.[29] Bei Kriegsende war Ollenhauer in London einer der letzten verbliebenen Mitglieder des Exilparteivorstands.

Hatten die Jahre im politischen Exil grundsätzliche Auswirkungen auf die politische Entwicklung Ollenhauers? Auch bei anderen Emigranten, aber beson-

---

[28] So Stephan Thomas, zit. nach Soell, Hartmut: Fritz Erler – Eine politische Biographie, Bd. 1, Berlin/Bonn-Bad Godesberg 1976, S. 264.
[29] Vgl. Miller, Susanne: Erich Ollenhauer, in: Bernecker, Walther L. / Dotterweich, Volker (Hg.): Persönlichkeit und Politik in der Bundesrepublik Deutschland. Politische Porträts, Bd. 2, Göttingen 1982, S. 101-109.

ders bei Ollenhauer, sticht die Kontinuität der politischen Entwicklung hervor.[30] Er machte praktisch und inhaltlich nach dem Krieg genau so weiter wie in der Weimarer Republik und in den Jahren der Emigration: mit einer hauptamtlichen Tätigkeit für den SPD-Parteivorstand – auch wenn der Exilvorstand angesichts der in Deutschland ausgeschalteten Parteiorganisation nicht viel mehr als die trotzige Behauptung einer Partei repräsentiert hatte. Im Februar 1946 war Ollenhauer nach Deutschland zurückgekehrt und wurde von Kurt Schumacher als Mitarbeiter im Hannoveraner „Büro" in den entstehenden Parteiapparat integriert. Als stellvertretender Vorsitzender von Partei und Bundestagsfraktion wurde er zum loyalen Zuarbeiter Schumachers. Ollenhauer besaß die Fähigkeit, ruhig zu vermitteln und auszugleichen. So verstand er es, die Wogen zu glätten, die Schumacher in seiner unbedingten Art immer wieder aufwarf. Zwischen Schumacher und Ollenhauer entwickelte sich nicht etwa ein Konkurrenzverhältnis, sondern beide ergänzten einander.

Mit dem Tod Schumachers rückte der bisherige stellvertretende Vorsitzende von Partei und Fraktion an die erste Stelle auf. Mit ihm hielt ein neuer Führungsstil Einzug in die Partei: Ollenhauer versuchte, die Landespolitiker der SPD stärker in den innerparteilichen Meinungsbildungsprozess einzubinden, statt sie wie bisher durch Maßregelungen in Außenseiterrollen zu drängen. So fanden im Frühjahr 1953 zwei Koordinierungstreffen von Parteiführung und sozialdemokratischen Mitgliedern des Bundesrates zum außenpolitischen Kurs der Partei statt.[31] Die außenpolitischen Positionen des Bremer Bürgermeisters Wilhelm Kaisen nahm Ollenhauer beispielsweise als gegeben hin und forderte Kaisen lediglich auf, die Parteilinie zu akzeptieren, um nicht durch Meinungsverschiedenheiten die Einheit der Partei zu gefährden. Abweichende Meinungen wurden nicht mehr wie unter Schumacher formell hart gerügt, sondern vom Parteivorstand als private Meinungsäußerungen und damit als nicht verbindlich dargestellt.[32] Nach und nach öffnete sich unter dem Vorsitz Ollenhauers der innerparteiliche Kommunikations- und Meinungsbildungsprozess. Der Vorsitzende selbst nahm die Rolle eines innerparteilichen Koordinators wahr, der zwischen den unterschiedlichen Richtungen und Generationen der Partei vermittelte. Ollenhauer zehrte von dem Ansehen, dass er in den Parteigliederungen genoss, die hauptamtlichen und nebenamtlichen Funktionäre mochten ihn und vertrauten ihm. Er war in der Nachkriegszeit für die Organisationsentwicklung zuständig gewesen

---

[30] Vgl. Miller, Susanne: Deutsche Arbeiterführer in der Emigration, in: Otto Brenner Stiftung (Hg.): Herkunft und Mandat. Beiträge zur Führungsproblematik in der Arbeiterbewegung, Frankfurt, Köln 1976, S. 165-170, hier S. 168.
[31] Vgl. Sommer (Anm. 17.), S. 394 f.
[32] So wurde etwa eine 1954 gegen Kaisen ausgesprochene formelle Rüge des Parteivorstands nicht veröffentlicht, sondern von Ollenhauer mündlich mitgeteilt und schriftlich bestätigt. Vgl. ebd., S. 398.

und hatte als deren „Neuerbauer"[33] im engen Kontakt zu den Landesverbänden und Bezirken bis hin zu den Ortsvereinen gestanden. Ollenhauer verkörperte geradezu die heile Welt der sozialdemokratischen Funktionäre und lebte deren ganz eigene Auffassung von Solidarität, „nämlich friedlich und schiedlich im kleinen Kreis zu diskutieren, sich gegenseitig die eigene, unbezweifelbar ,gute' Meinung zu bestätigen, danach alles beim Alten zu lassen und anschließend Skat zu spielen"[34]. Erich Ollenhauer war ein organisationstreuer und herzensguter Kamerad.

Doch mit der Ollenhauer-SPD ließen sich keine Wahlen gewinnen. Bei den Bundestagswahlen 1953 und 1957 stagnierte die Partei mit 28,8% beziehungsweise 31,8% der Stimmen bei ihrem Ergebnis von 1949, während Konrad Adenauer die Ergebnisse der CDU/CSU immer weiter verbesserte. Aber damit wurden die Bundestagswahlen zu Katalysatoren der personellen, inhaltlichen und stilistischen Erneuerung der SPD. Denn bereits nach der Wahlniederlage 1953 brach in der SPD eine Debatte über Auftreten und Erscheinungsbild der Partei aus.[35] Allerdings gelang es Erich Ollenhauer 1953 noch, den grundsätzlichen Disput mit Hilfe von zwei Kommissionen in geordnete Bahnen zu kanalisieren; aus deren Arbeit wurden jedoch keine wirklichen Konsequenzen gezogen.[36] Die entscheidenden Impulse zur Parteierneuerung kamen schließlich nicht vom Parteivorsitzenden, sondern aus der Bundestagsfraktion: Die treibenden Kräfte – Carlo Schmid, Fritz Erler und Herbert Wehner – waren fest entschlossen, das äußere Erscheinungsbild und die inhaltlichen Positionen der SPD grundlegend zu verändern. Einen ersten Erfolg errang diese neue Fraktionselite, als sie sich bei einer von Ollenhauer vorgeschlagenen Umorganisation der Fraktionsführung im Herbst 1957 gegen die Personalvorschläge ihres Vorsitzenden durchsetzte: Neben dem Fraktionsvorsitzenden Ollenhauer wurden Erler, Schmid und Wehner als Stellvertreter gewählt.[37]

Bei der Bundestagswahl 1957 errang die CDU/CSU schließlich die absolute Mehrheit der Stimmen. Nun konnte Ollenhauer die innerparteiliche Diskussion nicht mehr abwenden. Die inhaltlichen Positionen der SPD, ihr traditionelles Auftreten als Arbeiterpartei, die Wahlkampfführung und selbst die Spitzenkandidatur Ollenhauers standen jetzt offen zur Disposition. Und die Kommissionen

---

[33] Vgl. Raunau, Peter: Aufstieg aus dem Chaos, in: o. Hg.: Erich Ollenhauer. Ein großer Sozialist. Gewürdigt von Willy Brandt, Walther G. Oschilewsky u.a., Berlin 1964, S. 46-65, hier S. 52.
[34] Soell (Anm. 28), S. 266.
[35] Unter anderem benannten Heinrich Albertz, Carlo Schmid, Fritz Erler und Ernst Reuter öffentlich und in den Parteigremien die politischen Schwächen der SPD im Wahlkampf. Vgl. Brandt, Willy / Löwenthal, Richard: Ernst Reuter. Ein Leben für die Freiheit. Eine politische Biographie, München 1957, S. 700 f. und S. 704 f.
[36] Vgl. Klotzbach (Anm. 9), S. 297 f.
[37] Vgl. ebd., S. 403 f.

der Parteiführung blieben nicht mehr folgenlos: Auf dem Stuttgarter Parteitag 1958 wurde der besoldete Parteivorstand abgeschafft, an seine Stelle trat ein aus der Mitte des Parteivorstands gewähltes Parteipräsidium. Da in den Parteivorstand mehrheitlich Bundestagsabgeordnete entsandt wurden, war es nun die Bundestagsfraktion, die die politische Linie der Partei bestimmte. Herbert Wehner und Waldemar von Knoeringen wurden stellvertretende Parteivorsitzende, neben ihnen gehörten künftig auch Fritz Erler und Carlo Schmid dem Präsidium an.[38] Die zentrale Funktionärsbürokratie wurde durch diese Organisationsreform in ihrem Einfluss zurückgedrängt. Bereits seit Mitte der 50er-Jahre hatte die alte Garde der besoldeten Vorstandsmitglieder immer mehr an Einfluss verloren. Wie sein Vorgänger hatte sich auch Ollenhauer auf den besoldeten Parteivorstand und den zentralen Parteiapparat als Führungsressource gestützt, die ihm nun ganz genommen wurde. Die Mehrheit der Mitglieder des geschäftsführenden Vorstands hing ebenso wie Ollenhauer selbst noch immer den tradierten Denk- und Verhaltensmustern der Weimarer Sozialdemokratie an, die Erfordernisse der neuen Zeit hatte sie nicht erkannt. Bezeichnend war der Kommentar Herbert Wehners über die Pressekonferenz von Ollenhauer und Fritz Heine nach der Wahlniederlage 1957: „Sie redeten, wie wenn sie [wieder] emigrieren wollten"[39].

Dennoch: Anders als bei der Reform der Führungsgremien von Fraktion und Partei gab beim neuen Grundsatzprogramm Erich Ollenhauer den entscheidenden Impuls. Nach der Wahlniederlage 1957 war es der Parteivorsitzende, der den bereits 1954 begonnenen Prozess der Programmarbeit vorantrieb – gegen Teile der Parteiführung wie Fritz Erler und Herbert Wehner, die sich auf ein Aktionsprogramm beschränken wollten. Und auch bei der Verabschiedung des neuen Parteiprogramms auf dem Godesberger Parteitag im November 1959 kam dem Parteivorsitzenden eine entscheidende Rolle zu: „Wir sind zwar nicht ganz dafür, aber der Erich will ein anständiges Abstimmungsergebnis", lauteten die Überlegungen der traditionsbewußten Delegierten, „zu Erich können wir volles Vertrauen haben, und deshalb wird schon richtig sein, was er will"[40]. Mit der Verabschiedung des Grundsatzprogramms vollzog die SPD die inhaltliche Erneuerung zur Volkspartei. Es war auch Ollenhauers Verdienst, dass die SPD mit dem Godesberger Programm ein nach außen wirksames Signal des inhaltlichen Wandels gesetzt hatte.[41]

Erich Ollenhauer wurde als Parteivorsitzender also durchaus gebraucht, um die Partei im Erneuerungsprozess zusammenzuhalten: Der Vorsitzende wirkte

---

[38] Vgl. Lösche / Walter (Anm. 26), S. 186-189.
[39] Zit. nach Soell (Anm. 28), S. 302.
[40] So erinnerte sich Franz Barsig an die Diskussionen der einfachen Delegierten auf dem Godesberger Parteitag, zit. nach Klotzbach (Anm. 9), S. 449.
[41] Vgl. Potthoff, Heinrich / Miller, Susanne: Kleine Geschichte der SPD: 1848-2002, Bonn 2002, S. 209-211.

beruhigend auf Mitglieder und Funktionäre, er war einer von ihnen, ihm vertrauten sie. Unter seinem Vorsitz konnte die Erneuerung der Sozialdemokratie Stück für Stück heranreifen, und die „Stellvertretenden" hatten die Möglichkeit, sich in den Führungsämtern von Partei und Fraktion in Ruhe auszuprobieren. Da Ollenhauer bei der personellen Neubesetzung von Ämtern nachgab, nicht mit aller Macht versuchte, seinen Kurs und seine Kandidatenwünsche durchzudrücken, war es möglich, dass sich die SPD ohne größere Friktionen und Machtkämpfe veränderte und öffnete. Nach wie vor war es in der SPD nicht üblich, den Parteivorsitzenden offen in Frage zu stellen – davon profitierte Ollenhauer und blieb bis zu seinem Tod im Dezember 1963 im Vorsitz von Partei und Fraktion unangetastet. Allerdings wurde er nach und nach von den Parteireformern im Präsidium und in den Stellvertreter-Rängen in Fraktion und Partei eingerahmt. Diese neue Führungsriege aus Schmid, Wehner, Erler und Brandt bestimmte seit Beginn der 60er-Jahre in den maßgeblichen politischen Fragen den Kurs der Partei. Ihr Ziel war es, endlich Bundestagswahlen zu gewinnen. Doch war Ollenhauer damit nicht von der Entscheidungsfindung der jüngeren Führungsriege ausgeschlossen, vielmehr kooperierte er mit ihr und vermittelte bei Konflikten in der Partei.[42] Als eine Art „Parteipräsident"[43] stand er gewissermaßen über den Dingen.

Gleichwohl verlor Ollenhauer an Ansehen, als sich der Parteivorstand dafür entschied, nicht mit ihm an der Spitze in den Bundestagswahlkampf 1961 zu ziehen. Die SPD nominierte mit Willy Brandt erstmals einen „Kanzlerkandidaten". Er war der einzige aus der neuen Riege von Spitzenpolitikern, der auf Länderebene in Regierungsverantwortung stand. Der Regierende Bürgermeister von Berlin, der Frontstadt des Kalten Krieges, war als Sonderbotschafter der Freiheit Berlins und „Nebenaußenminister"[44] auf dem internationalen Parkett präsent, gewann an nationaler Statur und war nicht nur bei den West-Berlinern populär. Mit ihm wurde deutlich erkennbar das Ende des sozialdemokratischen Funktionärstypus Weimarer Prägung eingeläutet, an dessen Stelle ein öffentlich wirksamer Kandidatentypus trat. Tatsächlich verbesserte die SPD mit Brandt und seiner „Mannschaft" ihr Wahlergebnis 1961 auf über 36%. Am Ziel der Regierungsbeteiligung waren die Parteierneuerer damit zwar noch nicht angelangt, die Reformen von Parteiorganisation und Programm sowie die neue Riege von Führungskräften hatten hierfür unter dem Vorsitzenden Ollenhauer allerdings bereits den Grundstein gelegt. In der Struktur ihrer Mitglieder und

---

[42] Vgl. Soell, Hartmut: Fritz Erler – Eine politische Biographie, Bd. 2, Berlin/Bonn-Bad Godesberg 1976, S. 1132.
[43] Klotzbach (Anm. 9), S. 572.
[44] Merseburger (Anm. 5), S. 343.

Funktionäre hingegen war die Partei noch die alte geblieben – das sollte sich erst unter dem neuen Parteivorsitzenden Willy Brandt grundlegend ändern.

Willy Brandt: Charisma und Führungsschwächen

Vom Triumvirat zur Troika

Mit Willy Brandt rückte in der Nachfolge Ollenhauers 1964 abermals ein stellvertretender Parteivorsitzender in das Amt des Vorsitzenden auf. Zum ersten Mal in der Nachkriegsgeschichte stand nun mit dem Regierenden Bürgermeister von Berlin ein Landespolitiker und Regierungschef an der Spitze der SPD. Bereits 1961 hatte die SPD-Führung Willy Brandt als Kanzlerkandidaten in der Wahlauseinandersetzung mit Konrad Adenauer aufgeboten. Anders als seine Vorgänger im Parteivorsitz übernahm Brandt nicht zugleich den Vorsitz der Bundestagsfraktion, er fühlte sich der Berliner Landespolitik verpflichtet. Fraktionsvorsitzender wurde Fritz Erler, der sich seit Beginn der 60er-Jahre als Spitzenmann der Bundestagsfraktion profiliert hatte. Erstmals wurden somit die Führungsämter in Partei und Fraktion nicht in Personalunion ausgeübt. Und in Partei und Parteizentrale hielt zunächst nicht der Vorsitzende Brandt die Zügel in der Hand, sondern sein Stellvertreter Herbert Wehner, der als eine Art inoffizieller Generalsekretär der Partei fungierte. Die seit etwa 1960 bestehende – und seit Mitte der 60er-Jahre als „Triumvirat" bekannte[45] – Gruppe aus Fritz Erler, Herbert Wehner und Willy Brandt war an die Spitze der Partei gerückt.

Welchen Einfluss Brandt als Parteivorsitzender entfalten, welche Rolle ihm in dieser kollektiven Führungsriege der Partei zukommen würde, war zunächst offen. Brandts Hausmacht in der Partei war der Berliner Landesverband. 1958 wurde er zum Landesvorsitzenden gewählt, nachdem er zweimal vergeblich gegen Franz Neumann kandidiert hatte. Brandt gehörte zum Flügel um den früheren Regierenden Bürgermeister Ernst Reuter, dessen deutschlandpolitische Ansichten seinerzeit von der offiziellen Parteilinie abwichen. Auch Brandt befürwortete Westintegration und NATO-Mitgliedschaft. Damit befand er sich in der Bundespartei der 50er-Jahre in einer Außenseiterposition.[46] Entsprechend scheiterten seine Bewerbungen um einen Platz im Parteivorstand auf den Bundesparteitagen 1954 und 1956. Erst 1958 wurde er in den Vorstand gewählt. Als die SPD dann einen Spitzenkandidaten für die Bundestagswahl 1961 suchte, war Brandt zwar bereit zu kandidieren, ausschlaggebend für seine Nominierung

---

[45] Vgl. Walter, Franz: Die SPD. Vom Proletariat zur Neuen Mitte, Berlin 2002, S. 162 f.
[46] Vgl. o. V.: Brandt: Die Blitz-Karriere, in: Der Spiegel, 09.10.1957.

durch den Parteivorstand war jedoch die Unterstützung Herbert Wehners.[47] Auf dem Hannoveraner Parteitag 1960 erkor ihn seine Partei zum Kanzlerkandidaten, zugleich aber wählten ihn die Delegierten nur mit einem schlechten Ergebnis wieder in den Parteivorstand. In das Parteipräsidium zog Brandt nicht ein, er musste sich damit begnügen, als Gast mit einem Sonderstatus an den Präsidiumssitzungen teilzunehmen. Erst 1962, mit seiner Wahl zum stellvertretenden Parteivorsitzenden, rückte er auch formal in das Parteipräsidium auf. Dass Brandt schließlich Vorsitzender wurde, ergab sich zwar folgerichtig aus diesem sukzessiven Aufstieg, war aber keineswegs eine zwangsläufige Entwicklung. Sowohl seine Wahl zum stellvertretenden Vorsitzenden als auch die schnelle Entscheidung, ihn als Nachfolger Ollenhauers zum Parteivorsitzenden zu machen, verdankte er der Unterstützung Herbert Wehners.[48]

Mitte der 60er-Jahre sah es so aus, als würde sich der neue Vorsitzende nicht lange an der Spitze der Partei halten können. Bei der Bundestagswahl 1965 hatte die SPD mit ihm als Kanzlerkandidaten ihr Ergebnis zwar nochmals verbessern können, aber die Partei und auch Brandt selbst hatten sich ein besseres Abschneiden erhofft. Brandts Karrieresprungbrett, sein besonderes Engagement im Freiheitskampf West-Berlins, spielte in diesem Wahlkampf nur noch eine untergeordnete Rolle. Zudem waren die Christdemokraten nicht mehr mit dem greisen Adenauer angetreten, sondern mit Ludwig Erhard, dem „Vater des Wirtschaftswunders". Brandt trug schwer an dieser Niederlage, vor allem die Diffamierung seiner Vergangenheit als Emigrant durch die politische Rechte hatte ihn verletzt. Am Tag nach der Wahl erklärte er, nicht mehr für weitere Kanzlerkandidaturen der SPD zur Verfügung zu stehen. Er übernahm auch nicht den Fraktionsvorsitz im Bundestag, sondern zog sich ganz auf sein Berliner Regierungsamt zurück.[49] Die Randlage Berlins weit ab vom Bonner Geschehen führte dazu, dass Brandt nicht oft in der Parteizentrale präsent war – nach der Wahlniederlage 1965 wollte er es aber auch gar nicht sein. Die Regierung Ludwig Erhards scheiterte bereits im Oktober 1966. Der Eintritt der SPD in die Koalition mit der CDU war vor allem ein Werk Herbert Wehners – weder bei der Vorbereitung der Großen Koalition noch an den Koalitionsverhandlungen war der Parteivorsitzende Willy Brandt maßgeblich beteiligt.[50]

Die Trennung der Führungsämter in der SPD ließ viel Raum für Konkurrenz zwischen den Protagonisten. Wehner, Erler und Brandt hatten unterschiedliche Machtkalküle und Eigeninteressen. Ihre Einflusssphären waren nicht klar abgesteckt, jedoch disziplinierte alle drei ihre realistische Einschätzung der eige-

---

[47] Vgl. Klotzbach (Anm. 9), S. 509 und S. 574 f.; Merseburger (Anm. 5), S. 382.
[48] Vgl. Klotzbach (Anm. 9), S. 571-575.
[49] Vgl. ebd., S. 588-590.
[50] Vgl. Merseburger (Anm. 5), S. 481 und S. 487; Klotzbach (Anm. 9), S. 575.

nen Stärken und Fähigkeiten. Hinzu kam der gemeinsame Wunsch, endlich im Bund zu regieren. Brandt akzeptierte Erlers herausragende Qualitäten als Parlamentarier und Oppositionsführer im Bundestag. Erler wiederum war sich der größeren öffentlichen Ausstrahlung und Weltgewandtheit Brandts bewusst. Und Wehner wusste, dass er aufgrund seiner Angreifbarkeit als Ex-Kommunist weder Parteivorsitzender noch Kanzlerkandidat der SPD werden konnte; er beschränkte sich zunächst auf seinen Einfluss innerhalb der Parteiorganisation und später im Fraktionsvorsitz. Mit dem Verzicht Brandts auf zukünftige Spitzenkandidaturen nach der Bundestagswahl 1965 brach diese gegenseitige Selbstbeschränkung auf: Brandts bundespolitische Ambitionen schienen erledigt, und Fritz Erler erwog eigene Ambitionen auf die nächste Kanzlerkandidatur. Doch dann erkrankte der Fraktionsvorsitzende schwer. Sein früher Tod 1967 kam einer möglichen Auseinandersetzung um die Führungsrollen innerhalb des Triumvirats zuvor.[51] An Erlers Stelle trat der frühere Hamburger Innensenator Helmut Schmidt, der den Fraktionsvorsitz der SPD in der Großen Koalition übernahm. Die kollektive Führung hatte sich also neu formiert: Damit setzte sich die Teilung der Macht an der Führungsspitze der SPD fort, sie institutionalisierte sich in der Troika Wehner, Brandt, Schmidt.

Brandts antifaschistische Biographie: Restriktion und Ressource

Brandts Biographie war einerseits Quelle seiner späteren Autorität als Parteiführer, andererseits aber auch Ursache seiner Angreifbarkeit. Dies bekam er in den Diffamierungskampagnen der politischen Rechten zu spüren, die jeweils in den Bundestagswahlkämpfen aufflammten. Selbst Kanzler Adenauer erklärte Brandts uneheliche Geburt zum Makel, und Franz Josef Strauß machte ihm die Emigration während des Nationalsozialismus zum Vorwurf.[52] Herbert Ernst Karl Frahm, so der Geburtsname Brandts, war als vaterloses Proletarierkind in Lübeck zeitweilig bei seinem Großvater aufgewachsen. Seine Mutter fand nur wenig Zeit für ihn, die beständige Geborgenheit einer Familie lernte er nie kennen. In der Emigration legte er sich den Decknamen Willy Brandt zu, den er 1949 nach seiner Wiedereinbürgerung auch offiziell annahm. In der Weimarer Republik war Brandt nur kurze Zeit Mitglied der SPD gewesen, bereits im Oktober 1931 wechselte er – noch keine 18 Jahre alt – zur Sozialistischen Arbeiterpartei (SAP), einer linkssozialistischen Splittergruppe. Wegen seines Engagements in der SAP emigrierte Brandt im April 1933, in Deutschland musste er seine baldige Verhaftung durch die Nationalsozialisten befürchten. In seiner Exilzeit in Norwegen

---

[51] Vgl. Soell (Anm. 42), S. 948-951.
[52] Vgl. Merseburger (Anm. 5), S. 478, S. 408 und S. 416.

und Schweden arbeitete Brandt als Journalist sowie für die norwegische Arbeiterbewegung, unterstützte aber auch den innerdeutschen Widerstand. Die konspirative Arbeit für die SAP führte ihn 1936 nach Berlin, später nach Paris und in das vom Bürgerkrieg zerrissene Spanien.[53] Dass ihm diese antifaschistische Biographie vom politischen Gegner zum Vorwurf gemacht wurde, verletzte Willy Brandt später zutiefst. Ohnehin war Brandt ein empfindsamer Gefühlsmensch, das machte ihn angreifbar und zeitweilig sogar krank – nach dem Bundestagswahlkampf 1965 fiel er in eine Depression, die sein politisches Handeln lähmte.[54] Doch seine Sensibilität und Dünnhäutigkeit bedeuteten zugleich besondere Führungsressourcen: Diese Eigenschaften verliehen ihm ein Gespür für die Sehnsüchte und Wünsche, aber auch für die Ängste seiner Mitmenschen. Hieraus erwuchs die besondere Sendungskraft des späteren Bundeskanzlers.

Zunächst jedoch wurde das Jahr 1966 entscheidend: Auf dem Dortmunder Parteitag im Juni dieses Jahres wählten die Delegierten Willy Brandt mit einem herausragenden Ergebnis wieder zum Parteivorsitzenden. Nun, da Brandt nicht mehr selbst für seine Partei in Bundestagswahlkämpfe ziehen wollte, zollte sie ihm Anerkennung. Mit seiner Entscheidung, als Außenminister und Vizekanzler in das Kabinett Kiesinger einzutreten, begab sich Brandt dann doch in die Arena der Bundespolitik. Zu seinem Ministeramt musste er zwar gedrängt werden, allerdings bot das Amt des Außenministers Brandt die Möglichkeit, wie schon als Regierender Bürgermeister Berlins, auf internationalem Parkett zu brillieren. In der Deutschlandpolitik entwickelte er die in Berlin mit Egon Bahr begonnene „Politik der kleinen Schritte" weiter zur so genannten Neuen Ostpolitik.[55]

Seine ganze Führungskraft entfaltete Willy Brandt schließlich als Bundeskanzler der sozial-liberalen Koalition. Die Kanzlerschaft ermöglichte es ihm, mit den Ostverträgen seinen politischen Entwurf der Ost- und Entspannungspolitik tatsächlich zu verwirklichen. In der kurzen Ära von 1969 bis 1973 erwarb der Versöhnungspolitiker moralische Autorität, er wurde im Sinne Max Webers zu einem charismatischen Führer der Sozialdemokratie.[56] Dass seine Ost- und Deutschlandpolitik im Oktober 1971 mit dem Friedens-Nobelpreis gewürdigt wurde, ließ ihn zum Symbol der Friedenssehnsüchte weit über die Sozialdemokratie hinaus werden. Wie Kurt Schumacher verfügte damit auch Willy Brandt über eine ganz besondere Führungsressource.

Aber gerade Parteien in der Regierungsverantwortung sind mit den harten Realitäten der gesellschaftlichen Wirklichkeit konfrontiert. Brandt hatte ange-

---

[53] Vgl. o.V.: Brandt, Willy, in: Biographisches Handbuch der deutschsprachigen Emigration nach 1933, Bd. 1: Politik, Wirtschaft, Öffentliches Leben, München u. a. 1980, S. 83-85.
[54] Vgl. Bahr, Egon: Zu meiner Zeit, München 1998, S. 178 f.
[55] Vgl. Schreiber, Hermann: „Vielleicht muss ich es ja machen", in: Der Spiegel, 15.09.1969; Merseburger (Anm. 5), S. 484-493 und S. 546 f.
[56] Vgl. Weber (Anm. 15), S. 140

kündigt, er wolle ein „Kanzler der inneren Reformen"[57] sein. Damit hatte er bei seinem Regierungsantritt Erwartungen und Hoffnungen geweckt, die er als Bundeskanzler auf lange Sicht – vor allem in der Innenpolitik – nicht erfüllen konnte. So erklärt sich sein schneller Ansehens- und Machtverlust nach der triumphal gewonnen „Willy-Wahl" von 1972. In diesem Quasi-Plebiszit über die Entspannungspolitik und zugleich über die Kanzlerschaft Brandts war die SPD erstmals stärkste Fraktion geworden. Doch nach dem harten Wahlkampf war Brandt krank und erschöpft, er fiel in eine persönliche Krise. Die übersteigerten Erwartungen an seine Person konnte Brandt nicht mehr erfüllen und in der Ostpolitik waren die entscheidenden Weichen bereits gestellt. Zu dem profanen Regierungsalltag kamen öffentliche Auseinandersetzungen mit dem Fraktionsvorsitzenden Wehner und Bundesminister Helmut Schmidt, die Brandt Führungsschwäche in Regierung und Partei vorwarfen.[58] Brandts Charisma verblasste schnell, seine herausragende Führungsposition zerfiel.[59] Schließlich trat er im Mai 1974 wegen der Affäre um den DDR-Spion Günter Guillaume vom Amt des Bundeskanzlers zurück. Der bisherige Bundesfinanzminister Helmut Schmidt wurde neuer Bundeskanzler, Brandt blieb Parteivorsitzender. So kam es erneut zu einer Trennung der höchsten Führungsämter in der SPD, diesmal zwischen Kanzler und Parteivorsitzendem. Willy Brandt wandte sich nach seinem Rücktritt der internationalen Politik zu. Er zehrte von seinem Ruhm als Entspannungspolitiker, wurde 1976 Präsident der Sozialistischen Internationale und setzte sich für Entwicklungshilfe, Menschenrechte sowie die Anliegen der Dritten Welt ein.[60]

Integrationskraft und Entscheidungsschwäche

Im Jahr 1968, zur Zeit der Großen Koalition und der Hochphase der Studentenbewegung, war keineswegs klar, dass die außerparlamentarisch mobilisierten jungen Menschen später in Massen in die SPD eintreten würden. Willy Brandt war der Auslöser für diese Entwicklung. Er selbst mochte die Große Koalition nicht, und in seiner Partei war sie stark umstritten. Doch er setzte eine nachträg-

---

[57] Zit. nach o.V.: Willy Brandt, Bundeskanzler (SPD), in: Der Tagesspiegel, 22.10.1969.
[58] Vgl. Benckiser, Nikolas: Willy Brandt, der Deutsche, in: Frankfurter Allgemeine Zeitung, 18.12.1973; Offenbach, Jürgen: Plötzlich war er Willy, Deutschland, in: Stuttgarter Nachrichten, 18.12.1973; Löffelholz, Thomas: Bundeskanzler oder Denkmal, in: Stuttgarter Zeitung, 18.12.1973.
[59] Vgl. exemplarisch die Titel des Magazins „Der Spiegel", das Willy Brandt und den Regierungskurs zuvor stets publizistisch unterstützt hatte: Führungslos nach links? Brandts SPD, Der Spiegel, 26.03.1973; Zerwürfnis mit Brandt, Einzelkämpfer Wehner, Der Spiegel, 08.10.1973; Kanzler in der Krise, Der Spiegel, 10.12.1973 und Wer rettet die SPD?, Der Spiegel, 01.04.1974.
[60] Vgl. Rupps, Martin: Troika wider Willen: Wie Brandt, Wehner und Schmidt die Republik regierten, Berlin 2004, S. 225 f. und S. 238.

liche Abstimmung über die Koalitionsbeteiligung auf dem Nürnberger Parteitag 1968 durch. Damit erwirkte er ihre formale Legitimation und band die Partei in die Regierungsverantwortung ein. Der Nürnberger Parteitag führte den Sozialdemokraten vor Augen, dass sich die Studentenproteste gerade auch gegen sie als Teil der Großen Koalition richteten.[61] Bereits in seiner Parteitagsrede zeigte Brandt Verständnis für das Unbehagen der Protestierenden und mahnte die ältere Generation, die Anliegen der Jungen ernst zu nehmen.[62] Als Bundeskanzler gelang es Brandt dann, die aufgebrachte Jugend in seinen Bann zu schlagen. In seiner Regierungserklärung 1969 sprach er davon, „mehr Demokratie wagen" zu wollen, mit ihm als Bundeskanzler schien die große Alternative in der Politik möglich zu werden. Mit diesem Aufbruchsversprechen hatte Brandt die Hoffnungen und Erwartungen der Neuen Linken befördert, die jetzt massenhaft in die Partei eintraten. Verstärkt wurde diese Entwicklung durch seine Erfolge in der Ost- und Entspannungspolitik – nicht zuletzt Brandts Warschauer Kniefall im Dezember 1970 vor dem Mahnmal des Ghettoaufstands ließ den Antifaschisten zum Helden dieser jungen Generation werden.[63]

Der Parteivorsitzende Brandt stand allerdings vor dem Problem, dass die große Zahl von studentenbewegten Neumitgliedern zu Beginn der 70er-Jahre den linken Flügel der Sozialdemokratie stark anwachsen ließ. Insgesamt hatte ein gewaltiger Austausch der Mitgliedschaft die SPD seit Anfang der 60er-Jahre sozialstrukturell stark verändert. Mit dem Eintritt von Angestellten und Angehörigen der neuen Mittelschichten verbürgerlichte sich die SPD, zugleich akademisierte und verjüngte sie sich.[64] In der Partei brachen Flügelkämpfe aus, die auf den Parteitagen allein noch der Parteivorsitzende mit seiner charismatischen Autorität zu überbrücken vermochte. Den Linksruck und die Re-Ideologisierung der Partei konnte aber selbst Brandt nicht aufhalten. Die Auseinandersetzungen in der Partei spitzten sich während der Kanzlerschaft Helmut Schmidts dramatisch zu. Die Nachrüstungs-Debatte um den NATO-Doppelbeschluss, aber auch die friedliche Nutzung der Atomenergie stellten die SPD vor Zerreißproben. Dabei stützte Brandt auf den Parteitagen 1979 und 1982 offiziell die Position von Kanzler Schmidt – obwohl er inhaltlich nicht von ihr überzeugt war. Nach dem Ende der sozial-liberalen Koalition jedoch stellte sich die SPD im Novem-

---

[61] Vgl. o.V.: Tätliche Angriffe auf die SPD-Führer, in: Frankfurter Allgemeine Zeitung, 18.03.1968.

[62] Vgl. Brandt, Willy: Rechenschaftsbericht der Sozialdemokratischen Partei Deutschlands, in: Vorstand der SPD (Hg.): Parteitag der Sozialdemokratischen Partei Deutschlands vom 17. bis 21. März 1968 in Nürnberg, Protokoll der Verhandlungen, Hannover / Bonn 1968, S. 78-128.

[63] Vgl. vorausahnend bereits Appel, Reinhard: Der 7. Dezember in Warschau, in: Stuttgarter Zeitung, 08.12.1970; vgl. ebenso Walter (Anm. 45), S. 187 f.

[64] Im Jahr 1973 waren zwei Drittel der Parteimitglieder kürzer als 10 Jahre Mitglied der Partei, 1976 war über die Hälfte der Mitglieder erst nach 1969 eingetreten. Vgl. Lösche / Walter (Anm. 26), S. 152 f.

ber 1983 gegen den NATO-Doppelbeschluss und damit gegen ihren Altkanzler Helmut Schmidt. Zum Zerwürfnis zwischen Kanzler und Parteivorsitzendem war es zudem in der Frage gekommen, wie die ökologische Bewegung zu bewerten sei, die Brandt auf dieselbe Weise wie die aufbegehrende 68er-Generation in die SPD integrieren wollte.[65] Es zeigte sich aber, dass Brandts charismatische Autorität anders als zur Zeit der Studentenproteste gegenüber den Anhängern der ökologischen und bedingungslos pazifistischen Neuen Sozialen Bewegungen keine Wirkungsmacht mehr entfaltete.

In der Parteiführung hatte sich Brandts kollegialer Führungsstil durchaus bewährt. In Diskussionen war er offen für Argumente, er konnte zuhören und besaß die Fähigkeit, verschiedene inhaltliche Positionen zusammenzubinden. Brandt verfügte über Sensibilität und Menschenkenntnis, war aber zugleich konfliktscheu, zog sich bei Auseinandersetzungen zurück und ging nicht in die Offensive. Damit war Brandts Führungsstil zugleich nicht unproblematisch für die SPD: Im Konflikt mit den studentenbewegten Neumitgliedern versäumte er es, klare inhaltliche Grenzen aufzuzeigen. Offensichtlich unsinnige Parteitagsbeschlüsse schadeten seit Beginn der 70er-Jahre dem Erscheinungsbild der Regierungspartei SPD in der Öffentlichkeit. Als Kanzler wiederum ließ Brandt im Kabinett nur selten abstimmen und führte bei inhaltlichen Konflikten zwischen den Ministern keine Entscheidungen herbei. Vor allem die Minister Alex Möller, Karl Schiller und Georg Leber, aber auch Helmut Schmidt ließen es an Teamgeist mangeln und lieferten sich in den Kabinettssitzungen heftige Konflikte. Brandts Methode der „indirekten Machtausübung"[66] lähmte von Beginn an immer wieder seine Regierung und trug entscheidend zum raschen Niedergang ihres Ansehens nach der Bundestagswahl 1972 bei.[67]

Die Führungsressource Charisma

Aber bei einer entscheidenden Gelegenheit hatte Brandt Führungsstärke gezeigt und sich innerhalb der Troika durchgesetzt: Die sozial-liberale Koalition war sein Werk gewesen. In der Wahlnacht 1969 nahm Brandt das Heft des Handelns in die Hand und schuf Fakten, indem er trotz der knappen Hochrechnungen nach einem Telefonat mit Walter Scheel vor die Medien trat und die Aufnahme von Koalitionsverhandlungen zwischen SPD und FDP ankündigte. Sowohl Wehner

---

[65] Vgl. Merseburger (Anm. 5), S. 779-781 und S. 785 f.
[66] Soell (Anm. 42), S. 943.
[67] Vgl. Meyer, Claus Heinrich: Den Zugang zu sich selbst bewacht der Kanzler streng, in: Süddeutsche Zeitung, 18.12.1973; Kuhn, Gisbert: Ein Denkmal bröckelt ab, in: Kieler Nachrichten, 18.12.1973; vgl. darüber hinaus Rupps (Anm. 60), S. 170-179; Merseburger (Anm. 5), S. 630-633 und S. 672.

als auch Schmidt waren gegen ein sozial-liberales Bündnis gewesen.[68] Mit diesem Griff nach der Kanzlerschaft löste sich Brandt aus der kollektiven Führungsriege heraus und legte den Grundstein für seine herausragende Führungsstellung zwischen 1969 und 1973. Gestützt auf die Führungsressource des Charismas reüssierte Brandt sowohl als Kanzler als auch als Parteivorsitzender. Allein diese besondere Ressource schuf die Voraussetzungen dafür, dass die Anforderungen und auch die Aura beider Ämter nicht miteinander kollidierten. Mit dem Verfall des Brandtschen Charismas und spätestens mit dem Rücktritt vom Amt des Bundeskanzlers folgte in der SPD wieder eine Phase der kollektiven Führung durch die Troika mit Brandt im Parteivorsitz, Helmut Schmidt als Bundeskanzler und Herbert Wehner im Fraktionsvorsitz.[69]

Insgesamt war Willy Brandt über 20 Jahre Parteivorsitzender der SPD. Innerhalb seiner Partei erfuhr er eine für bundesrepublikanische Verhältnisse einmalige Verehrung. Worin bestanden neben seiner charismatischen Autorität die Führungsressourcen, die seinen Aufstieg an die Spitze der Partei mit ermöglichten und auf die er sich auch als Parteivorsitzender stützen konnte? Zunächst sind hier die Medien zu nennen. Als Bürgermeister Berlins selbstsicher und staatsmännisch auftretend und recht attraktiv, war Brandt wie geschaffen für die Ende der 50er-Jahre anbrechende Mediendemokratie. Bis zu seinem Wahlerfolg 1972 konnte er sich der durchgängig hohen Zustimmung und Unterstützung großer Teile der Medien sicher sein. Darüber hinaus entsprangen Brandts Unabhängigkeit und Eigenständigkeit dem besonderen Verhältnis, das er zu seinen engsten Mitarbeitern und Beratern aufbaute. Schon als Regierender Bürgermeister Berlins hatte er sich mit Klaus Schütz, dem Chef der Senatskanzlei Heinrich Alberts und dem Senatssprecher Egon Bahr ein „Küchenkabinett" aufgebaut. Auch später im Kanzleramt stützte sich Brandt auf Persönlichkeiten wie Egon Bahr, Horst Ehmke oder Klaus Harpprecht. Stets entwickelte Brandt seine politischen Initiativen aus der Arbeit seines engsten Mitarbeiterstabes heraus. So beruhte die Ostpolitik des Bundeskanzlers auf Konzepten, die ihren Ursprung bereits in der Suche nach einer politischen Verbesserung der Lage Berlins hatten und die Egon Bahr während der Großen Koalition im Planungsstab des Außenamtes weiter entwickelt hatte.[70] Das machte den Parteivorsitzenden unabhängig von den Führungsgremien der Partei, barg aber zugleich innerparteilichen Konfliktstoff. Fritz Erler beschwerte sich etwa 1964 über mangelnde Absprachen und kritisierte Brandts Berliner Küchenkabinett als einen durch keinen Beschluss legitimierten

---

[68] Vgl. o.V.: Willy, Willy, Willy, in: Der Spiegel, 30.09.1969; o.V.: Großer Sprung, in: Der Spiegel, 06.10.1969; vgl. darüber hinaus Baring, Arnulf: Machtwechsel. Die Ära Brandt-Scheel, Berlin 1998, S. 202-210.
[69] Vgl. auch Walter (Anm. 4), S. 1305 ff.
[70] Vgl. Müller, Kay / Walter, Franz: Graue Eminenzen der Macht. Küchenkabinette in der deutschen Kanzlerdemokratie. Von Adenauer bis Schröder. Wiesbaden 2004, S. 83-89.

Personenkreis: Brandt könne die Partei nur führen, wenn Präsidium und Parteivorstand tatsächlich als Ratgeberorgane genutzt würden.[71] Dass Brandt nach der
Wahl 1972 mit dem Weggang von Kanzleramtschef Horst Ehmke und Regie-
rungssprecher Conrad Ahlers nicht mehr auf sein in der ersten Legislaturperiode
erfolgreiches „Küchenkabinett" zurückgreifen konnte, hatte wesentlichen Anteil
am Machtverfall des Bundeskanzlers.[72]

Die Führungsressource, von der Brandt am längsten zehrte – im Grunde bis
zu seinem Tode –, war die Verehrung und Begeisterung, die ihm innerhalb seiner
eigenen Partei entgegengebracht wurde. Zwar wuchs diese Zustimmung erst
nach und nach, aber spätestens mit der Ost- und Entspannungspolitik erwarb sich
Brandt die tiefe Verehrung der Parteimitglieder, er wurde zum charismatischen
Parteiführer. Umgekehrt blieb die Sozialdemokratie für Brandt gerade vor dem
Hintergrund der Angriffe und Hetze gegen seine Person immer der Ort, an dem
er fraglos dazugehörte. Die Sozialdemokratie war seine politische Heimat. Stets
war die Partei der Referenzpunkt seines Handelns, stets hatte der Parteivorsitz
für ihn Priorität: Als er 1965 als Kanzlerkandidat demissionierte, stand der Parteivorsitz für ihn nicht zur Disposition. Und auch nach seinem Rücktritt als Bundeskanzler blieb Brandt Parteivorsitzender. Diese Verbundenheit mit seiner Partei führte am Ende dazu, dass Brandt nicht vom Vorsitz lassen mochte. Mit der
Übernahme des Fraktionsvorsitzes nach der Bundestagswahl 1983 durch den
Kanzlerkandidaten Hans-Jochen Vogel hatte ein Generationswechsel in der Führung der Partei eingesetzt. Brandt war als Einziger aus der Riege der legendären
Troika übrig geblieben. Erst Brandts öffentliche Kritik an Johannes Rau, dem
Kanzlerkandidaten der SPD im Wahlkampf 1987, und die harten innerparteili-
chen Reaktionen auf die Berufung der parteilosen Griechin Margarita Mathio-
poulos zur Parteisprecherin schwächten Brandts Ansehen so sehr, dass er im
März 1987 vom Parteivorsitz zurücktrat.[73] Bis zu seinem Tod 1992 blieb Brandt
Ehrenvorsitzender der SPD.[74]

---

[71] Vgl. Soell (Anm. 42), S. 939.
[72] Vgl. Müller / Walter (Anm. 70), S. 100-103.
[73] Vgl. Leicht, Robert: Eines Deutschen Sonderweg. Willy Brandt – das bittere Ende eines großen
politischen Lebens, in: Die Zeit, 27.03.1987; Gundlach, Jens: Zum Abschied ein offenes Wort über
sich selbst und die anderen, in: Hannoversche Allgemeine Zeitung, 15.06.1987; o.V.: Brandts Ab-
schiedsrede zwischen Selbstgewißheit und Selbstkritik, in: Frankfurter Allgemeine Zeitung,
15.06.1987.
[74] Die Funktion eines Ehrenvorsitzenden wurde für Willy Brandt neu geschaffen, sie galt für die
Lebenszeit Brandts. Vgl. Vorstand der SPD (Hg.): Außerordentlicher Parteitag der Sozialdemokratischen Partei Deutschlands vom 14. Juni 1987, Protokoll der Verhandlungen, Bonn 1987, S. 91 f.

Von Wiedervorlagen und Tagesordnungen: Hans-Jochen Vogel

Als Hans-Jochen Vogel 1987 den Parteivorsitz übernahm, schien er der richtige Mann zu sein. Zwar war bei der Kandidatensuche bereits Oskar Lafontaine im Gespräch, besonders Brandt selbst hätte seinen „Lieblingsenkel" gerne als Nachfolger gesehen. Denn Lafontaine galt in der zweiten Hälfte der 80er-Jahre zunehmend als derjenige, der durch seine geschickt von rechts bis links springenden Äußerungen, seine Medienkompetenz und durch die Besetzung des lange vernachlässigten Themas Wirtschaft die Sozialdemokraten am ehesten aus der elektoralen Isolation herausführen könne.[75] Doch nach der Endphase der Ära Brandt war in der SPD das Bedürfnis nach Klarheit, Eindeutigkeit und geordneter Führung groß. Diesem Wunschbild entsprach Vogel deutlich besser als Lafontaine.

Hans-Jochen Vogel hatte bereits eine lange und durchaus eindrucksvolle Karriere hinter sich, als er Parteivorsitzender wurde. 1926 geboren, gehörte er der Flakhelfer-Generation an, die im NS-Regime geprägt wurde, sehr jung in den letzten Kriegsjahren an die Front musste und nach dem Zusammenbruch des Dritten Reichs vor dem Nichts stand: Ideologien waren für die meisten endgültig tabuisiert, Bildung oder einen Beruf hatten sie nicht oder nicht vollständig erwerben können. Ähnlich erging es auch Vogel. Der Münchner absolvierte in den 50er-Jahren sein Jurastudium in Windeseile und mit Bestnoten, um die verlorene Zeit aufzuholen.[76] Durch seine Mutter von Kindesbeinen an auf Leistung getrimmt, lernte Vogel, dass man sich für den Erfolg durchbeißen müsse.[77] Vogels unermüdlicher Arbeitseinsatz, sein ausgeprägter Ordnungssinn, seine penible Detailversessenheit und sein großer Wissensdurst resultierten aus dieser Biographie und Erziehung. Im Nachkriegsdeutschland machte Vogel – auch aufgrund seiner Arbeitshaltung – schnell Karriere:[78] Nach seinem Parteieintritt 1950 wurde er bereits 1960 in München einer der jüngsten und beliebtesten Oberbürgermeister der Republik. Die Sozialdemokraten sahen fortan in ihm einen viel versprechenden Nachwuchspolitiker. Doch durch die Auseinandersetzungen mit Studentengruppen innerhalb der Münchner SPD sank Vogels öffentliches Ansehen zunächst, bis er 1972 als Bundesminister für Raumordnung quasi aus München abberufen wurde. Vogel galt nun nicht nur als fleißig und intelligent, sondern auch als unversöhnlich, autoritär und aufbrausend.[79]

[75] Vgl. Walter (Anm. 45), S. 223 ff.
[76] Vgl. Leinemann, Jürgen: „Ich bin ein Reiter über den Bodensee", in: Der Spiegel, 07.02.1983.
[77] Vgl. Brügge, Peter: So ein Amt schluckt Libido, in: Der Spiegel, 27.04.1970.
[78] Vgl. zu Vogels politischer Biographie Zimmer, Uwe: Das Südlicht, in: Der Stern, 17.12.1980.
[79] Vgl. zu den Münchner Auseinandersetzungen Vogel, Hans-Jochen: Die Amtskette, München 1972, besonders S. 213-247.

Zwar zeigten sich die ersten Anzeichen einer Wandlung bereits gegen Ende der 70er-Jahre[80], aber die eigentliche politische Nachreife erfuhr Vogel, als er 1981 nach Berlin gerufen wurde, um die dortige zerstrittene SPD wieder auf die Beine zu bringen. Hier lernte Vogel den Umgang und Dialog mit aufmüpfigen jungen Parteimitgliedern, Hausbesetzern und Alternativen. Anstatt wie in München autoritär seinen Kopf durchzusetzen, begann er in unzähligen Gesprächen zu schlichten, sah ein, dass auch er sich seiner Umwelt anpassen musste, und wurde sensibler und selbstbewusster.[81] Zwar verlor Vogel die Berliner Wahlen, aber er einte die Berliner Partei. Seine Kanzlerkandidatur bei der für die SPD kaum zu gewinnenden Bundestagswahl 1983 war daher zwar Pflichterfüllung, aber auch logische Folge seiner Karriere. Es entsprach Vogels Verantwortungsbewusstsein, dass er nach der Wahlniederlage als Oppositionsführer nach Bonn ging.[82]

Für Vogels Parteiführung war sein Amt als Fraktionsvorsitzender prägend. Denn zum einen empfahl er sich durch die Arbeit in der Fraktion für das Parteiamt und übertrug seine dortigen Führungsmuster auf die Partei: Als Fraktionsvorsitzendem gelang es Vogel, mit strenger Organisation und Arbeitseinsatz die Parlamentarier nach den erschöpfenden Regierungsjahren und dem entmutigenden Misstrauensvotum 1982 in einen geregelten Arbeitsalltag zu führen, sie zu einen und zu motivieren. Anders als sein Vorgänger Herbert Wehner führte Vogel – wie er es in der Berliner Zeit gelernt hatte[83] – unzählige, regelmäßige Gespräche auch mit einfachen Abgeordneten und ermöglichte bei aller Strenge und Disziplin ein offeneres Kommunikationsklima. Vogel verordnete mit zahlreichen Arbeitsaufträgen eine Beschäftigungstherapie, die die Bundestagsfraktion wieder funktionsfähig machte und die zerstrittenen Gruppierungen zu einer Arbeitseinheit zusammenführte.[84] Ähnlich ging Vogel in der Parteiführung vor, denn auch sie unterwarf er einem geregelten Arbeitsablauf. Dabei war die geordnete Gremienarbeit eine Führungsressource Vogels: Die Präsidiums- und Vorstandssitzungen wurden nun straffer geführt als unter Brandt, die Tagesordnungen und nicht zuletzt die viel gefürchtete Wiedervorlage erfassten alle denkbaren politischen Themen und strukturierten die Diskussionen – und am Ende solcher Sitzungen integrierte Vogel die verschiedenen Parteiflügel meist durch seine allum-

---

[80] Vgl. beispielhaft Fromme, Friedrich Karl: Zwingt sich zur Demut, in: Frankfurter Allgemeine Zeitung, 22.01.1983.
[81] Vgl. Buhl, Dieter: Ein Pflichtmensch an die Spitze, in: Die Zeit, 27.03.1987.
[82] Vgl. Potthoff / Miller (Anm. 41), S. 290 f.
[83] Vgl. zum Wandlungsprozess Vogels auch Gaus, Günther: Neue Portraits in Frage und Antwort, Berlin 1992, S. 94 f.
[84] Vgl. zu Vogels Ansicht bezüglich der Rolle der Fraktion Vogel, Hans-Jochen: Nachsichten. Meine Bonner und Berliner Jahre, München 1996, S. 190; vgl. auch Schütz, Hans Peter: Auf Kriegsfuß mit dem Schlendrian, in: Deutsches Allgemeines Sonntagsblatt, 01.03.1987.

fassenden Formelkompromisse.[85] Doch auch sein hohes Arbeitstempo war zunächst ein Pluspunkt Vogels. Im Gegensatz zu Brandt scheute er das stundenlange Aktenstudium nicht. Er sammelte ein immenses Sach- und Detailwissen an und ging penibel noch der leisesten Frage nach. Im Großen und Ganzen empfand die Parteiführung seine strenge Hand anfangs als durchaus positiv, da die Partei den Eindruck erweckte, als nähme sie ihre Oppositionsrolle nun wahrhaftig an.

Zum anderen nutzte Vogel als Parteivorsitzender die Fraktion als Machtbasis und führte auf ihrer Grundlage die Partei. Er ertrug mit seinem enormen Arbeitspensum nicht nur die Doppelbelastung, er verstand es auch, die Ämterdoppelung als Führungsressource zu nutzen. Den von ihm verfassten „politischen Bericht" beriet er zunächst mit dem Fraktionsvorstand und gab ihn erst nach der Veröffentlichung als Diskussionsgrundlage in das Präsidium.[86] Auf diese Weise diktierte Vogel über die Fraktion den politischen Rhythmus der Partei. Sicherlich wurde so die Koordination der beiden Ebenen erleichtert, aber die sterile Form der Führung ließ eben auch wenig Freiraum für spontane Ideen oder Diskussionen. Dies war bereits in der Fraktion ein Manko der Führung Vogels gewesen[87] und übertrug sich nun auf die Partei.

Seine in Berlin gewonnene Dialogfähigkeit gebrauchte Vogel allerdings nicht nur in den Führungsgremien, er nutzte sie auch, um der Befindlichkeit an der Basis nachzuspüren. So besuchte er während seiner Amtszeit alle Landes- und Bezirksverbände und ließ sich genauestens über deren Lage Bericht erstatten.[88] Inhaltlich war es vor allem die Frauenquote, die mit Vogels Parteivorsitz in Verbindung blieb und durch die er die Partei veränderte. Vogel hatte die Sozialdemokraten unter größten Anstrengungen zum Umdenken gezwungen, auf dem Münsteraner Parteitag 1988 seine gesamte politische Kraft für die Neuerung eingesetzt und letztlich den Grundstein für die in den Folgejahren steigenden Zahlen weiblicher Mitglieder, Wähler und Mandatsträger gelegt.[89]

Doch waren in Vogels Stärken zugleich seine Defizite angelegt. Denn seine allumfassende Ordnungswut deckte zwar den Mantel des Kompromisses über die Schwierigkeiten der Partei, doch sie löste sie nicht. Besonders problematisch war nach wie vor die Heterogenität der in der Partei vorhandenen Interessenlagen. Wollte die SPD mehrheitsfähig werden, musste sie versuchen, sowohl die marktorientierten Mittelschichten, als auch ökologisch orientierte potentielle Anhänger der Grünen zu integrieren – durfte bei all dem aber nicht ihre traditionelle Arbeiterklientel verprellen. Diesen Konflikt zu lösen, erforderte eine Men-

---

[85] Vgl. Walter (Anm. 45), S. 219 f.
[86] Vgl. Vogel (Anm. 84), S. 229 f.
[87] Vgl. zur Stimmung in der Fraktion Fromme, Karl Friedrich: Amt auf Amt, in: Frankfurter Allgemeine Zeitung, 22.03.1984.
[88] Vogel (Anm. 84), S.228.
[89] Vgl. Lösche / Walter (Anm. 26), S. 255 f.

ge Phantasie und politische Raffinesse, die der Gremien- und Verwaltungsmann Vogel kaum aufwies. Hinzu kam, dass sich nach dem Abgang der Generation um Brandt, Wehner und Schmidt – nicht zuletzt durch das Verhalten Brandts – alle Augen auf die jüngere, kohortenstarke Generation der „Enkel" richteten, die sich bereits früh als Ministerpräsidenten bewährte. Demgegenüber galten Politiker wie Vogel oder Rau als Übergangskandidaten.

Vogel aber konnte aufgrund seiner Kontrollwut nicht delegieren, er ließ potentiellem Nachwuchs wenig Raum, um eigene Ideen zu entwickeln.[90] Sein Verhältnis zu den „Enkeln" war durch Befremden gekennzeichnet. Vogel schätzte Zuverlässigkeit und Disziplin, er stellte sich selbstverständlich aufopfernd in den Dienst der Partei. Dagegen waren ihm das Flirrende und Spielerische der Nachwuchspolitiker Schröder oder Lafontaine fremd, die den geordneten Parteigremien nur wenig Beachtung schenkten und sich durch von der Parteilinie abweichende, häufig wechselnde Meinungen profilierten. Gewiss achtete Vogel ihre Erfolge in den Ländern. Auch die eine oder andere Debatte um Wirtschafts- und Arbeitspolitik, die in jenen Jahren vor allem von Lafontaine angestoßen wurde, um die SPD vom Image der angestaubten, Besitzstand wahrenden Arbeitervertretung zu befreien[91], mochte er im Nachhinein goutiert haben. Doch die habituelle und kulturelle Differenz, die sich aus unterschiedlichen generationellen Prägungen speiste, blieb offensichtlich und behinderte die Zusammenarbeit.

Besonders augenscheinlich wurde dies während Lafontaines Kanzlerkandidatur im Einigungsjahr 1990. Zum einen stand der pflichtbewusste Vogel den Überlegungen Lafontaines, nach dem lebensbedrohlichen Attentat im Frühjahr seine Kandidatur aufzugeben, verständnislos gegenüber.[92] Aber auch inhaltlich waren die Differenzen offenkundig. Während Lafontaine sich durch Betonung der Schattenseiten und Härten der Wiedervereinigung von der Regierung abzusetzen mühte[93], versuchte Vogel durch Kooperationsangebote an Kohl, den Einigungsprozess quasi großkoalitionär zu gestalten[94] und diskreditierte so den eigenen Kandidaten. Als Parteivorsitzendem gelang es Vogel nicht, die Zerrissenheit der Partei zu beheben, die sich in einem tief in den Debatten der 80er-Jahre verhafteten Kandidaten, einem auf Kompromiss ausgerichteten Parteivorsitzendem und dem Ehrenvorsitzenden Brandt manifestierte, der in der Wiedervereinigung das Ergebnis seiner Ostpolitik und seines Lebenswerkes erblickte. Die SPD schwankte hilflos zwischen verschiedenen Interessen und Wählergruppen und bot mit einem unausgefeilten wirtschaftspolitischen Profil keine Alternative zum

---

[90] Vgl. Zundel, Rolf: Natürlich Vogel – wer denn sonst?, in: Die Zeit, 12.06.1987.

[91] Vgl. Lösche / Walter (Anm. 26), S. 128.

[92] Vgl. Vogel (Anm. 84), S. 334 ff.

[93] Vgl. auch als Kritik an Lafontaines Vorgehen Eppler, Erhard: Komplettes Stückwerk, Frankfurt a.M./Leipzig 1996, S. 191 f.

[94] Vgl. Vogel (Anm. 84), S. 300.

Regierungskurs. Auch das noch im Dezember 1990 unter der Ägide Vogels verabschiedete Berliner Programm ging in seinen postmaterialistischen Inhalten völlig an den durch die Wiedervereinigung gewandelten Realitäten vorbei; Fragen der nationalen Einigung und wirtschaftlichen Prosperität spielten hier kaum eine Rolle. Vielmehr hatte das Programm mit seinen ausgleichenden Formulierungen hauptsächlich eine nach innen integrierende Funktion. Es schloss die bewegten Diskussionen der 80er-Jahre ab, aber eine Zukunftsperspektive verband sich damit gerade in den Umwälzungen der Jahre 1989/90 nicht.[95] Hier erwies sich, wie sehr Vogel die Fähigkeit Brandts fehlte, neue gesellschaftliche Strömungen und politische Probleme zu erspüren. Mit seiner Detailgenauigkeit erfasste er eben auch viel Unwichtiges. Als Parteiführer fehlten ihm – wohl auch aufgrund seiner generationellen Prägung – die Raffinesse und Wendigkeit, vielleicht auch Rücksichtslosigkeit und Inspiration, um einen innovativen Kurs zu finden und es mit einem politischen Gegner wie Helmut Kohl aufzunehmen.[96]

Vogel hatte sich von Anfang an als Übergangsvorsitzender gesehen und war 1990 entschlossen, durch die Weitergabe des Amts an einen Jüngeren den Generationswechsel zu vollziehen.[97] Aber der ungelenke Wechsel zu Björn Engholm 1991 war wohl auch Folge von Vogels Parteiführung. Denn eigentlich wäre es an dem gescheiterten Kanzlerkandidaten Lafontaine gewesen, Führer der Oppositionspartei zu werden. Doch Lafontaine war nach den Anstrengungen und Enttäuschungen des Einheitsjahres erschöpft. Seine Ablehnung des Parteivorsitzes war auch Resultat der Auseinandersetzungen mit Vogel, mit dem er – da Vogel Fraktionsvorsitzender blieb – im Parteivorsitz hätte zusammen arbeiten müssen. So hatte Vogel selbst ein wenig dazu beigetragen, dass der eigentliche Leitwolf der „Enkel" erst Jahre später das Ruder übernehmen würde und ein kräftezehrender Machtkampf begann. Insgesamt, so wird man resümieren müssen, hatte Vogel seine Partei, wie er selbst sagte, in „geordneten" Verhältnissen an seinen Nachfolger übergeben, aber er hatte sie eben auch in einen lediglich verwalteten, etwas eingeschläferten Zustand versetzt.

Führungsscheu und selten in Bonn: Björn Engholm

Nach der Absage Lafontaines fiel der Blick auf der Suche nach einem geeigneten Parteivorsitzenden auf den schleswig-holsteinischen Ministerpräsidenten Björn Engholm.[98] Das Rekrutierungsmuster war dabei dasselbe wie bereits bei den

---

[95] Vgl. Potthoff / Miller (Anm. 41), S. 323.
[96] Vgl. Fromme, Karl Friedrich: Amt auf Amt – ein Mann der Pflicht, in: Frankfurter Allgemeine Zeitung, 22.03.1984.
[97] Vgl. Gaus (Anm. 83), S. 75
[98] Vgl. o.V.: Nominierung Engholms als neuer SPD-Chef, in: Neue Zürcher Zeitung, 12.12.1990.

Kanzlerkandidaten Rau und Lafontaine: Engholm hatte 1988 eine Landtagswahl gewonnen, und dies schien seit dem Aufstieg Willy Brandts in der SPD als Prädikatsmerkmal für höhere Aufgaben unerlässlich. Dennoch war der Kieler aus Sicht der Parteispitzen eher eine Notlösung, zumal er sich keineswegs nach dem Amt gedrängt hatte, sondern – in der zugegeben sehr kurzen Bedenkzeit – mit aller Kraft überredet werden musste.[99]

Der 1962 in die SPD eingetretene Engholm machte sich bereits als Jungsozialist mit Kritik an der seiner Meinung nach undemokratischen Parteiorganisation bekannt, bevor er 1969 in den Bundestag gewählt wurde.[100] Dort störte er sich ebenfalls an den festgefahrenen, vor allem durch die parteiinterne Gruppe der „Kanalarbeiter" dominierten Strukturen. Engholm versuchte dies aufzubrechen, indem er etwa mit dem Parlamentarierzirkel „Gruppe 16. Etage" legere Umgangsformen wie das Duzen praktizierte. Aber nach und nach fügte er sich in das Bonner Politikleben, wurde ruhiger und stieg in den folgenden Jahren beharrlich auf der Karriereleiter nach oben. Engholm, der nach einer Lehre als Schriftsetzer das Abitur und ein Studium der Politik, Volkswirtschaft und Soziologie nachgeholt hatte, arbeitete seit 1977 als Staatssekretär im Bundesbildungsministerium und wurde 1981 Bundesminister für Bildung und Wissenschaft.[101] Nach dem Ende der sozial-liberalen Koalition wechselte er in die schleswig-holsteinische Landespolitik, wo er sein politisches Profil weiter entwickelte, das ihn schließlich für den Bundesvorsitz empfahl. Zwei vergebliche Anläufe 1983 und 1987 und einige hartnäckige Jahre als Oppositionsführer im Kieler Landtag bedurfte es, bevor er nach der Barschel-Affäre 1988 den Machtwechsel in der sozialdemokratischen Diaspora schaffte. Engholm hatte die bislang linkslastigen schleswig-holsteinischen Sozialdemokraten mit viel Geduld auf seinen regierungstauglichen Schmidt-Kurs gelenkt, er hatte Stimmen aus dem konservativ-liberalen Lager auf sich vereinigen können und so die Wählerbasis seiner Partei erweitert. Darüber hinaus hatte er in der Barschel-Affäre von seinem Ruf als ehrenhafter und moralisch einwandfreier Politiker profitiert.[102] Als Ministerpräsident dann erlangte Engholm sehr hohe Popularitätswerte, und Mitarbeiter schwärmten von seinem offenen, aber doch zielstrebigen und effizienten Führungsstil.

Aus diesem Werdegang erklärt sich, warum die Partei in Engholm im Dezember 1990 einen hoffnungsvollen Kandidaten für den Parteivorsitz sah. Denn

---

[99] Vgl. auch Burchardt, Rainer / Knobbe, Werner: Björn Engholm. Die Geschichte einer gescheiterten Hoffnung, Stuttgart 1993, S. 227; Grunenberg, Nina: „Jetzt bin ich der Lübecker", in: Die Zeit, 24.05.1991.

[100] Vgl. zur politischen Sozialisation Engholms Micus, Matthias: Die „Enkel" Willy Brandts. Aufstieg und Politikstil einer SPD-Generation, Frankfurt a. M. 2005, S. 65-69.

[101] Kurz vor Ende der sozial-liberalen Koalition wurde Engholm zusätzlich Bundesminister für Ernährung, Landwirtschaft und Forsten. Vgl. Burchardt / Knobbe (Anm. 99), S. 132.

[102] Vgl. Potthoff / Miller (Anm. 41), S. 313 f.

er galt als ausdauernder und erfahrener Vertreter einer neuen, jüngeren Politiker-
generation und als konsensfähiger Integrator mit diskursivem Führungs- und
Politikverständnis. Gerade die letzten Eigenschaften schienen nach den uninspi-
rierenden und ein wenig strengen Jahren unter Vogel verlockend. Die Sozialdemokraten erhofften sich von Engholm, dass er die SPD im Bund ähnlich wie in
Schleswig-Holstein zur Mitte öffnen, sie wieder diskussionsfreudiger und leben-
diger führen und damit auch ihr elektorales Integrationsproblem lösen würde.

Und zunächst wurde Engholm seinem Ruf als sanfter Neuerer und Integrator auch gerecht. Nachdem er im Mai 1991 auf dem Bremer Parteitag mit einem
herausragenden Ergebnis von 97,5% zum Vorsitzenden gewählt worden war[103],
forderte er Korrekturen am bisherigen Parteiprofil. Engholm hatte in seiner gesamten politischen Biographie an der Abschottungsmentalität der SPD gelitten
und wollte seine Partei nun in einer „Kommunikationsoffensive" öffnen. So
plädierte er für eine leistungsstarke Wirtschaft und einen starken Staat und propagierte die Öffnung der Partei auch für konservative Wähler – all dies jedoch
stets abgefedert mit dem Verweis auf Traditionen.[104] Darüber hinaus interpretierte Engholm als einer der wenigen Politiker der nachrückenden Generation die
deutsche Einheit als Bereicherung, wenngleich er die Problemsicht Lafontaines
bezüglich der wirtschaftlichen und finanziellen Belastungen teilte.[105] Die Bedeutung des lange vernachlässigten Themas Wirtschaft erkannte der Kieler ebenso,
wie er ankündigte, die in Partikularinteressen zerfallende SPD zusammenzuführen, sie zu durchlüften und zugleich ihre soziale Basis zu erweitern.[106] In der
„Petersberger Wende" 1992 erreichte Engholm zusammen mit seinem Fraktionsvorsitzenden Klose die Zustimmung seiner Partei zur Beteiligung deutscher
Soldaten an UNO-Militäreinsätzen und eine massive Änderung der Asylpolitik.
Bei dieser Entscheidung führte Engholm seine Partei tatsächlich und bewegte sie
zu einem einschneidenden Richtungswechsel.

In organisatorischer Hinsicht sahen sowohl Engholm als auch der von ihm
berufene junge Bundesgeschäftsführer Karl-Heinz Blessing, der als intelligenter
Organisator galt, die Notwendigkeit grundlegender Reformen. So wurde bereits
auf dem Bremer Parteitag im Mai 1991 eine Arbeitsgruppe mit dem Titel „SPD
2000" beim Parteivorstand eingerichtet, die erste Vorschläge erarbeiten sollte.
Doch die von Bürgerforen bis zu Urwahlen reichenden Ergebnisse dieser Bera-

---

[103] Die SPD befand sich allerdings aufgrund der Schwäche der Union und der steigenden Anzahl
sozialdemokratischer Ministerpräsidenten bereits vor dem Parteitag in Hochstimmung. Vgl. o.V.:
Geborgter Sachverstand, in: Wirtschaftswoche, 24.05.1991.
[104] Vgl. Geis, Matthias: Die Zählebigkeit des Milieus, in: Die Tageszeitung, 01.06.1991; Fuhr, Eck-
hard: Das Glück des Sisyphos, in: Frankfurter Allgemeine Zeitung, 08.06.1991.
[105] Vgl. Burchardt / Knobbe (Anm. 99), S. 245 f.
[106] Vgl. Hofmann, Gunter: Viel Abschied, wenig Anfang, in: Die Zeit: 07.06.1991; siehe auch Burchardt / Knobbe (Anm. 99), S. 242 f.

tungen[107] wurden nie umgesetzt. Ein Hinderungsgrund bestand darin, dass sich Blessing, dem als ehemaligem Assistenten des IG-Metall-Chefs Franz Steinkühler der Ruf des harten Technokraten voraus eilte[108], gegenüber den sich vor Veränderungen fürchtenden Mitarbeitern der Parteizentrale nicht durchsetzen konnte. Obwohl Blessings Benennung zuerst als geschickte führungsstrukturelle Veränderung des Parteichefs gewertet wurde, zeigte sich bald, wie ungünstig die Entscheidung gewesen war. Denn Blessing fehlte die Parteierfahrung, er wurde im Ollenhauer-Haus zunehmend als arrogant wahrgenommen.

Engholm seinerseits scheute vor personalpolitischen Konflikten zurück und machte sich ohnehin in Bonn rar. Zwar hatte er bereits vor seiner Wahl zum Parteivorsitzenden erkannt, dass es gewisse räumliche und zeitliche Hürden zu überwinden galt, um Ministerpräsidentenamt und Parteiführung zu vereinen. Aber nun fühlte Engholm sich sichtbar unwohl in Bonn und hielt sich dort nur zwei Tage in der Woche auf. Schon in seiner Zeit als Abgeordneter und Bundesminister hatte er – beispielsweise mit Hilfe der „Gruppe 16. Etage" – versucht, den Zwängen der Politik zu entfliehen und sich vor den Deformationen der Macht gefürchtet. Folgerichtig suchte er auch als Parteivorsitzender Bodenhaftung in seiner Arbeit als Ministerpräsident.[109] An Engholm zeigte sich beispielhaft, wie bedeutend der Wille, eine Partei zu führen und ein Amt auszuüben, für den Erfolg von politischer Führung ist. Denn der Kieler empfand eine gewisse Abneigung gegenüber dem Parteivorsitz, immerhin hatte er ihn auch aus Pflichtgefühl übernommen und war ein gutes Stück hineingedrängt worden. Zwar hatte Engholm sich bereits häufig in seine politischen Ämter rufen lassen, doch waren ihm, trotz allen Ehrgeizes, seine Unabhängigkeit und Selbstbestimmtheit gegenüber gefestigten Strukturen stets wichtig gewesen.[110] Zudem benötigte er eine vertraute und verlässliche Atmosphäre, um den in Kiel so gelobten Arbeitsstil zu entfalten.[111] Dem Bonner Parteiapparat stand Engholm jedoch von Anfang an misstrauisch und missmutig gegenüber. Aber seine fehlende Präsenz in der Parteizentrale kompensierte er eben auch nicht durch Telefonate, so dass sich nicht nur Blessing über die mangelnde Kommunikation beklagte. Die zunächst so gelobten Eigenschaften des Vorsitzenden verkehrten sich daher in den Augen von Parteiführung und Medien rasch in offensichtliche Mängel: Seine Zurückhaltung wurde als Schweigsamkeit kritisiert, seine austarierenden Äußerungen als schwammig bezeichnet und seine viel bewunderte Diskursfähigkeit und Offenheit als mangelnde Führungsstärke empfunden.

---

[107] Vgl. Projektgruppe SPD 2000 des Parteivorstands: Ziele und Weg der Parteireform in: Blessing, Karlheinz (Hg.): SPD 2000. Die Modernisierung der SPD, Marburg 1993, S. 16-47, hier S. 44 f.

[108] Leinemann, Burchardt / Knobbe (Anm. 99), S. 236 f.

[109] Leinemann, Jürgen: „Was bist du denn für'n Sozi", in: Der Spiegel, 17.12.1991.

[110] Vgl. u.a. Wiedemann, Charlotte: Zwischen Pflicht und Lust, in: Der Stern, 30.01.1992.

[111] Vgl. Burchardt / Knobbe (Anm. 99), S. 320.

Zudem gelang es Engholm nicht, grundlegende strukturelle Schwierigkeiten zu lösen. Vogel hatte die Bundestagsfraktion systematisch zum Zentrum der Parteiarbeit ausgebaut. Für Engholm jedoch, der nicht selbst in der Fraktion vertreten war und nur einen relativ schwachen Landesverband im Rücken hatte, konnte diese kein Koordinierungs- und Machtinstrument sein. Vielmehr musste er auf das Präsidium zurückgreifen, durch das er auch die zunehmend erstarkenden Ministerpräsidenten wie Schröder, Scharping und Lafontaine hätte einbinden können. Diese konkurrierten mit der von Vogel geführten Bundestagsfraktion und betonten, die Erneuerung der Partei müsse aus den Ländern erfolgen.[112] Engholm jedoch hielt Präsidiumssitzungen häufig nur telefonisch ab und schwächte damit sein wichtigstes Führungsinstrument.[113]

Obendrein wehrte Engholm sich kaum gegen die Versuche des Fraktionsvorsitzenden Vogel, seine Parteiführung zu beeinflussen. Doch auch der Wechsel in der Fraktionsführung 1992 erleichterte Engholm die Führungsproblematik nicht. Da kein überzeugender Nachfolger Vogels zu erkennen war[114], ging aus dem Kampf zwischen Rudolf Dressler und Herta Däubler-Gmelin ausgerechnet Hans-Ulrich Klose als Sieger hervor, dessen politische Laufbahn sich eigentlich dem Ende entgegen neigte. Schon bald nörgelte die Fraktion über Kloses mangelnde Entschlossenheit und Führungskraft, seine unklaren inhaltlichen Vorgaben – insofern ähnelte die Kritik stark der am Parteichef Engholm. Kloses Führungsstil führte dazu, dass unter Vogel verdeckte Konflikte erneut aufbrachen und die Parlamentsarbeit behinderten.[115] Engholm aber hatte als Parteichef die Chance verpasst, durch die Neubesetzung der Fraktionsspitze Partei und Fraktion enger zu verbinden und seine eigenen Schwächen komplementär zu ergänzen. Obendrein verstärkte sich dieses Führungsdefizit, da Engholm kaum in der Fraktion zu Gast war und nur selten vor dem Parlament sprach.

Die mangelnde Koordination von parlamentarischer Ebene und sozialdemokratischen Landesspitzen kulminierte zum einen in der Engholm aufgezwungenen Kanzlerkandidatendebatte. Der Parteichef zögerte die Entscheidung hinaus, während sowohl Schröder als auch Lafontaine auf ihre Chance hofften. Aber es war vor allem der Fraktionsvorsitzende Klose, der die Auseinandersetzung mitten im schleswig-holsteinischen Wahlkampf anstieß, dadurch Engholms Handlungsfähigkeit einschränkte und ihn über Wochen in gezielten Interviews

---

[112] Vgl. Süskind, Martin E.: Ein kompliziertes Geflecht neu knüpfen, in: Süddeutsche Zeitung, 17.05.1991; Wenz, Dieter: Schon wiegen manche bedenklich die Köpfe, in: Frankfurter Allgemeine Zeitung, 09.07.1991.
[113] Auch bei den Vorschlägen zum neuen Präsidium konnte Engholm sich nicht durchsetzen. Vgl. Süskind, Martin E.: Wohlgerüstet für das Ende der Schonzeit, in: Süddeutsche Zeitung, 10.09.1991.
[114] Vgl. Rose, Ulrich: Wenig Aufbruch in der SPD, in: Badische Zeitung, 09.11.1991.
[115] Vgl. Bruns, Tissy: Loyal mit zusammengebissenen Zähnen, in: Die Tageszeitung, 12.03.1993.

vorführte.[116] Als Engholm schließlich seinen Entschluss zur Kandidatur bekannt gab, hatte seine Autorität bereits schweren Schaden genommen.

Ähnlich verhielt es sich mit der Diskussion um die von der Bundesregierung geplante Mehrwertsteuererhöhung. Lafontaine war der Ansicht, man solle die ohnehin angeschlagene Bundesregierung durch eine Niederlage im SPD-dominierten Bundesrat schwächen, womit er in Konflikt mit dem Fraktionsvorsitzenden geriet.[117] Dagegen traten viele andere Ministerpräsidenten aufgrund der desolaten Haushaltslage der Länder für die Erhöhung ein.[118] Engholm selbst war gefangen zwischen seiner Rolle als Ministerpräsident und der Aufgabe, als Parteichef die Handlungsunfähigkeit der Regierung bloßzulegen. Damit verkörperte er in seiner Person den Konflikt der SPD zwischen Regierungsverantwortung in den Ländern und Oppositionsarbeit im Bund. Mithin fehlte ihm die nötige Autorität, um die wochenlangen Diskussionen zu beenden und im Bundesrat ein einheitliches Abstimmungsverhalten zu schaffen. Als die Regierungsvorlage mit Hilfe von SPD-Stimmen die Länderkammer passierte, galt dies als Beweis der Schwäche Engholms.[119]

Björn Engholm stolperte im Mai 1993 schließlich über das erneute Aufflackern der Barschel-Affäre, doch war er zu dem Zeitpunkt als Parteichef bereits geschwächt: Die Fraktion unter dem lasch führenden Klose war zerstritten, die Gegensätze zwischen Ländern und Bundestagsfraktion verschärften sich, und die Landeschefs selbst, aber auch Funktionäre und Mitarbeiter der Parteizentrale sowie der Bundesgeschäftsführer Blessing beklagten sich ratlos über die fehlende Kommunikation und Führung ihres Vorsitzenden. Das Bild vom nachdenklichen, in Dunstschwaden gehüllten Pfeifenraucher Engholm wurde zum Synonym für die Richtungslosigkeit der Sozialdemokraten. Als nun ein Fehlverhalten Engholms in der Barschel-Affäre bekannt wurde, beschädigte dies seine Glaubwürdigkeit und seinen Ruf als fairer, grundehrlicher Politiker. Darauf aber hatten die bis dato anhaltend hohen Popularitätswerte und damit die letzte Machtressource Engholms gefußt, mit der er seine Partei beeindrucken konnte. Zwar hatte Engholm das Integrations- und Ideenproblem seiner Partei erkannt und die Spannungen zwischen den verschiedenen Interessen von Postmaterialisten, Facharbeitern oder Selbständigen integrieren wollen. Doch er wurde in Verbindung mit seiner mangelnden Kommunikation und Führungshärte das erste Opfer der strukturell veränderten Machtsituation der deutschen Sozialdemokratie. Denn wie sich schon unter Vogel angedeutet hatte, wurde die Führung im Bund durch

---

[116] Vgl. Perger, Werner A.: Spitze nur im Streit, in: Die Zeit, 07.02.1992.
[117] Vgl. Hartwig, Gunter: Der Chef richtete ein heilloses Durcheinander an, in: Stuttgarter Nachrichten, 20.02.1992.
[118] Vgl. zu den Auseinandersetzungen Goos, Diethart / Schlingmann, Martina: Auf dem langen Marsch zum neuen Gemeinsinn, in: Die Welt, 09.08.1991.
[119] Vgl. Falke, Jutta: Wenn jeder gegen jeden kämpft, in: Rheinischer Merkur, 21.02.1992.

in den 80er- und 90er-Jahren zunehmend konkurrierende Machtzentren erschwert, da junge, äußerst ehrgeizige Sozialdemokraten die Länder eroberten.

Ehrgeizige Gremienpolitik und unglückliche Medienpräsenz: Rudolf Scharping

Nach dem Rücktritt Engholms als Parteivorsitzender, Ministerpräsident und Kanzlerkandidat bewarben sich in einer bislang einmaligen Urwahl im Juni 1993 Heidemarie Wieczorek-Zeul, Gerhard Schröder und Rudolf Scharping um den Parteivorsitz.[120] Alle drei hatten besonders in den frühen 90er-Jahren wiederholt deutlich gemacht, dass sie sich für höhere Aufgaben in Partei und Republik bereit fühlten. Bei der Abstimmung erzielte Scharping mit 40,3% die einfache Mehrheit der Stimmen. Doch das Ergebnis erwies sich als Pyrrhussieg – es war vor allem deshalb zu Stande gekommen, da viele Parteimitglieder einen Parteivorsitzenden Schröder verhindern wollten. Weil auf einen entscheidenden zweiten Wahlgang verzichtet worden war, stand die auf den ersten Blick große plebiszitäre Legitimation Scharpings auf tönernen Füßen. Besonders Gerhard Schröder versäumte es nicht, immer wieder darauf zu verweisen.

Aber zunächst hinterließ der neue Vorsitzende einen durchaus positiven Eindruck, besaß er doch genau das Machtstreben und die fleißige Disziplin, die man bei Engholm vermisst hatte. Scharping war durch die gewonnene Landtagswahl 1991 im als CDU-Bastion geltenden Rheinland-Pfalz zu einem der Hoffnungsträger der Partei avanciert. Auch in seinem Fall galt wie bei Engholm ein Sieg bei einer Landtagswahl als Messlatte des Erfolgs. Zuvor hatte Scharping durch ausgezeichnete Sachkenntnis und fleißige Parteiarbeit in der Landespolitik auf sich aufmerksam gemacht und sich als Landtagsabgeordneter den Ruf eines vorbildlichen Parlamentariers mit großem Sachverständnis erarbeitet.[121] Die Position des parlamentarischen Geschäftsführers schien ihm in den frühen 80er-Jahren wie auf den Leib geschrieben, da er gut im Hintergrund arbeitete und in der Öffentlichkeit eher nervös wurde.[122] Als rheinland-pfälzischer Landesvorsitzender reiste er unermüdlich durchs Land und baute das Netz der Ortsvereine aus.[123] Dabei hatte Scharping von seiner kommunalpolitischen Verwurzelung und seinem Förderer Wilhelm Dröscher profitiert, der ihm eingebläut hatte, wie

---

[120] Vgl. zum Folgenden Walter (Anm. 45), S. 235 f.
[121] Vgl. Rosenbaum, Ulrich: Rudolf Scharping – Biographie, Berlin/Frankfurt a.M. 1993, S. 62-85.
[122] Vgl. Giani, Paul Leo: Konkrete Politik, in: Wallow, Hans (Hg.): Rudolf Scharping: Der Profi, Düsseldorf 1994, S. 41-50.
[123] Vgl. zu Scharpings Arbeit als Landesvorsitzender Bermeitinger, Herbert: „...aber spätestens 1987 muß der Rudolf ran.", in: Wallow (Anm. 122), S. 34-40, hier S. 38 f.

bedeutend die lokale „Graswurzelpolitik" sei.[124] Scharping brachte also gute Voraussetzungen mit, als er den Parteivorsitz übernahm: Er hatte – wenn auch nur auf Landesebene – Partei- und Parlamentserfahrung, er galt als arbeitswillig, intelligent und gerade im Vergleich zu Engholm als äußerst ehrgeizig und machtbewusst.

Die Partei war Scharping zunächst dankbar, dass ihr nach dem unverständlichen Kieler wieder jemand selbstbewusst den Weg wies und die Parteistrukturen ordnete. Wieder einmal wählten die Sozialdemokraten als Parteivorsitzenden einen Antityp des Vorgängers; Scharping erschien als geeignet, weil er nicht die Schwächen Engholms besaß, dabei blendete man mögliche andere Fehler aus. So wurde er auf dem Wiesbadener Parteitag 1993 zwar nicht umjubelt, doch die Delegierten folgten seiner Linie.[125] Abbau der Arbeitslosigkeit, Aufholen des technologischen Rückstands, Konsolidierung der Staatsfinanzen und Umbau des Sozialstaats waren die Kernpunkte seines Programms, mit dem er die Abkehr seiner Partei vom postmaterialistischen Kurs erreichen wollte. So versuchte er, dem durch die Wiedervereinigung ausgelösten Themenwechsel hin zu Fragen der Wirtschafts- und Arbeitsmarktpolitik zu folgen. Den programmatischen Wandel, der bereits unter Engholm mit der „Petersberger Wende" begonnen hatte, setzte Scharping mit der Unterstützung Lafontaines auf dem Wiesbadener Parteitag mit der Zustimmung zum so genannten Großen Lauschangriff fort.[126] Die Partei folgte ihrem Vorsitzenden, wenn auch nicht immer begeistert, so doch erstaunlich diszipliniert, woran auch die verlockende Aussicht auf einen Sieg bei der Bundestagswahl 1994 einen Anteil hatte.

Scharping erwies sich im ersten Jahr als fleißiger und kommunikativer Vorsitzender, der die einzelnen Machtzentren seiner Partei wieder enger zusammenzubinden verstand als sein Vorgänger. Durch intensives Aktenstudium eignete er sich ein enormes Sach- und Detailwissen an, regelmäßig war er in der Fraktion zu Gast, teilte dort seine Ansichten und Parteibeschlüsse mit und horchte nach den Befindlichkeiten der Parlamentarier. Überdies nahm die Bedeutung informeller Absprachen unter Scharping deutlich zu, sie waren eines seiner Führungsinstrumente: Mit den wichtigsten Vertretern der Partei telefonierte er häufig und intensiv, als Kanzlerkandidat gab er etwa sein Schattenkabinett erst nach eingehenden internen Beratungen bekannt.[127] Zu Beginn einer jeden Arbeitswoche tagte ein kleiner Zirkel, bestehend aus Bundesgeschäftsführer Günter Verheugen, dem Leiter der rheinland-pfälzischen Staatskanzlei Karl-Heinz Klär und Scharping selbst, um die gemeinsame Wochenlinie zu besprechen. Überhaupt erschien

---

[124] Vgl. Micus (Anm. 100), S. 74.

[125] Vgl. Lölhöffel, Helmut: Die formierte SPD, in: Frankfurter Rundschau, 19.11.1993.

[126] Vgl. o.V.: Eine starke Achse, in: Der Spiegel, 22.11.1993.

[127] Vgl. Bannas, Günter: Zuversicht diszipliniert, in: Frankfurter Allgemeine Zeitung, 09.02.1994.

die Wahl Verheugens als Bundesgeschäftsführer geschickt, da dieser bereits aus
dem Wahlkampf 1980 gegen Franz Josef Strauß Wahlkampferfahrung besaß und
zudem als ehemaliges FDP-Mitglied die Öffnung der SPD zur politischen Mitte
symbolisieren konnte.[128] In der Auseinandersetzung mit Landesfürsten wie
Schröder und Lafontaine oder mit dem Fraktionsvorsitzenden Klose wies Scharping diese in ihre Schranken und mahnte sie angesichts der bevorstehenden Wahl
zu Geschlossenheit.[129] Tatsächlich waren Scharpings Bedächtigkeit, sein eiserner
Wille und Fleiß die Stärken, mit denen er in jenen Monaten Ende 1993 bis Mitte
1994 wuchern konnte:[130] Die Partei gewann schrittweise wirtschaftspolitische
Kompetenz zurück, ihre Umfragewerte stiegen und der Wahlsieg im Bund 1994
schien, auch angesichts der desaströsen Verfassung der Regierungskoalition,
zum Greifen nah.[131]

Aber bereits im Bundestagswahlkampf 1994 zeigten sich die Schwächen
Scharpings. Sein Auftreten als Kanzlerkandidat war nicht so selbstverständlich
und selbstbewusst, wie dies sein Verhalten als Parteivorsitzender vermuten ließ.
Vor Kameras wirkte Scharping nervös und hölzern und schien nicht recht geschaffen für die Medienwelt. Gerade seine Biederkeit, die innerhalb der Partei-
arena zunächst so positiv gewirkt hatte, offenbarte sich nun als Mangel an Tele-
genität. Bereits auf Landesebene hatten seine Stärken in der Gremienarbeit und
kommunalpolitischen Verwurzelung gelegen, aber nicht in Medienauftritten und
Reden vor großen, unbekannten Menschenmengen. Überdies war Scharping, der
erst eine Landtagswahl gewonnen hatte, in Wahlkampffragen reichlich unerfahren.

Dennoch beanspruchte Scharping nach der Bundestagswahl 1994 den Vorsitz der Bundestagsfraktion für sich und beging damit wohl einen ersten folgen-
schweren Fehler.[132] Bereits in Rheinland-Pfalz war Scharpings ehrgeizige Ämterkumulation aufgefallen, war es sein Kennzeichen gewesen, sich unentbehrlich
zu machen. Nun zeigte sich die Kehrseite dieses Eifers: die Unfähigkeit zur Delegation. Recht bald erwies sich, dass Scharping mit der Ausübung zweier so
arbeitsintensiver Ämter wie Fraktions- und Parteivorsitz überfordert war.[133] Er
untergrub selbst die Bedingungen des eigenen Erfolgs, da er nicht mehr so häufig
wie zuvor das persönliche Gespräch suchen konnte und auch für die intensive
Sacharbeit weniger Zeit blieb. Zudem gestaltete sich die Arbeit mit der Fraktion

---

[128] Vgl. Perger, Werner A.: Ein kühler Kämpfer, der den Affentanz beendet, in: Die Zeit, 11.03.1994.

[129] Vgl. Ulrich, Bernd: Hungerjahre im reichen Land, in: Wochenpost, 25.11.1993.

[130] Vgl. Riehl-Heyse, Herbert: Die neue Tugend der Gefügigkeit, in: Süddeutsche Zeitung, 20.11.1993.

[131] Vgl. Süskind, Martin E.: Der rechte Mann zur rechten Zeit, in: Süddeutsche Zeitung, 19.11.1993.

[132] Vgl. Hofmann, Gunter: Das Scheitern der Langsamkeit, in: Die Zeit, 22.09.1995.

[133] Vgl. Schwehn, Klaus: Völlig von der Rolle, in: Der Tagesspiegel, 27.07.1994.

schwierig, denn Scharping hatte selbst nie ein Bundestagsmandat besessen und war insofern wenig in der Fraktion verankert.[134]

Auch die Wahlkampf-Troika, die im Sommer 1994 aus Scharping, Lafontaine und Schröder gebildet worden war, um den Kanzlerkandidaten zu stärken und – nicht ganz erfolglos – die verschiedenen Wählerpotentiale von Traditionalisten, Postmaterialisten und Wirtschaftsfreunden anzusprechen, zerbrach nach der Wahl rasch.[135] Scharping hatte sie aufgrund der arbeitsintensiven Fraktions- und Parteiarbeit und wegen seiner fehlenden Kommunikation nicht aufrecht erhalten können. Hinzu kam spätestens ab Sommer 1995 die Auseinandersetzung mit Gerhard Schröder, der Scharpings Schwächen erspürte und ihn über die Medien zu einem Schlagabtausch über die Frage der Kanzlerkandidatur 1998 zwang. Schröder erhoffte sich eine Chance, doch Scharping war fest entschlossen, auch noch diese Aufgabe zu übernehmen. Schröder hatte zu Beginn der 90er-Jahre Stück für Stück die einstige Rolle Lafontaines als Provokateur auf Kosten der Partei eingenommen.[136] Mit immer neuen, von der Parteilinie abweichenden Positionen gebärdete er sich als „moderner" Politiker und zog die Aufmerksamkeit der Presse auf sich. So hatte er auch in der Auseinandersetzung mit Scharping stets die Nase ein Stück voraus und drängte den Parteivorsitzenden in die Ecke des biederen Funktionärs, der sich ängstlich an seine Gremienbeschlüsse klammerte. Sich auf diese Auseinandersetzung ihrer Form und ihrem Inhalt nach einzulassen, war Scharpings zweiter Fehler, doch hatte er eigentlich von Beginn an keine Chance: Er war nicht nur wesentlich linkischer im Umgang mit den Medien als sein Rivale. Als Parteivorsitzender konnte er zudem nicht wie Schröder von den Parteibeschlüssen abweichen, sondern musste im Dualismus von eigensinnigem Ministerpräsident und ernsthaftem Parteivorsitzenden die Rolle des Mahners und Züglers einnehmen.[137] Bedrängt durch die Angriffe Schröders, zog Scharping sich in seine engsten Zirkel zurück und kapselte sich ab. So wurde aus den informellen Absprachen, durch die der Parteivorsitzende zuerst erfolgreich geführt hatte, eine Machtrestriktion, da er kaum mehr kommunizierte.

Und noch einen dritten taktischen Fehler beging Scharping: In der Auseinandersetzung mit Schröder suchte er ausgerechnet in Lafontaine einen Verbündeten. Dieser aber erholte sich 1995 von seinen Affären, die ihn in den vergangenen Jahren geschwächt hatten. Er beobachtete das ungeschickte Verhalten Scharpings und die zunehmende Unzufriedenheit und Mutlosigkeit unter führenden Sozialdemokraten und sondierte in mehreren Gesprächen dezent die Chan-

---

[134] Vgl. Lölhöffel, Helmut: Noch eine Schonfrist, in: Frankfurter Rundschau, 08.09.1995.
[135] Vgl. Wille, Joachim: Das Ende der Troika, in: Frankfurter Rundschau, 18.08.1995.
[136] Vgl. Hofmann, Gunter: Als Unternehmer in der Politik, in: Die Zeit, 01.09.1995.
[137] Vgl. o.V.: „Wir ziehen das jetzt mit Rudolf durch", in: Rheinischer Merkur, 08.09.1995.

cen für sein Comeback.[138] Doch all dies bemerkte Scharping nicht, zu sehr hatte er sich in sich selbst verschlossen.

Im Herbst 1995 schließlich war die Partei tief verzweifelt, da die Auseinandersetzungen ihrer Spitzenpolitiker sie der Lächerlichkeit preisgaben, die Umfragewerte rapide fielen und sogar die Regierungskoalition sich nicht mehr mit ihrer Opposition beschäftigte. Dass Lafontaine im November mit einer einzigen Rede den verzweifelten Mannheimer Parteitag zu seinen Gunsten wenden konnte[139], der Parteitag anschließend das traditionelle Wahlprozedere änderte, um Lafontaine nach einer einzigartigen Kampfkandidatur zum neuen Vorsitzenden zu bestimmen[140] – dies alles war Ausdruck des rasanten Machtverlustes Scharpings und der gewaltigen Depression der Sozialdemokraten.

Scharping scheiterte wie sein Vorgänger Engholm daran, dass er die verschiedenen Machtzentren seiner Partei nicht in Einklang brachte und den Anfeindungen ehrgeiziger Parteifreunde nicht gewachsen war. Aber wenn auch beide drastische Kommunikationsmängel aufwiesen, so waren die weiteren Gründe des Scheiterns doch deutlich verschieden, denn den bei Engholm beanstandeten Mangel an Ehrgeiz und Führungswillen konnte man Scharping kaum absprechen. Im Gegenteil blockierte ihn seine Unfähigkeit zur Delegation, die sowohl aus seiner Unerfahrenheit als auch aus seinem Machtwillen resultierte und zwangsläufig zur Überforderung führte. Die Auseinandersetzungen mit Schröder zwangen ihn, zunehmend traditionellere Positionen einzunehmen, obwohl er anfangs seine Partei durchaus auf einen wirtschaftsfreundlicheren Kurs zur politischen Mitte hatte führen wollen. Wenn auch mit ungleichen Mitteln und aus unterschiedlichen biographischen Beweggründen, wollten sowohl Scharping als auch Engholm versuchen, die SPD aus den Fesseln ihrer facharbeiterlichen Stammklientel zu lösen, sie für neue soziale Schichten ansprechender und koalitionsfähiger zu machen. Doch letztlich verengte Scharping, der als etwas langweiliger, unbeweglicher Gremienvertreter galt, das Profil der Sozialdemokratie einzig auf sich selbst und isolierte seine Partei noch mehr.

Vom Hedonisten zum Integrator und zurück: Oskar Lafontaine

Mit Oskar Lafontaine kam im Herbst 1995 der eigentliche Leitwolf der „Enkel" an die Spitze der Partei. Lafontaine war der erste der jungen Politikerriege gewesen, der 1985 ein Bundesland für die SPD erobert hatte. Er galt in den 80er-

---

[138] Vgl. Deupmann, Ulrich: Auch Du, Oskar?, in: Süddeutsche Zeitung, 18.10.1995.
[139] Vgl. o.V.: Lafontaine reißt Parteitag zu Begeisterungsstürmen hin, in: Süddeutsche Zeitung, 16.11.1995.
[140] Vgl. zum Mannheimer Parteitag Vorstand der SPD (Hg.): Protokoll Parteitag Mannheim, 14.-17. November 1995, Bonn 1995.

Jahren als machtbewusster, rhetorisch und taktisch begabter Politiker mit einem modernen, „postmaterialistisch angehauchten" Profil.[141] Bereits 1987 hatte man ihm den Parteivorsitz angetragen. Doch lehnte er das Amt damals genauso ab wie nach der Bundestagswahl 1990, die er als Kanzlerkandidat verloren hatte. Seit dieser Wahl haftete dem Saarländer das Stigma des Wahlverlierers an. Bis dahin waren seine Angriffslust, sein Sinn für den gezielten Tabubruch gemischt mit einem Schuss Demagogie seine größten Stärken gewesen.

1966 in die SPD eingetreten, machte Lafontaine schnell von sich reden: Vor der Kulisse eines überalterten, ermüdeten Landesverbands gerierte er sich als frisches, innovatives Talent. Bereits 1968 gelangte er in den Landesvorstand der saarländischen SPD und wurde 1976 Oberbürgermeister Saarbrückens.[142] Während dieser Zeit übernahm Lafontaine den Landesvorsitz der SPD und bastelte an seiner bundespolitischen Karriere, indem er gegen Kanzler Schmidt und die von ihm vertretene Politik des NATO-Doppelbeschlusses agitierte.[143] Unermüdlich lancierte er über die Presse seine friedenspolitischen Auffassungen und sprach auf diversen Demonstrationen.[144] Lafontaine hatte rasch begriffen, dass er sich als Politiker eines kleinen, randständigen Bundeslandes Gehör verschaffen konnte, indem er mit Hilfe der Medien gezielte Tabubrüche – vorzugsweise gegen die eigene Partei – beging.[145] Lange Jahre ging dieses Kalkül auf: Durch seine provokante Konfrontationsstrategie konturierte er die saarländische SPD gegenüber der gegnerischen CDU und einte sie auf diese Weise. Seine umwelt- und friedenspolitischen Avancen schwächten die Grünen im Saarland. So wurde er 1985 Ministerpräsident.[146]

Zu Beginn der 90er-Jahre war Lafontaine durch die verlorene Kanzlerkandidatur 1990 und mehrere Affären im Saarland angeschlagen.[147] Aber er überstand all diese Tiefschläge, blieb im Vergleich zu den 80er-Jahren verstärkt im Hintergrund, schien an den Rückschlägen zu reifen und zog einige Lehren: Er konnte nun abwarten und beobachten, und er hatte die Überzeugung gewonnen,

---

[141] Vgl. Lösche / Walter (Anm. 26), S. 101.

[142] Vgl. Schön, Alfred: Zwischen Rathaus und Landtag; ders.: Oberbürgermeister, beides in: Filmer, Werner / Schwan, Heribert (Hg.): Oskar Lafontaine, Düsseldorf 1996, S. 112-118 und S. 118-125.

[143] Vgl. zu Lafontaines Position: Lafontaine, Oskar: Angst vor Freunden, Hamburg 1983.

[144] Vgl. Kauntz, Eckhart: „Noch für manche Überraschung gut", in: Süddeutsche Zeitung, 19.09.1983; siehe auch Roll, Evelyn: Oskar Lafontaine, München 1990, S. 63 f.

[145] Vgl. beispielsweise Apel, Hans: Der Abstieg. Politisches Tagebuch 1978-1988, Stuttgart 1990, S. 213.

[146] Vgl. Schön, Alfred: Strategie; ders.: Wahlsieg, beides in: Filmer / Schwan (Anm. 142), S. 142-148 und S. 148-151.

[147] Vgl. Schön, Alfred: Rotlichtmilieu, in: Filmer / Schwan (Anm. 142), S. 214; o.V.: Die Geschichten des „O.", in: Der Spiegel, 18.01.1993; o.V.: Das Kartell der Vertuscher, in: Der Spiegel, 11.05.1992.

dass Kanzler Kohl nur mit den vereinten Kräften der SPD zu schlagen sei.[148] Lafontaine hatte das unglückliche Lavieren Scharpings bereits seit Monaten verfolgt und im Parteivorstand gefordert, die Lasten der Parteiführung wieder auf mehrere Schultern zu verteilen.[149] So hatte sich also die Übernahme des Partei-vorsitzes durch Lafontaine über längere Zeit aufgebaut, sie war nicht hand-streichartig vor sich gegangen, wie oft behauptet. Obendrein wurde der einstige Wahlverlierer auf dem Mannheimer Parteitag 1995 deshalb umjubelt, weil er allerhand Angriffslust und ein eindeutigeres Profil als Scharping versprach[150] – in einer Zeit, in der die SPD nach der vierten verlorenen Bundestagswahl in Folge und miserablen Umfragewerten in der Dauenopposition zu ersticken droh-te.[151] Wie bereits bei seinen Vorgängern beobachtet, erschien Lafontaine seiner Partei auch deshalb besonders geeignet, weil er die vermeintlichen Schwächen seines Vorgängers gerade nicht aufwies.

Als Lafontaine Parteichef wurde, besaß er große politische Erfahrung: Er hatte den darnieder liegenden saarländischen Landesverband reformiert[152], er verfügte über viele Jahre exekutive Praxis und hatte diverse Landes- und Bun-destagswahlkämpfe geführt oder miterlebt. Trotz seiner Rückschläge hatte er in der Partei große Autorität und stellte die Sozialdemokraten mit seiner neu erwor-benen Ausdauer und Hartnäckigkeit neu auf.

Zunächst brachte er die von den vielen Vorsitzendenwechseln verunsicherte Partei wieder zur Ruhe. Ausgerechnet Lafontaine, der selbst seinen Aufstieg mit gezielten Angriffen gegen die eigene Partei bestritten hatte, mahnte sie zur Ge-schlossenheit und hielt sich auch selbst daran.[153] Wer immer gegen die auferlegte Disziplin verstieß, musste sich fortan vor dem Präsidium verantworten, das der Parteichef sukzessive zu seinem Machtzentrum ausbaute.[154] Überhaupt war La-fontaine in der Bonner Parteizentrale sehr präsent, telefonierte ausgiebig mit den führenden Vertretern seiner Partei und verzahnte die verschiedenen Machtzent-ren. So wurde es mit der Zeit friedlicher um die Sozialdemokraten, ihr Erschei-nungsbild vereinheitlichte sich.

---

[148] Vgl. Hofmann, Gunter / Perger, Werner A.: Sind Sie bitter, Herr Lafontaine?, in: Die Zeit, 18.06.1993.

[149] Vgl. o.V.: Oskars zweiter Anlauf, in: Der Spiegel, 20.11.1995; siehe auch Lafontaine, Oskar: Das Herz schlägt links, München 1999, S. 41 f.

[150] Vgl. Hofmann, Gunter: Der richtige Mann zur rechten Zeit, in: Die Zeit, 24.11.1995.

[151] Vgl. Güllner, Manfred: Schillernde Figur? In: Filmer / Schwan (Anm. 142), S. 322-337, hier S. 332.

[152] Vgl. zur organisatorischen Erneuerung der Saar-SPD ebd., S. 322 f.

[153] Vgl. hierzu Bannas, Günter: Lafontaines Zurückhaltung wohl kalkuliert? Integration als Aufgabe des Vorsitzenden, in: Frankfurter Allgemeine Zeitung, 02.02.1996.

[154] Vgl. Schwennicke, Christoph: Lafontaine duldet keine Extravaganzen, in: Süddeutsche Zeitung, 23.01.1998.

Zudem gab Lafontaine der SPD frisches Selbstbewusstsein und neue Zuversicht, indem er sie wieder unterscheidbar vom politischen Gegenüber machte. Dabei übertrug er seine landespolitischen Erfahrungen auf die Bundesebene, denn bereits im Saarland hatte er einem verzweifelten Landesverband Selbstbewusstsein eingeflößt, indem er ein politisches vis-à-vis geschaffen hatte.[155] Nachdem Lafontaine die SPD beruhigt hatte, feilte er daher unermüdlich an ihrem Profil. Mit seinem Gespür für politische Stimmungen hatte er erkannt, dass die Reformpläne der Kohl-Regierung die Bevölkerung zu großen Teilen ängstigten. Folglich machte er den Begriff „Soziale Gerechtigkeit" zum Aushängeschild der SPD, prangerte die sozialen Ungerechtigkeiten der Bundesregierung an und ließ schließlich deren geplante Steuerreform im SPD-dominierten Bundesrat scheitern.[156] Indem er die Länderkammer zur Waffe der Opposition machte, gelang ihm, woran seine Vorgänger gescheitert waren: Denn weder Scharping noch Engholm hatten genügend Autorität besessen, um die eigensinnigen sozialdemokratischen Ministerpräsidenten zu zähmen und zu einem gemeinschaftlichen Abstimmungsverhalten zu bewegen.

Während der Parteichef mit seinem Gerechtigkeitsplädoyer in die Rolle des Traditionalisten schlüpfte, übernahm Schröder den Part des Modernisierers. Obwohl Lafontaine innerparteilich erfolgreich war, zeigten Meinungsumfragen, dass Schröder bessere Aussichten auf einen Wahlsieg hatte.[157] Dass Lafontaine sich diesen Tatsachen beugte, seine eigenen Ansprüche zurückstellte und seiner Partei den unliebsamen Kandidaten schmackhaft machte, war bedeutend für den Wahlausgang 1998. Lafontaine als Parteivorsitzender und Schröder als Kanzlerkandidat errangen aus mehreren Gründen jenen Wahlsieg, an dem ihre Vorgänger gescheitert waren. Zum einen führte das Wahlkampfteam unter der Leitung von Bundesgeschäftsführer Franz Müntefering und Wahlkampfkoordinator Matthias Machnig in der aus der Parteizentrale ausgelagerten „Kampa" einen auf die Bedürfnisse der Mediengesellschaft ausgerichteten Wahlkampf, durch den der amtierende Kanzler Kohl antiquiert und unzeitgemäß wirkte. Zum anderen gelang es aber auch durch den Slogan „Innovation und Gerechtigkeit", der von Schröder und Lafontaine personalisiert wurde, sowohl Stammwähler als auch Wechselwähler aus dem Regierungslager anzusprechen.[158] Damit meisterten

---

[155] Vgl. Simon, Bernd / Massau, Cornelia: Soziale Identifikation, Ingroup-Favorisierung und Selbst-Stereotypisierung: Der Fall Oskar Lafontaine und die Saarländer. Bielefelder Arbeiten zur Sozialpsychologie, 157 (1991); siehe auch Kahlweit, Cathrin: Balanceur der Schieflage, in: Süddeutsche Zeitung, 09.02.1998.

[156] Vgl. Walter (Anm. 45), S. 251 f.; siehe auch Glotz, Peter: Der kalte Troupier, in: Die Woche, 13.03.1998.

[157] Vgl. beispielhaft o.V.: „Mit wem wollt ihr?", in: Der Spiegel, 02.06.1997.

[158] Vgl. Walter, Franz / Dürr, Tobias: Die Heimatlosigkeit der Macht, Berlin 2000, S. 104 ff.; siehe auch Hetterich, Volker: Von Adenauer zu Schröder – Der Kampf um Stimmen, Opladen 2000, S. 404 ff.

Lafontaine und Schröder jenen Spagat, an dem die Partei seit dem Regierungs-
verlust 1982 gescheitert war.

Schließlich basierte der Wahlerfolg auf der Einheit der Partei, die maßgeblich ihr Vorsitzender Lafontaine erreicht hatte. Tatsächlich hatte diesem wohl
auch die lange Wartezeit die Führungssituation im Vergleich zu seinen Vorgängern erleichtert. Denn während besonders Engholm und Scharping noch mit
diversen konkurrierenden Machtzentren zu tun hatten, kristallisierten sich nun
Schröder und Lafontaine als die eigentlichen Rivalen heraus. Schröder allerdings
wusste, dass er die ersehnte Kanzlerkandidatur 1998 nur mit Hilfe des neuen,
mächtigen Vorsitzenden erreichen konnte. Bei der bedeutenden mittleren Funk-
tionärsebene hatte Schröder sich durch seine gegen die eigene Partei gerichtete
Provokationsstrategie und seine inhaltliche Unberechenbarkeit unbeliebt gemacht.[159] Lafontaine dagegen kannte die Abhängigkeit Schröders und nutzte die
Kanzlerkandidatur als disziplinierenden Köder. Auch aus der Fraktion brauchte
Lafontaine kaum Widerstand zu fürchten, da Scharping nach der Mannheimer
Niederlage deutlich geschwächt war. Und noch ein weiteres disziplinierendes
Faktum spielte dem Saarländer in die Hände: Die Bundestagswahl 1998 war für
die „Enkel"-Generation die biographisch letzte Chance, ihr Lebensprojekt zu
verwirklichen und die Macht im Bund zu erlangen. Einst waren sie als junge,
begabte Kohorte angetreten, doch bei den vielen vergeblichen Versuchen der
Machtübernahme hatten sie sich häufig selbst im Weg gestanden und waren
gealtert. Nun warteten bereits nachrückende, ehrgeizige Politiker auf ihre Chance.

Lafontaine scheiterte als Parteivorsitzender daran, dass nach der Bundestagswahl 1998 das austarierte Machtgefüge zwischen ihm und Schröder aus dem
Lot geriet. Denn bis dahin waren die beiden Rivalen durch die Aussicht auf den
Erfolg aneinander gebunden gewesen.[160] Sie wussten, dass der Eine ohne den
Anderen nicht würde siegen können. Aber schon während der Koalitionsverhandlungen zeigte sich, dass Lafontaine seine einflussreiche Position behalten
und die inhaltliche Richtung bestimmen wollte. In der neuen Regierungskonstel-
lation wählte Lafontaine ausgerechnet das um Kompetenzen des Wirtschaftsres-
sorts erweiterte Finanzministerium. Damit begab er sich in eine führungsstrukturelle Falle: Er war fortan von Schröder abhängig, da er sich als Fachminister der
Richtlinienkompetenz des Kanzlers zu beugen hatte.[161] Darüber hinaus halste er
sich mit dem Ministeramt eine Belastung auf, die seine Ressourcen als Parteivor-

---

[159] Vgl. Herres, Volker / Waller, Klaus: Gerhard Schröder – Der Weg nach Berlin, München 1999, S.
144-157.
[160] Vgl. beispielhaft Leinemann, Jürgen: Die Lizenz zum Strahlen, in: Der Spiegel, 23.02.1998.
[161] Vgl. zur Problematik der Ämterdopplung Hofmann, Gunter / Perger, Werner A.: Der Klassiker, in:
Die Zeit, 25.02.1999.

sitzender schwächte.[162] Vor der Regierungsübernahme hatte er beinahe seine gesamte Zeit in die Parteiarbeit investieren können, da ihm sein Stellvertreter und späterer Nachfolger als Ministerpräsident im Saarland, Reinhard Klimmt, viele Verpflichtungen abgenommen hatte. Nun jedoch war Lafontaine in seine Ministerarbeit stark eingespannt, nicht mehr so ansprechbar und präsent.

Die institutionell erzwungene Unterordnung Lafontaines als Minister beschädigte zudem seine Aura als Parteivorsitzender, da weniger Raum für ein eigenes parteipolitisches Profil blieb. Auch erforderte gerade das Amt des Finanzministers eine gewisse Seriosität, die Lafontaine nicht erfüllen konnte, da er sein persönliches Geltungsbedürfnis nicht zu zügeln wusste. Immer wieder nörgelte er an der Amtsführung des Kanzlers herum, war durch die aus seiner Sicht mangelnde Zusammenarbeit gekränkt und witterte Intrigen.[163] Der Konflikt wurde durch die inhaltlichen Spannungen verstärkt, die bereits zwischen den beiden Säulen des Wahlkampfs – „Innovation und Gerechtigkeit" – angelegt gewesen waren und nun hervor traten. Lafontaine stieß mit seinen Forderungen nach einer langfristig planenden, keynesianisch orientierten Wirtschaftspolitik auf den Widerstand des Kanzlers, der eine flexible, an Tagesstimmungen orientierte Politik betreiben wollte.[164] Mehr noch, mit Appellen wie dem nach Einrichtung internationaler Zielzonen für Wechselkurse überschritt Lafontaine seine Kompetenzen. Er hielt sich nun nicht mehr an die bis zur Bundestagswahl 1998 geltende Zurückhaltung, sondern versuchte, seine Vorstellungen gegenüber dem Kanzler nach dem bewährten Muster der Provokation durchzusetzen. Doch in seiner Position als Finanzminister und Parteivorsitzender unterminierte er durch derlei unseriöses Gebaren seine eigene Autorität. Der einstige Medienheld wurde nun von der Presse als Giftzwerg belächelt.[165] Zuneigung und Anerkennung aber waren stets Kraftquellen Lafontaines gewesen, und als sie ihm nun entzogen wurden, wirkte er dünnhäutig, gekränkt und störrisch. Bei seinem Rücktritt von allen Ämtern im März 1999 hatte Lafontaines innerparteiliche Autorität, die zeitweise gar an die Brandts herangereicht hatte[166], bereits zu bröckeln begonnen.

An Lafontaines Erfolg als Parteichef hatten seine Ausdauer, Geduld und auch Zurückhaltung großen Anteil, da er bis zur Bundestagswahl 1998 nicht sich selbst, sondern die Partei in den Mittelpunkt stellte. Doch da er dem erklärten Ziel des Wahlsiegs auch die abschließende Auseinandersetzung mit seinem Ri-

[162] Schwennicke, Christoph: Ein Dompteur seiner selbst, in: Süddeutsche Zeitung, 22.12.1998.

[163] Vgl. Lafontaine (Anm. 149), S. 226 und S. 230 ff.

[164] Vgl. Meng, Richard: Der Konflikt, der nicht sein darf, in: Frankfurter Rundschau, 05.03.1999.

[165] Lafontaine selbst sagte im Herbst 1998, er sei nun das „Ekel Alfred" der Politik. Vgl. o.V.: Sieger und Souffleur, in: Der Spiegel, 26.10.1998.

[166] Vgl. Bannas, Günter: Lafontaine führt die Partei und genießt Zuneigung wie einst Willy Brandt, in: Frankfurter Allgemeine Zeitung, 20.08.1998.

valen Schröder unterordnete, unterblieb die gründliche Analyse des rot-grünen Erfolgs, der einige strukturelle Voraussetzungen gehabt hatte: Die Mehrheitsfähigkeit der SPD hatte sich über Jahre bei Wahlsiegen in Kommunen und Ländern aufgebaut. Ferner hatte die Partei es geschafft, die Heterogenitäten ihrer Anhängerschaft zu integrieren, während die Union offensichtlich mit den Problemen einer pluralisierten Wählerschaft kämpfte. Hinzu kam, dass unter der Formel der sozialen Gerechtigkeit die traditionellen Wählerschichten mit der gesellschaftlichen Mitte zusammengeführt werden konnten. Denn Letztere sahen sich durch die wirtschaftlichen Probleme nach der Wiedervereinigung in Bedrängnis. Sie fürchteten sich vor den Einschnitten der Regierungskoalition und suchten Schutz beim uralten sozialdemokratischen Versprechen der sozialen Gerechtigkeit. Insofern war der Wahlsieg 1998 weder ein eindeutiges Votum für die Lafontaineschen noch für die Schröderschen Politikvorstellungen, aber er basierte auf der beharrlichen Integrationsarbeit des Parteivorsitzenden. Um den Spagat aufrechterhalten zu können, hätte Lafontaine sich allerdings nicht als Finanzminister in die institutionelle Abhängigkeit vom Kanzler Schröder begeben dürfen.

Medienpolitiker und Staatsmann: Gerhard Schröder als der letzte „Enkel"

Nach dem Rücktritt Lafontaines übernahm Gerhard Schröder den Parteivorsitz wohl mehr aus Vernunft und Machtkalkül, denn aus Lust.[167] Zwar hatte Helmut Schmidt nach dem Ende seiner Amtszeit verkündet, zur Absicherung seiner Macht und Regierungsfähigkeit als Kanzler hätte er zusätzlich den Parteivorsitz übernehmen sollen.[168] Doch hatte Schröder dieses Amt ernsthaft nur 1993 gewollt, als er in einer Mitgliederbefragung gegen Rudolf Scharping und Heidemarie Wieczorek-Zeul antrat.[169] Ansonsten hatte er sich stets als Außenseiter in der SPD geriert, sich oft gegen seine Partei gestellt und sie als Projektionsfläche für seine über die Medien lancierten Ideen genutzt.[170] Schröder instrumentalisierte die Partei, um seine Karriere voranzutreiben, sie war für ihn neben der hartnäckig erworbenen Bildung das wichtigste Aufstiegsmittel.[171]

---

[167] Vgl. Siebenmorgen, Peter: Kanzler Schröder. Hält doppelt besser?, in: Die Welt am Sonntag, 21.03.1999; ebenso Hogrefe, Jürgen: Gerhard Schröder: ein Porträt, Berlin 2002, S. 154.

[168] Vgl. beispielhaft Loreck, Jochen: Der Coup des müden Mannes, in: Mitteldeutschen Zeitung, 07.02.2004.

[169] Vgl. Günsche, Karl-Ludwig: Einübung der Macht – ein Spiel mit offenem Ende, in: Stuttgarter Zeitung, 25.09.1999.

[170] Vgl. Hogrefe (Anm. 167), S. 152 f.

[171] Vgl. Herres, Volker / Waller, Klaus: Gerhard Schröder – Der Weg nach oben, München 1998, S. 26 f.

Gerhard Schröder, geboren 1944, wuchs in bescheidensten Verhältnissen auf, weshalb für ihn Eigenständigkeit und Durchsetzungsfähigkeit schon früh lebensnotwendig waren. Mit Zähigkeit und Ehrgeiz nutzte er den zweiten Bildungsweg, um sich durch Abitur und Studium aus den Zwängen seiner proletarischen Herkunft zu befreien.[172] Bereits während seines Engagements bei den Göttinger Jungsozialisten ließ sich beobachten, wie flexibel und machtbewusst Schröder war.[173] Denn indem er sich geschickt zwischen den zerstrittenen Flügeln positionierte und sich als bündnisfähig erwies, wurde er 1969 Vorsitzender der örtlichen Jusos. Auch bei seiner Kandidatur 1978 zum Juso-Bundesvorsitzenden gelang es ihm, die konkurrierenden Gruppierungen der Antirevisionisten und Stamokaps auf sich zu vereinigen. Obwohl Schröder sich wie beinahe alle Jungsozialisten jener Zeit als links bezeichnete, taugte er nicht als Schablone eines linken Rebellen. Im Gegenteil, er blieb pragmatischer Politiker, der den sozialdemokratischen Jugendverband wieder näher an die Mutterpartei heranführte.[174]

Schröders weitere Karriere in der niedersächsischen Landespolitik und als Ministerpräsident zeigte seine politische Beweglichkeit und Medienorientierung: Galt er noch während der sozial-liberalen Koalition als regelrechter Schmidt-Anhänger, so distanzierte er sich nach dem Bonner Machtwechsel 1982 schnell und flexibel von seinen Positionen. Wie Lafontaine hatte Schröder gelernt, dass man in der Mediendemokratie mit gezielten Provokationen gegen die eigene Partei rasch Aufmerksamkeit und vermeintliche Bedeutung erlangte. Die offiziellen Parteigremien waren ihm dagegen ein Graus, häufig erschien er gar nicht erst zu Präsidiumssitzungen. Seine politischen Inhalte orientierte er eher an der Wähl- und Machbarkeit denn an Parteiprogrammen.[175] Schröder war den sozialdemokratischen Funktionären aufgrund dieses Karrierewegs nie recht geheuer gewesen, seine meist an der Partei vorbei führende Laufbahn war ihnen suspekt. Dennoch nahmen sie ihn als Kanzlerkandidaten in Kauf, um an die Macht zu gelangen. Als Schröder mit 76% auf einem Sonderparteitag im April 1999 zum Parteivorsitzenden gewählt wurde, drückte dieses Ergebnis zwar Achtung, aber wenig Liebe aus.[176]

---

[172] Vgl. Urschel, Reinhard: Gerhard Schröder: eine Biografie, Stuttgart 2002, S. 17 ff.; siehe auch Hogrefe (Anm. 167), S. 99.
[173] Vgl. zu Schröders Zeit in Göttingen Micus (Anm. 100), S. 76-78.
[174] Vgl. Graw, Ansgar: Gerhard Schröder: der Weg nach oben, Düsseldorf 1998, S. 26 ff.; Herres / Waller (Anm. 171), S. 38 ff.
[175] Vgl. Meng, Richard: Der Medienkanzler. Was bleibt vom System Schröder?, Frankfurt a.M. 2002, S. 27 bzw. S. 43.
[176] Vgl. Kremp, Heribert: Der nun Mächtigste der Republik ist selbst ihr größtes Experiment, in: Die Welt, 13.03.1999.

Schröders Parteivorsitz war vor allem durch die aus seinen politischen Erfahrungen resultierende Medienorientierung und durch die Personalunion mit dem Kanzleramt geprägt. Bereits mit dem im Juni 1999 veröffentlichten Schröder-Blair-Papier setzte Schröder ein deutliches Zeichen: Indem er es statt von einer entsprechenden Runde honoriger Parteidenker von Kanzleramtsminister Bodo Hombach und dessen britischem Pendant Peter Mandelson erarbeiten ließ und es zusammen mit Tony Blair mediengerecht in London präsentierte, umging er sämtliche Parteigremien.[177] Die inhaltliche Verbundenheit des Papiers mit dem so genannten „Dritten Weg" britischer Provenienz bedeutete einen Bruch mit der deutschen sozialdemokratischen Tradition: Es wurden die Abkehr vom Staat als Umverteilungsmaschine, von der Fiktion eines lebenslangen Arbeitsplatzes und vom bisherigen Sozialstaatsbild bundesrepublikanischer Prägung gefordert.[178] Mit dem Schröder-Blair-Coup verlagerte der Kanzler die politischinhaltliche Initiative seiner Partei in die Exekutive. Er forderte von Regierung und Partei die Abkehr von der „tax-and-spend"-Politik der 70er-Jahre[179] und rief so massive Proteste von dem auf eine Sozial- und Wirtschaftspolitik im Sinne Lafontaines hoffenden linken Parteiflügel und den Gewerkschaften hervor. Schröder folgte hierin seinem bekannten Muster, Medien und Öffentlichkeit als Machtmittel gegenüber den Strukturen seiner Partei einzusetzen.[180]

Für den Parteivorsitzenden Schröder waren das Kanzleramt und die Androhung des Machtentzugs wesentliche Führungsinstrumente. Die Verknüpfung der Abstimmung über den Afghanistaneinsatz der Bundeswehr im Herbst 2001 mit der Vertrauensfrage disziplinierte nicht nur die Fraktion, sondern führte auch dazu, dass auf dem Nürnberger Parteitag kurze Zeit später die Kritiker verstummten.[181] Darüber hinaus ließ Schröder Problemthemen nicht in entsprechenden Partei- oder Fraktionsgremien, sondern in unabhängigen, mit Experten verschiedenster politischer Lager besetzten Kommissionen wie der Rürup- oder der Hartz-Kommission bearbeiten[182] und häufig erst nach der öffentlichen Bekanntmachung von einem entsprechenden Parteigremium legitimieren.[183]

Dass diese Art der Parteiführung lange Zeit gut ging, und der 2000 und 2001 erfolgende Regierungskurs trotz vereinzelter Kritik von der Mehrheit der Partei getragen wurde, hatte verschiedene parteiinterne und -externe Gründe.

---

[177] Vgl. zum Umgang Schröders mit der Institution Partei: Meng (Anm. 175), S. 20.

[178] Goffart, Daniel: Schröder will SPD zur Wende zwingen, in: Handelsblatt, 09.06.1999.

[179] Vgl. o.V.: Fusion von „Third Way" und „Neuer Mitte", in: Neue Zürcher Zeitung, 10.06.1999.

[180] Vgl. Reder, Markus: Der Kanzler steht am Pranger der Genossen, Tagespost, 12.06.1999; Lambeck, Martin S.: Im linken SPD-Lager formiert sich der Widerstand, in: Die Welt, 11.06.1999.

[181] Vgl. o.V.: Schröder redet der SPD gut zu – „Zur Führung gehört Mut", in: Frankfurter Allgemeine Zeitung, 20.11.2001; Bannas, Günter: „Eine große, stolze Partei", in: Frankfurter Allgemeine Zeitung, 20.11.2001.

[182] Meng (Anm. 175), S. 63 f.

[183] Vgl. Niclauß, Karlheinz: Kanzlerdemokratie, Paderborn 2004, S. 351.

Zum einen beschwichtigte Schröder nach dem Aufruhr über das Schröder-Blair-Papier die Partei, indem er beispielsweise durch die vorübergehende Rettung des Holzmann-Konzerns Handlungsfähigkeit und Engagement angesichts des drohenden Verlusts von Arbeitsplätzen zeigte. Positiv für Schröder wirkte zudem die Spendenaffäre der CDU, die den politischen Gegner in eine schwere Krise stürzte und der SPD im Vergleich stabile Umfragewerte lieferte.[184] Die Landtagswahlen in Nordrhein-Westfalen und Schleswig-Holstein 2000, aber auch der Umschwung in den Meinungsumfragen zugunsten der Union zu Beginn 2002 sowie diverse Regierungspleiten wie beispielsweise die falschen Vermittlungszahlen der Bundesanstalt für Arbeit ließen Kanzler und Partei enger zusammenrücken.[185]

Neben diesen eher exogenen Ursachen basierte die innerparteiliche Ruhe auf strukturellen Veränderungen in der Parteiführung. So konstruierte Schröder im Herbst 1999 mit der Berufung Franz Münteferings in das neu geschaffene Amt des Generalsekretärs – dessen wachsendes Einflusspotential in den 90er-Jahren und besonders seit der „Kampa" 1998 der Kanzler registriert hatte – ein Bindeglied zwischen sich selbst und der Partei: Denn der aus dem Traditionsbezirk Westliches Westfalen stammende Müntefering war tief in der Partei verwurzelt und hatte zu den Schröder so kritisch gegenüber stehenden mittleren Funktionärsebenen gute Kontakte. Müntefering gehörte auch der „Morgenrunde" an, die seit Herbst 1999 regelmäßig tagte, und die die drei Säulen Kanzleramt, Fraktion und Partei verzahnte.[186]

Auch nach Schröders Wiederwahl als Kanzler 2002 versuchte er bei der Durchsetzung des umstrittenen Reformprogramms „Agenda 2010", seine Partei aus dem Kanzleramt zu führen.[187] Aufgrund der sich verschlechternden wirtschaftlichen Daten, der sinkenden Umfragewerte der Partei und des steigenden Reformdrucks ließ Schröder das Reformkonzept von seinen Beratern im Kanzleramt entwerfen und umging erneut die Partei. Da der darauf folgende Protest aus Partei und Gewerkschaften immens war, verknüpfte er die Abstimmung über die „Agenda 2010"[188] einmal mehr mit seiner Kanzlerschaft und erreichte so auf dem Sonderparteitag im Juni 2003 die Zustimmung der Delegierten.

---

[184] Vgl. auch Hennecke, Hans Jörg: Die dritte Republik, Berlin 2003, S. 179.

[185] Vgl. Schwennicke, Christoph: Von den Genossen schon fast geliebt, Süddeutsche Zeitung, 16.10.2001.

[186] Vgl. Hennecke (Anm. 184), S. 180; siehe zu Schröders „Morgenrunde" Krause-Burger, Sibylle: Wie Gerhard Schröder regiert: Beobachtungen im Zentrum der Macht, 2000, S. 33 ff.

[187] Kernstücke der „Agenda" bildeten unter anderem Zusammenlegung der Arbeitslosen- und Sozialhilfe, Lockerung des Kündigungsschutzes, Reform des Krankenversicherungssystems und die in Aussicht gestellte Ausbildungsplatzabgabe. Vgl. Schiefer, Bernd / Worzalla, Michael (Hg.): Agenda 2010. Gesetz zu Reformen am Arbeitsmarkt, Neuwied 2004.

[188] Vgl. Hennecke (Anm. 184), S. 328; Niclauß (Anm. 183), S. 352.

Allerdings zeigten sich bei der Umsetzung der Reformvorhaben die Schwachstellen und Risiken dieses „Verordnungsprinzips": Mit der „Agenda 2010" – quasi als Fortführung des Schröder-Blair-Papiers – stellte Schröder den sozialdemokratischen Gerechtigkeitsbegriff auf den Kopf. Denn die angekündigte Kürzung sozialer Aufwendungen und das Fordern von mehr Leistung widersprachen dem noch aus Zeiten stetiger wirtschaftlicher Zuwachsraten stammendem Umverteilungsdenken eines Großteils der Anhängerschaft. Der Begriff der „Sozialen Gerechtigkeit" aber war das Herzstück des sozialdemokratischen Kanons gewesen, auf das man sich trotz aller Auseinandersetzungen stets hatte einigen können, da er die Differenz zur bürgerlichen Konkurrenz bildete. Und so hatte Schröder zwar die offizielle Zustimmung seiner Partei zur „Agenda" erzwingen können, nicht jedoch den Glauben an die Reformen.

Denn dies hätte intensive Überzeugungsarbeit erfordert, zu der es aus verschiedensten Gründen nicht kam. Zunächst konnte der nach der Bundestagswahl 2002 von der Parteizentrale in den Fraktionsvorsitz gewechselte Müntefering zwar die zur gesetzlichen Umsetzung erforderlichen parlamentarischen Mehrheiten besorgen, jedoch agierte er nicht mehr wie zuvor in der Partei selbst. Schröder indessen scherte sich als Parteivorsitzender kaum um die innerparteiliche Vermittlung der „Agenda"-Politik, so dass diese Aufgabe dem neuen Generalsekretär Olaf Scholz zufiel. Dem fehlte jedoch der gute Draht zu Funktionären und Basis, den Müntefering besessen hatte. Auch der unauffällige Bundesgeschäftsführer Franz-Josef Lersch-Mense war dem Generalsekretär keine Hilfe. Folglich stieg die Zahl der Parteiaustritte beständig, die demoskopischen Werte der SPD verschlechterten sich und die Auseinandersetzung über die Kanzlerpolitik erschien zunehmend vielstimmig und unübersichtlich. Letztendlich zog Schröder unter dem Druck der sich zu Jahresbeginn 2004 verstärkt fortsetzenden innerparteilichen Kritik – vor allem von Ministerpräsidenten und Landesvorsitzenden – die Reißleine: Zusammen mit Müntefering verkündete er Anfang 2004, angesichts der Vermittlungs- und Zeitprobleme bei der Reformpolitik habe man sich auf eine Ämtertrennung geeinigt. Müntefering solle nun neben dem Fraktions- auch noch den Parteivorsitz übernehmen.

Gerhard Schröder blieb als Parteivorsitzender der Politiktechnik treu, die er während seiner gesamten politischen Laufbahn verfolgt hatte: Er hielt sich nicht an Parteigremien und -strukturen, sondern versuchte seine Partei mit Hilfe von Medien, später mit Kanzleramt und Expertenkommissionen zu führen. Auch dadurch, dass immer mehr Präsidiumsmitglieder zugleich in der Regierung vertreten waren, band Schröder die Partei enger an die Regierung und entmachtete das noch unter Lafontaine bedeutende Präsidium. Durch die häufigen Rücktrittsdrohungen nutzte der Kanzler seine elektorale Popularität als Machtmittel. Diesen Führungsstil Schröders aus der Distanz bezeichnet Karlheinz Niclauß als

„spatial leadership"[189]. Es zeigten sich allerdings auch die Mängel einer solchen Führungstechnik: Durch Vernachlässigung der programmatischen Arbeit und parteiinternen Auseinandersetzung fehlte dem Konzept der „Agenda 2010" ein überwölbender Gedanke. Die von Schröder vollzogenen Traditionsbrüche fanden kein Äquivalent, das in der Partei hinreichend Identität hätte stiften können. Da die Richtungswechsel nicht aus innerparteilichen Kontroversen hervorgegangen waren, hatte Schröder seinen Kurs zwar durchgesetzt, aber ein großer Teil der Partei hatte die Politikwechsel weder emotional noch kognitiv nachvollzogen. Außerdem wurde die Vermittlung der geplanten Arbeitsmarkt- und Sozialreformen dadurch erschwert, dass die sozialdemokratischen Anhänger teils selbst davon betroffen und nur schwerlich von deren Notwendigkeit zu überzeugen waren. Die Sozialdemokraten verweigerten sich daher der Politik ihres Vorsitzenden und Kanzlers, sie vertraten sie nicht überzeugend in den Ortsvereinen und an den Wahlständen oder traten gleich ganz aus der SPD aus. Damit jedoch brachten sie ihren Kanzler in den Jahren 2003 und 2004 in arge Bedrängnis. Insofern war der Parteivorsitz Gerhard Schröders ein treffliches Beispiel für die Bedeutung, die Parteien für die Regierungspolitik immer noch besitzen. Denn ohne die innere Überzeugung von der von ihren Eliten vollzogenen Politik üben Mitglieder und Anhänger einer Partei ihre Multiplikatorfunktion in der Gesellschaft nicht mehr aus.

Gleichwohl veränderte Schröder durch sein Umgehen von schwerfälligen Institutionen, durch Vorpreschen und Androhung des Machtentzugs die Partei inhaltlich stark. In der Außenpolitik begann dies mit den Einsätzen im Kosovo, in der Sozial- und Wirtschaftspolitik setzte sich dieser Prozess mit der „Agenda 2010" fort. Schröder zwang die SPD zur Abkehr von Dogmen der 80er-Jahre, führte sie in die politische Mitte, machte sie weniger links, weniger unterscheidbar von der christdemokratischen Konkurrenz und damit eben auch flexibler. Diese radikalen Richtungswechsel waren aufgrund der Personalunion von Kanzleramt und Parteivorsitz möglich, damit hatte Schröder das notwendige starke Führungsmittel in der Hand, das beispielsweise ein Kanzler Schmidt nicht besessen hatte.

„Politik ist Organisation": Franz Müntefering

In gewisser Weise markierte die Berufung Franz Münteferings zum Parteivorsitzenden das Ende der „Enkelei" in der SPD, zum Teil mutete sie gar als logische Konsequenz der „Enkel" an. Zwar gehörte Franz Müntefering, geboren 1940, derselben Generation an wie Schröder, Lafontaine, Scharping oder Engholm,

---

[189] Niclauß (Anm. 183), S. 355.

doch bestritt er seinen Aufstieg auf völlig andere Weise und verkörperte einen anderen Politikstil.

Müntefering absolvierte nach der Volksschule eine Lehre als Industriekaufmann und war fortan als kaufmännischer Angestellter in der metallverarbeitenden Industrie tätig.[190] 1966 trat er im zutiefst katholischen und als CDU-Bastion geltenden Sundern im Sauerland der SPD bei. In seiner Heimat somit eher ein Außenseiter, lag Müntefering dennoch im bundesweiten Trend, denn 1966 hatte sich die SPD mit dem Godesberger Programm und der Stuttgarter Parteireform programmatisch wie organisatorisch gehäutet. Sie strebte nun die Regierungsbeteiligung an und bot einem engagierten Parteimitglied vielfältige Aufstiegs- und Karrierechancen. So wurde Müntefering denn auch bereits 1969 Stadtrat in Sundern und zog 1975 in den Bundestag ein, dem er zunächst bis 1992 angehörte, von 1990 bis 1992 als Parlamentarischer Geschäftsführer der Fraktion. 1995 wurde er von Scharping als Bundesgeschäftsführer berufen und blieb dies auch unter Lafontaine. In der Zwischenzeit hatte er als Vorsitzender des wohl einflussreichsten SPD-Bezirks Westliches Westfalen seine innerparteiliche Machtbasis ausgebaut, brachte es 1998 sogar zum Landesvorsitzenden Nordrhein-Westfalens. Die kurze Zeit als Bundesverkehrsminister nach der Bundestagswahl 1998 dagegen blieb ebenso Episode wie die Tätigkeit als Landesminister unter Ministerpräsident Rau in Nordrhein-Westfalen: Münteferings Bastion war die Partei- und Fraktionsarbeit, dort machte er sich unentbehrlich.

Im Gegensatz zu seinen Vorgängern im Amt des Parteivorsitzenden in den 90er-Jahren wählte Müntefering also ausschließlich die Partei als Aufstiegshilfe, den Karriereweg über eine akademische Bildung schlug er nicht ein. Müntefering galt als „self-made-man" und Einzelgänger, der seiner Partei in großer Achtung verbunden war, da er ihr alles verdankte, was er war.[191] Im Gegensatz zu den „Enkeln" machte der Westfale nicht gegen, sondern durch die Partei Karriere. Auch versuchte er nicht, die Medien als Aufstiegsmittel zu nutzen, wie dies besonders Schröder und Lafontaine exzellent verstanden. Müntefering war der Mann der Delegierten und Versammlungen, der Gremien, ja, eben des parteiinternen Hintergrunds. Mit seinen einfachen und knappen Sätzen, seinem westfälisch gerollten „R" und dem obligatorischen roten Schal verkörperte er die industrielle Facharbeiterschaft, den honorigen Parteisoldaten und damit ein Herzstück der Partei. Zu diesem Bild passte auch, dass Müntefering sich nie offensichtlich nach seinen Ämtern gedrängt hatte, vielmehr, so kolportierte er gerne, sei er immer gerufen worden. Darin zeigte sich eine seiner wichtigsten Ressourcen:

---

[190] Vgl. zur Biographie Münteferings Schwennicke, Christoph: Der Oberorganisator, in: Süddeutsche Zeitung, 07.02.2004; o.V.: Müntefering im „schönsten Amt neben dem Papst", in: Frankfurter Allgemeine Zeitung, 07.02.2004.
[191] Vgl. hierzu und im Folgenden Lebert, Stephan: Der Fremde, in: Die Zeit, 16.09.2004.

Müntefering konnte geduldig abwarten und teilte mit niemandem seine Pläne, die häufig ein, zwei Schritte der aktuellen Situation voraus waren. Er war zwar von seinen Fähigkeiten überzeugt, aber er wusste eben auch um seine Defizite. Mit einer Mischung aus Verschwiegenheit und hartnäckiger Geduld stieg der Sauerländer in der Parteihierarchie auf, der Ruf der Loyalität eilte ihm ebenso voraus wie seine Strenge, seine Durchsetzungs- und Machtfähigkeit.

Für Münteferings Führungsstil und seine Machtressourcen waren besonders die Ämter des Generalsekretärs und des Fraktionsvorsitzenden bedeutend. So hatte er bereits im Wahlkampf 1998 – in der Rückschau durch die Mischung aus sozialdemokratischem Urgestein und modernster Wahlkampfführung sein Meisterstück – mit seiner „Boygroup"[192] zusammen gearbeitet, die ihn als Ausputzergruppe begleitete: Matthias Machnig führte 1998 die Wahlkampfzentrale „Kampa", Michael Donnermeyer war Pressesprecher und Karl-Josef Wasserhövel[193] hielt Müntefering als Büroleiter den Rücken frei. Die Crew zog mit Müntefering als neu berufenem Generalsekretär im Herbst 1999 in die Parteizentrale ein. Als Generalsekretär profitierte Müntefering von seiner langjährigen Partei- und Ämtererfahrung und seiner ihm loyal zuarbeitenden Truppe.[194] Er festigte die Partei nach dem Rücktritt Lafontaines wieder, hatte Zeit, telefonierte viel und entlastete den Parteivorsitzenden Schröder. Untermauert wurde seine Machtstellung durch sein Amt als nordrhein-westfälischer Landesvorsitzender. Münteferings Motto war „Politik ist Organisation".[195] Sein zu diesem Thema veröffentlichter Aufsatz „Demokratie braucht Partei" enthielt denn auch einige Vorschläge zur Neuorganisation der SPD[196], die jedoch nicht zur Umsetzung kamen. Doch waren die Gedanken keineswegs neu – im Gegenteil ähnelten sie stark dem vom damaligen Bundesgeschäftsführer Blessing verfassten Konzept „SPD 2000". Insofern hatte Müntefering zwar den organisatorischen Reformierungsbedarf der SPD erkannt, aber er hatte keine eigenen Ideen entwickelt, und sein Konzept auch nicht konsequent durchgefochten.

Als Fraktionsvorsitzender seit Herbst 2002 offenbarte Müntefering seine zuchtmeisterlichen Fähigkeiten und Wehnersche Züge. Um Dissidenten bei kritischen Abstimmungen zu vermeiden, wurden Wackelkandidaten zu persönlichen Gesprächen zum Fraktionschef oder seinem Büroleiter Wasserhövel gebe-

---

[192] Vgl. Fischer, Susanne: Der Herr der Floskeln, in: Der Spiegel, 13.12.1999.

[193] Vgl. zu Karl-Josef Wasserhövel o.V.: Wer an morgen denkt, in: Der Tagesspiegel, 11.02.2004; o.V.: Karl-Josef Wasserhövel – Münteferings rechte Hand, in: Frankfurter Allgemeine Zeitung, 09.02.2004.

[194] Vgl. Meng, Richard: Hüter der Parteitugenden, in: Frankfurter Rundschau, 07.09.1999.

[195] Zit. nach Goffart, Daniel: Müntes Meisterstück, in: Handelsblatt, 09.04.2004.

[196] Vgl. Müntefering, Franz „Demokratie braucht Partei". Die Chance der SPD, in: Zeitschrift für Parlamentsfragen 31 (2000) 2, S. 337-342.

ten.[197] Obwohl er nun kein direktes Parteiamt mehr innehatte, nahm Münteferings parteiinterner Einfluss zu. Vor dem Bochumer Parteitag im November 2003 reiste er unter dem Motto „Fraktion in der Region" kreuz und quer durch die Republik[198] und hörte, was die Parteimitglieder bewegte, wie groß Unzufriedenheit, Wut und Resignation waren.[199] Er führte zahlreiche Gespräche, erläuterte unermüdlich die Notwendigkeit der ungeliebten „Agenda 2010" und nahm damit Aufgaben wahr, die eigentlich in die Zuständigkeit des Parteivorsitzenden, zumindest aber des Generalsekretärs Scholz fielen.[200] Auf dem Parteitag selbst wurde durch den tosenden Applaus nach der denkbar schlichten Fünf-Minuten-Rede deutlich, wie groß Münteferings Einfluss in der Partei mittlerweile war, und wie gut gerade er jene Funktionäre und Delegierten erreichte, die sich mit Schröder nicht anfreunden konnten. Insofern war seine Berufung als Parteivorsitzender Anfang 2004 nur konsequent.[201] Mit Fraktions- und Parteivorsitz in einer Hand besaß Müntefering fortan eine große Machtfülle. Sein Generalsekretär Klaus-Uwe Benneter erschien eher als Marionette denn als Machtfaktor, einflussreicher war im Willy-Brandt-Haus der Müntefering seit Jahren dienende Bundesgeschäftsführer Karl-Josef Wasserhövel.[202] Zusammen mit den Müntefering ebenfalls lange verbundenen Pressesprecher Lars Kühn und Büroleiter Andreas Kuhlmann führte Wasserhövel die Parteizentrale straff und entlastete seinen Vorsitzenden.[203]

Müntefering wurde in seinem Ehrgeiz und Machtstreben lange unterschätzt und konnte daher im Windschatten der „Enkel" aufsteigen. Seine Stärke war seine offensichtliche Differenz zu der von Schröder, Lafontaine und Co. verkörperten Lebensart und Politiktechnik. Im Gegensatz zu Schröder und seinen Altersgenossen hatte Müntefering nie offen gegen seine Widersacher intrigiert[204], was jedoch nicht hieß, dass er sich nicht durchzusetzen verstand: Er agierte im Hintergrund, konnte warten und wählte schlicht eine andere Form der Auseinan-

---

[197] Vgl. zum Fraktionsvorsitz Münteferings o.V.: Der belagerte Dompteur, in: Financial Times Deutschland, 13.10.2003.

[198] Schmid, Thomas: Der Dorfschullehrer der SPD, in: Frankfurter Allgemeine Sonntagszeitung, 14.12.2003.

[199] Vgl. Bannas, Günter: Bei einer Seezunge mit Schröder, in: Frankfurter Allgemeine Zeitung, 13.02.2004.

[200] Vgl. Meng, Richard: Partei gut, Fraktion gut, Glück auf!, in: Frankfurter Allgemeine Zeitung, 07.02.2004.

[201] Vgl. zum Bochumer Parteitag und dem Wechsel im Parteivorsitz Meng, Richard / Pries, Kurt: Nebenpapst mit alter Botschaft, in: Frankfurter Rundschau, 07.02.2004.

[202] Vgl. Teigeler, Martin: Franz Münteferings heimlicher General, in: Die Tageszeitung, 10.02.2004.

[203] Vestring, Bettina: Der Münte-Effekt, in: Berliner Zeitung, 10.06.2004.

[204] Vgl. zu Münteferings Diskretion Bannas, Günter: Der Organisator, in: Frankfurter Allgemeine Zeitung, 08.09.1999.

dersetzung. Seine von ihm gepflegte Einfachheit und sachliche Strenge[205] wirkten gerade im Gegensatz zur hedonistischen Unzuverlässigkeit der „Enkel", derer viele in der Partei müde waren und mit der offenbar die ungeliebten Politikwechsel nicht vollzogen werden konnten. Müntefering allerdings konnte die einsichtige Wandlung zu den Reformen der „Agenda 2010" glaubwürdig verkörpern, da er viele Jahre als „Betonkopf-Sozi" und Inkarnation des 70er-Jahre-Sozialstaats bundesrepublikanischer Prägung gegolten hatte und fest in der Partei verankert war.[206] Doch so sehr Müntefering auch vom Nimbus des Traditionalisten zehrte, so sehr trug er die Regierung und deren umstrittene Reformen. Denn neben dem Versagen der „Enkel" war für ihn eine einschlägige Erfahrung, dass in der Opposition keine Politik gemacht werden könne, dass sie ermüdend und uneffektiv sei.[207]

Müntefering selbst bemühte sich auch nach seinem Amtsantritt als Parteivorsitzender durch häufige Gespräche und Besuche in den Regionen, das Selbstbewusstsein seiner Partei wieder zu stärken.[208] Dabei begriff er die SPD als eine Art säkularisierte Glaubensgemeinschaft, deren Traditionen als bedeutende Kraftressource gepflegt werden müssen. Er betonte die große Rolle, die Gefühle seiner Meinung nach in Parteien, zumal der SPD spielen. Besonders die Frage, wie man in der Politik Vertrauen schaffen könne, trieb ihn um.[209] Der Vorsitzende wollte seine Partei – trotz der Wahlverluste und Montagsdemonstrationen – auf dem eingeschlagenen Regierungskurs halten und sie Stück für Stück wieder aufrichten. Dabei versuchte er dem Bekenntnis zu den Traditionen seiner Partei auch inhaltlich Rechnung zu tragen. Er stieß Debatten um Ausbildungsplatzabgabe, Bürgerversicherung oder gesetzlichen Mindestlohn an und versuchte so, das linke Profil der SPD wieder zu stärken, Unzufriedenheiten mit der „Agenda 2010"-Politik zu dämpfen und die Verbindung zu den Gewerkschaften nicht abreißen zu lassen. Allerdings schien es häufig, als ginge es dem Parteichef nicht unbedingt um die Sache an sich, sondern lediglich um die Diskussionen per se. Diese hatten somit ebenso wie die Reisen in die Niederungen der Partei die Funktion, neues Vertrauen und Selbstbewusstsein zu schaffen oder, wie der Fußballer Müntefering sagen würde, den Ball zu sichern.[210] Müntefering profitierte als Parteichef, wie er auch selbst einmal sagte, von seiner Tätigkeit als

---

[205] Vgl. Bannas, Günter: Gewöhnt euch an den Genossen, in: Frankfurter Allgemeine Zeitung, 14.05.2004.

[206] Vgl. Blome, Nikolaus: Heimlicher Kanzler, in: Die Welt, 07.02.2004.

[207] Vgl. das Interview mit Franz Müntefering Haidn-Borchers, Andreas / Jörges, Hans-Ulrich: „Lügen, im Schaltjahr öfter, das ist klar", in: Der Stern, 28.01.2004.

[208] Vgl. Geis, Matthias: Im Partei-Sanatorium, in: Die Zeit, 19.05.2004.

[209] Vgl. das Interview mit Franz Müntefering Roll, Evelyn: Franz Müntefering über Gefühle, in: Süddeutsche Zeitung, 30.04.2004.

[210] Vgl. Ehrlich, Peter / Nink, Karin: Den Gegner hetzen, in: Financial Times Deutschland, 25.08.2004.

Generalsekretär, bei der er die Funktionsweise der Partei genauestens studieren und Kontakte zu zahlreichen Orts- und Bezirksverbänden knüpfen konnte. Allerdings ertrug er die Sisyphusarbeit wohl auch aufgrund seines stoischen Durchhaltevermögens, seiner Bereitschaft zum Zuhören, seiner Ausdauer. Müntefering war davon überzeugt, dass sich in der Politik letztlich derjenige durchsetze, der den längsten Atem habe.[211] Seine eigene, mit eiserner Willensstärke verfolgte Karriere ist der beste Beleg dieser These.

Mit Franz Müntefering als Parteivorsitzendem gewannen die traditionellen Muster der Parteiführung wieder an Bedeutung. Als ehemaliger Generalsekretär durchbrach er das Modell, Ministerpräsidenten aufgrund ihrer elektoralen Erfolge als besonders fähig zur Parteiführung anzusehen. Weniger die exekutive Erfahrung und mediale Bekannt- und Gewandtheit waren nunmehr gesuchte Prädikate, sondern die Fähigkeit zur Kommunikation mit der Basis, zur Organisation und Opferbereitschaft sowie einer gewissen persönlichen Bescheidenheit. Durch die Trennung von Parteivorsitz und Regierungsführung war die Bedeutung der Partei wieder gestiegen, sie hatte nun eine Chance, sich von der Dominanz des Kanzleramts zu befreien. Allerdings hatte die Situation auch einige wesentliche Tücken: Als Fraktions- und Parteichef hatte Müntefering einerseits die Aufgabe, das Regierungshandeln zu stützen und zu fördern. Andererseits war es an ihm, die Partei auf eine Zeit nach der Regierung und nach Schröder vorzubereiten – das muss nicht immer reibungslos ablaufen. Für seine Partei war es elementar, dass Müntefering ihr Gesprächsräume öffnet, sie wieder diskussionsfähig macht, politischen Nachwuchs wachsen und Verantwortung übernehmen lässt.

Das aber erfordert auch Loslassen und Kreativität – bislang keine Tugenden, durch die Müntefering sich ausgezeichnet hätte. Neben das „Ball sichern" muss die Analyse treten, wie die SPD trotz Mitgliederschwund, abnehmender Wählermobilisierung und deutlich gewandeltem politischem Profil eine vitale und mehrheitsfähige Partei bleiben, wie sie den Spagat zwischen Moderne und Tradition meistern kann. All dies braucht einen langen Atem, uneitle Beständigkeit und eiserne Willenskraft – davon allerdings besitzt Franz Müntefering eine Menge.

Fazit: Kollektive Führung und Individualisten

In der Geschichte der Bundesrepublik folgten als SPD-Vorsitzende stets sehr unterschiedliche Politikertypen aufeinander. Es lösten sich gegenteilige Charaktere und damit auch Führungsstile ab, geradezu Anti-Typen der jeweiligen Vorgänger wechselten ins Amt des Vorsitzenden. Nach dem charismatisch-

---

[211] Vgl. Lebert, Stephan: Der Fremde, in: Die Zeit, 16.09.2004.

autoritären Schumacher kam der organisationstreu-kameradschaftliche Ollenhauer, auf den visionär-zweifelnden Brandt folgte der bürokratisch-rigide Vogel. Auch bei den „Enkeln" setzte sich dieses Muster fort: Den eher vergeistigt-führungsschwachen Engholm löste der trocken-biedere Gremienpolitiker Scharping ab, an dessen Stelle wiederum trat der mitreißend-geltungsbedürftige Lafontaine. Sein Nachfolger, der medien- und wählerorientierte Schröder, wurde schließlich durch den Organisations- und Apparatepolitiker Müntefering ersetzt. Aber nicht nur die Persönlichkeiten der sozialdemokratischen Parteivorsitzenden, ihre Führungsressourcen und Führungsstile waren sehr unterschiedlich, auch der Einfluss der einzelnen Vorsitzenden auf die Führung der Partei sowie der Einfluss konkurrierender Machtzentren innerhalb der Partei variierte.

Was aber macht nun einen erfolgreichen Parteivorsitzenden in der SPD aus? Es hat sich gezeigt, dass der Vorsitzende tatsächlich zugleich heterogene inhaltliche Interessen bündeln und seiner Partei Richtung und Orientierung geben muss. Denn nicht nur die Mitglieder und Funktionäre, sondern auch die verschiedenen Machtzentren der SPD – in den Partei- und Regierungsspitzen der Länder ebenso wie in der Bundestagsfraktion – müssen eingebunden und möglichst auf einen gemeinsamen Kurs verpflichtet werden. Der Vorsitzende Rudolf Scharping beispielsweise hatte es zunächst durchaus vermocht, die mit ihm konkurrierenden Ministerpräsidenten Lafontaine und Schröder im Parteipräsidium einzubinden. Als ihm dies nicht mehr gelang, scheiterte er als Parteivorsitzender und musste Lafontaine Platz machen. Um unterschiedliche Wählerpotentiale zusammenzuführen und bei Wahlen mehrheitsfähig zu werden, ist es für eine große Volkspartei wie die SPD zudem entscheidend, ein breites Angebot an Themen und Problemlösungen sowie attraktives Personal zu besitzen. Zunächst die Organisations- und Programmreform unter dem Vorsitzenden Ollenhauer und dann in den 60er- und 70er-Jahren die kollektive Führungsriege unter dem Parteivorsitzenden Brandt, das Triumvirat und die Troika, haben die SPD durch unterschiedliche Identifikationsangebote nach innen integriert und nach außen geöffnet. Erst im Bundestagswahlkampf 1998 erlebte die Partei mit Oskar Lafontaine als Vorsitzendem und Gerhard Schröder als Kanzlerkandidat wieder eine kurze Phase erfolgreicher kollektiver Führung – der gemeinsame Wille zur Regierungsbeteiligung hatte sie zusammengeschweißt. Mit dem Wechsel im Parteivorsitz von Schröder zu Franz Müntefering ist die SPD nun erneut zur kollektiven Parteiführung zurückgekehrt, mit Müntefering im Vorsitz von Partei und Bundestagsfraktion und Schröder als Bundeskanzler. Die kollektive Führung fordert den jeweiligen Protagonisten ein hohes Maß an Kompromissbereitschaft, Kommunikationsfähigkeit und Selbstbescheidung ab. Gerade hieran hat es den „Enkeln" gefehlt, ihr Übermaß an individuellem Machtwillen und persönlicher Eitelkeit wirkte einer kollektiven Führung der Partei entgegen. Das zeigt, wie wichtig der Faktor Persönlichkeit – biographische Prägungen und charakterliche

Dispositionen – bei der Frage nach erfolgreicher politischer Führung in einer Partei ist.

Bei der Rekrutierung der Vorsitzenden ist in der SPD seit der Übernahme des Vorsitzes durch Willy Brandt ein dominierendes Muster erkennbar. Seither ist nicht nur für die Auswahl des Kanzlerkandidaten, sondern auch für die des Parteivorsitzenden das Ministerpräsidentenamt von Bedeutung: Außer Hans-Jochen Vogel und jüngst Franz Müntefering gelangten stets Vorsitzende in das Amt, die als Regierungschefs in einem Bundesland – im Falle Schröders als Bundeskanzler – in exekutiver Verantwortung standen. Doch erfolgreich waren diese Vorsitzenden nicht unbedingt: Besonders Engholm, aber auch Schröder und Scharping, fehlte offenbar das Verständnis für die Funktionsweise der Parteistrukturen und das Gespür für die Empfindlichkeiten der Partei. Ihre exekutiven Ämter hatten sie zwar in das Amt des Parteivorsitzenden gebracht, ihnen aber nicht die Erfahrungen vermittelt, die zur Führung einer Partei notwendig gewesen wären.

Die Integration der Individualisten. Parteivorsitzende in der FDP

Franz Walter

Ohne Bindemittel und Netz

Man kommt hier leicht nach oben. Aber es ist schwer, sich dort lange zu halten. So in etwa kann man Freuden und Nöte, Aufstiegseuphorien und Abstiegsdepressionen freidemokratischer Parteivorsitzender nach 1945 ein wenig knapp und gewiss ein bisschen flapsig auf eine Kurzformel bringen. Verschwenderischer jedenfalls ist bislang keine andere Alt-Partei der Bundesrepublik mit ihren Parteivorsitzenden umgesprungen, wenngleich die Sozialdemokraten am Ende ihres disziplinierenden Milieus sich den liberalen Nonchalancen im Umgang mit den eigenen Parteiführern ganz offenkundig anzunähern beginnen. An der Spitze der SPD standen seit dem Zweiten Weltkrieg neun Männer; der CDU reichten sieben Vorsitzende; der CSU genügten gar allein sechs Leitfiguren. Die FDP-Bilanz dagegen weist zwölf oberste Repräsentanten der Partei aus. Kurzum: Es gab im politischen Geschäft der deutschen Republik in der Tat sicherere, vor allem auch leichtere Jobs als den des Parteichefs in der FDP. Denn es war nie einfach, die liberalen Bürger von Besitz und Bildung politisch unter einen Hut zu bringen. Die liberalen Bürger waren Individualisten und keine Parteisoldaten, immer auf Autonomie bedacht, ohne Neigung für kollektive Organisation und disziplinierte Aktion. Mit geduldiger Loyalität oder gar Unterordnung durften liberale Parteiführer folglich nie rechnen.

Insofern hatten es die Chefs der freidemokratischen Partei stets erheblich schwerer als die Vorsitzenden der großen Volksparteien. Jedenfalls war das lange so. Über viele Jahrzehnte standen den Anführern der sozialdemokratischen und christlichen Parteien historisch gewachsene Bindemittel zur Verfügung, mit denen die Geschlossenheit ihrer Parteien vergleichsweise einfach herzustellen war. In sozialdemokratischen und katholischen Parteien gab es lange eine große Vision, an die Parteiführer appellieren konnten, um die Mitglieder hinter sich zu scharen. In der Geschichte dieser Parteien gab es Jahrzehnte der Verfolgung, der Ausgrenzung, des Märtyrertums, woran Parteiführer beschwörend erinnern konnten, um bei den Anhängern Zusammengehörigkeitsgefühle und diszipliniertes Verhalten zu erzeugen. Und schließlich stützten sich die katholischen und sozialdemokratischen Parteien über eine lange Zeit auf ein breit gefächertes

Organisationsumfeld im vorpolitischen Raum, das für politischen Rückhalt auch in schwierigen Jahren sorgte.

Freidemokratische Parteiführer hatten nichts dergleichen. Der durch Offenheit und Diskurs charakterisierte Liberalismus bot nicht den Stoff für Utopie und Weltanschauung, mit denen sich Menschen gläubig binden ließen. Auch existierten im deutschen Liberalismus nicht die mythenbildenden Helden und Märtyrer, die Windhorsts und Bebels, die Adenauers und Brandts, in deren Tradition sich ein freidemokratischer Parteiführer hätte stellen und Parteidisziplin anmahnen können. Und ein eigenes Organisationsmilieu, gewissermaßen die Reservearmee für Parteien und Parteiführer in harten Zeiten, hatten die liberalen Individualisten nie errichtet. Die liberalen Bürger gehörten schließlich zum Establishment, waren keine Outcasts, brauchten daher nicht das Refugium einer eigenkulturellen und autarken Separatwelt.[1] So aber turnten liberale Parteiführer gleichsam ohne Netz. Nur der in Wählerprozenten und Regierungsbeteiligung messbare Erfolg ihrer Arbeit zählte. Es gab im Liberalismus keine zweite Loyalitätsschicht aus Tradition, Ideologie, Geschichte und Organisation, die einen Parteivorsitzenden auch dann noch trug, wenn es zeitweise schlecht lief, wenn ihm Fehler und Pannen unterliefen. Es war dann nur eine Frage der Zeit, wann das freidemokratische Parteivolk anfing zu höhnen und zu spotten, schließlich den Wechsel an der Parteispitze hart und ohne großes Erbarmen vollzog.

Ein Erich Ollenhauer etwa, jener ganz erfolglose und uncharismatische Parteivorsitzende der Sozialdemokraten zwischen 1952 und 1963, wäre in der FDP nicht möglich gewesen; er hätte dort keine Legislaturperiode überlebt. In der FDP wären auch die langen, identitätsstiftenden, nachgerade epochalen Vorsitzzeiten wie die von Willy Brandt in der SPD, von Konrad Adenauer und Helmut Kohl in der CDU, von Franz-Josef Strauß in der CSU nur schwer denkbar gewesen. In gewisser Weise waren Liberale auch außerhalb der Politik – in ihren Berufen und gesellschaftlichen Positionen – zu selbstständig, zu arriviert, zu dominant, um starke Führung auf Dauer zu ertragen.

Doch hatte es in der Geschichte der FDP immer auch Phasen gegeben, in denen das freidemokratische Fußvolk die Sehnsucht nach dem großen Visionär, Tribunen und Rhetoren packte. Das waren dann die Momente, in denen in der Partei ganz plötzlich exzentrische Außenseiter Blitzkarrieren machten und jäh zu Helden von Parteitagen aufstiegen. Aber ebenso rasch verschwanden sie dann auch wieder von der Bildfläche. Denn im Grunde konnte kein Parteiführer den Wunsch nach einer scharf pointierten liberalen Politik erfüllen. Schließlich war die FDP lange ein fragiles Bündniskonstrukt. Die FDP hatte nach 1945 die Spaltung des Liberalismus beendet, die in den 1860er-Jahren eingetreten war. So mussten die Freien Demokraten ganz gegensätzliche Lebenswelten und politi-

---

[1] Siehe Langewiesche, Dieter: Liberalismus in Deutschland, Frankfurt a.M. 1998, S. 134 ff.

sche Einstellungen zusammenbinden, die – zumindest anfangs – von eher ländlichen, konservativen, deutschnationalen Altmittelständlern bis zu eher urbanen, bürgerrechtlichen, freisinnigen Mittelschichtlern des tertiären Sektors reichten. Infolgedessen mussten Parteivorsitzende der FDP vorsichtig lavieren, mussten behutsam und lose verkoppeln, was nicht immer harmonisch zusammengehörte. FDP-Vorsitzende durften also, besonders in den frühen Jahrzehnten, inhaltlich nicht zu stringent und zu präzise werden, da sie sonst die erneute Spaltung des Liberalismus und in der Folge den Absturz unter die 5%-Hürde riskiert hätten.

In diesem Spannungsverhältnis standen liberale Parteichefs immer: Sie mussten ihrer Partei Profil geben, sie im Wettbewerb mit anderen politischen Anbietern kenntlich und unterscheidbar modellieren, aber sie durften es dabei nie übertreiben. Das galt nicht nur innerparteilich; das galt auch für ihre Rolle als kleinere Regierungspartei. Die Freien Demokraten waren schließlich ganz überwiegend die koalitionsbildende Kraft in der Bundesrepublik. Und immer mussten sie dabei aufpassen, dass sie von der großen Kanzlerpartei nicht politisch erdrückt und überflüssig gemacht wurden. Die Freien Demokraten mussten also in der Regierungskoalition jeweils einen eigenen Ort finden, eine kalkulierte Distanz zum großen Partner einnehmen, hatten dabei aber darauf zu achten, dass daraus kein koalitionssprengender Konflikt entstand – eine äußerst schwierige Balance also zwischen einem Kurs der Eigenständigkeit und einer Politik der Koalitionsstabilität. Die Freien Demokraten haben nahezu 50 Jahre in diesem Spannungszustand gelebt und sich daran aufgerieben. Immer kam es dabei auf die politischen, strategischen und taktischen Künste des jeweiligen Parteiführers an. Nur ganz wenige Parteivorsitzende der FDP sind unzerzaust aus diesem schwierigen Spiel herausgegangen.

Kontemplativ in der Vitrine: Theodor Heuss

Am meisten Glück hatte noch Theodor Heuss. Der erste Parteivorsitzende der Freien Demokraten zog 1949 rechtzeitig in das Bundespräsidialamt, musste daher seine Parteifunktionen niederlegen, brauchte sich folglich in den Niederungen von Bundespolitik und Bundespartei nach Gründung der Bundesrepublik nicht zu behaupten. Heuss wurde hernach ein großer, das Amt konstitutiv prägender Bundespräsident. Ein ebenso großer, in vielen Gedenkreden und allerlei Festschriften gepriesener Parteivorsitzender wäre er nach Gründung der Bundesrepublik wohl nicht geworden. Vermutlich hätte er ziemlich gelitten im Kabinett von Konrad Adenauer, hätte gegen den alten Fuchs und seine harte, unsentimentale, wenn es sein musste: intrigenhafte Art der politischen Führung wohl chronisch den Kürzeren gezogen. Denn ein Mann der kalten, kühnen und durchsetzungsstarken Machtpolitik war der liberale Schwabe nicht.

In die Politik geriet Heuss, acht Jahre jünger als der Alte von Rhöndorf, im Wechsel vom 19. zum 20. Jahrhundert.[2] Er gehörte als junger Mann dem sozial-liberalen Kreis um Friedrich Naumann an, redigierte dessen Zeitschrift „Hilfe", schrieb dafür unzählige Artikel, die meisten für das Feuilleton. Eben das war Heuss zuerst: ein Zeitungsmann, ein Schreiber, bald darauf auch ein Buchautor. 1912 stieg er zum Chefredakteur der heimischen Heilbronner „Neckar-Zeitung" auf, nach 1918 übernahm er die Schriftleitung der Wochenpublikation „Deutsche Politik". Sein zweites berufliches Standbein war die pädagogische Vermittlung, die lehrsame Ansprache. Von 1920 bis 1933 unterrichtete er an der „Hochschule für Politik" in Berlin. Natürlich ging es bei alledem, beim Publizieren und Do-zieren, vorrangig um Fragen der Politik. Auch gehörte Heuss rund 6½ Jahre als Abgeordneter für die linksliberale DDP bzw. die Staatspartei dem Reichstag an. Doch eine auffällige, exponierte Figur war er im Parlament, im Zentrum der politischen Auseinandersetzungen, nicht. Dazu fehlte es ihm an Feuer, an Härte, an unerbittlicher Entschlossenheit, wohl auch an einer festen und attraktiven politischen Doktrin, wonach es den Deutschen in ihrer Mehrheit damals, wäh-rend der tiefen ökonomischen und politischen Depression, indes verlangte. Heuss war kein Politiker für turbulente Jahre, für aufgewühlte Stimmungen, für radika-le Konfrontationen der Lager. Heuss war eine eher kontemplative Persönlichkeit; gebildet, ohne originell zu sein; ein Didaktiker des Politischen, kein Theoretiker der Zukunft; ein Kommunikator und Übersetzer, kein Agitator und Avantgar-dist.[3] Schon in den Weimarer Jahren fiel auf, wie sehr er geistig und habituell im 19. Jahrhundert wurzelte, wie er der Blütezeit des deutschen Bildungsbürgertums anhing. Mit der literarischen Moderne des 20. Jahrhunderts konnte er hingegen nichts anfangen; Brecht, Kafka, auch Benn – sie alle sagten ihm nichts.

So war Heuss vor 1933; so blieb er auch danach: ein gemütlicher, eher be-häbiger Zigarrenraucher und allabendlicher Rotweintrinker, im Alltag recht un-praktisch und daher auf seine sehr viel lebenstüchtigere Ehefrau angewiesen. Seine Passion gehörte weiterhin der Schriftstellerei; für die Kärrnerarbeit der politischen Organisation taugte er nach wie vor nicht.[4] Im Grunde genommen also prädestinierte ihn wenig für die zentrale Leitung einer Partei, gar für die politische Macht. Und dennoch führte er die Liberalen, zunächst ab Herbst 1946

---

[2] Vgl. hierzu und im Folgenden Möller, Horst: Theodor Heuss. Staatsmann und Schriftsteller, Bonn 1990, S. 6 ff.; Winter, Ingelore M.: Theodor Heuss. Ein Porträt, Tübingen 1983.

[3] Vgl. Hertfelder, Thomas: Das symbolische Kapital der Bildung: Theodor Heuss, in: Hübinger, Gangolf / Hertfelder, Thomas (Hg.): Kritik und Mandat. Intellektuelle in der deutschen Politik, Stuttgart 2000, S. 93-113, hier S. 93 ff.

[4] Vgl. Borst, Otto: Theodor Heuss, in: Bernecker, Walther L. / Dotterweich, Volker: Persönlichkeit und Politik in der Bundesrepublik Deutschland, Bd. 1, Göttingen 1982, S. 196-209, hier S. 199; Moersch, Karl: Theodor Heuss. 1884-1963, in: Schumann, Hans (Hg.): Baden-Württembergische Portraits. Gestalten aus dem 19. und 20. Jahrhundert, Stuttgart 1988, S. 322 f.

in der amerikanischen Zone, dann seit dem Frühjahr 1947 gemeinsam mit Wilhelm Külz zonenübergreifend, schließlich – als das nationale Parteiexperiment scheiterte – ab Dezember 1948 als Chef in den drei Westzonen.[5] Das hatte unterschiedliche Gründe. In gewöhnlichen Zeiten wird der Typus des nachdenklichen, beschaulichen Bildungsbürgers auch in einer liberalen Partei nicht ganz nach oben kommen. Man offeriert ihm die Leitung der Programmkommission, bedient sich seiner als Festtagsredner, lässt ihn die eine oder andere Broschüre für die anhängigen Jahrestage der Parteigeschichte verfassen. Im Übrigen aber nimmt man ihn nicht allzu ernst und wichtig. Doch 1945/46, als die Nation buchstäblich und auch moralisch in Trümmern lag, standen nicht-nazistische Gebildete, die in diesem geistigen Vakuum deuten, erklären und orientieren konnten, hoch im Kurs, auch in der noch durch die Alliierten in ihrer Souveränität eng begrenzten Politik. Das verschaffte jemandem wie Carlo Schmid einen „kometenhaften" Aufstieg[6] in der SPD. Und so drängte sich Theodor Heuss der Vorsitz der Liberalen nachgerade auf. Auch als der Bedarf nach bildungsbürgerlicher Katharsis nachließ, blieb Heuss im Amt. Er störte die Realpolitiker nicht, eignete sich, im Gegenteil, besonders gut „für die Vitrine", wie es Thomas Dehler Anfang 1949 ein wenig sarkastisch formulierte.[7]

Der Vorsitzende als Ausstellungsobjekt oder Aushängeschild – nach starker, zielstrebiger Führung klang das nicht. Doch war das für die Freien Demokraten in jenen Jahren, war es für die Liberalen vielleicht überhaupt nicht nur von Nachteil. Denn gerade dadurch, dass Heuss nicht energisch führte, nicht klar und dezidiert eine Richtung vorgab, gelang es nach 1945, die fast 80 Jahre lang gespaltenen Liberalen im Westen Deutschlands wieder behutsam zusammenzufügen und zusammenzuhalten. Eine leichte Aufgabe war das nicht. In der Trümmergesellschaft nach 1945 präsentierten sich die Liberalen noch lokalistischer, föderaler und regionalisierter als sonst, mit zahlreichen Eigentraditionen und politischen Separatvorstellungen. Die politische und soziale Spannbreite hatte sich nochmals vergrößert, da auch frühere Deutschnationale, ja Nationalsozialisten zu den klassischen Rechts- und Linksliberalen hinzugestoßen waren. Die einen waren für eine parlamentarische Republik; die anderen präferierten eine harte, autoritäre präsidiale Ordnung. Die einen wollten sich Liberale nennen, die anderen Demokraten, die nächsten Freiheitliche. Und so ging das munter weiter. Wäre hier ein dominanter, brennend ehrgeiziger Parteivorsitzender zu früh, zu schnell, zu apodiktisch vorgeprescht, dann hätte sich das Schisma der Liberalen

---

[5] Vgl. Heß, Jürgen C.: Fehlstart. Theodor Heuss und die Demokratische Partei Deutschlands 1947/48, in: Jahrbuch zur Liberalismus-Forschung (1997) 9, S. 83-121, hier S. 83 ff.
[6] Petra Weber, Carlo Schmid (1896-1979), in: Oppelland, Torsten (Hg.): Deutsche Politiker 1949-1969, Darmstadt 1999, Bd. 1, S. 129-140, hier S. 135.
[7] Vgl. Hein, Dieter: Zwischen liberaler Milieupartei und nationaler Sammlungsbewegung 1945-49, Düsseldorf 1985, S. 338.

in Deutschland wohl ein weiteres Mal reproduziert. Unter dem behäbig moderierenden Stil von Heuss aber konnten die Sonderkulturen und Partialströmungen im liberalen und nationalen Bürgertum koexistieren und doch allmählich zu einer Partei zusammenfinden, die schließlich bei den Bundestagswahlen 1949 auf 11,9% der Stimmen kam, immerhin neun Prozentpunkte mehr als die Links- und Rechtsliberalen zusammen im November 1932.

Insofern war zurückhaltende politische Führung eine adäquate Methode und Technik für den Erfolg der Liberalen. Und insofern war auch Theodor Heus der rechte Mann zur rechten Zeit am rechten Platz. Einerseits jedenfalls. Doch auf der anderen Seite überließ er denjenigen Kräften den Raum, die über die Energie, Zielstrebigkeit und Skrupellosigkeit verfügten, die Heuss abging. Dadurch verschoben sich indessen die politischen Kräfteverhältnisse in der FDP. Darin lag dann doch der Nachteil schwacher, kontemplativer politischer Führung. 1947 traten die Deutschnationalen und Nationalliberalen aus dem Schatten der politischen Verwerflichkeit und gingen mit trotzigem Selbstbewusstsein in die Offensive.[8] Mit ihrem Konzept der „nationalen Sammlung", mit dem die zurückgekehrten Soldaten, die bürgerliche HJ-Generation, die Vertriebenen und Flüchtlinge aggressiv angesprochen werden sollten, eroberte der rechte Parteiflügel Zug um Zug wichtige Landesverbände, hatte bald die Mehrheit in der Freien Demokratischen Partei hinter sich. Theodor Heuss ließen sie weiterhin in der Vitrine stehen, gleichsam als den gemütlichen bildungsbürgerlichen Opa des Altliberalismus, im Übrigen aber probten sie – jung die meisten, hart, kalt und dynamisch – den politischen Durchmarsch, der dann erst durch die englische Besatzungsmacht im Jahr 1953 gestoppt wurde. Heuss hätte sie gewiss nicht aufhalten können. Doch kam es erst gar nicht zur Probe aufs Exempel. Heuss, wie gesagt, hatte Glück, wurde rechtzeitig zum Präsidenten der Deutschen und konnte fortan tun, was ihm am meisten lag: lesen, schreiben, dicke Zigarren rauchen, roten Wein trinken, bedächtige und gebildete Reden halten. Er durfte nachsichtig, freundlich und mit sanfter Ironie über der verunsicherten Nation thronen.

Vermittelnd und farblos: Franz Blücher

Die Probe aufs Exempel hatte daher erst sein Nachfolger im Parteivorsitz, Franz Blücher, zu leisten. Allzu zufrieden waren die Freien Demokraten am Ende mit dem Ergebnis nicht. Mit Blücher begann, was sich danach ziemlich kontinuierlich fortsetzte: die chronische Unzufriedenheit der Liberalen mit ihren Parteichefs. Am Anfang herrschte noch eitel Sonnenschein, doch dann dauerte es meist

---

[8] Vgl. Lösche, Peter / Walter, Franz: Die FDP, Darmstadt 1996, S. 24 ff.

nicht sehr lange, bis das Klima in der Partei umschlug. Und das Fußvolk im liberalen Bürgertum begann zu murren, zu nörgeln, ja reichlich maliziös zu hämen.

Franz Blücher war in der bundesrepublikanischen Geschichte das erste Opfer dieser seltsam destruktiven Grundstimmung unter den bürgerlichen Individualisten. Anfangs hatte er – wie man es oft im Liberalismus erleben konnte – auffällig rasch Kariere gemacht. Jedenfalls in der Zeit nach 1945.[9] Zuvor, in den Jahren der Weimarer Republik, war der Aufstieg für ihn, wie für die meisten aus der jungen Frontgeneration des Ersten Weltkrieges, eher blockiert. Blücher war in mancherlei Hinsicht ein ganz typischer Repräsentant dieser Alterskohorte. 1896 geboren, machte er 1915 Abitur und wurde unmittelbar darauf Soldat. Die Kriegsjahre prägten ihn zeitlebens, so dass er auch im zivilen Leben, noch Jahrzehnte später, immer ein wenig forsch auftrat, sehr drahtig, straff in der Haltung. „Kameradschaftlichkeit" galt ihm zu allen Gelegenheiten als höchste Tugend; das nationale Bekenntnis war ihm Herzenssache. Doch war Blücher keineswegs ein schnarrender Kommisskopf, von denen es damals in der FDP fraglos zahlreiche gab, sondern durchaus ein Mann mit feinen Manieren, großem Taktgefühl und vorzüglicher Bildung. Es hieß von ihm, er lese täglich Gedichte. Dabei hatte Blücher nicht studiert, hatte vielmehr eine kaufmännische Lehre absolviert, avancierte dann aber in den späten 1930er-Jahren zum Bankdirektor in seiner Heimatstadt Essen. Parteipolitisch hatte er vor 1933 – im Unterschied zu seinem Vorgänger Heuss – den Rechtsliberalen angehört, der Deutschen Volkspartei Gustav Stresemanns also.

Zum Berufspolitiker wurde Blücher erst nach 1945. Dann aber vollzog sich der Aufstieg in hurtigen Schritten. Schon 1946 stand er an der Spitze der Liberalen in der britischen Zone; im gleichen Jahr leitete er dazu das Finanzministerium des Landes Nordrhein-Westfalen. Zwei Jahre später führte er die FDP-Fraktion im Frankfurter Wirtschaftsrat. Wahrscheinlich war das die wichtigste Zeit überhaupt im politischen Leben des Franz Blücher. Denn in diesen vorbundesrepublikanischen Monaten orientierte er die Liberalen rigoros auf die marktwirtschaftliche Ordnung und auf das prinzipielle Bündnis mit den Unionsparteien. Das war eine präjudizierende Vorentscheidung für die erste bundesdeutsche Regierung; es determinierte noch für Jahrzehnte die Lagerstrukturen der Bonner Republik, mindestens bis zum sozial-liberalen Machtwechsel, im Grunde aber noch weit darüber hinaus – wenn man so will: bis heute. Dadurch machte Blücher wirklich Politik auf lange Dauer.[10] Und so stand er 1948/49 im

---

[9] Vgl. zu Blücher hier und im Folgenden Henning, Friedrich: Franz Blücher, in: Geschichte im Westen 11 (1996) 12, S. 216-223, hier S. 216 ff.; Laak, Dirk van: Franz Blücher (1896-1959), in: Oppelland (Anm. 6), S. 117-128, hier S. 117 ff.
[10] Vgl. beispielhaft o.V.: Blücher gegen Koalition mit SPD, in: Die Welt, 06.12.1949.

Zenit seiner politischen Wirkung. De facto war er schon unter Heuss der eigentliche Chef der Partei, da ihm organisatorische Dinge weit mehr lagen als dem philosophierenden schwäbischen Bildungsbürger. Heuss überließ Blücher daher die Administration, letztlich die Führung der Partei, die dann Anfang 1950 auch ganz offiziell an den Freidemokraten aus dem Ruhrgebiet fiel.

Dadurch kam Franz Blücher ganz selbstverständlich als einer von drei Freidemokraten in das erste bundesdeutsche Kabinett. Und er erhielt von Adenauer den Titel des Vizekanzlers. Aber das signalisierte schon den Abstieg vom Gipfel des politischen Einflusses, markierte die Erosion der Stellung Blüchers. Denn die Vizekanzlerschaft vermittelte keine Macht; sie bot nicht mehr als das Talmi eines billigen Kompensats für entgangene, klassische Ressorts, die der Bundeskanzler den Freien Demokraten und ihrem Anführer kalt vorenthielt. Blücher wäre wohl gerne Wirtschaftsminister geworden; auch das Finanzministerium hätte er nicht ausgeschlagen; doch am stärksten zog es ihn in das Außenministerium, das allerdings erst noch zu schaffen war, da es Adenauer selber in diesen Gründerjahren vom Palais Schaumburg aus verwaltete. Und Adenauer dachte damals nicht im Traum daran, die auswärtigen Angelegenheiten einem anderen, noch dazu einem jener schwer berechenbaren Liberalen, anzuvertrauen. Auch das Wirtschaftsministerium stand nicht zur freidemokratischen Disposition; es oblag ganz selbstverständlich dem Heros der Marktwirtschaft, dem fränkischen Schwergewicht Ludwig Erhard. Das Finanzministerium wiederum bekam aus Proporzgründen ein Mann der CSU, der sparsame Fritz Schäffer. So gingen die Freien Demokraten ziemlich leer aus. Ihr Chef erhielt das vergleichsweise unbedeutende, kleine „Marshallplanministerium". Selten wurde ein kleiner Koalitionspartner in einem Bundeskabinett mit weniger abgespeist als die FDP in dieser ersten Legislaturperiode. Dabei war das Wahlergebnis, das die Freien Demokraten 1949 erzielt hatten, außerordentlich beachtlich gewesen. Es hätte größere Ansprüche unschwer gerechtfertigt. Doch dem großen und kühlen Taktiker im Kanzleramt waren die braven Liberalen nicht gewachsen. Adenauer allein kassierte die Prämie für die Regierungserfolge der 1950er-Jahre; die FDP, die doch an vielen segensreichen Weichenstellungen der frühen bundesdeutschen Jahre unzweifelhaft beteiligt war, hatte das Nachsehen. Ihre Minister ließen es arglos mit sich geschehen. Denn vor allem Blücher himmelte seinen Kanzler an. Er bewunderte Adenauer über die Maßen, wagte kaum einmal den harten Widerspruch, scheute den Versuch eines eigenen, kantigen Profils in der Koalition.

Eben das aber stieß mehr und mehr auf Kritik bei den Freidemokraten diesseits von Kabinett und Bundestagsfraktion. Die FDP-Minister in der Regierung Adenauer waren kaum zu erkennen, hatten keine weithin sichtbaren Akzente gesetzt, waren im Schatten des Überkanzlers gleichsam versteckt geblieben. Die Partei grummelte. Und sie projizierte allen Unmut auf den Vorsitzenden, auf den Vizekanzler, der nicht mehr aus seinem Amt gemacht hatte. Die Tage von Blücher im Vorsitz seiner Partei waren spätestens zu dem Zeitpunkt gezählt, als sich sein eigener Landesverband, die Hausmacht, die ihn doch eigentlich stützen und tragen sollte, gegen ihn erhob, gar an die Spitze der Frondeure setzte. Auf dem Parteitag 1951 stellte Blüchers Regionalorganisation einen Gegenkandidaten zu ihm auf, der nur deshalb nicht gewählt wurde, weil den anderen großen Landesverbänden – auch denen, die gleichen politischen Sinnes waren – der aggressive, innerparteiliche Expansionsdrang der Nordrhein-Westfalen nicht geheuer war.[11]

Doch geriet Blücher jetzt erst recht zwischen alle Fronten. Seine nordrheinwestfälischen Freunde von früher setzten sich rüde von ihm ab, machten ihm bitterböse zum Vorwurf, die paritätische Mitbestimmung in der Montanindustrie nicht vereitelt zu haben. Die FDP in Nordrhein-Westfalen focht in diesen frühen 1950er-Jahren heftig für eine Partei der nationalen Sammlung. Ihr reichte nicht das betuliche baden-württembergisch-linksliberale Ideal der kleinen, feinen Partei von Maß und Mitte. Ihr genügte es nicht, lediglich bescheiden Funktions- und Koalitionspartei in der Juniorpartnerschaft mit der Union zu sein. Die Freien Demokraten zwischen Rhein und Lippe strebten vielmehr selbstbewusst die eigenständige Massenpartei an, jenseits von Katholizismus und Sozialismus. Ihnen ging es darum, zurückzusammeln, was die Nationalsozialisten vor 1933 furios aus der Mitte der Gesellschaft aufgesaugt und eingegliedert hatten. Sie sahen sich als die Truppenführer des Antisozialismus in Deutschland, die auch nicht davor zurückschreckten, sich einiger alter Kameraden aus den Stäben der NS-Propaganda zu bedienen. Als die Linksliberalen sich der nationalistischen „Stahlhelmerei" widersetzten, als der Richtungsstreit in der FDP 1952/53 dadurch seinem Höhepunkt zusteuerte, stand Blücher, wie es um Integration besorgte Vorsitzende eben zu tun pflegen, irgendwo in der Mitte, verzweifelt, aber auch ziemlich ratlos, ohne große Autorität um Ausgleich und Moderation bemüht.[12] Ihm blieb wohl auch kaum anderes übrig, wollte er die hochfragile FDP nur irgendwie zusammenhalten. Hätte er sich mit einem Donnerschlag auf eine der beiden Seiten geschlagen, dann wäre die FDP unweigerlich zerbrochen. Doch diesen Donnerhall erwarteten viele Freie Demokraten nun von ihrem Vorsitzenden. Er sollte jetzt hart und zielstrebig führen, nicht mehr weich und nachgiebig moderieren.

Nach all den Jahren von Heuss und Blücher, nach gut acht Jahren sanfter, unentschiedener Parteileitung wünschten die Liberalen sich nun unmissverständliche Entschiedenheit, pralle Kraft, ein messerscharfes Profil – vor allem auch dort, wo die politische Musik zuvörderst spielte, in Bonn, in der Bundesregie-

---

[11] Vgl. Werner, Richard: Liberal oder national, in: Main-Echo, Aschaffenburg, 01.07.1952; Lösche / Walter (Anm. 8), S. 32.

[12] Vgl. o.V.: Prüfungszeit im deutschen Liberalismus, in: Neue Zürcher Zeitung, 02.06.1953; Kempski, Hans Ulrich: Die Liberalen haben eine Schlacht verloren, in: Süddeutsche Zeitung, 24.11.1952; Böttcher, Karl W.: Die „Pflicht nach rechts", in: Die Welt, 26.11.1952.

rung. Blücher war ihnen einfach zu blass, zu farblos, ohne Rückgrat, zu devot gegenüber dem raffinierten Kanzler der Katholiken. Als dann noch der Stimmanteil der Freien Demokraten bei der Bundestagswahl 1953 um 2,4 Prozentpunkte zurückging, war Blüchers Zeit erkennbar vorbei. Der spürte das; gekränkt verzichtete Blücher 1954 auf eine neuerliche Kandidatur.

Feuerkopf und Wüterich: Thomas Dehler

So fielen die Freien Demokraten in das andere Extrem, so kamen sie auf Thomas Dehler. Dieser war das krasse Gegenstück zu Blücher und Heuss.[13] Er war alles andere als ein Mann, der umsichtig taktierte, pfleglich mit dem Koalitionspartner umging, den Kompromiss und Ausgleich stets sorgsam im Blick hatte. Dehler war ein radikaler Feuerkopf, ein prinzipienfixierter Bekenner, ein Fundamentalist des Politischen. Eben so aber wünschten die Freien Demokraten sich ihren Frontmann im Jahr 1953. Er sollte kühn die Fahne schwenken. Jedenfalls sollte er eine klare Linie zu den Unionsparteien ziehen, sollte dem Volk deutlich machen, wofür die FDP – und allein die FDP – stand. Daher schien Dehler den allermeisten Freidemokraten im Land unzweifelhaft die probate Figur. Denn schon im ersten Kabinett Adenauers hatte er unter allen freidemokratischen Ministern am meisten für Aufsehen gesorgt. Seine Reden im Bundestag hatten Temperament. Seine Attacken gegen die Opposition waren fulminant. Und selbst vor massiver Kritik an den hohen Richtern des Bundesverfassungsgerichtes hatte er nicht zurückgeschreckt.[14] Viel Feind, viel Ehr` – so lief Dehler durch das politische Leben.[15] Und so war es den Freien Demokraten zum Ende der Ära des übervorsichtigen Franz Blücher gerade recht. Da Adenauer – nicht zuletzt nach Interventionen von Heuss, wovon die Zeitgenossen allerdings kaum etwas mitbekamen – Dehler nach den Bundestagswahlen 1953 nicht mehr in das Kabinett holte, machten die Liberalen den früheren Justizminister zu ihrem Partei- und Fraktionsvorsitzenden. Aus diesem Amt heraus sollte Dehler das Profil der FDP schärfen, sollte dies in erster Linie durch eine Politik des begrenzten Konflikts tun – insbesondere auf dem Gebiet der Deutschland- und Außenpolitik. Denn hier war der rheinische Christdemokrat im Kanzleramt den Liberalen schon seit einiger Zeit zu dezidiert westdeutsch, zu wenig an der Einheit aller Deutschen, an der Reetablierung des Nationalstaats interessiert.

---

[13] Vgl. zu Dehler insgesamt Wengst, Udo: Thomas Dehler 1897-1967. Eine politische Biographie, München 1997; Rilling, Detlef: Thomas Dehler – Eine politische Biographie, Diss., Augsburg 1988.
[14] Vgl. etwa Stammen, Theo: Thomas Dehler, in: Bernecker / Dotterweich (Anm. 4), S. 97-104, hier S. 100.
[15] Vgl. Friedlaender, Ernst: Adenauer-Dehler, in: Berliner Morgenpost, 11.03.1956.

Nun ist das Instrument des begrenzten Konflikts mit der großen Regierungspartei für die kleinen Koalitionsparteien zweifelsohne, zumindest von Fall zu Fall, alternativlos. Irgendwie müssen sie sich schließlich in Szene setzen, müssen auf den eigenen Charakter, die eigenen Anteile und Leistungen in der gouvernementalen Allianz aufmerksam machen. Aber sie dürfen das Spiel doch niemals zu weit treiben, dürfen mit der Politik gezielter innerkoalitionärer Nadelstiche nicht den Koalitionsfrieden insgesamt, den Bestand der Regierung als solchen gefährden. Kluge Realpolitiker und geschickte Koalitionsstrategen beherrschen dieses Spiel virtuos und wissen genau, wo die Grenze liegt, vor der jedes Scharmützel zwischen den Koalitionspartnern unweigerlich Halt machen muss. Dehler aber war weder Realpolitiker noch Koalitionsstratege; mehr noch: Er war weder geschickt noch politisch klug. Dehler war ein Überzeugungstäter, ein aufbrausender Charakter, angefeuert von einer – der nationalen – Mission und getrieben von seinem brennenden Hass auf Adenauer. Infolgedessen konnte die Sache nur furchtbar schief gehen. Daher lief der ursprünglich begrenzt angelegte Konflikt am Ende völlig aus dem Ruder, mündete in eine wilde, maßlose Fundamentalopposition des Fraktionsvorsitzenden des kleinen Koalitionspartners gegen den Chef der großen Regierungspartei – und somit gegen den Kanzler der eigenen Koalition. Der Fundamentalist Dehler wütete, ohne Blick auf die Folgen, gegen das eigene politische Lager, das er dadurch spaltete und auseinander trieb.[16]

Ein wenig erinnerte Dehler in seiner apodiktischen Schärfe und seinem unbeirrbaren Sendungsbewusstsein an Kurt Schumacher. Dehler, 1897 geboren, gehörte zur gleichen Generation wie der frühere Chef der Sozialdemokraten, der 1895 zur Welt gekommen war. Schumacher und Dehler waren Teil der militanten Frontgeneration des Ersten Weltkrieges. Der Krieg hatte sie aufgewühlt, geprägt, ja gezeichnet. Viele aus dieser Generation hatten fortan einen nachgerade kriegerischen Begriff von Politik. Ihre Sprache tönte martialisch, dünkte herrisch, klang aggressiv und unbedingt. Da die meisten aus dieser Generation in den Weimarer Jahren nicht recht zum Zuge gekommen waren, gleichsam im Wartestand der zweiten und dritten Reihe hatten ausharren müssen, wurde Ungeduld, Umtriebigkeit, nervöse Unrast zu einem dominanten Charakterzug – nicht bei allen, siehe Blücher, aber doch bei vielen, prononciert zu beobachten eben bei Dehler und Schumacher. Doch war die besondere Generationenprägung im Falle Dehlers nicht die einzige Quelle für politisches Eifertum. Die andere bestand im verqueren Verhältnis zu Konrad Adenauer. Dehler war zunächst, ganz ähnlich wie Blücher, ein großer, ehrfürchtiger Bewunderer des Kanzlers.

---

[16] Vgl. Friedlaender, Ernst: Die dritte Partei, in: Hamburger Abendblatt, 05.03.1955.

Doch dieser erwiderte die ergebene Zuneigung seines Justizministers nicht.[17] Adenauer hatte für emotional übersprudelnde, noch dazu sprunghafte Menschen nichts übrig; im politischen Leben hielt er sie für eine veritable Gefahr. Schon das allein begründete seine Distanz zu Dehler. Doch mochte er überdies auch dessen nationale Exaltiertheiten nicht, das pathetische Preußentum und den kulturkämpferischen Schaum in Dehlers Reden. Und so geschah dann das, was seit ewigen Zeiten mit verschmähter Liebe vielfach passiert: Sie wandelte sich zu einem tiefen, exzessiven Hass. Kaum anders jedenfalls lässt sich beschreiben, was Dehler seit 1954 trieb, wenn er am Rednerpult des deutschen Bundestages seine giftigen und scharfen Pfeile gegen den Kanzler abschoss, ihn gallig beschimpfte und mit Invektiven überhäufte. Dergleichen erlebte das bundesdeutsche Parlament nicht noch einmal. Der Anführer einer regierungstragenden Fraktion und Partei wurde zum härtesten, unnachgiebigsten, bösartigsten Kritiker des Chefs der eigenen Regierung.[18]

Es waren peinliche Szenen, die sich im Deutschen Bundestag abspielten. Und die Zahl der freidemokratischen Bundestagsabgeordneten wuchs, die allmählich die Fassung und Geduld verloren, wenn ihr Fraktionsvorsitzender im Hohen Hause zu seinen wilden rhetorischen Rundumschlägen ansetzte. Die freidemokratischen Bundesminister pflegten dann den Plenarsaal zu verlassen; und einige Abgeordnete aus der FDP-Fraktion gingen demonstrativ mit ihnen hinaus.[19] Allmählich wurde es einsam um Dehler, der doch kurz zuvor noch wie ein biblischer Erlöser aus der Blücher-Dämmerung gefeiert worden war. Immer mehr Bezirke und Landesverbände wandten sich jetzt von ihm ab, auch sein eigener Heimatbezirk, Mittelfranken, und dann der bayerische Landesverband im Ganzen. Theodor Heuss, sonst keineswegs ein bösartiger Intrigant, schürte aus dem Präsidialamt kräftig die Stimmung gegen seinen Nach-Nachfolger im Amt. Selbst gute Freunde suchten nun Abstand von Dehler, dessen Reden mehr und mehr außer Kontrolle gerieten.[20]

Das alles machte Dehler nur noch bitterer; wer nicht uneingeschränkt sein Freund war, wurde sogleich und unnachgiebig als Feind gebrandmarkt und verfolgt. Dehler hielt sich an der Spitze der FDP allein, weil ihn die nordrhein-westfälischen Jungtürken taktisch stützten. Dehler passte der jungen, kühl agie-

---

[17] Vgl. Wolfrum, Edgar: Die Geschichte der Bundesrepublik anhand von Biographien, in: Zeitschrift für Geschichtswissenschaft 46 (1998) 1, S. 40-54, hier S. 48.

[18] Vgl. hierzu und insgesamt für dieses Kapitel Siekmeier, Matthias: Restauration oder Reform, Köln 1998, S. 96 ff.

[19] Vgl. Henkels, Walter: Thomas Dehler – der politische Moralist, in: Norddeutsche Zeitung, 12.03.1955; Schwelien, Joachim: Die Misere der Liberalen, in: Frankfurter Allgemeine Zeitung, 23.08.1956.

[20] Vgl. Thilenius, Richard: Um Dehlers Nachfolge, in: Süddeutsche Zeitung, 13.12.1956; Strobel, Richard: In Würzburg sind viele Fragen zu klären, in: Stuttgarter Nachrichten, 20.04.1956.

renden, hoch ehrgeizigen Truppe füglich in ihr Konzept. Denn den Jungtürken, die überwiegend von weit rechts außen kamen, ging es darum, sich aus dem einseitigen Bündnis mit der CDU zu lösen. Die junge Garde des rheinisch-westfälischen Liberalismus peilte eine zweite politische Option an, das Bündnis mit den Sozialdemokraten, nicht wegen irgendwelcher Liebhabereien für eine sozial-liberale Politik, sondern allein, um das eigene politische Gewicht zu erhöhen, um den eigenen Preis für jedweden Koalitionspartner nach oben zu treiben.[21] Insofern kam ihnen Dehler, dessen doktrinären Missionarismus sie eher bespöttelten, gerade recht. Er gab ihnen mit seinen Attacken auf die CDU die Vorlage, die sie auf der nordrhein-westfälischen Landesebene nutzten, um die Politik der zweiten Option zu exekutieren. Sie verließen 1956, als Adenauers Wahlrechtsspielereien ihnen einen plausiblen Vorwand boten, jäh die Koalition mit der CDU und verbanden sich kurzerhand mit den zuvor noch schroff angefeindeten Sozialdemokraten im Land.

Doch war das deutsche Bürgertum, gerade an der Ruhr, auf ein Bündnis mit den traditionell verhassten „Roten" überhaupt nicht vorbereitet. Die FDP drohte zu zerreißen. Ein knappes Drittel der Bundestagsabgeordneten – darunter alle vier Bundesminister mit dem ehemaligen Parteichef Blücher vorneweg – verließen die Partei. Ortsvereine fielen auseinander. Wahlen gingen verloren; auf der Bundesebene schrumpften die Anteile für die FDP um weitere 1,8 Prozentpunkte auf 7,7% – die existenzgefährdende 5%-Grenze rückte gefährlich nahe.

Für Dehler war das eine deprimierende Bilanz. Er war der Anführer von Partei und Parlamentsfraktion. Als solcher war ihm die Aufgabe zugewiesen, die Partei zusammenzuhalten, ihre Wählerschaft auszubauen, die politische Macht zu sichern und zu mehren. Nichts von alledem hatte er erreicht. Im Gegenteil, die Partei war gespalten und zersprengt; ein Teil der Wähler hatte sich verabschiedet; und seit 1956 stand die FDP in Bonn, nach dem Coup der „Jungtürken", plötzlich in der Opposition. Die Macht war ihr entglitten. Die Freien Demokraten hatten mit Dehler bekommen, woran ihnen zunächst durchaus gelegen war: einen feurigen Rhetoren, ein starkes Temperament, eine unzweifelhaft elementare Kraftnatur. Doch nach vier Jahren Dehler waren die Liberalen 1957 so erschöpft wie 1953 nach vier Jahren Blücher verdrossen. Die Bilanz kantiger, eigenwilliger, hochprofilierter Führung las sich keineswegs besser als die des vorangegangen moderativen, integrativen, vermittelnden Leitungsstils. Ganz im Gegenteil sogar, betrachtet man jedenfalls den inneren Zustand der FDP im Jahre 1957. Doch kann man die Perspektive gewiss auch anders setzen, kann sie weiter ausrichten. Denn à la longue mag Dehler die Partei vielleicht doch gerettet haben. Die anderen kleinen Koalitionsparteien des bürgerlichen Lagers haben den

---

[21] Vgl. Kempski, Hans Ulrich: „Es ist keine Lust", sagt Thomas Dehler, in: Süddeutsche Zeitung, 23.04.1956; o.V.: Die Tage von Würzburg, in: Die Welt, 23.04.1956.

Klammergriff des christdemokratischen Bundskanzlers nicht überlebt. Am Ende hat die Union sie alle innerkoalitionär vereinnahmt und politisch verspeist. Es ist zumindest nicht auszuschließen, dass es ihr mit der adaptionsgefälligen Blücher-FDP ebenso gelungen wäre. Die sperrige Dehler-FDP indes war schwer zu schlucken, war gänzlich unverdaulich.[22]

Und noch ein Weiteres: Parteien brauchen ein paar Figuren, auf die sie historisch stolz zurückblicken können, über die sie spannende und dramatische Geschichten erzählen können. Das sind, mag es auch ungerecht sein, in der Regel nicht die ordentlichen Pragmatiker, die vernünftigen Mittler und handwerklich gediegenen Organisatoren. Es sind immer die großen Visionäre, die Märtyrer des Eigensinns, die Bannerträger der aufrechten Gesinnung. In der wirklichen Politik brachte dieser heroische Typus oft nicht viel Konstruktives zustande, aber er hatte doch Zeichen gesetzt, den Stoff für Legenden und Epen geliefert, war ein großer Darsteller in einem starken Stück, das die Emotionen des Publikums anrührte und bewegte. So war es auch mit Dehler. Es gab seit den frühen 1960er-Jahren nicht ganz wenige Dehler-Renaissancen und Dehler-Nostalgien in der FDP. Dehler war dann in der nun schon recht selektiven Erinnerung der Partei einfach der Mann, der sich vor Adenauer nicht in den Staub geworfen hatte, der vor den Schwarzen nicht zu Kreuze gekrochen war. Er war nur noch der tapfere Held stolzer liberaler Eigenständigkeit. Ab und an brauchte selbst die sonst durchaus prosaische FDP das befriedigende Gefühl, dass es diesen Schlag des unerschütterlich gesinnungsethischen Vorkämpfers auch in ihren Reihen gegeben hatte. Und nicht zufällig trägt die FDP-Zentrale daher heute noch den Namen „Thomas-Dehler-Haus".

Ruheständler im Remstal: Reinhold Maier

Doch 1957 war die FDP von sentimentalen Dehler-Retrospektiven noch meilenweit entfernt. 1957 hatte die FDP genug von Dehler, war erschöpft über dessen rhetorische Amokläufe, war ermüdet und zermürbt von den vielen Aufregungen und Skandalen, die ihr Parteichef hervorgerufen hatte. Der Bedarf an eigenwilliger, kraftvoller, exponierter Führung war fürs Erste gedeckt. Die Stimmung in der FDP hatte sich binnen vier Jahren radikal umgekehrt: Die Liberalen waren in ihrem Führungsverlangen wieder bei Blücher und Heuss angekommen. Ja stärker noch: Sie strebten einem neuen Parteichef zu, der eben dies partout gar nicht werden und sein wollte, der sich gewissermaßen als gemütlicher Pensionär schon auf sein Altenteil zurückgezogen hatte. Kurzum: Die Freien Demokraten waren bei Reinhold Maier angelangt, dem großen, alten Liberalen aus dem schwäbi-

---

[22] Vgl. auch Becker, Kurt: Reinhold Maier kehrt zurück, in: Die Welt, 08.01.1957.

schen Stammland der freisinnigen Demokratie.[23] Maier war 1957 schon 68 Jahre. Bei ihm musste niemand befürchten, dass er vor ungestümen Ehrgeiz brannte, dass er im jugendlichen Überschwang ähnliche Kapriolen schlug wie Dehler, dass es weiterhin turbulent und unstetig an der Spitze der Partei zugehen würde.

Insofern hatte die Entscheidung für den ambitionslosen Maier als Parteichef eine unzweifelhafte Rationalität. Die Freien Demokraten hätten 1957 einen stürmischen, jugendfrischen Reformer an der Spitze nicht aushalten können; die Partei wäre in einem solchen Fall gänzlich aus dem bereits arg gestörten Gleichgewicht geraten. Die FDP brauchte vielmehr Ruhe, Stabilität, Verlässlichkeit, Kalkulationsgewissheit. Bei Reinhold Maier waren zumindest keine improvisierten Redegüsse mehr zu befürchten. Maier bereitete seine Ansprachen stets mit skrupulöser Akribie vor, las exakt die Sätze ab, die er zuvor reiflich überlegt in sein Manuskript hineingeschrieben hatte.[24] Das war oft genug für das jeweilige Auditorium recht langweilig, war ziemlich monologisch, aber es schützte vor unerquicklichen Überraschungen, mit denen man bei Dehler in jeder Sekunde seines Vortrages noch hatte rechnen müssen. Nun waren oratorische Pedanterie und hohes Alter allein noch keine hinreichenden Gütezeichen für die Führung einer stabilitätsbedürftigen Partei. Hinzu kam noch die große Autorität, die Maier genoss. Immerhin sieben Jahre hatte er als Vertreter einer doch eher kleinen Partei als Ministerpräsident im Südwesten Deutschlands amtiert. Maier war, bis heute, der letzte Liberale in Deutschland, der an der Spitze einer Landesregierung gestanden hatte. Im Übrigen firmierte er als Schöpfer des Landes Baden-Württemberg. Und als taktische Meisterleistung galt noch lange, wie Maier 1952, als sich der neue Südweststaat konstituierte, die CDU außen vor ließ und mit den Sozialdemokraten sowie dem Gesamtdeutschen Block/Bund der Heimatvertriebenen gemeinsam eine Regierung bildete. 1952 hatte das in der rechtslastigen FDP noch zu üblen Denunziationen geführt. 1957 aber, als die Liberalen mit Adenauer haderten und grollten, galt es als strategischer Geniestreich. Insofern konnten auch die Düsseldorfer Jungtürken, denen der gemütliche schwäbische Liberalismus sonst verächtlich war, mit in das Boot der Maier-Unterstützer steigen. Denn das war ja ihre Politik, sich von der CDU abzusetzen, auch Koalitionen diesseits des klassischen bürgerlichen Lagers ins Kalkül zu nehmen. Zwar war Maier in der zweiten Hälfte der 1950er-Jahre mental längst wieder in diesem bürgerlichen Lager angekommen, war weit entfernt von den kalten machtstrategischen Husarenstreichen seiner Düsseldorfer Parteifreunde, doch war den Jung-

---

[23] Zu diesem Kapitel vgl. besonders Matz, Klaus-Jürgen: Reinhold Maier (1889-1971), Eine politische Biographie, Düsseldorf 1989; ders.: Reinhold Maier 1889-1971, in: Schumann (Anm. 4) S. 345 ff.; Sauer, Paul: In stürmischer Zeit. Lebensbild des Menschen und Politikers Reinhold Maier (1889-1971), Stuttgart 1989.

[24] Vgl. Kemspki, Hans Ulrich: Reinhold Maier mischt wieder mit, in: Süddeutsche Zeitung, 08.01.1957.

türken die „Lösung Maier" durchaus genehm. Sie selbst waren noch zu jung für den Griff nach dem Parteivorsitz, ihre Zeit war dafür noch nicht angebrochen. Aber Maier, dieser Steinzeitliberale, wie sie ihn gern mokant bezeichneten, verbaute ihnen nichts. So war er ihnen für den Übergang ganz recht.[25]

In der Tat, energisch nach vorn stellte sich Maier nicht. Allein Björn Engholm von den Sozialdemokraten musste 1991 ebenso in den Vorsitz geschoben und geschubst werden wie 1957 Maier. Er wollte das Amt nicht. Maier war ein Vollblutpolitiker, doch seine Passion bezog sich auf die Exekutive, auch auf das Parlament. Mit den Gremien, Kommissionen und Kungelrunden der Partei hatte er dagegen nicht viel am Hut. Er war in den frühen 1930er-Jahren gerne Wirtschaftsminister in Württemberg, war stolz vor allem darauf, Ministerpräsident gewesen zu sein. Aber um Parteiämter machte er gerne einen großen Bogen. Nur wenn es anders nicht ging, fuhr er zu Bundesparteitagen. Richtungsstreitigkeiten und Flügelauseinandersetzungen waren ihm ein Gräuel. Und für Programmdebatten hatte er erst gar kein Verständnis. Das alles war ihm nicht Politik.

Maier war überdies ein Heimatmensch. Seine Arena war das Remstal. Hier fühlte er sich sicher, geborgen, verstanden – und sei es nur vom Dialekt her. Seine besten Reden hielt er daher auch in Stuttgart und Umgebung, deftige Anti-Adenauer-Philippiken, zornige kulturkämpferische Polemiken gegen die Katholiken, patriotische Plädoyers für Reich und Nation. Verließ er den württembergischen Heimatboden, ging es in den Norden der Republik, dann wurde Maier unsicher und nervös. Man sah dort seine Hände kräftig zittern, wenn er die Manuskriptseiten festhielt, von denen er ablas. Auch die Aussprachen, die dann folgten, waren ihm unangenehm. Es ging oft schneidig zu, soldatisch und deutschnational, zackig und schnarrend bei den Parteifreunden in Schleswig-Holstein und Niedersachsen, auch in Hessen und Nordrhein-Westfalen. Maiers Welt war das nicht. Und so blieb er, der den Fraktionsvorsitz gar nicht erst übernahm, auch während seiner Zeit als Bundesvorsitzender ganz überwiegend in Stuttgart. Von dort versuchte er, die Partei zu leiten. Bonn mied er, wenn es sich nur irgend einrichten ließ. Schwelte dort eine Krise in Partei oder Fraktion, tauchten Probleme in Landesverbänden auf, dann reiste Maier in der Regel nicht selbst, sondern er schickte einen seiner Vertrauten – meist mit Vergangenheit in der „Stuttgardia", einer Studentenverbindung, der auch er in seiner universitären Zeit angehört hatte – als Emissär, Krisenmanager und Schlichter.

Insofern war es fast die schiere Führungslosigkeit, die in der FDP der späten 1950er-Jahre herrschte. Aber es war wie so oft im Liberalismus; die Führungslosigkeit tat der Partei nach den Bundestagswahlen 1957 – deren schlechter Ausgang noch die Quittung für die Dehlersche Politik bedeutete – außerordentlich

---

[25] Vgl. Grüssen, Hugo: Reinhold Maier beerbt Thomas Dehler, in: Morgen, 01.12.1956; o.V.: FDP-Kritik an Reinhold Maier, in: Der Tagesspiegel, 28.03.1957.

gut. Die heftigen Flügelkämpfe ließen nach.[26] Die Dissonanzen zwischen Partei und Fraktion verringerten sich. Die Partei kam allmählich zur Ruhe, weil es oben niemanden gab, der ständig die Flagge schwenkte, einsam in eine bestimmte Richtung marschierte, mit allerlei Provokationen eben nicht nur den Gegner schreckte, sondern auch den eigenen Verein verunsicherte. Von Maier hörte man nicht viel, er mischte sich nicht ein, ließ den verschiedenen regionalen Parteikulturen ihren eigenen, autonomen Raum. So konsolidierte sich die traditionell föderale FDP – gerade weil es nicht den einen, den omnipotenten Zampano gab.

Natürlich, ein bisschen Glück hatte die FDP dabei schon. Der leere Raum der Führungslosigkeit lässt sich schnell von denjenigen Kräften besetzen, die besonders brutal und ehrgeizig vorgehen. Das konnte man Ende der 1950er, Anfang der 1960er-Jahre nur zu gut beobachten, als die nationalen Sammler die linksliberalen Nachlässigkeiten kühl für sich nutzten. Die jungen Brüder dieser nationalen Troupiers, die Düsseldorfer Jungtürken, waren ähnlichen Kalibers, hätten den Durchmarsch wohl auch gewagt. Doch erlitten sie bei den Landtagswahlen im Juli 1958 eine kompromittierende Niederlage. Die Jungtürken waren daher auf dem Bußgang, konnten große Ansprüche vorerst nicht mehr stellen.[27] Auch das stabilisierte die effiziente Führungslosigkeit der FDP in den Jahren 1958/59. Aber natürlich konnte das nicht auf Jahre so weitergehen. Ein bisschen mehr öffentlichen Glanz erwarten Parteien von ihren Leitfiguren schon. So begann man in der Partei wieder zu murren und zu schimpfen, zu spötteln und zu granteln über den inaktiven Alten aus dem Remstal. Maier sollte es nicht mehr werden; aber Maier wollte es auch nicht mehr sein. 70 Jahre war er schließlich bereits, als er endgültig im Januar 1960 auch formell abtrat. Informell hatte die Geschäfte schon seit einiger Zeit ein anderer geleitet, nämlich der emsige Chef der Bundestagsfraktion, Erich Mende.

Ritterkreuzträger und bürgerlicher Primus: Erich Mende

Und Mende kletterte an die Spitze der FDP. Mit ihm lagen die entscheidenden Führungsfunktionen wieder in einer Hand; er war Vorsitzender der Bundestagsfraktion und wurde Bundesvorsitzender der Partei.[28] Ein gutes Jahrzehnt hatte

---

[26] Vgl. Kempski, Hans Ulrich: Reinhold Maier lädt die FDP-Kanone, in: Süddeutsche Zeitung, 28.01.1957.
[27] Vgl. o.V.: Rehabilitierung der „Steinzeitliberalen", in: Stuttgarter Zeitung, 10.07.1958; o.V.: Verdiente Strafe, in: Die Welt, 14.07.1958; Schröder, Georg: Schwenkung der Freien Demokraten, in: Die Welt, 05.08.1958.
[28] Zu diesem Kapitel über Mende vgl. Baring, Arnulf / Koerfer, Daniel: Erich Mende, in: Bernecker / Dotterweich (Anm. 4), S. 80-91, hier S. 80 ff.; Jansen, Hans-Heinrich: Erich Mende (1916-1998), in: Oppelland, Torsten (Hg.): Deutsche Politiker, Bd. 2, Darmstadt 1999, S. 132-142, hier S. 132; Siek-

Mende zielbewusst und zäh darauf hingearbeitet. Ehrgeiz, Geduld und Zielstrebigkeit – diese Tugenden zeichneten Mende überhaupt aus.[29] Mende war gewiss
keine schillernde, keine charismatische Gestalt. Aber einen neuen Typus in der
Geschichte der liberalen Spitzenfiguren verkörperte er doch. Die Garde der großen, alten, klassischen Liberalen, von Reinhold Maier bis Theodor Heuss, die
noch im traditionellen Freisinn des späten Wilhelminismus aufgewachsen waren,
trat jetzt ab. Sie hatten noch tief im kommunalen und regionalen Liberalismus
gewurzelt, in den Honoratiorenmilieus des gebildeten, demokratischen, humanis-
tischen Bürgertums. Viele von ihnen hatten, selbst als Abgeordnete im Bundestag oder Landtag, noch ein zweites Standbein in einem bürgerlichen Beruf. Das
war ihnen wichtig, war ihnen die Voraussetzung für Ehrbarkeit und Unabhängigkeit.

    Mende dagegen war Berufs- und Bundespolitiker, gewissermaßen einer der
ersten unter den Liberalen. Mit Mende rückte eben eine neue Kohorte, ein neuer
Typus des Freidemokraten nach vorn. Wie Blücher und Dehler gehörte auch
Erich Mende zur Frontgeneration. Aber es war die Frontgeneration des Zweiten
Weltkrieges – zu denen ebenfalls und insbesondere noch die nordrhein-
westfälischen Jungtürken wie Willy Weyer und Wolfgang Döring zählten –, die
nun den Ton angab, der weit pragmatischer war, nüchterner, kühler, unideologi-
scher als in der Kohorte Dehlers. Der Sozialisationsort der NS-Frontgeneration
war nicht das Honoratiorenmilieu, waren nicht Freisinn und Schillervereine,
sondern der Schützengraben und das Offizierskasino. Den Kasino-Ton wurden
die Mendes, Weyers und Dörings jedenfalls nie ganz los. Ein schneidiger Habitus blieb ihnen ein Leben lang erhalten. Mende war stets stolz auf seine soldati-
sche Vergangenheit, seine Tapferkeitsauszeichnungen.[30] Bei offiziellen Festivitä-
ten pflegte er stolz sein Ritterkreuz zu tragen. Das kam in der deutschen Gesellschaft der späten 1950er- und frühen 1960er-Jahre nicht schlecht an. Denn
schließlich machte sich die Frontgeneration zum Ausgang der Adenauer-Ära
überall breit, bildete die Achse und den Mittelpunkt im Berufsleben der Republik. Und die FDP war die erste Partei im Land, die diesen Generationswandel in
ihrer Führungsstruktur mit vollzog. Die CDU dagegen schaffte es nicht so recht,
sich von ihrem sturen Greis im Kanzleramt zu trennen. Und die SPD litt solidarisch an ihrem unglücklichen Vorsitzenden, dem chronisch erfolglosen Erich
Ollenhauer. Der eine war 40 Jahre, der andere 15 Jahre älter als der neue Chef
der FDP. Insofern hatten die Liberalen die Verjüngung realisiert, mit der sich die
beiden Volksparteien in dieser Zeit noch so schwer taten. Und etliche hundert-

---

meier, Mathias: Restauration oder Reform. Die FDP in den sechziger Jahren – Deutschland- und
Ostpolitik zwischen Wiedervereinigung und Entspannung, Köln 1998.
[29] Vgl. auch Appel, Reinhard: Von Maier zu Mende, in: Stuttgarter Zeitung, 28.01.1960.
[30] Vgl. Luchsinger, Fred: Der Parteitag der FDP in Stuttgart, in: Neue Zürcher Zeitung, 23.01.1960.

tausende Bundesbürger mittleren Alters konnten sich mit dem ersten Mann der FDP identifizieren. In den Stationen seiner Biographie – Schule, Wehrmacht, Front, Verwundung, Gefangenschaft, Heimkehr, Aufstiegsanstrengung – sahen sie auch ihre eigene Lebensgeschichte gespiegelt.[31]

Die FDP und ihr Vorsitzender waren, kurzum, ein Teil des Justemilieus der neuen bundesdeutschen Republik. Doch mehr noch: Die FDP, ihre Mitglieder, Mandatsträger, ihre Wähler gehörten zum Establishment dieser Republik. Die meisten Anhänger der Liberalen hatten in ihren Berufen leitende Funktionen inne; sie bildeten in den Städten und Gemeinden, in denen sie wohnten, die führende Schicht, belegten gleichsam die Beletage der Lokalgesellschaft. Und deswegen passte die Rolle der Opposition im Bundestag nicht zur sozialen Lage, zum Selbstbild und Selbstbewusstsein der Liberalen zum Ausgang der 1950er-Jahre. Sie waren schließlich Elite, die prägte, nicht Randständige, die sich verweigerten. Die Liberalen schätzen es nicht, Opposition zu sein, gerade anders als die Sozialdemokraten, jene notorischen Außenseiter und Verlierer, jene politischen Repräsentanten der Unterklassen in Deutschland seit dem 19.Jahrhundert.

So dachten die Liberalen. Und so dachte Mende. Er war infolgedessen der kongeniale Vertreter des liberalen Grundgefühls der späten Adenauer-Jahre. Auch und gerade Mende fühlte sich unwohl als Oppositioneller. Er sah sich stets als ein Mann des Bürgertums. Sein ganzer Habitus war bürgerlich.[32] Er liebte es, mit lateinischen Zitaten zu brillieren; er liebte den Lebensstil bürgerlicher Repräsentation und Feierlichkeit. Habitus übersetzte sich bei Mende unmittelbar in Politik. Die „bürgerliche Zugehörigkeit" der Liberalen transferierte er in das strategische Paradigma von der „bürgerlichen Zusammenarbeit" der Freien Demokraten mit der CDU und CSU. Mit dieser Formel führte Mende die FDP wieder in das Bündnis mit den Unionsparteien. Die Technik, mit der er dabei operierte, mag man als aktive Integration beschreiben. Maier und Blücher integrierten durch Passivität; sie ließen den Regionalgliederungen und Flügeln freien Raum. Dehler hingegen desintegrierte durch Polarisierung und Konflikt. Mende nun band und verknüpfte die föderalen Untergruppen und Parteiströmungen durch Moderation, Vermittlung, den dauerhaften Kompromiss.[33] Auch hier hingen politische Strategie und Persönlichkeit eng zusammen. Denn Mende war schon von Charakter und Temperament kein Mann der scharfen Auseinandersetzungen, des unversöhnlichen Tons; aber er war auch kein in sich ruhender politischer Stoiker. Mende war vielmehr ein Streber, seit seiner Schulzeit der Typus des emsig-eifrigen Primus, der durch Fleiß und geschmeidige Anpassungsbereit-

---

[31] Vgl. Schröder, Dieter: Mende im Wahlschaufenster der FDP, in: Süddeutsche Zeitung, 24.12.1960.
[32] Vgl. Schreiber, Hermann: Der Dritte von der Mitte, in: Stuttgarter Zeitung, 14.09.1961.
[33] Vgl. Kempski, Hans Ulrich: Die Liberalen polieren die alten Werte auf, in: Süddeutsche Zeitung, 27.03.1961.

schaft den Aufstieg geschafft hatte. Diese mühselig erworbene Position versuchte er zu halten und zu stabilisieren, durch den aktiven Ausgleich politischer Gegensätze, durch eine kunstvolle Dauerproduktion politischer Kompromissformeln.

Mende bewies dabei zunächst viel Geschick. Die FDP fuhr daher anfangs gut mit ihrem Vorsitzenden, löste sich in der Tat sukzessive aus der Rolle der ohnmächtigen Opposition. Denn Mende ging mit großer Umsicht vor. Er wusste, dass es für die Freien Demokraten keine einfache Rückkehr zur Blücher-Partei geben konnte. Als schlichter und gefälliger Juniorpartner drohte die FDP im Klammergriff der Union zu ersticken. Diese Lektion hatten die Liberalen wohl gelernt. Doch auch die andere Lehre der 1950er-Jahre hatten sie akzeptiert und verinnerlicht: Eine Fundamentalopposition in der Koalition konnte es ebenfalls nicht geben; denn das musste jedes Regierungsbündnis sprengen. Also empfahlen sich die Freien Demokraten mit Mende an der Spitze als behutsames Korrektiv im festen bürgerlichen Bündnis. An der prinzipiellen bürgerlichen Zugehörigkeit ließen sie folglich keinen Zweifel mehr zu. Aber sie warben jetzt mit der zusätzlichen Funktion, in einer Regierungsallianz mit den Unionsparteien die sozialpolitischen Übertreibungen und katholischen Dogmatismen des Koalitionspartners begrenzen und zurückdrängen zu wollen. Damit trafen sie exakt den Nerv und die Stimmungen der liberalen Klientel, welcher gerade der Sozialkatholizismus nicht geheuer war, der aber doch die politische Einheit des Bürgertums eine Herzenssache war. Noch etwas missfiel dieser liberalen Klientel zu Beginn der 1960er-Jahre an der Union: Konrad Adenauer. Er galt ihnen als unzeitgemäß, als Mann von gestern, als verstockt und unmodern. Deswegen erfand die Mende-FDP die Wahlkampfparole, in der sich ihre neue Strategie pointiert bündelte: „Mit der CDU ohne Adenauer".

Dieser Slogan wurde zum Erfolgsschlager. 12,8% der Stimmen erzielten die Freien Demokraten bei den Bundestagswahlen 1961. Mehr erreichten sie nie wieder in ihrer Geschichte. Doch der große Sieg war schnell verspielt. Und im Grunde begann damit der allmähliche Fall und Abstieg des Erich Mende.[34] Denn die Freien Demokraten nahmen es zugunsten der eigenen Regierungsbeteiligung hin, dass Adenauer für weitere zwei Jahre in das Kanzleramt zog. Gerade die liberale Öffentlichkeit aber, gerade derjenige Teil der neumittelschichtigen Wähler, der 1961 erstmals für die FDP votiert hatte, war empört. Die Mende-FDP hatte ihr Wahlversprechen gebrochen, galt fortan als „Umfallerpartei". Von diesem Odium konnten sich die Freien Demokraten noch Jahrzehnte später nicht recht befreien. Und dieses Odium wurde nach 1961 zuallererst mit Erich Mende konnotiert.

---

[34] Vgl. Gaus, Günter: Mende hebt den Zeigefinger, in: Süddeutsche Zeitung, 03.07.1963; Meyer, Claus Heinrich: Erich Mende zeichnet das Bild einer Volkspartei, in: Stuttgarter Zeitung, 03.07.1963.

Mende fand nun die Fortune nicht mehr, die ihm in den 1950er-Jahren ganz selbstverständlich zugefallen war. Im Grunde waren die 1960er-Jahre nicht das Jahrzehnt für den Major a.D. und Ritterkreuzträger. Die Gesellschaft liberalisierte sich wirklich; aber die neuen Formen kultureller und sozialer Liberalität waren Mende fremd. Er verstand sie nicht. Für die soziologischen Veränderungen in der Mitte besaß er überhaupt kein Sensorium. Auch die Wandlungen in den beiden Volksparteien – die Sozialdemokraten waren nicht mehr so rot wie ehedem, die Christdemokraten blieben nicht mehr so schwarz wie zuvor – ignorierte er. So ließ er seine Partei, wie sie bis dahin war; er bereitete sie nicht auf die Transformationen vor, die anstanden, wollten die Freien Demokraten nicht ins Hintertreffen geraten. Für dergleichen Veränderungen, massiv und weitsichtig, fehlten Mende Phantasie, Kreativität, Courage, auch Härte und Konfliktbereitschaft.

Infolgedessen landete die FDP Ende 1966 wieder in der Opposition, aus der Mende sie doch einige Jahre zuvor erst herausgeholt hatte. An Stelle der FDP regierten nun die Sozialdemokraten an der Seite der CDU/CSU. Mende traf das vollkommen unvorbereitet. Er hätte nun in eine neue Rolle schlüpfen müssen, in die Rolle des forschen Oppositionspolitikers. Doch dafür taugte er partout nicht. Mende konnte keine konfrontativen Reden halten, konnte nicht aggressiv die Regierenden von der Rednertribüne aus attackieren und jagen. Dafür war Mende selbst zu sehr Würdenträger, Honoratior, Repräsentant des bürgerlichen Staates. Alle Welt konnte beobachten, wie Mende getroffen war, wie er gleichsam taumelte, als ihm die Insignien staatlicher Macht – er hatte seit 1963, keineswegs schlecht, als Bundesminister für Gesamtdeutsche Fragen amtiert – verloren gingen.

Die Freien Demokraten hatten, wie üblich, von nun an nicht mehr sehr viel Erbarmen mit ihrem unglücklichen Parteichef. Der Wind hatte sich wieder einmal vollständig gedreht. Alles, was die Liberalen anfangs an Mende noch geschätzt hatten, war ihnen nun regelrecht zuwider. Von Hamburg bis Stuttgart lästerten die Freien Demokraten jetzt über die aalglatte, unentschiedene, lavierende Art Mendes; lange hatten sie dergleichen als hohe Kunst politischer Vermittlung und Moderation gepriesen. Vor allem die nun selbstbewusst und laut agierenden Jungdemokraten hatten sich Mende als Zielscheibe ihrer ätzenden Kritik am Altliberalismus ausgewählt. Wenn Mende auf Parteitagen sprach, zischelten und höhnten die jungen Liberalen. Für sie war er ein nationalistisches Fossil, das weg musste. Mende kam schwer mit dieser Form der Kritik, der rebellischen, ja unbürgerlichen Pose zurecht. Das brachte ihn schier aus der Fassung. Mende verstand es nicht, auf den provokativen Gestus der Jungen mit Gelassenheit, subtilem Humor und der ihn bis dahin auszeichnenden Kompromissfähigkeit zu reagieren. Aus dem früheren Mittler Mende wurde nun innerparteilich ein verbohrter Dogmatiker, ein dezidierter Mann des rechten, nationalen Flügels.[35] Doch damit untergrub er selbst die Basis seiner Parteiführung, eben die integrativen Fähigkeiten, die ihn in sein Amt gebracht hatten. Anfang 1968 verzichtete Mende, als er erkannte, wie isoliert er nun im Zentrum seiner Partei dastand, auf eine neuerliche Kandidatur für den Parteivorsitz. Er war gerade 52 Jahre alt. Lange war seine Karriere geradlinig verlaufen; nun war sie faktisch zu Ende. Mende war ungeheuer verbittert. Anfang der 1970er-Jahre verließ er seine Partei in bösem Unfrieden und wechselte zur CDU; er war damit nach Blücher schon der zweite Parteivorsitzende der FDP, der sich von der Partei trennte, die er immerhin mehrere Jahre geführt hatte.

Frohsinn und Härte: Walter Scheel

Die Freien Demokraten waren Mende los. Aber sie wussten zunächst nicht, wen sie an seiner statt auf den Thron heben sollten. Niemand drängte sich so recht auf. Das vielleicht größte Talent, das die FDP seit dem Krieg hervorgebracht hatte, Wolfgang Döring, war seit 1963 tot. Ihn hatte man über Jahre auf der Rechnung gehabt, die ansonsten ziemlich leer blieb. Untypisch war das nicht für die Liberalen in Deutschland. Sie waren nicht gerade reich gesegnet mit großen Charismatikern, dantonhaften Tribunen, wölfischen Führungsnaturen. War man eines Vorsitzenden überdrüssig, was – wir sahen es – rasch genug geschah, dann drängelten keineswegs schon die Rivalen in den Kulissen. Nicht selten mussten die Nachfolger eher geschubst und geschoben, gleichsam zum Jagen getragen werden.

Eben so war es auch zum Jahreswechsel 1967/68. Die Liberalen einigten sich auf Walter Scheel für den Parteivorsitz.[36] Aber sie waren – wie der Kandidat auch selbst – keineswegs rundum überzeugt von ihrer Entscheidung.[37] Gewiss, für Scheel sprach, dass mit ihm beide Flügel leben konnten, die sich nun, Ende der 1960er-Jahre, in der FDP zuweilen konfrontativ gegenüberstanden. Scheel, im Zweiten Weltkrieg Oberleutnant der Luftwaffe und nur wenig jünger als

---

[35] Vgl. Kempski, Hans Ulrich: Am Rande des Abgrundes im Kampf mit sich selbst, in: Süddeutsche Zeitung, 06.04.1967; Appel, Reinhard: Partei auf Bewährung, in: Stuttgarter Zeitung, 06.04.1967; Flach, Karl-Hermann: Im Hintergrund geht es um die nächste Koalition, in: Frankfurter Rundschau, 05.04.1967.
[36] Zum Kapitel über Scheel vgl. allgemein Baring, Arnulf / Koerfer, Daniel: Walter Scheel, in: Bernecker, Walther L. / Dotterweich, Volker: Persönlichkeit und Politik in der Bundesrepublik Deutschland, Bd. 2, Göttingen 1982, S. 132-146, hier S. 132 ff.; Thränhardt, Dietrich: Walter Scheel, in: Sarkowicz, Hans (Hg.): Sie prägten Deutschland. Eine Geschichte der Bundesrepublik in politischen Portraits, München 1999, S. 184-198, hier S. 184 ff.; Siekmeier, Matthias: Walter Scheel, in: Oppelland (Anm. 28), S. 155-164, hier S. 155 ff.
[37] Vgl. Kempski, Hans Ulrich: „Dieser Mann hat Ellbogen aus Eisen", in: Süddeutsche Zeitung, 01.02.1968.

Mende, war auf der einen Seite ein Mann des Altliberalismus, der bürgerlichen Gemeinsamkeit und Zusammenarbeit, da er als Bundesminister im Entwicklungsministerium zwischen 1961 und 1966 den Kabinetten von Adenauer und Erhard angehört hatte. Doch auch die neue FDP, die eher linksliberalen Strömungen, selbst die jungen Radikaldemokraten konnten sich mit Scheel anfreunden. Innerhalb des ministeriellen Establishments der FDP war er schließlich am wenigsten borniert national, galt er als besonders europäisch und dezidiert westlich orientiert. Im Übrigen wurde in der FDP immer wieder gern die Geschichte kolportiert, dass die legendären Jungtürken seinerzeit in Scheels Düsseldorfer Wohnung den Sturz des christdemokratischen Ministerpräsidenten Karl Arnold in Nordrhein-Westfalen und die jähe Bildung einer SPD/FDP-Regierung verabredet hatten. Insofern durften die jungen sozial-liberalen Kräfte in der FDP 1969 hoffen, in Scheel einen wohlwollenden Patron für einen politischen Partnerwechsel zu finden. Zumindest hatte man Scheel in den Jahren zuvor als einen bemerkenswert toleranten Menschen kennen gelernt, der sich neuen Entwicklungen gegenüber aufgeschlossen zeigte, gut zuhören konnte, der sich nicht, wie zuletzt Mende, verstockt nationalliberal einigelte. Dies alles mochte dafür sprechen, dass Scheel keine ganz schlechte Lösung des Führungsproblems in der FDP zu sein brauchte.

Doch sicher war man sich keineswegs. Von allen Seiten hörte man skeptische Stimmen. Besonders vernehmlich rumorte es aus dem Remstal, der Heimat Reinhold Maiers. Scheel, so schimpfte der schwäbische Vor-Vorgänger des neuen Vorsitzenden, fehle es an allem: an Substanz, Format, Profil und Persönlichkeit.[38] Nicht wenige sahen das ähnlich. Weithin wurden Zweifel an Scheels Standhaftigkeit laut.[39] Er sei kein Kämpfer, hieß es vielerorts in der Partei. Man störte sich an seiner permanent guten Laune, seinem fortwährenden Frohsinn, seiner chronischen Heiterkeit.[40] Das galt als oberflächlich, als unangemessen für einen Oppositionsführer, von dem man besorgten Ernst, scharfen Biss, die aggressive Attacke erwartete. Argwöhnisch beobachteten viele Liberale, aber auch etliche Journalisten Scheels Hang zum Epikureertum, seine Vorliebe für teure Zigarren, gute Küche, exklusive Mode, weite Reisen, für die Jagd, das Golfspiel. Ob ein solcher Bruder Leichtfuß wirklich geeignet sein würde, eine so schwierige, launische, neuerdings auch tief zerrissene Partei wie die FDP zu führen? Das fragten sich in den Anfangsmonaten 1968 viele innerhalb und auch außerhalb der FDP.

---

[38] Vgl. Schröder, Georg: Ein leichtfüßiger Kombattant betritt die große Szene, in: Die Welt, 15.10.1969.

[39] Vgl. Murrmann, Heinz: Heiter und beharrlich, in: Handelsblatt, 05.11.1969.

[40] Vgl. Strauch, Rudolf: Walter Scheel – Mann der Mitte, in: Die Welt, 19.01.1968.

Sie alle übersahen die Härte, die Zähigkeit und Zielstrebigkeit, die sich hinter der Gute-Laune-Attitüde Scheels verbarg. Scheel war gewiss einer der freundlichsten, höflichsten Politiker jener Jahre. Aber er war ganz unsentimental, kühl, emotionsfrei – beinhart, wenn es darauf ankam. Und er hatte eiserne Nerven.[41] Selten hatten die anfänglichen Skeptiker und Nörgler in der FDP so unrecht wie in diesem Fall. Scheel wurde ein ganz hervorragender Parteivorsitzender. Seine vermeintlichen Schwächen erwiesen sich als Vorzug. Dass Scheel kein Visionär war, kein Mann einer glasklaren politischen Richtung, kein pointierter Meinungsführer, das war im Fall der Liberalen, die sich gegen allzu massive Führungsansprüche immer hartnäckig sträubten, stets ein Vorzug. In der FDP der späten 1960er-Jahre war es gar überlebenswichtig. Die FDP war in dieser Zeit so zerstritten wie seit 15 Jahren nicht mehr. Die alten Nationalliberalen und die neuen Sozialliberalen lagen in einem nahezu unversöhnlichen Clinch miteinander. Hier hätte ein Vorsitzender mit prononcierten politischen Positionen und Vorlieben nur Öl in das Feuer geschüttet. Scheel aber glich aus. Mit seinen weithin gerühmten diplomatischen Fähigkeiten, seiner unerschöpflichen Geduld, hielt er die hochfragile FDP in diesen schwierigen Übergangsjahren zusammen. Doch war Walter Scheel gewiss kein Franz Blücher. Er war kein lediglich schwacher und blasser Moderator. Scheel hatte einen untrüglichen Instinkt für die richtige politische Situation. Wenn er den Eindruck hatte, dass der politisch passende Moment gekommen war, riskierte er auch den Sprung nach vorn. Dann riss er seine Partei aus alten Lagern, drängte sie auf neues Gelände. Auch das gehörte zum Charakterbild von Scheel. Er hatte zuweilen etwas von einem Abenteurer; er liebte es zu pokern, zu zocken – und hatte (im Unterschied zu seinem Generationsgenossen und christdemokratischen Gegenspieler Rainer Barzel) fast immer Glück.[42] Scheel war ein Gewinnertyp. Aber es war mehr als nur Fortune, was ihm zufiel. Wann immer Scheel in ein neues Amt kam, bereitete ihm der Start Schwierigkeiten. Er musste dann regelmäßig eine Menge Kritik einstecken. Doch hielt er das aus und durch. Scheel dachte und handelte in langen Linien.

Wahrscheinlich gab ihm das die innere Kraft zum Risiko. Ein Wagnis jedenfalls war es, als er die Freien Demokraten im März 1968 auf die Wahl Gustav Heinemanns zum Bundespräsidenten festlegte. Das hätte gut daneben gehen können, da der christdemokratische Gegenkandidat, der Verteidigungsminister und nationale Protestant Gerhard Schröder, ein Mann ganz nach dem Geschmack der Nationalliberalen war. Doch zeigte Scheel hier erstmals als Parteivorsitzender, wie viel Energie, Härte und Ausdauer, aber eben auch Umsicht, Menschen-

---

[41] Vgl. Gaus, Günter: Widersprüche. Erinnerungen eines linken Konservativen, Berlin 2004, S. 293.
[42] Vgl. auch Fromme, Friedrich Karl: Im Wind der Veränderung, in: Frankfurter Allgemeine Zeitung, 08.07.1994.

kenntnis und psychologisches Feingefühl in ihm steckten. Die Wahl Heinemanns wurde zu Scheels Meisterstück.[43] Er bewies damit, dass er die individualistischen Freien Demokraten zu einem verlässlichen politischen Körper zusammenfügen konnte. Und er machte deutlich, dass die Liberalen auch zu einer neuen politischen Bündnisoption fähig und bereit waren. Es war in der Tat – auch wenn Scheel das aus taktischen Gründen in den Monaten darauf eher unter den Teppich kehrte – das Signal zum „Machtwechsel", der sich ein halbes Jahr später in Bonn vollziehen sollte.

Doch ein Selbstläufer war der Regierungswechsel nicht. Auch hier musste Scheel im September 1969 zwar nicht Kopf und Kragen, so aber doch Amt, Karriere, ja den Erhalt der Partei riskieren. Eigentlich wollte die FDP im Wahlkampf keine Koalitionsaussage treffen. So hatte es der Vorstand beschlossen. Und so wollte es vor allem Hans-Dietrich Genscher, schon damals der starke Mann im Hintergrund. Im Grunde entsprach es auch der Auffassung Scheels, ließ man damit doch die Türen zu beiden Parteien offen. Aber die Wähler schätzten es nicht, wenn unklar blieb, was mit ihrer Stimme politisch geschah. In der letzten Woche vor den Bundestagswahlen taxierten die Demoskopen die FDP schon unter 4%. Nun riss Scheel im Alleingang das Ruder herum. Gegen den Vorstandsbeschluss seiner Partei machte er öffentlich deutlich, dass die Freien Demokraten eine Präferenz für eine Koalition mit der SPD hatten. Scheel sicherte durch diese Aktion seiner Partei das einzige funktionale Gewicht, was sie in dieser Situation noch besaß: Mehrheitsbeschafferin zu sein. Und wahrscheinlich sicherte er dadurch auch die parlamentarische Präsenz der Liberalen. Knapp, mit dem schlechtesten Ergebnis ihrer Geschichte – nämlich 5,8% der Wählerstimmen – schafften sie gerade noch den Einzug in den Bundestag. Doch damit hatte Scheel der Mut noch nicht verlassen. Trotz der schmalen Mehrheitsbasis für eine Koalition von SPD und FDP einigten er und Brandt sich noch in der Wahlnacht darauf, das Abenteuer einer Regierungsbildung zu wagen.

Und für die FDP wurde es zunächst wirklich zu einem Abenteuer. Sie flog 1970 aus dem saarländischen und niedersächsischen Landtag, die Nationalliberalen verließen die Partei, Bundestagsabgeordnete konvertierten zur Union, alte kommunale und regionale Hochburgen des Liberalismus fielen in sich zusammen.[44] Auch hatte Scheel – wie stets zu Beginn einer Amtszeit – anfangs Probleme, die Führung des Außenministeriums in den Griff zu bekommen.[45] Doch allmählich fand er seine Rolle, baute die FDP im Kabinett geschickt zur Korrektivpartei gegenüber dem großen sozialdemokratischen Partner und vor allem

---

[43] Vgl. Baring, Arnulf: Machtwechsel. Die Ära Brandt-Scheel, Stuttgart 1982, S. 114 ff.; siehe auch Zundel, Rolf: Die Signale der Liberalen, in: Die Zeit, 05.09.1969.
[44] Vgl. o.V.: Die FDP auf der Talsohle, in: Süddeutsche Zeitung, 10.12.1969; o.V.: Rücken zur Wand, in: Der Spiegel, 22.06.1970.
[45] Vgl. Zundel, Rolf: Überlebt die liberale Partei?, in: Die Zeit, 19.12.1969.

dessen linken Flügel auf. Das machte die FDP wieder für wirtschaftsbürgerliche Kreise interessant, die sich zunächst, nach dem Machtwechsel, noch empört von der FPD abgewandt hatten. Auch auf die neuen urbanen, stärker akademischen Mittelschichten – und nur deren Existenz und Ausdehnung ermöglichten die Husarenstreiche von Scheels Koalitions- und Lagerwechsel – übte die FDP einigen Reiz aus, da Scheel mehrere linksliberale Intellektuelle programmatisch gewähren ließ, was 1971 zu den „Freiburger Thesen" führte, welche schick in die geistige Landschaft passten. Überdies bestellte er Karl-Hermann Flach zum Generalsekretär, der ein gewiefter Organisator, weitsichtiger Stratege und kluger Intellektueller in einem war.[46] Auch Flach strahlte auf die linkslibertären Szenen der bundesdeutschen Gesellschaft der frühen 1970er-Jahre aus. Scheel verschaffte ihm dabei den innerparteilichen Raum, den der Parteivorsitzende, dem jede Intellektualität abging, selbst, wie er wohl wusste, nicht besetzen konnte.

So regenerierten sich die angeschlagenen Freien Demokraten, steigerten schließlich bei den Bundestagswahlen 1972 ihren Stimmenanteil wieder um 2,6 Prozentpunkte. Scheel war ein angesehener Außenminister und Parteivorsitzender. Doch plagten ihn gesundheitliche Probleme. Überdies machte sich der große Realist keine Illusionen, dass es stärker bergauf in Partei und Regierung für ihn nicht mehr gehen konnte. So nahm er nun das Bundespräsidialamt – und das abermals mit kühler Zielstrebigkeit – ins Visier. Und so war am Ende Scheel nach Heuss der zweite FDP-Vorsitzende, der freiwillig und in der warmen Sonne beifälliger Anerkennung die Parteiführung abgeben durfte, der nicht von seinen eigenen Parteifreunden wütend oder höhnend aus dem Amt gejagt wurde.

Beweglichkeit aus der Mitte heraus: Hans-Dietrich Genscher

Hans-Dietrich Genscher, sein Nachfolger, hatte nicht so viel Glück.[47] Man hat das beinahe schon vergessen. Denn schließlich denkt man, sobald auf Genscher die Rede kommt, an den allseits beliebten Außenminister, der über Jahre bei den ermittelten Popularitätswerten der Meinungsforschungsinstitute verlässlich ganz weit oben stand. Und so verbucht man ihn oft, gleichsam automatisch, als erfolg-

---

[46] Vgl. Meyer, Claus Heinrich: Die FDP kann nicht zurück, in: Süddeutsche Zeitung, 27.05.1971; Diederichs, Werner: Der „geschundene Haufen" sucht den Weg des Heils, in: Die Welt, 27.10.1971.
[47] Zu Genscher vgl. für dieses Kapitel Filmer, Werner / Schwan, Heribert: Hans-Dietrich Genscher, Düsseldorf 1988; Schulze Helmut R. / Kiessler, Richard: Hans-Dietrich Genscher: Ein deutscher Außenminister, München 1990; Bade, Klaus J.: Hans-Dietrich Genscher, in: Bernecker / Dotterweich (Anm. 4), 1982, S. 144-154, hier S. 144 ff.; Leicht, Robert: Hans-Dietrich Genscher, in: Sarkowicz (Anm. 36), S. 239-248, hier S. 239 ff.; Furtak, Robert K.: Genscher, Hans-Dietrich, in: Kempf, Udo / Merz, Hans-Georg (Hg.): Kanzler und Minister 1949-1998, Wiesbaden 2001, S. 267-276, hier S. 267 ff.; Genscher, Hans-Dietrich: Erinnerungen, Berlin 1995.

reichen und geachteten Parteivorsitzenden der Freien Demokraten. Natürlich: Ganz und gar verkehrt liegt man damit auch nicht. Schließlich stand Genscher gut elf Jahre an der Spitze der FDP. Das hatte vor ihm niemand geschafft; und das machte ihm auch später niemand nach. Wir sind in dieser Studie schon häufig darauf gestoßen, haben es mehrmals hervorgehoben: Es war ein hartes Stück Arbeit und eine hohe, filigrane Kunst, die Ansammlung von häufig kapriziösen Individualisten, die sich den Namen FDP gegeben hatte, parteiförmig zusammenzuhalten und ihr politisches Gewicht zu verleihen. Es gab da kein liberales Pflichtgefühl, keinen freiedemokratischen Disziplinethos, keinen bürgerlichen Unterordnungswillen; nichts, was ein liberaler Parteichef nutzen und was ihn stabilisieren konnte. Es gab da nirgendwo vorrationale und begründungslose Selbstverständlichkeiten für die Loyalität von Mitgliedern gegenüber ihrem Chef. Ein FDP-Vorsitzender musste sich immer durch Leistung, Erfolg, Resultate rechtfertigen; konnte er dergleichen nicht vorweisen, dann brachen die bürgerlichen Menschen seiner Partei, die das auch so mehrheitlich aus ihren Berufen kannten, ziemlich unsentimental und rasch den Stab über ihn. Kurzum: Dass Genscher ein ganzes Jahrzehnt und zunächst lange unangefochten die Parteiführung in der FDP halten konnte, war ungewöhnlich und schon allein dadurch bemerkenswert.

Genscher musste also über einige Eigenschaften und Fähigkeiten verfügen, die für die Führung der Liberalen hilfreich und nützlich waren. Von Vorteil war gewiss die Generationenprägung. Genscher war kein Frontkämpfer, wie Dehler oder die Jungtürken, die doch oft durch einen harten, zackigen, dezidierten Gestus hervorstachen. Der Nachfolger Scheels, 1927 geboren, gehörte zur sogenannten Flakhelfer-Generation. Viele darunter wurden ganz zuletzt am Ende des Krieges von den NS-Potentanten noch einmal zynisch verheizt. Diejenigen, die überlebten, hatten dann nach 1945 für Ideologien, Weltanschauungen, große Erzählungen nichts mehr übrig. Man sagt jedenfalls von dieser Kohorte, dass sie ganz und gar pragmatisch gewesen sei, nüchtern, prosaisch, leistungsorientiert – keine schlechten Tugenden für bürgerliche Liberale, die sich seit jeher begrifflich eben so definierten und deuteten.

Doch dieser Grundzug war bei Genscher nicht nur Folge einer kollektiv umspannenden Generationsprägung. Genschers nüchterne Leistungsorientierung, sein Ehrgeiz, sein Aktivitätendrang, ja seine Arbeitswut waren weit mehr noch Konsequenz eines schwierigen, aber ganz individuell verlaufenen Lebensweges in jungen Jahren. Als Genscher zehn Jahre alt war, starb sein Vater. Er musste, ob er wollte oder nicht, früh erwachsen werden, den Vater gewissermaßen ersetzen. Das war dann allerdings nicht leicht, denn Genscher erkrankte als Jugendlicher an Tuberkulose. Rund 3½ Jahre brachte er zwischen seinem 20. und 30. Lebensjahr in Krankenhäusern und Sanatorien zu. Als er seine Krankheit endlich besiegt hatte, stand Genscher jedenfalls unter dem enormen Druck, den Vorsprung einzuholen, den andere aus seiner Altersgruppe ihm gegenüber bereits hatten.[48] Daher arbeitete er länger und härter als der Rest, nahm mehr Aufgaben an, hetzte von Termin zu Termin. Genscher wirkte nie gelöst, nie befreit, kaum einmal entspannt, auch noch als Außenminister nicht.[49] Immer wollte er es allen anderen beweisen; aber er fürchtete zugleich, all das zu verlieren, was er inzwischen – verspätet – durch ungeheure Anstrengungen aufgebaut, mühselig erreicht, entbehrungsreich erworben hatte. Das bestimmte die Persönlichkeit Genschers, auch die des Parteivorsitzenden, im Guten wie im Schlechten. Genscher war ein unermüdlicher Arbeiter, aber kein verwegener Abenteurer, kein kühner Vorstürmer. Er agierte lieber aus dem Hintergrund, vorsichtig, taktisch abwägend, auf seine Chance lauernd, sich nie dem Risiko aussetzend, zu früh und ungeschützt aus der Deckung zu kommen. Und er besaß den Gefahreninstinkt derjenigen, die sich mit Härte und Zähigkeit gegen alle Widerstände nach oben kämpfen müssen. Er hatte wie viele, denen der Aufstieg nicht leicht gemacht wurde, den unerbittlich scharfen Blick für die Schwächen seiner Gegner. Erfahrungsgemäß sind es in der Tat nicht die schlechtesten Parteiführer, die darüber verfügen: über taktische Umsicht, die Witterung für Fallgruben, das Auge für die Blößen der Rivalen und Feinde.

Im Übrigen hatte Genscher die Politik wie ein Handwerk gelernt. Er hatte als wissenschaftlicher Assistent von Thomas Dehler begonnen, stieg dann zum Fraktionsgeschäftsführer unter Erich Mende auf, leitete schließlich ab 1962 gleichzeitig noch die Bundesgeschäftsstelle der Partei; in den Jahren der Großen Koalition war er Parlamentarktischer Geschäftsführer der FDP-Bundestagsfraktion. Schritt für Schritt eignete sich Genscher die Fertigkeiten und Kniffe des politischen und parlamentarischen Alltags an. Wie Helmut Kohl wurde er ein Meister des Telefonats. Vor wichtigen politischen Entscheidungen holte er sich die Meinungen aus allen Teilen der Partei – von links bis rechts, von Bremen bis Freiburg – ein. Am Ende hatte er dann ein ziemlich sicheres Gespür dafür, was möglich war, was sicher scheitern musste. Und wenn die Lager und Flügel sich gegenseitig blockierten, dann trat Genscher aus den Kulissen hervor und löste den Knoten durch einige passende Kompromissformulierungen. Das wurde zum Markenzeichen in den Aufstiegsjahren des Hans-Dietrich Genscher: die virtuose Fähigkeit zum Kompromisstext. Zum einen war das politische Kunst, in vielen Jahren erlernt und zur Meisterschaft gebracht. Aber es entsprach zum anderen auch Genschers Naturell, war Ausdruck seiner Lebensgeschichte. Genscher war ein vorsichtiger Mensch, wollte nicht aufs Spiel

---

[48] Vgl. hierzu und im Folgenden auch Leinemann, Jürgen: „Ich muß doch die Sozis bändigen", in: Der Spiegel, 31.05.1982.
[49] Vgl. Bertram, Christoph: Das eigene Denken verlernt, in: Die Zeit, 08.05.1992; Fromme, Friedrich Karl: Der heimliche Erste, in: Frankfurter Allgemeine Zeitung, 21.03.1987.

setzen, was er unter großen Mühen hart erarbeitet hatte. Das galt für ihn persönlich, aber das galt für ihn – den Berufspolitiker – genauso im politischen Geschäft. Er wollte durch Ausgleich, Moderation und Kompromiss zusammenhalten, was oft schwer genug errichtet worden war.

Nach diesem Prinzip, dem Ertrag seiner Lebenserfahrungen, führte er als Vorsitzender auch die Partei. Und das war für die FDP, wir beobachteten es hier öfter, kein schlechtes Muster. Für die 1970er-Jahre galt es gar besonders. Die Partei war aufgespalten in zwei – wie es lange aussah – etwa gleichstarke Flügel, den wirtschaftsliberalen und den sozial-liberalen. Damit blieb das Gesetz der politischen Führung im Liberalismus in Kraft: Es reüssierte dort nur derjenige im Parteivorsitz, der von beiden Flügeln akzeptiert wurde und zum Brückenschlag fähig war. Das nun war Genschers Spezialität. Von ihm waren Einseitigkeiten, programmatische Absolutheiten, politische Verhärtungen nicht zu befürchten. Genschers Parteitagsreden waren von einer berüchtigten Leerformelhaftigkeit und Langeweile, die noch dem willigsten Delegierten die aufmerksame Rezeption nahezu unmöglich machten. Für seine Interviews besaß er einen Baustein-Kasten von rhetorischen Gefälligkeiten, die inhaltlich stets vage und unscharf blieben. Nie geriet Genscher in die Versuchung, konzeptionell zuzuspitzen, nur selten war er dazu zu bewegen, im politischen Streit Farbe zu bekennen, in Konflikten unmissverständlich Stellung zu beziehen. Stets achtete er darauf, mehrere Eisen im Feuer zu behalten, Wendemöglichkeiten auch in eine andere Richtung nicht zu verbauen. Genscher hielt nichts von schroffen Festlegungen. Beweglichkeit aus der Mitte heraus – das war sein politischer Kompass.

Lange hielt Genscher mit diesem Prinzip die FDP gut beieinander; und in den ersten Jahren seines Vorsitzes sammelte er auch durchaus Wähler von verschiedenen Seiten nach diesem Konzept.[50] Es war sein Anliegen, nach allen Seiten offen zu bleiben, für Grenzschichten zu den Sozialdemokraten ganz genauso wie zu den Christdemokraten eine wählbare Partei darzustellen. Und wenn es dann zur Koalitionsbildung kam, sollte an der FDP kein Weg vorbei führen. Daher wollte sich Genscher auch, wenn irgend möglich, nicht auf eine starre Koalitionsvariante – gar ein „historisches Bündnis" – fixieren. Hier war er der gelehrigste Schüler der früheren Düsseldorfer Jungtürken. Immer ging es ihm in den 1970er-Jahren darum, koalitionspolitisch zwei Karten in der Hand zu behalten, eben mit den Christdemokraten so gut wie mit den Sozialdemokraten zusammengehen zu können. Das war Genschers Ziel, allein das verstand er unter der von ihm viel zitierten „Eigenständigkeit der Liberalen". Die FDP sollte immer von Fall zu Fall entscheiden, mit welcher der beiden Volksparteien sie zusammengehen würde; dadurch sollte sich das machtpolitische Potential der Freien Demokraten vervielfältigen.

---

[50] Vgl. Dreher, Klaus: Ein Landschaftsbild von Genscher, in: Süddeutsche Zeitung, 29.10.1975.

Auf dem Reißbrett politischer Strategien war das gewiss wunderschön konstruiert. Und da Genscher über einen wachen, realistischen Instinkt verfügte, ging es mit der Politik flexibler Wendigkeiten auch lange gut. Aber die Schattenseiten dieser politischen Methode wurden ebenfalls bald sichtbar. Genscher übertrieb seinen Ansatz, kultivierte diese Attitüde der Schlitzohrigkeit und des raffinierten Taktizismus, die allerdings gerade unter liberalen Bildungsbürgern zunehmend auf Ablehnung stieß. Dies wirkte zu prinzipien- und bedenkenlos und geriet in den ideologisch noch aufgeladenen 1970er-Jahren in den Verdacht des allein machtorientierten Opportunismus. Tatsächlich konnte Genscher für seinen Anspruch der „liberalen Eigenständigkeit" auch keine inhaltlichen, keine programmatischen Belege bringen. Dergleichen interessierte ihn gar nicht. Ihm fehlte als dauerreisender Außenminister auch jede Zeit, um über ideenpolitische Fundierungen des Liberalismus nachzudenken. Im Übrigen hielt er das alles nicht für Politik, sondern für intellektuelle Spielereien, die man nicht weiter wichtig zu nehmen brauchte. Dadurch aber stagnierte die geistige Entwicklung des Liberalismus seit Mitte der 1970er-Jahre. Im Zentrum der bundesdeutschen Gesellschaft entstand in diesen Jahren eine neue, libertäre, auch ökologische und bürgerrechtliche Mitte, aber die Genscher-FDP realisierte das kaum, bot dieser Strömung kein attraktives politisches Paradigma. Im Grunde baute sich hier eine neue Kernwählerschaft für eine eher libertäre Partei des neuen Bürgertums auf. Aber an so etwas glaubte der Empirist Genscher nicht, der sich nur an das hielt, was er sah und kannte. Die Ignoranz der deutschen Freidemokaten und ihres Parteichefs wurde schließlich zur Chance der Grünen.

Genscher hatte nie – wie etwa Werner Maihofer[51] – eine sozial-liberale oder bürgerrechtliche, gar radikaldemokratische Stammwählerschaft vor Augen. Der Parteivorsitzende richtete seine Politik vielmehr an die Wechsel- und Interessenwähler des Bürgertums. Allein diese Gruppe sprach auf die taktischen Wendigkeiten der Genscher-FDP an. Aber dadurch legte Genscher die Latte für die Freien Demokraten enorm hoch. Und später sollte sich zeigen, dass die Liberalen oft genug nicht mehr in der Lage waren, dieses Maß zu nehmen. Denn die Wechselwähler in der Mitte waren ein launisches, verwöhntes, prätentiöses Völkchen. Bindungen und Loyalitäten besaßen sie keine; sie mussten immer aufs Neue durch besondere Leistungen, ein interessantes politisches Personal, durch stichhaltige Argumentationen, ein spezifisches, originäres Fluidum der Partei überzeugt werden.[52] Sonst wechselten sie ungerührt die Seiten. Die FDP konnte spä-

---

[51] Vgl. pointiert Maihofer, Werner: Eigenständigkeit und Partnerschaft, in: liberal 17 (1975) 10, S. 722-724, hier S. 722.
[52] Vgl. hierzu auch Rudolph, Hermann: Die Unentwegten und die Situationswähler, in: Frankfurter Allgemeine Zeitung, 28.08.1976.

ter noch viele traurige Lieder über die Treulosigkeiten und Volatilitäten dieser Gruppe singen.

Am Abend des 4. Juni 1978 kamen den Liberalen wohl erstmals Zweifel an den strategischen Weisheiten ihres Anführers. An diesem Sonntag hatten die Landtagswahlen in Niedersachsen und Hamburg stattgefunden. Genscher hatte dafür die Parole der politischen „Auflockerung" ausgegeben.[53] Die Freien Demokraten sollten beweisen, dass sie nach beiden Seiten koalitionsbereit und regierungsfähig waren – dafür traten sie in Hannover für ein Bündnis mit der CDU, in Hamburg für eine Allianz mit der SPD an. Die Wähler allerdings sahen nur den Machthunger der FDP, verargten ihr die Beliebigkeit der politischen Aussage. Und so kamen die Freien Demokraten weder in den einen noch in den anderen Landtag, schafften es folglich auch weder in das eine noch in das andere Kabinett. Genscher hatte die Macht der Liberalen steigern wollen; bewirkt aber hatte er das Gegenteil. Am Ende war selbst die parlamentarische Existenz der FDP auf dem Exerziergelände seiner taktischen Winkelzüge vernichtet.[54]

Das war dann der Moment, in dem auch die Liberalen in der Fläche rebellierten. Im Grunde waren die Freien Demokraten mit ihrem Genscher ganz zufrieden, waren stolz über die Beliebtheitswerte des umtriebigen Außenministers, auch über dessen taktische Raffinesse. Doch litten sie zugleich – zumindest ab und an – daran, dass ihr Ruf aufgrund der winkelzügigen Rochaden ihres Parteichefs nicht der beste war. Als aufrechte, prinzipienfeste, verlässliche Bürgerrechtler galten die Freien Demokraten jedenfalls nicht. Ihr erstes Markenzeichen war beim Gros der Wähler vielmehr der Machttrieb, der unersättliche Hunger nach steter Regierungsbeteiligung. Solange eben das – die Partizipation an Kabinetten – bei der Politik Genschers herauskam, solange konnten die Freien Demokraten mit ihrem nicht ganz so brillanten Leumund wohl leben. Als aber die Taktik Genschers bei den Landtagswahlen in Hamburg und Hannover ganz und gar danebenging, entdeckten die Freien Demokraten jäh ihr radikaldemokratisches Gewissen. Solche Momente findet man auch sonst zuweilen in der Geschichte des Liberalismus. Hin und wieder mussten die Liberalen als Kompensat zur schmucklosen Realpolitik flammende Zeichen der Gesinnungsstärke setzen, mussten die Flagge des Fundamentalliberalismus hissen, wollten unverwechselbares Profil zeigen, eine Politik ohne Wenn und Aber verkünden. Ein solcher Moment war nach dem Scheitern von Genschers allzu demonstrativ listig inszenierter Auflockerungsstrategie gekommen. Auf dem Mainzer Parteitag 1978 errichteten die enragierten Liberalen ein hochemotionales Scherbengericht über

---

[53] Vgl. Goss, Dieter: FDP-Zweifel an Genschers Taktik, in: Die Welt, 02.06.1978.
[54] Vgl. o.V.: FDP: „Jeder hat mal seine Talfahrt", in: Der Spiegel, 12.06.1976.

Genscher und die gesamte Parteiführung.[55] Das war, wie gewöhnlich, nur eine kurze, vergängliche Emeute. Schon wenige Wochen später hatte Genscher alles wieder im Griff; die innerparteiliche Fronde war schnell erschöpft und in sich zusammengefallen.

Doch war es am Ende, knapp sechs Jahre später, eine ganz ähnliche Stimmung und eine vergleichbare, in ihren Auswirkungen indes weit folgenschwerere Konstellation, die Genscher schließlich als Parteichef zu Fall brachte. Vorangegangen war die Wende, also der Koalitionswechsel in der Mitte der Legislaturperiode zur christlichen Union des Dr. Helmut Kohl. Ein strategisches Handlungs- und Begründungkonzept hatte Genscher dafür nicht besessen. Er warf, wie üblich bei ihm, diesen und jenen Stein in das politische Gewässer, raunte kryptische Andeutungen in die Mikrophone, wartete ab, zögerte ersichtlich vor dem großen, gefährlichen Sprung. Doch dann, als es Alternativen nicht mehr gab, da andere die Initiative längst ergriffen und die Weichen final gestellt hatten, trat Genscher nach vorn und vollzog im Herbst 1982 die Wende. Damit aber hatte er zugleich sein eigenes innerparteiliches Fundament beschädigt. Genschers Führungsstil lebte schließlich vom Dualismus des deutschen Liberalismus, von der Existenz zweier starker Strömungen, die den Makler und Mittler oben brauchten. Doch der linksliberale Flügel hatte sich nach dem Koalitionswechsel überwiegend von der FDP gelöst, so dass Genscher als der personifizierte Ausgleich nicht mehr wirken und glänzen konnte.

Nicht darüber aber stolperte Genscher in erster Linie. Schwerer wog, dass es ihm nicht gelungen war, den Regierungswechsel besser zu legitimieren, inhaltlich mit einem liberalen Ethos plausibel zu begründen. Das Publikum sah einfach sein Urteil oder Vorurteil bestätigt, dass es den Freien Demokraten einzig und allein um die Macht ging, um nichts weiter sonst. Hier hatte Genscher erkennbar versagt, da ihm sein Image als schlauer, trickreicher Taktiker zu sehr Vergnügen und Stolz bereitete, als dass er an Philosophien, Ideen und Begründungen des Liberalismus, auch an der strategischen Seite seiner Politik noch hinreichend interessiert gewesen wäre. Damit aber verunstaltete er das Bild, das die Bundesbürger von den Liberalen hatten. Und so flogen die Freien Demokraten in den beiden ersten Jahren nach dieser Wende aus etlichen Landtagen.[56] Sie verloren fast ein Fünftel ihrer Mitglieder. Die Finanzlage der Partei war katastrophal. Einige der besten Leute aus den Nachwuchsjahrgängen hatten überdies der Partei den Rücken gekehrt. Dann schaffte die FDP 1984 nicht einmal mehr den

---

[55] Vgl. Kempski, Hans-Ulrich: Ein Mann verändert die Liberalen, in: Süddeutsche Zeitung, 14.11.1978; Meyer, Thomas: Der Mainzer Kongreß endet, wie er begonnen hat, in: Frankfurter Allgemeine Zeitung, 15.11.1978; Zundel, Rolf: Lust an Rebellion und Widerspruch, in: Die Zeit, 17.11.1978.
[56] Vgl. o.V.: Stimme des Herzens, in: Der Spiegel, 21.03.1983; Rudolph, Hermann: Keine Idee, kaum ein Programm, in: Die Zeit, 19.08.1983.

Einzug in das Europaparlament; es war die erste bundesdeutsche Wahl, in der die Partei an der 5%-Hürde scheiterte.[57] Als schließlich noch ruchbar wurde, wie sehr die freidemokratischen Anführer in die Parteispendenaffäre und das Amnestievorhaben verstrickt waren, löste sich die freidemokratische Basis aus der Apathie. Die Depression, die bis dahin herrschte, schlug nun um in Aggression – und richtete sich mit Aplomb und aller Schärfe gegen Genscher.[58] Ihn wollten die Freien Demokraten partout nicht mehr an der Spitze ihrer Partei sehen. Die Stimmung war eindeutig: Genscher musste weg.

Schön war das Ende im Parteivorsitz für Hans-Dietrich Genscher wirklich nicht. Und nimmt man nur den Zustand der FDP zum Zeitpunkt seiner Ablösung, so sieht das Urteil über seine Leistung als Parteivorsitzender nicht gerade positiv aus. Die Befindlichkeit der Liberalen schien heillos. Sie trugen das Etikett der „Partei ohne Unterleib", weil ihr Unterbau nahezu zerschlagen war. Genscher hatte die Macht der FDP ausdehnen und optimieren wollen. Seine Partei sollte zur unverzichtbaren Scharnierpartei jeder Regierungsbildung in der Republik werden. Das war Genschers Ziel. Doch als er sein Amt niederlegen musste, stand die FDP so geschwächt da wie noch nie. Sie war sozialkulturell ausgeblutet, ohne eine Idee von sich selbst, nur noch an zwei Länderregierungen beteiligt.[59] Sie war nicht einmal mehr die „dritte Kraft" in der bundesdeutschen Politik. Diesen Rang hatten ihr mittlerweile die Grünen abgelaufen, deren Bedeutung Genscher unterschätzt und deren Aufstieg er nicht rechtzeitig antizipiert hatte. Dabei nährten sich die Grünen aus der bürgerlichen Klientel der Liberalen, wurden ihr unmittelbarer Konkurrent. In der historischen Erinnerung der Freien Demokraten wird Genscher wohl auch künftig als großer, erfolgreicher Liberaler seinen Platz behalten. Aber seine Bilanz als Parteivorsitzender fällt unzweifelhaft negativ, ja – nimmt man allein das schmähliche Ende – im Grunde verheerend aus.

Optimismus und lange Leine: Martin Bangemann

1984/85 war die FDP ziemlich aus den Fugen geraten. Viele Beobachter zweifelten daran, dass sich die Liberalen noch einmal aus dem Tief herauszuziehen vermochten. Ein Heilsbringer jedenfalls war nirgendwo in der Partei zu erkennen. Dem langjährigen Liebling der Partei, Genscher, hatten die Liberalen ihre Zuneigung – vorübergehend, wie sich bald zeigen sollte – entzogen. Graf

---

[57] Vgl. Bajohr, Walter: Ein liberales Hoch nicht in Sicht, in: Rheinischer Merkur, 22.06.1984.
[58] Vgl. Zundel, Rolf: Das Ende der Ära Genscher, in: Die Zeit, 18.05.1984.
[59] Vgl. Müchler, Günter: Rückkehr aus der Tauchstation, in: Rheinischer Merkur, 09.03.1984; Spörl, Gerhard: Hauptsache es wird anders, in: Die Zeit, 01.06.1984; Kempski, Hans Ulrich: Der Übervater gerät aus der Balance, in: Süddeutsche Zeitung, 04.06.1984.

Lambsdorff, ein weiterer Held des bundesdeutschen Wirtschaftsbürgertums, saß tief im Sumpf des Skandals um die Parteispenden. Und ein neuer Star war in der Folgegeneration nicht herangewachsen; überhaupt waren mehrere der führenden Köpfe aus den mittelalten sozial-liberalen Jahrgängen nach der Wende von dannen gezogen.

So kam die FDP auf Martin Bangemann. Er wurde 1985 zum neuen Vorsitzenden der Liberalen. Das war in der Tat eine wunderliche, verblüffende Entscheidung. Denn mit Bangemann als Spitzenkandidat hatten die Freien Demokraten soeben erst den Einzug in das Europaparlament verpasst. Überhaupt war Bangemann in seiner gesamten politischen Karriere nie durch Fortune oder sonderlichen Erfolg aufgefallen. Eigentlich hatte er überall dort, wo er in der FDP Politik machte, Unglück über die Partei gebracht. Und seine politische Biographie war schillernd. In den späten 1960er-Jahren war Bangemann noch ein stürmischer Jungdemokrat gewesen, ein Anführer der „Progressiven", wie das seinerzeit noch hieß. Bundesweiten Ruhm genoss er in linksliberalen Kreisen, weil er als Anwalt mehrere APO-Rebellen vor Gericht verteidigt hatte.[60] Noch in den frühen 1970er-Jahren wollte er, nun schon stellvertretender Landesvorsitzender der FDP in Baden-Württemberg, den Reichen und Vermögenden durch kräftige Besteuerungen ans Leder.[61] Dann aber wandelte er sich Mitte der 1970er-Jahre vom radikaldemokratischen Saulus zum wirtschaftsliberalen Paulus. Genscher machte ihn deshalb 1974 zum Generalsekretär der Partei; die FDP in Baden-Württemberg wählte ihn zum Landesvorsitzenden. Doch das hätten beide besser sein lassen sollen. Bangemann war ein ganz unberechenbarer, sprunghafter, wenn es mit ihm durchging auch tolldreist destruktiver Geselle.[62] Wo Genscher übervorsichtig agierte, neigte Bangemann zum Hasard. Mit immer neuen Überraschungseinfällen trieb er nicht den politischen Gegner, sondern vorwiegend die eigene Partei. Auch koalitionspolitisch war er in jener Zeit die personifizierte Unzuverlässigkeit. 1975/76 war Bangemann wohl der umstrittenste Freidemokrat in Deutschland. Genscher sah sich zur Trennung von seinem Generalsekretär gezwungen.[63] Später verlor Bangemann auch den Vorsitz der badenwürttembergischen FDP, die er zuvor in eine schlimme Wahlniederlage hineinmanövriert hatte. Bangemann, der in der Bundes- und Landespolitik rundum verloren hatte, konzentrierte sich bald ganz auf Straßburg, auf das europäische Parlament, dem er seit 1973 bereits angehörte.

---

[60] Vgl. Rudolph, Hermann: Schwäbisches Gemisch der FDP, in: Frankfurter Allgemeine Zeitung, 07.01.1971.

[61] Vgl. o.V.: Baden-württembergische FDP hält grundsätzlich am Privateigentum fest, in: Stuttgarter Zeitung, 07.12.1970.

[62] Vgl. Zundel, Rolf: Fast eine Art Idealzustand, in: Die Zeit, 01.11.1985.

[63] Vgl. Husemann, Friedrich W.: Der Griff in die Mottenkiste, in: Deutsches Allgemeines Sonntagsblatt, 14.04.1985; Spörl, Gerhard: Genscher auf der Umlaufbahn, in: Die Zeit, 04.01.1985.

Eben das katapultierte ihn 1984 jählings in den Bundesvorsitz seiner Partei. Bangemanns entscheidende Ressource war, dass er in der Bundespolitik keinerlei Plattformen mehr hatte, genauer: dass er vor allem 1982 bei den erbitterten innerparteilichen Kämpfen um die Wende einfach nicht zugegen war. Der Koalitionswechsel hatte die FDP enorm zermürbt, hatte schlimme Wunden geschlagen, die Stimmung in der Partei vergiftet. Die freidemokratische Basis hatte ein tiefes Misstrauen gegen das Bonner Establishment, nicht nur wegen der Wende, sondern auch wegen der Parteispendenaffäre. Bangemann war weder hier noch dort dabei gewesen. Er wirkte fröhlich unbeteiligt, in strahlender Harmonie mit sich selbst. Bangemann hatte nichts von der Übellaunigkeit, dem Missmut und dem Argwohn vieler anderer Granden aus der FDP in der Bundeshauptstadt. Daher war Bangemann, dessen bundespolitische Karriere im Grunde schon abgelaufen war, 1984 plötzlich der richtige Mann zur richtigen Zeit.

Und in gewisser Weise war er auch am richtigen Ort. Der Parteivorsitzende Bangemann jedenfalls tat der FDP zunächst tatsächlich gut. Er war, wie früher Walter Scheel, stets bestens gelaunt, immer optimistisch, ein rundum fröhlicher, zuversichtlicher Mensch.[64] Bangemanns Heiterkeit vertrieb die Trübsal, die seit zwei Jahren die Stimmung in seiner Partei beherrscht hatte. Im Übrigen redete Bangemann frei von der Leber weg. Er konnte „den Leuten ein Ohr abschwatzen"[65], hieß es Mitte der 1980er-Jahre in der Partei, die das zu diesem Zeitpunkt – nach Jahren kalkuliert gestanzter Versatzstückreden von Genscher – erleichtert goutierte. Auch in den Führungsgremien der FDP war man froh, dass nun Martin Bangemann die Sitzungen leitete. In den Jahren zuvor hatte der allmächtige Genscher alles überragt und dominiert. Viel Raum für andere war da nicht geblieben. Nun aber ließ Bangemann alle zu Wort kommen, hielt die Leine lang. Schließlich war Bangemann kein besonders disziplinierter Mensch, kein allzu akkurater Aktenleser oder gar pedantischer Fachmann. Zur straffen Führung wäre er gar nicht in der Lage gewesen, dazu fehlte es ihm an sachlicher Kompetenz. Aber die milde Führungslosigkeit bekam der FDP, wie so häufig in ihrer Geschichte, auch durchaus gut. Die Liberalen regenerierten sich; sie kehrten zwischen 1985 und 1987 in zahlreiche Landtage zurück, gehörten wieder fünf statt nur zwei Länderregierungen an.[66] Die Freien Demokraten waren selbst verblüfft, aber es galt plötzlich im Bürgertum wieder als chic, der FDP die Stimme zu geben. In Zeitungsartikeln konnte man nun von einer „liberalen Renaissance" lesen.

Das hatte natürlich viel mit den Problemen der CDU/CSU in diesen ersten Jahren der Kanzlerschaft Kohls zu tun. Im Bürgertum machte sich Verdrossen-

---

[64] Vgl. Zundel, Rolf: Die Lust an Ecken und Kanten, in: Die Zeit, 22.02.1985.
[65] Vgl. Spörl, Gerhard: Genscher auf der Umlaufbahn, in: Die Zeit, 04.01.1985.
[66] Vgl. Rudolph, Hermann: Die FDP – gerettet und gefährdet, in: Süddeutsche Zeitung, 27.08.1987.

heit breit über einen Kanzler ohne beachtliche Autorität und eine christliche Union mit vielen inneren Differenzen. In dieser Situation baute sich die FDP geschickt als Ventilpartei für die bürgerliche Unzufriedenheit auf. Überdies spielten die Freien Demokraten gekonnt ihre beste Rolle aus, die der Korrektiv-partei im bürgerlichen Lager.[67] Und sie personifizierten das glänzend: die liberalen Innenpolitiker Burkhard Hirsch und Gerhard-Rudolf Baum gegen die Hardliner der Union Carl-Dietrich Spranger und Friedrich Zimmermann, der strenge Marktwirtschaftler Otto Graf Lambsdorff gegen den Herz-Jesu-Sozialisten Norbert Blüm, Hans-Dietrich Genscher als verkörperte Kontinuität der sozial-liberalen Entspannungspolitik gegen die Stahlhelmfraktion um Alfred Dregger.

Allein Martin Bangemann, Wirtschaftsminister in jenen Jahren, war auf der Koalitionsebene ein Ausfall. Die Beamten in seinem Haus hatten nicht viel Respekt vor ihm. Er kam, hieß es, zu Sitzungen oft unvorbereitet, galt als nachlässig und wenig fleißig. Man hatte das ja schon früher bei ihm erlebt: Vieles, was er betrieb, blieb unstetig und ziellos. Oft erweckte er den Eindruck, als nehme er seine ministerielle Tätigkeit gar nicht sonderlich ernst. Man lästerte über ihn, er lese lieber spannende Belletristik als spröde Aktenvermerke.[68] In Wirtschafts-kreisen wurde erzählt, er sei der schwächste Wirtschaftsminister, den die Republik nach 1945 je gesehen habe.[69] Seine demoskopischen Werte lagen tief, sogar im Minusbereich. Unbeliebter unter den Spitzenpolitikern des Landes war – man erinnert es kaum mehr – nur noch Joschka Fischer.[70]

Das ließ auch die FDP nicht unberührt. Wieder drehte sich dort der Wind. Anfangs hatte man die munteren, sprudelnden Ansprachen von Bangemann noch als erfrischend empfunden; nun aber höhnten die Liberalen verächtlich über die Schwatzhaftigkeit ihres Vorsitzenden. Die Stimmung richtete sich jetzt vehement gegen Bangemann. Und der Parteivorsitzende hatte keine loyalen Truppen, die ihn über die Krise seines Ansehens hätten hinwegretten können. Bangemann war ja von außen gekommen, verfügte daher nicht über irgendwelche nützlichen Seilschaften in der Bundestagsfraktion. Überdies saßen ihm die Primadonnen der Partei, die Herren Genscher und Lambsdorff, im Nacken. Mit ihnen, die 1984 tief gefallen waren, ging es wieder aufwärts; und sie operierten mit den innerpar-teilichen Netzwerken und parlamentarischen Hausmächten, die Bangemann fehlten. 1988 hatten die Freien Demokraten also wieder einmal genug von ihrem Vorsitzenden. Nach vier Jahren reichte es ihnen, lediglich durch Heiterkeit und

---

[67] Vgl. Lösche / Walter (Anm. 8), S. 117.

[68] Vgl. Brandes, Ada: „Wir haben eine Figur wie Bangemann gebraucht", in: Stuttgarter Zeitung, 13.12.1985.

[69] Vgl. o.V.: Hase und Igel, in: Der Spiegel, 02.12.1985.

[70] Vgl. Müchler, Günter: Mit dem Tandem in den Wahlkampf, in: Bonner Rundschau, 18.12.1985; Schütz, Hans-Peter: Das Tandem der FDP, in: Stuttgarter Nachrichten, 21.04.1986.

Frohsinn repräsentiert zu werden; jetzt verlangten sie, wie es in der FDP eben zyklisch der Fall zu sein pflegte, nach zielklarer Führung durch scharfes Profil.

Haudegen auf Abruf: Otto Graf Lambsdorff

So kam die FDP auf Lambsdorff. Der war ein in vielen Schlachten bewährter Haudegen des bundesdeutschen Wirtschaftsbürgertums gegen die Sozialpolitiker aller Volksparteien. Wirtschaftspolitisch war er ein ganz anderes Kaliber als Bangemann: kompetent, ernst, ja streng und schneidig in der Sache, mit einer glasklaren, oft harten, argumentativ immer stringenten Rhetorik. In den Rededuellen des Bundestages, aber auch auf den Konferenzen seiner eigenen Partei trat Lambsdorff als Polarisierer, als Mann einer bestimmten Richtung, eines kohärenten Konzepts auf. Als Integrator hingegen hatte man Lambsdorff nie erlebt. Dazu taugte er schon durch seine Persönlichkeit nicht. Kompromissformulierungen, Beschwichtigungen, säuselnde Schmeicheleien, ausgleichende Versöhnlichkeit – nichts davon lag ihm. Nach dem Desaster mit Dehler hatten die Freien Demokraten es dreißig Jahre lang mit den Mittlern und Maklern an der Spitze versucht. Jetzt aber wollten die Liberalen Richtung und Ziel, wollten kernige und kämpferische Führung.[71] Jetzt wollten sie, mehrheitlich, Lambsdorff, einen immerhin wegen Steuerhinterziehung verurteilten Politiker.

Dabei gab es durchaus eine Alternative zu ihm. Kampfkandidaturen sind bei der Wahl für den Parteivorsitz in etablierten Parteien eher selten. 1988 aber kam es dazu in der FDP. Gegen Lambsdorff trat die Staatsministerin im Auswärtigen Amt, Irmgard Adam-Schwaetzer, an. Sie war ebenso marktwirtschaftlich orientiert wie Lambsdorff, hatte sich wie dieser 1982 für die Wende der FDP zu den Unionsparteien stark gemacht. Doch gab sie sich nun thematisch offener, breiter, aufgeschlossener als Lambsdorff, da sie in der Zeit ihrer Kandidatur auch bürgerrechtliche Fragen aufwarf, ökologische Sensibilitäten bekundete, einige Ergebenheitsadressen an die Frauen- und Friedensbewegten in der Bonner Republik absandte. Vieles davon klang ein bisschen beflissen, modisch, zeitgeistigoberflächlich. Aber immerhin, mit der Wahl von Frau Schwaetzer hätten die Liberalen insofern ein Zeichen gesetzt, da sie als erste der bundesdeutschen Altparteien den Generationswechsel – die Kandidatin war 43 Jahre und damit fast zwanzig Jahre jünger als ihr männlicher Rivale – vollzogen und überdies erstmals eine Frau an die Spitze gewählt hätten.

Doch dazu fehlte den Freien Demokraten der Mut. Aber darum ging es ihnen in ihrer Mehrheit auch gar nicht. Sie wollten eine andere Flagge hissen,

---

[71] Vgl. Kohl, Hans-Helmut: Ein Graf – kein Lagerinsasse, kein Blockwart, in: Frankfurter Rundschau, 10.10.1988.

nämlich die der marktwirtschaftlichen Orthodoxie gegen die „verschwenderischen Sozialbeglücker" in den Unionsparteien, in der SPD und auch bei den Grünen, die mehr und mehr zur entscheidenden Konkurrenz für die FDP wurden. Die Majorität der FDP war gar nicht mehr interessiert an der traditionellen, wohlaustarierten Balance von Rechtsstaatsliberalen und Wirtschaftsliberalen. Ihnen stand längst nicht mehr der Sinn nach einer weiten Fläche liberaler Themen. Sie hatten ihre Schlüsselbegriffe, ihre Zauberformeln längst gefunden, die allesamt im Feld der wirtschaftlichen Liberalität siedelten: Markt, Leistung, Eigenvorsorge, Steuersenkung. Und der Feldherr des entschiedenen Marktliberalismus war Otto Graf Lambsdorff. Mit ihm wollten die Freien Demokraten jetzt ohne taktisches Geplänkel und defensive Ängstlichkeiten in die Schlacht gegen die Phalanx der Wohlfahrtsstaatsapologeten in der bundesdeutschen Gesellschaft ziehen.[72]

Viel wurde daraus nicht. Bald sang niemand mehr das Heldenepos vom kühnen marktwirtschaftlichen Ritter. Bald machten wieder die Spottlieder über einen freidemokratischen Parteivorsitzenden die Runde. Die Methode Lambsdorff konnte in einer Koalitionsregierung nicht aufgehen. Sie nährte eher in der öffentlichen Wahrnehmung das negative Image der FDP als opportunistische Umfallerpartei. Denn Lambsdorff trat noch radikaler, apodiktischer und fordernder auf als frühere Parteichefs; aber am Ende musste er dann doch stets und kleinlaut einen verwaschenen Kompromiss mit der CDU und CSU schlucken. Lambsdorff blies stets forsch in die Trompete, doch in den entscheidenden Momenten führte er seine kleine Truppe nicht in die stürmische Attacke, sondern in den ungeordneten Rückzug. Seine Kritiker warfen ihm gar einen „Schmusekurs" vor.[73]

So schwand die Autorität des Grafen Lambsdorff dahin. Der historische Punkt, von dem an es unzweifelhaft mit ihm bergab ging, war die Bundestagswahl 1990. Die Freien Demokraten hatten mit 11% der Wählerstimmen einen schönen Wahlsieg errungen. Doch eben das fütterte den Übermut, aus dem dann die vielen Schwierigkeiten der 1990er-Jahre für die FDP resultierten. Graf Lambsdorff verkündete nach dem Wahlausgang herrisch und ultimativ, die Liberalen würden Helmut Kohl nur dann zum Kanzler machen, wenn der neue Osten Deutschlands zum Niedrigsteuergebiet werde. Bekanntermaßen wurde Kohl dann Kanzler, der Osten aber keine Sondersteuerzone. Und so ging das in den folgenden Jahren immerzu weiter. Lambsdorff warf sich als strenger Marktwirtschaftler ordnungspolitisch in Pose, die Bundesregierung mit einem freidemokra-

---

[72] Vgl. Rosenzweig, Luc: Un revenant, le comte Lambsdorff, est elu president du parti liberal, in: Le Monde, 11.10.1988.
[73] Vgl. Meyer, Thomas: Keine Panik trotz der vielen Narben, in: Kölner Stadt-Anzeiger, 25.02.1989; o.V.: Löwe als Bettvorleger, in: Der Spiegel, 08.04.1991.

tischen Wirtschaftsminister aber sündigte fortwährend gegen die marktorthodoxen Regeln. Das Kabinett erhöhte die Steuern, erweitete die Subventionen, beschloss die Pflegeversicherung. Es ging reichlich staatsinterventionistisch in der Regierung des bürgerlichen Lagers zu, während Lambsdorff unverdrossen wirtschaftsliberale Dogmen verkündete. Die Union scherte sich darum nicht. Sie wusste: Die lästigen Freien Demokraten hatten in diesen Jahren keine Alternative, da es zu einer Koalition mit den Sozialdemokraten schon rechnerisch nicht reichte. Also nahm Kohl wenig Rücksicht auf Lambsdorff und dessen Partei. Denn er brauchte in diesen frühen 1990er-Jahren die Sozialdemokraten für die großen Reformen und Korrekturen im Asylrecht, im Gesundheitswesen, bei der Kriminalitätsbekämpfung. Faktisch herrschte in dieser Zeit in Deutschland eine informelle Große Koalition. Das Gewicht der FDP reduzierte sich dadurch. Und Lambsdorff konnte die Rolle des marktwirtschaftlichen Zampanos nicht spielen, die er so schön für sich erdacht hatte.

Sein Autoritätsverfall war beträchtlich. Denn Lambsdorff hatte überdies noch Jürgen W. Möllemann im Nacken, der ihn nach Belieben reizte und trieb. Lambsdorff wurde der erste – zwei weitere sollten folgen – Parteivorsitzende der FDP, den Möllemann zur Strecke brachte. 1988 hatte ihm der Mann aus Münster noch wichtige Stimmen in der Personalkonkurrenz mit Irmgard Schwaetzer zugeführt.[74] Ende 1990 aber kündigte Möllemann ohne Absprache mit Lambsdorff an, dass er selber 1993 Parteivorsitzender werde, es jedenfalls anstrebe. Von da an war Lambsdorff in der Partei und in der Öffentlichkeit ein „Vorsitzender auf Abruf", ein „Übergangschef", schlimmer noch: eine „lame duck". Zwischen Möllemann und Lambsdorff brach eine erbitterte Feindschaft aus. Immer zog Lambsdorff den Kürzeren, ob es nach der Bundestagswahl um die Besetzung der Ministerien oder ob es 1992 um die Nachfolge Genschers an der Spitze des Auswärtigen Amtes ging. Stets scheiterte Lambsdorff mit seinen Personaltableaus.[75] Nie war er der Boshaftigkeit und den Winkelzügen Möllemanns gewachsen. Die Freien Demokraten hatten sich gerade von Lambsdorff potente und robuste Führungskraft versprochen; aber sie bekamen überraschenderweise eher das Gegenteil.

1992 war gewiss ein schlimmes Jahr in der politischen Karriere von Otto Graf Lambsdorff. Er überlebte es an der Spitze der FDP wohl nur, weil das Lager seiner Gegner – es reichte von den Rechtsstaatsliberalen Baum und Hirsch

---

[74] Vgl. Serke, Jürger: „Natürlich sind Politiker korrupt", in: Der Stern, 13.10.1988.

[75] Vgl. Gennrich, Claus: Graf Lambsdorff ist mit seinem Personalkonzept gescheitert, in: Frankfurter Allgemeine Zeitung, 12.01.1991; Sottorf, Hans Jörg: Lambsdorffs Autorität hat gelitten, in: Handelsblatt, 14.01.1991; Hartwig, Gunter: Der Durchhänger des Grafen sorgt für Irritation, in: Stuttgarter Nachrichten, 20.02.1991; Bergdoll, Udo / Deupmann, Ulrich: Suche nach dem Drahtzieher im Chaos, in: Süddeutsche Zeitung, 30.04.1992; o.V.: Krisenstimmung in der Bonner Koalition, in: Neue Zürcher Zeitung, 01.05.1992.

über Genscher und Möllemann bis zu den Jungliberalen – so heterogen war. Auf einen allseits akzeptierten Kandidaten hätte sich die uneinige Lambsdorff-Fronde nicht verständigen können. Gerade Möllemann spürte das und warf daher auch nicht, wie erst avisiert, seinen Hut in den Ring.[76] Doch eine schöne Zeit war es für Lambsdorff nicht. Er musste nun feststellen, dass er wenig treue Anhänger hatte, die sich für ihn in seiner Not schlugen. Dafür hatte Lambsdorff den Freien Demokraten, die politisch auf seiner Linie standen, in der Vergangenheit einfach zu wenig gegeben. Lambsdorff erfuhr das Schicksal von vielen Politikern mit kühlem Scharfsinn und überdurchschnittlicher Intelligenz. Sie sind häufig zu emotionalen Zuwendungen nicht fähig und erhalten daher Treue und Loyalität nicht zurück.[77] Oft sind sie in der Vergangenheit zu arrogant aufgetreten, zu barsch und ungeduldig. Ihre derart gedemütigten innerparteilichen Opfer pflegen sich das zu merken.

Kurzum: Lambsdorff wurde nicht zum Glücksfall für die FDP. Die Liberalen hatten überhaupt nie viel Glück mit den Polarisierern und ideologisch Entschiedenen an ihrer Spitze. Gerade sie schafften nicht die Balance, auf die es für die Freien Demokraten in den langen Jahrzehnten der Regierungsbeteiligung ankam: als eigenständige Partei kenntlich zu bleiben, aber dabei doch verlässlicher Koalitionspartner zu sein; Profil also zu demonstrieren, ohne damit indes die Regierung zu sprengen. Es war eine veritable politische Kunst, diese Spannung zu managen. Dem Typus Dehler und Lambsdorff, beide als Vorsitzende nicht in Kabinette eingebunden, fehlten für diese Kunst die nötigen Talente.

Überforderter Beamter: Klaus Kinkel

Und so war es 1993 wieder einmal so weit. Die Freien Demokraten hatten genug von ihrem Parteivorsitzenden. Die Liberalen waren erleichtert, als Lambsdorff sein Büro in der Parteizentrale räumte. Dabei hatten sie buchstäblich niemanden, der Lambsdorff vernünftigerweise hätte ersetzen können. Schaute man auf die Jahrgänge, die der Generation Lambsdorff/Genscher folgten, dann blickte man in ein tiefes Loch. Nirgendwo war jemand zu sehen, der erfahren genug war, die durch Intrigen und Wahlniederlagen waidwunde Partei wieder aufzurichten, neu zu orientieren und selbstbewusst zusammenzuhalten. Gewiss, es gab Jürgen Möllemann, der ohne Zweifel ein Politiker von weit überdurchschnittlicher Begabung und Energie war, vital, ideenreich, dynamisch, gerissen, skrupellos. Aber eben diese Skrupellosigkeit, der nimmermüde Hang zur Kabale, die periodischen selbstdestruktiven Ausfälle, all dies machte der Partei berechtigterweise Angst,

---

[76] Vgl. Bergdoll, Udo: Sehnsucht nach dem neuen Superstar, in: Süddeutsche Zeitung, 10.06.1992.
[77] Vgl. auch o.V.: Jederzeit bereit, in: Der Spiegel, 04.06.1990.

dies hatte sie ja in den frühen 1990er-Jahren abermals an den Rand des Abgrunds manövriert.

Genau das – der Mangel an parteieigenem Nachwuchs und der Überdruss an skandalträchtigen Intrigen – bildete den Humus für den erstaunlichen Aufstieg des Klaus Kinkel.[78] Für ihn sprach vor allem eins: Er war zur Intrige gar nicht fähig. Jedenfalls sagte man das über ihn. Kinkel galt als anständig, redlich, ehrenhaft, geradeaus. Und solcherlei Charakterzüge standen im Jahr 1993 in der FDP hoch im Kurs. Doch nicht nur dort: In dieser Zeit der republikweit grassierenden Parteienverdrossenheit war Kinkel auch bei den Bürgern insgesamt außerordentlich populär – weil sie ihn, im Gegensatz zu vielen anderen Politikern, für aufrichtig, integer und glaubwürdig hielten. Das war die Ressource für den steilen Aufstieg von Kinkel. Man konnte in der FDP immer schon erheblich rascher Karriere machen als in einer der beiden Großparteien. Aber die Blitzkarriere von Kinkel bildete selbst bei den Liberalen eine Ausnahme. 1991 erst war Kinkel der FDP beigetreten. 1993 schon hatte er die wichtigsten Funktionen und Ämter inne, die über die Partei zu erhalten waren: Er war Bundesvorsitzender der Liberalen, Vizekanzler im Bundeskabinett und Chef des Auswärtigen Amtes.

Natürlich: Kinkel zeichnete sich nicht allein als guter Mensch aus. Das wäre gewiss auch den bußfertigen Liberalen des Jahres 1993 wohl zu wenig gewesen. Kinkel galt in der politischen Klasse der Bundeshauptstadt durchaus als hochkarätiger Profi. Für die Eingeweihten war er schon seit Jahren als Graue Eminenz der Extraklasse bekannt. In den frühen 1970er-Jahren managte er das Büro von Hans-Dietrich Genscher, dann wurde er Chef des Planungsstabes im Auswärtigen Amt. Von 1979 bis 1982 leitete er den Bundesnachrichtendienst, danach amtierte er für neun Jahre als Staatssekretär im Bundesjustizministerium. Dort stand er im Ruf, der eigentliche Macher der Justizpolitik zu sein, weit bedeutender und mächtiger als der ihm formell übergeordnete Minister.[79]

Doch war Kinkel in diesem beruflichen Leben Beamter. Er war nie Parteipolitiker. Und so fehlten ihm Erfahrungen, Kontakte, Netzwerke. Bald allerdings stellte sich heraus, dass ein Parteivorsitzender über dergleichen tunlichst verfügen sollte, wenn er in den ganz unvermeidlichen Machtkämpfen und Rankünen des politischen Haifischbeckens nicht untergehen will. Kinkel war als Beamter ein Experte der Spitzenklasse, als Politiker aber war er ein absolutes Greenhorn. Er durchschaute die verschlungenen Schlachtlinien innerparteilicher Gruppenauseinandersetzungen nicht, war zu wenig in die Flechtwerke von Politik und Medien eingeweiht, verstand es – auch wegen seiner zunächst geschätzten Geradlinigkeit – nicht, über Bande mit Parteifreunden, politischen Gegnern und

---

[78] Hierzu und im Folgenden Lösche / Walter (Anm. 8), S. 207 f.
[79] Vgl. Woyke, Wichard: Klaus Kinkel, in: Kempf / Merz (Anm. 47), S. 360-364, hier S. 360.

journalistischen Meinungsmachern zu spielen. Kinkel stieg schnell auf, rotierte dann aber umso mehr – und stürzte schließlich überaus schmerzhaft ab.

Es dauerte jedenfalls nur wenige Monate, da begann das politische Deutschland – Parteifreund Möllemann voanweg – über Kinkel zu höhnen. Der neue FDP-Chef und Außenminister war in der Tat ein denkbar schlechter Redner. Seine Vorträge waren garniert mit floskelreichen Plattitüden. Je stärker darüber gespottet wurde, desto selbstmitleidiger aber trat Kinkel im Folgenden auf. Lamentierend las er inspirationslose Sätze vom Papier ab. Kinkel, das zeigte sich rasch, hatte nichts von dem, was man von einem starken Parteivorsitzenden, von einem politischen Anführer erwartete. Es mangelte ihm an Sicherheit und Souveränität im öffentlichen Auftritt, an politischem Instinkt und konzeptioneller Imagination, an demonstrativer Durchsetzungskraft und Härte. Den Liberalen wurde ihr weinerlich und linkisch agierender erster Mann zunehmend peinlich. Hinzu kamen etliche deprimierende Niederlagen bei Landtagswahlen. Am Ende des Superwahljahres 1994 hielten die frustrierten Freien Demokraten auf ihrem Parteitag in Gera ein unerbittliches Scherbengericht über Klaus Kinkel ab.[80] Nicht einmal Mende hatte eine solche Suada von Häme und Mokanz ertragen müssen. Die Liberalen in Deutschland sind nie sehr nachsichtig mit ihren Vorsitzenden umgesprungen, aber so erbarmungslos wie Kinkel wurde doch kein anderer seiner Vorgänger jemals demontiert. Nach nicht einmal zwei Jahren im Parteivorsitz warf Kinkel resigniert, ratlos und wohl auch erschöpft das Handtuch. Seiteneinsteiger und parteipolitische Neulinge, mag man daraus lernen, sollte man besser nicht zu Parteichefs machen.

Höfliches Sedativ: Wolfgang Gerhardt

Für Klaus Kinkel rückte im Juni 1995 Wolfgang Gerhardt nach. 1995 war ein übles, trauriges Jahr für die Freien Demokraten. Die Partei schien wieder einmal in Auflösung; die Medien ließen die Sterbeglöckchen laut erschallen. Auf dem Vormarsch dagegen waren die Grünen, die mehr und mehr in die Quartiere der Besserverdienenden, also die Reviere der FDP, hineindrangen. Die Grünen besaßen Mitte der 1990er-Jahre das Flair, das man bei den Freien Demokraten vermisste. Die Grünen wirkten – wie diffus auch immer – originell, kreativ, ideenreich. Die Freien Demokraten erschienen farblos, langweilig, medioker. Die Grünen hatten Joschka Fischer. Die FDP hatte Wolfgang Gerhardt. In dieser personellen Alternative manifestierte sich für die Öffentlichkeit die ganze Diffe-

---

[80] Vgl. Hofmann, Gunter: Sie stürzten und sie stützten ihn, in: Die Zeit, 16.12.1994; Prantl, Heribert: Kinkel – wie von einem anderen Stern, in: Süddeutsche Zeitung, 12.12.1994; Pappenheim, Burkhard von: Kinkels Auftritt wird zur öffentlichen Hinrichtung, in: Stuttgarter Zeitung, 12.12.1994.

renz zwischen den beiden Parteien der arrivierten bundesdeutschen Mitte, drückte sich die Trostlosigkeit des Zustandes der Liberalen in der Schlussphase der Kohl-Ära aus. Wolfgang Gerhardt lebte mit mitleidig-verächtlichem Spott, seitdem er für den Vorsitz nominiert worden war. Journalisten bezeichneten ihn süffisant als den „Erich Ribbeck der deutschen Politik"; der eigene Parteifreund Jürgen Möllemann qualifizierte ihn höhnisch als den „schnarchenden Löwen von Wiesbaden"[81]. Auf vehementen Widerspruch stießen sie mit ihren unschönen Invektiven nicht. Denn in der Tat war Wolfgang Gerhardt nicht gerade ein rhetorischer Vulkan. Er war auch kein programmatischer Olympier. Und seine telegene Ausstrahlung war höchst beschränkt.[82] In Talkshows trat er zunächst angespannt, verkrampft und unfroh auf. Im Übrigen erinnerten die Kommentatoren im Vorfeld seiner Wahl hämisch daran, dass Gerhardt bereits seit 10 Jahren als stellvertretender Bundesvorsitzender seiner Partei amtierte – aber niemand es recht bemerkt hätte.[83]

Und doch lag darin der entscheidende Unterschied zu Kinkel. Gewiss, auch Gerhardt war alles andere als ein glanz- und kraftvoller Charismatiker. Aber er war kein Greenhorn, kein parteipolitischer Amateur. Gerhardt kannte seine Partei, war dort schon 1965 eingetreten, hatte bei den Jungdemokraten mitgemacht, war Landtagsabgeordneter gewesen, später auch Minister für Wissenschaft und Kultur in Hessen.[84] Gerhardt wusste über die Stärken und Schwächen seiner Freunde und Feinde in der Partei Bescheid. Er hatte in seiner politischen Laufbahn schon Höhen und Tiefen erlebt, hatte derbe Niederlagen einstecken müssen. An Starqualitäten mangelte es ihm gewiss. Aber er war doch ein einigermaßen erfahrener, zäher Politiker. Immerhin schlug er bei seiner Wahl zum Bundesvorsitzenden Jürgen Möllemann, der ebenfalls antrat, aus dem Feld. Möllemann lieferte bei der Kandidatenpräsentation wieder ein rhetorisches Bravourstück ab. Doch Gerhardt hatte die stärkeren Truppen gesammelt und setzte sich durch.

Mit Gerhardt kehrte dann auch ein wenig Ruhe in die Partei zurück. Kinkel hatte die FDP durch seine Ungeschicklichkeiten zum Schluss in helle Aufregung versetzt. Gerhardt kalmierte die Stimmung. Er wirkte geradezu wie ein Sedativ auf die Liberalen. Er knüpfte so an den Führungsstil der früheren Integratoren an der Spitze der FDP an, erinnerte dabei ein wenig an Erich Mende. Auch Gerhardt verstand sich als Mittler und Makler, nicht als Konfrontateur und Profileur des

---

[81] Vgl. Fahrenholz, Peter: Der Ribbeck der FDP, in: Die Woche, 16.06.2000.
[82] Vgl. Fietz, Martina: Nicht telegen, nicht wortgewaltig: glückloser Wolfgang Gerhard, in: Die Welt, 15.06.1999.
[83] Vgl. Meyer, Thomas: Der Mann im grauen Flanell übt sich als liberaler Goliath, in: Kölner Stadt-Anzeiger, 01.06.1996.
[84] Vgl. Schimmeck, Tom: Der blau-gelbe Strohhalm, in: Die Woche, 09.06.1995.

Liberalismus.[85] Wo Konflikte auftraten, schürte sie Gerhardt nicht weiter, sondern versuchte, sie durch behutsame Gespräche einzudämmen. Seine Kritiker werteten das als Harmoniesucht.[86] Aber es dämpfte doch vernünftigerweise die übererregten Hitzigkeiten bei den Liberalen. Gerhardt war ein ausgesucht höflicher Mensch, mit gutbürgerlichen Umgangsformen, der geduldig zuhören konnte. Auseinandersetzungen schob er behutsam aus der Arena der Öffentlichkeit in das Arkanum kleiner freidemokratischer Beratungszirkel.[87] Das machte die FDP nicht zu einer mitreißenden Partei; damit holte sie nicht den Vorsprung der Grünen ein; auch Wahlen gingen weiterhin oft deprimierend verloren. Doch schaffte es Gerhardt, die oft explosiven Emotionen der Liberalen unterhalb der Schwelle destruktiver Autoaggressionen zu halten. Das war in einer Partei wie der FDP keine ganz geringe Leistung. Auch dass Gerhardt in seinem Amt sechs Jahre überstand, war nicht wenig. Die meisten seiner Vorgänger hatten früher und durchaus unfreiwillig ihren Hut nehmen müssen.

Eine Zeitlang war ihm sicherlich sein quirliger Generalsekretär Guido Westerwelle von Nutzen. Die Freien Demokraten konnten Wahlen verlieren, wie sie wollten, ihr Generalsekretär stellte sich ohne Aufschub strahlend vor die Kameras und verkündete heiter, dass die FDP gleichwohl unzweifelhaft die politische Avantgarde der Gesellschaft bildete. Die Gesellschaft blieb zwar skeptisch, aber bei den freidemokratischen Mitgliedern zeigte der notorische, zukunftsteleologische Optimismus des Generalsekretärs Wirkung. Sie glaubten mit Westerwelle an eine bessere Zukunft des Liberalismus. Daher hielten sich die Depressionen über die objektiv schlechte Gegenwart der FDP in Grenzen. Insofern also wirkte Westerwelle stabilisierend für seinen Parteivorsitzenden.

Doch zugleich untergrub er seine Stellung. Denn Westerwelle veränderte zielstrebig die FDP. Er, fast allein, modellierte eine neue FDP, gab der Partei neue Metaphern, ein neues Programm, ein neues Profil. Zu dieser neuen FDP aber passte Gerhardt nicht recht.[88] Und so war es lediglich eine Frage der Zeit, bis man in der Partei den Ruf nach einem Generationswechsel anstimmte, bis das Postulat aufkam, dass Botschaft und Personen konvenieren müssten. Westerwelle hatte sich in seiner Zeit als Generalsekretär die Partei so zugeschnitten, dass nur er sie kongenial noch repräsentieren konnte. Gerhardt hatte sich dem nahezu widerstandslos gebeugt. Eine antriebsstarke Kämpfernatur war er in der Tat nicht. Gerhardt verkörperte eher den alten Typus des bedächtigen bürgerlich-liberalen Honoratioren, gebildet, ein bisschen distanziert, dezent, diskret und

---

[85] Vgl. Gennrich, Claus: Der Abschied des Vorsitzenden, in: Frankfurter Allgemeine Zeitung, 16.06.1995.

[86] Vgl. Geis, Matthias: Zurück ins Chaos, in: Die Zeit, 15.12.1995; Schütz, Hans Peter: Der Mann mit dem gewissen Nichts, in: Der Stern, 12.03.1997.

[87] Vgl. Lambeck, Martin S.: Liberaler Leisetreter, in: Die Welt, 22.03.1996.

[88] Vgl. Lölhöffel, Helmut: Zuversicht ist sein Programm, in: Frankfurter Rundschau, 12.05.1997.

seriös im Auftreten. Für spaßgesellschaftliche Exzesse war er nicht geschaffen. Aber das mochte auch der Grund gewesen sein, dass die Freien Demokraten bemerkenswert lang an ihm festhielten, ihn nicht – wie einige andere vor ihm – mit Schimpf und Schande aus seinem Amt vertrieben. Gerhardt erinnerte sie in den Jahren der Tabubruch- und Provokationspolitik von Westerwelle und Möllemann an die alte Kultur des Liberalismus. In Gerhardt erblickten sie noch die eigene, die gute, die vertraute Vergangenheit des liberalen Bürgertums in Deutschland. Offenkundig brauchten das nicht wenige Freidemokraten, auch wenn sie zugleich den Geschmacklosigkeiten des neuliberalen Populismus zujubelten.

Irrender Prophet: Guido Westerwelle

Und sie wählten Guido Westerwelle. Ohne Zweifel war Westerwelle nach den langen Jahren einer höchst mittelmäßigen Führungsgarnitur wieder das erste große Talent in der FDP. Mehr noch: Von seiner Sorte hatte es in der Geschichte der Liberalen nie viele Exemplare gegeben. Westerwelle war ehrgeizig; er musste im Unterschied zu etlichen seiner Vorgänger nicht zum Jagen getragen werden, er brannte auf die Führung seiner Partei. Er trug in sich auch eine politische Mission, sah sich selbst als Neuerer des Liberalismus, fühlte sich als Beauftragter und Repräsentant eines zukünftigen Generations- und Lebensgefühls. Westerwelle hatte ein klares und schroffes Feindbild – alle 68er und Grün-Alternativen –, was seinem eigenen Modell die kontrastreiche Abgrenzungsschärfe gab. Er war ein aggressiver Versammlungsredner, der seine Zuhörer, soweit sie ihm zustimmend folgten, agitatorisch, mit lauter Stimme und schneidigen Stakkato-Sätzen mitreißen konnte. Nochmals: Viele dieses Kalibers hatte der oft honoratiorenhaft behäbige Liberalismus in Deutschland nicht hervorgebracht.

Im Übrigen aber war Westerwelle ein geradezu klassischer Parteipolitiker. Im öffentlichen Bild firmierte er zwar als der moderne Typus des Medien- und Eventpolitikers, aber das war nicht seine primäre Ressource, nicht die Voraussetzung seines Aufstiegs. Westerwelle hatte die Ochsentour absolviert.[89] Er glich darin viel mehr den Ollenhauers, Kohls, auch Scharpings der Parteiendemokratie als den nachvolksparteilichen europäischen Eventpopulisten. Westerwelle gehörte zu den Gründungsmitgliedern der Jungliberalen. In deren Bundesvorstand

---

[89] Vgl. hierzu und im Folgenden mit weiteren Nachweisen Lütjen, Torben / Walter, Franz: Medienkarriere in der Spaßgesellschaft? Guido Westerwelle und Jürgen W. Möllemann, in: Alemann, Ulrich von / Marschall, Stefan (Hg.): Parteien in der Mediendemokratie, Wiesbaden 2002, S. 390-419, hier S. 390 ff.; Walter, Franz: Westerwelle – oder die Sendung des Alleinunterhalters, in: Berliner Republik 3 (2001) 2.

wurde er Pressereferent, später dann Vorsitzender. In dieser Eigenschaft, als Chef der liberalen Jugendorganisation, nahm er schon sehr jung an den Sitzungen des FDP-Bundesvorstandes teil. Vorteilhaft für ihn war überdies seine Bonner Herkunft und Ansässigkeit. Da er die Bundeshauptstadt auch während des Studiums nicht verließ, konnte er früh schon Kontakte zur Bundespartei, zur Bundestagsfraktion, auch zu jungen Journalisten knüpfen, die für sein weiteres Fortkommen nützlich waren. Und es ging immer rasch voran. Westerwelle war der jüngste Vorsitzende, den eine der großen Jugendorganisationen je besessen hatte. Westerwelle wurde 1994 zum jüngsten Generalsekretär, den eine im Bundestag vertretene Partei je bestellt hatte. Und 2001 avancierte Westerwelle zum jüngsten Parteivorsitzenden, den die Republik an der Spitze einer der altetablierten Parteiorganisationen jemals gesehen hatte.

Schon in diesem schnellen Aufstieg drückte sich die ungewöhnliche Energie Westerwelles aus. Westerwelle war zwar den klassischen Weg durch die Parteiinstitutionen gegangen, aber er begriff sich in keinem Moment als Exekutivbeamter der vorgegebenen Parteimentalität. Westerwelle war ein elementarer Anführer, der der Organisation, welcher er vorstand, auch seinen Willen aufzwingen wollte. Dazu brauchte man eine Idee davon, wohin es zu gehen hatte. Über eine solche Leitvorstellung verfügte Westerwelle, apodiktisch fast, nachgerade missionarisch. Westerwelle strebte die liberale Identitätspartei an, die um ihrer selbst willen gewählt werden sollte. Sein Jugendtrauma war eine FDP, die sich lediglich als Koalitionsannex definierte, als Funktionspartei und mehrheitsvermittelnde Kraft für eine der beiden Volksparteien. Einer solchen freidemokratischen Partei, das hatte er 1982-84 in den prägenden Jahren seiner politischen Sozialisation erlebt, fehlte ein eigenes, sich selbst tragendes Selbstbewusstsein; einer solchen Partei drohte Zerfall und das poltisch-parlamentarische Aus.[90] Die eigenständige liberale Identitätspartei im gleichen Abstand zur Union und zur Sozialdemokratie wurde infolgedessen für zwei Jahrzehnte zum visionären Projekt Westerwelles, woran er in all dieser Zeit verbissen und trotz aller Rückschläge unbeirrt festhielt.

Seine Kraft und sein Selbstbewusstsein zog er dabei aus einer ambivalenten Erfahrungsstruktur. Westerwelle fühlte sich als Avantgardist einer neuen Generation; das beflügelte ihn. Doch zugleich war er im wirklichen Leben in seiner eigenen Kohorte ein fast isolierter Minderheitenvertreter; das stählte seinen Behauptungswillen. Westerwelle spürte früh, schon zu Beginn der 1980er-Jahre, dass sich die Kultur der 68er und der alternativen Bewegungen dem Ende zuneigte, dass allmählich ein neuer Habitus, neue Normen und Einstellungen bei den Jungen entstanden. Doch seine eigene Kohorte – Westerwelle gehörte dem

---

[90] Vgl. beispielhaft Berg, Rainer: Kritisch, aber solidarisch, in: Neue Bonner Depesche (1984) 1, S. 62; Casdorff, Stephan A.: Laute Kritik der „Julis", in: Bonner Rundschau, 12.03.1986.

Geburtsjahrgang 1961 an – war noch ein zentraler Teil dessen, was man als Neue Soziale Bewegungen etikettierte. Als Westerwelle 16 Jahre alt war, identifizierten sich wohl die meisten der ihm gleichaltrigen Jugendlichen mit den Protesten gegen die Atomkraft; als Westerwelle 20 Jahre alt wurde, marschierte seine Kohorte in Sternmärschen und Großdemonstrationen gegen die Stationierung amerikanischer Mittelstreckenraketen. Die „Generation Westerwelle", von der hernach viel im politischen Feuilleton die Rede war, wurde nie zum Nukleus der traditionellen oder neoliberalen FDP; sie bildet bis heute die Kernwählerschaft der Grünen. Aber in dieser Kohorte musste Westerwelle politisch argumentativ und persönlich kulturell tagtäglich bestehen. Das schärfte unzweifelhaft seine Diskursfähigkeit, verlieh ihm Biss, Witz und Ehrgeiz.

Doch von Minderheitserfahrungen geprägte Menschen neigen oftmals auch zur Intransigenz. Dogmatische Züge jedenfalls waren bei Westerwelle unverkennbar. Und in seiner Zeit als Generalsekretär übertrug sich ein Teil des Dogmatismus auch auf die Programmatik und Strategie der FDP insgesamt. Die Partei verengte sich auf wenige Themen, im Grunde vor allem auf das eine immergleiche Postulat nach kräftiger Steuersenkung. Und sie verengte sich auf eine einzige Zielgruppe: die moderne, mobile, flexible Schicht der jungen Erfolgreichen im wachsenden Sektor einer neuen Ökonomie. Das war für Westerwelle die Gruppe der Zukunft. Mit ihr im Bunde zu stehen, musste irgendwann auch für die FDP hohe Prämien abwerfen.

Mit diesem Versprechen lockte Westerwelle jedenfalls Parteitag für Parteitag die klassischen Honoratioren, die sehnsüchtig auf bessere Zeiten hofften. Westerwelle war der Prophet einer leuchtenden Zukunft; und die Freien Demokraten folgten ihm durch die Wüste nahezu unaufhörlicher Wahlniederlagen. Westerwelle predigte den Aufstieg, aber die FDP fiel in den 1990er-Jahren, in der Ära seines Generalsekretariats, immer tiefer, war in mehreren Ländern nicht einmal mehr dritte oder vierte politische Kraft, sondern landete weit abgeschlagen auf dem fünften oder gar sechsten Rang im Parteienwettbewerb.[91] Die FDP hatte es im Grunde häufig genug schon erlebt: An der Spitze nutzten ihr nicht diejenigen mit scharfem Profil und unmissverständlicher Eindeutigkeit. Es war das alte Lied. Westerwelle trat mit forschen Kompromisslosigkeiten an die Öffentlichkeit, forderte rigoros die Abschaffung des Solidaritätsbeitrages, das verfassungsrechtliche Verbot staatlicher Verschuldung und dergleichen mehr. Nichts davon war unter Koalitionsbedingungen in komplexen Gesellschaften ernsthaft durchzusetzen. Das Ergebnis langer Verhandlungen wirkte vor der Folie der Westerwelleschen Radikalforderungen stets fade, kleinlich, gering. Die FDP war so die Partei, die regelmäßig als Tiger sprang und stets als Bettvorleger landete. Derart nahm es die Öffentlichkeit jedenfalls wahr. Zugleich kompromit-

---

[91] Vgl. Walter, Franz: Politik in Zeiten der neuen Mitte, Frankfurt a.M. u.a. 2002, S. 145 ff.

tierte die Methode Westerwelles das Kabinett insgesamt. Je ungeduldiger Westerwelle die Reformpauke schlug, desto stagnativer wirkte die Bundesregierung mit den Ministern der FDP. Auf diese Weise trieb Westerwelle wohl gar einen Teil der Wähler in die Arme der SPD. Diejenigen, die es mit der Angst vor dem neoliberalen Veränderungsfuror bekamen, zeigten sich für die Schutzversprechungen von Oskar Lafontaine empfänglich. Diejenigen, die sich am Reformstau störten, den auch Westerwelle ständig zum Thema machte, versuchten es 1998 mit Schröder. Zusammen ergab das eine klare Mehrheit für den Regierungswechsel. Die Freien Demokraten verloren ihre Kabinettsposten.

Doch auch mit der „putzmunteren Opposition", die Guido Westerwelle nun versprach, wurde es nichts. Die Europawahlen 1999 wollte er zur Protestwahl der gesellschaftlichen Mitte und ihrer Partei – der FDP also – machen. Auch das ging daneben; die Freien Demokraten scheiterten abermals an der 5%-Hürde. Die Wende zum Besseren für die Liberalen kam ohne Zutun von Westerwelle. Den Freien Demokraten half vor allem die Krise der CDU in der Spendenaffäre 1999/2000. Hier absorbierte die FDP enttäuschte CDU-Wähler und vermehrte dadurch ihr Elektorat. Überdies erfand Jürgen Möllemann das „Projekt 18", ersann die Installation eines Kanzlerkandidaten, kreierte die „Partei für das ganze Volk". Westerwelle, dessen eigenes Projekt von der radikal neoliberalen Partei des neuökonomischen Jungbürgertums 1999 endgültig und ziemlich kläglich gescheitert war, sprang auf den Zug auf, ließ sich zum Kanzlerkandidaten küren.[92] Wie im Rausch folgten er und die Freien Demokraten insgesamt über Monate den verwegenen Aussichten auf ganz neue Größendimensionen des Wählerzuspruchs. Auch die Politik des Tabubruchs und der Provokation, die Möllemann lustvoll praktizierte, wurde von Westerwelle und dem größten Teil seiner Partei begeistert mitgetragen. Erst die mit antisemitischen Ressentiments kalkulierenden Ausfälle Möllemanns und der bescheidene Ausgang der Bundestagswahlen 2002 ernüchterten die FDP, schockierten und zügelten den Parteivorsitzenden.

Die FDP hatte sich bei den Bundestagswahlen wirklich verändert; ihre Wählerschaft war proletarischer, männlicher, jünger, östlicher geworden.[93] Doch wurden die altliberalen Parteihonoratioren des ungewohnten Zuwachses nicht sonderlich froh. Sie fürchteten nun um die bürgerliche Seriosität ihrer Partei. Von der Politik des Tabubruchs ließen sie nun scheu die einmal schon verbrannten Hände, so auch der Parteivorsitzende. Eine solche Politik trug die innere Dynamik des Extremismus in sich. Denn immer musste die jeweils nächste Pro-

---

[92] Vgl. Carstens, Peter: Das Ende einer politischen Allianz, in: Frankfurter Allgemeine Zeitung, 05.10.2002.
[93] Vgl. Walter, Franz: Zurück zum alten Bürgertum: CDU/CSU und FDP, in: Aus Politik und Zeitgeschichte 54 (2004) 40, S. 32-38, hier S. 32 ff.

vokation noch ein Stück härter, unverschämter, frivoler ausfallen, damit sie ü-
berhaupt wirken konnte. Das aber entgrenzt und enthemmt Politik, radikalisiert
sie. Dafür taugten die freidemokratischen Honoratioren dann doch nicht. Be-
stürzt sahen sie, dass dergleichen schließlich tödlich ausgehen konnte. Erschro-
cken, erschöpft, ja um Jahre gealtert war vor allem der Vorsitzende der Partei
Guido Westerwelle.[94] Bis in den Sommer 2003 hinein wirkte die im Jahr zuvor
noch geradezu aufgedreht agierende FDP, wirkte auch ihr Parteichef wie gelähmt, apathisch am Rande des politischen Geschehens stehend.[95]

Natürlich – man war in der FDP – ließen sich im Winter 2002/03 auch erste
Stimmen vernehmen, die den Vorsitzenden zur Disposition stellten.[96] Aber ein
Chor wurde daraus nicht. Die FDP war in diesen Monaten insgesamt zu sehr
ermattet, erschüttert, verwirrt, um zielstrebig über Führung und Richtung debat-
tieren, gar einen Aufstand gegen die Parteileitung entfesseln zu können. Im Übrigen: Fast alle hatten ja mitgemacht, hatten sich beinahe wie im Fieberwahn von
den populistischen Sirenengesängen des „Projekt 18" betören und hinreißen
lassen. Insofern waren die Freien Demokraten und ihr Vorsitzender gleichsam in
einer kollektiven Irrtumsgemeinschaft zusammengekettet. Nun sind harte Pro-
ben, schwere Herausforderungen, selbst schlimme Niederlagen nicht nur schäd-
lich für politische Anführer. Sie mögen daraus lernen, daran wachsen, dadurch
reifen. Westerwelle jedenfalls hatte sich verändert. Er machte nun nicht mehr
jede juvenile Albernheit mit, nur um auf den Bildschirmen in den Wohnzimmern
der Nation aufzutauchen. Er stellte sich nicht mehr vor jedes Mikrophon, machte
sich in der Medienwelt auffällig rar – und wurde dadurch auch wieder ein bisschen interessanter. Seine politischen Maximen klangen ebenfalls nicht mehr so
dröhnend. Die Botschaft war bescheidener geworden, wieder näher an die alte
FDP herangerückt. Westerwelle wies seiner Partei ganz moderat die Rolle des
„Scharniers der Vernunft" zu, rückte sie stärker und prinzipieller in das bürgerliche Lager.[97] So ging es ein wenig zurück zu Hans-Dietrich Genscher, den er
eigentlich ein für alle Mal hatte hinter sich lassen wollen. Immerhin: Die FDP
kam zur Ruhe, fasste bei Wahlen wieder Tritt, sicherte ihre parlamentarischen
Positionen auch in den Ländern. Die Freien Demokraten hatten ohne Zweifel
schon schlechtere Zeiten gesehen.[98]

Insofern könnte Westerwelle à la longue auch gestärkt aus der Krise des
Eventpopulismus hervorgehen. Ganz sicher ist das aber nicht. Mitunter wirkt

---

[94] Vgl. auch Carstens, Peter: Dämpfer in der Windstille, in: Frankfurter Allgemeine Zeitung, 17.05.2003.

[95] Vgl. Riehl-Heyse, Herbert: Herumrudern im Tal der Tränen, in: Süddeutsche Zeitung, 20.10.2002.

[96] Vgl. Neubacher, Alexander / Palmer, Hartmut: Von Parteifreunden umzingelt, in: Der Spiegel, 11.11.2002.

[97] Vgl. Jaklin, Philipp: Liberale Masochisten, in: Financial Times Deutschland, 31.10.2003.

[98] Vgl. Carstens, Peter: Lautstarke Bescheidenheit, in: Frankfurter Allgemeine Zeitung, 24.09.2004.

Westerwelle so, als glaube er selbst nicht mehr an die Überzeugungskraft seiner politischen Vorschläge. Es ist, scheint es, viel kaputt gegangen, auch in ihm selbst. Typisch ist wohl auch, dass er das wichtigste Amt, das die Freien Demokraten gouvernemental anzustreben pflegen, das Ministerium des Auswärtigen, nicht mehr im Visier hat, weil es ihm die früheren Granden in dieser Position – Scheel, Genscher, Kinkel – nicht zutrauen und dies auch laut kundtun.[99] Es ist fraglich, wie krisenresistent Westerwelle ist. Er war nie der Typus, der beim abendlichen Bier politische Freundschaften schließen und innerparteiliche Mehrheitsbündnisse schmieden konnte. Auch gesellig durch Landesverbände und Ortsgruppen zu tingeln, war nie sein Fall. Emotional verbundene Netzwerke und Seilschaften fehlen ihm also.[100] Selbst der Unterstützung der Jungliberalen kann er sich nicht mehr selbstverständlich sicher sein.[101] Anders denkende Berater erträgt er schwer.[102]

Sein größtes Plus ist gewiss die Konkurrenzlosigkeit. Möllemann ist nicht mehr da, Döring hat sich selbst vom Spielfeld geworfen. Und die „Generation Westerwelle" hat es eben in der FDP nie wirklich gegeben. Westerwelle war immer der Avantgardist ohne Gefolgschaft – ist dadurch aber auch ohne Rivalen innerhalb seiner Altersgruppe geblieben. Das mag ihn nun vor Herausforderern schützen. Und doch kann es jederzeit in der FDP auch über ihn zu grummeln beginnen. Sicher darf sich ein Chef der Liberalen niemals fühlen. Dies zumindest lässt sich lernen aus der Geschichte politischer Führung in der Freien Demokratischen Partei.

---

[99] Vgl. Bornhöft, Petra u.a.: Merkels Dominotheorie, in: Der Spiegel, 17.05.2004.

[100] Vgl. Friedebold, Fritz: Liberale, lest die Papiere, in: Frankfurter Allgemeine Sonntagszeitung, 02.11.2003.

[101] Vgl. Deutschländer, Sandra: Guido Westerwelle fällt bei Jungen Liberalen in Ungnade, in: Financial Times Deutschland, 20.10.2003.

[102] Vgl. Schmiese, Wulf: Wut in der Champagner-Etage, in: Frankfurter Allgemeine Sonntagszeitung, 05.10.2003.

Führung ohne Macht? Die Sprecher und Vorsitzenden der Grünen

Saskia Richter

Zwischen Transparenz und Mauschelei: Führung in einer basisorientierten Partei

„Die Macht der Führer wächst im gleichen Maßstab wie die Organisation", formulierte Robert Michels als eine zentrale Regel seines ehernen Gesetzes der Oligarchie.[1] Die SPD des jungen 20. Jahrhunderts vor Augen, ermittelte der Soziologe insbesondere für demokratische Parteien Tendenzen zu sich abkapselnden Eliten, die gleichsam bewegungslosen Massen gegenüberstünden. Als die Grünen sich zu Beginn der 80er-Jahre ihren Namen, ihr Programm und ihre Satzung gaben, hatten sie diese Organisationsmechanismen vor Augen. Nach Auffassung der partizipierenden Anhänger der Neuen Sozialen Bewegungen hatten sich in den „etablierten" Parteien verkrustete Elitenzirkel gebildet, die sich vor dem Einfluss der unteren Parteiebenen zu schützen versuchten, deren Bedürfnisse nicht mehr wahrnahmen und abgekoppelt Politik betrieben. Anders als die Sozialdemokraten, von denen sie enttäuscht und aus deren Partei sie im Zuge des gesellschaftlichen Wandels der 70er-Jahre scharenweise ausgetreten waren, wollten sie daher basisdemokratisch und ökologisch sein, sozial und gewaltfrei agieren.[2] Als Bewegungspartei bildeten sie das Verbindungsglied zwischen gesellschaftlichen Strömungen und politischem Betrieb, als Antipartei-Partei und permanente Opposition grenzten sich sogar Teile der Grünen von einer Regierungsbildung und somit von originären Funktionen des bundesdeutschen Parlamentarismus ab.[3] Um den Einfluss der eigenen Führung zu beschneiden, wurden aus leitenden Positionen Ehrenämter, gleichzeitige Tätigkeit in Parlament und

---

[1] Zit. nach Michels, Robert: Zur Soziologie des Parteiwesens in der modernen Demokratie. Untersuchungen über die oligarchischen Tendenzen des Gruppenlebens, Stuttgart 1989, S. 26.
[2] Vgl. zum Programm der Grünen Müller-Rommel, Ferdinand / Poguntke, Thomas: Die Grünen, in: Oberreuter, Heinrich / Mintzel, Alf (Hg.): Parteien in der Bundesrepublik Deutschland, München 1990, S. 276-310, hier S. 286 ff.
[3] Vgl. Raschke, Joachim: Die Grünen. Wie sie wurden, was sie sind, Köln 1993, S. 486 ff.; vgl. auch Petra Kelly im Interview: „Wir sind die Antipartei-Partei", in: Der Spiegel, 14.6.1982.

Partei wurde unmöglich, die Rotation obligatorisch.[4] Die von Michels prophezeite Tendenz zur Oligarchie sollte unterbrochen werden.

Natürlich beäugten die zeitgenössischen Kommentatoren des politischen Geschehens die Neugründung der Partei und ihren „Öko-Fetischismus" ein wenig spöttisch, vor allem aber kritisch. In der damaligen Bundesrepublik mit ihrem gefestigten Zweieinhalb-Parteiensystem schienen die Grünen immerhin gute Chancen zu haben, die eingefahrenen Strukturen aufzubrechen. Im Zuge der Bundestagswahl von 1983 diskutierte man die Auswirkungen der basisdemokratischen Regelungen auf die parlamentarische Demokratie, und es wurde gefragt, ob imperatives Mandat, ständige Kontrolle der Mandatsträger, eine eingeschränkte Mandatsvergütung, kurz: das Konzept einer „basisdemokratisch erweiterten parlamentarischen Demokratie" überhaupt mit dieser und mit ihrer Verfassung vereinbar sein kann.[5] Vorübergehend geisterte sogar das Gespenst der Rätedemokratie durch die Kommentare[6], hinter dessen Spuk die Bedeutung der basisdemokratischen Ansätze für die innerparteiliche Struktur im Hintergrund verschwand.

Die Grünen waren lange auf der Suche nach einer Identität im Spannungsfeld zwischen Bewegung und Parteiorganisation. So stand mit der Koalitionsfrage auch für die junge Partei die eigene Positionierung in den Parlamenten im Vordergrund. Und während Ehrenamtlichkeit gepredigt, Hierarchien als „bürgerlich" abgestempelt und abgelehnt wurden, Laien willkommener waren als Experten, Entscheidungen einer unbestimmten Basis Vorrang hatten, in endlosen Sitzungen debattiert und Grabenkämpfe ausgefochten wurden, demontierten sie ihr eigenes Projekt. Die Umgangsformen führten auf dem Wege eigener Machtstrukturen in die Informalität.

Im Schatten der offiziellen Strukturen bildeten sich amorphe Netzwerke heraus, die über Mauscheleien auf den Fluren, private Zusammenkünfte oder Telefonate funktionierten.[7] Die gewählten Parteisprecher hatten oftmals keine Chance, eine Führungsfunktion zu übernehmen. Vielmehr unterlag die Partei

---

[4] Vgl. dazu z.B. die Satzung der Bundespartei die Grünen, II. Gliederung und Organe, Stand: Januar 1983.

[5] Vgl. Steffani, Winfried: Zur Vereinbarkeit von Basisdemokratie und parlamentarischer Demokratie, in: Aus Politik und Zeitgeschichte 33 (1983) 2, S. 3-17, hier S. 13; Huber, Joseph: Basisdemokratie und Parlamentarismus, in: Aus Politik und Zeitgeschichte 33 (1983) 2, S. 33-45, hier S. 34 ff.

[6] Vgl. einordnend Stöss, Richard: Im Visier des Staatsschutzes. Zu den juristischen Schikanen gegen die Grünen/Alternativen unterhalb der Verbotsschwelle, in: Vorgänge 23 (1984) 4, S. 30-36, hier S. 30 ff.

[7] Vgl. Schaeffer, Roland: Basisdemokratie. Oder: Wenn der Löwenzahn nicht wachsen will, müssen wir eben Kopfsalat essen, in: Kursbuch „Zumutungen an die Grünen" 74 (1983), S. 77-93, hier S. 84 f.; vgl. auch für Berlin Hoplitschek, Ernst: Partei, Avantgarde, Heimat – oder was? Die „Alternative Liste für Demokratie und Umweltschutz" in West-Berlin, in: Mettke, Jörg R.: Die Grünen. Regierungspartner von morgen?, Hamburg 1982, S. 82-100, hier S. 95.

sehr eigenwilligen, undurchschaubaren und kaum steuerbaren Mechanismen. Spektakulär ist eine solche Entwicklung nicht. Im Grunde werden Organisationen durch einen nonchalanten Umgang jenseits institutioneller Vorgaben sogar gekräftigt. Hier entstehen Verbindungen, Ideen und Pläne, die entscheidend voranbringen. Die Geschichte liefert dafür genügend Beispiele:[8] Die CDU wäre ohne Helmut Kohl und sein intaktes Informanten- und Unterstützer-Geflecht wohl niemals 16 Jahre Regierungspartei geblieben. Die Sozialdemokraten wären 1969 ohne persönliche Kontakte zur FDP nicht an die Macht gekommen. Und die Liberalen hätte es wegen ihrer schwachen organisatorischen Struktur ohne die inoffiziellen Verbindungen der Honoratioren zunächst als Partei überhaupt nicht gegeben. Doch kann Informalisierung ebenso kontraproduktiv wirken. Wenn sich nicht gewählte Eliten bilden, Abstimmungen über undurchsichtige Kanäle vorbereitet und informelle Strategien zum wichtigsten Durchsetzungsinstrument werden, bleibt die demokratische Willensbildung auf der Strecke, Organisationen können blockieren.[9] Der Bundesvorstand der Grünen war absichtlich nicht mit den nötigen Instrumenten ausgestattet worden, mit denen er eine Informalisierung oder eine Blockade hätte unterbinden können. Anti-Elitismus und flache Hierarchien führten nicht zu einem Mehr an Mitbestimmung, Kreativität und Beweglichkeit. Vielmehr förderten die grünen Strukturen die Vielstimmigkeit und das Durcheinander innerhalb der Organisation. Sie unterstützten, dass sich Fraktion und Partei sowie Bundesebene und Landesverbände – stärker und offensichtlicher als bei den Sozial- und Christdemokraten – autonom entwickelten und es innerhalb der Parteiströmungen zu verschiedenen, teilweise konträren Zielsetzungen kam. Systematisches Handeln wurde zeitweise unmöglich, eine gereizte und nervöse Atmosphäre hingegen alltäglich.

Wie sich die innerparteilichen Spannungen entladen haben, weiß der aufmerksame Zeitungsleser nur zu gut: Die Grünen sind für ihren Flügeldualismus, die Parteitagschlachten, Kampfabstimmungen und Farbbeutel, von denen einer Joschka Fischer 1999 in Bielefeld traf, berühmt geworden. Bei den Fehden um Koalitionsbildung, Regierungsbeteiligung und Kriegseinsatz ging es immer auch um innerparteiliche Macht und politische Führung. Aber: Warum befindet sich gerade die friedensbewegte Partei der Alternativen auf innerparteilichem Feldzug? Zumal sich der Eindruck aufdrängt, dass den Grünen ohne diese Gefechte etwas fehlen würde. Und möglicherweise tragen sogar Durcheinander und Disziplinlosigkeit dazu bei, kreative Kräfte zu entfalten, politische Ideen in die Öf-

---

[8] Vgl. Clough, Patricia: Helmut Kohl. Ein Portrait der Macht, München 1998, S. 9 ff.; Baring, Arnulf: Machtwechsel. Die Ära Brandt-Scheel, Stuttgart 1982, S. 145 ff. (hier insbesondere die vermittelnde Rolle von Alex Möller) und Lösche, Peter / Walter, Franz: Die FDP. Richtungsstreit und Zukunftszweifel, Darmstadt 1996, S. 162 ff.
[9] Raschke unterscheidet in diesem Zusammenhang zwischen komplementärer und konträrer Informalisierung, vgl. Raschke (Anm. 3), S. 642 ff.

fentlichkeit zu befördern, eine eigene Identität zu finden. Auch organisatorisch unterscheiden sich die Grünen noch immer von den so genannten etablierten Parteien: Amt und Mandat sind nach wie vor – wenn auch nicht mehr strikt – getrennt.[10] Die Begriffe der Macht und der Führung haben noch immer eine andere Bedeutung. Selbst im 25. Jahr nach der Parteigründung werden die Grünen von zwei gleichberechtigten Vorsitzenden navigiert. Und welche andere Partei kommt schon auf 32 Sprecher in einem Vierteljahrhundert?

Schon angesichts dieses numerischen Reichtums wird es anders als bei den Analysen der Groß-Parteien bei den Grünen nicht möglich und auch nicht nötig sein, jeden Parteisprecher gleichwertig auf strukturelle, persönliche und konstellationsabhängige Faktoren wie Herkunft und Hausmacht, Ausstrahlung und Kommunikationsfähigkeit sowie Generations- und Gruppenzugehörigkeit hin zu untersuchen. Die Sprecher der Grünen agieren schon seit ihrer Gründung in Teams und verkörpern innerhalb des jeweiligen Vorstandes verschiedene Typen. Deren Analyse wird letztendlich im Zentrum stehen. Nicht nur die Fusion mit dem Bündnis 90 hat dazu beigetragen, dass sich Struktur und Selbstverständnis der Parteispitze seit den Gründungsjahren 1979/80 gründlich gewandelt haben. Die Untersuchung der Parteivorsitzenden erfolgt daher innerhalb einer Periodisierung und immer vor dem Hintergrund ihrer Organisation. Zäsuren, die ein Umdenken mit sich brachten, oder Strömungskonflikte, die Brüche in der Parteigeschichte nach sich zogen, werden somit wichtiger Bestandteil des Beitrages sein.

Schwieriger wird es werden, die Frage nach Ursachen und Vorgehen informeller Führung zu beantworten. Zusammenhänge zwischen der offiziellen und inoffiziellen Elite gilt es daher aufzuspüren. Kurzum: Welchen Einfluss haben die Köpfe der politischen Strömungen? Natürlich auch: Wie und warum wurde die Rolle Joschka Fischers möglich; gibt es ein linkes Pendant zu dem Realpolitiker; hat er überhaupt den überväterlichen Einfluss, der ihm nachgesagt wird? Und vor allem: Welche Parteisprecher waren es, die diese informelle Führung zuließen? Dabei soll konsequent analysiert werden, ob die ausschlaggebenden Faktoren der jeweiligen Führungssituation bei den Persönlichkeiten, in den Institutionen oder den Konstellationen zu finden sind.

---

[10] Seit Mai 2003 dürfen zwei der sechs Vorstandsmitglieder ein Abgeordnetenmandat innehaben.

Etappen grüner Führung

Konsolidierende Vorhut: Die Vorstände um Herbert Gruhl und Petra Kelly

Politische Führung bei den Grünen ist also schwierig, ihre Struktur unübersichtlich, ihr Ertrag wenig planbar. Das ahnten auch schon die Organisationsgründer, als sie sich im März 1979 auf der ersten Bundesversammlung in Frankfurt-Sindlingen von den rund fünfhundert Teilnehmern in den Vorstand der Sonstigen Politischen Vereinigung (SPV) – Die Grünen wählen ließen. *August Haußleiter* und *Herbert Gruhl* waren organisationserfahrene Alt- bzw. Uralt-Politiker. Haußleiter hatte schon 1946 die bayerische CSU mitbegründet, 1949 die Deutsche Gemeinschaft, die er 1965 in die Aktionsgemeinschaft Unabhängiger Deutscher (AUD) überführte. Gruhl war schon seit langer Zeit im Bundestag gewesen – zunächst für die CDU, seit 1978 als fraktionsloser Abgeordneter. Er hatte Mitte 1975 den Bund für Umwelt und Naturschutz (BUND) und Ende der 70er-Jahre mit großer öffentlicher Aufmerksamkeit und Kritik aus den eigenen, umweltbewegten Reihen die Grüne Aktion Zukunft (GAZ) aufgebaut.[11] Haußleiter und Gruhl gehörten politischen Generationen an, wie sie später bei den Grünen kaum noch zu finden waren: Haußleiter, 1905 geboren, wuchs während des Ersten Weltkriegs und in der Nachkriegszeit auf. Er war gesellschaftliche Umbrüche gewöhnt, ging früh in die Politik. Gruhl, gut 15 Jahre jünger, verbrachte seine Jugend im nationalsozialistischen Deutschland. Im Anschluss an das nachgeholte Abitur studierte er Germanistik, Geschichte und Philosophie. Haußleiter und Gruhl waren Soldaten im Zweiten Weltkrieg und Kriegsgefangene gewesen. Beide gehörten zu den wenigen grünen Parteisprechern, die den Aufbau der Bundesrepublik miterlebt und mitgestaltet haben. Und beide bejahten das System der parlamentarischen, durch Parteien geprägten Demokratie. Sie verstanden politische Partizipation als von Überzeugung geleitetes Wandeln auf einsamen Pfaden, denn beide hatten lange mehr oder weniger öffentlichkeitswirksam und oftmals auf verlorenen Außenseiterposten für ihre überwiegend konservativen Gesellschaftsvorstellungen gekämpft – Haußleiter als Vordenker verschiedener Splitterparteien, Gruhl als christdemokratischer Umweltpolitiker.[12] Mit dem Erblühen der Neuen Sozialen Bewegungen der 70er-Jahre hatte sich die Gesellschaft verändert und somit sich für beide ein Gelegenheitsfenster geöffnet, das

---

[11] Vgl. Klotzsch, Lilian / Stöss, Richard: Die Grünen, in: Stöss, Richard (Hg.): Parteien-Handbuch. Die Parteien der Bundesrepublik Deutschland 1945-1980, Band 3: EAP bis KSP, Opladen 1986, S. 1509-1599, hier S. 1525.

[12] Zu Haußleiter vgl. Stöss, Richard: Vom Nationalismus zum Umweltschutz. Die Deutsche Gemeinschaft/Aktionsgemeinschaft Unabhängiger Deutscher im Parteiensystem der Bundesrepublik, Opladen 1980; zu Gruhl vgl. ders.: Ein Planet wird geplündert. Die Schreckensbilanz unserer Politik, Frankfurt a.M. 1975.

sie mit der Organisationsgründung nutzten, um ihren lange gereiften Gesellschaftsvorstellungen ein Stückchen näher zu kommen.

Ihre wenigen Vorstandsaufgaben[13] teilten sie sich mit *Helmut Neddermeyer*, der im Gegensatz zu seinen Sprecherkollegen ein politisches Leichtgewicht war. Neddermeyer war Jahrgang 1938, also um einige Jahre jünger, politisch weniger erfahren und von weniger großen Missionen erfüllt als Haußleiter und Gruhl, die sich zu den führenden Köpfen der Ökologiebewegung zählten. Aber auch der Gymnasiallehrer Neddermeyer war aktiver Atomkraftgegner und schon 1977 Mitbegründer der Grüne Liste Umweltschutz (GLU) in Niedersachsen gewesen. Bei organisatorischen Diskussionen zeigte sich, dass er weniger von der Effektivität dezentraler Strukturen als von den Führungsfähigkeiten Einzelner ausging.[14] Gleichwohl verschwand er selbst bald wieder im Hintergrund. Doch trotz Neddermeyer stand der SPV mit Haußleiter und Gruhl ein prominentes Kollegium vor.

Firmiert hatte sich die SPV mit ihrem ersten Sprecher-Triumvirat, das sich aus den Vertretern der drei bundesweit agierenden Parteien GAZ, AUD und GLU zusammensetzte, anlässlich der 1979er-Europawahl.[15] Der Bundesverband Bürgerinitiativen Umweltschutz (BBU) hatte schon 1977 die Idee gehabt, die vielen ihn tragenden Initiativen zusammenzuführen und auf europäischer Ebene anzutreten.[16] Den Wahlkampf zu planen, Strukturen zu schaffen und eine erste organisatorische Öffentlichkeit aufzubauen, fiel jedoch nicht in den Aufgabenbereich der ehrenamtlichen Sprecher. Diese Funktionen übernahmen vielmehr das Wahlkampfteam und die Mitte April gegründete Bundesgeschäftsstelle mit Lukas Beckmann als Koordinator an der Spitze.[17] Schon früh zeichnete sich ab, welche Schwierigkeiten es für die Grünen zu überwinden galt: Da waren räumliche Distanzen und programmatische Dissonanzen. Noch war die Partei für Deutschland nicht gegründet, die Organisation ihrer Vorläufer funktionierte überdies anarchisch. Sie war mehr Konglomerat aus Einzelinitiativen und -motivationen als stabiler Verband – somit ständig in Bewegung, unberechenbar und durch ihre stark partizipierenden, oftmals selbstbewussten und gut gebildeten Anhänger und Träger sehr launenhaft. Finanzielle Mittel standen vor der

---

[13] Formell zunächst die Einberufung der Bundesversammlung und die Vertretung der Grünen nach innen und außen.

[14] Vgl. Hallensleben, Anna: Von der Grünen Liste zur Grünen Partei? Die Entwicklung der Grünen Liste Umweltschutz von ihrer Entstehung in Niedersachsen 1977 bis zur Grünung der Partei Die Grünen 1980, Göttingen/Zürich 1984, S. 196 ff.

[15] Vgl. Müller-Rommel / Poguntke (Anm. 2), S. 283 ff.

[16] Vgl. Klotzsch / Stöss (Anm. 11), S. 1528.

[17] Zahlreiche Wahlkampfeinsätze, internationale Kontakte und Pressearbeit organisierten Petra Kelly und Roland Vogt vom BBU; ferner gehörten Otto Fänger (GAZ), Dorothea Wieczorek (AUD) und Werner Knecht (GLU) zum engeren Kreis. Vgl. Vogt, Roland: Bericht zur Bundesgeschäftsstelle, 1979, in: Petra-Kelly-Archiv (PKA), 2553.

Europawahl bis auf die Mitgliedsbeiträge, Spenden und Kredite nicht zur Verfügung.[18] Auf die Rückerstattung der Wahlkampfkosten konnten die frühen Grünen zwar spekulieren, mit dem monetären Segen rechnen konnten sie allerdings noch nicht.[19]

Kurzum: Die Parteisprecher der Europa-Grünen hatten, obwohl insbesondere Haußleiter und Gruhl auf Führung aus waren, mehr eine symbolisch-integrierende als eine antreibende Funktion. Denn sie waren dafür zuständig, eine erste Aufbauarbeit zu leisten, die verschiedenen Strömungen zusammenzuführen sowie die Umwandlung der SPV in eine Bundespartei schnellstmöglich in die Wege zu leiten.[20] Die labile Organisation in aller Stärke und nach ihren Vorstellungen führen konnten sie hingegen nicht. Dazu fehlten ihnen die strukturellen, personellen und finanziellen Ressourcen ebenso wie jedwede Restriktionsmöglichkeiten. Insofern trugen sie mit ihrer schwachen Führung aber auch dazu bei, dass sich die Organisation stabilisieren und sich aus der Vereinigung eine Partei formieren konnte, dass die Prinzipien grüner Politik, die später programmatisch formuliert werden sollten, erarbeitet und zunächst als Programm für die Europawahl gebündelt werden konnten. Ihr Durchsetzungsvermögen, ihr machtstrategischer Einfluss und ihre Prägekraft waren jedoch gering. Die ersten grünen Sprecher erfüllten noch die grünen Ideale und dienten der Organisation. Wie sich dessen ungeachtet schnell herauskristallieren sollte, blieben sie dabei selbst auf der Strecke.

Nicht nur die ersten organisatorischen Fragmente, auch der Achtungserfolg von sogleich 3,2% bei den Europawahlen einigten die verschiedenen Strömungen. Die Liste war mit prominenten Aktivisten wie dem Künstler Joseph Beuys, einem der BBU-Vorsitzenden, Roland Vogt, und dem CSSR-Emigranten Milan Horacek besetzt gewesen und von der EG-Verwaltungsrätin *Petra Kelly* angeführt worden. Die unermüdliche Atomkraftgegnerin und Friedenskämpferin war wie viele ihrer Gesinnungsgenossen kurz zuvor als Reaktion auf die Verteidigungspolitik unter Helmut Schmidt aus der SPD ausgetreten. Sie wandte sich gegen ein seelenloses Brüsseler Bürokratenleben und plädierte für mehr demokratische Lebendigkeit. Zwar wurde Kelly nicht ins Europäische Parlament gewählt, wohl aber im März 1980 in den auf Haußleiter, Gruhl und Neddermeyer folgenden Vorstand – dies war der erste Vorstand der neugegründeten Partei „Die Grünen".

In Saarbrücken hatten die Grünen zwei Monate nach ihrem Karlsruher Gründungsparteitag ein Programm verabschiedet und ein neues Sprecherteam

---

[18] Vgl. Finanzberichte/Haushalt der Grünen 1979-1990, in: Archiv Grünes Gedächtnis (AGG), Infothek, 13.1.1 und AGG, B.I.1, [647].

[19] Vgl. Hallensleben (Anm. 14), S. 184 ff.

[20] Vgl. Otto, Georg: August Haußleiter – ein Stück grüne Geschichte, Konzept 1987, in: AGG, B.I.1, [10].

bestimmt. Dem Programm waren hitzige Debatten vorangegangen, die ein Papier ergaben, das widersprüchliche Aussagen miteinander vereinte: Der Paragraph 218 spaltete die Alternativen an der Grenzlinie, die weltanschaulichen Lebensschutz und emanzipative Werte voneinander trennt, und wurde im Programm mit einem Formelkompromiss überdeckt, demzufolge ein Schwangerschaftsabbruch nicht Gegenstand juristischer Verfolgung sein solle.[21] Die Partei war sich dieser Kluft bewusst, aber nicht fähig, sie zu überwinden. Doch während im Grunde eine „linksökologische Wende zum Öko-Sozialismus"[22] einsetzte, sah sich der konservative Flügel unterlegen.[23] Sein bekanntester Vertreter und noch amtierender Sprecher Herbert Gruhl zog die Konsequenzen und nahm die erneute Kandidatur für den Vorstand zurück. Er kritisierte, die Beschlüsse der Grünen seien von einem technokratischen Denken und außerdem vom Modus des Habens, nicht dem des Seins bestimmt.[24] Rotation und Bürokratisierung, Kommissionen sowie Frauenbeauftragte lehnte er ab; ihm fehlte ein volkswirtschaftliches Fundament genauso wie ein realpolitisches Durchsetzungspotential.[25] Alles in allem war das Programm der Grünen für ihn als konservativ-ökologisch denkenden Menschen nicht vertretbar.

Das auf Gruhl und Co. folgende Sprecherteam bestand wieder aus drei gleichberechtigten Sprechern, die ehrenamtlich in einem rotierenden System zusammenarbeiteten und sich dem Selbstverständnis des gesamten Bundesvorstandes als dienendem Organ anschlossen.[26] Der Einzige, der nun noch die personelle Kontinuität der ersten Gründungssprecher wahrte, war August Haußleiter. Dieser hatte sich schon sehr lange von Herbert Gruhl abgegrenzt, hielt dessen Argumentation ohnehin für zu pessimistisch, zu polemisch und zu reaktionär[27], machte sich daher nicht viel aus Gruhls Ausscheiden. Doch auch Haußleiter sollte nicht mehr lange an der Parteispitze bleiben. Im Frühjahr 1980 wurde seine Vergangenheit öffentlich aufgearbeitet. Da die Grünen bundespolitisch bedeutsam wurden, interessierte es Konkurrenz und Medienvertreter, auf welche Vergangenheiten ihre Vorsitzenden zurückblickten: Der sozialdemokratische „Vorwärts" und das Polit-Magazin „Monitor" berichteten über Haußleiters politisches Werden und Wandeln und stellten seine biographische Glaubwürdigkeit in Fra-

---

[21] Vgl. Die Grünen: Das Bundesprogramm, 1980.
[22] Veen, Hans-Joachim / Hoffmann, Jürgen: Die Grünen zu Beginn der neunziger Jahre. Profil und Defizite einer fast etablierten Partei, Bonn/Berlin 1992, S. 17.
[23] Vgl. Klotzsch / Stöss (Anm. 11), S. 1536 und Langguth, Gerd: Der grüne Faktor. Von der Bewegung zur Partei?, Osnabrück 1984, S. 28 f.
[24] Vgl. Gruhl, Herbert: Persönliche Erklärung auf dem Parteitag der Grünen in Saarbrücken am 23.03.1980, in: AGG, Infothek, 13.1.1.
[25] Vgl. Gruhl, Herbert: Das alternative Luftschloss, 29.09.1980, in: AGG, A - Gerald Häfner, 12.
[26] Vgl. Satzung der Bundespartei Die Grünen, Stand: 13.01.1980 und AGG, B.I.1, [649].
[27] Vgl. PKA, 2074.

ge.[28] Seine Karriere endete schließlich mit den Vorwürfen, dass er mit dem Kriegstagebuch seiner Einheit, „An der mittleren Ostfront", nationalsozialistisches Gedankengut verbreitet habe und außerdem führender Kopf der als rechtsextrem geltenden Deutschen Gemeinschaft gewesen war.[29] Die Grünen selbst hatten als Organisation noch keine ausgeprägte Parteiidentität, zu wenig Kraft und auch ein zu geringes Personalisierungsverständnis, um ihren Parteigründer zu halten. Somit wurde Haußleiter auf der dritten ordentlichen Bundesversammlung der Grünen verabschiedet und mit stehenden Ovationen geehrt. Anders als Gruhl, der die Partei verbittert verließ und mit der Ökologisch-Demokratischen Partei „aus Sorge um die Zukunft dieser Erde"[30] einen Neuanfang versuchte, sollte Haußleiter den Grünen treu bleiben und sie im hohen Alter von über 80 Jahren noch im bayerischen Landtag vertreten.

Mit der Parteigründung und den inhaltlichen Umorientierungen gab es auch einen personellen Umbruch: Für die Grünen sprachen ab Juni 1980 Petra Kelly, *Norbert Mann* und der Haußleiter-Nachfolger *Dieter Burgmann*. Diesen und den folgenden Vorstand, in dem *Manon Maren-Grisebach* 1981 die Stelle von Norbert Mann einnahm, wertete man wie das Programm: verschiedene Strömungen integrierend, die grüne Mitte-Links-Mehrheit repräsentierend und Ideale der Partei vertretend.[31] Die Hauptaufgabe des ersten Vorstands war nach Beschluss des Dortmunder Parteitags, den 1980er-Bundestagswahlkampf zu organisieren und Öffentlichkeit zu schaffen.[32] In dieser kurzen Zeit – nur gut drei Monate standen zur Verfügung – verlief das natürlich nicht reibungslos: Der Vorstand war zwar einsatzbereit, jedoch noch nicht eingearbeitet, die Kooperation zwischen Landes- und Bundesebene funktionierte nicht, das Misstrauen der Basis gegenüber ihrer Führung wuchs und Trivialitäten wie Urlaubszeiten lähmten die Organisation.[33] Dieter Burgmann resümierte schonungslos: „Der Vorstand treibt

---

[28] Vgl. Fischer, Jens: Vom Braunen zum Grünen. Die politische Vergangenheit des Grünen-Vorsitzenden August Haußleiter, in: Vorwärts, 17.04.1980; Happe, Volker / Landgraeber, Wolfgang: Ein Mann von gestern für die Grünen von morgen – Die seltsamen Wandlungen des Vorsitzenden Haußleiter, in: WDR, 22.04.1980, beides in: AGG, B.I.1, 260.

[29] Vgl. AGG, B.I.1, 260 und Stöss, Richard: Deutsche Gemeinschaft, in: Stöss, Richard (Hg.): Parteien-Handbuch. Die Parteien der Bundesrepublik Deutschland 1945-1980, Band 2: CSU-DSU, Opladen 1986, S. 877-900.

[30] Vgl. Grundsatz-Programm der Ökologisch-Demokratischen Partei, in: AGG, A - Gerald Häffner, 12.

[31] Vgl. o.V.: Perverse Power, in: Der Spiegel, 07.04.1980; Raschke (Anm. 3), S. 145.

[32] Vgl. Erklärung der Sprecher des Bundesvorstandes an die Mitglieder der Grünen, August 1980.

[33] Vgl. Dieter Burgmann an den Bundesvorstand der Grünen: Vorstandsinternes Diskussionspapier zur Arbeit des Bundesvorstandes von Dortmund bis heute, 03.08.1981, in: AGG, B.I.1, [535] und Rechenschaftsbericht des Bundesvorstandes, Delegiertenversammlung in Offenbach, 02.-04.10.1981, in: AGG, B.I.1, [649].

nicht, sondern wird getrieben.“[34] Als Konsequenz traten die drei Sprecher auf der Bundesdelegiertenversammlung im Oktober 1981 in Offenbach zurück.

Mit 1,5% der Stimmen hatte man den Einzug in den Bundestag gründlich verfehlt. Das war ein Rückschlag, doch entmutigen ließen sich die Grünen dadurch nicht. Denn zu Beginn der 80er-Jahre waren sie ihrem Selbstverständnis nach noch Bewegungspartei[35], die von der Anti-Atom- und nachhaltig von der Friedensbewegung auch ohne parlamentarische Beteiligung auf Bundesebene getragen wurde. Außerdem zogen die Grünen nach und nach in die Landesparlamente ein: im März 1980 mit 5,3% in Baden-Württemberg, im Mai 1981 die Alternative Liste (AL) mit 7,2% in Berlin, im März 1982 mit 6,5% in Niedersachsen, im Juni 1982 die Grün-Alternative Liste (GAL) mit 7,7% Hamburg und im September 1982 mit 8% in Hessen. Auf Bundesebene manifestierte sich grüne Politik noch nicht über die konventionelle Gesetzgebung, wohl aber über das Organisieren von Friedensdemonstrationen, Appellen und Kongressen.[36] Noch wirkten die Grünen als Bewegungspartei direkt in die Gesellschaft.

Kelly, Mann, Burgmann und Maren-Grisebach, die vier Sprecher der zwei ersten grünen Vorstände, waren politische Partizipatoren: Petra Kelly – damals schon populär und mit Starpotential ausgestattet – in den Bewegungen und im BBU; Norbert Mann, der von Anfang an beteiligt war, aber doch nur im Hintergrund wirkte, hatte die GLU in Nordrhein-Westfalen mitgegründet und war schon Schriftführer im Bundesvorstand der SPV gewesen.[37] Dieter Burgmann, der 1939 geborene Ingenieur, war Vorsitzender des bayerischen AUD gewesen und wie Manon Maren-Grisebach Ende der 70er-Jahre zu den Grünen gestoßen. Burgmann war für die süddeutschen Grünen auf Landesebene aktiv. Maren-Grisebach, die promovierte Philosophin, arbeitete als Journalistin und Dozentin und hatte sich schon länger in einer Bürgerinitiative gegen eine Schnellstraße in ihrem Heimatort in der Heide engagiert.[38] Die Grünen bestanden aus politisch suchenden, aber tatkräftigen, mobilisierten Mitgliedern. Somit spiegelten diese Sprecherteams das Engagement und den Einsatz der Basis wider, die eine Partei benötigt, um den Sprung aus dem organisatorischen Nichts in die Politik zu schaffen. Doch politisch schlagkräftig, durchsetzungsstark und orientierungsstiftend waren die ersten grünen Vorsitzenden nicht. Wie die grüne Partei waren sie im Vergleich relativ jung und gehörten rein rechnerisch der Nachkriegs- und

---

[34] Burgmann, 03.08.1981, in: AGG, B.I.1, [535].

[35] Vgl. zum Wandel vom Bewegungs- zum Parteicharakter z.B. Langguth (Anm. 23), S. 119; Markovits, Andrei S. / Gorski, Philip S.: Grün schlägt Rot. Die deutsche Linke nach 1945, Hamburg 1997, S. 399.

[36] Siehe z.B. das 1981 beschlossene Friedensmanifest des Offenbacher Parteitages.

[37] Vgl. Bieber, Horst: Nachrücker in vorderster Front, in: Die Zeit, 02.03.1984.

[38] Vgl. AGG, A - Raschke, Joachim, [37]; Auffermann, Verena: Auf dem Pfad grüner Tugend, in: Die Zeit, 12.08.1983.

durch die Adenauer-Zeit geprägten Generation (Maren-Grisebach, Burgmann) oder den 68ern (Mann, Kelly) an, die in den anderen Parteien noch keine Führungspositionen erklommen hatten.[39] Sie bauten die organisatorischen Netze auf, versuchten die Partei zu stabilisieren und dieser eine Richtung zu geben. Sie reisten quer durch die Republik, nahmen finanzielle Bürden auf sich, opferten ihre Freizeit (so mancher wohl auch seine Karriere), ernteten wenig Ruhm, rieben sich auf – bis an die Grenzen physischer und psychischer Erschöpfung.[40]

Und dennoch waren diese ersten Parteisprecher nahezu ideal für die frühen Grünen. Im Spannungsfeld zwischen Bewegung und Parteiorganisation, mit der Aussicht auf parlamentarische Arbeit, versuchten die Alternativen eine eigene Position zu finden. Petra Kelly beispielsweise prägte den Begriff der Antipartei-Partei, mit dem sie die parlamentarische Beteiligung der Grünen nicht als Ziel, sondern als Teil der grünen Strategien definierte, um den gesellschaftlichen Protest zu artikulieren und ein friedlich-ökologisches Zusammenleben durchzusetzen.[41] Gleichzeitig stand für sie fest: „Wenn die Grünen eines Tages anfangen, Minister nach Bonn zu schicken, dann sind es nicht mehr die Grünen, die ich mit aufbauen wollte." Obwohl Kelly im Vorstand eine herausragende Rolle zufiel und sich ihre Mitsprecherin Maren-Grisebach oft darüber beklagte, schlecht informiert zu sein und abgedrängt zu werden[42], wirkten die Parteisprecher vergleichsweise integrativ, zeigten ehrenamtlich vollen Einsatz und unterwarfen sich dem noch geltenden Rotationsprinzip für den Bundesvorstand. Die Sprecher spiegelten das Suchen, Positionieren und die Zerrissenheit der Grünen wider, passten somit in ihr Umfeld und waren daher trotz mangelnder Führungsressourcen erfolgreiche Führungsfiguren.

Wilhelm Knabe gehörte nur bedingt zu dieser Kategorie. Von 1982 bis 1984 – zuerst neben Manon Maren-Grisebach, dann an der Seite von Rebekka Schmidt und während des gesamten Zeitraums zusammen mit dem Ökosozialisten Rainer Trampert – stellte der Ökologe ein Verbindungsglied zwischen den gemäßigt-stabilisierenden und den fundamentalistisch-polarisierenden Vorständen dar.[43] Auch Knabe zählte zu den politischen Urgesteinen der Grünen, doch war er weniger ambitioniert, und er bot keine solche Projektionsfläche wie sein Kohortengenosse Gruhl oder sein Vorgänger Haußleiter. Wie diese musste auch

---

[39] Zur Orientierung die Geburtsjahre der Parteisprecher: Manon Maren-Grisebach 1931, Dieter Burgmann 1939, Norbert Mann 1943, Petra Kelly 1947. Zur Einordnung vgl. Fogt, Helmut: Die Mandatsträger der Grünen. Zur sozialen und politischen Herkunft der alternativen Parteielite, in: Aus Politik und Zeitgeschichte 36 (1986) 11, S.16-33, hier S. 17.
[40] Vgl. u.a. Rechenschaftsbericht des Bundesvorstandes, Delegiertenversammlung in Hagen, 12.-14.11.1982, in: AGG, B.I.1, [649].
[41] Vgl. Kelly (Anm. 3).
[42] Vgl. Bannas, Günter: Ein Kaufmann als Vormann der Grünen, in: Frankfurter Allgemeine Zeitung, 14.12.1982.
[43] Vgl. zu Trampert und den fundamentalistisch-polarisierenden Vorständen das folgende Kapitel.

Knabe noch in den Krieg ziehen. Er kehrte als Pazifist zurück und wurde Mitglied der CDU – erst in Ostdeutschland, ab 1959 in Westdeutschland. Der promovierte Forstwissenschaftler setzte sich Zeit seines Lebens gegen das Wald-
sterben und für die Menschenrechte ein. Die Neuen Sozialen Bewegungen trugen
ihn nicht zuletzt mit seiner Beteiligung am Engagement gegen die Autobahn
A31[44] nach einer längeren Pause zurück in die Politik: Nachdem er 1966 aus der
CDU ausgetreten war, wurde er 1978/79 Mitbegründer und Sprecher der GLU,
1979/80 Mitbegründer und Sprecher der Grünen in Nordrhein-Westfalen, 1980
Mitbegründer der Bundespartei, 1982 deren Sprecher. Im Bundesvorstand wirkte
Knabe in beiden Gremien eher im Hintergrund. „Ich war naiv, nicht genügend
Politiker, um die Einflussmöglichkeiten meiner Funktion voll auszunutzen",
sagte er selbst im Nachhinein über seine Zeit an der Parteispitze.[45] Auch er lehnte eine grüne Regierungsbeteiligung oder eine Annäherung an die Sozialdemokraten ab. In seinem Amt kümmerte er sich eher um die Umsetzung grüner um-
weltpolitischer Vorstellungen als um ein machtstrategisches Ausschöpfen seiner
Position. Insofern konnte Knabe in beiden Vorstandskombinationen bestehen.

Der Vorstand wird fundamentalistisch: Von Rainer Trampert zu Jutta Ditfurth

Im Grunde entstand der parteiinterne Fundamentalismus – verstanden als opposi-
tionelles Denken und absolutes Ablehnen von Regierungsbeteiligungen – schon
im September 1982, als sich in Hessen die Frage nach der Tolerierung einer
sozialdemokratischen Landesregierung stellte und sich im Landesverband eine
regierungswillige Realo-Gruppe um Joschka Fischer und Hubert Kleinert bildete.[46] Doch bedeutete der parlamentarische Einzug auf Bundesebene 1983 einen
noch viel größeren, die gesamte Partei in ihrem Selbstbildnis betreffenden Ein-
schnitt in der grünen Geschichte. Nun könnte man annehmen, dass ein Wahlkampf gegen die alteingesessenen Volksparteien die Parteiflügel zusammen-
schweißen und die Euphorie des parlamentarischen Erfolgs Kraftquelle für die
weitere Zusammenarbeit sein sollte. Doch hielt der Siegesrausch nicht lange an.
In der Bundestagsfraktion sammelten sich Realpolitiker, die Handlungsspielräume ausloteten und zu Medienlieblingen avancierten. Gleichzeitig entstand in der
Partei ein Zentrum der Fundamentalisten als Rückzugsort vor jedweden realpolitischen Entscheidungen und ein Nährboden für idealistische Gesellschaftsvor-

---

[44] Bürgerinitiativen vernetzten sich entlang der durch das westliche Ruhrgebiet und das Bergische
Land geplanten Trasse. Vgl. Knabe, Wilhelm: 25 Jahre Grüne NRW. Eine gelungene Erfolgsge-
schichte, Rede zur Landesdelegiertenkonferenz in Hagen, 10.07.2004.
[45] Zit. nach Schnell, Rita: „Viele Grüne nehmen sich zu wichtig". Portrait Wilhelm Knabe, in: Die
Tageszeitung, 11.02.1985.
[46] Vgl. Raschke (Anm. 3), S. 150 ff.

stellungen. Persönliche Diffamierungen, der strategische Dualismus und die Konkurrenz zwischen dem Parteivorstand und der finanziell sowie personell besser ausgestatteten Bundestagsfraktion prägten das öffentliche Bild der Grünen. Die Sprecher begehrten auf und verlangten Absprachen mit den Parlamentariern.[47] Doch da den Ehrenämtlern machtstrategisch die Hände gebunden waren, verzettelten sie sich in kompromissloser Ideologie.

Schon 1982 wurde mit *Rainer Trampert* ein Ökosozialist in den Vorstand gewählt – und somit ein Vertreter der Strömung, die die partei-ideologische Entwicklung der 80er-Jahre entscheidend prägen sollte.[48] Trampert, der ehemalige Betriebsrat, positionierte sich eindeutig als führender Kopf der Linken und gab einer Zusammenarbeit mit der SPD nur eine Chance, sollte diese originär grüne Ziele vertreten.[49] Obwohl er damit in der Koalitionsfrage weniger radikal argumentierte als seine Vorgängerin Petra Kelly[50], gelang es ihm nicht, die verschiedenen Parteiströmungen zu integrieren. Er versuchte zwar inner- und außerparteiliche Unterstützer zu finden, blieb aber kompromisslos, wollte die Gesellschaft durch eine partielle Infragestellung des Staates und durch qualitative Mehrheiten in Bereichen der Ökologie-, Wirtschafts- und Dritte-Welt-Politik verändern. Im Sprecherkollegium entwickelte er sich schnell zum Primus inter Pares. Der gelernte Industriekaufmann mit Ausbildung zum Betriebswirt war 1946 geboren, als Nicht-Akademiker in den 70er-Jahren in der Anti-Atom-Bewegung, zeitweise auch im Kommunistischen Bund und der undogmatischen sozialistischen Gruppe Z engagiert. Über die Bunte Liste Hamburg war er als überzeugter Basisdemokrat zu den Grünen gekommen. Dennoch hatte er Führungspotential. Die Gruppe um Trampert, zu der auch sein Gesinnungsgenosse und Weggefährte Thomas Ebermann zählte, war gut organisiert und besetzte entscheidende Partei- und Fraktionspositionen.[51] Ihr Ziel war es, eine neue, entmilitarisierte gesellschaftliche Lebensform über den bewussten Umgang mit der Natur, eine alternative Produktion und ein geändertes Konsumverhalten zu etablieren.[52] Bis 1984 forderte Trampert zusammen mit der Berlinerin *Rebekka Schmidt*, danach mit Jutta Ditfurth die SPD zu einem radikalen Politikwandel auf.

Doch vollends durchsetzen konnte er seine politischen Vorstellungen weder im Vorstand noch in der Partei. Denn neben ihm bildete *Lukas Beckmann*, der

---

[47] Vgl. o.V.: Ende der Schonzeit, in: Der Spiegel, 09.05.1983.
[48] Vgl. Veen / Hoffmann (Anm. 22), S. 59 ff.
[49] Vgl. Rainer Trampert im Interview „Was heißt schon unregierbar", in: Der Spiegel, 21.02.1983.
[50] Kelly lehnte jegliche koalitionären Kompromisse ab. Vgl. zu den Grundorientierungen und Strömungen der Grünen Raschke, Joachim: Krise der Grünen. Bilanz und Neubeginn, Marburg 1993.
[51] Vgl. Veen / Hoffmann (Anm. 22), S. 60.
[52] Vgl. Ebermann, Thomas / Trampert, Rainer: Die Zukunft der Grünen. Ein realistisches Konzept für eine radikale Partei, Hamburg 1984, S. 194 f.

seit 1979 die grüne Organisation als hauptamtlicher Bundesgeschäftsführer aufgebaut hatte und sie daher wie seine Westentasche kannte[53], ein wertkonservatives, realpolitisches Gegengewicht. Der gelernte Landwirt und studierte Soziologe hatte schon in den 70er-Jahren in Dritte-Welt- und Umweltgruppen gearbeitet. Er war ein überzeugter, selbstbewusster Mann der Tat, der Politik symbolisch zu vermitteln verstand und zusammen mit Petra Kelly schon auf dem Ostberliner Alexanderplatz demonstriert und die Deutsche Botschaft im südafrikanischen Pretoria besetzt hatte. Im Vorstand wollte er trotz seiner polarisierenden Aktionen eine Vermittlerrolle einnehmen.[54] Doch je länger die Parteispitze mit solch ungleichen, starken Persönlichkeiten besetzt war, desto öffentlicher und deutlicher wurden die Zerwürfnisse: Trampert fand besonders Beckmanns Idee, eine Koalition mit der CDU einzugehen, abstrus.[55] Beckmann selbst wiederum berichtete von starker Polarisierung, fehlender Teamarbeit, mangelnder Transparenz und Ausstrahlung.[56] Der Vorstand war gelähmt – und Beckmann ging. Auch Rainer Trampert verließ die Parteispitze 1987. Eine erneute Kandidatur lehnte er ab, da er sah, wie sich die Grünen zu einer etablierten Staatspartei entwickelten.[57] Doch trotz Abgang der beiden streitbaren Vorstandsprotagonisten sollte die inhaltliche und personelle Konfrontation innerhalb der Partei ihre Höhepunkte erst noch erreichen.

Auf dem Weg dahin zeichnete sich gleichzeitig eine zu der fundamentalistischen Ideologie diametral verlaufende Entwicklung ab, die die Prinzipien der Basisdemokratie und Ehrenamtlichkeit untergraben sollte: Zum einen beschlossen die grünen Delegierten – dabei die gut ausgestattete und übermächtige Bundestagsfraktion vor Augen – eine Bezahlung der Vorstandsmitglieder[58], nachdem Jutta Ditfurth sogar schon 1983 erfolgreich einen Antrag zur Entschädigung von Bundesvorstandsmitgliedern gestellt hatte.[59] Zum anderen wurde die Rotationsregelung für den Bundesvorstand mit Tramperts dritter Amtszeit ad absurdum

---

[53] Vgl. Beckmann, Lukas: Die Grünen zwischen Hoffnung und Machterwerb, in: Grüner Basis Dienst (gbd) (1984) 3, S. 4-8.

[54] Vgl. Beckmann, Lukas: Offener Brief an Rainer Trampert, 28.04.1987, in: AGG, B.I.1, [649].

[55] Vgl. Rainer Trampert im Interview „Beckmanns neue Strategie ist Blödsinn", in: Stuttgarter Nachrichten, 23.04.1987.

[56] Vgl. Beckmann, Lukas: Rechenschaftsbericht zur Bundesversammlung der Grünen, 01.-03.05.1987 in Duisburg, in: AGG, 629.

[57] Vgl. u.a. die Erklärung von Rainer Trampert „Hinwendung zur etablierten Staatspartei", in: Die Tageszeitung, 06.02.1989.

[58] Vgl. 9. ordentliche Bundesversammlung in Duisburg, 01.-03.05.1987, Die wichtigsten Beschlüsse und Resolutionen und 11. ordentliche Bundesversammlung, 03.-05.03.1989, Beschlüsse und Resolutionen, in: AGG, Infothek, 13.1.1.

[59] Vgl. Protokoll, Anlage 18: Beschluss zur Entschädigung von Bundesvorstandsmitgliedern, in: AGG, B.I.1, [548].

geführt.[60] Ergo: Die Parteiorganisation professionalisierte sich schleichend, nahm langsam die Grundzüge der bundesrepublikanischen Altparteien an, gegenüber denen sie sich immer abgrenzen wollte.

Mit *Jutta Ditfurth* übernahm eine Radikalökologin Tramperts Führungsanspruch im Vorstand und verstärkte die fundamentalistische Seite der Parteispitze. Die 1951 geborene Tochter des Wissenschaftsjournalisten Prof. Dr. med. Hoimar von Ditfurth hatte schon früh mit ihrer großbürgerlichen Herkunft gebrochen, den Adelstitel abgelegt, der evangelischen Kirche den Rücken gekehrt und sich den Protesten gegen das Atomkraftwerk im badischen Whyl, gegen die Startbahn West in Frankfurt und die atomare Wiederaufbereitungsanlage im bayerischen Wackersdorf angeschlossen. Sie war eine Rebellin, kannte die Bewegungen, wusste sich auf Bauplätzen, in Menschenmengen und während formloser Organisationstreffen zu bewegen und zu artikulieren. Politik zu machen, sich parlamentarisch und strukturell durchzusetzen, lernte sie zu Beginn der 80er-Jahre zusammen mit ihrem Lebens- und Gesinnungsgefährten Manfred Zieran als Abgeordnete im Frankfurter Römer. Schon damals wollte sie radikal und phantasievoll eine gesellschaftliche Gegenmacht organisieren.[61] Als Fundamentalistin argumentierte sie auch als Vorstandssprecherin kompromisslos und meistens gegen die Linie der Fraktion. Für sie war es eine Illusion, durch Anpassung an Mehrheiten grüne Inhalte durchsetzen zu wollen.[62] Ihre Äußerung zehn Jahre nach dem Deutschen Herbst, dass der Staat fast nichts so sehnsüchtig wie den Terror bräuchte, um von seiner eigenen tagtäglichen Gewalt abzulenken, wurde von den grünen Parlamentariern empört aufgenommen und als politisch unhaltbar zurückgewiesen.[63]

Und doch war Jutta Ditfurth weder als Linke noch als Sprecherin eine Außenseiterin: Auf den Bundesversammlungen 1984 in Hamburg, 1985 in Offenburg und 1987 in Duisburg wurde sie stets mit soliden, teilweise sogar überragenden Mehrheiten gewählt.[64] Und nicht nur in der legendären Elefantenrunde überzeugte sie vor der 1987er-Bundestagswahl mit rhetorischer Kraft, rednerischer Schlagfertigkeit und einem Selbstbewusstsein, das sie in Szene gesetzt voll entfalten vermochte. Als Grüne und als Frau brillierte sie gegen die gestandenen

---

[60] Vgl. Satzung der Bundespartei Die Grünen, Stand: Mai 1986. „Der Bundesvorstand besteht aus 11 Mitgliedern. Diese werden nach dem rotierenden System ausgewählt, d.h. die Hälfte der Vorstandsmitglieder ist jedes Jahr neu zu wählen. Die Wiederwahl in das gleiche Amt ist einmal möglich, danach scheidet das Vorstandsmitglied obligatorisch bis zur nächsten Wahl aus." Rainer Trampert hingegen wurde 1984 zum dritten, 1985 zum vierten Mal in seinem Amt als Sprecher bestätigt.
[61] Vgl. o.V.: „Jutta ist jetzt die Kaiserin", in: Der Spiegel, 11.05.1987.
[62] Vgl. Troysdorf, René: Grüner Querkopf, in: Deutsches Allgemeines Sonntagsblatt, 26.10.1986.
[63] Vgl. Pressemitteilung Nr. 957/87 Die Grünen im Bundestag: Bundestagsfraktion distanziert sich von Erklärung Jutta Ditfurths, 16.10.1987; o.V.: „Presseerklärung Frau Ditfurths unhaltbar", in: Frankfurter Allgemeine Zeitung, 17.10.1987.
[64] Vgl. AGG, Infothek, 13.1.1 (BDKs 1979 bis 1989).

Bundespolitiker der Altparteien Franz Josef Strauß, Helmut Kohl, Martin Bangemann und Johannes Rau.[65]

Kurzum: Jutta Ditfurth war erfolgreich, und sie polarisierte. Das war einerseits hilfreich. Sie erregte Aufmerksamkeit, gab Orientierungen vor und konnte Anhänger um sich scharen. Ihre politische und persönliche Vehemenz hatte aber andererseits auch Nachteile. Denn dass sie hart, kompromisslos und zuweilen demagogisch sein konnte, bekamen eben nicht nur ihre liberalen, sozial- und christdemokratischen Gegner, sondern auch ihre innerparteilichen Kontrahenten zu spüren. Joschka Fischer höhnte: „Jutta läuft immer zur Hochform auf, wenn die Weihe des Märtyrertums droht."[66] Als Sprecherin umgab sie die Aura einer Walküre, an der die gesamte Partei Ende der 80er-Jahre beinahe zerbrach.

Daran konnten auch ihre Sprecherkollegen nichts ändern. Im Gegenteil: *Regina Michalik* und *Christian Schmidt* waren nicht nur Jutta Ditfurths Gefährten. Sie waren gleichzeitig ihre Anhänger und im Verhältnis zu ihrer übermächtigen Anführerin unscheinbar, nicht fähig, sich aus ihrem Schatten zu lösen. Natürlich waren beide in die grüne Geschichte involviert, in ihr engagiert und mit ihr verbunden: Regina Michalik war bei ihrer Wahl im Mai 1987 noch keine 30 Jahre alt. Sie war in der autonomen Frauenbewegung aktiv, von Anfang an Mitarbeiterin der Bundestagsfraktion gewesen, außerdem schon seit drei Jahren Vorstandsmitglied und Vertreterin einer ganzheitlichen feministischen Politik.[67] Christian Schmidt, „schon" über 40, war über die Hamburger SPD, die dortige AL und schließlich über die Grünen als Nachrücker in den Bundestag eingezogen und wurde später Mitglied und Sprecher der Bundestagsfraktion. Außerdem gehörte er zu den Vertrauten der Ökosozialisten Rainer Trampert und Thomas Ebermann. Michalik und Schmidt kannten sich aus mit den parlamentarischen Gepflogenheiten. Trotzdem verweigerten auch sie sich gemäß ihrer linken politischen Prägung politischen Bündnissen und trugen so mit ihren Erfahrungen nicht zur Integration oder zum Ausgleich der Spannungen bei.[68]

Die Polarisierung und die wenig repräsentative Ausrichtung des Sprechergremiums endete vorerst mit einem reinigenden Gewitter: Auf der außerordentlichen Bundesversammlung in Karlsruhe im Dezember 1988 wurde der Vorstand abgewählt. Der Entscheidung waren die Finanzaffären um die Bezahlung grüner Funktionsträger und die Renovierung der Villa Wittgenstein vorangegangen. „Der Spiegel" hatte der Parteispitze vorgeworfen, Steuer- und Sozialgesetze umgangen, Geld ohne Belege und unverhältnismäßig hohe Vorschüsse ausge-

---

[65] Vgl. o.V.: „Jutta ist jetzt die Kaiserin", in: Der Spiegel, 11.05.1987.
[66] Zit. nach Bild am Sonntag, 22.03.1987.
[67] Vgl. Michalik, Regina: Bewerbung als Sprecherin im Bundesvorstand, April 1987, in: AGG, B.I.1, [19].
[68] Eine öffentliche Anzeige des Bundesvorstandes gegen die Fraktion rechtfertigte Regina Michalik in der Tagesschau als letztes Protestmittel der Parteibasis. (27.05.1988)

zahlt zu haben.[69] Die parteiinterne Gegenseite reagierte sofort, gründete einen Arbeitskreis und präsentierte dessen Ergebnisse der Öffentlichkeit.[70] Jutta Ditfurth und der Bundesvorstand dementierten die Vorwürfe, sahen sich als Träger linker Werte in der persönlichen Integrität verletzt und als Opfer einer realpolitischen Intrige.[71] Verbittert, enttäuscht und missverstanden verließen sie im Frühjahr 1989 die Parteitagsbühne.[72]

Neuorientierungen, Rückschläge und das Verdienst von Ludger Volmer

Nachdem ein kommissarischer Bundesvorstand die Geschäfte der Partei übernommen hatte[73], wurden im März 1989 drei unbelastete Sprecher an die Parteispitze gewählt. Ruhe sollte einkehren; Integration und sachliche Arbeit sollten im Vordergrund stehen, persönliche Übergriffe und politische Unverfrorenheiten beider Seiten der Vergangenheit angehören. Ralf Fücks, Ruth Hammerbacher und Verena Krieger hatten vor ihrer Wahl 1989 in der Partei keine große Rolle gespielt. Sie alle aber standen mit ihrer beruflichen Biographie für eine jeweils eigene Politikrichtung: *Ralf Fücks*, der noch Ende der 70er-Jahre im Kommunistischen Bund engagiert gewesen war, hatte sich gewandelt und dem „Grünen Aufbruch" um Antje Vollmer angeschlossen, um gegen die innerparteiliche Fraktionalisierung anzugehen.[74] *Ruth Hammerbacher* wurde als niedersächsische Landtagsabgeordnete vom realpolitischen Flügel auf den Schild gehoben.[75] Und *Verena Krieger*, die als radikale Feministin aus der Bundestagsfraktion in den Parteivorstand wechselte, übernahm relativ jung – sie war erst 27 Jahre alt – die Interessenvertretung der Linken; sie sah sich als Korrektiv gegenüber den eher realpolitischen Parlamentariern.[76]

---

[69] Vgl. o.V.: Einmalig schweinisch, in: Der Spiegel, 13.06.1988; o.V.: In die Honigtöpfchen, in: Der Spiegel, 20.06.1988.
[70] Vgl. Beckmann, Lukas: Glasnost bei den Grünen, Oktober 1988, in: AGG, B.II.1, 4109.
[71] Vgl. Erklärung des Bundesvorstands der Grünen zu den Vorwürfen des Spiegels über angebliche Unregelmäßigkeiten in der Buchhaltung des Bundesvorstandes, 13.06.1988, in: AGG, B.II.1, 4109; Rechenschaftsbericht von Jutta Ditfurth im März 1989, in: AGG, B.I.1, [647].
[72] Vgl. Schwehn, Klaus J.: An einer Mauer aus Watte prallten die Fundis ab, in: Die Welt, 06.03.1989; Regina Michalik im Interview „Realpolitik schließt Feminismus aus", in: Die Tageszeitung, 13.02.1989.
[73] Vgl. Amtsgericht Bonn, Beschluss 20 AR 257/88, in: AGG, B.I.1, 648. Vorstandsmitglieder waren Renate Damus, Sigrid Engelbrecht, Ernst Hustädt, Silke Struckmeyer und Axel Vogel.
[74] Vgl. Ralf Fücks im Interview, in: Deutschlandfunk, 06.03.1989.
[75] Vgl. Nowakowski, Gerd: „Exakt und zielstrebig", in: Die Tageszeitung, 08.03.1989.
[76] Vgl. Krieger, Verena: Kandidatur als Sprecherin im Bundesvorstand, in: AGG, B.I.1, [611]. Obwohl Krieger sich der Parteilinken zuordnete, spielte sie dort keine strategisch bedeutsame Rolle. Vgl. Raschke (Anm. 3), S. 185 f.

Dieser Neuanfang versprach zunächst viel. Doch warum musste das neue Gespann seinen Platz schon ein Jahr später wieder räumen? Ruth Hammerbacher resümierte in ihrem Rechenschaftsbericht, dass dem Bundesvorstand alle Voraussetzungen fehlten, seinen Aufgaben – Diskutieren, Entscheiden und Navigieren – gerecht zu werden: Die Bundeszentrale sei personell und materiell schlecht ausgestattet, die Trennung von Amt und Mandat verschleiße Personal und unterbinde den Informationsfluss zwischen den Institutionen, unter den gleichberechtigten Sprechern seien Platzkämpfe vorprogrammiert; kurz: die Grünen seien strukturell blockiert.[77] Verena Krieger deutete die Krise ideologisch: Wechselnde Mehrheiten aus Linken und der Realo/Aufbruch-Gruppe hätten einander gehemmt.[78] Ralf Fücks vereinigte die Kritikpunkte, indem er von grundlegender Polarisierung, politischer Blockbildung und offener Feindseligkeit sprach.[79] Dass der Parteiapparat nicht funktionierte, vom Strömungsdualismus durchsetzt war und den ausgleichend-realpolitisch orientierten Sprechern nicht zuarbeitete, mag auch eine Rolle gespielt haben.[80] Außerdem wirkten die Oberen selbst destruktiv, wie Verena Krieger und Ruth Hammerbacher auf der Pressekonferenz zum zehnjährigen Parteibestehen bewiesen, denn Krieger hatte die Partei stark kritisiert, woraufhin Hammerbacher ihren Rücktritt forderte. Dem Vorstand fehlten jegliche Ressourcen, um die Parteiströmungen zusammenzuführen, integrierende Positionen zu finden und vor allem auf die veränderten Politik- und Gesellschaftsverhältnisse – die anstehende Wiedervereinigung beider deutschen Staaten und nach wie vor die Koalitionsfrage – angemessen zu reagieren.[81] Aufbruch und Realos wurden nach ihrem misslungenen Versuch, die Grünen während der aufreibenden Hagener Bundesversammlung auf den Kurs einer ökologischen Reformpartei zu bringen, abgestraft; Fücks scheiterte bei der Sprecherwahl. Hammerbacher verzichtete ausgelaugt auf eine Kandidatur. Und Krieger verließ neben dem Vorstand auch die Partei.

Der nächsten grünen Direktion war ebenfalls nicht viel Zeit vergönnt. Renate Damus, Heide Rühle und Christian Ströbele blieben nur gut zehn Monate im Amt; im Juni 1990 wurden sie gewählt, im April 1991 traten sie wieder ab. Doch war ihr Misserfolg nicht nur durch innere, sondern auch durch äußere Einflüsse bedingt. Unter ihrer Ägide verfehlten die Grünen die 5%-Hürde und verpassten

---

[77] Vgl. Hammerbacher, Ruth: Die Gründe des Scheiterns sind die Probleme der Grünen. Politischer Rechenschaftsbericht, in: gbd (1990) 6, S. 8-10.
[78] Vgl. Krieger, Verena: Rechenschaftsbericht (März 1989 - Juni 1990), 12. ordentliche Bundesversammlung, Dortmund, 08.-10.06.1990, in: AGG, B.I.1, [647].
[79] Vgl. Raschke (Anm. 3), S. 187; Nowakowski, Gerd: Kleine Schritte aus der Krise der Grünen, in: Die Tageszeitung, 22.01.1990.
[80] Vgl. Dreher, Klaus: Die alten Flügel bleiben in Schwung, in: Süddeutsche Zeitung, 30.03.1989; Raschke (Anm. 3), S. 188.
[81] Vgl. z.B. die Berichterstattung über den Saarbrücker Perspektiven-Kongress im November 1989.

somit den Einzug in den Bundestag. In Zeiten, in denen sich die welt- und deutschlandpolitische Lage dramatisch wandelte, Blockkonfrontation und atomare Bedrohung, die zum Gründungsstoff der Partei gehörten, wegbrachen, versuchten die Grünen, ihre Wähler mit einer Kampagne zur drohenden Klimakatastrophe zu überzeugen. Ihr Slogan war „Alle reden von Deutschland, wir reden vom Wetter". Erfolgreich war diese ein wenig gezwungen wirkende Antihaltung nicht.

Und die Konsequenzen zu tragen war schwer: 44 Abgeordnete mit ihren 266 Mitarbeitern mussten nach der ersten gesamtdeutschen Wahl, nach sieben Jahren im Parlament und nach einem euphorischen Aufbruch Anfang der 80er-Jahre ihre Büros im Bonner Tulpenfeld räumen, standen entsetzt vor dem existentiellen Nichts.[82] Für die Partei gingen Infrastruktur, Finanzmittel, Informations- und Personalpool verloren. Als Heide Rühle und Christian Ströbele am selben Abend noch verzweifelt an einer Sprachregelung arbeiteten und Renate Damus ungläubig den Kopf schüttelte, begann schon die Suche nach den Schuldigen.[83]

Dabei hatte die Vorstandszeit der Sprecher hoffnungsvoller begonnen als man es im Zeichen der Spaltungsforderungen und Blockadejammerei hätte vermuten können. Zwar hatten sie die Dortmunder Delegierten hastig, unverbindlich, ja nahezu professionell gewählt, um unnötige Auseinandersetzungen zu vermeiden. Auch waren gerade Damus und Rühle (noch) keine bundespolitischen Führungsfiguren. Doch schliffen sich die Parteiflügel langsam ihre Kanten ab[84], sehnte sich die Partei noch immer nach Ausgleich, Produktivität und Perspektive.[85] Insofern hatten die drei Sprecher keine aussichtslose Position. Mit *Heide Rühle* war eine integrative Reformerin an die Parteispitze gewählt worden, die sich gegen die Spaltung und für strukturelle Erneuerungen einsetzte. *Renate Damus* war Professorin für Politikwissenschaft, bisher Schriftführerin gewesen und sollte als Sprecherin nun das Linke Forum vertreten. Am ausdruckvollsten war wohl die Wahl *Christian Ströbeles*. Der linke Konstrukteur der rot-grünen Koalition in Berlin wurde zunächst als Sprengsatz gesehen[86], entpuppte sich jedoch schnell als Integrationsfigur. „Ströbele verfügt über eine Rhetorik, die

---

[82] Nur die ostdeutschen Grünen/Bündnis 90 erzielten 6% der Stimmen und übernahmen die Stellung im Bundestag. Vgl. z.B. Drieschner, Frank u.v.m.: Wie die Zukunft aus dem Parlament verschwand, in: Die Zeit, 14.12.1990.

[83] Vgl. u.a. Bannas, Günter: Das Wort vom historischen Abgang, in: Frankfurter Allgemeine Zeitung, 03.12.1990; Nowakowski, Gerd: Unter die deutsch-deutschen Räder, in: Die Tageszeitung, 04.12.1990.

[84] Die Linken um Trampert verließen die Partei 1990, aber auch der Realpolitiker Otto Schily war schon 1989 ausgetreten.

[85] Vgl. Nowakowski, Gerd: Gemischte Gefühligkeit der Grünen, in: Die Tageszeitung, 11.06.1990.

[86] Vgl. Finke, Heinz-Peter: Ein „Sprengsatz" tickt in der Grünen-Führungsspitze, in: Stuttgarter Nachrichten, 11.06.1990.

dem Wunsch der Grünen nach radikalen Wendungen entspricht, zugleich aber ihrem Willen, sich auf die Erfordernisse der Wirklichkeit einzustellen", beobachtete Günter Bannas in Bayreuth.[87] Der alternativ denkende Rechtsanwalt mit bürgerlicher Herkunft und ehemalige Wahlverteidiger von Andreas Baader distanzierte sich scharf von der PDS und grenzte die Grünen gegenüber der SPD ab – seine Positionen waren klar und deutlich, aber selten verbohrt oder kompromisslos.[88] Letztendlich jedoch hatte er sich mit seiner scharfen Israel-Kritik[89] in eine strategische Sackgasse manövriert. Im Februar 1991 musste er zurücktreten.

Das letzte Trio an der Parteispitze hatte mit den Ämtern auch die Altlasten seiner Vorgänger übernommen. Trotzdem leitete es Neuerungen ein. Beides, die schmerzhafte Wahlniederlage und das neue, noch lose Bündnis zwischen Ost- und West-Partei, waren ausschlaggebend für die nun anstehenden Strukturreformen. Den tatsächlichen Aufbruch brachte der Parteitag in Neumünster.[90] Unter Handlungsdruck in arbeitsamer Atmosphäre reduzierten die Grünen die Anzahl der Mitglieder im Bundesvorstand. Nur noch zwei Sprecher, die nun auch satzungsgemäß Vorsitzende genannt werden durften, sollten die Partei navigieren. Die Delegierten schafften die Rotation ab, führten das Amt eines politischen Geschäftsführers ein. Nur für den Beschluss, das grüne Heiligtum der Trennung von Amt und Mandat aufzuheben, fehlten neun Stimmen. Mit der Erklärung von Neumünster verabschiedete die Partei ein Positionspapier, mit dem sie einen Erneuerungs- und Reformprozess einleitete: „Selbstverständlich ist nicht alles nun plötzlich falsch geworden, was die Grünen bislang vertreten haben", hieß es. „Aber es ist notwendig, eine Positionsbestimmung zu leisten und einen neuen, stabileren Grundkonsens für die grüne Partei zu finden." Die Grünen suchten nach neuer Selbstachtung und bekannten sich zu Bündnissen mit den Sozialdemokraten. Die Radikalökologen um Jutta Ditfurth verließen die Organisation und beschimpften sie als autoritäre, dogmatische, hierarchische Partei. Mit der Gründung der „Ökologischen Linken" versuchten die Missverstandenen, neu anzufangen.

Die nun anstehende organisatorische Fusion zwischen Ost und West, den Ausgleich zwischen den umstrittenen Positionen zur deutschen Wiedervereinigung und den Aufbruch der neuen Partei Bündnis 90/Die Grünen organisierte

---

[87] Bannas, Günter: Willig folgen die Grünen Ströbele, in: Frankfurter Allgemeine Zeitung, 24.09.1990.

[88] Vgl. o.V.: „Deutschland ohne uns wäre schwarz-rot-gold", in: Die Tageszeitung, 24.09.1990.

[89] In einem Interview hatte er die irakischen Raketenangriffe während des Golfkriegs als logische, fast zwingende Konsequenz der Politik Israels bezeichnet. Vgl. o.V.: Ströbele will als Vorstandssprecher der Grünen zurücktreten, in: Frankfurter Allgemeine Zeitung, 22.02.1991.

[90] Vgl. Unterlagen zum Parteitag in Neumünster, in: AGG, Infothek, 13.1.1; Klein, Markus / Falter, Jürgen W.: Der lange Weg der Grünen. Eine Partei zwischen Protest und Regierung, München 2003, S. 96.

Ludger Volmer.[91] Dies war der tatsächliche Neuanfang in der grünen Geschichte. Die Wahlniederlage überwunden und neuen Mutes in Hinblick auf die nächste Bundestagswahl, überzeugte Volmer die nach Neumünster vom Ballast des Flügeldualismus befreiten Parteien und ihre Gliederungen vom Nutzen einer permanenten Zusammenarbeit.

Eigentlich hatte man ihm so viel Tatkraft gar nicht zugetraut. Der 1952 geborene Sohn katholischer Eltern studierte in den 70er-Jahren Sozialwissenschaften und engagierte sich schon die Hälfte seines Lebens im grünen Milieu mit dessen Bürgerinitiativen, Projekt- und Basisgruppen. Er war 1979 bei der Parteigründung dabei, 1983 mit den Grünen in den Bundestag eingezogen und seit 1985 Parlamentarier.[92] 1988 war er einer der Initiatoren des Linken Forums, jener innerparteilichen Gruppierung, die keine Ideologien verwirklichen, sondern linke, wirtschaftssystem-kritische Positionen ohne den gewohnten fundamentalistischen Verbalradikalismus vertreten und politisch umsetzbare Konzepte mittlerer Reichweite entwickeln wollte.[93] Mit strategischem Kalkül organisierte er sich Mehrheiten jenseits von Joschka Fischer, Hubert Kleinert oder Antje Vollmer. Und trotzdem: Er blieb blass, farblos, uncharismatisch, für manche sogar ein Anti-Star.[94] Insofern war die Überraschung groß, als er auf der Bundesversammlung in Neumünster 329 Stimmen auf sich vereinen konnte und zum Sprecher gewählt wurde. Volmer nahm seine Aufgabe an; er integrierte, reiste ins von den Realos dominierte Hessen, um den Kontakt zu seinen innerparteilichen Gegnern zu suchen, ohne dabei seine programmatischen Grundsätze – Ökologie als Gesellschaftspolitik, Verknüpfung politischer und persönlicher Emanzipation, ökologische Umverteilung[95] – aus den Augen zu verlieren.

Anders stand es um *Christine Weiske*. Bis 1993 Volmers Sprecherkollegin, hatte sie sich im Bundesvorstand schon als Vertreterin der DDR-Grünen einen Namen gemacht, indem sie nach der verlorenen Bundestagswahl die grüne Politik zur deutschen Vereinigung kritisierte.[96] Doch im Grunde war die Ostberliner Ärztin politisch unerfahren. Zwar sah sie sich retrospektiv als unbequeme Untertanin der DDR, allerdings hatte sie erst mit der Wende die Initiative ergriffen. Über die Bürgerrechtsgruppe „Demokratie Jetzt" und den Aufbau einer grünen Partei wurde sie 1990 in verschiedene Führungspositionen gespült: Zunächst wurde sie Sprecherin der Ost-Grünen, später deren Vertreterin im West-Grünen-

---

[91] Vgl. Soldt, Hans-Ulrich: Der Spröde aus der ersten Reihe, in: Der Spiegel, 26.04.1993.
[92] Vgl. Bruns, Tissy: Paradebeispiel für den grünen Wandel, in: Der Tagesspiegel, 21.10.1998.
[93] Vgl. Ilschner, Burkard: Rot-Grün als Perspektive langfristig sichern, in: Bremer Nachrichten, 06.03.1989.
[94] Vgl. Bielicki, Jan: Nie der Held der Medien, in: Deutsches Allgemeines Sonntagsblatt, 28.10.1994.
[95] Vgl. Bewerbung als Sprecher für den Bundesvorstand, April 1991, in: AGG, B.I.3, [111].
[96] Vgl. Nowakowski, Gerd: Mühsame grüne Suche nach dem Neubeginn, in: Die Tageszeitung, 10.12.1990.

Bundesvorstand, fast automatisch Spitzenkandidatin bei der Volkskammerwahl
und der Brandenburger Landtagswahl, dann in Neumünster Vorsitzende der
fusionierten Partei.

Natürlich suchte auch sie die Annäherung zu den Grünen der neuen Bundesländer, doch liegt die Vermutung nah, dass die Bürgerrechtsbewegungen ihr
noch nicht verziehen hatten. Denn Weiske hatte den Motoren des gesellschaftlichen Wandels vorgeworfen, bei all ihren Verdiensten einen immerwährenden
Alleinvertretungsanspruch geltend machen zu wollen. Am Runden Tisch hatte
sie dafür plädiert, nur Parteien für die Volkskammerwahl zuzulassen – eine Position, die sie mit ihrer Wahl wieder relativierte.[97] Als Sprecherin blieb Weiske
formelhaft und verlor sich in Allgemeinplätzen.[98] Ein innerer, politischer oder
machtstrategischer Kompass leitete sie nicht.

Obwohl sich mit Volmer und Weiske in der pragmatisch werdenden Partei
überraschend zwei Linke gegen die von den Realos favorisierten Promis Antje
Vollmer und Hubert Kleinert durchgesetzt hatten, konnten und wollten die Parteisprecher nicht mehr verhindern, dass die Grünen die politischen Gegebenheiten der neuen Bundesrepublik akzeptierten und die eigenen Handlungsspielräume annahmen. Das Berufspolitikertum setzte sich durch. Wer nicht *für* oder *von*
der Politik leben wollte, schied aus. Für die Bleibenden wurden die Länder zum
neuen Spielfeld: Ralf Fücks wurde Senator und Bürgermeister in der Bremer
Ampelkoalition, Christian Ströbele fasste in Berlin wieder Fuß. Nur Heide Rüh-
les Karriere an der Parteispitze dauerte an. Sie arbeitete professionell, hatte sich
schon 1990 als realpolitische Sprecherin erstaunlich unkompliziert mit den Linken arrangiert, gestaltete nun seit 1991 als politische Geschäftsführerin die West-
Organisation um und organisierte mit Volmer die Vereinigung mit den Ost-
Grünen[99], die mit der ersten gemeinsamen ordentlichen Bundesversammlung im
Mai 1993 in Leipzig vollzogen war. In Rühle fand die Partei einen neuen Politi-
ker- bzw. Managertyp, der ins Innere der Partei wirkte, konkrete politische Ziele
anvisierte, diese aber nicht um jeden Preis – sei er persönlicher, politischer oder
ideologischer Art – erzwingen wollte. Die Grünen normalisierten sich. Rühle
sollte der Partei noch bis Ende der 90er-Jahre große Dienste erweisen. So rettete
sie beispielsweise im Dezember 1996 den Parteitag, weil die Parteisprecher Jürgen Trittin und Krista Sager auf dem Weg ins thüringische Suhl mit einem Regi-
onalzug im Schnee stecken geblieben waren.[100]

Unter Ludger Volmer erarbeiteten sich die Grünen ihre Vereinigung, ein
neues Selbstbewusstsein und ihren Platz im Bundestag zurück. Zusammen mit

---

[97] Vgl. Schwehn, Klaus J.: Auf der Suche nach grünem Konsens, in: Der Tagesspiegel, 12.05.1991;
Deupmann, Ulrich: Im Profil, in: Süddeutsche Zeitung, 29.04.1991.
[98] Vgl. Brandes, Ada: Redegewandt und äußerst selbstbewusst, in: Kölner Stadtanzeiger, 22.05.1991.
[99] Vgl. Lorenzo, Giovanni di: Im Profil, in: Süddeutsche Zeitung, 12.06.1991.
[100] Vgl. Lohse, Eckhart: Wirkt nach innen, in: Frankfurter Allgemeine Zeitung, 05.09.1998.

der Berlinerin Marianne Birthler hatte er die Partei noch bis 1994 angeführt. Wie Volmer selbst, der einst mit globalökonomischen und entwicklungspolitischen Ansätzen die Welt verändern wollte, lösten sich auch die Grünen von ihren dogmatischen Grundsätzen: In der „Leipziger Erklärung" von 1993 bekannten sie sich zu der Absicht, drittstärkste politische Kraft in Deutschland zu werden, Gesellschaft und Politik durch einen schrittweisen ökologischen Umbau sowie mehr Transparenz und Kontrolle zu verändern.[101] Die programmatische Weiterentwicklung war das einzige Mittel der Grünen, Politik zu betreiben. Zwar waren sie in den Landesparlamenten noch vertreten, in Brandenburg, Bremen, Hessen und Niedersachsen sogar in der Regierungsverantwortung. Aber die deutsche Politik gestalten, auf die Bundesgesetzgebung wirken und den öffentlichen Diskurs prägen, konnten sie nicht. Nahezu ohne institutionelle Präsenz agierten sie wie ein zahnloser Tiger.

Mit dem parlamentarischen Erfolg bei der Bundestagswahl 1994 endete Volmers Zeit an der Parteispitze. Über die nordrhein-westfälische Landesliste zog er 1994 in den Bundestag ein. Seinem zurückhaltenden Temperament entsprechend wollte er im Hintergrund wirken.[102] Dies war ein ungewöhnlicher Wunsch für einen Gestalter, dem die Grünen ihren Aufbruch zu verdanken hatten. Doch letztendlich hat Volmer die Integrationsleistung der Parteispitze nicht allein erbracht. Zwar fanden die verschiedenen mitte-links- und realpolitisch-ausgleichenden Strömungsvertreter ihre Ideen in seiner Person wieder. Doch mit dem neuen Bündnis waren es nicht nur die Flügel, die nach wie vor nach Parität strebenden Frauen und die einzelnen Bundesländer, die vom Vorstand vertreten werden wollten. Auch die ostdeutschen Verbände kamen hinzu, die aufgrund ihres geschichtlichen Hintergrunds ganz eigene Bedürfnisse, Anliegen und Ansprüche entwickelten. Nach der ersten Vertreterin des Ostens, Christine Weiske, die blass, unbestimmt und wenig greifbar blieb, arbeitete ab 1993 *Marianne Birthler* für ein Jahr mit Volmer zusammen. Birthler war erfahrener, glaubwürdiger und präsenter als ihre Vorgängerin. Anders als Weiske hatte sich die 1948 geborene, sozialdemokratisch geprägte Außenhandelswirtschafterin schon in der DDR mit dem Arbeitskreis Solidarische Kirche leidenschaftlich für ein neues demokratisches Bewusstsein engagiert. Nach ihrer Scheidung Anfang der 80er-Jahre schulte sie um, wurde Katechetin und 1987 Referentin im Stadtjugend-pfarramt Berlin. Die Kirche wurde für sie zur „angstfreien Insel".[103] Sie ruhte in sich, handelte genauso emotional wie überzeugt. Birthler verkörperte somit einen Politikertyp, der unter den westdeutschen Berufspolitikern, die ihren Lebenslauf

---

[101] Abgedruckt in: Frankfurter Rundschau, 21.06.1991.
[102] Vgl. Bielicki, Jan: Nie der Held der Medien, in: Deutsches Allgemeines Sonntagsblatt, 28.10.1994.
[103] Zit. nach Klinger, Nadja: Macht in Augenhöhe, in: Junge Welt, 15.05.1993.

strategisch in den Landesverbänden, den parlamentarischen Haushaltsausschüssen und den Medien vorbereiten konnten, kaum noch zu finden war. Dabei agierte Birthler keineswegs weltfremd. Sie hatte die Spielregeln des politischen Systems verstanden. Anders als die frühen grünen Idealisten wollte sie Machtpositionen bewusst nutzen, um das Profil des ungleich schwächeren Bündnisses 90 innerhalb der Grünen zu stärken.[104] Nicht zuletzt, da sie als Bildungsministerin der Brandenburger Landesregierung 1992 zurückgetreten war, weil sie die Stasi-Verwicklungen ihres Ministerpräsidenten Manfred Stolpe nicht mehr stillschweigend mitverantworten wollte, nahm man ihr ab, politisch integer zu sein.[105]

Parteipolitische Bedeutung errang Birthler schon 1990, nachdem sie als Vertreterin der Initiative Frieden und Menschenrechte in der Arbeitsgruppe Bildung/Erziehung/Jugend am Runden Tisch mitgearbeitet hatte, Abgeordnete und Fraktionssprecherin der Grünen in der Volkskammer und im Deutschen Bundestag gewesen war. Als Parteisprecherin integrierte sie zwischen den linken Strömungen der westdeutschen Grünen und den an christlichen Werten orientierten Grünen der ostdeutschen Friedensbewegungen.[106] Durch die Wahlniederlagen in den neuen Bundesländern – in Sachsen und Brandenburg waren die Grünen an der 5%-Hürde gescheitert – nahmen die Spannungen entlang dieser neuen innerparteilichen Konfliktlinie zu. Doch Birthlers Zeit als Sprecherin endete 1994. In letzter Konsequenz konnte sie sich an die organisatorischen Bedingungen ihrer Partei nicht gewöhnen, wollte nicht mehr kandidieren, war zu erschöpft, um ihre Vorstellungen innerhalb der Institution durchzusetzen.[107] Und auch die Grünen konnten eine ostdeutsche Moralistin an ihrer Parteispitze nicht mehr gebrauchen. Sie wollten nach vorne schauen.

Stabilisierung, Regierungsvorbereitung und navigatorische Katastrophen: Von Jürgen Trittin zu Gunda Röstel und Antje Radcke

Zurück im Bundestag, hatten die Grünen 1994 neuen Mut gefasst, strebten nun auch auf der Bundesebene offen eine Regierungsbeteiligung an. Vorbereitet dafür waren sie noch nicht. Nach wie vor klagte die Bundespartei über eine

---

[104] Vgl. Birthler, Marianne: Bewerbung als Sprecherin im Bundesvorstand, Mai 1993, in: AGG, B.I.3, [360].

[105] Vgl. Herles, Helmut: Ministerin mit Moral, in: General-Anzeiger, 20.10.1992.

[106] Vgl. Meckel, Markus / Gutzeit, Martin: Opposition in der DDR. Zehn Jahre kirchliche Friedensarbeit – kommentierte Quellentexte, Köln 1994.

[107] Vgl. Klinger, Nadja: Die Absteigerin, in: Der Tagesspiegel, 26.03.1998.

schlechte Ausstattung:[108] Nur 5 von 43 Millionen Mark ihres Budgets gab die Partei für ihre Zentrale aus. Inklusive Hausmeister arbeiteten dort lediglich 25 Personen. Noch nicht mal ein Referat für Ökologie leistete sich die Umweltpartei. Und für 4.000 Mark netto mussten sich die hauptamtlichen Vorständler an sieben Tagen in der Woche meist ohne administrative Unterstützung mit einer traditionell wenig disziplinierten Basis herumschlagen. Kein Wunder also, dass die Parlamente Sogwirkung entfalteten. Denn das Amt des Parteisprechers war für politische Schwergewichte unattraktiv, wusste man doch, dass der Handlungsspielraum begrenzt, die Karrierechancen im Grunde gering waren. Zu viele Sprecher hatte man bereits gehen sehen: Ralf Fücks, auch Jutta Ditfurth und Lukas Beckmann waren mit ihren politischen Ideen zunächst gescheitert. Mehr und mehr wurde klar, dass grüne Politik kompromissüberladen war und im Grunde in den Plenarsälen der Republik stattfand. Hier sammelten sich realpolitische Koryphäen wie Joschka Fischer und Antje Vollmer. Somit nahm die Kandidatenzahl für das Sprecheramt kontinuierlich ab, die Positionen wurden nicht nur strömungspolitisch, sondern auch zwischen Frauen und Männern, im Idealfall zudem zwischen Ost und West aufgeteilt. Burgfrieden hieß der Schlichtungszustand[109], aber von starker, wegweisender, strömungsübergreifender Führung war nach wie vor keine Rede.

Obwohl: *Jürgen Trittin* war ein starker Parteiführer gewesen. Der ehrgeizige Wahl-Niedersachse war ein grünes Urgestein. 1954 geboren, gehörte er zur politischen und gesellschaftlichen Trägergeneration der Partei. Diese rekrutierte sich eben nicht aus den legendären 68ern. Sie hatte vielmehr von ihnen gelernt, aber auch von der sozial-liberalen Bundespolitik und der Bildungsexpansion profitiert. Sie hatte sich mit Bioläden, Wohngemeinschaften und Arbeitsgruppen ein alternatives Milieu geschaffen, war voller Tatendrang und doch durch Arbeitslosigkeit und gesellschaftlichen Pessimismus in ihren Entfaltungsmöglichkeiten beschränkt.[110] Wie viele Angehörige dieser Generation blieb auch Trittin nicht nur Sympathisant der Grünen, sondern wurde aktiv. Im traditionell linken Göttingen wurde er, der sich als freier Journalist über Wasser hielt, schon 1982 Geschäftsführer der Ratsfraktion. 1984 avancierte er zum Pressesprecher im niedersächsischen Landtag, wo er ein Jahr später Abgeordneter und Fraktionsvorsitzender wurde. Als Sozialdemokraten und Grüne 1990 in Niedersachsen eine Mehrheit erzielten, wandelte der Linke sich – wie Christian Ströbele fast zeitgleich in Berlin – zum Verhandlungsführer der rot-grünen Koalition. Damit

---

[108] Zu den folgenden Angaben vgl. Bielicki, Jens / Borchers, Andreas: Heim an die Macht, in: Die Woche, 23.08.1996.

[109] Vgl. Raschke, Joachim: Die Zukunft der Grünen. „So kann man nicht regieren", Frankfurt a.M. 2001, S. 336.

[110] Vgl. Walter, Franz / Dürr, Tobias: Die Heimatlosigkeit der Macht. Wie die Politik in Deutschland ihren Boden verlor, Berlin 2000, S. 50.

sicherte sich der versierte Rhetoriker erstmalig einen Platz in einem Schröder-schen Kabinett und übernahm das Ministerium für Bundes- und Europaangele-genheiten in Hannover. Dort kannte man ihn nun als effizienten, machtbewuss-ten Minister und linken Regierungspragmatiker, der der Parteibasis Zugeständ-nisse abverlangte, dabei aber die grünen Ideale achtete: Die außerparlamentari-sche Präsenz wollte er erhöhen; er strebte eine soziale Lastenverteilung an und kritisierte die schwarz-gelbe Asylpolitik.[111] Für das Sprecheramt war er somit qualifiziert. Er hatte keine innerparteilichen Gegenkandidaten, als er 1994 in Potsdam mit 499 von 584 der gültigen Stimmen gewählt wurde und seine schließlich vierjährige Amtszeit antrat.

Trittin agierte neben Krista Sager und ab 1996 neben Gunda Röstel. Beide sollten ein realpolitisches Gegengewicht bilden. Das war nicht einfach, denn mit Trittin war schwer umzugehen: Er galt eben nicht nur als geradlinig, zielstrebig und konfliktbereit, sondern auch als arrogant, unnahbar und verbohrt.[112] Somit polarisierte er nach innen und außen. Mit seinen Annäherungsversuchen an die PDS verärgerte er seine Kontrahenten. Und nicht nur wegen des Streits um die deutsche Beteiligung bei Militäreinsätzen stand er mit Fischer auf Kriegsfuss.[113] Selbst seine Kolleginnen fanden keinen Zugang. „Innerlich wie gepanzert", be-schrieb ihn Sager; auch Röstel wusste nichts mit ihm anzufangen. Er selbst rea-gierte mit herablassendem Unverständnis.[114] Die Sprecher arbeiteten also auch während der 90er-Jahre autonom an ihren Zielen, nicht im Team für die grüne Partei, oftmals sogar gegeneinander.

Sager und Röstel vertraten nacheinander die Realos im Vorstand, beide wa-ren zweifellos durchsetzungsstarke Frauen in einem männerdominierten Arbeits-bereich. Doch im Grunde waren sie zwei völlig verschiedene Politikerinnen: Wie Jürgen Trittin war auch *Krista Sager* von den Grünen politisch sozialisiert wor-den. Aus der Anti-Atom-Bewegung und der dem Kommunistischen Bund nahe stehenden Sozialistischen Studenten-Gruppe kommend, schloss sie sich 1982 der Hamburger GAL an. Schon 1983 war sie Landesvorsitzende, seit 1989 in der Hamburger Bürgerschaft. In der Hansestadt hatte sie in einem völlig zerstrittenen Verband kalkulieren, verhandeln und entscheiden gelernt. *Gunda Röstel* hinge-gen waren eine solche Ausbildung und Verankerung nicht vergönnt. Röstel – fast zehn Jahre jünger als ihre Vorgängerin – blickte auf eine ostdeutsche Politiker-karriere zurück. 1989 begründete die Lehrerin das Neue Forum in Flöha mit, einem Ort in der sächsischen Provinz. Schnell wurde sie auch in den Landesvor-stand der Grünen gewählt, 1993 zur Sprecherin. Als 1996 händeringend, beinahe

---

[111] Vgl. u.a. Jürgen Trittin im Interview „Wir sind nicht regierungsgeil", in: Die Woche, 02.12.1994.
[112] Vgl. o.V.: Taktiker der Macht, in: Die Woche, 22.01.1999.
[113] Vgl. o.V.: „Zwei rasende Züge", in: Der Spiegel, 27.10.1997.
[114] Vgl. Reinhard, Christine: Ein „Sturkopf" verlässt die Doppelspitze, in: Frankfurter Rundschau, 14.08.1996.

mit einer öffentlichen Ausschreibung, nach einer Nachfolgerin für die scheiden-
de Parteichefin Sager gesucht wurde[115], die man nur schweren Herzens zurück in
die Hamburger Heimat gehen lassen wollte, traf die Wahl Gunda Röstel. Diese
hatte kein Mandat und erfüllte die dreifache Quote, nach der die Partei gegenwärtig suchte: Als Frau und Realpolitikerin vertrat sie die neuen Bundesländer,
deren 2.800 Mitglieder (knapp 6% der gesamten Mitgliedschaft) Anspruch auf
eine gleichwertige Repräsentanz im Bundesvorstand erhoben.[116] Zwar avancierte
sie für „Die Welt" zeitweilig sogar zur „Galionsfigur der grünen Realpolitik"[117],
doch eine verständige Expertin oder politische Strategin, die wie Sager sogar
schwarz-grüne Gedankenspiele öffentlich äußern konnte[118], wurde sie bei Wei-
tem nicht. Um die zwar menschlich unbefangene, sympathisch wirkende, aber
bundespolitisch unbedarfte Röstel blieb es ruhig, bis sie 1997 einen umstrittenen
Wahlprogrammentwurf präsentierte – und unter Beschuss geriet.[119]

Obwohl Jürgen Trittin zwischen 1994 und 1998 die grüne Doppelspitze
dominierte, erfüllten die realpolitischen Sprecherinnen ihre Funktion. Krista
Sager und Gunda Röstel erbrachten die innerparteiliche Integration nicht nur
über ihre ausgleichende Politik, sondern auch über ihre Personen, über ihre Biographien. Noch immer waren die Grünen zu heterogen für nur einen Sprecher
oder eine homogene Führung. Die Friedens- und Umweltaktivisten der 70er- und
verbliebenen Fundamentalisten der 80er-Jahre wollten sich genauso repräsentiert
sehen wie die pragmatischen Gestalter innerhalb der Partei oder die jüngst er-
schlossenen erweiterten postindustriellen Schichten des Wählerspektrums.[120] Der
doppelte Vorsitz war aufreibend, forderte jegliche Kraftreserven seiner Amtsinhaber, wenn sie sich gegenüber ihren innerparteilichen Gegnern oder gegenüber
der medialen Öffentlichkeit rechtfertigen mussten, die darauf geschult ist, Spannungen, Unstimmigkeiten und Bruchstellen zu finden. Und doch hatte sich die
kollektive Führung bewährt. Sie war passend für eine Partei, die sich von ihrer
Herkunft und ihrem Selbstverständnis her noch immer von den bundesrepublikanischen Alt-Parteien unterschied.

Mit den zwar spannungsgeladenen aber funktionierenden Teams um Jürgen
Trittin erarbeiten sich die Grünen ihre Regierungsfähigkeit. Die Bonner Strukturreform von 1998 mit der Erlaubnis für Bundesregierungsmitglieder, gleichzeitig

---

[115] Vgl. Geis, Matthias: Sind die Grünen überflüssig?, in: Die Zeit, 23.08.1996.
[116] Vgl. Pappenheim, Burkhard von: Facetten eines angekündigten Rückzuges, in: Stuttgarter Zeitung, 26.08.1996.
[117] Vgl. o.V.: Die Zukunft in Person?, in: Die Welt, 10.11.1997.
[118] Vgl. Reinhardt, Charima: Ein „Sturkopf" verlässt die Doppelspitze, in: Frankfurter Rundschau,
14.08.1996.
[119] Vgl. Buchsteiner, Jochen: Die mit dem Hai schwimmt, in: Die Zeit, 31.10.1997. In dem Entwurf
fanden sich u.a. Thesen zur Auflösung von Nato und Bundeswehr.
[120] Vgl. Walter / Dürr (Anm. 110), S. 54 f.

Bundestagsmitglieder zu sein, war ein Ergebnis der mentalen Vorbereitung auf die Regierungsverantwortung. Mit der Einrichtung des 25-köpfigen Parteirats im Dezember 1998 schaffte die Partei erstmals ein integrierendes Beratungsgremium, für das es keine Trennung von Amt und Mandat gab, und mit dem informelle Machtzirkel institutionalisiert werden sollten.[121] Nur auf dem Magdeburger Parteitag 1998 schlug Trittin über die Strenge, als er das programmatische Benzinpreis- und Bosnien-Debakel mitzuverantworten hatte und mit dem Ziel, künftig fünf Mark für einen Liter Benzin zu verlangen, sowie jegliche Bundeswehrinterventionen in Bosnien abzulehnen, neben der Partei auch sich selbst beinah ins Abseits manövrierte.[122] Aber er hatte Glück: Obwohl das Ergebnis der Bundestagswahl 1998 mit 6,7% der Stimmen hinter den Erwartungen zurückblieb, rettete der Regierungswechsel Trittins Karriere. Zwar gab er das offizielle Führungsamt ab, doch wurde er Bundesumweltminister und übernahm somit eine Funktion, aus der heraus er den Weg der Partei weiterhin informell beeinflussen konnte.

Mit der rot-grünen Bundeskoalition von 1998 feierten die Grünen ihren größten politischen Erfolg. Gleichzeitig begann jedoch für die Bundespartei ein navigatorisches Trauerspiel, als Gunda Röstel und Antje Radcke die Führung der Organisation übernahmen. Durch seinen Abgang hatte Trittin in der Parteizentrale ein Vakuum hinterlassen, das die beiden Sprecherinnen weder einzeln noch zusammen zu füllen vermochten.[123] In der neuen Doppelspitze fehlte nun nicht nur der ostdeutschen Realpolitikerin Röstel die innerparteiliche Verankerung, auch *Antje Radcke* war für westdeutsche Verhältnisse relativ spät zu den Grünen gekommen. Nach einer dreijährigen SPD-Mitgliedschaft war sie erst 1993 – „schon" über 30 Jahre alt – in den Hamburger Landesverband eingetreten, sogleich zur Abgeordneten für die Bezirksversammlung Hamburg-Nord gewählt worden, 1995 zur Fraktionsvorsitzenden der GAL, ein Jahr später zur Landessprecherin. Damit hatte sie innerhalb von drei Jahren eine steile landespolitische Karriere absolviert. Der Seiteneinstieg war also immerhin noch möglich bei den Grünen. Doch um die Bundespartei zu führen, Orientierungen vorzugeben und selbstsicher zu integrieren, mangelte es ihr an einem inneren Leitfaden, den ihre Hamburger Sprecherkollegin und Vorstandsvorgängerin Krista Sager während ihrer über 20-jährigen Milieu- und Parteikarriere ungleich detaillierter erarbeitet hatte. Radcke war in Hamburg beinahe zu schnell in den medialen Polithimmel gehoben worden. Sie führte moderat, integrierte, war gleichzeitig streitbar. Nach

---

[121] Vgl. Schneider, Jens / Schlötzer, Christiane: Machtzentrum oder Debattierclub, in: Süddeutsche Zeitung, 14.12.1998.
[122] Vgl. Klein / Falter (Anm. 90), S. 50.
[123] Vgl. Günsche, Karl-Ludwig: Die Führung der Grünen ist sich nicht mehr grün, in: Die Welt, 17.02.1999.

der gewonnenen Bundestagswahl verlief ihre Wahl als Bundessprecherin, Trittin-Nachfolgerin und Vertreterin der Linken daher unproblematisch.

Auch als Bundessprecherin war Radcke konfliktbereit, versuchte sich gegen die grünen Minister in der Bundeskoalition zu positionieren, forderte mehr grüne Grundsätze für die Asylpolitik und den Atomausstieg.[124] Doch eine Kommunikation mit ihrer Sprecherkollegin Röstel fand kaum und wenn, dann nur in Anwesenheit Dritter statt.[125] Gewiss: Die weibliche Doppelspitze hatte eine schwere Bürde zu tragen. Schon nach wenigen Monaten rot-grüner Regierungsverantwortung, flog die Nato ihre ersten Bombenangriffe auf Jugoslawien. Der grüne Außenminister Fischer hatte zugestimmt. Und auch die Parteiführung musste in Bielefeld Rede und Antwort stehen, der Basis erklären, warum der Regierungskurs zu stützen und die Koalition zu sichern sei.[126] Die Partei war innerlich zerrissen. Eine Austrittswelle setzte ein. Grüne Urgesteine, wie Dieter Burgmann, einer der ersten Parteisprecher, verließen die „Kriegstreiber"[127]. Drastische Einbußen bei Europa- und Landtagswahlen folgten:[128] minus 4,2 Prozentpunkte in Bremen, minus 2,3 Prozentpunkte im Saarland, minus 1 Prozentpunkt in Brandenburg und nur 2,6% der Wählerstimmen in Sachsen, wo Gunda Röstel als herausgestellte Spitzenkandidatin angetreten war und ihre persönliche Messlatte auf 3% gehoben hatte. Stimmenrückgänge in Berlin, Schleswig-Holstein und Nordrhein-Westfalen folgten. 1999 hatte Rot-Grün bereits mit dem Regierungswechsel in Hessen die Bundesratsmehrheit verloren. Das schürte interne Führungsdiskussionen und gab Nahrung für Krisenszenarien. Zweifellos hatten Radcke und Röstel diesen Abwärtstrend nicht allein zu verantworten. Dennoch blieben die Parteisprecherinnen strategisch schwach, programmatisch blass und kommunikativ nebulös. In dieser Phase des strukturellen und inhaltlichen Umbruchs hätten die Grünen eine starke, wegweisende Führung gebraucht, die Zweifel zerstreut, Entscheidungen trifft und deren Konsequenzen trägt. Die Journalistin Brigitte Fehrle analysierte das Dilemma treffend: „Eine Regierungspartei kann es sich nun mal nicht leisten, ihr Führungspersonal als in Selbsterfahrung befindlich zu präsentieren."[129]

Radcke und Röstel waren zu ahnungslos für die Bundespolitik – aus ganz verschiedenen Gründen: Radcke lehnte politisches Networking ab[130], verweigerte sich somit dem stärksten Machtinstrument der Parteiführung. Röstel musste

---

[124] Vgl. u.a. Stadlmayer, Tina: Bei den Grünen formiert sich der Machtkampf, in: Die Tageszeitung, 23.09.1999.

[125] Vgl. Noack, Hans-Joachim: Zwei Frauen im Missklang, in: Der Spiegel, 22.02.1999.

[126] Vgl. Prantl, Heribert: Was ist grün an den Grünen?, in: Süddeutsche Zeitung, 15./16.05.1999.

[127] Zwischenruf, von dem Fischers Rede auf dem Bielefelder Parteitag begleitet wurde.

[128] Vgl. Klein / Falter (Anm. 90), S. 119.

[129] Fehrle, Brigitte: Lernen und lernen lassen, in: Berliner Zeitung, 06.03.1999.

[130] Vgl. Königs, Sabine: Kämpferin – in eigener Sache, in: Rheinische Post, 03.01.2000.

aufmerksam zuhören, wenn von Wackersdorf, Grohnde oder der Startbahn-West die Rede war. Die grüne Gründungsgeschichte konnte sie nicht als Potential nutzen. Die Sprecherinnen waren zu unvorbereitet, um zu erkennen, was mit einer Regierungspartei passieren kann, in der sich neue Machtzentren auf den Fluren und in den Hinterzimmern der Ministerien bilden. Die Macher der Regierungspolitik erwarten Handlungsspielräume und ein Einlenken der Partei. So war es bei den Sozialdemokraten schon unter Helmut Schmidt gewesen. Radcke und Röstel hätten das wissen müssen; ihnen fehlte eine adäquate Strategie.

Erschöpft verließ das gescheiterte Duo auf dem vorgezogenen Münsteraner Parteitag im Juni 2000 den Vorstand. Röstel hatte schon im März desselben Jahres die Konsequenzen für das schlechte Landtagswahlergebnis in Sachsen gezogen. Radcke gab auf, nachdem sie ihre Kandidatur ihrer kämpferischen Ader entsprechend zwar lange aufrechterhalten hatte, aber sich zum einen im Ringen gegen Fischer unterlegen sah und zum anderen den von den Delegierten angenommenen Atomkonsens nicht unterstützen wollte.[131] Mit ihrem Abschied sollte ein neues Kapitel grüner Führung beginnen.

Fritz Kuhn und Renate Künast, Reinhard Bütikofer und Claudia Roth:
Anerkannte Führung

Joschka Fischer war es, der Fritz Kuhn und Renate Künast als Nachfolger etablierte. Systematisch hatte er Radcke und Röstel demontiert, sie von den Koalitions- und Regierungsverhandlungen fern gehalten, ihre Führungsschwäche ausgenutzt, um selbst das Heft in die Hand zu nehmen – im Hintergrund, versteht sich.[132] Im Rahmen einer Strukturreform sollte das alte Dogma der Trennung von Amt und Mandat fallen, die Parteispitze bestenfalls sogar auf einen Vorsitzenden reduziert werden.[133] Egal wie: Eine neue funktionierende Führung musste her, die in seiner Reichweite stand und im Gegensatz zu Radcke und Röstel die Verbindung zwischen Regierungshandeln und Parteiträgerschaft herstellen konnte.

Kuhn und Künast wurden als Fischers Traumpaar gehandelt. Schon im Herbst 1998 waren beide an den Koalitionsverhandlungen beteiligt und bereits zuvor für verschiedenste politische Führungspositionen im Gespräch gewesen; im Januar 2000 bekannten sie sich offiziell zu einer Kandidatur für den Partei-

---

[131] Vgl. Bannas, Günter: „Hören wir auf, zu uns selbst in Opposition zu stehen", in: Frankfurter Allgemeine Zeitung, 26.06.2000; Stadlmeyer, Tina: Linke melden Radcke ab, in: Die Tageszeitung, 29.05.2000.
[132] Vgl. Gaus, Bettina: Mehr Macht als Kohl, in: Die Tageszeitung, 13.01.2000 und Raschke (Anm. 109), S. 402.
[133] Vgl. Goffart, Daniel: Der „Chef" greift nach dem Parteivorsitz, in: Handelsblatt, 02.03.1999.

vorsitz.[134] Einzige Bedingung: Sie wollten ihre Landtagsmandate in Berlin und Baden-Württemberg behalten. Für die regierungsgeschüttelten, basis- und milieuverankerten Delegierten war das starker Tobak. Sie ließen nicht zu, dass sich ihre Führung abkoppelte. Entsprechend scheiterte der strukturreformistische Antrag zwei Monate später in Karlsruhe – wie schon 1998 in Leipzig, 1999 in Erfurt und noch 2002 in Bremen.

Die Not war groß, und Kuhn und Künast konnten nicht mehr zurück: Zähneknirschend, aber doch voller Tatendrang gaben sie ihre Landtagsmandate und Fraktionsvorsitze auf, wurden im Juni 2000 in Münster an die Parteispitze gewählt, verlegten ihren Arbeitsplatz in die Parteizentrale und nahmen materielle Einbußen in Kauf. Diesen Wechsel hatten sie wie so vieles andere in ihrem Leben gemeinsam: *Fritz Kuhn* und *Renate Künast* wurden beide 1955 geboren, beide waren seit 1979 bei den Grünen – Kuhn kam aus der SPD, Künast aus der Anti-Atom-Bewegung. Beide handelten ausgleichend-pragmatisch und hatten bereits eine lange, erfolgsgekrönte, landespolitische Karriere hinter sich, ohne dabei ämterfixierte Berufspolitiker zu sein. Sie konzentrierten sich, durch ihre Berufe gestärkt, auf politische Inhalte – ab 2000 als Vorsitzende auf gleicher Augenhöhe. In den Koalitionsverhandlungen, grüner Regierungs- und Landespolitik (Künast in Berlin) und als Antrieb für stabile grüne Wahlergebnisse in einem traditionell konservativen Flächenstaat (Kuhn in Baden-Württemberg) hatten sie taktisches Geschick, strategisches Gespür und den Instinkt für unabdingbare Berührungspunkte verschiedener politischer Denkweisen entwickelt.[135] Ihr Zusammenwirken wurde neben den biographischen Gemeinsamkeiten dadurch komplettiert, dass sie sich ergänzten: Kuhn hatte Germanistik und Philosophie studiert, Künast Sozialwesen und Jura. Sie war Rechtsexpertin, er Kommunikator. Für die Grünen wurden sie so zum flügelübergreifend anerkannten Dreamteam, zum ersten funktionierenden Duo an der Parteispitze, das zusammenarbeitete und die Partei professionell voranbrachte, das gemeinsam eine Öffentlichkeit über die Medien herstellte. Nicht ihre Unterschiede wollten sie gegeneinander abgrenzen, sondern die Gemeinsamkeiten der innerparteilichen Strömungen erkennen und nutzen – ganz im Sinne eines ideologisch fundierten Berufspolitikertums, das sich bei den Grünen erst in den 90er-Jahren entwickeln konnte. Die kollektive Führung gelang.

Kuhn übernahm die Realpolitik. Schon 1988 hatte der Finanzexperte und Ökologe schwarz-grüne Gedankenspiele geäußert. Als Vorsitzender nutzte er die Regierungsposition der Grünen aus, um – seinen Fähigkeiten als Professor für

---

[134] Vgl. u.a. Lohse, Eckart: Zwei wollen getrennte Wege marschieren, in: Frankfurter Allgemeine Zeitung, 28.03.2000; Beste, Ralf: Fischers Traumpaar, in: Berliner Zeitung, 13.01.2000.
[135] Vgl. u.a. Soldt, Rüdiger: Eines ist Renate Künast unter Garantie nicht: müde, in: Die Welt, 17.11.2000.

sprachliche Kommunikation entsprechend – die Partei zu vermarkten, neue Wählerschichten zu erschließen und vor allem: Geschlossenheit herzustellen. „Ich bin seit 20 Jahren bei den Grünen und will nicht, dass sie als Generationenpartei enden", unterfütterte er seinen politischen Pragmatismus.[136] Handwerklich festigte er seinen programmatischen und machtpolitischen Einfluss, indem er die Landesverbände durch Konferenzen verknüpfte, interne Besprechungen in der Parteizentrale standardisierte und – wenn nötig – zum Telefonhörer griff.[137] Den Kontakt zur Fraktion sicherte ihm seine politische Freundschaft mit deren Vorsitzendem Rezzo Schlauch; ihn kannte er wie den Parteigeschäftsführer Reinhard Bütikofer noch aus Stuttgart.[138]

Während Kuhn also die Modernisierer und Regierungsanhänger vertrat, sollte Renate Künast für die Interessen der Linken zuständig sein. Doch die auf Innen- und Rechtspolitik spezialisierte Anwältin ließ sich wie ihr Vorstandskollege nicht von einer Strömung vereinnahmen. Vielmehr integrierte sie, suchte überlegt nach gemeinsamen Lösungen und erarbeitete zusammen mit Kuhn eine neue, breitere programmatische Linie für die Partei: Unter ihnen wurden Renten- und Finanzpolitik zu grünen Themen. Rhetorisch überzeugte sie – anders als ihre Nachfolgerin Roth – nicht durch pathetische Reden, vielmehr brillierte die das Lernen gewohnte Juristin mit aus akribischer Aktenarbeit gewonnenen Detailkenntnissen.[139] Künast war eine Aufsteigernatur, konnte penetrant und aufmüpfig sein. Die Tochter eines Recklinghäuser KfZ-Mechanikers musste seit ihrer Kindheit auf eigenen Füssen stehen und mehr für ihre Ziele kämpfen als andere:[140] zunächst für eine höhere Schulbildung gegen die Eltern, dann – auf sich selbst gestellt – für das erste eher klassische, sozial orientierte, schließlich für das zweite für ihre Herkunft ungewöhnlichere Studium und nebenbei in der Anti-Atombewegung für eine sicherere, weniger strahlenbelastete Umwelt. Eine stabile innere Überzeugung, ein geistiger Leitfaden gehörte dazu, solche Widerstände zu überwinden. Somit war die politisch erfahrene Künast auch qua ihrer Persönlichkeit bestens für den seine Amtsinhaber fordernden, zermürbenden, verschleißenden Parteivorsitz gewappnet. Sie war sogar so gut, dass sie im Januar 2001 den Parteivorstand verließ, um als Krisenmanagerin das nach der BSE-Krise neu gestaltete Bundesministerium für Verbraucherschutz, Ernährung und Landwirt-

---

[136] Zit. nach Notz, Anton: Von einem, der auszog, weniger zu verdienen, in: Financial Times Deutschland, 20.06.2000.

[137] Vgl. Krauß, Bärbel: Die Entdeckung der grünen Spaßkultur, 04.10.2000; Beste, Ralf: Wieder an die Wurzel, in: Der Spiegel, 12.03.2001.

[138] Vgl. Theyssen, Andreas: Der Profi, in: Die Woche, 23.06.2000; vgl. einschränkend Beste, Ralf: Wenn man sich nicht mehr grün ist, in: Berliner Zeitung, 28.11.2000.

[139] Vgl. Schöttes, Heinz Joachim: Renate Künast, die grüne Frau für alle Fälle, in: Die Welt, 19.03.1999.

[140] Vgl. Winden, Dorothee: Jura ist ihr Werkzeugkasten, in: Die Tageszeitung, 26.10.1998.

schaft zu übernehmen. Damit war Künast die erste grüne Vorsitzende, für die das Amt zum Karrieresprungbrett geworden war. Künasts Nachfolge übernahm Claudia Roth ab März 2001 mit 91,5% der Delegiertenstimmen im Rücken und ohne vorangegangene innerparteiliche Querelen um ihre Kandidatur. Und die Parteiführung funktionierte weiter.

Es scheint, als habe der innerparteiliche Machtwechsel im Juni 2000 einen Gordischen Knoten zerschlagen, der sich über die Jahre um die Parteispitze gewickelt, sie zuletzt eingeschnürt hatte, ja sie geradezu bewegungsunfähig hatte werden lassen. Kuhn und Künast waren eben nicht in das Amt gewählt worden, weil sie *kein* Mandat, *keine* Erfahrung, *keine* anderen Gelegenheiten hatten – so war es noch bei Christine Weiske und Gunda Röstel gewesen. Kuhn und Künast, gleiches galt später auch für Claudia Roth, qualifizierten sich gerade wegen ihrer Kompetenzen, die sie sich in den Landesverbänden über Jahre erarbeitet hatten. Das war neu.

Anders als Kuhn und Künast war *Claudia Roth* weniger fest in der grünen Gründungsgeschichte verwurzelt und bis 1990 sogar noch Mitglied der Jungdemokraten gewesen. Doch politisiert und feinsinnig wie sie war, übernahm sie, nachdem sie sich mangels Zeugnissen mit einer Schallplatte bei der Fraktion beworben hatte, schon 1985 ohne Zögern die Pressestelle der Grünen im Bundestag. 1987 entschied sie sich für die Parteimitgliedschaft. Seither verlief ihre Parteikarriere steil bergauf: 1989 zog sie ins Europäische Parlament ein, wurde dort 1994 Fraktionsvorsitzende, 1998 ließ sie sich über die bayerische Landesliste in den Bundestag wählen, übernahm dort den Ausschuss für Menschenrechte und humanitäre Hilfe. Multikulturelles Zusammenleben, der Schutz von Minderheiten und die europäische Integration waren Themen, die sie umtrieben[141] – karrierefördernd gewählt waren sie nicht. Die Dramaturgin und ehemalige Managerin der Polit-Rock-Band „Ton Steine Scherben" engagierte sich emotional geleitet und fachlich fundiert für bessere Bedingungen von Asylbewerbern und Asylanten, neue Richtlinien für Rüstungsexporte und ein „Ökosozialprodukt".[142] Trotz ihres moralischen Rigorismus, der für Außenstehende zuweilen antiquiert wirkte und an grüne Betroffenheitspolitik der 80er-Jahre erinnerte[143], hatte sie ein einnehmendes Wesen, mit dem sie – zeitweise sogar noch besser als Renate Künast – eine Projektionsfläche für die Linken bot, die unter der Regierungspolitik Fischers und Trittins zu leiden hatten. Roth wollte trotz oder gerade wegen der Regierungsverantwortung das gute Gewissen grüner Politik sein[144], und die Partei folgte ihr.

---

[141] Vgl. u.a. Claudia Roth im Interview „Wir sind nicht die Yuppie-Partei", in: Die Welt, 14.02.2001.
[142] Vgl. Lohse, Eckart: Siegreich, in: Frankfurter Allgemeine Zeitung, 12.03.2001.
[143] Vgl. Beste, Ralf: Wieder an die Wurzel, in: Der Spiegel, 12.03.2001.
[144] Zit. nach Haselberger, Stephan: Roth mit 91,5 Prozent neue Grünen-Chefin, in: Die Welt, 10.03.2001.

Wie Kuhn und Künast und auch Reinhard Bütikofer, Angelika Beer oder Jürgen Trittin gehörte die Mitte der 50er-Jahre geboren Roth zur Generation der so genannten „alternativen Szene"[145], die sich im Anschluss an die 68er-Bewegung gebildet hatte, postmaterialistische Werte entwickelte und die bestehenden politischen Verhältnisse in Frage stellte. Die neue Führung entstammte also der Ur-Klientel der Grünen, die, nachdem die Entscheidungsschlachten der 80er-Jahre ausgefochten waren, an die Parteispitze vorgedrungen war. Anders als Jutta Ditfurth oder Regina Michalik, die in den frühen Jahren der Parteigeschichte in den Frontreihen gestanden hatten, waren diese späten Grünen kompromissbereiter, regierungswilliger und weniger ideologisch als ihre Vorgänger. Sie verharrten nicht in utopischen Gedankengebäuden, sondern legten Wert auf Handlungsfähigkeit. Auf diesem Grundkonsens funktionierte auch die Kooperation zwischen Kuhn und Roth. Er handelte eher kopf-, sie gerne bauchgesteuert, ohne dabei den jeweils anderen Part der Entscheidungsfindung außer Acht zu lassen. Schon die Kerze in Form eines Häschens mit rosa Ohren, die angeblich in Claudia Roths Büro zu finden war, und aus der Fritz Kuhn sich wohl niemals etwas machen würde, symbolisierte ihre Unterschiede.[146] Beide kannten sich noch aus Studienzeiten vom Memminger Landestheater. Mitte der 70er-Jahre führten sie dort gemeinsam Regie, auch als Parteisprecher ergänzten sie sich über 20 Jahre später blendend.

Trotzdem war die Direktion von Kuhn und Roth nicht einfach. Gleich nach Roths Antritt wurde ihre Amtszeit von dem unter Umweltminister Trittin angeordneten Castor-Transport nach Gorleben überschattet, der von der noch bewegungsgeprägten Basis bekämpft wurde.[147] Dass Polizei und Bundesgrenzschutz mit Wasserwerfern auffuhren, der von Rot-Grün regierte Staat der grünen Klientel konfrontativ gegenüberstand, brachte Kuhn und Roth in ein Dilemma.[148] Ihr Fehler: Sie hatten es versäumt, die den Grünen nahe stehenden Atomkraftgegner zu besänftigen, stattdessen unterstützten sie den Regierungskurs ohne große Worte.[149] Nicht nur der Wendland-Konflikt entfremdete sie von ihren Anhängern: Die von Schröder an die Vertrauensfrage gekoppelte Bundestagsabstimmung über den Afghanistan-Einsatz, der außenpolitische Kurs Fischers und die Frage nach einer Leitfigur im Bundestagswahlkampf ließen sich nicht mehr mit den grünen Idealen wie Basisorientierung, Gewaltlosigkeit und Themen- statt

---

[145] Vgl. Fogt, Helmut: Politische Generationen. Empirische Bedeutung und theoretisches Modell, Opladen 1982, S. 175.
[146] Vgl. Schuller, Konrad: Die Schmerzensmutter und der Realist, in: Frankfurter Allgemeine Sonntagszeitung, 24.02.2002.
[147] Vgl. Beste, Ralf / Mestmacher, Christoph: Geteilte Bewegung, in: Der Spiegel, 12.02.2001; Schönberger, Nico: Grüne im Ausnahmezustand, in: Financial Times Deutschland, 27.03.2001.
[148] Vgl. Kneip, Ansbert / Schnibben, Cordt: Triumph des Irrsinns, in: Der Spiegel, 02.04.2001.
[149] Vgl. Fehrle, Brigitte: Vom Glück verlassen, in: Berliner Zeitung, 05.07.2001.

Personen-Zentrierung vereinbaren. Gleichwohl war es richtig, dass die Partei-spitze die Regierungspartei an die Realpolitik heranführte. Diese Mühen zollten Erfolg: Die Grünen erzielten 2002 ein historisch gutes Bundestagswahlergebnis und gingen mit 8,6% und einem Plus von 1,9 Prozentpunkten gestärkt in eine zweite rot-grüne Legislaturperiode.[150] Somit war die Strategie der Parteivorsit-zenden gewinnbringend gewesen, wofür sie allerdings nicht belohnt werden sollten.

Kuhn war zuversichtlich, die Partei trotz des neu erworbenen Bundestags-mandats weiterführen zu können, Roth nach anfänglichem Zögern auch. Doch die beiden unter ihrer Ägide verfassten Anträge, die Trennung von Amt und Mandat ganz oder nur teilweise aufzuheben, scheiterten im Oktober 2002 in Bremen und zwei Monate später in Hannover an der erforderlichen Zwei-Drittel-Mehrheit.[151] Zutiefst gedemütigt, ungläubig darüber, dass in der letzten Abstim-mungsnacht nur acht Stimmen gefehlt hatten, verließen sie die Parteispitze un-gern, unverstanden und unzufrieden in Richtung Bundestag. Noch zu stark war die ursprüngliche grüne Identität in den Köpfen der Delegierten verankert, als dass sie aus purer Dankbarkeit Werte und Prinzipien über Bord geworfen hätten. Die Delegierten dankten ihrer Führung, vergötterten sie jedoch nicht. Dazu hat-ten Kuhn, Künast und auch Roth ihnen mit Atomausstieg, Castortransport und Kriegseinsätzen innen- und außenpolitisch zu viel abverlangt. Die Partei war sich nach wie vor ihrer Herkunft bewusst, so dass sie wissentlich eine Führungskrise in Kauf nahm, sich nicht um jeden Preis einem starken Vorstand unterordnete. Somit zeigten die Grünen – allem öffentlichen Unverständnis zum Trotz[152] – ein für Parteien ungewöhnliches Potential, das in Krisenzeiten viel Kraft entfalten kann und welches die Balance zwischen Führung und Organisation wahren kann.

Eine adäquate Nachfolge für die drei effizientesten Parteivorsitzenden der grünen Geschichte zu finden, war schwierig, beinahe aussichtslos. Nach dem Bangen vor der Bundestagswahl und der sich anschließenden Freude, hatten sowohl Parteispitze als auch -basis versäumt, die Folgen eines abgelehnten Strukturantrags zu bedenken. Schließlich hatte die Führung durch Kuhn und Roth funktioniert; niemand wollte als Königsmörder gelten. Nach hilfloser nächtlicher Suche stellten sich spontan, unvorbereitet, nur mehr oder weniger überzeugt und unterstützt Reinhard Bütikofer und Angelika Beer ohne namhafte

---

[150] Vgl. Richter, Saskia / Schlieben, Michael / Walter, Franz: Rot-grüne Koalitionen – Zukunftsper-spektive oder Auslaufmodell?, in: Zehetmair, Hans (Hg.): Das deutsche Parteiensystem zu Beginn des 21. Jahrhunderts, Wiesbaden 2004, S. 58-78, hier S. 65 ff.
[151] Vgl. Fritz Kuhn im Interview „Die nächsten Jahre werden bitter", in: Die Tageszeitung, 29.11.2002.
[152] Vgl. z.B. Beste, Ralf / Mestmacher, Christoph: „Wollt ihr die oder uns?", in: Der Spiegel, 16.07.2001.

Gegenkandidaten in Hannover zur Wahl – und gewannen.[153] Doch blieb ihr Vorsitz aus der Not geboren. Noch nach mehreren Wochen wirkte die Parteispitze
gepanzert, reüssierte weder in der Partei noch in der Öffentlichkeit.[154] Als Team
funktionierten und wirkten Beer und Bütikofer nicht. Sie wurden zu Einzelkämp-
fern, ohne sich füreinander zu interessieren, aber auch ohne sich auf Kosten des
anderen zu profilieren. Damals auf der Delegiertenversammlung in der niedersächsischen Landeshauptstadt hatte Bütikofer seine Chance gewittert und genutzt, die Partei endlich nach eigenem Gusto gestalten zu können; Beer war
mitgezogen, im Grunde erschöpft, bewahrte sie der Vorsitz noch einige Zeit vor
der politischen Bedeutungslosigkeit, nach der sie sich eigentlich sehnte.[155]

Als Nur-Politiker hatte *Reinhard Bütikofer* schon lange auf seine Gelegenheit gewartet. Mit einer Europawahl-Kandidatur war er gescheitert, Bundesgeschäftsführer wollte er mangels innerparteilicher Unterstützung nicht mehr sein,
und beruflich hatte er kaum eine andere Möglichkeit. Eigentlich war er am Ende.[156] Ohne sein geisteswissenschaftliches Studium abgeschlossen zu haben,
engagierte er sich seit 1982 bei den Grünen, 1984 wurde er Mitglied, 1988 in den
baden-württembergischen Landtag gewählt, 1997 zum Landesvorsitzenden der
Partei. Ein Jahr später schaffte der gebürtige Mannheimer den Sprung auf die
Bundesebene und wurde als Nachfolger von Heide Rühle politischer Bundesgeschäftsführer. Als solcher arbeitete er sich in den Parteivorstand ein, lernte Strategien umzusetzen und die richtigen Strippen zu ziehen. Bütikofer war es, der die
Grundsatzprogrammkommission leitete, deren endgültiger Entwurf „Grün 2020
– wir denken bis übermorgen" im März 2002 auf dem Parteitag in Berlin noch
unter dem Vorsitz von Fritz Kuhn und Claudia Roth verabschiedet worden war.
Schon damals missfiel ihm, dass mit Kuhn und Co. unvergleichlich stärkere
Persönlichkeiten und ein Rivale aus baden-württemberger Tagen die Parteispitze
besetzten und seinen Einfluss, den er noch unter Gunda Röstel und Antje Radcke
geltend machen konnte, beschnitten. Vielmehr besaß er genügend Energie, um
selbst zu gestalten.

Schon als er in die Hauptstadt wechselte, galt er als kompetent und analy-
tisch begabt, aber als noch zu unerfahren im Tagesgeschäft, um die Defizite an
der Spitze ausgleichen zu können.[157] Doch er konnte strategisch denken, war

---

[153] Einziger männlicher Gegenkandidat war Hannes Grönniger, der mit 33 Ja-Stimmen deutlich
unterlag. Vgl. u.a. Bannas, Günter: In der Nacht, an der Bar, werden fast alle gefragt, in: Frankfurter
Allgemeine Zeitung, 09.12.2002.
[154] Vgl. Gaserow, Vera: Gar nicht so schlecht, in: Frankfurter Rundschau, 14.02.2003.
[155] Vgl. Schuller, Konrad: Solo für zwei Grüne, in: Frankfurter Allgemeine Sonntagszeitung,
14.09.2003.
[156] Vgl. Wallraff, Lukas: Der Glückliche, in: Die Tageszeitung, 01.10.2004; o.V.: Ein furioser Spät-
zünder, in: Frankfurter Allgemeine Sonntagszeitung, 03.10.2004.
[157] Vgl. Günsche, Karl-Ludwig: Die Führung der Grünen ist sich nicht mehr grün, in: Die Welt,
17.02.1999.

lernfähig, zuverlässig und mittlerweile programmatisch sattelfest wie kein zweiter. Die Wandlung der Grünen von der Antipartei- zur Reformpartei konnte er nun erklären und grüne Identität mit notwendiger Modernisierung verbinden.[158] Wie für Edmund Stoiber in Bayern war auch für Bütikofer die Programmarbeit zu einer Machtressource geworden.[159] Seine rhetorische Schwäche glich er mit gesundem Realismus und produktiver Binnenkommunikation zwischen Basis, Fraktion und Regierung aus. Das Verhältnis zu den Ministern Trittin und Künast galt als ausgezeichnet, die Beziehung zu Fischer immerhin als belastbar.[160] Nach und nach entwickelte sich Bütikofer zu einem in die Koalitionsarbeit eingebundenen Ruhepol in der Partei. Es gelang ihm schließlich, sich – sogar unabhängig vom noch immer gewichtigen Außenminister Fischer – rundum zu verankern. Noch im ausklingenden Jahr 2004 war er unangefochten.

Angelika Beer hatte mit dem Vorsitz ein ungleich schwereres Los gezogen. Zwar personifizierte die einstige linke Antimilitaristin mit ihrer Zustimmung zum Kosovo-Einsatz die Zerrissenheit der nun regierungsverantwortlichen Grünen. Doch hatte ihre Anhängerschaft ihr diesen fundamentalen Wandel nie verziehen, sie als Kriegstreiberin beschimpft, sie physisch bedroht und psychisch mürbe gemacht und ihr 2002 letztendlich ihren Platz im Bundestag entzogen.[161] Dabei hatte Beer eine typisch grüne Karriere absolviert: 1957 geboren, war sie in den 70er-Jahren in der Friedens- und Anti-Atom-Bewegung engagiert und damals wie Bütikofer Anhängerin kommunistischer Werte. Später wurde sie Mitbegründerin der Grünen. Im Bundestag mauserte sich die gelernte Arzt- und Rechtsanwaltsgehilfin zur gefragten verteidigungspolitischen Sprecherin. Gleichzeitig war sie Referentin für Menschenrechtsfragen. Wie einst Claudia Roth focht sie gegen deutsche Waffenexporte in die Türkei, besetzte also Themen, die Herzensangelegenheiten der Grünen waren. Doch programmatisch blieb sie Fachfrau für Krieg und Frieden, wurde keine Generalistin. Machtpolitisch wurde sie von den Linken verstoßen, von den Realos missachtet, von der Fraktion ignoriert. Ihre einstige Glaubwürdigkeit und Verankerung an der Basis, ihre Wirkkraft ins Innere der Partei hatte sie verloren. Zum Reaktivieren war sie nicht in der Lage.

Beer wollte keine zweite Amtszeit als Vorsitzende mehr antreten. Die Bundespolitik hatte sie ausgelaugt, sie konnte und mochte sich nicht mehr rechtfertigen. Letztendlich hatte sie Glück im Unglück: Schon im Herbst 2003 bereitete

---

[158] Vgl. Quadbeck, Eva: Die Grünen – noch nie so erfolgreich wie heute, in: Rheinische Post, 03.03.2004.
[159] Vgl. Müller, Kay: Der Machtprogrammatiker, in: Berliner Republik 4 (2002) 2, S. 11-14.
[160] Vgl. Haselberger, Stephan: Ausgewogen bis zur Unangreifbarkeit: Grünen-Chef Reinhard Bütikofer, in: Die Welt, 12.06.2003.
[161] Vgl. Wiegold, Thomas: In der „Schlammzone", in: Focus, 09.10.2000; Klüver, Reymer: Chefin ohne Bataillone, in: Süddeutsche Zeitung, 15.11.2003.

sie ihren Abschied aus Berlin vor. In Schwerin kandidierte sie für den Spitzen-platz auf der Europaliste. Nur 29 von 47 Stimmen konnte sie auf sich vereinen, schaffte im Juni 2004 dennoch den Sprung ins Europäische Parlament.[162] Ange-lika Beer war wohl die glückloseste aller grünen Parteivorsitzenden.

Trotz des grünen Idealismus, der politischem Pragmatismus oftmals den Weg versperrte, trotz der Identitätsfragen, deren Beantwortung aufreiben konnte, trotz der innerparteilichen Querelen, die zeitweise lähmten, und trotz der Ab-grenzung zum politischen Establishment, das manchmal in ein plumpes Dage-gen-Sein umschlug, haben sich die Grünen in ihrer 25-jährigen Geschichte nicht ins Abseits manövriert, sich permanent verändert, haben sie sich auch an das politische System angepasst. Ohne ihre Herkunft zu verleugnen, professionali-sierte sich die Partei: Der Parteispitze stand ein größerer Handlungsspielraum zu, Wahlkämpfe wurden fachkundig organisiert, Wechsel- und Jungwähler gezielt angesprochen, politische Allianzen gehörten zum grünen Alltag und sogar die Trennung von Amt und Mandat – das Heiligtum grüner Basisorientierung und Machtkontrolle – wurde nach einer Urabstimmung im Mai 2003 gelockert. Die Partei hatte die Notwendigkeit politischer Führung akzeptiert. Mittlerweile wa-ren die Grünen in der Lage, einheitlich zu agieren. Als Bundespartei profitierten sie nicht nur von der Schwäche des Koalitionspartners, sondern auch von dem hart diskutierten und erstrittenen programmatischen Selbstbewusstsein. Auch darum ging es den Grünen Ende 2004 so gut wie nie.

Der Übergang von Angelika Beer zu Claudia Roth verlief äußerlich nahezu geräuschlos. Während Beer sich still und leise nach Straßburg verabschiedet hatte, war Roth schon – als hätte sie den Parteivorstand nie verlassen – angekün-digt worden. Ebenso unspektakulär wurde sie in der Kieler Ostseehalle im Okto-ber 2004 als Vorsitzende wieder gewählt. Nur ihr mit knapp 78% verhältnismä-ßig schlechtes Wahlergebnis ließ vermuten, dass längst nicht die ganze Partei ihre Machtfülle anerkennen wollte, die sie nun als Vorsitzende und gleichzeitige Mandatsträgerin erreichen konnte.[163] Für Reinhard Bütikofer war seine neue Kollegin nicht nur eine Bereicherung. Denn anders als Beer beschränkte sich Roth nicht auf wenige Themen oder überließ strategische Entscheidungen ihrem Partner. Doch die Bundestagswahl 2006 und ein möglichst hohes Wahlergebnis im Visier, bestimmte ideologisch-rückgekoppelter politischer Pragmatismus die Arbeit des Vorstandes. Der im Grunde gegen den aktuellen Parteitagsbeschluss verstoßende Export von Fuchs-Panzern in den Irak bzw. an die Arabischen Emi-

---

[162] Vgl. Schuller, Konrad: Solo für zwei Grüne, in: Frankfurter Allgemeine Sonntagszeitung, 14.09.2003.
[163] Noch 2000 erhielt sie 91,5% der Stimmen. Vgl. Klüver, Reymer: Das lange Gedächtnis der grünen Basis, in: Süddeutsche Zeitung, 04.10.2004.

rate leitete diese Tendenz ein.[164] Doch sowohl Reinhard Bütikofer als auch Claudia Roth waren so erfahren, dass sie wissen mussten, wie stark sie zum einen die grüne Basis strapazieren und welche kollegialen Auseinandersetzungen sie sich zum anderen als Vorsitzende untereinander leisten konnten. Bislang jedenfalls funktionierte diese Führung.

Vollmer, Fischer, Ströbele und Co. – Informelle Führung bei den Grünen

Ein Führungsparadies also war die grüne Partei nicht. Wie schon die Sprecher des ersten Vorstandes, so konnten die Vorsitzenden der Grünen auch Ende 2004 nicht autonom navigieren. In der 25-jährigen Parteiengeschichte waren die Parteispitzen stets von konkurrierenden, oftmals starken, nicht institutionalisierten Machtzentren umgeben, die sich zunächst in den Strömungen gebildet hatten, dann in der Fraktion, später in der Regierung. Je weniger formelle Restriktionsmöglichkeiten die gewählten Führungsfiguren hatten, und je weniger sie diese Handlungslücken durch persönlichkeitsbedingte Führungsqualitäten, innerparteiliche Autorität oder Hausmacht ausgleichen konnten, desto schneller konnten sie zum Spielball der informellen Parteiführer werden. Das klingt zunächst trivial. Doch hat diese „Banalität" der informellen Führung die grüne Geschichte wie keine zweite beeinflusst.

In den 80er-Jahren waren es die Strömungen mit ihren strategischen Cliquen an den Spitzen, um die sich formlose Netzwerke und Entscheidungszentren nicht selten aus alten Freundschaften, Liebesbeziehungen oder Lebensgemeinschaften bildeten, die Führungs- oder zumindest Orientierungsfunktionen übernahmen.[165] Jutta Ditfurth und Manfred Zieran waren solch ein Polit-Pärchen, das in den Bewegungen und auf verschiedenen institutionellen Ebenen gemeinsam, zeitweise auch wegweisend, wirkte. Eine noch schillerndere informelle Führungsfigur der Parteilinken aber war der Hamburger Ökosozialist Thomas Ebermann.[166] Aus der Anti-Atom-Bewegung und dem Kommunistischen Bund kommend, focht er mit rhetorischer Brillanz als Abgeordneter der Hamburger Bürgerschaft, Sprecher der grünen Bundestagsfraktion und Mitglied des Bundestages gegen eine Etablierung und „Sozialdemokratisierung" der Partei, wobei er sich nie eindeutig von der Gewaltanwendung distanzierte. Bis er die Grünen 1990 zusammen mit den ehemaligen Sprechern Rainer Trampert und Christian Schmidt verließ, war er für den linken Flügel eine Leitfigur. Mit seiner Überzeu-

---

[164] Vgl. Lutz, Martin: Grüne Abweichler rebellieren gegen den Panzer-Export, in: Die Welt, 06.10.2004.

[165] Vgl. Raschke (Anm. 3), S. 165 und S. 206 ff.

[166] Vgl. ebd., S. 162 oder S. 295 ff.

gung, dass ökologisches Wirtschaften unter der Maxime des Profits nicht möglich sei, hatte er ideologische Orientierungen vorgegeben, doch letztendlich war
das grüne Projekt für ihn gescheitert.[167]

Als korrigierendes Pendant sah sich Antje Vollmer. 1988 initiierte sie unter
anderem mit dem Bremer Bürgerschaftsabgeordneten und späteren Parteisprecher Ralf Fücks den „Grünen Aufbruch". Sie führte die Parteiflügel zusammen,
wollte die parteiinterne Polarisierung und Blockadehaltung überwinden und die
Vorherrschaft der Fundamentalisten an der Parteispitze beenden.[168] Die studierte
Pädagogin und promovierte Theologin hatte sich in Bonn innerhalb weniger
Jahre zur leidenschaftlichen und profilierten Parlamentarierin entwickelt.[169] In
der Bonner Fraktion, wo die Gegenspieler der Vorstände um Ditfurth zu finden
waren, wurde sie parteipolitisch sozialisiert. Doch der Aufbruch wollte zu
schnell zu viel, verlor als Anti-Strömungs-Strömung rasch an Kraft, als der linke
Flügel zerfaserte.[170] Mit ihren Papieren und Manifesten schafften Vollmer und
Fücks zwar ein Wandlungsbewusstsein, umsetzen konnten sie ihr Projekt in der
nach wie vor blockierten Partei jedoch nicht. Seiner Gründerin wurde das Amt
der Sprecherin verwehrt. Gegen Christine Weiske unterlag sie 1991 überraschend mit 263 zu 344 Stimmen. Dennoch blieb Vollmer populär, kehrte 1994
nach einem erfolgreichen Wahlkampf als hessische Listenführerin ins Parlament
zurück und wurde erste grüne Bundestagsvizepräsidentin.

Dass die grünen Führungsfiguren auch aus den Parlamenten steuern konnten, auf die Ressourcen des Parteivorstands nicht angewiesen waren, vielmehr
aus persönlichen Fähigkeiten Kapital zu schlagen verstanden, bewies niemand so
mustergültig wie Joschka Fischer. Er war der Inbegriff informeller Parteiführung, verstand Politik als persönlichen und parteilichen Machterwerb. Fischer
war der Patriarch, der Kopf, der Stratege, der Übervater, der „heimliche Vorsitzende".[171] Er beeinflusste, leitete, ja beherrschte die Partei. Ohne Joschka Fischer
– so war man sich lange einig – wären die Grünen schon oft untergegangen.

Was aber ist dran an der Fischerschen Hegemonie? Zweifellos besaß der
hessische Oberrealo die Fähigkeit zum politischen Klüngel[172], sicherte sich sowohl in Frankfurt als auch in Wiesbaden, Bonn und Berlin seine Autorität durch
persönliche, sich wandelnde Netzwerke[173] – effizient, nachhaltig und mittlerwei-

---

[167] Vgl. Thomas Ebermann und Krista Sager im Streitgespräch „Wir sind überflüssig", in: Der Spiegel, 16.01.1995.
[168] Vgl. Veen / Hoffmann (Anm. 22), S. 66; Raschke (Anm. 3) S. 172 ff.
[169] Vgl. Bräunlein, Jürgen: Die grüne Intellektuelle, in: Rheinischer Merkur, 25.07.2002.
[170] Vgl. Raschke (Anm. 3), S. 175.
[171] Vgl. z.B. Deupmann, Ulrich: Der rot-grüne Herbergsvater, in: Der Spiegel, 02.09.2002.
[172] Vgl. Raschke (Anm. 3), S. 163.
[173] Zu Fischers Netzwerken vgl. Raschke (Anm. 109), S. 50; Geis, Matthias / Ulrich, Bernd: Der
Unvollendete. Das Leben des Joschka Fischer, Berlin 2002, S. 94.

le über einen Zeitraum von fast 25 Jahren. Zeitweise stand nahezu jede inhaltliche Position der grünen Eliten und jede Besetzung einer Führungsposition unter dem Vorbehalt seiner Zustimmung.[174] Die Vorständler der 90er-Jahre nahm Fischer als ehemaliger Berufsrevolutionär niemals ernst – das musste er auch nicht. Denn während die Partei ein tiefes Tal durchschritt, zelebrierte er den Regierungswechsel in Hessen, wurde Hans Eichels Stellvertreter, Umweltminister und avancierte zum wichtigsten grünen Politiker der Bundesrepublik.[175] 1994 als Fraktionssprecher im Bundestag angekommen, arbeitete er weiter an seinem Machtzentrum. Gegen die Parteisprecher Ludger Volmer und Jürgen Trittin grenzte er sich ab und setzte sich durch.[176] Dass er Antje Radcke und Gunda Röstel für unfähig hielt, die Partei zu führen, verheimlichte er nicht, mobbte sie schließlich aus ihrem Amt. Nur er selbst lehnte den Vorsitz stets ab. Denn in dieser Position hätte er schlichten, integrieren, strategisch und inhaltlich führen, Verantwortung übernehmen müssen und seine Stärke nicht mehr zur Profilierung gegen die Partei einsetzen können. Mit Kuhn und Künast debütierten zwei Fischeraner an der Parteispitze. War es Zufall, dass die Führung seit ihrem Wechsel funktionierte? Untergeordnet haben sie sich ihrem Unterstützer nie. Doch arbeiteten sie eigenständig und kooperativ – ganz so, wie der Außenminister es wollte.[177] Machtpolitisch gefährlich wurden sie ihm nicht. Noch im Wahlkampf 2002 hieß eine entscheidende Botschaft der Grünen „Joschka" – das hatte sich vor Zeiten noch nicht einmal Helmut Kohl bei der CDU getraut.[178]

Fischer handelte unabhängig von der Partei, verabschiedete sich schon Mitte der 90er-Jahre mit seinem Papier zum militärischen Eingreifen in Bosnien vom radikalen Pazifismus der Grünen.[179] Mit seiner Außenpolitik schaffte er als Bundesminister Tatsachen, ohne Folgen fürchten zu müssen. Er navigierte die Partei durch die Realpolitik und trug so zur Gesellschaftsfähigkeit der Grünen bei. Nur wenige Grüne konnten und wollten es mit dem Stammvater aufnehmen. Denn zu oft hatte sogar die Öffentlichkeit beobachtet, wie er seine Anhänger stützte und Widersacher abservierte. Doch auch Fischer wirkte nicht im luftleeren Raum. Immer wieder profilierten sich ihm unliebsame Parteisprecher auch gegen seine Linie: Unter dem Außenminister Fischer entwickelte sich Christian

---

[174] Vgl. Raschke, Joachim: Die Grünen als Partei der unverkürzten Modernisierung. Zur politischen Strategie mit und ohne Joschka Fischer, in: Vorgänge 42 (2003) 2, S. 80-89, hier S. 87.

[175] Vgl. Geis / Ulrich (Anm. 173), S. 131 ff.; Klein / Falter (Anm. 90), S. 188 f.

[176] Vgl. Bielicki, Jan: Ohne Muttern, in: Die Woche, 29.09.1995; o.V.: Alptraum Joschka, in: Der Spiegel, 29.01.1996.

[177] Vgl. Raschke, Joachim: Sind die Grünen regierungsfähig? Die Selbstblockade einer Regierungspartei, in: Aus Politik und Zeitgeschichte 51 (2001) 10, S. 20-29, hier S. 21.

[178] Vgl. die Beobachtungen von Deupmann, Ulrich: Der rot-grüne Herbergsvater, in: Der Spiegel, 02.09.2002.

[179] Vgl. Krause-Burger, Sibylle: Joschka Fischer. Der Marsch durch die Illusionen, Reinbeck bei Hamburg 2000, S. 225.

Ströbele zu einem permanenten Kritiker, ja quasi zum linken Restaurator der Regierungspartei. Innerparteilich war er mit dafür verantwortlich, dass die Trennung von Amt und Mandat beibehalten wurde. Beharrlich warnte er – ganz in grüner 80er-Jahre-Tradition – vor Abhängigkeits- und Filzstrukturen, die entstehen können, wenn zu viel Macht in die Hände einzelner Politiker fällt.[180] Fritz Kuhn und Claudia Roth kostete seine Kampagne noch im Dezember 2002 ihr Amt; Fischer stürzte er in Ratlosigkeit und die Partei in eine kurzfristige Führungskrise. Doch entwickelten die Grünen eine Stärke, die aus Krisen erwachsen kann, wenn diese Selbstfindungsprozesse antreiben und sich die Organisation letztendlich darauf einlässt, strukturelle Reformen im Rahmen der eigenen Identität zuzulassen, sich selbst also anpasst, ohne ihre Herkunft aufzugeben. Ströbele reüssierte, wenn grüne Grundwerte zu fallen drohten: während des Kosovo-Krieges, vor der Afghanistan-Abstimmung, auch bei der Kontroverse um eine Wiedereinführung der Vermögenssteuer oder mit seiner Einschätzung der Globalisierung.[181] Somit war er keine direkte Führungsfigur, aber ein führendes Korrektiv.

Und Fischer? Fischer war 2004 nicht mehr so stark wie in der ersten rotgrünen Bundeslegislatur oder im Wahljahr 2002, als man den „Fischerismus" noch als zentrales Strukturmerkmal und -problem der Partei anerkennen konnte und die Partei noch in seiner babylonischen Gefangenschaft wähnte.[182] Nach dem Parteitag in Kiel sah es vielmehr so aus, als habe er seine innerparteiliche Vormachtstellung über das Außenministerium reduziert[183], als hätten die Grünen ihre gewählte Führung akzeptiert und als habe die Partei eigene Wege im Umgang mit programmatischen und strukturellen Widersprüchen gefunden und eine Identität im Spannungsfeld zwischen politischem Außenseitertum und Establishment entwickelt.

Fazit: Warum die kollektive Führung funktioniert

Resümiert, war politische Führung bei den Grünen nicht so unübersichtlich wie sie zunächst erschien. Trotz oftmals gegeneinander arbeitender Machtzentren,

[180] Vgl. o.V.: Grüne Linke beharren auf Trennung von Amt und Mandat, in: Die Welt am Sonntag, 27.04.2003.
[181] Vgl. Gaserow, Vera: Die Grünen üben wieder die Opposition – diesmal gegen sich selbst, in: Frankfurter Rundschau, 01.04.1999; Bullion, Constanze von: Zwischen Traum und Wirklichkeit, in: Süddeutsche Zeitung, 18.03.2002; Leithäuser, Johannes: Gelassenes Grünen-Establishment, in: Frankfurter Allgemeine Zeitung, 01.10.2004.
[182] Vgl. Raschke (Anm. 109), S. 50; Klein / Falter (Anm. 90), S. 221.
[183] Vgl. zur Emanzipation der Parteiführung Bannas, Günter: Sperrige Grüne, in: Frankfurter Allgemeine Zeitung, 10.11.2004.

sich fundamental wandelnder Strukturen, divergierender Strömungen, einem permanenten programmatischen Orientierungsprozess und einer kollektiv geleiteten Parteispitze, lassen sich Führungsphasen erkennen und Führungstypen qualifizieren. Die Sprecher und Vorsitzenden der Grünen agierten zunächst in verschiedentlich zusammengesetzten Gründungsvorständen. Die sich im Zuge der parlamentarischen Beteiligung und der Koalitionsfrage herausbildende innerparteiliche Polarisierung brachte fundamentalistische Vorstände hervor, die sich als Korrektiv zu den qua ihrer Aufgabe eher realpolitisch-orientierten Fraktionen sahen. Auf den sich beinahe aufs Bersten steigernden Dualismus folgte eine Phase der Schlichtung, Neuorientierung und Selbstfindung. Ohne jedoch in der Lage zu sein, sich unmittelbar aus der gesellschaftlichen und politischen Randlage zu befreien, war diese Zeit Ende der 80er-/ Anfang der 90er-Jahre produktiv für die Grünen. Zahlreiche Niederlagen, die langsame Überwindung der innerparteilichen Blockade, die Assoziation mit dem Bündnis 90 und der Wiedereinzug ins Parlament bereiteten die Partei auf die bundespolitische Regierungszeit vor.

Nicht immer gingen die Erfolge oder Misserfolge der Parteigeschichte mit der passenden personellen Besetzung der Vorstände einher. Beispielsweise wurden die Regierungsgrünen noch 1999 von einem sehr schwachen Führungsduo geleitet. In dieser Phase ließ sich die Partei indirekt aus den von Joschka Fischer und Jürgen Trittin besetzten Außen- und Umweltministerien steuern. Doch welches Zentrum die Grünen letztendlich leitete, wer Handlungsrahmen setzende Entscheidungen traf, hing von der Stärke der Vorsitzenden ab. Machtpole außerhalb des Vorstandes bildeten sich in den Regierungen, Fraktionen und ideologischen Strömungen – zumeist auf Bundesebene. Doch können ferner die erste rotgrüne Landesregierung in Hessen oder das ökosozialistische Zentrum in Hamburg als machtpolitisch bedeutende Zentren nicht vernachlässigt werden.

Die Teams der Sprecher und Vorsitzenden setzten sich aus unterschiedlichen Persönlichkeits- und Politiker-Typen zusammen. Da waren die ideologischen und organisatorischen Parteiväter Herbert Gruhl und August Haußleiter, deren Wirkzeit sehr kurz, im Grunde auch zurückhaltend, aber trotzdem effektiv und nachhaltig, da situativ passend war. Es folgten sich unterordnende, die Werte der Partei (Rotation, Basisorientierung, Ehrenamtlichkeit) achtenden Parteisprecher, die den Parteivorstand oder auch die politische Bühne schnell wieder verließen. Dazu zählte Manon Maren-Grisebach genauso wie Ruth Hammerbacher, eigentlich auch Wilhelm Knabe, der jedoch durch seinen tief verwurzelten Bewegungshintergrund immer wieder den Kontakt zur Partei suchte und auch im hohen Alter noch an der gesellschaftlichen Gestaltung teilnahm. Die Ikonen des fundamentalistischen Flügels, Rainer Trampert und Jutta Ditfurth, steuerten die Partei Mitte der 80er-Jahre. Ihre informellen Gegengewichte fanden sich in den Parlamenten zusammen – Joschka Fischer in Wiesbaden, der Aufbruch um Antje

Vollmer in Bonn und zunächst auch Ralf Fücks in Bremen. Die Sprecher der ausklingenden 80er- und beginnenden 90er-Jahre waren insofern glücklos, als dass ihnen jegliche Ressourcen fehlten, die sie benötigt hätten, um die elementaren strukturellen und organisatorischen Probleme der Partei zu lösen. In einem noch immer sehr linken Apparat, in einem nach wie vor schlecht ausgestatteten Bundesvorstand mussten die Vertreter des Aufbruchs und der Realos sehr behutsam vorgehen. Programmatische Vorstöße wurden bestraft. Die deutsche Wiedervereinigung begleitete die Partei zu binnenorientiert, um einen erfolgreichen Wahlkampf zu bestreiten. Erst als sich die Grünen in ihrer Krise nahezu in den politischen Abgrund manövriert hatten, wurden Konsequenzen gezogen: Von den Ökosozialisten, von den Radikalökologen und von der gesamten Organisation – vor und auf dem Parteitag in Neumünster. Der erste Sprecher, der seit langer Zeit vorwärtsgerichtet arbeiten konnte, war Ludger Volmer. Mit Marianne Birthler und der Bundesgeschäftsführerin Heide Rühle konnte er sich mit der unter ihm erarbeiteten Fusion mit den ostdeutschen Grünen profilieren. Einen solchen herausragenden Kopf hat es in den meisten Vorständen gegeben. Dieser war meistens bekannter, redete schneller, verhielt sich eloquenter und handelte machtbewusster als seine Gefährten: Zunächst war es Anfang der 80er-Jahre Petra Kelly, dann Rainer Trampert, in der Mitte der Dekade auch Jutta Ditfurth, 1989 Ralf Fücks, dann Ludger Volmer; in den 90er-Jahren war es der linke, regierungserfahrene Polit-Pragmatiker Jürgen Trittin. Neben diesen zentralen Figuren wirkten andere Sprecher oftmals im Hintergrund: An ehemalige Parteichefs wie Norbert Mann, Christian Schmidt, Verena Krieger oder Christine Weiske kann sich heute kaum noch jemand erinnern. Sie waren entweder fachlich nicht oder zu einseitig qualifiziert, innerparteilich nicht stark genug verankert oder zu schwach in ihrer Artikulation – auch grünen Parteisprechern wurde ein gewisses Handwerk abverlangt. Trotzdem waren sie für die innerparteiliche Projektion bedeutsam.[184]

Die typisch alternative Quotierung zur Einbindung benachteiligter oder wenig involvierter Gruppen (Frauen, Ostdeutsche etc.) konnte zu einer absurden Personalsuche führen, die nicht mehr im Zusammenhang mit der Qualifikation der Bewerber stand: So waren weder Christine Weiske noch Gunda Röstel ihren Aufgaben gewachsen. Trotzdem funktionierte diese Kontingentierung zeitweise sehr gut, solange ein starker Sprecher im Kollegium den Ton angab. Ohne diesen hatten die Vorstände wiederum das Ruder nicht in der Hand – so war es bei Antje Radcke und Gunda Röstel. Gleichberechtigung auf höherem Niveau erreichten die Parteivorsitzenden erst 20 Jahre nach ihrer Gründung mit Fritz Kuhn und Renate Künast,

---

[184] Zur kollektiven Führung vgl. Walter, Franz: Führung in der Politik. Am Beispiel sozialdemokratischer Parteivorsitzender, in: Zeitschrift für Politikwissenschaft 7 (1997) 4, S. 1287-1336, hier S. 1333.

anschließend mit Fritz Kuhn und Claudia Roth. Sie arbeiteten effizient, nach außen möglichst geräuschlos. Indessen hatten sie es auch einfacher, konnten sie doch auf eine mittlerweile recht lange Parteigeschichte zurückblicken, deren Teil sie waren und in der sie schon viele Sprecher hatten scheitern sehen. Mit Reinhard Bütikofer übernahm ein programmatisch geschulter Organisator die Parteiführung, der zusammen mit der Vollblutpolitikerin Roth ein neues Duo bildete, das potentiell integrieren und gleichzeitig Breitenwirkung entfalten konnte.

Obwohl die Grünen mit ihrer Parteiführung von der Öffentlichkeit oftmals misstrauisch beäugt und missverstanden wurden, bewährte sich die kollektive Führung. Noch immer ist die Partei aus so heterogenen Strömungen wie den Traditionslinken à la Annelie Buntenbach oder den Wirtschaftsliberalen wie Katrin Göring-Eckhardt zusammengesetzt, dass es einem Parteivorsitzenden schwer fallen würde, diese in einer Person gebündelt zu vertreten. Dennoch arbeiteten die Vorstände erfolgreicher, wenn diese Vielschichtigkeit keine Vielstimmigkeit zur Folge hatte. Denn das professionell funktionierende, auf medial erzeugte Öffentlichkeit aufbauende politische System der Bundesrepublik verlangt den Grünen gewisse Spielregeln ab, ohne deren Achtung sie Wähler, Beobachter, auch mögliche Koalitionspartner irritierten. Konkurrenten, Journalisten, potentielle Anhänger und gesellschaftliche Institutionen urteilen zuweilen gnadenlos. Die Geschichte der grünen Parteisprecher zeigt, dass es utopisch ist, Bundespolitik in der Freizeit zu betreiben. Sie ist dann nicht konkurrenzfähig, das politische System dafür zu komplex. Doch auch wenn die Grünen durch die Rotation, die Trennung von Amt und Mandat, die Ehrenamtlichkeit und geringe Bezahlung ihrer Sprecher bewusst einen Personalmangel, einen eingeschränkten Informationsfluss zwischen Fraktion und Partei sowie lange Einarbeitungszeiten und handwerklichen Dilettantismus in Kauf genommen haben, sind diese Strukturvorgaben der 80er-Jahre ein Teil grüner Vergangenheit, ein Teil grüner Identität, die der Partei bis heute die Kraft geben, politisch unpopuläre Entscheidungen zu treffen und deren Folgen zu tragen.

Bisher also sind die Grünen den Dämonen der Michelschen Oligarchie entkommen. Zwar formierten sich auch in der einstigen Antipartei-Partei Eliten, die die politische Leitung übernahmen und zumeist aus den alten Bundesländern stammten. Dass sich formelle Hierarchien und informelle Rangordnungen bilden, ist in parlamentarischen Systemen im Wandel zwischen Parteien- und Mediendemokratien[185] wohl unumgänglich. Währenddessen nahm bei den Grünen die Kandidatenzahl für das Vorstandsamt drastisch ab, gleichzeitig stieg der Pool potentieller Führungsfiguren. Leitungsfunktionen zu übernehmen, wurde für

---

[185] Vgl. Alemann, Ulrich von / Marschall, Stefan: Parteien in der Mediendemokratie – Medien in der Parteiendemokratie, in: dies. (Hg.): Parteien in der Mediendemokratie, Wiesbaden 2002, S. 15-41, hier S. 35 ff.

Außenseiter nahezu unmöglich; Integrationsfähigkeit, ein gewisses rhetorisches Talent, fachliche Qualifikation und eine grundlegende machtpolitische Verankerung wurden Eignungsvoraussetzungen für die grünen Parteivorsitzenden. Doch war diese Professionalisierung zweckmäßig und notwendig, denn nur so konnte die Partei wettbewerbsfähig und politisch bedeutsam werden. Abkapseln von der Basis konnten sich die Führungszirkel allerdings nicht. Dabei waren die Grünen alles andere als bewegungslos. In der Tat hemmten sich die verschiedenen innerparteilichen Machtzentren auch während der Regierungszeit auf Bundesebene – wenn auch in einer völlig anderen Qualität als noch in den 80er-Jahren. Gleichwohl konnte ein Christian Ströbele Strukturreformen zeitweilig blockieren, aus machtpolitischen parlamentarischen Abstimmungen inhaltliche Entscheidungen machen und mit programmatischen Anstößen auf die grünen Ideale verweisen. Verhindern hingegen konnte er die Evolution der Grünen nicht. Letztendlich fand ein Ausgleich zwischen den verschiedenen Zentren statt, dessen Pendel unterdessen aufgrund unterschiedlicher Organisations- und Mobilisierungsfähigkeit zu Lasten der Linken und zu Gunsten der Pragmatiker ausschlug. Gleichzeitig war der Einfluss der außerparlamentarischen Bewegungen auf ein Minimum geschrumpft. Und doch waren die – mittlerweile zwar abgeflachten, aber dennoch elementaren – Auseinandersetzungen Teil grüner Kultur, verliehen der Partei Glaubwürdigkeit bei ihrer Urklientel und mobilisierten neue Anhänger, wenn sie auf neue politische Formen und Inhalte abzielten. Somit war es in der Tat schwierig, die Grünen zu führen. Die Strukturen waren auch nach 25 Jahren unübersichtlich, die Vorsitzenden zuweilen machtlos. Doch hatte sich das Verhältnis zwischen Parteibasis und -elite entkrampft, bestand in der alternativen Partei ein recht ausgewogenes Verhältnis zwischen personellen Fähigkeiten, institutionellen Möglichkeiten und umweltbedingten Einschränkungen. Ihre Autorität mussten sich die Vorsitzenden in einem langen Prozess erkämpfen, und noch 2004 wurde der Bundesvorstand finanziell klein gehalten.[186] Die Macht der Sprecher wurde von der grünen Partei ihrem Selbstverständnis entsprechend bewusster wahrgenommen als in den Alt-Parteien, der sehr zentralisierten CSU oder der einstweilen von ihrer Anhängerschaft abgekoppelt agierenden SPD. Doch solange die Balance der verschiedenen grünen Machtzentren bestand, Blockaden durch vorsichtigen politischen Pragmatismus umgangen und Ideale von den verankerten Wertvorstellungen gepflegt wurden, konnten auch die Vorsitzenden zum Erfolg der „Sonnenblumenpartei" beitragen.[187]

---

[186] Vgl. Wallraff, Lukas: Happy Singers an der Waterkant, in: Die Tageszeitung, 04.10.2004.
[187] Ein großer Dank gilt den Mitarbeitern des Archivs der Heinrich-Böll-Stiftung und des Archivs am Willy-Brandt-Haus – insbesondere Christoph Becker-Schaum und Robert Camp sowie Peter Munkelt und Natalie Raima, die unermüdlich beim Zusammentragen der Daten geholfen haben und ohne die dieser Text nicht hätte geschrieben werden können.

Zwischen Staatskanzlei und Landesgruppe. Führung in der CSU

Kay Müller

Sie hatte nur sechs Vorsitzende – so wenig wie keine andere Partei, die von Beginn der Bundesrepublik an im Deutschen Bundestag vertreten war. Dazu stellte die CSU mit Franz Josef Strauß auch noch den Vorsitzenden, der mit 27 Jahren Amtszeit am längsten eine Partei in Deutschland führte. Doch was sagen diese Daten über den Erfolg politischer Führung aus?

Auch die CSU war natürlich nicht frei von Richtungskämpfen, politischen Machtfragen und Intrigenspielen. In Bayern sind Auseinandersetzungen um die Linie und Struktur der Partei mit Vehemenz geführt worden, von denen die jeweilige Führungsfigur nicht unberührt blieb. Denn gerade in Krisenzeiten kommt es auf den Vorsitzenden einer Partei an. Schließlich kann dieser Einfluss darauf ausüben, ob sich eine Krise verschärft oder entspannt. Alf Mintzel zeigt dies für die CSU an einem konkreten Beispiel – der Wahl des dritten Vorsitzenden Hanns Seidel: „An diesem zweiten Wendepunkt in der Geschichte der CSU zeigte sich erneut anschaulich, dass Organisationspolitik von politisch-situativen und personellen Konstellationen abhing (...).“[1] Eben diesem Zusammenhang soll im Folgenden nachgegangen werden.

Folgt man Mintzels Ausführungen, fällt auf, dass die Führung der CSU niemals unproblematisch war und sich in der Partei ein spezifischer Führungsstil etablierte: „Was die demokratische Mitgliederpartizipation anbelangt, so war auf Seiten der Mitgliedschaft und Delegierten gegenüber den Parteiführern und prominenten CSU-Politikern in der Regel ein gefolgschaftsähnliches Verhältnis, auf Seiten der Parteiführer ein prononciert autoritärer Führungsstil zu beobachten. Parteiführer der CSU missverstanden zuweilen das Prinzip demokratischer Mitgliederpartizipation als bloß akklamierende Beteiligung, als nur organisationstechnische Hilfstätigkeit und Werbeaktivität.“[2] So scheint sich in der CSU ein anderer Führungsstil durchgesetzt zu haben, als in anderen Parteien. Doch inwiefern hatten es die Vorsitzenden der CSU tatsächlich leichter?

Parteipolitik haben die Vorsitzenden der CSU zu jeder Zeit betrieben; die Parteizentrale in München jedoch nutzten sie dazu nur in Ausnahmefällen: Der

---

[1] Mintzel, Alf: Die CSU. Anatomie einer konservativen Partei 1945-1972, Opladen 1975, S. 287 f.
[2] Ebd., S. 508.

erste Parteivorsitzende Josef Müller konnte zunächst auf wenig gefestigte Strukturen zurückgreifen, da die CSU organisatorisch noch nicht aufgebaut war. Sein Nachfolger Hans Ehard betrat die Parteizentrale der Legende nach nur ein einziges Mal.[3] Stattdessen stabilisierte er als Ministerpräsident seine Macht aus der Staatskanzlei heraus und schied folglich nach dem Verlust der Regierungsmacht 1954 aus dem Parteivorsitz aus. Danach begann unter Hanns Seidel jene Phase in der Geschichte der CSU, in der die Parteiorganisation die wichtigste Rolle spielte. Abgeschnitten von den Insignien und Patronagemöglichkeiten des bayerischen Staatsapparates bauten die bis dato als Honoratioren agierenden Politiker die Partei sukzessive auf. Gremien wurden wichtiger, Geschäftsstellen zentraler, die Partei rückte näher an die bayerische Gesellschaft heran.[4]

Dieser Trend ließ nur wenig nach, als Hanns Seidel als Ministerpräsident 1957 in die Staatskanzlei einzog. Gerade Seidel setzte auf eine Erweiterung der Parteistrukturen, eine Arbeit, die auch Franz Josef Strauß zu Beginn seiner langen Zeit als Parteivorsitzender fortsetzte. Nach dem Verlust seines Ministeramts und angeschlagen durch die Spiegel-Affäre verbrachte Strauß nach 1962 wieder mehr Zeit in Bayern, nicht ohne an seiner Rückkehr auf die bundespolitische Bühne zu arbeiten. Als er 1966 wieder Bundesminister wurde, verfolgte er den Modernisierungsprozess der CSU zu einem großen Teil nur noch aus der Ferne. Die Konkurrenz auf Bundesebene mit SPD-Wirtschaftsminister Karl Schiller absorbierte Zeit und Kraft.[5] Dennoch blieb Strauß in der CSU unangefochten, auch weil die Ministerpräsidenten Hans Ehard und Alfons Goppel seine Autorität nicht untergruben. Nach der Bildung der sozial-liberalen Koalition etablierte Strauß in Bayern ein besonderes CSU-Machtsystem, das sich auf persönliche Vertraute stützte. So zog der Münchner 1978 in die Bayerische Staatskanzlei ein und versuchte von dort aus, das Kanzleramt zu erobern.

Nachdem Strauß die Bundestagswahl gegen Helmut Schmidt 1980 verloren hatte, blieb er in München. Während seiner letzten Jahre als Parteivorsitzender begann das „System Strauß" zu erodieren. Nach seinem Tod versuchte sein Nachfolger Theo Waigel, ähnlich wie Strauß in den späten 60er-Jahren, die Partei von Bonn aus zu führen.[6] Doch gelang es ihm nicht wie seinem Vorbild, Gremien und Organisation so zu nutzen, dass er aus der Bundeshauptstadt die Fäden der Macht in der Hand behalten konnte. Er übte, anders als Strauß, keinen Einfluss darauf aus, wer in die Staatskanzlei einzog. Als Max Streibl 1993 als

---

[3] Vgl. Mintzel, Alf: Geschichte der CSU. Ein Überblick, Opladen 1977, S. 108.
[4] Vgl. etwa Mintzel, Alf: Die CSU-Hegemonie in Bayern. Strategie und Erfolg. Gewinner und Verlierer, Passau 1999.
[5] Vgl. Baring, Arnulf: Machtwechsel. Die Ära Brandt-Scheel, Stuttgart 1982, S. 144.
[6] Vgl. Kießling, Andreas: Regieren auf immer? Machterhalt- und Machterneuerungsstrategien der CSU, in: Korte, Karl-Rudolf / Hirscher, Gerhard (Hg.): Aufstieg und Fall von Regierungen. Machterwerb und Machterosionen in westlichen Demokratien, München 2001, S. 216-248.

Ministerpräsident zurücktreten musste und Edmund Stoiber das Amt übernahm, begann Waigels Macht mehr und mehr zu schwinden. Durch geschickte strategische Winkelzüge wurde Stoiber zur wahren Führungsfigur in der CSU, noch bevor er nach der verlorenen Bundestagswahl 1998 tatsächlich den Vorsitz übernahm. Seitdem wurde die CSU wieder vorwiegend aus der Münchener Staatskanzlei heraus geführt. Doch Stoiber ist kein Politiker, der sich allein auf seine exekutive Macht beschränkt. Die Partei versuchte er weiter zu kontrollieren, indem er Vertraute in entscheidende Positionen brachte.

Dieser kurze Einstieg zeigt, dass politische Führung in der CSU unterschiedlich gehandhabt wurde und dass es konkurrierende Machtzentren – Staatskanzlei, Parteivorstand, Landesgruppe – gab und gibt. Doch häufig erfolgte die Führung ohne Präsenz der Parteivorsitzenden, die sich zunächst entweder als bayerische Ministerpräsidenten oder als Bundespolitiker verstanden. Nie hätte man wohl von einem Christsozialen gehört, der Parteivorsitz sei das schönste Amt nach dem des Papstes – wie es Franz Müntefering nach der Übernahme des SPD-Vorsitzes formulierte.[7] Wie funktioniert also Führung ohne Präsenz?

Kompromisslose Führung: Josef Müller

Der Gründungsvorsitzende der CSU, Josef Müller, ist heute fast vergessen – während nach den Nachkriegsvorsitzenden anderer Parteien Akademien, Straßen und Plätze benannt sind. Auch wenn sie kürzer als Müller Vorsitzende ihrer Organisationen waren, sind beispielsweise Kurt Schumacher oder Theodor Heuss bekannter als der Franke, der von 1945 bis 1949 an der Spitze der CSU stand.

Josef Müller wuchs in einer ländlichen, katholischen Umgebung Oberfrankens in ärmlichen Verhältnissen auf.[8] Er musste bei der Ernte helfen oder Hand- und Spanndienste leisten, um ein wenig Geld zu verdienen. Daher stammte auch sein Spitzname „Ochsensepp", wie ihn der spätere FDP-Vorsitzende Thomas Dehler bezeichnete. Müller indes war stolz auf seine Herkunft und seinen sozialen Aufstieg. Er gehörte zu der Generation, die im Ersten Weltkrieg an der Fronst gestanden hatte und hier sozialisiert worden war. 1898 geboren, zählte er – wie etwa Kurt Schumacher, Thomas Dehler oder Ludwig Erhard – zu jener Alterskohorte, die den Aufbau der Bundesrepublik politisch moderierte.[9] Aus

[7] Vgl. o. V.: Schröder gibt Parteivorsitz ab, in: Frankfurter Allgemeine Zeitung, 07.02.2004.

[8] Vgl. Scherzer, Hans Karl: Josef Müller – Politik für eine neue Zeit. Eine Würdigung, in: Hanns-Seidel-Stiftung (Hg.): Zum 100. Geburtstag von Josef Müller. Der erste Vorsitzende der CSU. Politik für eine neue Zeit, München 1998, S. 27-94, hier S. 38.

[9] Vgl. Schwarz, Hans-Peter: Die Ära Adenauer 1949-1957. Gründerjahre der Republik. Geschichte der Bundesrepublik Deutschland, Bd. 2, Stuttgart 1981, S. 413.

dem Ersten Weltkrieg kehrte Müller als Pazifist zurück. Nur der christliche
Glaube, der sich „axiomatisch"[10] durch sein Leben zog, verhinderte in der Weimarer Zeit ein Engagement bei der Deutschen Demokratischen Partei (DDP)
oder der Demokratischen Volkspartei (DVP). Müller trat stattdessen in die Bayerische Volkspartei (BVP) ein, gehörte dort dem linken Flügel an und vertrat
Arbeitnehmer-Interessen.[11] Schon damals leitete ihn seine christliche Prägung,
die Müller später zur CSU führte.

Müller studierte Jura in München und promovierte 1925. Zwei Jahre später
eröffnete er eine Kanzlei und machte sich als Wirtschaftsanwalt einen Namen.
Bis zu seinem Eintritt in die höhere Politik 1945 blieb Müller ein politisches
Leichtgewicht. Er verfügte über wenig Erfahrung, war nicht durch politische
Subkulturen oder Jugendverbände der Parteien sozialisiert worden. Zu Müllers
Klienten als Anwalt zählten vielfach „Weltkleriker und Klostergeistliche, ebenso
wie Ordensgemeinschaften oder kirchliche Institutionen und gerade diese Klien-
tel gehörte zu den bevorzugten Angriffszielen der ‚braunen Machthaber'"[12].
Schon deswegen geriet er in Opposition zum NS-Regime. Dass er Kontakte zum
Vatikan besaß, machte ihn während des Krieges für die militärische Opposition
im Dritten Reich attraktiv.[13] Während des Zweiten Weltkriegs engagierte Müller
sich für diese, was ihm mehrere Jahre Konzentrationslager-Haft und eine Verurteilung zum Tode einbrachte, der er nur durch Glück entkam. Obwohl seine
Sozialisationsphase schon abgeschlossen war, hatte diese „letale" Kombination
von Fronterfahrung im Ersten Weltkrieg und erneuter Todesgefahr in Gefängnis
und KZ prägende Wirkung. Die harte und autoritäre Linie, die Müller später als
Parteivorsitzender verfocht, hatte wohl hier ihren Ursprung.

Auch befand sich Müller seit seinem erneuten Einstieg in die Politik nach
Kriegsende im Konflikt mit anderen Politikern. Als er 1945 Gründungsvorsitzender der CSU wurde, stürzte er sich mit Feuereifer in die neue Aufgabe. Zwar
war er in der Weimarer Republik Mitglied der BVP gewesen, hatte aber nur ein
Hinterbänklerdasein gefristet. Müller, der die passive Rolle der BVP gegen Ende
der Weimarer Republik kritisiert hatte, wollte in Bayern nun eine interkonfessionelle christliche Partei etablieren, die sich vom Typus der Honoratiorenpartei
unterscheiden sollte, wie es die BVP gewesen war. Die Partei sollte föderalis-
tisch sein, auf einer breiten, organisatorisch gefestigten Basis ruhen und bayerische Belange in einem Bundesstaat vertreten. Das stieß auf den Widerstand alter
BVP-Aktivisten – wie des letzten Vorsitzenden Fritz Schäffer und dessen Ver-

---

[10] Scherzer (Anm. 8), S. 31.
[11] Vgl. Hettler, Friedrich: Josef Müller („Ochsensepp"). Mann des Widerstandes und erster CSU-Vorsitzender, München 1991, S. 53.
[12] Ebd., S. 54.
[13] Vgl. Brickwede, Fritz: Josef Müller, in: Buchstab, Günter / Gotto, Klaus (Hg.): Die Gründung der Union. Tradition, Entstehung und Repräsentanten, München/Wien 1981, S. 222-233, hier S. 226.

trauten, des ehemaligen Bauernführers Alois Hundhammer. Diese wollten eine Partei, die die Tradition der BVP fortführte, betont katholisch war und sich weitgehend auf Altbayern konzentrieren sollte. Sie verstanden die Partei nur als Hilfstruppe für administrative Aufgaben. Hundhammer und Schäffer engagierten sich deswegen zunächst nur wenig in der neuen CSU; ihre Aktivitäten beschränkten sich auf die Bezirksverbände München und Oberbayern. Der ehemalige Staatsrat Fritz Schäffer war zudem in die Exekutive eingebunden, da er von den amerikanischen Besatzern zum ersten bayerischen Nachkriegsministerpräsidenten bestellt worden war.

Der Aufbau der CSU vollzog sich in der Anfangszeit regional, doch Müller trat für eine zentrale Kontrolle ein.[14] Er war davon überzeugt, dass eine interkonfessionelle Partei nur Wirklichkeit werden konnte, wenn diese auch in den protestantischen Gebieten Bayerns Anhänger finden konnte. Denn schnell hatte sich herausgestellt, dass die stark katholisch geprägten Gebietsverbände Altbayerns fast vollständig hinter dem Schäffer-/Hundhammerflügel standen. Und dort war die Partei zunächst relativ gut organisiert, denn hier befanden sich die Hochburgen der alten BVP.[15] Müller musste den Aufbau der Partei in den bisherigen Diaspora-Zonen schleunigst vorantreiben, um mit neuen Mitgliedern im Rücken die alten Kräfte überstimmen zu können. Schäffer und Hundhammer kalkulierten hingegen die Loslösung der wenigen protestantischen Wähler und Mitglieder von der CSU durchaus mit ein. Müller, der außer mit Schäffer und Hundhammer auch mit anderen Bezirksvorsitzenden zu kämpfen hatte, besaß im Vergleich zu ihnen innerparteilich weniger Gewicht, Einfluss und Kontakte.

Für Müllers Konkurrenten, die die Partei als Honoratiorenklub verstanden, gingen die Ideen des „Ochsensepps" zu weit. Dadurch, dass Müller nicht parteipolitisch geprägt war, dachte er auch nicht in den herkömmlichen Hierarchien von Staat, Politik und Verwaltung. Er verstand die CSU nicht als lockere Vereinigung, die nur Zubringerdienste für die Exekutive zu leisten hatte, wie es etwa sein Nachfolger Hans Ehard tat. Auch eine starke Identifikation mit dem bayerischen Staat suchte man bei Müller vergeblich. Die CSU wurde durch Müllers Einfluss eine „lebendige Partei"[16] – manchem vielleicht zu lebendig. Tatsächlich jedoch blieb die CSU bis in die 60er-Jahre überwiegend katholisch. Erst danach wandelte sie sich zu einer Partei, wie sie Müller schon zwanzig Jahre früher angestrebt hatte.

---

[14] Vgl. Henzler, Christoph: Fritz Schäffer. Der erste bayerische Nachkriegsministerpräsident und erste Finanzminister der Bundesrepublik Deutschland. 1945-1967. Eine biographische Studie, München 1994, S. 167.
[15] Vgl. Mintzel (Anm. 1), S. 131.
[16] Schlemmer, Thomas: Aufbruch, Krise und Erneuerung: die Christlich-Soziale Union, München 1998, S. 480.

Müller war rhetorisch begabt. Er galt als „gewitzter, agiler und taktisch versierter Akteur auf der ‚bajuwarischen Volksbühne'„[17]. Ihm mangelte es nicht an verbaler Durchschlagskraft. Er war zugleich gesellig, ein Lebemann, der sein Geld unter die Leute brachte. Müller und Franz Josef Strauß, der ihm hier in nichts nachstand, mussten sich auch deswegen immer wieder Kritik aus den eigenen Reihen gefallen lassen. Müller aß und trank gern, nahm es manchmal mit der Wahrheit nicht so genau. Er blieb Zeit seines Lebens ein Gefühlsmensch. Allerdings trog ihn sein Gefühl mehr als einmal. Erschwerend für die Führung einer Partei kam hinzu, dass er häufig Menschen vor den Kopf stieß, die ihm im Grunde freundlich gesonnen waren: Müller besaß keine Menschenkenntnis. Auch delegierte er ungern Entscheidungen, was mangels seiner fehlenden Erfahrung als Politiker notwendig gewesen wäre.[18] Müller war kein Teamarbeiter. Sein vergeblicher Kampf um eine innerparteiliche Hausmacht war deshalb nicht nur strukturell bedingt, sondern hatte auch mit seinem persönlichen Gebaren zu tun. Häufig trat Müller autoritär auf, machte früh seinen Führungsanspruch klar[19], ließ neben sich nur wenige Personen gelten. Obwohl er durchaus organisatorisches Talent besaß, war er zu dauerhaften Allianzen mit Mitstreitern nicht in der Lage.

Nach den Landtagswahlen vom Dezember 1946, die die CSU ohne Spitzenkandidat bestritt, verschlechterte sich die Position des ersten Vorsitzenden. Die Landtagsfraktion wurde in der Mehrheit von Mitgliedern gebildet, die überwiegend dem Schäffer-/Hundhammerflügel nahe standen. Folgerichtig wählten sie den erzkonservativen Hundhammer zum Fraktionsvorsitzenden. Der Parteivorsitzende sah sich einem konkurrierenden Machtzentrum gegenüber, gegen das er nur wenig ausrichten konnte. Müller gelang es nicht, an der Regierungsbildung mitzuwirken. Hundhammer stellte die Weichen in der Fraktion auf eine Koalition mit der SPD. Weil der Parteivorsitzende seinen Führungsanspruch auf die Fraktion nicht durchsetzen konnte[20], wurde auch nicht er, sondern der Kompromisskandidat Hans Ehard Ministerpräsident. Müller bekam auch später nie entscheidenden Einfluss auf die Fraktion.

Wie für Theo Waigel fast ein halbes Jahrhundert später erwies sich die Niederlage im Kampf um das Amt des bayerischen Ministerpräsidenten bei Müller als Anfang vom Ende. Viele seiner Mitstreiter wandten sich von ihm ab und dem

---

[17] Mintzel (Anm. 3), S. 107.
[18] Schlemmer führt als Beispiel dafür an, dass er bei der Regierungsbildung 1946 die Verhandlungsführung Strauß überließ, „der ausgefuchsten Parlamentariern wie Michael Horlacher, Alois Hundhammer oder Anton Pfeiffer nur wenig entgegenzusetzen hatte und von Anfang an Gefahr lief, von seinen Kollegen – auf gut bayerisch – über den Tisch gezogen zu werden". Vgl. Schlemmer (Anm. 16), S. 179.
[19] Vgl. Mintzel (Anm. 1), S. 100 f.
[20] Vgl. Schlemmer (Anm. 16), S. 197.

neuen Regierungschef zu. Die Flügelkämpfe wurden wieder intensiver, die CSU schien gleichzeitig Regierungs- und Oppositionspartei zu sein. Müller versuchte in atemberaubendem Tempo, die CSU als eine neue Partei zu etablieren, für die die bayerische Gesellschaft noch nicht reif war. Dabei eckte Müller auch persönlich an; die innerparteiliche Machtausübung gelang ihm nicht.[21] Er konnte weder integrieren noch moderieren. Mit Hans Ehard verstand er sich nicht, weil dieser „seinen" Posten als Ministerpräsident innehatte. Mit Konrad Adenauer geriet er in Konflikt über die Deutschlandpolitik. Potentielle Mitstreiter wie Michael Horlacher oder August Hausleiter verprellte er durch seinen kompromisslosen Kurs. In gleicher unmoderater Weise verscherzte sich Müller seine wenigen Kontakte zu Journalisten.

Innerparteilich gewann die Fraktion immer mehr Einfluss. Müller besaß bis 1947 keinerlei institutionelle Möglichkeit, dem entgegen zu wirken, denn er war, im Gegensatz zu seinem zu dieser Zeit schärfsten Widersacher Alois Hundhammer, von den „politischen Handlungszentren isoliert"[22]. Hundhammer hatte ab Dezember 1946 drei Schlüsselämter inne, bekleidete neben der Position des Fraktionsvorsitzenden auch noch die des Kultusministers sowie die des Vorsitzenden des mitgliederstarken Bezirksverbandes Oberbayern. Und obwohl die Richtungskämpfe in der CSU nicht nachließen, wollte die Mehrheit der Partei eine friedliche CSU. Ministerpräsident Hans Ehard hatte sich durch seine umsichtige und neutrale Politik profiliert. Der Mann, der bei seiner Wahl kaum einem Parteigänger bekannt gewesen war, galt inzwischen als einer der führenden Ministerpräsidenten. Im Konflikt zwischen den beiden Flügeln der CSU war er der Kompromisskandidat gewesen. Ehard hatte seinen eigenen Stil geprägt, sich weitgehend aus den Auseinandersetzungen herausgehalten. Durch seine unspektakuläre Art und seine pragmatische Neutralität schien er auch für das Amt des Parteivorsitzenden geeignet. Das zeigte sich erstmalig bei der Landesversammlung in Eichstätt 1947, als Ehard in seiner vielbeachteten Rede zahlreichen Parteimitgliedern aus der Seele sprach. Seitdem galt er als Alternative zu Müller.[23]

Unterdessen gingen dessen Wiederwahlergebnisse als Parteivorsitzender mehr und mehr zurück. Für die Niederlage der CSU bei den Kommunalwahlen 1948 machte man ihn verantwortlich, vor allem für die hohen Gewinne der Bayernpartei (BP), die separatistische Ziele verfolgte. Müllers bundesfreundlicher Kurs fand bei vielen Wählern in Altbayern keine Gegenliebe. Die Partei verlor rapide an Mitgliedern, viele liefen zur BP über.[24] Diesen „innerparteilichen

---

[21] Vgl. Scherzer (Anm. 8), S. 74.
[22] Mintzel (Anm. 1), S. 120.
[23] Vgl. Eschenburg, Theodor: Jahre der Besatzung 1945-1949. Geschichte der Bundesrepublik Deutschland, Bd. 1, Stuttgart 1981, S. 239.
[24] Vgl. Henzler (Anm. 14), S. 256.

Sprengstoff"[25] konnte Müller nicht entschärfen. Hinzu kam, dass nach der Währungsreform im Juni 1948 der so mühsam aufgebauten Parteiorganisation der jungen CSU das Geld ausging. Viele der gerade eingerichteten Geschäftsstellen mussten wieder geschlossen werden, so dass „von einem funktionstüchtigen Parteiapparat nicht mehr die Rede sein"[26] konnte. Mintzel spricht sogar vom „Zusammenbruch der Parteiorganisation"[27]. Durch den rapiden Mitgliederschwund entwickelte sich die CSU zur Honoratiorenpartei zurück.

Der Parteivorsitzende zeigte sich immer seltener an der Basis – ähnlich wie später Theo Waigel. Beide zeichneten sich durch „lähmende Lethargie"[28] aus, sodass sich ganze Bezirksverbände von der Führung abwandten. Auch im Müller-Flügel zeigten sich ab Sommer 1948 Auflösungserscheinungen;[29] viele pragmatische Mitglieder wollten sich nicht mehr auf Parteiversammlungen streiten. Sie sehnten, je länger der Machtkampf andauerte, den Parteifrieden herbei, der weder mit Müller noch mit Hundhammer möglich schien. So lief alles auf den Kompromisskandidaten Ehard hinaus. Vor allem die Bezirksvorsitzenden sorgten dafür, dass Müller keine Chance mehr bekam. Müller verlor schließlich deutlich die Abstimmung um den Parteivorsitz gegen Ehard. Alles sprach für eine Personalunion der beiden Ämter. Schon bald nach Ehards Wahl verebbte der Streit um Müllers Person. Die Partei beruhigte sich. Müllers Anhänger verließen die Partei. Dafür kehrten BP-Aktivisten zurück, die sich unter Müllers Vorsitz enttäuscht von der CSU abgewandt hatten.

Müller scheiterte aus mehreren Gründen. Er war nur erfolgreich, so lange er an der Basis Präsenz zeigen konnte. Im direkten Gespräch mit den Parteimitgliedern besaß er Stärken, konnte immer wieder neue Mitstreiter von seiner Idee einer interkonfessionellen Partei überzeugen. Dennoch sicherte ihm sein Engagement keine Hausmacht, eine zentrale Bedingung für erfolgreiches politisches Führen. Müller gelang dies nie, weil er keine ausreichende Parteisozialisation besaß – offenbar auch in einer Honoratiorenpartei wie der CSU der 50er-Jahre ein zentrales Kriterium für gelungene Parteiarbeit. Dazu waren Müllers emotionales Temperament, seine wenig ausgleichende Art und seine persönliche Amtsführung nicht gerade das, was viele CSU-Mitglieder erwarteten. Eben weil es verschiedene Strömungen in der CSU gab, wäre weniger Polarisierung erforderlich gewesen. Doch zu einem vermittelnden Führungsstil war Müller aufgrund seiner Prägungen nicht in der Lage. Entscheidend für Müllers Scheitern war letztlich, dass er keine Unterstützung von der CSU-Landtagsfraktion bekam.

---

[25] Wolf, Konstanze: CSU und Bayernpartei: ein besonderes Konkurrenzverhältnis 1948-1960, Köln 1982, S. 40.
[26] Mintzel (Anm. 1), S. 224.
[27] Mintzel (Anm. 3), S. 160; vgl. dazu auch Schlemmer (Anm. 16), S. 255.
[28] Schlemmer (Anm. 16), S. 313.
[29] Vgl. ebd., S. 94.

Dieses Machtzentrum sollte auch in Zukunft immer von zentraler Bedeutung in der Partei sein.

Führung ohne Esprit: Hans Ehard

Der neue Parteivorsitzende wurde daran gemessen, wie er die Flügelkämpfe in den Griff bekam. Schließlich war die Partei immer noch gespalten, liefen die Intrigen weiter, blieben Indiskretionen an der Tagesordnung. Ehard fand dieselben Machtzentren vor, mit denen auch schon Müller zu kämpfen hatte, doch er ging anders mit ihnen um. Er hatte ein grundlegend anderes Verständnis von Parteistruktur als Müller, welches Mintzel wie folgt beschreibt: „Ehard begriff, ähnlich wie Fritz Schäffer, Alois Hundhammer, Anton Pfeiffer u.a., die CSU weniger als ein politisches Instrument gesamtgesellschaftlicher Integration auf gesamtbayerischer Basis, sondern als eine gleichsam überparteilich-autoritär geführte bayerische ‚Staats- und Ordnungspartei' mit altbayerischem Schwerpunkt in Form einer locker organisierten Honoratiorenpartei, gestützt auf die gefolgschaftsähnliche Loyalität des ‚christlich-konservativen (sprich katholischen) Wählerblocks'."[30]

Ehard hatte sich für den Posten des Parteivorsitzenden qualifiziert, weil er in seiner Zeit als Ministerpräsident verschiedene Strömungen hatte austarieren können. Deshalb drängten die Bezirksvorsitzenden ihn, den Parteivorsitz zu übernehmen.[31] Er sollte die verfeindeten Machtzentren Partei und Fraktion wieder miteinander versöhnen. Auch wenn die Richtungsauseinandersetzungen sich von der Partei in die Fraktion und vor allem in die Regierung verlagerten, ließ Ehard sich nicht in seine Geschäfte hineinreden.[32] Er setzte sich freundlich, aber bestimmt durch. Als Parteichef hatte er den Vorteil, die zwei bis dahin wichtigsten Ämter im konservativen Lager besetzen zu können. Diese Ämterkumulation sicherte ihn ab.

Ehards Charakter war von einschneidenden Prägungen geformt worden. 1887 in Bamberg geboren und damit zwölf Jahre älter als sein Vorgänger, war er als Katholik in einem Gebiet mit hohem protestantischen Bevölkerungsteil aufgewachsen. Ehard hatte protestantisch geheiratet und auch seinen Sohn evangelisch-lutherisch taufen lassen.[33] Obwohl er ebenso schnell Jurist wurde und pro-

---

[30] Mintzel (Anm. 3), S. 52.
[31] Vgl. Schlemmer (Anm. 16), S. 324.
[32] Vgl. Henzler, Christoph: Josef Müller contra Fritz Schäffer – Das Ringen um die Parteiführung 1945-1948, in: Hanns-Seidel-Stiftung (Anm. 8), S. 95-121, hier 121.
[33] Noch kurz vor seiner Wahl zum Ministerpräsidenten hatten sich einige CSU-Abgeordnete beim Münchner Erzbischof vergewissert, dass deswegen keine kirchlichen Bedenken gegen den Kandida-

movierte wie Müller, verlief sein Leben aufgrund der Altersdifferenz völlig anders. Ehard wurde im Kaiserreich sozialisiert, hatte seine Dissertation bereits abgeschlossen, als der Erste Weltkrieg ausbrach. Aus gesundheitlichen Gründen nicht militärdiensttauglich, wurde er nur als Militärgerichtsschreiber eingesetzt, so dass ihm das einschneidende Erlebnis des Fronteinsatzes erspart blieb.

Nach Kriegsende wurde Ehard wie Müller Mitglied der BVP und blieb dort ähnlich inaktiv. 1919 legte Ehard seine Staatsprüfung ab und trat in den Justizdienst des bayerischen Staates ein. In zügiger Karriere brachte er es bis zum Ministerialrat. 1933 schied Ehard aus dem Justizministerium aus und wurde Senatspräsident am Oberlandesgericht in München. Er war kein Widerständler, eher Mitläufer im nationalsozialistischen Deutschland. Er hatte Respekt und vermutlich Angst vor den NS-Schergen, da er 1924 im Prozess gegen die November-Putschisten von 1923 als Vertreter der Anklage aufgetreten war.[34] Ehard überwinterte auf seinem Senatsposten und überstand das Dritte Reich. Der spätere Ministerpräsident hatte sich hochgearbeitet, wollte seinen Posten nicht verlieren. Aus schwierigen Sachverhalten hielt er sich heraus. Die von ihm angestrebte Versetzung aus dem Justizdienst auf einen weniger exponierten Posten zeigte dies.

Nach Ende des Zweiten Weltkrieges wurde Ehard als Staatssekretär im Kabinett Schäffer dazu berufen, die Justizverwaltung wieder aufzubauen. Geprägt durch seine lange Erfahrung in Verwaltung und Justizdienst, ging Ehard auch hier emsig, schnell und lautlos ans Werk. Nebenbei trat er in die CSU ein, in der er aber nicht durch besonderes Engagement auffiel. Wie in der BVP absolvierte er auch bei den Christsozialen keine Parteikarriere. Der Verwaltungsjurist besaß kein geschlossenes Konzept davon, wie der künftige bayerische Staat aussehen sollte; er handelte stets pragmatisch, vertraute den Institutionen. Als ein am Staate orientierter Mensch tendierte er auch eher zu Schäffers und Hundhammers Parteiverständnis, wenngleich seine Vorstellungen in Bezug auf den Föderalismus wesentlich moderner waren. Er war überzeugt, dass ein extremer Föderalismus oder gar Separatismus, wie ihn die BP betrieb, nicht mehr zeitgemäß war.

Letztlich wurde der Kompromisskandidat Ehard mit wenig eigenem Zutun an die Spitze der Partei gespült. Obwohl nur einem engen Personenkreis bekannt, wurde Ehard 1946 zum Ministerpräsidenten gewählt.[35] Schon 1948 war er aber

---

ten bestanden. Vgl. Morsey, Rudolf: Hans Ehard (1887-1980), in: Geschichte im Westen 2 (1987) 1, S. 71-89, hier S. 76; Schlemmer (Anm. 16), S. 185.

[34] Vgl. Morenz, Ludwig: Hans Ehard, in: Mühlhausen, Walter / Regin, Cornelia (Hg.): Treuhänder des deutschen Volkes. Die Ministerpräsidenten der westlichen Besatzungszonen nach den ersten freien Landtagswahlen, Melsungen 1991, S. 95-114, hier S. 97.

[35] Vgl. Morsey, Rudolf: Zwischen Bayern und der Bundesrepublik. Die politische Rolle des bayerischen Ministerpräsidenten Hans Ehard 1946-1949, in: Juristenzeitung 36 (1981) 11/12, S. 361-370, hier S. 362; Schlemmer (Anm. 16), S. 183.

bei vielen Parteianhängern außerordentlich beliebt, gewann landesväterliche Autorität, die ihn bis zu seinem Tode auszeichnen sollte. Nicht umsonst vertraute die CSU ihm das Amt des Ministerpräsidenten noch einmal an, nachdem sein Nachfolger Hanns Seidel dies 1960 aufgrund gesundheitlicher Probleme wieder aufgeben musste. Ehard stand sein Leben lang für Bodenständigkeit und Kontinuität.

Ehard handhabe seinen Job als Ministerpräsident und Parteivorsitzender nach juristischen Vorgaben[36] und konzentrierte sich voll auf seine Regierungsarbeit, für die Partei interessierte er sich nur am Rande. Er betrat angeblich während seiner Amtszeit die Landesgeschäftsstelle der CSU nur ein einziges Mal. Der Parteivorsitzende belebte die ohnehin schon angeschlagene Organisation nicht wieder. Die CSU hatte immer noch enorme Geldsorgen, doch Ehard bemühte sich kaum, diesen Zustand zu beheben.

Zwar verkümmerte die Partei unter seinem Vorsitz, allerdings war der schleichende Verfall der Parteiorganisation kalkuliert. Ehard wollte dieses Machtzentrum austrocknen, und er hatte mit wenig Widerstand zu kämpfen. Schließlich konnte er darauf verweisen, dass die Partei finanziell ohnehin zu schlecht ausgestattet war, um große Aktivitäten initiieren zu können. Er sah seinen Arbeitsschwerpunkt als Regierungschef. Im Kabinett war er in der Lage, prominente Streithähne zu kontrollieren, was das vordringliche Anliegen der Basis war, da dieser „die Streiterei zum Halse heraus"[37] hing, wie sich später Franz Josef Strauß erinnerte. Die Mitglieder orientierten sich an den Reden des Vorsitzenden, der die Partei von der Staatskanzlei aus führte. Ehard formte die CSU erfolgreich zum „bloßen Hilfsorgan"[38] von Landtagsfraktion, Landesgruppe und der von ihnen getragenen Regierungen.

Der Parteivorsitzende erlangte dabei ein hohes Maß an Autonomie und Handlungsfreiheit.[39] Er hielt die Widerstände aus, die es gegen seine Person gab. Nach seiner ersten Amtszeit war seine Position gefestigt. Exemplarisch lies sich dies an der Tatsache ablesen, dass er kaum für die nach wie vor wenig überzeugenden Wahlergebnisse, die die CSU einfuhr, verantwortlich gemacht wurde. 1949 erhielt die CSU bei den Bundestagswahlen nur 29,2% der Stimmen. Bei den folgenden Landtagswahlen 1950 waren es sogar nur noch 27,4%. Dennoch wurde Ehard mit 97,8% der Stimmen als CSU-Vorsitzender bestätigt. Auch die schlechten Ergebnisse bei den Kommunalwahlen von 1952 gefährdeten ihn nicht. Bei Müller, der selbst wegen der verlorenen Gemeinde- und Kreistagswahlen von 1948 heftig in die Kritik geraten war, wäre solches kaum denkbar gewe-

---

[36] Vgl. Morsey, Rudolf: Hans Ehard (1887-1980), in: Wendehorst, Alfred / Pfeiffer, Gerhard (Hg.): Fränkische Lebensbilder, Bd. 12, Neustadt/Aisch 1986, S. 270-292, hier S. 275.
[37] Zit. nach Hettler (Anm. 11), S. 378.
[38] Schlemmer (Anm. 16), S. 4.
[39] Ebd., S. 257.

sen. Ehard besaß besonders bei den mittleren Parteieliten jene Autorität, über die Müller nie verfügt hatte. In entscheidenden Fragen wie etwa Koalitionsbildungen drohte Ehard mit Rücktritt, wusste er doch, dass es keine Alternative zu seiner Person gab. „Sein Amt hob Ehard gleichsam über das Parteivolk hinaus und machte ihn nahezu unangreifbar."[40]

Der zweite CSU-Vorsitzende arbeitete still, effizient und verließ sich auf seine Regierungsarbeit. Solange diese erfolgreich war und von den Wählern honoriert wurde, brauchte er sich um die Partei keine Sorgen zu machen. Die Flügelkämpfe versuchte er „geräuschlos auszubalancieren"[41]. Er ging offenen Konflikten in der Partei gern so lange aus dem Weg, bis sein Eingreifen nicht mehr zu umgehen war. Er wollte Harmonie, nicht Streit oder Diskussionen. Die CSU als Partei verlor immer mehr an Bedeutung. Selbst zu Wahlkämpfen war sie manchmal nicht zu aktivieren, was auch an den fehlenden finanziellen Mitteln lag. Ehards Führungsstil resultierte im Wesentlichen aus seinem Charakter. Der Parteivorsitzende war „eher farblos"[42] – sachlich, nüchtern und rhetorisch nicht sonderlich begabt. Er war selbstbewusst, aber ohne Ehrgeiz, empfand sein Amt häufig als Bürde. Ministerpräsident hatte er ursprünglich nicht werden wollen, Parteivorsitzender schon gleich gar nicht. Man hatte ihn drängen müssen.

Der Ministerpräsident richtete die CSU zunächst auf Altbayern aus, um dadurch die BP in die Defensive zu drängen. Das führte zu konfessionellen Spannungen. Die Protestanten zeigten sich unzufrieden mit dem Parteivorsitzenden, der ihnen so viel weniger zuzuhören schien als sein Vorgänger. Ehard reagierte gelassen: „Tatsächlich bemühte sich der Landesvorsitzende nicht ausdrücklich darum, das Klima zwischen katholischen und evangelischen Christen nachhaltig zu verbessern. Anstatt eine entschlossene Reformpolitik zu betreiben, um die protestantische Bevölkerung für die Union zu gewinnen, begnügte er sich meist mit Lippenbekenntnissen. Wenn die schwelenden konfessionellen Streitigkeiten dann eskalierten, setzte Ehard auf Krisenmanagement und kurzfristige Zugeständnisse. Damit konnte die Parteiführung zwar immer wieder lokale Konfliktherde beseitigen, an den Grundproblemen änderte sich jedoch nichts."[43] Nur in Personalfragen achtete der Vorsitzende sorgsam darauf, dass die evangelischen Teile der CSU ausreichend berücksichtigt wurden, so vor allem bei der Aufstellung der Landesliste für die Bundestagswahl 1953.

Doch Ehards Führungsstil hatte auch Nachteile. Der Parteivorsitzende verfügte über keinen ihn stützenden Personal-Pool; er kümmerte sich nie um eine Hausmacht[44], förderte keine Talente in der Partei, umgab sich mit nur wenigen

---

[40] Schlemmer (Anm. 16), S. 331.
[41] Ebd., S. 367.
[42] Hettler (Anm. 11), S. 303.
[43] Schlemmer (Anm. 16), S. 417.
[44] Vgl. Hettler (Anm. 11), S. 398.

Beratern. Wenn er Unterstützung erfuhr oder Patronage betrieb, dann nur in der Regierung. Die Personalentscheidungen in der Partei waren selten perspektivisch. Als einziger „Ziehsohn" des Franken kann vielleicht Hanns Seidel gelten, der ein fast deckungsgleiches Politikverständnis und auch eine ähnliche Biographie aufwies.

So wirkte Ehard auf den ersten Blick „führungsschwach"[45]. Er trieb die Organisation nicht voran und auch die Flügelkämpfe konnten unter seiner Ägide nur abgeschwächt werden. Mit Blick auf die Entwicklung, die die CSU nach Ehards Abgang nahm, scheint Schlemmers These plausibel, dass Ehard das Potential der CSU kaum zu nutzen wusste.[46] Schließlich wurde erst nach seinem Rücktritt der Aufstieg der CSU zur bayerischen Mehrheitspartei möglich. Doch darf man nicht aus dem Auge verlieren, dass Ehard die in Flügel gespaltene Partei in schwierigen Zeiten führen musste. Anders als sein Vorgänger, der die CSU aktiv aus der Krise hinauszuführen versucht hatte, polarisierte Ehard nicht, sondern befriedete die Partei, indem er gerade nichts unternahm. Die CSU unter seiner Führung mag vielleicht mit den Worten „Stagnation und Sklerose"[47] beschrieben werden, aber eben das hielt die Partei zusammen. Doch warum gelang es ihm nicht, seine Machtposition zu konservieren; warum war er schon 1954 nicht mehr der Mann der Stunde?

Der Franke hatte die Partei in den dritten Landtagswahlkampf ihrer Geschichte geführt. Die CSU war bis dahin immer an der bayerischen Regierung beteiligt gewesen und gedachte dies auch nach den Wahlen fortzusetzen. Sie stellte seit acht Jahren den Ministerpräsidenten. Und auch 1954 mit einem beachtlichen Ergebnis von 38% der Stimmen – immerhin über 10% Zuwachs gegenüber der letzten Wahl – strebte Ehard erneut die Regierungsbildung an. Doch scheiterten seine Verhandlungen mit potentiellen Koalitionspartnern, weil er fälschlicherweise darauf vertraut hatte, dass sich die anderen Parteien nicht auf eine Koalition ohne die CSU würden verständigen können. Stattdessen bildeten SPD, BP, GB/BHE und FDP eine Viererkoalition, die bis 1957 Bestand haben sollte. Die CSU fand sich auf den Oppositionsbänken wieder. Anstelle von Ehard wurde nun der Sozialdemokrat Wilhelm Hoegner Ministerpräsident. Die Partei grollte: Parteiintern hatte sich die Ansicht durchgesetzt, dass Hans Ehard die CSU durch ungeschickte Verhandlungsführung aus der Regierungsverantwortung hinausmanövriert hatte.[48] Ihm allein die Schuld anzulasten, war sicher nicht gerechtfertigt, doch die CSU suchte einen Sündenbock.

---

[45] Schlemmer (Anm. 16), S. 333.
[46] Ebd., S. 333.
[47] Ebd., S. 480.
[48] Vgl. Mintzel (Anm. 3), S. 337.

Spätestens jetzt zeigten sich die Nachteile seines Führungsstils: Ehard besaß zu wenig Freunde in der Partei. Außerdem waren ihm zusehends und bereits vor der 1954er-Wahl zwei potentielle Konkurrenten erwachsen, die zwar nicht offensiv gegen ihn antraten, aber im Hintergrund zumindest zur Verfügung standen, um ihn eines Tages beerben zu können: Der einstige „Ziehsohn" Hanns Seidel und Franz Josef Strauß. Letzterer hatte sich in der Landesgruppe in Bonn profilieren können und galt als großes politisches Talent in der CSU.[49] Der Name von Wirtschaftsminister Hanns Seidel wurde mit Bayerns beginnender wirtschaftlicher Prosperität verbunden. Seidel und Strauß hatten ein Parteikonzept, das von dem der Ehardschen „Ordnungspartei" differierte. Beide wollten eine lebendige und schlagkräftige CSU, die nicht nur Handlanger der bayerischen Staatsregierung war.

Ehard sah die verpasste Regierungsbildung hingegen als Betriebsunfall. Er beschwor erneut die Einigkeit der Partei, was die Kritik an seiner Person aber nicht verstummen ließ. Schließlich resignierte er, als seine herkömmlichen Formeln zur Bewältigung von Krisen in der Partei keinen Erfolg mehr hatten und trat zurück. Die Partei brauchte jetzt Zukunftsperspektiven, die der Vorsitzende nicht hatte. Ehards Art der Parteiführung, aus der Staatskanzlei heraus, hatte nur so lange Erfolg, wie er diese Staatskanzlei besetzen konnte. Als ihm diese einzige Machtbasis verloren ging, konnte er auch die Partei nicht mehr führen. Der 53-jährige Hanns Seidel wurde Nachfolger von Hans Ehard. Seine Wahl war das Signal zu einem Generationswechsel in der sich neu formierenden CSU.

Ehard besaß ein ausgleichenderes Temperament als sein Vorgänger. Er wollte die CSU nicht umstrukturieren, hatte auch keine Idee, von der er Parteimitglieder überzeugen wollte. In politischen Krisenzeiten erwies sich dies als adäquates Mittel der Parteiführung. Wie Müller ohne Hausmacht in der Partei, konnte Ehard sich halten, weil es keinen Konkurrenten gab, der ähnlich unabhängig zwischen den beiden Parteiflügeln stand und dem noch dazu in der Exekutive kaum Fehler unterliefen. Schließlich war Ehard erfahren in politischen Entscheidungsmechanismen. Er kannte sich zwar wie Müller in der Parteipolitik nicht aus, aber er wusste, wie der bayerische Staats- und Verwaltungsapparat funktionierte und wie man ihn führen musste. Diese formale Führungstechnik übertrug er direkt auf die CSU. Charakterlich war Ehard der umgänglichere Politiker. Er polarisierte nicht, verprellte kaum potentielle Mitstreiter. Er achtete auf die Befindlichkeiten anderer Politiker, setzte sie entsprechend ihren Talenten ein. Außerdem bemühte er sich stets um einen guten Kontakt zur Fraktion. Doch als diese ihn wegen des Verlusts der Regierungsmacht nicht mehr stützen moch-

---

[49] Vgl. Neumaier, Eduard: Bonn – das provisorische Herz. Rückblick auf 20 Jahre Politik am Rhein, Oldenburg/Hamburg 1969, S. 135.

te, musste Ehard gehen. Die besondere Konstellation, in der er die Partei erfolgreich führen konnte, gab es nicht mehr.

Der heimliche Gründer der CSU: Hanns Seidel

Hanns Seidel führte die CSU sechs Jahre lang. Dieses gute halbe Jahrzehnt sollte für die Partei weichenstellend sein. Seidel fand eine Partei vor, deren Gesicht sich in der Ära Ehard ein wenig verändert hatte. Die Flügelkämpfe hatten an Intensität verloren, die Partei war gefestigter. Müller und Schäffer spielten nur noch untergeordnete Rollen in der CSU. Die Gewichte hatten sich zugunsten der Jüngeren verschoben, und Hanns Seidel war einer von ihnen. Seidel, seit 1947 bayerischer Wirtschaftsminister, war zudem ein Kompromisskandidat, der als ehemaliger Müller-Anhänger für beide Flügel akzeptabel geworden war. Er hatte sich als erster nicht-sozialdemokratischer Wirtschaftsminister in der Landesregierung profiliert und stand für den Wiederaufbau Bayerns. Seidel war zunächst genauso wenig Parteimensch wie Ehard. Er stieg nur langsam auf[50], konzentrierte sich auf seine Arbeit in der Exekutive. Nichtsdestotrotz war er schon 1949 als Parteivorsitzender im Gespräch. Er führte im selben Jahr die Landesliste der CSU zur Bundestagswahl an, blieb jedoch nach der Wahl in München, weil alle Kandidaten der CSU über Direktmandate in den ersten Bundestag einzogen.

Bisweilen wurde der Wirtschaftsminister als Kronprinz in der CSU gehandelt. Nach Ehards Rückzug war schnell klar, dass sich Seidel wohl auch gegen den 14 Jahre jüngeren Franz Josef Strauß durchsetzen würde. Die Fraktion unterstützte ihn; zusätzlich besaß er das Vertrauen der Bezirke[51], vor allem weil Seidel bayerischer Landespolitiker war, während sein Konkurrent um den Parteivorsitz der Landesgruppe und der Bundesregierung angehörte. Noch musste gerade für die Bezirksvorsitzenden der Vorsitzende der CSU vor Ort sein, um die Kontrolle über die Partei zu behalten. Die CSU in Bonn hatte sich zwar emanzipiert, wurde aber nur langsam zur „Speerspitze der reformbereiten Kräfte"[52] der Partei. Das neue Machtzentrum hatte vorerst wenig Einfluss auf die Wahl des Parteivorsitzenden. Seidel setzte sich durch, nachdem er in Bayern zum Oppositionsführer auserkoren worden war.[53]

---

[50] Vgl. Groß, Hans Ferdinand: Hanns Seidel: 1901-1961; eine politische Biographie, München 1992, S. 107.

[51] Vgl. ebd., S. 123.

[52] Schlemmer (Anm. 16), S. 480.

[53] Der Prälat Georg Meixner blieb zwar formal Fraktionsvorsitzender, Hanns Seidel wurde aber zum Oppositionsführer bestimmt, der in der Folge „die Aufgaben eines Fraktionschefs" wahrnahm. Vgl. Groß (Anm. 50), S. 166.

Hanns Seidel wurde 1901 in Unterfranken geboren und war damit der dritte und vorerst letzte fränkische Vorsitzende der CSU. Anders als seine Vorgänger Müller und Ehard war Seidel nicht qua Biographie mit dem interkonfessionellen Gedanken vertraut, er wuchs in einem betont katholischen Umfeld auf. Gemeinsam mit seinen Vorgängern hatte er aber die Erfahrung einer harten und entbehrungsreichen Jugend: Als Seidel sieben Jahre alt war, starb sein Vater. Die Familie war arm, die Mutter musste den Lebensunterhalt für sich und ihre sechs Kinder bestreiten. Seidels Biograph Hans Ferdinand Groß schlussfolgerte, dass Seidels engagiertes Eintreten für soziale Gerechtigkeit in den bitteren Jahren der Jugend ihren Ursprung hatte.[54] Seidel war zu jung, um noch in den Ersten Weltkrieg ziehen zu müssen. Der intelligente Junge absolvierte eine erfolgreiche Schullaufbahn, und es gelang ihm trotz der Mittellosigkeit seines Elternhauses, ein Studium der Rechts- und Wirtschaftswissenschaften zu beginnen, das er vorwiegend selbst finanzierte. Er bestand 1925 sein Examen und promovierte 1929 als Volljurist. Im selben Jahr eröffnete er eine Kanzlei. Seine Karriere ähnelte hierin, bis auf die fehlende Fronterfahrung im Ersten Weltkrieg, derjenigen von Josef Müller.

Während seiner Studienzeit verließ Seidel zwar sein räumliches Umfeld, doch seine katholische Prägung blieb erhalten. Er trat einer katholischen Studentenverbindung bei, mit deren Mitgliedern er auch später noch in Kontakt blieb. Auch der Beginn seiner politischen Betätigung erfolgte in einer katholischen Partei. Seidel mochte nicht in die Zentrumspartei eintreten und wurde wegen seiner Verbindung zum bayerischen Land 1932 Mitglied der BVP. Seidel war auch nach 1933 als Anwalt tätig und lebte weitgehend zurückgezogen. Genau wie sein Vorgänger war er als Jurist mit Verhandlungsschemata vertraut und kannte die Politik zumindest von einem kurzen Engagement in der BVP. Doch andere Erfahrungen prägten ihn entscheidender.

1940 wurde Seidel zum Kriegsdienst einberufen. Er war am Russlandfeldzug beteiligt und geriet im Mai 1945 in amerikanische Gefangenschaft.[55] Der Fronteinsatz im Zweiten Weltkrieg dürfte seine Wirkung auf den 40-Jährigen nicht verfehlt haben. Nicht umsonst rechnete man ihn auch noch der Frontgeneration zu.[56] Seidel verband mit den sonst meist Jüngeren dieser Generation ein gemeinsames zentrales Erlebnis. Ähnlich wie der jüngere Franz Josef Strauß begeisterte sich Seidel für alle technischen Dinge. Mit dem ebenfalls jüngeren Friedrich Zimmermann einte ihn der ausgeprägte Pragmatismus.

---

[54] Vgl. ebd., S. 28.
[55] Vgl. Deutinger, Stephan: Hanns Seidel – ein Lebensbild, in: Bayer, Alfred / Baumgärtel, Manfred (Hg.): Weltanschauung und politisches Handeln. Hanns Seidel zum 100. Geburtstag, Grünwald 2001, S. 11-37, hier S. 17.
[56] Vgl. Schlemmer (Anm. 16), S. 483.

Seidels im Vergleich zu seinen Mitstreitern höheres Alter wirkte sich auf seine politische Karriere aus. Als der Nachfolger für Hans Ehard gesucht wurde, hatte Seidel schon mehr Lebenserfahrung als Strauß. Er hatte nach dem Ende des Krieges nicht „verlorene Jahre" aufzuholen, wie Strauß oder Helmut Schmidt, die im Dritten Reich keinen Beruf ergreifen konnten, deshalb mit besonderem Ehrgeiz in die Politik gingen, sich selbst etwas beweisen wollten und dabei den harten Frontsoldaten verkörperten.[57] Seidel stand zwischen den Generationen, verstand die Prägungen sowohl der Weimarer Generation, der Müller und Ehard angehörten, als auch der Kriegsgeneration von Strauß oder Zimmermann. Ähnlich wie der langjährige Ministerpräsident Alfons Goppel verkörperte er den pragmatischen Politiker, der sich Stärken und Schwächen beider Generationen zunutze machte.

Seidel wurde 1946 Mitglied der Verfassungsgebenden Landesversammlung in Bayern und zog danach in den Landtag ein. Wiederum ein Jahr später wurde er Wirtschaftsminister im zweiten Kabinett Ehard, wodurch er schnell seinen Bekanntheitsgrad steigern konnte. Der Anhänger der sozialen Marktwirtschaft genoss als Wirtschaftsfachmann in der Partei hohes Ansehen.[58] Auch im Kabinett wuchs die Bedeutung des Pragmatikers immer mehr. Seidel verfügte über glänzende Beziehungen zur Wirtschaft und achtete stets auf die Praxisnähe seiner politischen Konzepte. Dies zahlte sich auch in der Oppositionszeit ab 1954 aus, als Seidel mit seinen Kontakten für die eine oder andere Spende an die CSU sorgte. Der ehemalige Wirtschaftsminister erwies sich schnell als zupackender Parteimanager. Er etablierte eine neue Führungsriege und kontrollierte „sein Unternehmen". Seidel war in den Augen vieler CSU-Anhänger ein kompetenter und fähiger Parteivorsitzender.

Meist wirkte Seidel dabei im Hintergrund. Er war nüchtern und sachlich, nach außen wortkarg und bescheiden, und galt daher lange Zeit als wenig ehrgeizig. In seinem soliden Lebenswandel ähnelte Seidel Hans Ehard, da er ähnlich zuverlässig, fleißig und strebsam war wie sein Vorgänger. Obgleich Seidel im Allgemeinen eine Anti-Haltung gegenüber der SPD auszeichnete, kam er mit dem Ministerflügel um Wilhelm Hoegner gut zurecht. Er war kein Volkstribun, aber ein Politiker, der aufgrund seiner Biographie und seiner persönlichen Integrität Vertrauen weckte. Rhetorisch zog er die ruhigeren Töne einem polternden Redestil vor. Dennoch war er durch seine Sachkenntnis und Argumentation ein – vor allem im Parlament – geachteter und gefürchteter Redner.[59]

---

[57] Vgl. Leinemann, Jürgen: Höhenrausch. Die wirklichkeitsferne Welt der Politiker, München 2004, S. 139 ff.
[58] Vgl. Groß (Anm. 50), S. 107.
[59] Vgl. Baer, Fritz: Die Ministerpräsidenten Bayerns 1945-1962. Dokumentation und Analyse, München 1971, S. 204.

Unter seiner Ägide war es nun möglich und durch den Gang in die Opposition auch nötig, die Partei neu auszurichten. Seidel führte die CSU autoritärer als sein Vorgänger. Er konnte harte Entscheidungen treffen. Als alter Frontsoldat sah er die Partei auch als Kampforganisation.[60] Konflikte schlichtete er, bevor sie zu eskalieren drohten. Seidel erwies sich als „Reorganisator und Erneuerer der CSU"[61]. Dennoch: Trotz seines manchmal autoritären Führungsstils war Seidel ein Teamarbeiter. Er verstand es zu integrieren und zu moderieren, und er wählte seine Mitstreiter sorgfältig aus. Als große Leistung ist dabei zu werten, dass er den vor Ehrgeiz brennenden Franz Josef Strauß einbinden und ihn dadurch kontrollieren konnte.[62] Außerdem gelang es Seidel, gegen den Willen der Bezirke den jungen Friedrich Zimmermann als Generalsekretär der Partei durchzusetzen. Die Bezirke befürchteten einen Einflussverlust, da der Posten mit großen Kompetenzen ausgestattet war, und sie in dem „Generalstabsoffizier der CSU"[63] Zimmermann einen Reformer sahen, der die Parteizentrale stärken und damit den Einfluss der Bezirke zurückdrängen könnte. Unterstützt wurde Seidel in seinen Bemühungen von Strauß, der seinem Vorsitzenden in organisatorischen Fragen loyal zur Seite stand. Seidel zentralisierte die Macht; ihm gelangen entscheidende Schritte zur Modernisierung der Partei.

Durch die Verbannung der CSU in die Opposition wurden bislang blockierte Reformpotentiale frei. Seidel initiierte eine Organisationsreform von oben.[64] Zunächst wollte er neue Mitglieder gewinnen, auch um die angespannte finanzielle Lage der Partei zu verbessern. Außerdem versprach er sich dadurch ein Personalreservoir, auf das er etwa bei Wahlkämpfen zurückgreifen konnte. Im Wesentlichen wollte Seidel mit seinem Organisationschef Zimmermann die alte Honoratiorenpartei aufbrechen, die die CSU bis dahin gewesen war. Daher begann Zimmermann die Landesgeschäftsstelle auszubauen. Dabei legte er auch auf die Einrichtung einer Medienabteilung Wert, die die „traditionell schlechten Beziehungen zwischen CSU und Presse"[65] verbessern sollte. Der Aufbau der Parteizentrale erfolgte langsam, aber stetig. Die Wahlkreisarbeit wurde zentral und stringenter organisiert, häufig gegen den Willen der Vorsitzenden der mittleren und unteren Verbände. Die CSU wurde durchorganisiert, man richtete auch auf den unteren Parteiebenen Büros ein.[66] Allerdings verblieb die Entschei-

---

[60] Vgl. Pflaumer, Hans: Hanns Seidel, in: Konrad-Adenauer-Stiftung (Hg.): Christliche Demokraten der ersten Stunde, Bonn 1966, S. 331-359, hier S. 346.

[61] Mintzel (Anm. 3), S. 338.

[62] Vgl. Schwarz, Hans-Peter: Die Ära Adenauer. Epochenwechsel 1957-1963. Geschichte der Bundesrepublik Deutschland, Bd. 3, Stuttgart 1983, S. 230.

[63] Vgl. Henkels, Walter: Neue Bonner Köpfe, Düsseldorf/Wien 1978, S. 368.

[64] Vgl. Mintzel (Anm. 1), S. 304.

[65] Ebd., S. 307.

[66] Vgl. Möller, Horst: Hanns Seidel als Parteipolitiker in: Bayer / Baumgärtel (Anm. 55), S. 67-88, hier S. 82 ff.

dungsgewalt in den oberen CSU-Etagen, der geschäftsführende Landesvorstand wurde zu *dem* Machtzentrum der Partei. So baute Seidel sich systematisch eine Hausmacht auf, die durch die neuen Mitglieder und Funktionäre gebildet wurde. Dadurch war er nicht mehr auf die alten Eliten angewiesen und hatte darüber hinaus auch für die Zukunft ein festes Potential von Unterstützern. Finanziert wurde dieses Parteirevirement vor allem durch Steuergelder und Spenden.[67] Die Mitgliedsbeiträge reichten nicht aus, um die Umstrukturierungen bezahlen zu können. Doch durch den programmatischen Wandel, mit dem sich die CSU als eine die Industrie fördernde Partei zu profilieren suchte, stieg auch das Spendenaufkommen und die CSU konsolidierte sich finanziell.[68]

Hanns Seidel schickte sich an, zum „Vollstrecker von Müllers politischem Testament"[69] zu werden: Langsam etablierte er gegen den Widerstand vieler Aktiver in der CSU ein „modernes Parteimanagement"[70]. Er setzte seine alte Forderung durch, den Jungen eine Chance zu geben, einen Generationsumbruch in der Partei einzuleiten. Sein Konzept einer „dynamischen Sammlungspartei"[71] stieß gerade bei der Frontkämpfergeneration des Zweiten Weltkriegs auf Gegenliebe. Außerdem gelang es dem Parteivorsitzenden, die Fraktion zu disziplinieren und sie zu einer „Handlungseinheit"[72] mit der Partei zu verschmelzen. Er verstand es, „die innerparteiliche Gleichgewichtslage herzustellen, Gegensätze zu paralysieren und die unvermeidlichen Spannungen im persönlichen Bereich einzudämmen"[73]. Für Machtfragen besaß Seidel ein Händchen. Der Parteivorsitzende war immer darauf aus, die Kontrolle zu behalten. Er war in einer Partei groß geworden, in der die politische und persönliche Intrige zum Alltag gehörte. Das ließ ihn vorsichtig agieren und beherzt leiten: Er bewies Führungskraft[74], was ihn auch bei der Basis schnell beliebt werden ließ.

Das Scheitern der bayerischen Viererkoalition war nach der Bundestagswahl 1957 nur eine Frage der Zeit; die BP hatte hier eine herbe Niederlage einstecken müssen. Viele ihrer Anhänger hatten das Zusammengehen mit der SPD in Bayern nicht verstanden und der BP enttäuscht den Rücken gekehrt. Die CSU hatte diese Wähler mit offenen Armen empfangen. Die BP wollte nun aus der Koalition aussteigen und nahm Verhandlungen mit der CSU auf. Als sich die BP-Führung mit der CSU handelseinig glaubte, traten die BP-Minister zurück und ließen so die Viererkoalition platzen. Doch Seidel bildete ein Kabinett aus

---

[67] Vgl. Henzler (Anm. 14), S. 512.
[68] Vgl. zur Finanzierung vor allem Mintzel (Anm. 1), S. 356 ff.
[69] Schlemmer (Anm. 16), S. 483.
[70] Mintzel (Anm. 1), S. 300.
[71] Scherzer (Anm. 8), S. 80.
[72] Mintzel (Anm. 3), S. 317.
[73] Baer (Anm. 59), S. 137.
[74] Mintzel (Anm. 3), S. 62.

FDP, BHE und CSU. Die CSU hatte nur zum Schein mit der BP verhandelt, die bald in der Versenkung verschwand. Mit Taktik und schnellen, klaren Entscheidungen hatte der Parteichef die BP ausmanövriert. Er hatte aus den gescheiterten Koalitionsverhandlungen seines Vorgängers 1954 gelernt und wurde nun nach Schäffer und Ehard der dritte CSU-Ministerpräsident.

Nun sicherte sich die CSU die alleinige politische Vertretung der bayerischen Traditionen und befriedigte darüber hinaus die föderalistischen Restbedürfnisse der (alt)bayerischen Bevölkerung. Zwar löste Seidel die CSU nicht aus ihrem Milieu, aber er stieß das Tor zu neuen Wählergruppen auf. Unter Seidels Führung wurde der Grundstock für den Aufstieg zur Mehrheitspartei gelegt. Teils erzwungen durch die Situation, teils freiwillig, wurde Seidel so zum eigentlichen Gründer der modernen CSU. Insofern blieb die Partei auch in seiner Zeit als Ministerpräsident die zentrale Machtressource Seidels. Er bewegte sich nicht autonom jenseits der Strukturen, sondern autonom im Innern der Partei. Hier hatte er Patronagemöglichkeiten, der Parteiapparat war sein Disziplinierungsinstrument. Nach Übernahme der Regierung besaß Seidel weitere institutionelle Möglichkeiten. Er verstand es, das Kabinett nach seinen Vorstellungen zusammenzustellen. Im November 1958 fuhr die CSU ihr bis dato bestes Ergebnis seit der Landtagswahl von 1946 ein. Seidel wurde wieder Ministerpräsident und konzentrierte sich auch im Folgenden vor allem auf die Wirtschaftspolitik.

Doch viel Zeit blieb dem neuen Star der CSU nicht. Stets für Krankheiten anfällig, hatte Seidel schon 1949 erwogen, aus der Politik auszusteigen. Mehrmals hatte er während seiner politischen Laufbahn lange gesundheitsbedingte Auszeiten nehmen müssen. Im November 1957 hatte er dann einen Schwächeanfall erlitten, an dessen Folgen er noch bis zum März des folgenden Jahres herumlaborierte. Im Juli 1958 schließlich trug er bei einem Autounfall schwere Verletzungen davon. Seidel war in der Folge nicht mehr voll einsatzfähig, verbrachte Monate in Krankenhäusern und Sanatorien. Dennoch wagte niemand, gegen den häufig abwesenden Parteichef eine Intrige zu spinnen. Seine Führungsposition innerhalb der CSU blieb trotz seiner gesundheitlichen Probleme ungebrochen.[75] Ab 1959 zeichnete sich ab, dass Seidel die Amtsgeschäfte nicht mehr lange würde führen können. Zwar fiel ihm der Abschied nicht leicht, aber Seidel vollzog ihn aus Gründen der Staatsräson.

Im Januar 1960 gab er das Amt des Ministerpräsidenten auf. Als CSU-Vorsitzender war er noch stark genug, selbst einen Nachfolger bestimmen zu können, der seine Politik nahtlos fortsetzen würde: Sein Vorgänger Hans Ehard hatte ihn beim Aufbau der Parteiorganisation unterstützt und war nach wie vor – trotz seines hohen Alters – der einzige Kandidat, der die Bemühungen des Ministerpräsidenten zu einer wirtschaftlichen Modernisierung Bayerns fortsetzen

---

[75] Vgl. Groß (Anm. 50), S. 202.

konnte und darüber hinaus von allen Seiten in der CSU akzeptiert werden würde. So wurde Seidels Duzfreund Hans Ehard noch einmal für zwei Jahre Ministerpräsident.

Der Rücktritt vom Amt des bayerischen Staatschefs ließ Nachfolgekämpfe auch um den Parteivorsitz aufflammen, den Seidel zunächst noch behalten hatte. Doch schnell lief alles auf den 45-jährigen Strauß hinaus, der schließlich im März 1961 zum vierten Parteivorsitzenden der CSU gewählt wurde. Fünf Monate später starb Hanns Seidel. Er hatte die strukturellen Bedingungen politischer Führung in der CSU zu nutzen gewusst wie kein Vorsitzender vor ihm. Denn Seidel war der erste Politiker an der Spitze der CSU, der eine Hausmacht besaß. Er hatte sie sukzessive erworben, durch Beharrlichkeit und unermüdliches Werben für seine Parteiarbeit. Zunächst war er nur ein erfolgreicher Wirtschaftsminister, der das Vertrauen vieler Fraktionsmitglieder besaß. Doch das war nur die Basis seines Erfolges. Wichtiger war, dass Seidel den CSU-Mitgliedern Perspektiven eröffnen konnte. Diese bestanden zum einen in der angestrebten Wiedererlangung der Regierungsmacht im Freistaat, zum anderen in einer erneuerten Partei, die durch ihre beginnende Organisationskraft Identifikation stiftete. Seidel blieb in Machtfragen fehlerlos, da es ihm gelang, neue mit alten Kräften in der CSU zu vernetzen. Er etablierte an entscheidenden Positionen Vertraute, die ihm halfen, die CSU zu modernisieren. Zudem band er Landesgruppe und Landtagsfraktion in den Modernisierungsprozess ein. Da dieser schnell zum Erfolg führte, war die Position des Parteivorsitzenden auch nach 1957 unangefochten.

Auch Seidels Charakter trug zur Machtabsicherung bei. Er moderierte, ging auf die Mitglieder zu. Er initiierte, dass sich in den unteren Verbänden der Partei etwas tat – das bemerkten auch die einfachen Parteimitglieder, die nun über Geschäftsstellen verfügten. Die CSU wurde im Land präsenter, und viele erkannten, dass die Partei die kommende Kraft in Bayern werden könnte. Dazu symbolisierte die neue Führungsriege mit Zimmermann, Strauß und eben Seidel eine neue Generation, die modern und zeitgemäß Parteipolitik betrieb. Der ökonomische Erfolgsgedanke spielte bei allen dreien eine Rolle. Das fand in einem bis dahin noch ländlich geprägten Land wie Bayern Anklang, in dem sich viele Menschen von einer technischen Modernisierung Arbeitsplätze versprachen.

Urviech und Parteiformer: Franz Josef Strauß

Franz Josef Strauß war ohne Zweifel eine der bestimmenden Gestalten der Geschichte der Bundesrepublik Deutschland.[76] Er amtierte als Atom-, Verteidigungs- und Finanzminister, zehn Jahre lang als Ministerpräsident eines der größ-

---

[76] Vgl. Zundel, Rolf: Macht und Menschlichkeit, Reinbek 1990, S. 100.

ten deutschen Bundesländer – und 27 Jahre als Vorsitzender der CSU. Doch ist
er deshalb schon ein bedeutender Parteivorsitzender? Fest steht, dass Strauß
bereits bei Übernahme des Parteivorsitzes ein großes politisches Talent war. Im
Gegensatz zu Müller, Ehard und Seidel hatte er sich von Anfang an auf die Bundespolitik konzentriert. Während bislang die Landesgruppe in Bonn von der
CSU immer eher stiefmütterlich behandelt wurde, die Eliten der Partei sich auf
die Arbeit in Bayern konzentrierten, handelte Strauß anders. Seit 1949 im Bundestag, erkannte der ehrgeizige Münchener, dass sich mit der Unterstützung der
Bonner Abgeordneten auch in der CSU trefflich Politik machen ließ. Strauß
respektierte den 27 Jahre älteren langjährigen Bundesminister Fritz Schäffer als
Führungsfigur, setzte sich aber in seinem Windschatten gegen die anderen jungen und bis dahin wenig bekannten Bundespolitiker durch, die die CSU in Bonn
vertraten. Spätestens ab 1955 war Strauß der eigentliche Spitzenmann der Bonner CSU. Sukzessive baute er sich eine Hausmacht auf, denn in München besaß
er zu Beginn seiner Karriere nie ausreichende Rückendeckung. Durch Strauß'
Engagement beeinflusste die Landesgruppe mehr und mehr die innerparteiliche
Willensbildung.

Schon 1955 hatte Strauß erklärt, er wolle für den Parteivorsitz kandidieren,
um die bundespolitische Rolle der CSU zu stärken. Doch zu dieser Zeit war die
CSU noch nicht reif für einen Bundespolitiker an ihrer Spitze.[77] In die Opposition gedrängt, durch innerparteiliche Flügelkämpfe geschwächt, in der Konkurrenz
mit der BP, wollten vor allem die Bezirksverbände lieber eine in Bayern präsente
und profilierte Figur an ihrer Spitze. 1961 sah die Lage hingegen völlig anders
aus. Die Christsozialen waren in die bayerische Landesregierung zurückgekehrt,
die Flügelkämpfe nahezu beigelegt, die BP fast besiegt, und die Organisation der
CSU wurde immer schlagkräftiger. Da mithin kein geeigneter Nachfolger aus der
bayerischen Landespolitik für den Parteivorsitz in Frage kam, lag es nahe, diesen
Generationswechsel mit Franz Josef Strauß zu manifestieren: Die Mitglieder
versprachen sich von Strauß eine Fortführung des Seidelschen Kurses mit einer
stärkeren Akzentuierung in der Bundespolitik, ja Strauß wurde schon als künfti-
ger Kanzlerkandidat gehandelt. Strauß` Verhältnis zu Seidel war zwar nie frei
von Konkurrenz, dennoch kam er gut mit ihm zurecht. Politisch trennte die beiden wenig, auch Strauß war schon früh ein Verfechter der Sammlungsidee.
Strauß konnte sich neben Seidel weiter profilieren, weil dieser – wie auch Ehard
– in Bonn für Strauß keine Konkurrenz bedeutete. Seidel kümmerte sich um den
Organisationsaufbau in Bayern, Strauß um die Bundespolitik in Bonn. Strauß
und Seidel versuchten mit allen Mitteln, Verbindungen zur Industrie zu knüpfen

---

[77] Vgl. Mintzel, Alf: Franz Josef Strauß und die CSU-Landesgruppe im deutschen Bundestag, in:
Zimmermann, Friedrich (Hg.): Anspruch und Leistung. Widmung für Franz Josef Strauß, Stuttgart
1980, S. 281-307, hier S. 295.

und diese politisch zu nutzen. Strauß' Bemühungen in seiner Zeit als Bundesminister für Atomfragen sind legendär. Und auch als Bundesverteidigungsminister kämpfte er mit allen Mitteln um die Ansiedelung moderner technischer Betriebe in seinem Bundesland.

Die Technikbegeisterung und -gläubigkeit hatte ihre Ursachen in der Biographie von Franz Josef Strauß. 1915 in München geboren, wuchs er in kleinbürgerlichen Verhältnissen auf, kam allerdings bereits als Kind mit anderen Lebensentwürfen in Berührung.[78] Die Mutter war stark katholisch geprägt, der Vater verweigerte Adolf Hitler aus religiösen Gründen die Gefolgschaft. Wolfgang Benz spricht von einem „NS-resistenten Milieu"[79], in dem Strauß aufwuchs. Strauß' Vater arbeitete als Fleischermeister und hatte während der Weimarer Republik durch die Inflation seine gesamten Ersparnisse verloren. Er wollte, dass sein Sohn das Handwerk fortführte, doch dieser hatte schon damals andere Pläne. Ein Priester überredete die Familie, den jungen Strauß aufs Gymnasium zu schicken, wo er das beste Abitur seines Jahrgangs in Bayern ablegte. Dies bescherte ihm ein Stipendium, mit dem er 1935 ein Geschichtsstudium in München beginnen konnte. Strauß wollte Beamter, vielleicht Lehrer werden – am liebsten wohl Universitätsprofessor. Er war aufstiegsorientiert, aber ihm kam der Zweite Weltkrieg dazwischen. Doch obwohl er in einer Panzertruppe und als Ausbilder fast den gesamten Krieg in Wehrmachtsuniform verbrachte, machte er noch während des Krieges einen Studienabschluss für das höhere Lehramt und brachte es in der Wehrmacht bis zum Oberleutnant, bevor er 1945 von den Amerikanern gefangen genommen wurde. Sie engagierten Strauß zunächst als Dolmetscher, später amtierte er als Landrat in Schongau. Aus der Kriegszeit rührt Strauß' Begeisterung für motorisierte Fahrzeuge, für den Fortschritt – und damit stand er nicht allein: Auf einmal war es durch den Krieg vielen jungen Männern möglich, selbst ein Auto, einen Panzer, ja gar ein Flugzeug zu steuern. Für Menschen, die aus unteren Schichten kamen, war dies eine wahre Revolution.

Strauß kam schnell in Kontakt mit Josef Müller, wurde seine rechte Hand und sein politischer Zögling. Strauß fungierte als eine Art erster Generalsekretär der neuen CSU, allerdings ohne großen Apparat und Einfluss in der Partei. Dennoch wurde er machtpolitisch durch die Flügelkämpfe der jungen CSU sozialisiert. Er lernte, sich in harten Konflikten durchzusetzen, erkannte allerdings auch, dass es manchmal ratsamer war, sich aus der politischen Schusslinie herauszuhalten – etwa als er im Machtkampf um den Parteivorsitz Josef Müller nicht bis zuletzt stützte. Auch später sollte sich Strauß zuweilen in harten Kon-

---

[78] Vgl. Siebenmorgen, Peter: Franz Josef Strauß (1915-1988), in: Oppelland, Torsten (Hg.): Deutsche Politiker 1949-1969, Bd. 2, 16 biographische Skizzen aus Ost und West, Darmstadt 1999, S. 120-131, hier S. 121.
[79] Benz, Wolfgang: Franz Josef Strauß, in: Sarkowicz, Hans (Hg.): Sie prägten Deutschland. Eine Geschichte der Bundesrepublik in politischen Porträts, München 1999, S. 97-110, hier S. 101.

fliktsituationen zurückziehen, nicht immer zur Freude seiner Mitstreiter.[80] Zu den auf Müller folgenden Parteivorsitzenden verhielt sich Strauß loyal. Überhaupt konnte sich der Münchener immer mit deutlich älteren Politikern, wie etwa Konrad Adenauer, gut arrangieren – wusste er doch, dass er von ihnen lernen konnte.[81]

Strauß war nicht nur ehrgeizig, er war auch taktisch versiert und vermochte es, sich durch rhetorisch brillante Reden zu profilieren. Er galt schnell als wandlungsfähig, politisch gewitzt und talentiert. Er verstand es, die „ideologischen Grundsätze den parteipolitischen unterzuordnen"[82]. Er entwickelte kein konsistentes Weltbild, im Zweifel war er eher technikgläubig als kirchentreu. Durch seine Prägung in der Großstadt wirkte er häufig liberaler als die Klerikalen und ländlichen Politiker aus der alten BVP-Riege.[83] Später versuchte er wohl auch deswegen, die CSU in den Städten mehrheitsfähig zu machen und an die gesellschaftlichen Bedingungen in Bayern anzupassen.

Strauß zeichnete aus, dass er für und von der Politik lebte.[84] Jung, vital, unverbraucht artikulierte er sich in der Sprache der Zeit. Seine Reden waren frei von intellektuellen Überhöhungen, gern aber mit lateinischen Sentenzen geschmückt, so wirkte er witzig und virtuos zugleich. Strauß leistete ein enormes Arbeitspensum, oft über 16 Stunden am Tag. Das Private war bei ihm immer politisch, nach einem anstrengenden Arbeitstag liebte er es, mit Kollegen in Bonn um die Häuser zu ziehen.[85] Der Alkohol machte Strauß Zeit seines Lebens Schwierigkeiten.[86] Doch das Wahl- und Parteivolk verzieh ihm seine Auftritte, bei denen er mit hochrotem Kopf, verschwitztem Hemd und undeutlicher Artikulation Reden hielt. Strauß war ein Genussmensch, sein Verhältnis zum Geld und zum weiblichen Geschlecht gab mehr als einer Spekulation Nahrung. Er war neureich, wollte auf keinen Fall wie seine Eltern während der Inflation in wirtschaftliche Not geraten. Diverse Affären pflasterten seinen Weg[87], konnten seine Machtposition in der CSU aber nie untergraben, weil er bei Wahlen stets ein

---

[80] Vgl. Zimmermann, Friedrich: Kabinettstücke. Politik mit Kohl und Strauß 1976-1991, München/Berlin 1991, S. 350.
[81] Vgl. Bickerich, Wolfram: Franz Josef Strauß: die Biographie, Düsseldorf 1996, S. 72; Lohmann, Hans-Martin: Der Mitläufer, in: Heinrichs, Hans-Jürgen (Hg.): F. J. Strauß. Der Charakter und die Maske. Der Progressive und der Konservative. Der Weltmann und der Hinterwäldler, Frankfurt am Main 1989, S. 33-37, hier S. 35.
[82] Wolf (Anm. 25), S. 26.
[83] Vgl. Kuby, Erich: Der demagogische Funktionär, in: ders.: Franz Josef Strauß. Ein Typus unserer Zeit, Wien/München/Basel 1963, S. 11-92, hier S. 53 f.
[84] Vgl. Gaus, Günter: Zur Person: Portraits in Frage und Antwort, München 1964, S. 130.
[85] Vgl. Endres, Ria: Der Landesvater, in: Heinrichs (Anm. 81), S. 28-32, hier S. 29.
[86] Vgl. Bickerich (Anm. 81), S. 317.
[87] Vgl. exemplarisch Koch, Peter: Das Duell. Franz Josef Strauß gegen Helmut Schmidt, Hamburg 1979, S. 29 ff.

Erfolgsgarant der Partei war. Strauß war zumindest politisch unersättlich, er war beständig darauf aus, seinen Einfluss immer weiter zu steigern.[88] Schon früh teilte Strauß die Welt in Freund und Feind. Indiskretionen und Illoyalitäten konnte er nicht verzeihen. „Ich denke rational, aber ich rede emotional", soll er einmal gesagt haben.[89] Doch manchmal dominierte die Emotion auch das politische Handeln. Mehr als einmal offenbarte Strauß schlechte Menschenkenntnis und schadete sich dadurch selbst.[90] Freunde hatte Strauß jedenfalls wenige – dafür eine Menge Kumpane. Er wusste, welche Rituale er zu absolvieren, welche Mentalitätsmetaphern er zu verwenden hatte.[91] Keiner verkörperte die bayerische Lebensart so sehr wie Strauß. Unter ihm schien die CSU eins zu werden mit dem bayerischen Staat. Virtuos spielte er auf der Klaviatur seiner Landsleute, die es ihm und seiner Partei bald mit absoluten Mehrheiten in Serie danken sollten.

Strauß hatte zu Beginn seiner Amtszeit erkannt, wie wichtig der Aufbau einer Parteiorganisation sein konnte. Er sah, dass Seidels Bemühungen erste Erfolge zeigten. Doch auch zur persönlichen Machtabsicherung konnte die Parteiorganisation beitragen. Schließlich hatte Strauß als „Bonner" die Münchner Landtagsfraktion nie wirklich unter Kontrolle. Er musste darauf achten, dass der Parteibetrieb in München auch funktionierte, wenn er als Minister in der Bundeshauptstadt weilte. Dazu benötigte er einen starken Apparat und eine loyale und integrative Führungspersönlichkeit, die für ihn die Geschäfte der Partei von München aus regeln konnte. Strauß wählte dafür Friedrich Zimmermann. Fortan sollte Strauß immer auf junge, ehrgeizige, umtriebige und zupackende Generalsekretäre setzen, die für ihn mehrere Funktionen erfüllten: Sie sollten die innerparteiliche Macht hinter ihrem Vorsitzenden sammeln, nach außen wirken und dabei Strauß vor allzu scharfen Angriffen aus den Medien bewahren[92] – dies alles natürlich bei absoluter Loyalität. Strauß vertraute immer wieder auf diese Machtabsicherer. So wurde der Posten des Generalsekretärs in der CSU wie in keiner anderen Partei unter Strauß zur Kaderschmiede.

Als Strauß 1962 wegen der Spiegel-Affäre als Verteidigungsminister zurücktreten musste, hatte er nur scheinbar mehr Zeit für die innerbayerischen

---

[88] Vgl. Kielmannsegg, Peter Graf: Nach der Katastrophe: Eine Geschichte des geteilten Deutschlands, Berlin 2000, S. 299.

[89] Vgl. Bickerich (Anm. 81), S. 118.

[90] Vgl. Kuby (Anm. 83), S. 46: „Man kann diesen partiellen Mangel an Menschenkenntnis die spezifische Dummheit von Strauß nennen, die gleich einem Meer die Insel seiner ungewöhnlichen Intelligenz umgibt."

[91] Vgl. Walter, Franz / Dürr, Tobias: Die Heimatlosigkeit der Macht. Wie die Politik in Deutschland ihren Boden verlor, Berlin 2000, S. 171.

[92] Hierin ähnelte er seinem Ziehvater Josef Müller. Vgl. Siebenmorgen, Peter: Franz Josef Strauß und die verborgene Prägekraft des Josef Müller, in: Hanns-Seidel-Stiftung (Anm. 8), S. 167-179, hier S. 169 ff.

Belange der CSU. Er wollte zunächst als Parteivorsitzender bestätigt werden und tat, was noch jedem angeschlagenen CSU-Vorsitzenden helfen sollte: Er tingelte, obgleich ihm das nach seinen Bonner Jahren wenig Freude bereitete, durch Bezirks- und Kreisverbände und warb mit Erfolg um Unterstützung.[93] Alsbald konnte der Parteivorsitzende wieder mit der Partei im Rücken an seiner Rückkehr ins Bundeskabinett stricken. Den CSU-Parteivorsitz betrachtete er dabei lediglich als „vorletzte Sprosse auf der Leiter, die ins Kanzleramt führt"[94].

Das organisationspolitische Gewicht der CSU zählte dennoch für Strauß weit weniger als für Seidel. Strauß war kein Verwaltungsjurist, auch organisatorische Einzelfragen interessierten ihn nicht. Es gelang ihm jedoch, zu einer „Führerpersönlichkeit"[95] zu werden, die auch in Bayern selbst enorme Unterstützung erfuhr – und das, obwohl er für viele bis zur Übernahme des Ministerpräsidentenposten 1978 in Bayern gewissermaßen ein Außenseiter blieb.[96] Als 1962 ein neuer Ministerpräsident gesucht wurde, versuchte er nicht, seinen Hut in den Ring zu werfen.[97] Mit Alfons Goppel bekam er einen Mann an seine Seite, der seine Macht nicht beschnitt.[98] Denn Strauß blieb „Teilzeit-Landespolitiker"[99]. Er wollte zurück in die Bundespolitik, wusste aber, dass er nach der Spiegel-Affäre nicht wieder in sein angestammtes Politikfeld – die Verteidigungs-, Außen- und Sicherheitspolitik – würde zurückkehren können. Deshalb verlagerte er seine Bemühungen. Unter Hanns Seidel hatte er gelernt, wie wichtig die Kompetenz in wirtschaftlichen Fragen sein konnte. Also begann Strauß in aller Stille, an der Universität Innsbruck Seminare in Volkswirtschaft zu belegen.[100] Dabei kamen ihm seine rasche Auffassungsgabe zugute und seine Fähigkeit, sich schnell in neue Zusammenhänge einarbeiten zu können. Er verschlang wirtschaftstheoretische Bücher, um sich ein neues Politikfeld zu erschließen, in dem er reüssieren konnte.

Nach kurzer Schonzeit war er wieder in Bonn präsent und betrieb beharrlich Ludwig Erhards Kanzlersturz, wohl wissend, dass seine Chancen wieder stiegen, einem neuen Kabinett unter Unionsführung anzugehören.[101] 1966 hatten Strauß'

---

[93] Vgl. Luchsinger, Fred: Bericht über Bonn. Deutsche Politik 1955-1965, Zürich/Stuttgart 1966, S. 162.

[94] Löwenstern, Otto: Von Schongau nach Bonn, in: Kuby, Erich: Franz Josef Strauß. Ein Typus unserer Zeit, Wien/München/Basel 1963, S. 93-121, hier S. 119.

[95] Mintzel (Anm. 1), S. 466.

[96] Vgl. Krieger, Wolfgang: Franz Josef Strauß: der barocke Demokrat aus Bayern, Göttingen 1995, S. 92.

[97] Vgl. Schwarz (Anm. 62), S. 266.

[98] Vgl. dazu Friemberger, Claudia: Alfons Goppel. Vom Kommunalpolitiker zum Bayerischen Ministerpräsidenten, München 2001, S. 193 ff.

[99] Krieger (Anm. 96), S. 91.

[100] Vgl. Zundel (Anm. 76), S. 92.

[101] Vgl. Schlemmer (Anm. 16), S. 394; Bickerich (Anm. 81), S. 214; Benz (Anm. 79), S. 108.

Bemühungen Erfolg: Er wurde Finanzminister in der Großen Koalition – vielleicht seine politisch bedeutsamste Zeit in der Exekutive. Mit dem SPD-Wirtschaftsminister Karl Schiller bildete Strauß zunächst ein hervorragendes Gespann. Schon bald waren die beiden als „Plisch und Plum" in den deutschen Medien bekannt. Strauß' Ehrgeiz trachtete danach, besser zu sein als der Wirtschaftsprofessor. Doch wie so oft sollte Strauß auch Schiller in entscheidenden Fragen unterlegen sein.[102] Die Große Koalition bildete vielleicht so etwas wie den „Scheitelpunkt" seiner Bonner Karriere: Hier konnte Strauß weiter bayerische Interessen in der Industrie- und Energiepolitik vertreten und darüber hinaus um Spenden für die CSU werben.[103] Seine Interessenpolitik blieb bis zu seinem Ende eine Erfolgsbedingung seiner Arbeit.[104] Er holte „von all dem, was gut und modern ist in Industrie und Technik, möglichst viel nach Bayern".[105]

In dieser Phase, die bis zum Verlust der Regierungsmacht in Bonn 1969 andauern sollte, schritt der Organisationsaufbau in Bayern voran, wurde die CSU zur Mehrheitspartei. Strauß' Amtsführung war unangefochten.[106] Die Mitgliederzahlen kletterten nach oben, die finanzielle Ausstattung der Partei war gut. In Bayern begann es sich auch aus Karrieregründen auszuzahlen, Mitglied der CSU zu werden. Strauß wurde stets mit enormer Zustimmung als Parteivorsitzender wiedergewählt. Seine Partei war endgültig zur Volkspartei gereift, erzielte auch bei Arbeitern und Angestellten überdurchschnittliche Wahlergebnisse. Und Strauß tat gut daran, sich nicht zu sehr in die bayerische Landespolitik einzumischen. Hier hätte er in Konflikte um Einzelfragen geraten können – vor allem mit der Fraktion, die das zentrale Machtzentrum innerhalb der CSU blieb. Regionalpolitische Fragen überließ er lieber Ministerpräsident Alfons Goppel.

Strauß steuerte die Partei hingegen von Bonn aus. Hier agierte er herrisch, manövrierte Konkurrenten aus. Seine Führung war autoritär, er duldete nur selten Widerspruch. Doch bezeichnenderweise fand dies Anklang – auch bei den unteren Verbänden der CSU. Die autoritär sozialisierte Generation sehnte sich offenbar nach straffer Führung.[107] Währenddessen blieb Strauß seiner Linie treu und versuchte, harte Interessenpolitik für den Freistaat zu betreiben. Doch nach dem Verlust der Bonner Regierungsmacht 1969 besaß Strauß keine institutionellen Möglichkeiten mehr. Die Annahme, schnell an die Regierung zurückzukeh-

---

[102] Vgl. Bickerich (Anm. 81), S. 225; Baring (Anm. 5), S. 144 ff.

[103] Vgl. Mintzel (Anm. 3), S. 259 und S. 249 ff.; Schlemmer (Anm. 16), S. 472; Bickerich (Anm. 81), S. 84.

[104] Vgl. Krieger, Wolfgang: Franz Josef Strauß und die zweite Epoche in der Geschichte der CSU, in: Hanns-Seidel-Stiftung (Hg.): Geschichte einer Volkspartei. 50 Jahre CSU 1945-1995, Grünwald 1995, S. 163-193, hier S. 171.

[105] Zundel (Anm. 76), S. 93.

[106] Vgl. Baer (Anm. 62), S. 229.

[107] Vgl. Kuby (Anm. 83), S. 38.

ren, wie es auch große Teile der CSU für möglich hielten, stellte sich als Trug-schluss heraus. Willy Brandt gewann 1972 die Bundestagswahlen und Strauß war bewusst, dass er 1976 als Kanzlerkandidat antreten musste, wollte er noch eine realistische Chance auf den Kanzlerthron haben, da er dann bereits 61 Jahre alt sein würde. Also versuchte Strauß, seine Parteiführung darauf auszurichten. Ihm war klar, dass er auf jeden Fall die Rückendeckung der gesamten CSU brau-chen würde, wollte er im Kampf gegen die Unionsschwester erfolgreich sein. Dazu spannte er innerhalb der CSU ein Netz von personellen Kontakten, das ihm jederzeit die Kontrolle über die Partei gestattete.

Seit Gründung der CSU hatten die zehn Bezirksverbände in der Partei eine besondere Rolle gespielt. Allein der Bezirksverband Oberbayern stellte auf den Parteitagen fast ein Viertel der Mitglieder. Strauß gelang es, dort Max Streibl als Vorsitzenden zu inthronisieren – einen Vertrauten, mit dem Strauß' Schwester zur Schule gegangen war.[108] Streibl war Strauß zuvor als enger Parteifreund ans Herz gewachsen, da dieser als Generalsekretär die Partei genau in seinem Sinne geführt hatte – loyal auf den Vorsitzenden ausgerichtet. Mit dem „Gewinn" des mächtigsten CSU-Bezirksverbandes eroberte Strauß einen Teil der CSU, der ihm vorher eher ablehnend gegenüber gestanden hatte.[109]

In den Bezirken setzte in den frühen 70er-Jahren ein Generationswechsel ein. Die in der BVP sozialisierten alten Eliten schieden langsam aus der Politik aus. Dafür rückte eine ganze Kohorte von knapp über 40-Jährigen in Führungs-positionen auf, die meist auch gleich mit einem Posten im bayerischen Kabinett belohnt wurden, etwa August Lang in der Oberpfalz oder Alfred Dick in Nieder-bayern. Auch in anderen Bezirken gelangte eine Generation an die Spitze, die ihren Aufstieg Strauß verdankte und mit kommunalen oder Bundesämtern be-traut wurde, so etwa Paul Röhner in Oberfranken, der den Verband von 1976 bis 1989 führte, oder Oscar Schneider, der von 1977 bis 1991 an der Spitze des Bezirksverbandes Nürnberg-Fürth stand. Sie alle waren zumeist politische und soziale Aufsteiger wie Strauß selbst. Und alle verbanden ihre Karriere mit der des Parteivorsitzenden. Kritik an ihm ließen sie nicht zu. So sicherte Strauß seine Macht in Bayern. Das zeigte sich exemplarisch an der Klage des Landes vor dem Bundesverfassungsgericht, als Strauß die Ostverträge der sozial-liberalen Koali-tion auf dem juristischen Wege zu Fall bringen wollte. Ministerpräsident Goppel sträubte sich gegen diesen Gang, den nur das Land initiieren konnte. Doch letzt-lich setzte sich Strauß durch – auch dank seiner Verbindungen in der CSU und im bayerischen Kabinett.[110]

---

[108] Vgl. Bickerich (Anm. 81), S. 291.
[109] Vgl. Wolf (Anm. 25), S. 52.
[110] Vgl. Mintzel (Anm. 77), S. 109.

Doch eines konnten ihm seine „Parteispezln" nicht bescheren: die Kanzler-kandidatur. Dazu blieb die Partei zu bayerisch, die Verbindungen auf Bundes-ebene und in die CDU hinein waren zu wenig ausgeprägt. Strauß' rhetorische Ausfälle gegen die CDU-Führung schienen häufig wie der Zorn eines Ohnmäch-tigen. CDU-Generalsekretär Kurt Biedenkopf verkündete ohne Rücksprache mit der CSU, dass Helmut Kohl 1976 kandidieren würde. Die CSU schien machtlos und Strauß musste mit ansehen, wie der von ihm verachtete Kohl beinahe ins Kanzleramt einzog.

Das sollte Strauß nicht noch einmal passieren. Er wollte die Kandidatur und begann mehr und mehr, die gesamte CSU dafür zu instrumentalisieren. Dabei stieß der Parteivorsitzende aber hin und wieder an Grenzen. Strauß' System beruhte wesentlich auf der Verteilung von Posten und Pfründen an Vertraute. In dieser Beziehung war er Helmut Kohl nicht unähnlich. Doch als Strauß dann nach der Bundestagswahl den Trennungsbeschluss der beiden Unions-Fraktionen im Bundestag bekannt gab, brachte er große Teile seiner Partei gegen sich auf. Die Mandatsträger in Bayern fürchteten den Einmarsch der CDU in Bayern und bangten um ihre Ämter. Ihren Protest konnten auch die Bezirksvorsitzenden nicht unterbinden.[111] Strauß merkte, dass er sich verrannt hatte und wechselte die Strategie: Er hatte erkannt, dass seine Chancen, den Sprung ins Kanzleramt zu wagen, von München aus steigen würden. Doch dort saß Alfons Goppel in der Staatskanzlei – und der wollte auch 1978 noch einmal als Spitzenkandidat zur Landtagswahl antreten. Doch mit Hilfe von Drohungen, Ränkespielen, der Un-terstützung der Parteiorganisation und besonders der Bezirksvorsitzenden gelang es Strauß, sich selbst als Kandidaten durchzusetzen. Die unteren Verbände er-hofften sich von Strauß' Kandidatur noch bessere Wahlergebnisse im Freistaat. Strauß wusste, was er den Bezirken zu verdanken hatte, und nahm bis zu seinem Tod auch in Einzelfällen immer wieder Rücksicht auf deren Interessen.[112] Strauß wurde 1978 Ministerpräsident, holte sich mit Edmund Stoiber wiederum einen agilen, ehrgeizigen und jungen Generalsekretär an seine Seite, der ihm den Sprung ins Kanzleramt erleichtern sollte. So konnte Strauß sich zwar als Kanz-lerkandidat durchsetzen, doch zum Sieg bei der Bundestagswahl 1980 reichte es nicht. Stoiber und Strauß blieben in München. Nach dieser Niederlage begann die letzte Phase der Ära Strauß.

Immer noch unumstritten in der CSU, weiterhin abgesichert durch sein par-teiinternes Netzwerk, ließ Strauß' Führungskraft jetzt dennoch spürbar nach. Er wirkte wie ein unglücklicher Verlierer und traf Entscheidungen, die an der Basis auf immer weniger Zustimmung stießen. So war der Milliarden-Kredit an die

---

[111] Vgl. Jäger, Wolfgang / Link, Werner: Republik im Wandel 1974-1982. Die Ära Schmidt. Ge-schichte der Bundesrepublik Deutschland, Bd. 5/II, Stuttgart 1987, S. 70.
[112] Vgl. Krieger (Anm. 96), S. 92.

DDR großen Teilen der CSU-Basis nicht zu vermitteln. In Bayern gründete sich eine neue Partei. Die Republikaner wurden in der Spätphase der Ära Strauß immer bedeutender. Die Adaption neuer politischer Themen hatte in der CSU bis dato stets gut funktioniert. So hatte es die Partei verstanden, die BP aus dem Parteienwettbewerb zu verbannen, der BHE war in dem Vertriebenenland Bayern ebenfalls schnell keine bedeutende politische Größe mehr. Und durch die frühzeitige Schaffung eines Umweltministeriums und die Behandlung des Naturschutzgedankens im konservativen Sinne kamen die Grünen im Freistaat bis 1986 nicht ins Parlament.

Doch in den 80er-Jahren war die Partei wie ihr Vorsitzender nicht mehr in der Lage, entschieden gegen neue Gegner vorzugehen. Auch Strauß' letzte personelle Waffe, der politische Aufsteiger Peter Gauweiler, konnte mit seinem erzkonservativen Vokabular die Republikaner nicht klein reden. Aber obwohl zu befürchten war, dass die Rechtspartei bei den Landtagswahlen 1990 in den Landtag einziehen würde, unternahm Strauß wenig dagegen und machte es sich in München bequem: Er ließ eine neue Staatskanzlei bauen, ging auf die Jagd – ja, pflegte einen fürstlichen Regierungsstil, ohne sich weiter um die Niederungen der bayerischen Alltagspolitik zu kümmern. Er blieb seinem Politikstil treu, boxte etwa den Bau der Wiederaufbereitungsanlage in Wackersdorf durch, ohne zu spüren, dass dies auch gegen die Interessen nicht weniger CSU-Wählergruppen verstieß. Das alles trug dazu bei, dass die Basis Strauß' eigenwillige politische Vorstöße nicht mehr kritiklos hinnahm. Strauß hatte die unteren Parteigliederungen vernachlässigt, er herrschte wie ein Patriarch. Die alltäglichen Regierungsgeschäfte besorgte Edmund Stoiber, der als Leiter der bayerischen Staatskanzlei wie ein „geschäftsführender Ministerpräsident" agierte. Als der flugbegeisterte Landesvater Strauß 1988 eine Befreiung der Privatflieger von der Flugbenzinsteuer erwirken wollte, musste sein neuer Generalsekretär Erwin Huber alle Register ziehen, um die Basis zu beruhigen. Strauß' politischer Instinkt hatte versagt.[113]

In den Bierzelten konnte der Parteiführer weiter reüssieren. Seine derbe Rhetorik war immer noch beliebt, für schmaler ausfallende Wahltriumphe in einem christlich geprägten und von der CSU in Staat und Gesellschaft dominierten Land reichte das. Doch die wie Feldgottesdienste ausgerichteten Parteitage[114] konnten nicht darüber hinweg täuschen, dass die CSU-Basis ebenso wie große Teile der Parteieliten mit Strauß alt geworden war. Eine junge ehrgeizige Garde, die versucht hätte, den amtsmüden Parteichef aus dem Amt zu kegeln, gab es in der CSU zwar nicht. Doch Strauß war der Letzte der Gründer- und Frontsoldatengeneration, der noch ein veritables Amt besaß. Auf wichtigen Posten saßen

---

[113] Vgl. Grunenberg, Nina: Der letzte Olympier, in: Heinrichs (Anm. 81), S. 146-154, hier S. 147.
[114] Vgl. dazu schon Mintzel (Anm. 3), S. 125; Zundel (Anm. 76), S. 97.

jetzt Vertreter der Flakhelfer- und Nachkriegsgeneration. Strauß begann anachronistisch zu wirken.[115] Sein plötzlicher Tod im Oktober 1988 ersparte ihm
womöglich größere innerparteiliche Machtkämpfe.

Strauß hielt sich aus mehreren Gründen an der Macht. Die Grundsteine seines Erfolges legte er zu Beginn seiner Amtszeit: Nach der Spiegel-Affäre war
Strauß vorübergehend politisch angeschlagen, deshalb sammelte er an der Basis
Stimmen für seinen Erfolg. Dabei agierte Strauß nicht aufbrausend und tempe-
ramentvoll wie später im Bundestag, sondern pflegte die Parteiseele. Lang währte dieses bundespolitische Engagement nicht, aber es sicherte ihm die Unterstützung der Landesgruppe. Deshalb und weil Landtagsfraktion und -kabinett nicht
aufbegehrten, konnte Strauß sich wieder auf die Bundespolitik konzentrieren,
während der unter Seidel begonnene Parteiaufbau von Strauß' Vertrauten fortge-
setzt wurde. Hinzu kamen die weiter ansteigenden Wahlergebnisse bei den Landtagswahlen, die bis in die 70er-Jahre hinein kaum Kritik am Führungsstil des
Parteivorsitzenden zuließen. Viele Menschen in Bayern erkannten, dass ein Engagement in der CSU auch berufliche Vorteile bringen konnte. Und auch Strauß'
Interessenpolitik für Bayern zeigte Erfolge. Die bayerische Gesellschaft modernisierte sich, immer mehr Betriebe siedelten sich im Freistaat an. Das führte zu
mehr Arbeitsplätzen, höheren Steuereinnahmen und nicht zuletzt zu steigendem
Selbstbewusstsein. Doch Strauß war nicht nur moderner Technokrat. Durch
seinen Charakter und sein Auftreten symbolisierte er die bayerische Lebensart
und -kultur wie kein zweiter CSU-Vorsitzender. Damit integrierte er manchen,
der daher vielleicht auch den ein oder anderen politischen Ausfall des Parteivorsitzenden entschuldigte.

Strauß sicherte seine Macht, indem er eine besondere Führungstechnik an-
wandte. Er etablierte ein Personennetzwerk in der Partei, das ihn bedingungslos
unterstützte. Auf der einen Seite waren dies die Bezirksvorsitzenden, auf der
anderen Seite seine jungen Generalsekretäre, die für ihn ein Frühwarnsystem
bildeten. Das System Strauß hielt bis zu dessen Tod, auch wenn es gegen Ende
langsam zu erodieren begann.

Einer gegen alle? Theo Waigel

Strauß' plötzlicher Tod schwächte die Partei, die es sich im Schatten des Patriarchen so gemütlich eingerichtet hatte. Denn Strauß hatte keinen adäquaten Kron-
prinzen aufgebaut, stattdessen tummelten sich gleich eine Reihe von potentiellen
Nachfolgern in der Münchner und Bonner CSU. In der Bundeshauptstadt hatte

---

[115] Vgl. Kunze, Sven: Wir haben ihn benutzt, ausgenutzt und vorgeführt, in: Heinrichs (Anm. 81), S.
38-45, hier S. 45.

sich Theo Waigel als Landesgruppenvorsitzender einen Namen als Vermittler zwischen den Straußschen Vorstößen und den Interessen von FDP und CDU gemacht. In München gab es gleich zwei Anwärter auf den Ministerpräsidenten-posten: den langjährigen Generalsekretär und Fraktionsvorsitzenden Gerold Tandler und Finanzminister Max Streibl. Alle drei hatten ihre Karriere Franz Josef Strauß zu verdanken, waren mit ihm in der CSU aufgestiegen. In der zweiten Reihe hofften zudem Politiker wie Peter Gauweiler, Friedrich Zimmermann und Edmund Stoiber auf ihre Chance. Doch die von vielen befürchteten Diadochen-Kämpfe in der Post-Strauß-CSU blieben aus.[116] Denn Tandler verzichtete schnell auf den Posten des Ministerpräsidenten, den Streibl übernahm.[117] Neuer Parteivorsitzender wurde Waigel.

Der 1939 geborene Waigel war ein Aufsteiger, wie alle seine Vorgänger. Er stammte aus dem schwäbischen Oberrohr, wurde auf einem Bauernhof groß. Die Familie war arm – was der Hof abwarf, reichte kaum für den Lebensunterhalt.[118] Ähnlich wie bei Strauß mussten auch Waigels Eltern erst von einem Geistlichen überzeugt werden, ihren Sohn aufs Gymnasium zu schicken. Sein älterer Bruder war im Krieg gefallen, Theo Waigel früh auf sich allein gestellt. Er hatte es ein wenig einfacher als der junge Strauß, nicht nur, weil ihm der Kriegsdienst erspart blieb. Waigel profitierte auch vom prosperierenden bayerischen Staat. Nach seinem Jurastudium ging der Schwabe in die Verwaltung, war kurz bei der Staatsanwaltschaft tätig, wurde 1970 persönlicher Referent des damaligen Finanzstaatssekretärs Anton Jaumann. Zwei Jahre später zog er über die Landesliste in den Bundestag ein, vier Jahre später gewann er seinen Wahlkreis direkt.

Waigel war Berufspolitiker. Anders als seine Vorgänger im Parteivorsitz wurde er direkt und früh durch die Partei sozialisiert. Waigel stieg in die Politik ein, als sich die CSU zur Mehrheitspartei entwickelte. Es gab vielfältige Aufstiegsmöglichkeiten, die Organisation boomte, und mit ihr reüssierte Waigel. 1960 trat er in die CSU ein, vorher hatte er sich schon drei Jahre in der Jungen Union engagiert. In der JU wurde er zunächst Bezirksvorsitzender in Schwaben, bis 1975 arbeitete er acht Jahre als Landesvorsitzender am weiteren Aufbau der Jugendorganisation. Durch seine Wurzeln in der Jugend- und Kommunalpolitik unterschied er sich von den früheren CSU-Vorsitzenden. Er blieb Mitglied im Kreistag von Krumbach, auch als er beruflich bereits in München zu tun hatte. Waigel kannte die Politik an der Basis.

---

[116] Mintzel, Alf: Bayern und die CSU, in: Hanns-Seidel-Stiftung (Anm. 104), S. 195-252, hier, S. 247 ff.

[117] Vgl. Roller, Walter: Ein Dritter hilft den Zweikampf verhindern, in: Augsburger Allgemeine, 17.10.1988.

[118] Vgl. Krause-Burger, Sibylle: Wer uns jetzt regiert. Die Bonner Szene nach der Wende, Stuttgart 1984, S. 179 f.

Doch in seiner Zeit als Vorsitzender der Jungen Union widmete er sich auch den programmatischen Leitlinien. „Um die CSU von dem Vorwurf zu befreien, sie sei grundsatzlos und theoriefeindlich"[119], beteiligte sich der Landesausschuss der Jungen Union besonders intensiv an der Grundsatzdiskussion. Waigel übernahm 1973 selbst den Vorsitz der Grundsatzkommission der Partei und behielt diesen Posten bis zum Tod von Strauß 1988. Programmarbeit war nicht leicht – schon gar nicht in der CSU unter Strauß, den Programme kaum interessierten, der aber wusste, dass dies viele in der CSU anders sahen. Waigel war Strauß in der Jungen Union als emsiger Arbeiter aufgefallen, und er ließ ihn gewähren. Der Schwabe kam durch die Parteiarbeit viel herum, reiste in die einzelnen Bezirke und Ortsvereine, nahm die Stimmung der Basis wahr. Durch seine kommunalpolitische Tätigkeit besaß er Kredit bei den unteren Parteieliten, sprach er doch ihre Sprache. So arbeitete Waigel am neuen Parteiprogramm, das allerdings am Ende – wie so häufig bei Programmen – kaum beachtet wurde.

Waigel wurde davon geleitet, dass er, wie viele andere Bayern, aus einer ländlichen Region stammte und durch die katholische Jugend geprägt war.[120] Sein Weltbild blieb dennoch liberal, hier war er sich mit Strauß einig. Waigel war stets um Ausgleich bemüht, ein klassischer Vermittler und Moderator verschiedener Interessen und Ideen. Er fiel nie besonders auf, war zwar ehrgeizig und beharrlich, stieß aber nicht in die lauten politischen Fanfaren wie Strauß, Stoiber oder Friedrich Zimmermann. Gemäß seinem Charakter war Waigel ein kompromissfähiger Pragmatiker. Das zeigte sich besonders, als er nach der Wende in Bonn 1982 als Nachfolger von Zimmermann Landesgruppenvorsitzender wurde. Er tarierte Strauß' Kapriolen immer wieder aus, vermittelte im Regierungsprozess.[121] Damit wurde er zum engen Partner Helmut Kohls[122] und in den Augen vieler CSU-Mitglieder zu *dem* Vertreter der CSU in Bonn. Relativ geräuschlos führte er die Landesgruppe, versuchte bewusst bayerische Interessen zu vertreten – ganz so, wie er es bei Strauß gelernt hatte.

Als er Parteivorsitzender wurde, ging für Waigel ein Traum in Erfüllung. Er setzte sogleich sein gesamtes politisches Gewicht ein, um die Machtstellung der CSU in Bonn wieder auszubauen – der junge Strauß war nach der Übernahme des Parteivorsitzes nicht anders verfahren. Und auch in Bayern versuchte Waigel zunächst zu integrieren und Wählergruppen anzusprechen, die Strauß zuletzt nicht mehr erreicht hatte. Zudem wollte er die verschiedenen Parteigenerationen miteinander versöhnen, engagierte sich für die Junge Union ebenso wie für den

---

[119] Junge Union Bayern (Hg.): 50 Jahre Junge Union Bayern. Zukunft einer Volkspartei, München 1997, S. 76.
[120] Vgl. Krause-Burger (Anm. 118), S. 180.
[121] Vgl. Engelfried, Friedolin: Der „Kronprinz" nun am Chef-Stuhl, in: Augsburger Allgemeine, 04.10.1988.
[122] Vgl. Bösch, Frank: Macht und Machtverlust. Die Geschichte der CDU, Stuttgart 2002, S. 138.

in der Partei wegen seiner schlechten Wahlkreisarbeit in der Kritik stehenden Zimmermann.[123] Doch als Waigel 1989 Finanzminister im Kabinett Kohl wurde, begannen die Probleme.

Im Unterschied zu Strauß stellte für Waigel das Amt des Finanzministers eine diffizile Herausforderung dar, denn seine Aufgabe war nun, die deutsche Einheit zu finanzieren, die große Teile der CSU politisch gewollt hatten. Unter dem täglich wachsenden bundesdeutschen Schuldenberg litt nicht nur Waigels Bild in der Öffentlichkeit[124], er hatte auch für die explizite Unterstützung Bayerns kein Geld. Und auch wenn er versuchte, regional zu argumentieren und das bayerische Sonderbewusstsein herauszustreichen, fehlte ihm Strauß' rhetorisches Geschick. Dennoch mochten ihn nicht wenige CSU-Mitglieder: Waigel war sympathisch, freundlich, stets jovial und um Ausgleich bemüht. In Bayern beruhigten sich diejenigen, die nach Strauß' Tod den Absturz der Partei befürchtet hatten. Auch große Teile der Landtagsfraktion vertrauten dem Schwaben.[125] Zudem versuchte Waigel, wie Strauß einen Generalsekretär zu installieren, auf den er sich verlassen konnte. Erwin Huber war noch in den letzten Monaten vor seinem Tod von Strauß als Nachfolger von Gerold Tandler zum Generalsekretär berufen worden. Ihm konnte Waigel vertrauen, auch wenn Huber innerparteilich nicht so wirkungsvoll wurde, als dass er dem Parteivorsitzenden als innerparteiliches Frühwarnsystem hätte dienen können.[126] So blieben die Republikaner immer noch eine konkurrierende Größe im Freistaat, allerdings hielt sich die CSU in den Umfragen wacker. Ministerpräsident Streibl setzte zu Beginn einige prestigeträchtige Projekte durch, die Strauß zu lange vernachlässigt hatte.[127] Sonst führte er sein Kabinett ähnlich wie Strauß in seinen letzten Jahren. In dieser Zeit war das genau das richtige Rezept: Die unaufgeregte Führung Streibls kombinierte sich in den ersten Jahren füglich mit dem emsigen Arbeitsstil Theo Waigels in Bonn.

Das neue CSU-Führungsduo hatte 1990 allen Zweiflern gezeigt, dass die Partei auch ohne den großen Strauß die absolute Mehrheit in Bayern verteidigen konnte. Doch die Parteispitze hatte kein Konzept, wie es danach weiter gehen sollte. Streibl zog sich in seine Staatskanzlei zurück, seine Politik war kaum

---

[123] Vgl. Schmalz, Peter: Beim Gedanken an die Partei wird Waigel frohgemut, in: Die Welt, 11.10.1989.

[124] Vgl. Leinemann (Anm. 57), S. 224.

[125] Vgl. Roller, Walter: das Scherbengericht fand nicht statt, in: Augsburger Allgemeine, 01.03.1991.

[126] Vgl. Arens, Roman: CSU hat vom Nase-Vorn-Spiel die Nase voll, in: Frankfurter Rundschau, 24.10.1989.

[127] Etwa trennte er sich von der Idee, in Wackersdorf eine atomare Wiederaufbereitungsanlage bauen zu lassen, was ihm Zustimmung bringen sollte. Vgl. Schultze, Rainer-Olaf: Die bayerische Landtagswahl vom 14. Oktober 1990: Bayerische Besonderheiten und bundesrepublikanische Normalität, in: Zeitschrift für Parlamentsfragen 22 (1991) 1, S. 40-58, hier S. 48.

noch wahrnehmbar.[128] Erste Gerüchte besagten, dass der Ministerpräsident wegen übermäßigen Alkoholgenusses gesundheitlich nicht mehr in der Lage sei, die Geschäfte zu führen.[129] Waigel konnte dieses Machtvakuum nicht zu seinen Gunsten nutzen. Die bayerische Linie der CSU, die die Lebensader der Partei war, trocknete immer mehr aus, weil Streibl in Lethargie versank. Doch der Strauß-Adlatus hielt sich noch bis zum Frühjahr 1993 im Amt.

Theo Waigel war die meiste Zeit in Bonn. Immer mehr rieb ihn die Arbeit als Finanzminister auf. Nach Bayern kam er nur noch für besonders wichtige Termine, was schon bald von der CSU kritisiert wurde.[130] Die Parteiorganisation war unattraktiv geworden, viele Mitarbeiter verließen das Franz-Josef-Strauß-Haus.[131] Langsam begann der Parteivorsitzende, das Gespür für die Interessen der Basis zu verlieren. Immerhin nahm er wahr, dass die Bayern im wiedervereinigten Deutschland um ihren bundespolitischen Einfluss fürchteten. Tatsächlich war die CSU nach der Bundestagswahl vom Dezember 1990 theoretisch für die Bildung einer schwarz-gelben Regierung nicht mehr nötig, da sich das Bundesgebiet und damit die Bedeutung der CDU-Landesverbände vergrößert hatten. Waigel und sein Generalsekretär Erwin Huber entwickelten ihre eigene Antwort darauf: die Deutsche Soziale Union (DSU).

Die beiden dachten global, wollten die Erfolgsmarke CSU auch über die bayerischen Grenzen hinaus exportieren. Dazu suchten sie in der ehemaligen DDR einen Partner und wurden in der Partei des ehemaligen Pfarrers Hans-Wilhelm Ebeling fündig. Die DSU war nach den Volkskammerwahlen zunächst an der letzten DDR-Regierung beteiligt und schien tatsächlich in Ostdeutschland ein konservativer Gegenpol zur CDU werden zu können. Waigels und Hubers Plan, mit der DSU den gesunkenen Einfluss in einem vereinten Deutschland wiederherstellen zu können, stieß dabei zunächst durchaus auf Gegenliebe bei der Basis. Gerade in den Grenzregionen Bayerns unterstützen viele CSU-Mitglieder die neuen Parteifreunde in der DDR. In Sachsen und Thüringen hatten sich Verbände gebildet, die den Namen „CSU" trugen, die von der DSU-Zentrale nicht anerkannt wurden. Doch schon bei der Bundestagswahl im Dezember 1990 ließ die Begeisterung der bayerischen CSU-Basis für den neuen Partner spürbar nach. Waigel allerdings hielt an der Partnerschaft loyal fest, stand zu seinem Wort, der neuen Organisation beim Aufbau zu helfen. Doch die DSU-Spitze zerstritt sich. Bis 1993 unterstützte die CSU die DSU weiter, dabei flossen beträchtliche Summen in den Osten, die der CSU aber nur wenig ein-

---

[128] Vgl. Roller, Walter: Von Kurskorrektur keine Spur, in: Augsburger Allgemeine, 13.12.1990.

[129] Vgl. Burger, Hannes: Blaue Fahne über München oder Wer folgt Streibl?, in: Die Welt, 11.02.1991; o.V.: Hilfloses Herumirren, in: Der Spiegel, 22.07.1991.

[130] Vgl. Leersch, Hans-Jürgen: Kritik aus CSU: Waigel soll klare Regelungen schaffen, in: Münchener Merkur, 09.05.1990.

[131] Vgl. Schäfer, Martin: Die Mutter aller Schlammschlachten?, in: Abendzeitung, 08.03.1991.

brachten: An der Basis stieß dies auf Verärgerung. Die Mitglieder wollten sich wieder auf ihr Bundesland konzentrieren, anstatt sich mit einer Partei zu beschäftigen, die ihnen stets fremd geblieben war.

Auch die Bonner Riege gab zu dieser Zeit kein gutes Bild ab. Die CSU-Minister konnten kaum bayerische Interessen vertreten, in dieser Phase dominierte die CDU eindeutig die bayerische Schwester.[132] Waigel konnte und wollte sich nicht dagegen wehren. Ihm fehlte die Kaltschnäuzigkeit und Brutalität seines Vorgängers, der auch in Bonn immer wieder die Sonderrolle der CSU betont, dazu Forderungen nach mehr Einfluss oder der Kanzlerkandidatur gestellt hatte.[133] Dies hatte zwar meist nicht zum Erfolg geführt, demonstrierte für Mitglieder und Wähler in Bayern aber, dass die CSU eine echte bayerische Interessenvertretung war. Waigel indes war darauf bedacht, pragmatisch Politik zu machen – und das ging nur im Einklang mit der Union. Bayern beachtete er nicht mehr genügend. Zunächst hielt er sich im Amt, weil es keine personelle Alternative zu ihm gab, doch langsam zeigte sich ein neuer Star am CSU-Himmel: Edmund Stoiber.[134]

Dieser nutzte jenes Mittel, mit dessen Hilfe Waigel in den 70er- und 80er-Jahren stark geworden war und das er nun so sträflich vernachlässigte: Stoiber zog über Land. Als Nachfolger von Waigel war er Vorsitzender der Programmkommission geworden – ein Posten, den Stoiber, seit 1988 bayerischer Innenminister, zunächst gar nicht angestrebt hatte. Doch er nahm diese Aufgabe an und näherte sich zum ersten Mal in seinem Leben der Basis der Partei, für die er schon so lange Politik machte. Dabei erkannte er die Interessen und Nöte der CSU-Mitglieder, artikulierte den Unmut der Basis. Und eben das brachte ihm den nötigen Machtvorsprung, um Waigel jenes Amt streitig zu machen, das seiner politischen Führung vielleicht wieder etwas mehr Stabilität hätte verleihen können.[135] Denn nicht Waigel, sondern Stoiber wurde Nachfolger des amtsmüden Max Streibl, den die CSU-Fraktion im bayerischen Landtag im Frühjahr 1993 vom Thron des Ministerpräsidenten stürzte. Waigel dagegen hatte wohl zu sehr darauf vertraut, dass ihm als CSU-Vorsitzendem dieses Amt zustehen würde.[136] Als er in der Fraktion auftrat, um für seine Kandidatur zu werben, musste der Parteivorsitzende erkennen, dass er gegen Stoiber keine Chance haben würde.[137] Denn dieser besaß vor allem die Rückendeckung der Mehrheit der Kreis-

---

[132] Vgl. Henzler (Anm. 32), S. 116 ff.

[133] Vgl. Leinemann, Jürgen: Gespaltene Gefühle. Politische Porträts aus dem doppelten Deutschland, Konstanz 1995, S. 70 ff.

[134] Vgl. Engelfried, Friedolin: Bewegung in der CSU, in: Augsburger Allgemeine, 25.11.1991.

[135] Vgl. Müller, Kay: Der Machtprogrammatiker. Was der Politikernachwuchs von Edmund Stoiber lernen kann, in: Berliner Republik 4 (2002) 2, S. 11-14.

[136] Vgl. Hilbig, Michael: Stabswechsel voller Überraschungen, in: Der neue Tag, 14.05.1993.

[137] Vgl. Schmieg, Wolfgang: Appell an die CSU-Basis, in: Nürnberger Nachrichten, 15/16.05.1993.

vorsitzenden, die überdurchschnittlich stark in der CSU-Fraktion vertreten waren. Es war der Anfang vom Ende der Ära Waigel. In Stoiber hatte er einen Gegenspieler, keinen Partner mehr. Der Wolfratshausener hatte ein anderes Amtsverständnis als sein Vorgänger. Als Ministerpräsident verfuhr Stoiber von seinem ersten Tag in der Staatskanzlei an nach der Devise „Bayern first". Er wusste, dass er nicht viel Zeit hatte, sich zu bewähren. Die CSU war in Bayern in einen Affären-Strudel verstrickt, das Denkmal Franz Josef Strauß begann zu wackeln. Im Zuge der Amigo-Affäre kristallisierte sich immer deutlicher heraus, dass Strauß doch größeren Anteil an Affären gehabt hatte, als es seine Partei bislang dargestellt hatte. Die CSU wurde unruhig. Die Abgeordneten auf den hinteren Plätzen des bayerischen Landtags fürchteten um ihre Mandate bei der Landtagswahl 1994.[138] Sie forderten jetzt den harten Führungsstil ein, den sie während der fünfjährigen Streibl-Regierung nicht bekommen hatten. Und dafür war Waigel nicht der Richtige.

Der Parteivorsitzende spielte bei der Umstrukturierung der CSU kaum eine Rolle. Er begann zu ahnen, dass er die entscheidende innerparteiliche Niederlage erlitten hatte.[139] Waigel schmollte zunächst in Bonn, versuchte sich in der Folge mit Edmund Stoiber zu arrangieren, die Arbeit zu teilen, wie er es auch mit Max Streibl getan hatte. Doch Stoiber polarisierte wie in seiner Zeit als Generalsekretär unter Strauß.[140] Er wollte den Landtagswahlkampf 1994, der für ihn entscheidende Bedeutung hatte, mit absoluter Mehrheit gewinnen. Dazu war ihm beinahe jedes Mittel recht: Er distanzierte sich von der Ära Strauß und gestand Verfehlungen des früheren Landesvaters ein. Stoiber selbst konnte keine Affäre nachgewiesen werden.[141] Der Ministerpräsident versuchte einen Neuanfang – und hatte Erfolg, auch weil er sich von der Bundesregierung absetzte und explizit bayerische Themen im Wahlkampf ansprach.[142] Helmut Kohl wollte er in Bayern am liebsten überhaupt nicht auftreten lassen. Zu schlecht erschien ihm das Image der Bonner Regierung. Vier Jahre später sollte sich der Abgrenzungskurs gegen die Bundesregierung noch verstärken.

Waigel war Teil dieser Regierung und wehrte sich kaum, obwohl Stoiber auch die Arbeit der Landesgruppe direkt kritisierte.[143] Stoiber gewann die Landtagswahl, konnte den Verlust der absoluten Mehrheit verhindern. Doch Waigel

---

[138] Vgl. schon Roller, Walter: Die Angst der CSU vor 1994, in: Augsburger Allgemeine, 09.11.1992.

[139] Vgl. Krach, Wolfgang: Katastrophe für den Chef, in: Der Stern. 27.05.1993.

[140] Vgl. Jörges, Hans-Ulrich: Theo, fahr nach Bonn, in: Die Woche, 19.05.1993.

[141] Vgl. Finkenzeller, Roswin: Stoiber will seine Weste sauberhalten, in: Frankfurter Allgemeine Zeitung, 09.03.1994; Köpf, Peter: Stoiber. Die Biografie, Hamburg/Wien 2001, S. 186 ff.

[142] Vgl. Stiller, Michael: CSU als Lega Süd, in: Süddeutsche Zeitung, 26.09.1996.

[143] Vgl. Christbaum, Wilhelm: Streit als Pflicht, in: Münchener Merkur, 16.01.1996.

profitierte von diesem Erfolg nicht.[144] Stoiber machte keinen Hehl daraus, dass dies ein Sieg der bayerischen Regierung und der Landtagsfraktion war. Waigel kam gegen den hart führenden Ministerpräsidenten nicht an. Seine Versuche, die Landesgruppe als Machtzentrum auch in der Partei wieder zu stärken, scheiterten. Mit Bernd Protzner brach die Tradition der profunden Nachwuchstalente, die als Generalsekretäre reüssierten.[145] Protzner agierte plump und hilflos gegen die machtpolitisch gut aufgestellte CSU-Fraktion.

Waigel bekam die sich verändernde Partei nicht in den Griff.[146] Stoibers Wahl hatte gezeigt, dass die Kreisvorsitzenden und mit ihnen die Fraktion im bayerischen Landtag an Gewicht gewonnen hatten, während die Bezirke, die unter Strauß noch einen Großteil der bayerischen Politik mitbestimmt hatten, zusehends machtloser wurden. Kurz nachdem Stoiber die Macht in Bayern übernommen hatte, hatte es hier einen Generationswechsel gegeben. 1993 hatte Erwin Huber bereits den seit 23 Jahren amtierenden Bezirksvorsitzenden Alfred Dick beerbt. Michael Glos ersetzte in Unterfranken den seit 1971 wirkenden Albert Meyer. Auch Günther Beckstein war schon Bezirksvorsitzender in Nürnberg/Fürth geworden und hatte von dieser Position aus kräftig Stoibers Wahl unterstützt.[147] Als Letzter wich schließlich der ehemalige Fraktionsvorsitzende im bayerischen Landtag, August Lang. Und auch Max Streibls Zeit als Bezirkschef in Oberbayern war zu Ende. Der CSU-Fraktionschef Alois Glück wurde sein Nachfolger. Damit war die innerparteiliche Herrschaft von Franz Josef Strauß und dessen Anhängern rund sieben Jahre nach Strauß' Tod beendet.

Waigel half das wenig. Er konnte die Partei aus Bonn nicht steuern, da er nicht Strauß' Einfluss besaß. Er hatte kein Netzwerk im Freistaat, das ihm Rückendeckung gegen Angriffe aus der Staatskanzlei geben konnte. Auch zu alten Vertrauten wie etwa Erwin Huber hatte sich Waigels Verhältnis verschlechtert.[148] Die Eliten der CSU spürten sehr genau, wo die Interessen der Partei lagen, und wer der neue starke Mann der CSU war.

Waigel war mit der Strauß-CSU aufgewachsen, sie verändern konnte er offenbar nicht. Alle Versuche, die Parteizentrale zu stärken, um mehr Einfluss in Bayern zu bekommen, scheiterten. Außerdem unternahm Edmund Stoiber nichts, was seinen Parteivorsitzenden vor Angriffen aus den eigenen Reihen hätte schützen können; ja, er schürte sogar noch die Konflikte zwischen Landesgruppe und Landtagsfraktion.[149] Waigel stand für die Bonner CSU, die in der Bundesregie-

---

[144] Vgl. Grunenberg, Nina: „Ihren Wert haben sie nur zu zweit", in: Die Zeit, 28.03.1997.

[145] Vgl. Fahrenholz, Peter: Waigels „General" ist ein unbeschriebenes Blatt, in: Frankfurter Rundschau, 13.12.1994.

[146] Vgl. Stiller, Michael: Protzner auf Stoibers Linie, in: Süddeutsche Zeitung, 15.01.1997.

[147] Vgl. Mauermeyer, Constanze: Basis ruft immer lauter nach Stoiber, in: Donau-Kurier, 17.05.1993.

[148] Vgl. Stiller, Michael: Im Team des Favoriten knirscht es, in: Süddeutsche Zeitung, 13.09.1996.

[149] Vgl. exemplarisch Lambeck, Martin S.: Falsche Propheten, in: Die Welt, 07.12.1996.

rung viele Kompromisse eingehen und die unpopulären Reformmaßnahmen der letzten Kohljahre mittragen musste. Stoibers Landesregierung stand mit der Hightech-Offensive und den vergleichsweise niedrigeren Arbeitslosenzahlen hingegen eindeutig besser da. Stoiber profilierte sich als der „Ministerpräsident des kleinen Mannes"[150].

Waigel konnte sich in der Partei nur noch auf eine „verordnete Loyalität" stützen; er war „als CSU-Vorsitzender ein Auslaufmodell"[151]. Auch die Auftritte vor der CSU-Landtagsfraktion, die jetzt häufiger den Vorsitzenden einbestellte, brachten keine Befreiung. Waigel misstraute den Abgeordneten, die ihn nicht als Ministerpräsidenten gewollt hatten.[152] Und auch in den Orts-, Kreis- und Bezirksverbänden war Waigel nicht präsent, obwohl seine Partei nach ihm rief.[153] Ob die CSU nach Strauß überhaupt aus Bonn führbar gewesen wäre, ist zweifelhaft. Eine Möglichkeit hätte unter Umständen darin bestanden, dem Bundeskabinett fern zu bleiben – und so die eigenständige Rolle der CSU in Bonn noch mehr zu betonen. Doch das hätte den Konflikt mit der CDU auf die Spitze getrieben. Außerdem passten derartige Ausfälle nicht in Waigels Biographie. Er war stets ein moderater Parteiführer, ähnlich wie Hanns Seidel. Am Ende war Waigel vielleicht sogar ein bisschen erleichtert, als er nach der verlorenen Bundestagswahl 1998 zurücktreten konnte. Der Weg war frei für Edmund Stoiber, der jetzt wieder die Führung der CSU bündelte.

Waigel war der Typus des moderierenden Parteiführers. Zunächst besaß er eine Hausmacht, die er sich durch Präsenz an der Basis erworben hatte. Die Programmarbeit hatte ihm Anerkennung und Vertrauen in der CSU gebracht – genauso wie seine Arbeit im Bundestag. Die Landesgruppe war die Machtbasis des neuen CSU-Vorsitzenden. Waigel dachte, dass es genügen würde, hin und wieder auf die Parlamentarier in München zuzugehen und ihnen rational zu erläutern, wie in Bonn Politik gemacht wurde. Doch die CSU-Basis erwartete mehr – gerade als die Partei nach der Wiedervereinigung an Bedeutung zu verlieren drohte. Anders als Strauß hatte es Waigel versäumt, ein Personalnetzwerk zu flechten, das ihn innerparteilich absicherte. Den Kontakt zur Basis konnte Waigel aus der Distanz nicht erneuern. Das kostete ihn den Posten des bayerischen Ministerpräsidenten.

Da Waigel auch in der Folge weder Einfluss auf die Kreisverbände noch auf die Fraktion ausübte, erodierte seine Macht zunehmend. Waigel besaß nicht die Härte, sich gegen einen bedingungslos an die Spitze strebenden Edmund Stoiber

---

[150] Linkenheil, Rolf: Stoiber ist der Mann für das große S bei den Christsozialen, in: Stuttgarter Zeitung, 12.03.1997.

[151] Tuchel, Jürgen: Verordnete Loyalität, in: Nürnberger Nachrichten, 24.11.1997.

[152] Vgl. Fahrenholz, Peter: Schubkraft vom Primus, in: Die Woche, 16.12.1994; Engelfried, Friedolin: CSU: Am Ende der Harmonie, in: Augsburger Allgemeine, 19.06.1997.

[153] Vgl. Burger, Hannes: „Eingreifen und ausmisten", in: Die Welt, 13.07.1995.

durchzusetzen. Anders als Stoiber hatte Waigel seinen Aufstieg in der CSU mit Hilfe der leisen, moderaten Töne bewerkstelligt. Er war zwar ein erfahrener Gremienpolitiker und hatte auch manche Intrige erfolgreich bewältigt. Den auf bayerische Interessenpolitik setzenden und auch öffentlich polarisierenden Ministerpräsidenten mochte und konnte der Parteivorsitzende aber nicht in seine Schranken verweisen, was vor allem daran lag, dass ihm das innerparteiliche Gewicht fehlte. Waigel hatte nur in „seinem" Machtzentrum – der Landesgruppe – Patronage betrieben. Das genügte nicht, um gegen die Bataillone Stoibers in entscheidenden Situationen Mehrheiten zu erzielen. Waigel hatte keinen Einfluss mehr auf das Gros der Partei und ähnelte damit all seinen Vorgängern in ihrer Endphase – mit Ausnahme von Hanns Seidel.

Modernisierer und Parteikontrolleur: Edmund Stoiber

Die Basis war erleichtert, die politische Führung der CSU wieder in einer Hand zu wissen. Vorbei war der „Rosenkrieg"[154] zwischen Bonn und München, endlich konnte man wieder stringente Führung erwarten, wie sie seit Seidels Zeiten in der CSU von vielen Parteisoldaten goutiert wurde. Und doch hatte sich bereits in der Ära Waigel die Partei fundamental gewandelt – und das war wesentlich das Verdienst des bayerischen Ministerpräsidenten. Stoiber hatte mit dafür gesorgt, dass die Bezirke an Einfluss verloren und die Kreisvorsitzenden und die Landtagsfraktion Macht hinzugewannen. Stoiber war in diesem Sinne konservativ – und er ist es bis heute: Wie Hans Ehard betrachtete er die CSU als Mittel zum Zwecke der Regierung. Doch Stoiber war sich zudem bewusst, dass er Partei und Fraktion kontrollieren musste, denn anders als zu Ehards Zeiten waren diese inzwischen Machtfaktoren.

Stoibers Parteiverständnis war Ausdruck seiner biographischen Erfahrungen. Nur zwei Jahre jünger als Theo Waigel, war auch Stoiber ein Kind der Nachkriegszeit. Zwar war seine Jugend wohl nicht von solcher Armut gekennzeichnet, wie er es selbst später häufig schilderte, dennoch gehörte auch Stoiber zu den Aufsteigerkindern der 50er- und 60er-Jahre.[155] Anders als der moderate Waigel verstand Stoiber es schon von Kindesbeinen an, sich durchzusetzen. „Als Sohn eines Vaters, der spät aus der Gefangenschaft heimkehrte, häufig mit Arbeitslosigkeit zu kämpfen hatte und seiner Familie nicht viel bieten konnte, überwältigte ihn wohl immer wieder das Gefühl, sich den Weg freischießen zu müssen."[156] So wirkt Stoiber auch heute manchmal unkonzentriert, nervös, höl-

---

[154] Stiller, Michael: Edmund Stoiber. Der Kandidat, München 2002, S. 33.
[155] Vgl. Köpf (Anm. 141), S. 19 ff.; Leinemann (Anm. 57), S. 288 ff.
[156] Schröder, Dieter: Der starke Mann aus München, in: Berliner Zeitung, 11.01.1999.

zern. Humor ist nicht seine Stärke. Häufig will er zu viel auf einmal, kommt zu Terminen zu spät. Stoiber wirkt rastlos, ohne Muße. Das kratzte schon Zeit seines Lebens an seinem Anspruch, ein perfekter Politiker zu sein. Im Gegensatz zu den ähnlich polarisierenden Müller und Strauß war Stoiber kein Parteiführer, den die Funktionäre liebten. Doch auch im Vergleich zu dem passiven Ehard und den Moderatoren Seidel und Waigel fällt Stoiber aus dem Rahmen. Stoiber war mehr ein Zwischentyp: polarisierend und die Partei nutzend, aber kein Liebling der (bayerischen) Massen.

Vielleicht lag das auch an Stoibers kurzer Parteisozialisation. Stoiber trat erst Anfang der 70er-Jahre, im Alter von 30 Jahren, in die CSU ein. Er war mit der Partei zwar politisch verbunden, zu einer richtigen Heimat wurde sie für ihn aber nie. Stoiber war „eher von spröder als von volkstümlicher Art."[157] Er fremdelte im Bierzelt, trank bisweilen Tee aus Maßkrügen, konnte sich nicht wie Strauß kumpelhaft verbrüdern. „Ich kann alles rational begründen", sagte Stoiber einmal von sich.[158] Und genau das war sein Problem in einer Partei, die an den polternden emotionalen Franz Josef Strauß gewöhnt war. Dazu schien der ehrgeizige Stoiber eher preußisch denn bayerisch, von ihm zelebrierte Rituale wirkten stets ein wenig künstlich und aufgesetzt.[159] Er sollte der erste CSU-Vorsitzende sein, der sich derartiges leisten konnte.

Schnell machte der Jurist Karriere, aber mehr über seine beruflichen denn über seine Parteikontakte. Stoiber wurde 1972 Referent in Max Streibls neuem Umweltministerium. Er besetzte und erarbeitete neue Themen, wurde zu dem akribischen Aktenfresser, der er auch heute noch ist. Stoiber erkannte bei dem kumpelhaft veranlagten Streibl, wie wichtig die persönlichen Kontakte in die Parteispitze waren. So suchte er systematisch den Kontakt zum Parteivorsitzenden Strauß, wollte mit ihm, wie so viele in der CSU, Karriere machen.[160] Bereits 1974 ergatterte Stoiber ein Landtagsmandat und vertrat in der Folge gezielt die Interessen seines Wahlkreises. Er lernte von der Pike auf, dass die Unterstützung regionaler Belange die Basis des CSU-Erfolgs ist. Kaum anders als in seinem Wahlkreis agierte er später ein oder zwei Ebenen höher in der Landes- oder Bundespolitik. Alles was dem Freistaat nutzte, nutzte auch Stoiber.

Stoibers Leben hieß Arbeit. Für seine Familie hatte er kaum Zeit, und auch sonst pflegte er wenige Kontakte außerhalb der Politik. Seine Sachkompetenz dagegen fiel auch Strauß auf, der Bedarf an einem Mitarbeiter hatte, der sich in Details vertiefte. Außerdem schätzte Strauß an Stoiber, dass er schon früh Mut bewiesen hatte, indem er zugunsten von Strauß Goppels Verzicht auf das Amt

[157] Stiller, Michael: Verfassung zwingt zu raschem Handeln, in: Süddeutsche Zeitung, 04.10.1988.
[158] Vgl.. Höfer, Max A: „Da muß ich durch!", in: Capital, 01.01.1994.
[159] Vgl. Stiller (Anm. 154), S. 38 f.
[160] Vgl. Köpf (Anm. 141), S. 40.

des Ministerpräsidenten gefordert hatte. Derartige Vorstöße in der Personalpolitik gefielen Strauß, der ja ebenfalls in Netzwerken dachte. 1978 berief er Stoiber zum Generalsekretär. Damit stieg dieser endgültig in das Nachwuchsquartett auf, in dem sein Vorgänger als Generalsekretär, Gerold Tandler, den Ton angab und zu dem neben dem Bonner Statthalter Waigel noch Otto Wiesheu zählte, der die Junge Union führte.

Stoiber dankte Strauß seine Berufung mit unbeirrbarer Loyalität, die bis zum Tod des Patriarchen anhalten sollte. Wenn man die zwei Fähigkeiten zugrunde legt, die ein Generalsekretär unter Strauß haben musste – nach außen polarisierend und nach innen integrierend – so verfügte Stoiber vor allem über erstere in Perfektion. Noch heute hört man manchmal seinen Spitznamen „blondes Fallbeil". Stoiber und Strauß teilten die Ansicht, dass Journalisten nicht zu trauen sei. Der Generalsekretär wusste dennoch die Medien zu nutzen, provozierte durch manches Statement auch die Schwesterpartei – gerade wenn es um die Kanzlerkandidatur für die Bundestagswahl 1980 ging. Dabei lernte Stoiber, durch kurze Statements die Aufmerksamkeit der Medien auf sich zu lenken. Beharrliche Medienarbeit und Kontaktpflege zu Journalisten gelangen ihm jedoch nicht – ebenso wenig wie seinem Ziehvater Strauß. Der goutierte dennoch Stoibers Vorstöße, fasste Vertrauen zu dem jungen Mann an seiner Seite und übertrug ihm immer mehr Aufgaben.

Nach Strauß' erster Amtszeit holte dieser Stoiber noch dichter an seine Seite. Der Wolfratshausener übernahm zusätzlich zu seinem Posten des Generalsekretärs auch den des Staatskanzleileiters. In dieser Zeit steigerte Stoiber die Tugenden, die ihn bei Strauß beliebt werden ließen. Er stand so loyal zu dem amtsmüden Strauß, dass es vielen seiner Parteifreunde bereits missfiel. Zudem arbeitete Stoiber noch mehr als zuvor und versuchte, Strauß gegen sämtliche Anfeindungen zu verteidigen. Er wurde zum geschäftsführenden Ministerpräsidenten: Über seinen Tisch gingen fast alle Vorgänge, die in der Staatskanzlei wichtig wurden. Stoiber kümmerte sich um alles – nur um Partei und Fraktion nicht. In der Parteiorganisation herrschte Gerold Tandler, der seit 1984 erneut als Generalsekretär amtierte. Tandler kannte sich in den Strukturen an der Basis besser aus, konnte auch mit den mittleren Eliten der Partei etwas anfangen, für die Stoiber sich nie interessiert hatte. Auch in der Fraktion besetzte Tandler eine Schlüsselstellung[161], da er als deren Vorsitzender gegenüber den Abgeordneten, die die für sie manchmal unverständlichen Straußschen Vorstöße kritisierten, vermittelte. Stoiber besaß hingegen keine Rückendeckung in der CSU. Seine Lebensversicherung der Macht hieß Franz Josef Strauß. Und als dieser im Oktober 1988 starb, stoppte auch Stoibers Aufstieg auf der Karriereleiter – vorerst.

---

[161] Vgl. Koch, Luitgard: CSU: Viele Technokraten und kein Landesvater, in: Die Tageszeitung, 05.10.1988.

Der Leiter der Staatskanzlei spielte nie eine Rolle, als es darum ging, Strauß' Posten neu zu besetzen. Stoiber wurde bayerischer Innenminister. In sein neues Amt startete er wie immer mit Verve. Er riss die Arbeit an sich, versuchte neue Pflöcke einzuschlagen. Das brachte Aufmerksamkeit.[162] Stoiber baute eine „Mini-Landesleitung"[163] in seinem Innenministerium auf. Mit Peter Gauweiler und Günther Beckstein hatte er Staatssekretäre an seiner Seite, die ähnlich ehrgeizig waren wie er selbst. Sie hielten die Regierung in Bewegung, die unter dem die Dinge treiben lassenden Streibl sonst eher erstarrt gewirkt hatte. Außerdem verband Stoiber mit seinen Staatssekretären, dass diese an die Basis strebten und versuchten, sich eine Hausmacht aufzubauen. Beckstein engagierte sich im Bezirksverband Nürnberg/Fürth, in dem er Anfang der 90er-Jahre den Vorsitz übernahm. Peter Gauweiler versuchte, in München Karriere zu machen. Und auch Stoiber hatte während seiner Arbeit als Vorsitzender der CSU-Programmkommission ein Gespür für die Mechanismen der Partei entwickelt. Diese Tätigkeit sensibilisierte ihn für Themen und brachte ihm personelle Unterstützung.[164] Daneben behielt er seine rhetorischen Vorstöße bei und wurde zu dem neben Strauß am meisten zitierten Politiker Bayerns.[165] So avancierte er schnell zum „neuen starken Mann in der CSU"[166]. Auch dadurch wurde Stoiber 1993 Ministerpräsident und schließlich Parteivorsitzender.[167]

Als bayerisches Staatsoberhaupt wandelte sich Stoibers Amtsverständnis ein wenig. Er versuchte fortan, die Partei aus der Staatskanzlei mitzuverwalten, so wie es Strauß getan hatte. Dabei setzte er auf ein „Belohnungs- und Pfründesystem"[168] und versuchte, Vertraute um sich zu scharen – ebenfalls ähnlich wie sein Vorbild Strauß. Als Adlatus in der Parteiorganisation setzte er nach 1998 seinen engen Vertrauten Michael Höhenberger als Landesgeschäftsführer ein. Dieser sollte die Parteizentrale kontrollieren und Stoiber regelmäßig Bericht erstatten. Als Generalsekretär berief Stoiber Thomas Goppel. Für diesen blieb es immer vorrangiges Ziel, sich durch einen „ordentlichen Job" wieder für die Arbeit im bayerischen Kabinett zu qualifizieren, so wie es schon bei seinen Vor-

---

[162] Vgl. Norgall, Gustav: Das erste „eigene" Kabinett, in: Mittelbayerische Zeitung, 03./04.11.1990.

[163] Böhm, Angela: Beiß, Edi, beiß, in: Abendzeitung, 12./13.12.1992.

[164] Vgl. Rüb, Fridolin M.: CSU will „geistige Mauer" überwinden, in: Straubinger Tagblatt, 24.06.1991.

[165] Vgl. Engelfried, Friedolin: Der Mann fürs Grobe und ein Softi steigen in den Ring, in: Augsburger Allgemeine, 17.11.1989.

[166] Fahrenholz, Peter: Prinz Edmund, in: Frankfurter Rundschau, 25.11.1991.

[167] Vgl. Leinemann (Anm. 57), S. 324 f.

[168] Petersen, Sönke: Bonn gegen München – offener Bruch in der CSU, in: Abendzeitung, 27.11.1997.

gängern Huber, Tandler, Stoiber und Streibl gewesen war.[169] Goppel versuchte zwar, auch in die Partei zu wirken, hatte damit aber wenig Erfolg.[170]

Stoiber hingegen zentralisierte die Macht auch weiter in der Staatskanzlei.[171] Dazu gab er der Union nach der verlorenen Bundestagswahl 1998 neues Selbstbewusstsein und stärkte das politische Gewicht der CSU gegenüber der Schwesterpartei. Durch geschickte Öffentlichkeitsarbeit seiner Mitarbeiter in der Staatskanzlei positionierte Stoiber sich als bundespolitische Personalalternative, insbesondere als die CDU nach 2000 wegen der Spendenaffäre eine Krise durchlebte.[172] Zudem verfügte Stoiber wie Strauß über die bedingungslose Unterstützung der CSU-Basis und traf auf eine schwache CDU. Dies war 2002 auch ausschlaggebend für seine Kanzlerkandidatur.

Die Landesgruppe indes verlor in der Ära Stoiber noch mehr an Bedeutung.[173] Sie ist heute kein bestimmender Teil der CSU mehr, die wesentlichen Dinge werden in München entschieden. Als einziger Konkurrent Stoibers hatte sich nach Waigels Abgang Horst Seehofer herauskristallisiert. Er positionierte die CSU auch gegenüber der CDU als soziale Partei, argumentierte bisweilen anders als Stoiber. Vor allem liberalere Teile der CSU sowohl in der Landesgruppe als auch in einzelnen Kreisverbänden goutierten Seehofers Kurs, der die CSU facettenreicher machte. Stoiber hingegen betrachtete Seehofers Vorstöße mit Skepsis. Zunächst wollte der Ministerpräsident Seehofer bei seiner Kanzlerkandidatur 2002 für die Union gar nicht in sein Schattenkabinett berufen, doch viele Mitstreiter aus der CSU rieten dringend dazu, den profilierten früheren Bundesgesundheitsminister in die Mannschaft zu integrieren. Seehofer schreckte nicht davor zurück, den offenen Konflikt mit seinem Parteichef zu riskieren. Das strapazierte das Verhältnis, war es Stoiber doch bisher in seiner Zeit als Ministerpräsident gewohnt, dass sich seine Parteifreunde unterordneten. Erst mit Seehofers Ausscheiden aus den Fraktionsführungspositionen 2004 verlor dieser in der CSU an Einfluss.

Die Loyalität der Partei ist Stoiber sicher, so lange die CSU – wie im Augenblick – bei Wahlen erfolgreich ist. Unter Stoibers Parteivorsitz zogen sowohl 2002 in den Bundes- als auch 2003 in den Landtag Nachwuchskräfte ein, die in früheren Zeiten aufgrund ihrer Listenplatzierung nie eine Chance auf ein Parlamentsmandat gehabt hätten. Das bescherte Stoiber Vertrauen, gerade auch bei

---

[169] Vgl. Mauermeyer, Constanze: Ein Freund verbaler Pirouetten, in: Donau-Kurier, 23.01.1999.

[170] Vgl. Müller, Kay: Schwierige Machtverhältnisse. Die CSU nach Strauß, Wiesbaden 2004, S. 189 f.

[171] Vgl. dazu schon Finkenzeller, Roswin: Stoiber will auch in der Staatskanzlei vertraute Gesichter um sich haben, in: Frankfurter Allgemeine Zeitung, 17.06.199; siehe auch Burger, Hannes: CSU-Abgeordnete im Landtag sind sauer auf Stoiber, in: Die Welt, 17.09.1999.

[172] Vgl. Richter, Saskia: Die Kanzlerkandidaten der CSU, Hamburg 2004, S. 59 ff.

[173] Vgl. Mintzel (Anm. 4), S. 15.

den Jüngeren in der CSU. Gelingt es dem Ministerpräsidenten, dieses Personalreservoir in die Regierungs- und Parteimaschine einzubinden, ist es möglich,
dass sich seine Macht noch mehr festigt. Denn auch unter Strauß waren Karrie-
remöglichkeiten in einer prosperierenden CSU eine zentrale Voraussetzung für
erfolgreiche Parteiführung.

Nachdem Thomas Goppel nach der fulminant gewonnen Landtagswahl
2003 erneut ins Kabinett aufrückte, belebte Stoiber eine alte Tradition wieder,
indem er Markus Söder zum Generalsekretär berief. Denn damit gewann er einen
Mann, der zu ihm ein Verhältnis hatte, das seinem eigenen zu Franz Josef Strauß
glich. Söder hatte schon früh Stoibers Nähe gesucht, wollte mit ihm Karriere
machen. Als Chef der Jungen Union hatte Söder die Jugendorganisation zu einer
von Stoibers Machtbasen gemacht. Wie Stoiber in den 70er-Jahren forderte Söder in den 90er-Jahren mehr Macht für seinen Ziehvater und exponierte sich
damit früh als Stoiber-Anhänger. Und der dankte es dem agilen Franken. Söder
ersetzte den eher im Hintergrund wirkenden Michael Höhenberger als Stoibers
Adlatus in der Parteiorganisation. Söder teilte Stoibers Amtsverständnis, operierte aber auch in den Medien äußerst professionell.[174] Was ihm gegenwärtig noch
fehlt, ist die Loyalität der mittleren Parteieliten, die dem rhetorischen Talent und
der Glätte Söders zuweilen kritisch gegenüber stehen.[175] Söder ist eher Medien-,
denn Parteipolitiker.

Für Stoiber war es hilfreich, dass er seit der Übernahme des Parteivorsitzes
1998 kaum mit Fragen der Parteiorganisation belangt wurde. Zu sehr begann
sich die CSU auf den Ministerpräsidenten als Frontmann einzuschwören. Das
einzige Machtzentrum in der CSU, das Stoiber auch heute noch fürchten muss,
ist die CSU-Fraktion im bayerischen Landtag. Sie ist so etwas wie der Seismo-
graph der Partei. Hier spürt Stoiber sehr genau, wie weit er gehen kann und wo
seine Einflussgrenzen liegen: So sah sich Stoiber während der BSE-Krise gezwungen, sein Landeskabinett umzubilden; hier versagte sein Management.
Auch die Entlassung seines alten Vertrauten Alfred Sauter aus der Regierung
erzürnte die Fraktion, in der der Justizminister angesehen war. Und auch die
Kürzungen im Haushalt, die Stoiber nach der gewonnen Landtagswahl 2003
durchsetzen wollte, versuchten viele Abgeordnete zu torpedieren – zum Teil
durchaus mit Erfolg.[176] Gegen die Fraktion regieren – das konnte kein CSU-
Vorsitzender, auch Stoiber nicht.

Das Spiel mit der Fraktion zieht sich durch Stoibers gesamte Karriere in der
CSU nach Strauß. Direkt nach dessen Tod hatte Stoiber keine Lobby unter den
bayerischen Abgeordneten. Das änderte sich durch seine Arbeit in der Pro-

---

[174] Vgl. Fahrenholz, Peter: Stoibers Bauchredner, in: Süddeutsche Zeitung, 10.11.2004.
[175] Vgl. Schallenberg, Jörg: Söder kommt!, in: Die Tageszeitung, 23.09.2004.
[176] Vgl. Sebastian Beck: In der CSU-Fraktion rumort es, in: Süddeutsche Zeitung, 21.10.1994.

grammkommission. Nachdem er Ministerpräsident geworden war, beäugte die CSU-Fraktion stets argwöhnisch, wie Stoiber die Macht in der Staatskanzlei zentrierte. Der Ministerpräsident baute hier enormes Personal und Kompetenzen auf. Damit besaß er den Überblick über die Politik in Bayern und auch über die Machtverteilung in der Partei. In seinem Kabinett bildete er ein Kern-Team, das Stoibers wirtschafts- und rechtspolitische Vorstellungen auch gegen die Bonner Regierung entwickelte.[177] Noch heute besetzen Erwin Huber als Leiter der Staatskanzlei, Otto Wiesheu als Wirtschafts- und Günther Beckstein als Innenminister die Schlüsselressorts. Alle drei verdanken Stoiber ihren Aufstieg.

Stoiber war wie Josef Müller und Franz Josef Strauß ein Politiker, der bedingungslos die Führung in der CSU anstrebte, als er die Chance dazu sah. Anders als die beiden Vorgänger musste Stoiber sie aber zäh erringen und dabei Konkurrenten aus dem Feld schlagen. Um dies zu bewältigen, wandelte sich Stoiber wie kaum ein anderer Politiker in der CSU. Hatte er zuerst nur auf Strauß als Aufstiegsressource gesetzt, erkannte er nach 1988, dass er die Partei brauchen würde, um ganz an die Spitze zu gelangen. Und wie seinen Vorgängern half ihm das Werben an der Basis. Hier legte er die Grundlagen für seinen späteren Erfolg als Ministerpräsident und Parteivorsitzender.

Doch wie Waigel und Strauß begann Stoiber nach der Übernahme des Vorsitzes die Basis wieder zu vernachlässigen. Ihm war jedoch – im Gegensatz zu Waigel – klar, dass er eine Machtsicherung benötigte: Daher etablierte Stoiber Personalnetzwerke im Kabinett und in der Staatskanzlei – jener Machtressource, die er selbst unter Strauß als wichtige Stütze ausgebaut hatte. Dadurch riskierte Stoiber eine Distanz zur Landtagsfraktion, die während seiner gesamten Amtszeit auffällig war. Wenn Stoiber hier künftig nicht sensibel auf die Befindlichkeiten der Abgeordneten reagiert, könnte dies womöglich immer noch zu einem Machtproblem für den Parteivorsitzenden werden. Die Gefahr ist jedoch so lange gebannt, wie die Fraktion Vertrauen in den Ministerpräsidenten hat – und das bewegt sich immer analog zu den Wahlergebnissen und -umfragen, die die CSU in Bayern erhält.

Fazit

Insgesamt steht die CSU nicht schlecht da. Sie hat auf absehbare Zeit ihre Macht in Bayern gefestigt. Die CSU ist *die* bayerische Regierungspartei; das war über sechzig Jahre die zentrale Erfolgslosung der CSU – und sie wird es bleiben. Die Parteieliten können auf eine weitgehend loyale Basis vertrauen, die eher als in anderen Parteien bereit ist, ihrer Führung zu folgen. Das ließ Parteivorsitzende

---

[177] Vgl. dazu ausführlicher Müller (Anm. 170), S. 168 ff.

auch dann erfolgreich voran reiten, wenn sie in anderen Parteien schon längst aus dem Sattel gehoben worden wären.

Die ersten Vorsitzenden der neugegründeten CSU verfügten über keine ausgeprägte Parteisozialisation. Erst mit Strauß kamen Politiker an die Spitze, die durch die Partei geprägt wurden. Das scheint bis heute ein Erfolgsrezept in der CSU zu sein, denn jeder, der in der Partei aufsteigen wollte, musste sich die Unterstützung zunächst der Bezirks-, später der Kreisverbände sichern. Vor allem in der modernen CSU, die sich unter der Ägide von Franz Josef Strauß bildete, galt dies. Dabei spielte es nur eine untergeordnete Rolle, zu welchem Zeitpunkt der Karriere ein CSU-Politiker an der Basis um Unterstützung warb. Theo Waigel und Edmund Stoiber waren beide schon sehr bekannt innerhalb der CSU, als sie durch ihre Arbeit als Vorsitzende der Programmkommission ihre Hausmacht aufbauten und festigten. Franz Josef Strauß war gar schon Parteivorsitzender und Minister, als er verstärkt die Unterstützung der unteren Parteigliederungen erwarb.

Verfügt ein Parteivorsitzender erst über die Unterstützung der Basis, gilt es, diese abzusichern. Das gelang Waigel beispielsweise nur ungenügend, da er zu wenig Patronage in den Machtzentren der CSU betrieb. Am Ende besaß er nur noch die Unterstützung der Landesgruppe und dies hatte in der Geschichte der CSU noch nie zur Machtabsicherung ausgereicht. Stoiber hingegen versuchte seine Macht durch Ausbau seines „persönlichen" Machtzentrums zu halten. Er ließ die Partei durch treue Untergebene mitverwalten, wobei er auch das alte System der Installation junger und absolut loyaler Generalsekretäre wieder aufgriff. Dies hatte er von Strauß übernommen, der seine Macht am erfolgreichsten konservieren konnte.

Wichtig blieb der Kontakt zur Basis, den Strauß durch ein vielseitig gestricktes Personalgeflecht aufrecht erhielt. Dies zog sich durch die Landespartei und erstreckte sich auch bis auf die Landtagsfraktion, die Strauß' Macht zwar begrenzte, ihn aber bis in die 80er-Jahre hinein nie entscheidend schwächen konnte. Wer in der CSU die dauerhafte Unterstützung der Landtagsfraktion besitzt, hat die besten Voraussetzungen für erfolgreiche politische Führung.

Biographisch bemerkenswert: Alle CSU-Vorsitzenden stammten aus ärmlichen sozialen Verhältnissen, eine Prägung, die sich offenbar auch auf die programmatische Ausgestaltung der CSU übertrug – einer Partei, die zwar immer konservativ war, sich aber häufig genug auch als soziales Gewissen der Union gerierte. Außer Strauß standen nur Juristen an der Spitze der Partei, die sich zumindest mit Verfahrensregeln des politischen Betriebes auskannten und damit teilweise ihre fehlende Parteisozialisation und -präsenz zu kompensieren wussten.

Dennoch trennt die Vorsitzenden einiges. Josef Müller und Franz Josef Strauß waren die Polarisierer in der Partei, wobei nicht zu unterschätzen ist, welche großen Kohäsionskräfte Strauß nach innen entfalten konnte. Ähnliches gilt für Edmund Stoiber, der von seinem Ziehvater nach dessen Tod etwas Wandlungsfähigkeit erbte. Hans Ehard war der passivste Parteivorsitzende, der in seiner Zeit damit aber Beachtliches erreichte. Theo Waigel und Hanns Seidel stellen die moderaten Parteiführer dar, die versuchten, durch Ausgleich und neue Initiativen die Partei zu modernisieren – mit deutlich unterschiedlichem Erfolg. Doch kehren wir zur Ausgangsfrage zurück: Was ist entscheidend für den Erfolg politischer Führung in der CSU?

Ein zentraler Punkt ist die Größe der Partei. In der CSU lässt sich, im Unterschied zur Schwesterpartei und auch im Unterschied zur SPD, relativ schnell eine Hausmacht sammeln. Der Weg von Aschaffenburg nach Passau ist eben kürzer als der von Flensburg nach Friedrichshafen. Dazu sind die Machtzentren eindeutiger verteilt als in anderen Parteien, und die Parteiorganisation ist daran gewöhnt, autoritär geführt zu werden. Da die CSU schließlich eng mit dem bayerischen Staat verwoben ist, gehört es für die Mitglieder der Partei gewissermaßen zur Parteidisziplin, einem Ministerpräsidenten zu folgen. Hat ein CSU-Vorsitzender Zugriff auf die Institutionen des bayerischen Staates, ist seine Position noch unangefochtener. Noch immer gilt in der CSU der Grundsatz, der auch schon die Partei Josef Müllers bestimmt hatte: „Nicht der Parteivorsitz [qualifiziert] zum höchsten Staatsamt, sondern das Staatsamt zur Parteiführung"[178].

---

[178] Winfried Becker: CDU und CSU 1945-1950. Vorläufer, Gründung und regionale Entwicklung bis zum Entstehen der CDU-Bundespartei, Mainz 1987, S. 87.

Die Quadratur des Kreises. Parteiführung in der PDS

Matthias Micus

Im Osten etwas Neues?

Im Herbst 2004, nachdem bei den Landtagswahlen in Brandenburg und Sachsen die Volksparteien nicht einmal mehr 30% der Wahlberechtigten auf sich vereinen konnten, Klein- und Flügelparteien dagegen durchweg Gewinne verbuchten, drückten die (West-)Zeitungen ihr Befremden darüber mit Titeln wie „Der Osten wählt anders", „Dunkles Deutschland" und „Lebenslüge der Einheit" aus.[1] Es bedarf keiner prophetischen Gabe, um vorauszusehen, dass auch in absehbarer Zukunft ostdeutsche Urnengänge Anlass zu gleichlautenden Diagnosen bieten werden. Im fünfzehnten Jahr der deutschen Einheit unterscheiden sich Ost und West weiterhin voneinander. Politisch mag Deutschland wiedervereinigt sein, die Deutschen mögen Rechtssystem, Währung und Verwaltungsstrukturen teilen, auch derselben Rechte und Pflichten gewahr werden – in den Köpfen aber ist die Einheit noch nicht angekommen. Unverändert unterscheiden sich Ost- und Westdeutsche in Mentalität und Habitus. Die Ostdeutschen, so heterogen die Gesellschaft der neuen Bundesländer auch immer ist, teilen in ihrer Masse vom Westen verschiedene Denkweisen, Verhaltensideale und Alltagskulturen. Allen Einheitsbeschwörungen zum Trotz sind sich die Bevölkerungen beider Landesteile nicht näher gekommen.[2] Die Unterschiede wurden in den vergangenen Jahren eher größer als kleiner, die gegenseitige Fremdheit verschärfte sich noch. Einerseits hält weniger als die Hälfte der Ostdeutschen die Gesellschaftsform der Bundesrepublik für „erstrebenswerter" als das DDR-System. Andererseits wünschen sich 21% der Deutschen die Mauer zurück – dies vor allem im Westen, hier ist es jeder Vierte.[3]

Die mentalen und kulturellen Differenzen wirken sich auch auf das Wahlverhalten aus und finden ihren Niederschlag auf der Ebene des Parteiensystems. Der Ausgang von Wahlen im Osten ist unvorhersehbarer, die Unentschlossenheit

---

[1] Kister, Kurt: Der Osten wählt anders, in: Süddeutsche Zeitung, 21.09.2004; Hölscher, Astrid: Dunkles Deutschland, in: Frankfurter Rundschau, 20.09.2004; Rulff, Dieter: Lebenslüge der Einheit, in: Frankfurter Rundschau, 21.09.2004.

[2] Vgl. Gröschel, Albrecht: Kontrast und Parallele – kulturelle und politische Identitätsbildung ostdeutscher Generationen, Stuttgart 1999, S. 7.

[3] Vgl. Berg, Stefan u.a.: Trübsal in der Zwischenwelt, in: Der Spiegel, 20.09.2004.

der Wähler größer und ihre Parteibindung schwächer, Siege sind glänzender und Niederlagen vernichtender als im Westen. Die markanteste ostdeutsche Besonderheit in diesem Bereich aber ist zweifellos die PDS. Im Westen auf dem Niveau einer Splitterpartei, bei Wahlen chancenlos und als Fremdkörper wahrgenommen, ist sie östlich der Elbe ein gewichtiger Faktor, mitgliederstärkste Partei und im politischen Leben fest verankert. In demselben Maße, in dem die anderen in diesem Buch behandelten Parteien überwiegend Westparteien sind, ist die PDS ein Gewächs des Ostens. Hier blüht das Parteileben, durchdringt ihr Wurzelwerk die gesamte Gesellschaft, fallen ihre Kampagnen auf fruchtbaren Boden. Im Osten ist die PDS Heimatpartei, das Sprachrohr mehrheitsfähiger Interessen, Hoffnungen und Sehnsüchte. Im Westen der Republik dagegen sind ihr die Lebenswelten der Menschen fremd, Zugang zu den politischen Kulturen fand sie bisher nicht.[4] Die PDS ist im bundesdeutschen Parteiensystem dadurch ein Außenseiter, ein Sonderfall zu einer Zeit, in der sich die anderen etablierten Parteien einander immer stärker angeglichen haben.

Insofern verwundert das Ausmaß schon, in dem das Spitzenpersonal der Postkommunisten von Wissenschaft und Forschung ignoriert wird. Weder Lothar Bisky noch Gabi Zimmer haben bisher Biographen gefunden. Sogar Gregor Gysi musste vorzugsweise selbst in eigener Sache tätig werden.[5] Außer seinen autobiographischen Schriften existieren nur einige fragmentarische Porträts über ihn, allesamt zudem aus der Frühzeit seiner politischen Laufbahn.[6] Auch Darstellungen zur PDS berücksichtigen das Führungspersonal allenfalls rudimentär.[7] Dieses Desinteresse überrascht. Schließlich liegt es nahe, dass die Varietät der Umfeldbedingungen sich auf die Akteure niederschlägt. Die PDS zu führen, so ist anzunehmen, bedarf es ganz spezifischer Fähigkeiten, Strategien und Techniken.

Obendrein ergibt sich der Führungsstil eines/einer Parteivorsitzenden nicht zuletzt aus den lebensgeschichtlichen Erfahrungen, aus Sozialisationsprozessen, erlebten Umbrüchen und Generationszugehörigkeiten. Auch unter diesem Gesichtspunkt unterscheidet sich die PDS von ihren Konkurrenten im Parteiensystem. Ostpartei nämlich ist sie nicht bloß aufgrund ihrer elektoralen Stärke in den neuen Bundesländern, sondern auch insofern, als es Ostdeutsche sind, welche im Bundesvorstand dominieren, die große Mehrheit der Mandatsträger stellen und

---

[4] Vgl. hierzu Dürr, Tobias: Überleben lernen von der PDS: Die Grundlosigkeit der Bonner Parteien in der Berliner Republik, in: Berliner Republik 1 (1999) 1, S. 56-62.
[5] Vgl. Gysi, Gregor: Das war`s. Noch lange nicht, Düsseldorf 1995; Ders.: Ein Blick zurück, ein Schritt nach vorn, Hamburg 2001.
[6] Vgl. u.a. Hoff, Peter / Wendler, Klaus: Der rote Verführer: Gregor Gysis Wahltour `94, Frankfurt/Oder 1994; Riecker, Ariane u.a.: Laienspieler: sechs Politikerporträts, Leipzig 1992; Runge, Irene / Stelbrink, Uwe: Gregor Gysi: „Ich bin Opposition", Berlin 1990; Sabath, Wolfgang: Gregor Gysi, Berlin 1993.
[7] Eine Ausnahme ist Gerner, Manfred: Partei ohne Zukunft? Von der SED zur PDS, München 1994.

Programmatik sowie tagespolitische Stellungnahmen bestimmen. Mit der PDS betrat der Phänotyp des Ostdeutschen die bundespolitische Bühne. Zwar konnten auch die anderen Parteien zwischen Rügen und Sächsischer Schweiz Mitglieder gewinnen, zwar stellen Ostdeutsche auch bei CDU, SPD, Bündnisgrünen und der FDP Mandatsträger und Funktionäre, die Parteien blieben dennoch zutiefst westdeutsch gefärbt. Selbst wenn bei der SPD Wolfgang Thierse und bei der CDU Angela Merkel beispielhaft für Karrierechancen der neuen Bundesbürger in den Parteien der alten Republik stehen, bleiben die Ostdeutschen hier „in den Parteivorständen und Programmkommissionen, dort, wo Programmatik, Stil und politische Ansprache verbindlich konzipiert werden"[8], doch in der Minderheit. Ihr innerparteilicher Aufstieg setzt zudem eine Adaption an westdeutsche Traditionen und Debatten voraus. Wirklich ostdeutsch sein, ihrer Geschichte gedenken, ihre Traditionen pflegen und Eigenart ausleben können die Neu-Bundesbürger am ehesten in der PDS. Auch deshalb dürfte eine Analyse der Parteivorsitzenden der PDS zu aufschlussreichen Erkenntnissen führen und den Katalog der für erfolgreiche Führung notwendigen Voraussetzungen, Bedingungen und Fähigkeiten erweitern und vervollständigen helfen.

Und hat nicht der langjährige Vorsitzende Lothar Bisky, der es aufgrund seiner Tätigkeit eigentlich wissen müsste, einmal behauptet, eine sozialistische Partei wie die PDS brauche überhaupt keine Führung im klassischen Sinne?[9]

So oder so: Genügend Gründe, sich fünfzehn Jahre nach dem Zusammenbruch des real existierenden Sozialismus mit der politischen Führung der PDS durch ihre Vorsitzenden zu beschäftigen.

Phönix aus der Asche der SED: Gregor Gysi

Gregor Gysi freilich wurde zum Vorsitzenden der – damals noch kurze Zeit als SED-PDS firmierenden – PDS gewählt, weil er die Traditionen der untergehenden DDR gerade nicht verkörperte. Als die Basis der SED im Dezember, verspätet zwar, zu guter Letzt aber doch noch von der Wendestimmung erfasst wurde, war der Zeitpunkt für eine behutsame Veränderung lange verstrichen. Die vertrauten Strukturen standen vor dem Kollaps, die Umstände verlangten einen drastischen Schnitt. Der einst allmächtigen Staatspartei liefen die Mitglieder gleich scharenweise davon. Hatte die SED im Sommer 1989 noch 2,3 Millionen Mitglieder, so sank die Zahl auf 1,4 Millionen im Januar und 700.000 im Februar 1990, Tendenz weiter fallend. Zeitgleich verschwanden in den meisten Betrieben und Institutionen die Betriebsorganisationen – freiwillig oder unter dem Druck

---

[8] Engler, Wolfgang: Die Ostdeutschen als Avantgarde, Berlin 2002, S. 36.
[9] Vgl. König, Jens: Genosse Mensch, in: Die Tageszeitung, 29.03.2000.

der Belegschaften. Zahlreiche Kreis- und Bezirkssektionen der SED wurden entweder durch den Rücktritt ihrer Parteileitungen handlungsunfähig oder gleich ganz aufgelöst. Von den knapp 60.000 Grundorganisationen ihrer Vorgängerpartei waren der PDS im Mai 1990 schließlich bloß noch etwa 15.000 geblieben.[10] Auch der Führungsanspruch der SED war zusammengebrochen, die Blockparteien distanzierten sich von den Einheitssozialisten und beschlossen am 1. Dezember 1989 in der Volkskammer, die Führungsrolle „der Arbeiterklasse und ihrer marxistisch-leninistischen Partei"[11] aus der Verfassung zu streichen. Die DDR war in ihre letzte Phase getreten und befand sich unübersehbar in Agonie. Ein Mann wie Egon Krenz, der im Oktober 1989 die Nachfolge Erich Honeckers angetreten hatte, konnte den Neuanfang nicht glaubwürdig repräsentieren. Bereits seit Jahrzehnten in führenden Funktionen im Parteiapparat tätig, war er zu eng mit dem korrumpierten System verwoben, als dass von ihm eine wirkliche Umkehr hätte erwartet werden können.

Gregor Gysi dagegen war durch die DDR-Zeit nicht kompromittiert. Er hatte vor 1989 in der SED nicht Karriere gemacht. Zumindest gehörte er nicht zur alten Parteielite, sondern als Vorsitzender des Kollegiums der Rechtsanwälte in der DDR allenfalls zum Kadernachwuchs, zur „zweiten Reihe" der Nomenklatura.[12] Außerdem hatte er sich seit den 70er-Jahren als Verteidiger von Oppositionellen wie Rudolf Bahro, Robert Havemann und Bärbel Bohley einen Namen gemacht. Im Wendejahr hatte er die Interessenvertretung für das Neue Forum übernommen und genoss daher einen guten Ruf in den Kreisen der Bürgerbewegung. Insbesondere in den letzten Monaten des Regimes war Gysi dann als Kritiker des Establishments hervorgetreten. Die Genehmigung der Demonstration in Ost-Berlin am 4. November, mit mehr als einer halben Million Teilnehmern im Rückblick die größte Protestaktion in der DDR, wurde von ihm erstritten. Auf Kundgebungen profilierte er sich durch eine polemische Rhetorik und mitreißende Appelle. Als die Parteibasis bei einer Demonstration vor dem SED-Hauptquartier ihre Unzufriedenheit mit dem Politbüro und Zentralkomitee ausdrückte, war es Gysi, der als Redner den Rücktritt der alten Führungsriege sowie die Einsetzung eines Arbeitssekretariats verlangte und das gemeinsame Ansinnen mit „besonders flammenden, beschwörenden Worten, fast tribunenhaft"[13] artikulierte. So zufällig, wie im Nachhinein gern behauptet, war Gysis Wechsel in die Politik also nicht. Tatsächlich hatte er sich durch eigenes Handeln für

[10] Vgl. zu den Zahlen Ammer, Thomas: Von der SED zur PDS – was bleibt?, in: Spittmann, Ilse: Die DDR auf dem Weg zur Deutschen Einheit. Probleme, Perspektiven, offene Fragen, Köln 1990, S. 103 ff.
[11] Zit. nach Bölsche, Jochen u.a.: „Nicht Rache, nein, Rente", in: Der Spiegel, 29.11.1999.
[12] Vgl. Gerner (Anm. 7), S. 156 ff.
[13] Hinze, Albrecht: Gregor Gysi. Mitglied des SED-Arbeitsausschusses, in: Süddeutsche Zeitung, 08.12.1989.

einen Führungsposten bereits empfohlen, als sich die Sozialisten infolge der Demission ihrer alten Eliten auf die Suche nach Nachfolgern begaben. Dennoch waren letztlich von ihm nicht beeinflussbare äußere Umstände für seinen Aufstieg zum Parteivorsitzenden ausschlaggebend. Mit dem Zusammenbruch der SED waren die Genossen ja nicht nur führungslos geworden, vielmehr hatten sie auch ihre Orientierung verloren. Der Offenbarungseid der DDR hatte sie ihres Glaubens, ihres Selbstbewusstseins und ihres geschichtlich begründeten Überlegenheitsgefühls beraubt. Das sozialistische System hatte sich dem kapitalistischen im Hinblick auf Wirtschaftskraft, Ökologie und Mitbestimmung als unterlegen erwiesen. Obendrein entpuppten sich ausgerechnet die politischen Repräsentanten des Arbeiter- und Bauernstaates, die sich doch in ihren Reden immer zur Herrschaft der Arbeiterklasse bekannten und dem Wohle der Arbeiterschaft zu dienen versprachen, als korrupte und abgehobene Bonzen, die sich aus der Staatskasse mit Jagdhäusern, Schmuck und Westwaren versorgen ließen.[14]

In ihrer verzweifelten Lage machten sich die Genossen auf die Suche nach einer „Erlösergestalt", die mit außergewöhnlichen Fähigkeiten ausgestattet war, eigene Defizite kompensierte, als Projektionsfläche für ihre Hoffnungen und Wünsche taugte – und einen Ausweg aus dem Jammertal verhieß. Unter den Bedingungen der Wendezeit war Gregor Gysi wie geschaffen für diese Rolle.[15] Schließlich galt er als „Außenseiter" der DDR-Gesellschaft. Während die Mitglieder der SED-Nachfolgepartei PDS von der öffentlichen Meinung kollektiv für die Machenschaften des diskreditierten Apparates in Haftung genommen, als Sündenböcke behandelt und sozial gemieden wurden, wurde Gysi dagegen aufgrund seiner Anwaltstätigkeit auch in Oppositionskreisen akzeptiert und war vom Neuen Forum gar als politisches Zugpferd umworben worden.

Auch durch seine Herkunft und sein Auftreten ermöglichte Gysi den nunmehrigen Postkommunisten eine Distanzierung von ihrer kommunistischen Vergangenheit. Die Honecker-DDR war eine durch kleinbürgerliche Orientierungen geprägte Gesellschaft mit der Inkarnation des Kleinbürgers als Vorsitzendem. „Honecker", so Stefan Wolle, „war langweilig, provinziell, phantasielos, verspießert, kleinkariert – ganz wie das Leben in der DDR."[16] Gysi dagegen war intelligent, kulturbeflissen und gebildet. Sein gesamtes kulturelles Herkommen war für ostdeutsche Verhältnisse untypisch. Aufgeklärtem jüdischen Bildungsbürgertum entstammend, wurden ihm durch die familiäre Erziehung Lerneifer und Wissensdurst vermittelt. Der Horizont seiner Eltern war nicht auf den real-

---

[14] Bölsche, Jochen u.a.: „Nicht Rache, nein, Rente", in: Der Spiegel, 29.11.1999.
[15] Vgl. Hoff / Wendler (Anm. 6), S. 90 ff.
[16] Wolle, Stefan: Die heile Welt der Diktatur. Alltag und Herrschaft in der DDR 1971-1989, Berlin 1998, S. 52.

existierenden Sozialismus des Ostblocks beschränkt, die elterliche Bibliothek bot üppigen Lesestoff und befriedigte vielfältige Interessen. In den Auseinandersetzungen mit dem Vater, einem „begnadeten Intellektuellen und auch Rhetoriker"[17], konnte der Sohn seine eigene Rede- und Debattierkunst schulen. Zumal westlichen Einflüssen unterlag Gysi sehr viel stärker als das für gewöhnlich der Fall war. Der Vater war ja nicht nur Leiter des Aufbau-Verlages, DDR-Kulturminister und Staatssekretär für Kirchenfragen gewesen, sondern auch Botschafter in Rom. Die Verwandten und Bekannten der Eltern, die bei den Gysis zumindest bis zum Mauerbau 1961 ein- und ausgingen, kamen aus aller Welt.[18] Angesichts der Prominenz des Vaters dürften die Kinder außerdem privilegierte Reisemöglichkeiten genossen haben.[19] Nichts in Gysis Charakter deutet dementsprechend auf „Spießertum und Spitzweg-Gartenlaube"[20] hin. Vielmehr war er ein Gourmet, der gerne guten Rotwein trank und West-Musik liebte – die Beatles und Carl Orff. Vom ganzen Wesen her erinnerte er viel eher an einen bürgerlichen Postmaterialisten aus der Enkel-Generation der SPD denn an einen materialistischen Kleinbürger Ost. Wie seinen westdeutschen Altersgenossen, so betrieb auch Gysi die Politik nicht zuletzt als Selbstverwirklichung und Lustgewinn.

Wenn schließlich die Ostdeutschen im Umgang mit ihren westlichen Landsleuten fremdelten, Verhaltensunsicherheiten zeigten und Minderwertigkeitskomplexe entwickelten, so lief Gysi auf westdeutschem Terrain zu großer Form auf. Auf ihrem ureigenen Gebiet, den Talkshows im Unterhaltungsfernsehen, zeigte er es den „Besserwessis", übertrumpfte sie durch Schlagfertigkeit, Ironie und Wortwitz. Er erduldete mit stoischer Gelassenheit jede Schmähung, um im Anschluss überlegen zu kontern und symbolisierte so ganz nebenbei den Kampf klein gegen groß, David gegen Goliath, in dem sich die Ostdeutschen gegenüber den Westdeutschen auch im Alltag wähnten.[21]

Aus dem Zusammenbruch der SED war Gregor Gysi also als strahlender Sieger hervorgegangen. Vor 1989 allenfalls in Juristen- und Dissidentenkreisen bekannt, war er innerhalb weniger Wochen zum unangefochtenen Chef der PDS avanciert, die bis zur Volkskammerwahl im März 1990 immerhin noch Regierungspartei war und mit Hans Modrow den Ministerpräsidenten stellte. Er war zum Hoffnungsträger einer ganzen Partei geworden, bewundert und verehrt.

---

[17] Lersch, Paul / Spörl, Gerhard: „Ich bin kein Trickser". Gregor Gysi über das Bonner Unverständnis für die Ostdeutschen und den Aufschwung der PDS, in: Der Spiegel, 01.08.1994.

[18] Vgl. Emundts, Corinna: Profiteur der Krise, in: Die Woche, 22.10.1999.

[19] Auf eine in dieser Hinsicht privilegierte Stellung Gysis deutet beispielsweise hin, dass er zuweilen auch ohne Erlaubnis der zuständigen Instanzen die Ständige Vertretung der BRD in der DDR aufsuchte. Siehe hierzu Sabath (Anm. 6), S. 21.

[20] Seyppel, Joachim: Wer ist Gregor Gysi?, in: Hamburger Abendblatt, 03.11.1990.

[21] Vgl. hierzu Runge / Stelbrink (Anm. 6), S. 10.

Schon sein bloßes Erscheinen versetzte die Delegierten des außerordentlichen Parteitages im Dezember 1989 in Jubelstimmung. Ohne ein einziges Wort gesagt zu haben, klatschten ihm die Basisvertreter minutenlang Beifall. „Gregor, komm wir brauchen Dich"[22], dokumentierte die Frankfurter Rundschau in ihrer Nachbetrachtung des Parteitages die Hilflosigkeit selbst führender Parteireformer. Der bei diesem Treffen um Gregor Gysi entfaltete Personenkult nahm skurrile Züge an. So entfiel die Aussprache über seine Parteitagsrede aufgrund eines Antrages, die Rede zugleich als Schlusswort zu nehmen.[23] Die anfängliche Verehrung für Gysi ging so weit, dass Parteimitglieder ihn als Zeichen ihrer Zuneigung mit Plüschtieren überhäuften.[24]

Nun mutet das Ausmaß, in dem sich die SED-Nachfolger auf Gysi fixierten und ihre Zukunftshoffnungen personalisierten, zweifellos absonderlich an – einen rationalen Kern besaß dieses Verhalten dennoch. Tatsächlich hätte sich die PDS ohne Gregor Gysi wohl kaum über die Wendezeit hinweg retten können. Vieles spricht dafür, dass sich die Partei ohne ihren neuen Vorsitzenden nicht hätte stabilisieren können, sondern wie ein Kartenhaus in sich zusammengefallen wäre. Bei den ersten freien DDR-Wahlen, der Volkskammerwahl im März 1990, hätte sie vermutlich eine vernichtende Niederlage erlebt. Wahrscheinlich wäre sie nicht einmal mehr angetreten, da ihre Mitglieder zuvor bereits die Auflösung der Partei beschlossen hätten, was nur mit Mühe und Not von der Führung um Gregor Gysi verhindert werden konnte. Eine geschickte Regie des 1989er-Parteitages und wortreiche Beschwörungen des Vorsitzenden sicherten schließlich den Bestand. Ebenso wurde die PDS in den Folgemonaten und ihre gesamte Formierungsphase hindurch von Krisen geschüttelt. Infolge der Enthüllung immer neuer Fälle von Machtmissbrauch durch die abgedankten Altvorderen sowie der zögerlichen Haltung der Parteiführung zur Stasi-Abwicklung kam es zu weiteren Massenaustritten – darunter die gesamte Dresdener Parteispitze um den stellvertretenden Parteivorsitzenden Wolfgang Berghofer – und wiederholten Forderungen nach Auflösung. Auch hierbei wehrte Gysi jedes Mal die gravierendsten Folgen ab.[25] Zudem: Wer wollte denn schon im Dezember 1989 den Parteivorsitz übernehmen und das Vakuum ausfüllen, das durch die Demission von Zentralkomitee (ZK) und Politbüro entstanden war? Außer Gysi fand sich keiner dazu bereit, dieses undankbare Amt auszuüben und dadurch seinen Ruf zu

---

[22] Zit. nach Baum, Karl-Heinz: Das Porträt: Gregor Gysi. Vom Stalinismus abgewandt, in: Frankfurter Rundschau, 11.12.1989.
[23] Archiv der Rosa-Luxemburg-Stiftung: Bestand Parteivorstand der PDS, Außerordentlicher Parteitag der PDS 1989, 1.4. Protokolle, Mappe 15, Alt-Signatur: 2003-A-3.
[24] Vgl. Riecker (Anm. 6), S. 45.
[25] Vgl. Trömmer, Markus: Der verhaltene Gang in die deutsche Einheit. Das Verhältnis zwischen den Oppositionsgruppen und der (SED-)PDS im letzten Jahr der DDR, Frankfurt a.M. 2002, S. 176 f.

ruinieren.[26] Ohne Parteiführung aber wäre das Schicksal der SED schon vor der Umbenennung in PDS besiegelt gewesen. Um bei freien Wahlen in der Konkurrenz mit anderen Parteien bestehen zu können, war es schließlich notwendig, Wahlkämpfe zu führen und für die eigene Gruppierung zu werben. Für die PDS bedeutete dieses Erfordernis ein veritables Problem. Ihre Anhänger waren im wahrsten Sinne des Wortes sprachlos. Durch den Untergang ihres Systems, mit dem sie sich stärker als alle anderen identifiziert hatten, waren ihnen elementarste Gewissheiten und Verhaltenssicherheiten abhanden gekommen. Ihre Partei konnte ihnen nicht helfen; die komplizierte Verständigung über die politischen Ziele und vor allem den Weg dahin war parteiintern gerade erst begonnen worden. „Wir sind", beschrieb ein führender Postkommunist 1990 die Lage, „im Augenblick ohne Theorie [...]. Zur Marktwirtschaft haben wir keine Alternative, statt dessen nur globale Antworten wie die Maxime, die gegenwärtige Welt etwas besser zu machen."[27] Mit den Unter-30-Jährigen hatten obendrein gerade die zukunftsfrohen, mobilen, wandlungs- und anpassungsfähigen Alterskohorten, die Kreativen, Aktiven und Vorwärtsdrängenden ihr Parteibuch gleich scharenweise zurückgegeben.

Gregor Gysi kompensierte all diese Defizite beinahe im Alleingang. Während seine Genossen apathisch abseits standen, absolvierte er einen Wahlkampf-Marathon, zeigte Dauerpräsenz in den Medien wie auch bei Versammlungen vor Ort. Derweil die anderen vor den öffentlichen Anfeindungen zurückschreckten, stellte sich Gysi der Wut, ließ sich beschimpfen und mit Eiern bewerfen. Dabei trat er nicht einfach nur auf, er wuchs vielmehr in solchen Situationen. Den politischen Kampf von unvorteilhafter Startposition nahm er als sportliche Herausforderung, Kritik begegnete er offensiv.[28] Die Überalterung der Partei verschleierte der Parteivorsitzende durch betont jugendliche Wahlkampfveranstaltungen, Plakate und Parolen. Er ließ seine Auftritte durch Rockrhythmen begleiten, die Partei prägte peppige Slogans wie „Don`t worry – take Gysi", und von den Litfaßsäulen streckte den Passanten eine kesse Blondine die Zunge heraus.[29] Gysi nutzte jede Gelegenheit, die sich ihm zur öffentlichen Darstellung bot und sprang, um Aufmerksamkeit zu erlangen, im Wahlkampf auch schon mal mit dem Fallschirm ab.[30] Die Skepsis seiner Parteifreunde ob der zu erwartenden Niederlagen überdeckte er durch Optimismus und flotte Sprüche. Kein Wunder daher, dass die PDS vor allem durch und über ihren Frontmann wahrgenommen wurde und der Vorsitzende im Ruf eines Alleinunterhalters stand. Die Wähler-

---

[26] Vgl. Gysi, Gregor / Falkner, Thomas: Sturm aufs Große Haus, Berlin 1990, S. 79.
[27] Zit. nach Kaiser, Carl-Christian: Lauter Rock und kesse Sprüche, in: Die Zeit, 16.11.1990.
[28] Vgl. Spittmann, Ilse: Runderneuert. Die PDS, Partei des Demokratischen Sozialismus, in: Deutschland-Archiv, April 1990, S. 508-511, hier S. 510.
[29] Kaiser, Carl-Christian: Lauter Rock und kesse Sprüche, in: Die Zeit, 16.11.1990.
[30] Vgl. Sabath (Anm. 6), S. 10.

folge im Jahre 1990 bei den Volkskammerwahlen, den ostdeutschen Kommunalwahlen und der Bundestagswahl, die trotz sinkender Anteile die PDS in Ostdeutschland erstaunlich stark zeigten, hatte die Partei jedenfalls zum Großteil der Person und dem Einsatz Gregor Gysis zu verdanken.

Dennoch blieb die Stabilisierung der PDS in der Anfangsphase stets prekär, und schon im folgenden Jahr steckte sie erneut in einer Krise. Die Umfragewerte waren katastrophal, die Westausdehnung gescheitert, die Hoffnung, sich im gesamtdeutschen Parteiensystem zu etablieren und auch im nächsten Bundestag vertreten zu sein, geschwunden. Innerparteilich formierten sich Flügel, die sich immer unversöhnlicher gegenüberstanden, Entscheidungsfindungen behinderten und alle Versuche erheblich erschwerten, eine konsistente Programmatik zu entwickeln und ein eindeutiges Profil herauszubilden. Im Herbst 1991 glaubten einer Umfrage zufolge nur 25% der Befragten, dass die Partei fortbestehen werde, 62% sahen sie in der Bedeutungslosigkeit verschwinden.[31] Die PDS war auf dem Tiefpunkt ihrer bisherigen Entwicklung angelangt. Von Gregor Gysi war Abhilfe dieses Mal allerdings nicht zu erwarten, er war vielmehr selbst zum Teil des Problems geworden. Zumindest die internen Konflikte hingen auch mit seinem individuellen Führungsstil zusammen.

Gysi war in der Wendezeit durch die Umstände bedingt die Stellung eines charismatischen Anführers zugewachsen. Eine solche Position bringt beträchtliche Vorteile mit sich. Man steht im Rampenlicht, die gesamte Aufmerksamkeit konzentriert sich auf die eigene Person, Konkurrenten braucht man unmittelbar nicht zu fürchten. Aus dieser Stellung können aber auch große Probleme entstehen. Das Charisma verblasst in der Regel schnell wieder, wenn die existenzielle Krise überstanden ist und die gewöhnlichen Alltagsprobleme wiederkehren. Damit schwindet die Unangreifbarkeit der eigenen Person. Die monolithisch herausragende Persönlichkeit zieht dann auch alle Kritik auf sich. In solchen Momenten zeigt sich, dass eine exponierte Position bei denen, die im Schatten stehen, Neid und Missgunst hervorruft, dass der Amtsinhaber verantwortlich gemacht wird für alle auftretenden Probleme, vorzugsweise auch für solche, die er gar nicht beeinflussen kann. Dann kommt es darauf an, sich selbst zurücknehmen zu können, nicht zu eitel und überheblich zu sein und stattdessen zur Machtsicherung auf Teile der eigenen Macht zu verzichten. Gregor Gysi konnte das nicht. Neben sich ließ er nichts und niemanden wachsen, seine eigene Wahrnehmung der PDS schien sich derjenigen der Medien anverwandelt zu haben: „Gregor und der Rest"[32]. Aufgaben zu delegieren war seine Sache nicht. Er war Parteivorsitzender, Chef der Bundestagsgruppe, Hauptredner im Parlament und

---

[31] Vgl. Neugebauer, Gero / Stöss, Richard: Die PDS: Geschichte, Organisation, Wähler, Konkurrenten, Opladen 1996, S. 52 f.
[32] Kaiser, Carl-Christian: Lauter Rock und kesse Sprüche, in: Die Zeit, 16.11.1990.

(alleiniger) Repräsentant der Postkommunisten in den Medien. Im Mittelpunkt
stand bei Gysi nicht die Partei, sondern die eigene Person. Das Verschweigen der
Stasi-Verstrickung des PDS-Cheftheoretikers Andre Brie, die 1992 aufgedeckt
wurde, von der er aber schon frühzeitig gewusst hatte, begründete er nicht etwa
damit, dass die Partei auf Brie nicht hätte verzichten können, sondern damit, dass
er, Gysi, ohne den sozialistischen Theoretiker und Wahlkampfmanager überfordert gewesen wäre.[33] Auch in den internen Gremien, im Vorstand und Präsidium,
schloss Gysi Kompromisse vorzugsweise dann, wenn er sie selbst vorgegeben
hatte. Bei Vorstandsdiskussionen äußerte er sich regelmäßig zu Beginn einer
Problemberatung wie auch zu deren Ende. Da er es aufgrund seiner glänzenden
rhetorischen Fähigkeiten verstand, divergierende Positionen zusammenzufassen
und Spannungen aufzulösen, vermochte er eine Zeit lang den Parteivorstand auf
die durch sein Abschlussstatement vorgegebene Linie zu verpflichten.[34] Jedoch
musste sein autokratischer Stil über kurz oder lang zu Konflikten mit selbstbewusster und eigenständiger werdenden Vorstandsmitgliedern führen – zumal mit
den westdeutschen PDSlern, die hierarchische Strukturen ablehnten und mit
großem Impetus der Basisdemokratie das Wort redeten. Nach der Methode „keine Diskussion, keine Widerrede"[35] jedenfalls ließ sich die PDS nicht dauerhaft
führen.

Ein weiteres Problem war Gysis geringe Parteibindung. Von Anfang an
stand er in dem Ruf, mit dem Apparat „nicht viel am Hut"[36] zu haben. Der Distanz zum Funktionärskörper der Partei hatte er 1989 zweifellos seinen Aufstieg
an die Parteispitze zu verdanken. Doch mit der Zeit traten die Nachteile deutlicher hervor. Dass er in der Wendezeit die öffentlich viel beachteten Gespräche
am Runden Tisch besuchte, zu parteiinternen Verhandlungen aber seinen Stellvertreter schickte, wurde noch beiläufig und unkritisch vermerkt.[37] Problematisch aber wurde es, als sein mangelndes Interesse an der Gremienarbeit zu kri-
tikwürdigen Beschlüssen und ausuferndem Meinungsstreit führte. Im August
1991 beispielsweise verabschiedete das PDS-Präsidium in Abwesenheit von
Gysi eine Erklärung, in der Gorbatschow indirekt kritisiert und Verständnis für
diejenigen bekundet wurde, die versucht hatten, den Kremlchef zu stürzen und
durch einen Putsch die Macht zu übernehmen.[38] Mit Mühe und Not konnte Gysi

---

[33] Vgl. Bahrmann, Hannes: Nur noch reagieren, statt agieren, in: Das Parlament, 06.11.1992.
[34] Vgl. Gerlof, Kathrin: Braucht oder mißbraucht die PDS ihren Vorsitzenden, in: Neues Deutschland, 30.11.1992.
[35] O.V.: Der alte dicke Filz, in: Der Spiegel, 05.11.1990.
[36] Brief von Jochen Müller an Gregor Gysi vom 30.10.1990, in: Archiv der Rosa-Luxemburg-
Stiftung: Bestand Parteivorstand der PDS, Alt-Signatur: 2003-A-85.
[37] Vgl. Modrow, Hans: Von Schwerin bis Strasbourg: Erinnerungen an ein halbes Jahrhundert Parlamentsarbeit, Berlin 2001, S. 116.
[38] Vgl. o.V.: So nicht, Herr W., in: Der Spiegel, 26.08.1991.

in der Folgezeit den Eindruck zerstreuen, die PDS sympathisiere mit den Umstürzlern. Für die unzureichende interne Integrationsarbeit Gysis wurde nicht zuletzt die Vielzahl der Aufgaben verantwortlich gemacht, die er sich aufbürdete, und die wenige Zeit, die ihm für die Parteiarbeit blieb. Dass Gysi darüber hinaus zur Partei nur ein wenig emotionales Verhältnis aufbaute, lieber die Öffentlichkeit suchte und eine hohe Medienpräsenz der Gremienarbeit vorzog, lag in seiner charakterlichen Disposition begründet. Seinen gesamten Werdegang durchzogen Beispiele für Sprunghaftigkeit, Provokationslust und Unkonventionalität. Das begann schon in der Schulzeit. Dem üblichen Weg in die SED über die Anwerbung durch den Staatsbürgerkunde-Lehrer verweigerte er sich. Eine grundsätzliche Abneigung der Partei gegenüber lag seinem Verhalten nicht zugrunde, denn er trat bereits ein Jahr später selbständig in die Partei ein. An der Universität eckte er durch seine reformistischen Ansichten an und entging einer Strafe nur durch ein Schuldbekenntnis und die Intervention seines Vaters. Als Anwalt verteidigte er Dissidenten und pflegte auch ohne Genehmigung der zuständigen Instanzen Westkontakte. Als Parteivorsitzender schließlich zeigte sich seine Neigung zum Tabubruch in Diskussionen mit dem Republikaner-Chef Schönhuber. Ein solcher Habitus entsprach der Medienlogik, die das Unvorhersehbare und Innovative goutiert. Mit den Erfordernissen von Parteien vertrug sich Gysis Verhalten sehr viel weniger, hier braucht man Geduld, Ausdauer, Verlässlichkeit. Parteiarbeit ist das Bohren dicker Bretter in Versammlungsräumen abseits der großen Öffentlichkeit, bedeutet langwierige, uninspirierende Diskussionen und Zwang zum Ausgleich. Gysi lag das nicht. Seine Welt war die pointierte Erwiderung, die provokative Analyse, der kreative Gedanke.

Überhaupt mangelte es Gysi an Erfahrung in der Parteiarbeit, seine Kenntnisse der eigenen Partei waren unzureichend. Er hatte kein Gespür dafür, dass Parteien Wärmestuben und Traditionsspeicher sind, Horte kollektiver Selbstbestätigung. Radikalen Wandel können solche Organisationen nicht bruchlos nachvollziehen. Das galt zumal für die PDS. Hier sammelten sich nach 1989 diejenigen, die durch die Wiedervereinigung verloren hatten – gleichgültig, ob der Abstieg durch objektive Kriterien messbar war oder bloß einem subjektiven Gefühl entsprach. Von der PDS jedenfalls erwarteten sie nichts weniger, als dass sie sich ebenfalls zügig modernisierte und damit die Veränderungen nachvollzog, die doch alles schlechter gemacht hatten. Sie suchten Nestwärme, Vertrautheit und Geborgenheit. Gysi aber wollte seit 1990 im wiedervereinigten Deutschland so schnell wie möglich ankommen. Daher trieb er mit zunehmender Vehemenz den Reformprozess voran. Zumal er selbst bald die Überzeugung gewann, dass nicht nur kaum ein Ostdeutscher, sondern auch nur die wenigsten Westdeutschen das neu entstandene große Deutschland so gut begriffen hätten wie er.[39] Gysi ent-

---

[39] Vgl. Noack, Hans-Joachim: Meister aller Klassen, in: Der Spiegel, 19.03.2001.

fernte sich so immer mehr von seinen Parteifreunden, er preschte vor, ohne ihre Bedürfnisse zu berücksichtigen und sie auf seinem Weg mitzunehmen. Das verstärkte die Anfälligkeit für nostalgischen Rückzug bei den Mitgliedern, die aufgrund der enttäuschten Einigungshoffnungen seit 1992 ohnehin gegeben war. Die Vergangenheit wurde zunehmend verklärt. Beim Thema „Aufarbeitung der Geschichte" errangen im Dezember 1991 die DDR-Apologeten die Deutungshoheit. Dem darauf folgenden Parteitag ein gutes Jahr später wurde gar der Antrag unterbreitet, einen Liedtext von Bertolt Brecht zur „Melodie unserer alten Nationalhymne" und nicht zur „uns gegenwärtig aufoktroyierten BRD-Hymne" zu singen.[40]

Nicht-intendierte Folgen gut gemeinter Maßnahmen kamen hinzu. Die von Gysi vorangetriebene Aufstellung von „bunten Listen", d.h. die Entscheidung, auch Nichtmitglieder auf Kandidatenlisten der PDS antreten zu lassen, verstärkte die Heterogenität der Bundestagsfraktion und die Zerstrittenheit; die vor dem Hintergrund der angestrebten Westausdehnung der Partei betriebene Förderung westdeutscher Parteimitglieder führte dazu, dass obskure Gestalten mit abstrusen Ideen die Vorstandsarbeit lahm legten; die von Gysi bei den Vorstandswahlen auf dem Parteitag im Januar 1991 protegierten Kandidaten entpuppten sich, erst einmal in das Gremium hinein gewählt, als Spaltpilze und Kritiker des Vorsitzenden.[41]

1991 jedenfalls steckte die PDS in der Krise, es gab haufenweise Probleme, Streit, Misstrauen und Unmut. Auch Gregor Gysis Stern war verblasst. Seine Stellung war beschädigt, er selbst längst nicht mehr so unumstritten. Auf dem Parteitag im Dezember 1989 noch unangefochten und mit 95% der Stimmen gewählt, musste er sich im Januar 1991 mit nur noch 79% begnügen und mit einer Gegenkandidatin herumplagen. Bei der Fortsetzung des 1991er-Parteitages im Juni erhielt er für seine Rede „deutlich weniger Beifall als auf früheren Parteitagen"[42]. Während desselben Konvents kam es auch zu einem Krisentreffen der Präsidiumsmitglieder mit den Vorsitzenden der ostdeutschen Landesverbände. Schon zuvor hatte Gysi seinen Rücktritt als Parteivorsitzender angedroht, sollten die Auseinandersetzungen in Bundesvorstand und Parteipräsidium weiter so unversöhnlich geführt und kein Ausgleich gefunden werden.[43] Erstmals war im Präsidium der PDS neben dem Mehrheits- auch ein Minderheitsvotum abge-

---

[40] Vgl. Vornbäumen, Axel: Das Laufen vorgetäuscht, aber nur auf der Stelle getreten, in: Frankfurter Rundschau, 16.12.1991; Piepgras, Ilka: Gregor Gysi klatschte dem Neuen artig Beifall, in: Berliner Zeitung, 01.02.1993.
[41] Vgl. hierzu einerseits Moreau, Patrick: PDS. Anatomie einer postkommunistischen Partei, Bonn 1992, S. 258 ff.; andererseits Gerner (Anm. 6), S. 168 ff.
[42] O.V.: PDS-Parteitag, PDS zog selbstkritisch Bilanz, in: dpa, Juni 1991.
[43] Vgl. o.V.: In der PDS-Führung kriselt es, in: Frankfurter Allgemeine Zeitung, 22.06.1991; Gast, Wolfgang: Vorwärts nimmer – rückwärts immer, in: Die Tageszeitung, 24.06.1991.

geben worden, in der Parteiführung begann man in Anlehnung an die Grünen von zwei Lagern, den „Fundamentalisten" und den „Realisten", zu sprechen und zwischen dem Parteivorsitzenden Gysi und seinem Geschäftsführer Wolfgang Gehrcke war offener Streit entbrannt. Diesen Machtkampf sollte Gehrcke im Dezember 1991 für sich entscheiden, als er sich mit einer Stimme Differenz gegen den Kandidaten des Vorsitzenden im Amt des Bundesgeschäftsführers behauptete. Die Wahl war von tumultartigen Szenen und Parteiaustritten begleitet, da Gysi zugunsten seines Protegés zu intervenieren und dadurch die Entscheidung zu beeinflussen versucht hatte.[44] Gleichzeitig wuchsen Unverständnis und Wut der Basis über eine Führung, die sich vor allem mit sich selbst beschäftigte und zu zukunftsweisenden Beschlüssen unfähig war.[45]

Anfang 1992 sah es so aus, als ob Gysi kurz vor dem Rückzug stünde. Er wirkte ausgebrannt, zeigte Anzeichen von Resignation und erregte bei den Journalisten oft nur noch Mitleid. Er glich „schon fast seinem Talisman, dem Boxer auf dem Schreibtisch", beobachtete etwa Stephan Lebert. „Die Arme hängen herunter, die Schläge werden eingesteckt."[46] Gysi, so wurde berichtet, scheue plötzlich das Rampenlicht, er habe seine Lust an der politischen Auseinandersetzung verloren und lasse sogar rhetorischen Biss vermissen. Keinen einzigen spektakulären Auftritt habe er in den letzten Monaten im Bundestag gehabt, bei der „Wahl zu den besten Rednern des Jahres 1991 mußte er sich das traurige Schlusslicht mit Bundeskanzler Kohl teilen"[47].

Die gegen Gysi Anfang 1992 erstmals erhobenen Vorwürfe, ein Informeller Mitarbeiter der Staatssicherheit gewesen zu sein, spielten im Hinblick auf sein Seelenleben eine ambivalente Rolle. Einerseits hing sein derangierter Zustand auch mit diesen Beschuldigungen zusammen. Andererseits führte der Verdacht, als Stasi-Zuträger fungiert zu haben, dazu, dass sich seine Position als Parteivorsitzender im Laufe des Jahres noch einmal stabilisierte. In dem Maße, in dem in der Presse und in Oppositionellen-Kreisen über Gysi der Stab gebrochen wurde, bildete sich an der PDS-Basis eine Solidarisierungswelle mit dem Vorsitzenden. Gegen die Anklagen aus dem Westen hieß es, Einigkeit zu zeigen und standzuhalten. Nicht zufällig war plötzlich von einer verbesserten Atmosphäre in den Gremien die Rede, von reduzierten Rivalitäten, entschärften Konflikten und normalisierten Beziehungen.[48]

---

[44] Vgl. Bornhöft, Petra: Die PDS bleibt – wer bleibt in der PDS?, in: Berliner Zeitung, 16.12.1991.

[45] Vgl. o.V.: Heiße Mitternachtsdebatten – problembewußt und problematisch, in: Neues Deutschland, 25.06.1991.

[46] Lebert, Stephan: Ein Visionär hat`s schwer, in: Süddeutsche Zeitung Magazin, 06.03.1992.

[47] Ebd.

[48] Vgl. Gerlof, Kathrin: Parlamentsarbeit nicht existenziell, aber wichtig. Interview mit Gregor Gysi nach den Klausurtagungen von Bundestagsgruppe und Parteivorstand der PDS, in: Neues Deutschland, 07.09.1992.

Die Solidarisierung war freilich nur von kurzer Dauer. Als die Stasi-Tätigkeit Andre Bries enthüllt wurde und Gysi zugeben musste, frühzeitig darüber informiert gewesen zu sein, war die Empörung an allen Ecken und Enden der Partei groß.[49] Obendrein mochten notorische Widersacher endlich ihre Chance gesehen haben, Gysi als Parteivorsitzenden loszuwerden. Jedenfalls blies ihm der Wind jetzt von verschiedenster Seite entgegen. Der Parteivorstand etwa fasste einen Beschluss, in dem Gysis Verhalten ausdrücklich missbilligt wurde und „persönliche Konsequenzen von Gregor Gysi im Arbeitsstil und im offenen Umgang mit den Mitgliedern des Bundesvorstandes"[50] eingefordert wurden. Die Entscheidung, Gysi die Möglichkeit zu verweigern, auf dem folgenden Bundesparteitag die Vertrauensfrage zu stellen und sich von den Delegierten das Vertrauen bestätigen zu lassen, bedeutete fraglos einen Affront und veranschaulichte die Intention, Gysis Position zu schwächen. Auch von der Basis hagelte es Kritik. In einem „offenen Brief" beklagte etwa das PDS-Mitglied Wolfgang Brauer, dass die praktische Politik vor Ort durch „Stasi-Skandale, Finanz-Debakel und eventuelle Gysi-Rücktritte" in der Öffentlichkeit nicht wahrgenommen werde.[51] Die Parteizeitung „Neues Deutschland" nannte Gysis Verhalten im Fall Brie gar „Verrat"[52]. Der PDS-Kreisverband Bernau forderte einige Tage später in einem Schreiben an die Antragskommission, auf dem folgenden Parteitag den gesamten Bundesvorstand neu wählen zu lassen. Ein Austausch nur des Vorsitzenden und seines Stellvertreters, so die Begründung, sei zwar statuarisch möglich, politisch und moralisch aber nicht akzeptabel, da „der bisherige Bundesvorstand als kollektives Führungsorgan versagt" habe.[53] Der Vorsitzende selbst hatte bereits zuvor auf den allgemeinen Vertrauensentzug mit seiner Rücktrittserklärung reagiert. In dieser Erklärung schilderte Gysi die Gründe für seinen Abgang und analysierte die parteiinternen Vorgänge um seine Person ebenso realitätsnah wie aufschlussreich. Für die PDS, so hieß es da, sei jetzt die Zeit gekommen, ihr Profil zu schärfen und den Richtungsstreit zu entscheiden. Er selbst könne für diesen Prozess nur hinderlich sein – weil sich, so wäre hinzuzufügen, an seiner Person Ende 1992 die Geister der Postkommunisten so unversöhnlich schieden, dass eine Verständigung mit ihm als Vorsitzendem unmöglich geworden war.

---

[49] Vgl. o.V.: Führungskrise in der PDS, in: Neues Deutschland, 26.10.1992; o.V.: Gysi bleibt PDS-Vorsitzender, in: Frankfurter Allgemeine Zeitung, 28.10.1992.
[50] Beschluss des Parteivorstandes vom 26. Oktober 1992, in: Archiv der Rosa-Luxemburg-Stiftung: Bestand Parteivorstand der PDS, Alt-Signatur: 2003-XII-81.
[51] O.V.: „Wir werden halt weitermachen", in: Neues Deutschland, 30.11.1992.
[52] Schwelz, Ingomar: In der Ein-Mann-Show fällt der Vorhang, in: Mitteldeutsche Zeitung, 01.12.1992.
[53] Antrag des Kreisvorstandes des Kreisverbandes Bernau an die Antragskommission vom 11.12.1992, in: Archiv der Rosa-Luxemburg-Stiftung: Bestand Parteivorstand der PDS, Alt-Signatur: 2003-XII-81.

Insgesamt war Gregor Gysis Bilanz als Parteivorsitzender also durchwachsen. Einerseits hatte die Partei ihm ihr Überleben zu verdanken. Ohne Gysi wäre sie wohl zusammen mit der SED untergegangen und aufgelöst worden, hätte es die PDS als ernst zu nehmenden politischen Akteur vermutlich nie gegeben. Er gab dem moralisch verderbten und diskreditierten Parteikörper ein unverbrauchtes, attraktives Gesicht. Er übernahm den Vorsitz, als sich kein anderer fand, stellte sich der öffentlichen Kritik, wo seine Parteifreunde zurückwichen und betrieb unermüdlich Wahlwerbung, während sich sonst kaum ein Mitglied aus der PDS-Gemeinde zu seinem Glauben zu bekennen traute. Die unerwartet guten Wahlergebnisse 1990 und den Einzug in den Deutschen Bundestag hatte die Partei Gysi zu verdanken.

Andererseits trug sein Führungsstil auch zur Zerstrittenheit der PDS, zur internen Flügelbildung und Renaissance nostalgischen Denkens bei. Gysi war kein Integrator und Moderator, wie ihn die heterogene einstige Staatspartei gebraucht hätte. Er preschte lieber vor, polarisierte und beeindruckte durch pfiffige, unkonventionelle Vorschläge. Ihm fehlte jedes Verständnis für die Unbeweglichkeit und Behäbigkeit sowie den Traditionalismus von Parteien. Die Partei nahm er auf seinem Weg nicht mit. Das lag nicht zuletzt auch daran, dass er sich in der für die Mitglieder zentralen Frage der Westausdehnung und der gesamtdeutschen Ausrichtung von der Mehrheit seiner Basis fundamental unterschied.

Gerade die PDS hätte aufgrund der Zusammensetzung und Gemütsverfassung ihrer Mitglieder eines Vorsitzenden bedurft, der Nestwärme, Zugehörigkeit und Verlässlichkeit ausstrahlte. Gysi aber tat das nicht, er hätte es auch gar nicht gekonnt, schließlich dachte er in ganz anderen Kategorien. Er sah den Parteivorsitz mit den Augen des Anwaltes, die PDS war für ihn wie ein Mandant.[54] So wenig wie sich der Anwalt mit seinem Klienten identifiziert, so wenig ihn trotz allen Einsatzes für einen Freispruch dessen Schicksal interessiert, so rational und unemotional war das Verhältnis Gysis zur PDS. Gysi war als Parteivorsitzender Verteidiger geblieben, er hatte nur die Bühne gewechselt. Außerdem entsprach seinem ganzen Naturell der öffentliche Auftritt mehr als die Gremiensitzung im Hinterzimmer.

Die Partei spürte die Nachteile eines solchen Verhaltens; von der Popularität Gysis konnte sie indes nicht profitieren. Das mag bei Mitte-Parteien anders sein, in Bezug auf die PDS aber war die bundesdeutsche Wählerschaft polarisiert und in zwei sich unversöhnlich gegenüber stehende Blöcke geteilt. Wer der PDS nahe stand, hätte sie auch ohne Gysi gewählt, wer sie ablehnte, wählte sie trotz Gysi nicht. Daher blieb sie im Westen eine unbedeutende Splitterpartei, obwohl ihr Vorsitzender gerade zwischen Rhein und Elbe punktete. Gysi selbst brachten seine Schlagfertigkeit, seine Bekanntheit und Beliebtheit zwar durchaus Vorteile.

---

[54] Vgl. Voigt, Jutta / Kopka, Fritz-Jürgen: Die Droge Gysi, in: Die Woche, 28.04.2000.

Nicht zufällig war er 1990 als einziger PDSler bei der Bundestagswahl mit einem Direktmandat ausgestattet worden. Langfristig mochte sich durch ihn auch die Akzeptanz der PDS erhöhen. Kurzfristig hingegen half sein Verhalten der Partei wenig, übertrug sich der Gysi-Bonus nicht auf sie.

Der Herbergsvater seiner Partei: Lothar Bisky

Nach nur drei Jahren waren die Sozialisten Gregor Gysis – zumindest in seiner Funktion als Parteivorsitzender – überdrüssig. Als ihr erster Mann seinen Rückzug vom Parteiamt ankündigte, wurde das geradezu erleichtert zur Kenntnis genommen. So groß war der Unmut über den Zustand der PDS, dass ein einfacher Wechsel an der Spitze als unzureichend erschienen wäre. Der Wandel musste radikaler sein. Die Genossen wollten einen Bruch vollziehen, die Zeichen auf Null stellen und noch einmal ganz neu beginnen. Symptomatisch für den Wunsch nach Veränderung war die Forderung, der bevorstehende Neubeginn müsse sich, um vollständig und nach außen glaubwürdig zu sein, auch personell niederschlagen. Nicht wenige – auch prominente – Mitglieder verlangten deshalb Neuwahlen nicht nur für die vakanten Posten, sondern für den gesamten Vorstand.[55]

Folgerichtig wählten sich die Postkommunisten dann auf ihrem Berliner Parteitag im Januar 1993 mit Lothar Bisky einen Mann zum Vorsitzenden, der in vielerlei Hinsicht das Gegenteil seines Vorgängers verkörperte. Wo Gysi dazu neigte, zu polarisieren, zu provozieren und Andersdenkende abzukanzeln, da suchte Bisky einen Ausgleich herzustellen, Differenzen zu moderieren und Kompromisslösungen zu finden. Auf den Polarisierer an der Parteispitze folgte eine Integrationsfigur. Gysi hatte in seiner Rücktrittserklärung vier Richtungen in der PDS identifiziert. Seiner Analyse zufolge unterschieden sich die Politikansätze dieser innerparteilichen Gruppen – trotz verschwimmender Grenzen – fundamental, standen sie sich in zentralen Fragen intransigent gegenüber und schlossen sich letztlich gegenseitig aus.[56] Bisky dagegen distanzierte sich explizit nur von stalinistischen Positionen – die so nicht einmal die Linksaußen von der „Kommunistischen Plattform" vertraten. Ansonsten aber erklärte er, Elemente jeder der parteiinternen Gruppen in seiner Person zu vereinen.

Auch in einem anderen Punkt hob er sich ausdrücklich von Gysi ab – und versinnbildlichte damit den weit verbreiteten Wunsch nach einem klaren Schnitt

---

[55] Vgl. hierzu u.a. den Brief der stellvertretenden Parteivorsitzenden Inge Stolten an den Parteivorstand vom 18.12.1992, in: Archiv der Rosa-Luxemburg-Stiftung: Bestand Parteivorstand der PDS, Alt-Signatur: 2003-XII-81.

[56] Vgl. den Brief Gysis an die Mitglieder des Bundesvorstandes und des Parteirates der PDS vom 30.11.1992, in: Neues Deutschland, 01.12.1992.

und Neuanfang. Gysi hatte seinen Rücktritt auch damit begründet, dass die Partei unter seinem Vorsitz eine „Ein-Mann-Show" gewesen sei, was seinem Charakter entgegen gekommen sei und für die PDS anfangs durchaus vorteilhaft gewesen wäre, später aber auch Nachteile mit sich gebracht habe.[57] Bisky wurde nun im Vorfeld seiner Wahl nicht müde zu erklären, aus der „Ein-Mann-Show" eine „Viel-Frauen-und-Männer-Veranstaltung" machen zu wollen.[58] Er sei kein Einzelkämpfer, setze auf Teamarbeit, wo bisher der Vorsitzende allein wahrnehmbar gewesen sei und fördere vorhandene Potentiale, wo sich zuvor kein Talent habe entwickeln können. Entsprach Gysi weitgehend dem Ideal des modernen Medienpolitikers, der die Parteiinstanzen umgeht, via Medien direkt mit dem Wahlvolk kommuniziert und seine Anhängerschaft durch überzeugende Argumentation statt emotionale Bindung gewinnt, so verkörperte Bisky das klassische Modell des Parteipolitikers. Von eher sprödem Charme, war er zu introvertiert, schüchtern und grüblerisch, um im Fernsehen zu wirken. Im vertrauten Kreis fühlte er sich wohl, die Atmosphäre von Talkshow-Studios dagegen bereitete ihm Unbehagen. Um seine Gegner mit teletauglichem Spott zu überziehen, war er zu anständig, wohl auch zu ehrlich.

Im Unterschied zu Gysi dürfte für Biskys Aufstieg an die Parteispitze seine innerparteiliche Karriere entscheidend gewesen sein. Zwar war auch Bisky durch den Umbruch weit nach oben gespült worden. Für die Parteispitze qualifizierte ihn aber in erster Linie seine Stellung als Vorsitzender von Fraktion und Landesorganisation der Brandenburger PDS. Zur Charakterisierung als Parteipolitiker passt, dass Bisky seine politischen Aufgaben vor allem aus Pflichtgefühl und weniger freiwillig, denn gezwungenermaßen übernahm. Das war schon bei seiner Rede auf der Großdemonstration am vierten November 1989 in Berlin der Fall gewesen, als er sich von einem Universitätskollegen, dem er „nichts abschlagen"[59] konnte, überreden ließ. Es stimmt erst recht im Hinblick auf den Parteivorsitz, den er nicht anstrebte und zu dessen Übernahme er erst in einem mehrstündigen Nachtgespräch gedrängt werden musste.[60] Im Rampenlicht zu stehen, lag Bisky eigentlich nicht, viel lieber wäre er im Schatten der zweiten Reihe verblieben.

Nun war Lothar Bisky nicht in allem ein Antipode seines Vorgängers, in mancher Hinsicht wiesen beide auch Gemeinsamkeiten auf. Ähnlich dem ersten

---

[57] Vgl. Gysi (Anm. 56).

[58] Vgl. o.V.: Bisky stellt Bedingungen, in: Frankfurter Allgemeine Zeitung, 11.12.1992.

[59] Gysi, Gregor: Lothar Bisky, in: ders.: Über Gott und die Welt. Gregor Gysi im Gespräch mit Daniela Dahn, Lothar de Mazière, Hans-Otto Bräutigam und Lothar Bisky, Berlin 1999, S. 150-184, hier S. 172.

[60] Vgl. hierzu Oechelhaeuser, Gisela: Lothar Bisky. „So tief bücke ich mich nicht", Berlin 1993, S. 75; Ramelsberger, Annette: Rente statt Revolution. Lothar Bisky will Ruhe und die PDS sich selbst überlassen, in: Süddeutsche Zeitung, 03.04.2000.

gehörte auch der zweite Vorsitzende zur so genannten Kaderreserve des staatsso-
zialistischen Systems, wie dieser so hatte jener Karriere neben der Partei gemacht – in diesem Fall im Universitätsbereich. Beide galten als unabhängig und
unbescholten, als sie durch die Wende in die Parteiführung gespült wurden. E-
benso wie Gysi galt auch Bisky als Reformer, war sein politischer Ansatz in
Teilen der Partei als zu sozialdemokratisch verschrien. Unter seiner Führung z.b.
betrieb die Brandenburger PDS schon Anfang der 90er-Jahre eine konstruktive
Opposition und verhalf der dortigen Ampelkoalition bei schwierigen Abstimmungen bisweilen auch zu Mehrheiten.[61] Als Vorsitzender im viel beachteten
Untersuchungsausschuss zur Stasi-Mitarbeit des Ministerpräsidenten Manfred
Stolpe hatte Bisky schließlich eine gewisse bundesweite Bekanntheit erlangt. Er
galt als eine „Zugnummer" der PDS, als renommierter, weithin akzeptierter und
respektierter Politiker.[62]

Dennoch waren es die Unterschiede zu seinem Amtsvorgänger, die ihn als
dessen Erbe geeignet sein ließen. Denn nach der Ausnahmeerscheinung Gysi,
der sein Publikum in Fans und Gegner spaltete, es permanent mit unvorherseh-
baren Winkelzügen überforderte und beim Tabubruch immer eine überlegene Ein-
sicht in die gesellschaftlichen Gegebenheiten für sich reklamierte, musste die
Partei innehalten und verschnaufen. Auf den Paradiesvogel und Tausendsassa
musste deswegen ein biederer, bedächtiger und bodenständiger Charakter im
Parteivorsitz folgen. Nach dem Charismatiker, der die Partei zu neuen Ufern
hatte führen wollen, im Endergebnis aber vor allem Chaos, Unfrieden und Verwirrung gestiftet hatte, suchte die PDS einen Ruhestifter, der die Wogen glättete,
die Spaltungen kittete und die auseinander strebenden Fraktionen zusammenführte.

Lothar Bisky war für diese Aufgabe prädestiniert. Sie korrelierte mit seinen
Talenten und Fähigkeiten, sie spiegelte obendrein seine gesamte in sich widersprüchliche Lebensgeschichte. In Pommern 1941 geboren, war er nach dem
Zweiten Weltkrieg in Schleswig-Holstein, also in Westdeutschland, aufgewachsen. Hier verlebte er seine Jugend, ging er zur Schule, traf seine erste Liebe und
partizipierte an den kulturellen Moden. Als Flüchtlingskind war er zugleich „der
letzte Dreck"[63], der Vater Analphabet, die Familie arm. In der Klassengesellschaft zu Zeiten des erst allmählich anlaufenden Wirtschaftswunders spürte Bisky die Benachteiligung deutlich. Weil er für sich im Westen keine Aufstiegs-
chance sah, siedelte er in die DDR über. Hier konnte er studieren, machte er
Karriere und stieg bis zum Professor für Film- und Fernsehwissenschaften und

---

[61] Vgl. o.V.: Das Portrait. Lothar Bisky, in: Die Tageszeitung, 02.12.1992.
[62] Vgl. Morgenstern, Thomas: Aus dem Kreml ins Karl-Liebknecht-Haus?, in: Neue Zeit,
02.12.1992.
[63] Palmer, Hartmut: Immer auf allen Seiten, in: Der Spiegel, 06.02.1995.

zum Universitätsrektor auf. Daher rührt seine Dankbarkeit gegenüber dem real existierenden Sozialismus und die Weigerung, die DDR später in Bausch und Bogen zu verdammen. Dennoch wurde er auch nach seinem Seitenwechsel 1959 kein „richtiger Ossi". Seine Jugend im freien Westen ließ ihn Zeit seines Lebens empfindsam gegenüber obrigkeitlicher Gängelung sein und gegen Freiheitsbegrenzung aufbegehren. „Obwohl er sich auch ideologisch für das kommunistische Deutschland entschied", konstatierte Hartmut Palmer, „blieb Bisky Grenzgänger"[64]. Sein Grenzwechsel, die widersprüchlichen Prägungen und konkurrierenden Erfahrungen machten ihn skeptisch gegenüber jeder Form des Schwarz-Weiß-Denkens und tolerant im Hinblick auf unterschiedlichste Lebensentwürfe und Denkweisen.

Derer gab es in der PDS besonders viele. Anfang 1995 bestanden in der SED-Nachfolgepartei 24 Plattformen, die alle über weitgehende Freiheiten verfügten und eigene Delegierte zu den Parteitagen entsenden konnten. Zwischen einer Mitgliedschaft, die weit überwiegend aus mittlerweile berenteten ehemaligen Einheitssozialisten bestand, und einer überproportional jungen, die DDR zunehmend weniger erinnernden Wählerschaft bestanden ebenfalls gravierende Unterschiede. Dasselbe galt erst recht in Bezug auf eine unauffällige, sozial integrierte Anhängerschaft im Osten und die exaltierten Außenseiterexistenzen der West-PDS.[65] Nur vor dem Hintergrund seiner Lebensgeschichte konnte sich Bisky trotzdem sämtlichen Parteiströmungen zurechnen („Ich bin alle vier Richtungen."[66]) sowie als „Schnittmenge der real-existierenden PDS"[67] gelten.

Unter Lothar Bisky überwanden die Sozialisten bald ihre Depression. Die Zuversicht wuchs wieder, auch in den nächsten Bundestag einzuziehen – sei es durch ein Ergebnis von mindestens 5% oder durch drei Direktmandate – und die bundesweite Präsenz der Partei sichern zu können. Schon bei der Fortsetzung des 3. Parteitages im Juni 1993 wurde Aufbruchstimmung verbreitet und Selbstbewusstsein demonstriert. Die Partei, so die Botschaft, habe sich konsolidiert, ihr Ansehen sei gestiegen und sie werde auch vom politischen Gegner zunehmend akzeptiert.[68] Analog zur Stimmung verbesserten sich die Umfragewerte. Bereits Anfang 1994 und folglich noch vor der „Rote-Socken-Kampagne" der Christdemokraten, die der PDS im Osten weitere Wähler zutrieb, gab es Anzeichen dafür, dass sich die Postkommunisten im wiedervereinigten Deutschland zunehmend etablierten. Einer Umfrage der Allensbacher Meinungsforscher im Januar zufol-

---

[64] Vgl. Palmer, Hartmut: Immer auf allen Seiten, in: Der Spiegel, 06.02.1995.
[65] Vgl. Semler, Christian: Zwei Kulturen unter einem Hut?, in: Die Tageszeitung, 28.06.1993.
[66] O.V.: Bisky stellt Bedingungen, in: Frankfurter Allgemeine Zeitung, 11.12.1992.
[67] Fehrle, Brigitte: „Ich will nicht der Integrations-Opa sein", in: Berliner Zeitung, 12.10.1994.
[68] Vgl. Gast, Wolfgang: PDS setzt zum Sprung über die 5-Prozent-Hürde an, in: Die Tageszeitung, 28.06.1993.

ge wollten sie 71% der Ostdeutschen weiterhin im Bundestag sehen und immerhin 5,3% der bundesweit Befragten ihnen auch ihre Stimme geben.[69]
Bisky harmonisierte Widersprüche und kittete Brüche. Parteitage der PDS waren zuvor stets für heftige Auseinandersetzungen, unkalkulierbare Emotionen und grenzwertige Beschlüsse gut gewesen. Unter Bisky änderte sich das grundlegend. Der Vorsitzende bediente in seinen Reden alle Parteiflügel, überbrückte Differenzen und vermied, wenn möglich, eindeutige Stellungnahmen. Bald beklagten Parteitagsbeobachter ereignisarme Diskussionen, uninspirierte Redner und lethargische Delegierte. Insbesondere die Zusammenkünfte der späten 90er-Jahre begleiteten Lamenti über die Harmoniesucht der Genossen, über gepflegte Langeweile und unausgetragene Konflikte. Auch unter Parteitagsdelegierten wurde kritisiert, dass es zunehmend nur noch Scheindebatten gäbe und die Disziplin langsam zum Problem werde.[70] „Diese Zustimmung ist fast schon gespenstisch"[71], resümierte selbst der Parteivorsitzende den Verlauf des 5. Parteitages im Januar 1997.

Ein solches Ausmaß an Einigkeit wäre auch bei anderen Parteien nicht selbstverständlich gewesen. Dass sich aber gerade die PDS dermaßen geschlossen präsentierte, verblüfft und bedarf einer Erklärung. Dieser Erfolg war Lothar Biskys unscheinbarer, uneiteler Art geschuldet. Die Postkommunisten legten gerade aufgrund ihrer Vergangenheit großen Wert auf basisdemokratische Prinzipien, weitgehende Mitgliederrechte und die Kontrolle der Führung. Zusammen mit dem Kürzel SED hatte sich die PDS vom demokratischen Zentralismus mitsamt seiner die einfachen Mitglieder entmündigenden Befehlsstruktur verabschiedet. Dabei waren sie vom einen in das andere Extrem gefallen und hatten sich eine Satzung gegeben, die derjenigen der Grünen ähnelte. Die Amtszeit für Parteiämter war auf acht Jahre begrenzt, Doppelmitgliedschaften, d.h. Mitgliedschaften von Aktivisten anderer Parteien in der PDS, hatte man erlaubt und den innerparteilichen Gruppierungen weit reichende Rechte zugestanden. Überdies gab es regelmäßig Forderungen, die Ämterrotation auf Parlamentarier auszudehnen und eine Doppelspitze im Parteivorsitz zu installieren.[72] Eine solche Partei war nicht durch selbstherrliches Auftreten und große Gesten zu führen. Als Vorsitzender musste man sich vielmehr selbst zurücknehmen und beschränken können, die Führung der Partei musste unauffällig, von der Basis gleichsam unbemerkt erfolgen. Dass Bisky dies konnte, hatte er zuvor bereits in Brandenburg

---

[69] Vgl. Raabe, Mathias: Hoffen auf Parlamentssitze, in: Berliner Zeitung, 11.03.1994.
[70] Vgl. Seils, Christof: Opponieren oder mitregieren, in: Die Tageszeitung, 29.01.1996; Hebel, Stephan: Die Partei, die Partei hat immer recht, in: Frankfurter Rundschau, 20.01.1997; König, Jens: Im sozialistischen Ghetto, in: Die Tageszeitung, 18.01.1999.
[71] Gast, Wolfgang: Sehnsucht nach einer Autorität, in: Die Tageszeitung, 20.01.1997.
[72] Vgl. Roll, Evelyn: Das Mülleimer-Gefühl eines Vorsitzenden, in: Süddeutsche Zeitung, 13.01.1997.

bewiesen. Den dortigen Landesverband hatte er auf einen konstruktiven Oppositionskurs festgelegt und zu Koalitionen fähig gemacht, ohne die Koalitionsfrage zum politischen Thema werden zu lassen.[73] Auch die Bundespartei führte er weitgehend geräuschlos. Seinen Reformkurs verbrämte er durch Kompromissformeln, in denen sich alle Fraktionen wieder finden konnten. Für Skandale und Provokationen sorgten andere. Konsequent versuchte Bisky, jeden Verdacht zu zerstreuen, aus eigener Machtvollkommenheit zu handeln. Selbst als er 1995 ganz entgegen seiner sonstigen Gewohnheit die Auseinandersetzung mit der „Kommunistischen Plattform" suchte und die Machtfrage stellte, präsentierte er sich den Parteitagsdelegierten zerknirscht und als Getriebener, appellierte er an das Mitgefühl der Genossen und bezeichnete seinen Vorstoß als „Hilfeschrei".[74]

Die Integration der Partei wurde Bisky dadurch erleichtert, dass er im Habitus den biederen und rechtschaffenen Parteisoldaten glich. Er war der Repräsentant der unscheinbaren, einfachen Mitglieder an der Basis, welche die breite Masse der Anhänger stellten. Wohl agierte er, wie gesehen, mit dem Anspruch, Parteivorsitzender aller PDSler zu sein. Seinem inneren Wesen nach aber gehörte er weder zu den Berliner „Designerstalinisten", noch zu den bunthaarigen, punkigen Alternativen in der Partei. Der Gysi-Nachfolger stand vielmehr für den Volkspolizisten im Ruhestand oder den stellvertretenden Abteilungsleiter und dessen Sekretärin sowie die vielen, „die auch nur Menschen waren, trotz SED, die doch so oft geholfen und gewiß nie geschadet haben, wenn sie nicht mußten"[75]. An der Basis, in den Ortsvereinen, bei den Festen der PDS-Rentner, da war er „einer von uns"[76]. Und eben dort trafen sich genau jene Mitglieder, aus denen sich die Parteiaktivisten rekrutierten; diejenigen, die in zahlreichen vorpolitischen Vereinen und Organisationen engagiert waren und dadurch die PDS im gesellschaftlichen Raum verankerten; welche die tägliche Gartenzaunpropaganda bewältigten und Agitationserfahrung besaßen; diejenigen schließlich, welche die Öffentlichkeitsarbeit vor Ort leisteten, Wahlkämpfe bestritten und mit ihren Aktivitäten die Partei trugen.[77]

Bisky vermochte sich im Übrigen auch Gysis Potential zunutze zu machen. Der Fraktionsvorsitzende war unverändert der bekannteste Sozialist und wortgewaltigste Rhetoriker der PDS. Auch nach seinem Rücktritt vom höchsten Parteiamt war er gerade in Wahlkampfzeiten sehr gefragt und ständig im Einsatz. Im Unterschied nun zu zahlreichen anderen Politikern, die sich auch alle scheinbar in Ämter drängen ließen und den Eindruck zu erwecken versuchten, nach Höhe-

---

[73] Vgl. Hartung, Klaus: Ein leiser Genosse, in: Die Zeit, 05.02.1993.
[74] Vgl. Roll, Evelyn: Ein Fegefeuer der etwas anderen Art, in: Süddeutsche Zeitung, 30.01.1995.
[75] Schuller, Konrad: Das Es der Partei, in: Frankfurter Allgemeine Zeitung, 07.05.1996.
[76] Zit. nach Fehrle, Brigitte: Der Schlichter ist nicht „cool", in: Berliner Zeitung, 18.09.1998.
[77] Vgl. Müller, Claus Peter: „Ich habe gemacht, was die Partei wollte", in: Frankfurter Allgemeine Zeitung, 07.04.1999.

rem nicht zu streben, dann aber alle Macht an sich rissen und potentielle Konkurrenten klein hielten, beschied sich Bisky auch als Vorsitzender nach außen mit der Rolle des zweiten Mannes und verzichtete zugunsten seines Vorgängers auf Einflusschancen, öffentliche Wirkung und Bekanntheit. Bisky anerkannte stets Gysis besondere Talente, machte ihm seinen Rang nicht streitig, sondern konzentrierte sich auf seine eigenen Stärken. Beide gingen eine enge Verbindung ein, zwischen ihnen entwickelte sich eine Freundschaft. Sowohl programmatisch als auch strategisch zogen beide an einem Strang und verknüpften zunehmend auch ihre politischen Schicksale miteinander. Der Partei- und der Fraktionsvorsitzende bildeten ein Tandem. Bisky sollte die Partei im Osten konsolidieren, Gysi im Westen zusätzliche Anhänger werben. Ersterer agierte eher intern, Letzterer strahlte in die Öffentlichkeit aus.[78]

Die Stellung der PDS auf dem Wählermarkt wurde so gestärkt, unter Bisky eilten die Postkommunisten bei Wahlen von einem Sieg zum nächsten. Im Osten wurden die Genossen flächendeckend zur 20-Prozent-Partei, überholten in Thüringen und Sachsen die Sozialdemokraten und regierten in Sachsen-Anhalt indirekt, in Mecklenburg-Vorpommern sogar offiziell mit. Auch im Europaparlament saßen PDS-Abgeordnete, und im Bundestag waren die Sozialisten seit 1998 erstmals in Fraktionsstärke vertreten.

Biskys ausgleichendes Temperament besaß insofern zweifellos große Vorzüge – für die Partei wie für ihn selbst. Der Partei bescherte es Geschlossenheit und Wahlsiege, für den Vorsitzenden war es eine Machtressource, die seine Stellung absicherte und ihn an der Spitze unersetzbar machte. Ins Extreme überspitzt freilich konnte Integrationsfähigkeit auch in Entscheidungsschwäche und Richtungslosigkeit ausarten – und zum Problem werden. Der schmale Grat, auf dem der Vorsitzende wandelte, wurde exemplarisch durch den Berliner Parteitag 1995 und dessen Folgen veranschaulicht. Im Vorfeld des Konvents war Bisky in die Offensive gegangen und hatte zusammen mit Gysi ein Reformpapier vorgelegt, dem die Delegierten zustimmen sollten, andernfalls er als Vorsitzender zurücktreten wollte. Die sozialistischen Vorleute bezweckten damit, die PDS regierungstauglich zu machen, sich vom Denken in den Kategorien des Klassenkampfes zu verabschieden und sich eindeutig vom DDR-Sozialismus zu distanzieren.[79] Etlichen Genossen gingen solche Ansichten viel zu weit, weshalb ein Sturm der Entrüstung losbrach. An diesem Punkt bewährte sich Biskys Integrationskompetenz. Es gelang ihm, den prominentesten Vertreter der Traditionalisten, Hans Modrow, für seine Position zu gewinnen. Auch den Bundesgeschäftsführer Wolfgang Gehrcke, der zu Gysis Zeiten vorzugsweise Gegenpositionen zum

---

[78] Vgl. Vornbäumen, Axel: Die PDS spielt mit verteilten Rollen, in: Frankfurter Rundschau, 01.02.1993; o.V.: Spielbein und Standbein, in: Süddeutsche Zeitung, 01.02.1993.
[79] Vgl. Gast, Wolfgang: Es geht um die Zukunft der PDS!, in: Die Tageszeitung 26.01.1995.

Vorsitzenden bezog, konnte Bisky auf seine Seite ziehen, ebenso die mächtigen Landesvorsitzenden Ost.[80] Auf dem Parteitag selbst setzte er seine Positionen schließlich durch, weil er Verständnis für den Unmut zeigte und Kompromissbereitschaft signalisierte. Im Ergebnis erhielten in der Abstimmung sein Fünf-Punkte-Papier und bei den Vorstandswahlen die von ihm präferierten Kandidaten Mehrheiten.[81]

Aber Bisky nutzte die Chance des Augenblicks nicht. Der Parteitag hätte aufgrund abstruser, die Stalinzeit verherrlichender Äußerungen Sahra Wagenknechts – eines Führungsmitglieds der parteiinternen „Kommunistischen Plattform" – die Gelegenheit geboten, ewiggestrige Positionen definitiv aus der Partei auszugrenzen, einen klaren Trennungsstrich in Bezug auf stalinistische Orientierungen zu ziehen und einen neuen Parteikonsens zu begründen. Stattdessen entschuldigte sich Bisky, nachdem ihm der Parteitag gefolgt war, bei Wagenknecht für die insbesondere gegen ihre Person gerichteten Attacken und bekannte sich zur Akzeptanz kommunistischer Positionen in der PDS.[82] Mit den Konflikten konfrontiert, die seine Initiative hervorrief, knickte Bisky ein, wich er zurück und führte den Kurs nicht fort. Auch als wenige Monate später der Aufruf „In großer Sorge" lanciert wurde, der die Fortexistenz von Positionen belegte, die mit den Beschlüssen des Berliner Parteitages eigentlich der Vergangenheit angehören sollten, beschränkte sich Bisky auf folgenlose Kritik. Anstatt die Initiatoren zur Rechenschaft zu ziehen, beschwerte er sich über verrohte Umgangsformen, eine unzureichende Diskussionskultur und denunziatorische Auseinandersetzungen. Aus alldem zog Bisky nicht die Konsequenz, in Zukunft härter durchzugreifen und seine Thesen pointierter zu formulieren. Ganz im Gegenteil bewegten ihn, der harten Auseinandersetzungen lieber aus dem Weg ging, die Kontroversen dazu, in der Folge die aufgekommenen Dissonanzen wieder zu harmonisieren. Bisky schlüpfte wieder in die Rolle des Schlichters, bestritt Trennungsabsichten von randständigen Mitgliedern und versuchte zusammenzufügen, was nicht zusammengehörte.

Die auf dem Berliner Parteitag angestrengte Richtungsentscheidung versandete infolgedessen. Die Partei entwickelte sich programmatisch nicht weiter, ein neues Selbstverständnis wurde nicht ausgebildet. Wenn die folgenden Parteitage Harmonieveranstaltungen waren, dann vor allem deshalb, weil der Vorsitzende wieder alle Fraktionen bediente, eindeutige Entscheidungen mied und reichlich Selbstkritik übte. Den Leitantrag zum Magdeburger Parteitag 1996 bezeichnete

---

[80] Vgl. Rulff, Dieter / Löblich, Eberhard: Die PDS an ihrer Schmerzgrenze, in: Die Tageszeitung 16.01.1995; o.V.: PDS-Krise verschärft, in: Junge Welt, 17.01.1995; o.V.: PDS toleriert Altkommunisten – nur nicht im Bundesvorstand, in: Frankfurter Rundschau, 23.01.1995.
[81] Vgl. o.V.: Bisky: An der PDS wird rot-grüne Politik nicht scheitern, in: Süddeutsche Zeitung, 31.01.1995.
[82] Vgl. o.V.: PDS-Reformer lassen Federn, in: Frankfurter Rundschau, 30.01.1995.

er als „Diskussionsangebot"[83], und seine Redebeiträge wurden immer vorsichtiger. Aus Angst, einen der parteiinternen Flügel zu vergrätzen, traute sich Bisky nach 1995 kaum noch, klare Stellungnahmen abzugeben. Daher schmückten Fußnoten nun seine Parteitagsreden wie eine wissenschaftliche Arbeit, und er klebte zunehmend am vorbereiteten Text.[84]

In der Vorstandsarbeit war seine Konfliktscheu erst recht problematisch. Auf Parteitagen, die ein-, maximal zweimal im Jahr tagten, ließen sich klare Festlegungen noch vermeiden. Für den praktischen Vollzug von politischen Entscheidungen spielten die Delegierten ja ohnehin keine Rolle. Ganz anders verhielt es sich mit dem Parteivorstand. Dieser tagte in kurzen Fristen und seine Entscheidungen tangierten das operative Geschäft. Hier mussten Konflikte ausgetragen, Entscheidungen gesucht und Linien gezogen werden. Hier bedurfte es eines „richtigen" Politikers. Bisky dagegen blieb die gesamten 90er-Jahre hindurch „ein in der Politik vagabundierende Wissenschaftler"[85]. Die stundenlangen, ergebnislosen Diskussionen im Parteivorstand betrachtete er als ihm fremde Kultur. Sein Unbehagen ging so weit, dass er um die Parteizentrale am liebsten einen großen Bogen machte und sich im Karl-Liebknecht-Haus nur im Notfall aufhielt. Aus den Auseinandersetzungen im Vorstand hielt er sich weitestgehend heraus, hier „nimmt er fast nie als Erster das Wort, lässt die anderen streiten, sagt dann: Ihr müsst euch entscheiden"[86]. Den Streitereien in der Parteiführung konnte er auf diese Weise keinen Einhalt gewähren, einen eigenen Kurs nicht vorgeben. Auch unter Bisky galt der Parteivorstand entsprechend als Schwachstelle, als zerstritten und handlungsunfähig. Unmittelbar vor dem Schweriner Parteitag 1997 galt der innere Zustand der PDS gar als so „schlecht wie nie"[87]. In der Parteizentrale würde mehr geschrien als miteinander diskutiert. Bisky persönlich gestand selbstkritisch ein, dass „sich der Vorstand zu oft mit sich selbst beschäftigt hat"[88].

Nun ist für den Zustand der Parteizentrale, für ihre Organisation und Arbeitsfähigkeit nicht nur der Parteivorsitzende verantwortlich, ja nicht einmal in erster Linie. Eine zentrale Funktion kommt hierfür dem Bundesgeschäftsführer zu. Martin Harnack, der 1993 zeitgleich mit Bisky in sein Amt gewählt worden war, galt als farblos, durchsetzungsschwach und konturlos. Wo es darum gegangen wäre, Biskys Defizite auszugleichen, das vom Vorsitzenden gelassene Va-

---

[83] Hinze, Albrecht: Eine Mischung für alle Fälle, in: Süddeutsche Zeitung, 26.01.1996.
[84] Vgl. Germis, Carsten: Die Partei – Alpha und Omega, in: Der Tagesspiegel, 17.01.1999.
[85] Winters, Peter Jochen: Trägt schwer am Erbe der SED, in: Frankfurter Allgemeine Zeitung, 01.02.1993.
[86] Wiedemann, Charlotte: Kaiser ohne Kleider, in: Die Woche, 10.01.1997.
[87] Zimmermann, Brigitte / Oschmann, Reiner: „Ich könnte jeden Tag verrückt werden", in: Neues Deutschland, 11.01.1997.
[88] Ebd.

kuum auszufüllen und sich wechselseitig zu ergänzen, da deckten sich die Schwachstellen Harnacks mit denen seines Vorgesetzten.[89] Mit der Anleitung der Parteizentrale jedenfalls war der Bundesgeschäftsführer überfordert. Das änderte sich erst mit der Wahl von Dietmar Bartsch auf besagtem Schweriner Parteitag 1997. Bartsch, Jahrgang 1959, gehörte zu einer neuen Generation von PDS-Politikern, die typische Ost-Biographien besaßen, sich stets systemkonform verhalten und vor 1989 in den Nachwuchsorganisationen ihre Karrieren begonnen hatten. Zum Zeitpunkt der Wende waren sie aber noch jung genug, um sich auf die neue Situation umzustellen und ihre Laufbahnen unter veränderten Umständen fortzusetzen. Entsprechend zügig und unsentimental ließen sie die DDR hinter sich, übernahmen westdeutsche Erfolgsstrategien und Denkweisen und gaben sich machtbewusst, pragmatisch, modern.[90] Der neue Geschäftsführer brachte frischen Wind in die Parteizentrale in der Kleinen Alexanderstraße. Endlose Debatten hielt er „nicht für den Gipfel der Demokratie", seine Maximen lauteten „Effektivität", „Handlungsfähigkeit" und „Kompetenz".[91] Seine Rolle sah er darin, den Reformkurs innerparteilich durchzusetzen und die Auseinandersetzungen zuzuspitzen.[92] Bartsch straffte die Abläufe und erhöhte die Professionalität der Bundesgeschäftsstelle. Er stand für Aktion, nicht für wochenlange Debatten. Damit schuf er sich zwar einerseits viele Gegner, andererseits aber unterband er ergebnislose Diskussionen und forcierte die Entscheidungsfreude des Parteivorstandes. Mit offenkundigem Erstaunen notierte Bisky fortan, „daß wenn ich sage, so und so wird es gemacht, daß es dann auch passiert" – dass also auch in der PDS der Vorsitzende bestimmen, vorgeben und anweisen konnte.[93]

Dennoch blieb Biskys Konfliktscheu ein Problem. Sie korrelierte gerade in einer so heterogenen Partei wie der PDS letztlich nicht mit den Erfordernissen, die an den politischen Vormann gestellt werden. Unter den Folgen litt vor allem er selbst. Die Partei war insgesamt nicht schlecht mit ihm gefahren, Bisky dagegen setzten die Umstände seiner Arbeit sichtlich zu. Insofern war die Endlichkeit seiner Amtszeit lange im Voraus absehbar. In ihrem Verlauf hatte er mehrfach bekundet, mit seinen Vorstandskollegen zu fremdeln, sich in seiner Rolle unwohl zu fühlen und ob des internen Umgangs frustriert zu sein. Er wolle nicht mehr den „Integrationsopa" spielen, ließ er dann verlautbaren, und ein „Affe" sei er

---

[89] Vgl. Hebel, Stephan: Die Absage an den Stalinismus kam kurz ins Wackeln, in: Frankfurter Rundschau, 30.01.1995.
[90] Vgl. Seils, Christoph: Wach-Wechsel, in: Die Woche, 14.03.1997.
[91] Ebd.
[92] Vgl. Seils, Christoph: Genosse Osterwelle, in: Die Woche, 31.03.2000.
[93] Fehrle, Brigitte: Der Schlichter ist nicht „cool", in: Berliner Zeitung, 18.09.1998; vgl. hierzu auch Zimmermann, Brigitte / Oschmann, Reiner: Runter mit der Zahl der Eigentore, in: Neues Deutschland, 15.11.1997.

schon gar nicht.[94] Unter harten Auseinandersetzungen, schroffen Frontstellungen und gravierenden Konflikten litt Bisky sogar körperlich, sie machten ihn krank. Konflikte fraß er „so lange in sich hinein, bis sie an ihm zu fressen [begannen]"[95].

Auch der Zeitpunkt seines Abschieds war folgerichtig. Ab 1999 häuften sich die Probleme in einem außergewöhnlichen Maße. Nach dem Erfolg bei der Bundestagswahl 1998 wurde die PDS gleich von einer ganzen Reihe Affären gebeutelt. Die Fraktionschefin der Postkommunisten in Mecklenburg-Vorpommern war eines Ladendiebstahles überführt worden, die Bundestagsfraktion hatte dem Stasi-Spion Rainer Rupp, alias Topas, einen Beratervertrag gegeben, und in der Partei waren Forderungen nach einer Generalamnestie für DDR-Offizielle laut geworden.[96] Auseinandersetzungen im Landesverband Brandenburg, dessen Landtagsfraktion Bisky parallel zum Parteivorsitz führte, kamen hinzu.[97] Obendrein musste er sich als Leiter der vom Berliner Parteitag 1999 eingesetzten Programmkommission mit traditionalistischem Widerstand herumärgern. Dabei verloren seine Opponenten jedes Maß und verfassten nicht nur ein zum Programmentwurf der Kommission konträres Minderheitenvotum, sondern initiierten gleichzeitig eine Unterschriftenaktion, mit der sie die Basis zum Aufstand gegen ihren Vorsitzenden führen wollten.[98]

Seit 1999 gab es daher untrügliche und unübersehbare Anzeichen für einen bevorstehenden Rückzug Biskys. Nicht nur, dass er in immer kürzeren Abständen seine Unzufriedenheit mit seiner Tätigkeit kundtat oder seine Parteireden mit immer lustloserer Rhetorik, immer gequälterer Stimme und abgekämpfterer Körperhaltung vortrug. Auch die immer mangelhaftere Erledigung der Vorstandsaufgaben deutete auf Biskys schwindendes Interesse am Vorsitz hin.

Auffällig wurde in dieser Phase ein weiteres Manko des Vorsitzenden: Er hatte kein vorausschauendes Konzept, keine an konkreten Inhalten festzumachende Vorstellung von der Entwicklung der PDS. Dieses Defizit hing mit dem ersten zusammen. Biskys Harmoniesucht erzwang den permanenten Kompromiss, führte zu unklaren Aussagen und allgegenwärtigen Relativierungen. Eindeutige Festlegungen verboten sich, klar konturierte Zukunftskonzepte waren damit nicht vereinbar. Folglich trat die PDS auf der Stelle, sie entwickelte sich nicht weiter und führte in der Endphase der Ära Bisky noch dieselben Diskussionen wie an deren Anfang. Solange die PDS einen permanenten Existenzkampf führte, störte dieses Dilemma nicht, ja es fiel nicht einmal auf. Am Jahrtausend-

---

[94] Vgl. Wiedemann, Charlotte: Stalin, Sahra und die anderen, in: Die Woche, 27.01.1995.
[95] Palmer, Hartmut: Immer auf allen Seiten, in: Der Spiegel, 06.02.1995.
[96] Vgl. Germis, Carsten: Die Partei – Alpha und Omega, in: Der Tagesspiegel, 17.01.1999.
[97] Vgl. Beyerlein, Andrea: Bisky: „Linke Bandenkriege" in der PDS, in: Berliner Zeitung, 17.03.1999.
[98] Vgl. Ramelsberger, Annette: Rente statt Revolution, in: Süddeutsche Zeitung, 03.04.2000.

wechsel aber war die PDS etabliert, ihr Fortbestand schien dauerhaft gesichert. Nach einem Jahrzehnt der Existenzsicherung standen nun inhaltliche Fragen auf der Agenda. Nun war ein Vorsitzender nötig, der Konflikte austrug anstatt sie zu vertagen, der Entscheidungen traf und nicht mehr lavierte und der seine Genossen dort antrieb, wo Bisky sie streichelte.[99] Dieser Herausforderung mochte sich Gysis Nachfolger trotz unverändert großer Popularität an der Parteibasis nicht mehr stellen.

Zu gewöhnlich für das Spitzenamt: Gabi Zimmer

Lothar Bisky hatte die PDS acht Jahre lang erfolgreich zusammengehalten. Seine Integrationsleistung war allerdings um den hohen Preis organisatorischer und programmatischer Stagnation erkauft worden. Nach seinem Rücktritt im Jahr 2000 wurden daher die gleichen Probleme beklagt und an potentielle Nachfolger ähnliche Erwartungen gestellt wie bei Gregor Gysis Demission. Wieder wurde ein Integrator gesucht, der die nach dem Münsteraner Parteitagsdesaster und dem Rückzug der führenden Reformer zerrüttete Partei zu einen vermochte. Erneut sollte der Kontakt der Parteiführung zur Basis intensiviert, die Sensibilität der Vorleute für Mitgliederinteressen erhöht und die vorhandene Macht auf mehrere Schultern verteilt werden. Insofern war es nahe liegend, dass sich Gabi Zimmer mit der Ankündigung um das Vorsitzendenamt bewarb, auf die Basis zuzugehen, Vertrauen wiederherzustellen und die Mitglieder stärker in die politische Arbeit einzubinden.[100] Dieselben Absichten hatte acht Jahre zuvor schon Bisky geäußert. Ungewohnt und neu war allenfalls die deutliche Distanzierung Zimmers gegenüber ihren Vorgängern Gysi und Bisky. Diese hätten die Partei regelmäßig ohne vorherige Diskussionen mit ihren Ansichten konfrontiert, überhaupt seien Debatten allenfalls in exklusiven Gremien, aber nicht in der Gesamtpartei geführt worden, weshalb sich zwischen Basis und Elite zunehmend Sprachlosigkeit breit gemacht habe.

Nun war Zimmer bundespolitisch zuvor nicht groß in Erscheinung getreten. Sie war ein unbeschriebenes Blatt, außerhalb enger Parteikreise weitgehend unbekannt. Als Erbin des Biskyschen Nachlasses hatte sie sich nicht aufgedrängt. Dafür, dass sie dennoch zu den Nachfolgekandidaten gezählt wurde und sich schließlich auch durchsetzte, gab es gleichwohl bedeutende Gründe. Gründe, die mit innerparteilichen wie externen Entwicklungen korrespondierten und in ihrer Kombination beinahe zwangsläufig auf sie hinführten. Mit den Rücktrit-

---

[99] Vgl. König, Jens: Genosse Mensch, in: Die Tageszeitung 29.03.2000.
[100] Vgl. Gruner, Heidi / Wonka, Dieter: Bisky-Nachfolgerin sucht Kontakt zur Basis, in: Leipziger Volkszeitung, 16.05.2000.

ten von Gysi und Bisky war – so schien es anfänglich zumindest – die Gründer-
generation der PDS ausgeschieden. Mit ihnen waren diejenigen Repräsentanten
abgetreten, die aus dem Zusammenbruch der DDR moralisch unbescholten hervorgegangen, vor 1989 aber schon zur Kaderreserve herangereift sowie in gehobene Positionen vorgedrungen und insofern nahe liegende Nachlassverwalter der
diskreditierten real-sozialistischen Staats- und Parteiführung gewesen waren. Ein
gutes Jahrzehnt später stellten sie mit Gysi und Bisky noch immer den Fraktions-
und Parteivorsitzenden. Unterhalb der Vorsitzendenebene hatte sich unterdessen
freilich ein umfassender Wandel vollzogen, der einen Generationswechsel auch
in den höchsten Ämtern nahe legte. Bereits seit den frühen 90er-Jahren nahmen
die in den mittleren 50er-Jahren Geborenen, die „Mittfünfziger", leitende Funktionen in den ostdeutschen Landesverbänden der PDS wahr. Mit Gabi Zimmer,
Petra Pau, Helmut Holter und Roland Claus stellten sie gleich mehrere Landesvorsitzende. Auch im erweiterten Parteivorstand besaßen sie schon früh ein
Übergewicht. Das Durchschnittsalter der Vorstandsmitglieder sank 1991 auf 39
Jahre und stieg in der Folgezeit ganz allmählich wieder an, das Altern der Nach-
wuchsgeneration gleichsam mitvollziehend.[101] Von den 18 Vorständlern im Jahr
2000 waren neun zwischen 43 und 48 Jahre alt.[102] Auch auf Bundesparteitagen
ließ sich der Siegeszug der Mittfünfziger studieren. 1997 beispielsweise betrug
der Altersdurchschnitt der Delegierten 45,5 Jahre und auf dem Cottbuser Parteitag 2000 stellte die Altersgruppe der 35-55-Jährigen annähernd 60% der Basisvertreter.[103] An Qualifikation und Masse mangelte es dieser Führungsgruppe
nicht. Bildungschancen waren in der DDR mit Systemnähe verbunden, mithin
verfügte die PDS gleich über eine ganze Reihe gut ausgebildeter und hochquali-
fizierter Mittfünfziger.[104] Einiges sprach also im Jahr 2000 dafür, dass nun die
Zeit gekommen sei, den Generationswechsel zu vollziehen und die innerparteiliche Macht endlich vollständig in die Hände der nachfolgenden Generation zu
legen.

Noch eine andere Gruppe war gestärkt aus der Unruhe im Gefolge des
Münsteraner Parteitages und dem Rücktritt Biskys und Gysis hervorgegangen –
die ostdeutschen PDS-Landesfürsten. Obwohl das Ende der Ära Bisky-Gysi
absehbar gewesen war, traf deren Rückzug die führenden Genossen in Berlin
gänzlich unvorbereitet. Mehrfach hatten die Altvorderen ihren Überdruss an der
Parteiarbeit verkündet, die totale Vereinnahmung durch die Politik beklagt und
mit einem Tapetenwechsel geliebäugelt. Dennoch waren die Bundesvorständler

---

[101] Vgl. Gerner (Anm. 7), S. 165 ff.
[102] Vgl. Disput, Pressedienst, Nr. 42/43, Oktober 2000, S. 36 f.
[103] Vgl. Moreau, Patrick: Politische Positionierung der PDS – Wandel oder Kontinuität?, München
2002, S. 79.
[104] Vgl. Templin, Wolfgang: Auch Genossen haben ihre Illusionen, in: Frankfurter Rundschau,
14.10.2000; Staud, Toralf: Alles eine Frage der Optik, in: Die Zeit, 14.04.2000.

perplex, als es schließlich so weit war. Der PDS-Vorstand reagierte konfus und dachte gar daran, es ihnen gleichzutun und ebenfalls kollektiv zurückzutreten. In dieser Phase übernahmen die ostdeutschen Landesvorsitzenden faktisch die Führung der Partei.[105] Sie beruhigten die Basis und sorgten dafür, dass sich der Flügelstreit in der praktischen Politik verlief und der reformorientierte Kurs in den ostdeutschen Basisgliederungen beibehalten wurde. An den Landesvorsitzenden jedenfalls kam, als Kandidaten für die Bisky-Nachfolge gesucht wurden, niemand vorbei. Eine hohe landespolitische Funktion alleine galt seinerzeit bereits als Eignungskriterium. So lässt sich erklären, dass neben Gabi Zimmer und der Berliner Landesvorsitzenden Petra Pau zwischenzeitig auch die Namen der sachsen-anhaltinischen Parteichefin Rosemarie Hein und der dortigen Fraktionsvorsitzenden Petra Sitte genannt wurden.[106] Gabi Zimmer erfüllte dieses Kriterium mustergültig. Seit 1999 als thüringische Fraktionsführerin amtierend, war sie zuvor viele Jahre – von 1990 bis 1997 – Landesvorsitzende der PDS in ihrem Bundesland gewesen und hatte zur landespolitischen Elite insofern schon seit Wendezeiten gehört.

Schließlich beeinflusste die Kür Angela Merkels zur CDU-Vorsitzenden die Kandidatenfindung der Postkommunisten, denn sie wurde von den Sozialisten als Bedrohung wahrgenommen. Da sie aus dem Osten kam, drohte sie die Rolle der PDS als Interessenvertreterin der Ostdeutschen, ihren Alleinvertretungsanspruch für Ost-Themen infrage zu stellen. Auch Merkel konnte in den fünf neuen Bundesländern für sich reklamieren, die Sorgen, Nöte und Bedrängnisse der Menschen zu kennen. Sie verschaffte der CDU obendrein ein modernes, fortschrittliches Image. Zum ersten Mal war mit ihr eine Frau ohne Quotenzwang zur Vorsitzenden einer der etablierten Parteien gewählt worden. Gerade in Ostdeutschland, wo die Frauenerwerbstätigkeit traditionell hoch war, sich die Frauen- von der Männerrolle weniger klar unterschied und Frauen entsprechend emanzipiert auftraten, wurde ihre Wahl zustimmend kommentiert. Eine regelrechte Angela-Merkel-Euphorie machte sich zumindest kurzzeitig breit. Plötzlich suchten alle Parteien ein Pendant zu ihr. Das galt zumal für die PDS. Der Frau an der CDU-Spitze konnten die Genossen kein rein männliches Führungsduo entgegensetzen. Stattdessen mussten sie dem als Fraktionschef alternativlosen Roland Claus eine Frau zur Seite stellen.[107]

Gabi Zimmer entsprach den Erwartungen, die an die Bisky-Nachfolge gestellt wurden, jedenfalls haargenau. Sie galt als integrativ, ihr wurde zugetraut, die Flügel zusammenzuhalten, sie gehörte zum einflussreichen Machtzirkel der

---

[105] Vgl. Seils, Christoph: Was tun?, in: Die Woche, 14.04.2000.

[106] Vgl. Meisner, Matthias: Wahlkampf in der Selbsthilfegruppe, in: Tagesspiegel, 11.04.2000; ders.: PDS will Frau zur Vorsitzenden wählen, in: Der Tagesspiegel, 15.05.2000.

[107] Vgl. König, Jens: Angela Merkels kleine Schwester, in: Die Tageszeitung, 16.05.2000.

ostdeutschen Landesfürsten sowie zur so genannten Mittfünfziger- oder FDJ-Generation.

Warum aber entpuppte sich ihre Amtszeit dann als nicht enden wollende Kette von Auseinandersetzungen, Autoritätsverfall, hämischen Kommentaren und Zweifeln an der Eignung der Vorsitzenden? Weshalb stand sie von Anfang an und ununterbrochen in der Kritik? Wieso sah sie sich im Unterschied zu ihren Vorgängern nicht nur mit Flügelkämpfen, die sich an inhaltlichen Fragen entzündeten, sondern obendrein stets mit persönlichen Angriffen konfrontiert? Die Erklärung dafür lässt sich ebenfalls in den ihren Aufstieg zur Vorsitzenden bedingenden Faktoren finden – in ihrer Kehrseite. Denn so ausgeglichen die Geschlechterbilanz in der PDS bei Parteifunktionen und Parlamentsmandaten auch immer war, im Karl-Liebknecht-Haus verwaltete eine Männerriege die Macht. Dieser informellen Gruppe, in der anstehende Probleme besprochen und wichtige Entscheidungen vorweggenommen wurden, gehörten neben Bisky und Gysi der Bundesgeschäftsführer Dietmar Bartsch, der Cheftheoretiker Andre Brie, Brandenburgs PDS-Fraktionsgeschäftsführer Heinz Vietze und der stellvertretende Schweriner Ministerpräsident Helmut Holter an.[108] In dieser Runde war man fest davon überzeugt, Gabi Zimmer beeinflussen und in die gewünschte Richtung lenken zu können. Unter einem Geschäftsführer Bartsch, fasste Bisky seine Zukunftserwartungen zusammen, „kann jeder Vorsitzender sein"[109]. Wiewohl für das Amt bereits designiert, wurden solch wichtige Entscheidungen wie die Zustimmung der rot-roten Koalition in Mecklenburg-Vorpommern zur Steuerreform im Bundesrat getroffen, während Zimmer im Urlaub weilte. Dieses Machtkartell gänzlich auszuschalten, eine eigene Schattenrunde ihres Vertrauens zu etablieren, die Widersacher einzubinden oder zu isolieren und die Parteizügel selbst in die Hand zu nehmen, gelang ihr zu keinem Zeitpunkt.

Das lag nicht zuletzt daran, dass Zimmer eine geradezu typische Vertreterin aus der Riege der ostdeutschen Landespolitiker war. Typisch im hier gebrauchten Sinne bedeutete gleichzeitig gewöhnlich, durchschnittlich, mittelmäßig. Der Parteivorsitz aber ist kein Amt unter anderen, sondern das höchste. Ein Vorsitzender muss daher mindestens Primus inter Pares sein. Er muss besondere Eigenschaften aufweisen, sich von potentiellen Rivalen abheben und auf irgendeine Weise hervorragen, sei es durch Fleiß, Talent oder Durchsetzungskraft. Gysi und Bisky taten dies beide. Sie waren keine typischen Vertreter ihrer Generation, sondern unterschieden sich von der breiten Masse: durch Ausstrahlung, Gewandtheit und Schlagfertigkeit der eine, durch seine aus disparaten Prägungen gespeiste Konsensfähigkeit der andere – und beide durch ihre Unabhängigkeit vom DDR-Regime. Beide waren, trotz aller Kritik vor allem an der Parteifüh-

---

[108] Vgl. Berg, Stefan / Hielscher, Almut: Allein gegen den Männerbund, in: Der Spiegel, 02.10.2000.
[109] Ebd.

rung unter Gysi, während ihrer Amtszeit ohne ernsthafte Konkurrenz. Zimmer dagegen war, da über keine natürliche Autorität, sondern allenfalls über administrative Sanktionsmöglichkeiten und Instrumente zur Disziplinierung verfügend, permanent angefochten, mannigfach umstritten und unterschiedlichsten Gegnern ausgesetzt.

Überhaupt war sie zu sehr Landespolitikerin. Über die Grenzen Thüringens war sie selten hinausgekommen, außerhalb ihres Bundeslandes kannte sie kaum jemand. Wiewohl als stellvertretende Bundesvorsitzende bereits seit 1997 bundespolitisch tätig, hatte sie in dieser Funktion keinerlei Aufmerksamkeit auf sich gezogen. Ihre bundespolitische Abstinenz besaß zwar den Vorteil, dass sie sich keine Feinde in Berlin hatte machen können. Von keiner Seite gab es fundamentale Bedenken gegen sie. Während Dietmar Bartsch und Petra Pau sich in herzlicher Abneigung verbunden und zusammen nicht einsetzbar waren, wodurch sie sich letztlich gegenseitig als Bisky-Nachfolger verhinderten, kam Gabi Zimmer grundsätzlich mit beiden gut zurecht. Gleichzeitig aber begründete ihre Herkunft aus dem thüringischen Hinterland die ihr entgegengebrachte Geringschätzung. Zimmers ganze Ausstrahlung, ihr Wesen und Auftreten, atmeten den Geist provinzieller Enge und muffiger Abschottung. In der Bundeshauptstadt konnte sie auf keine Netzwerke zurückgreifen, loyale, einflussreiche Verbündete nicht gewinnen. Hier war sie ein politisches Leichtgewicht und wurde nicht zu Unrecht als durchsetzungsschwach eingeschätzt.

Die gravierendsten Schwierigkeiten aber erwuchsen Gabi Zimmer aus ihrer generationellen Lage. Aus Umständen also, die von ihr nicht zu verändern waren, auf die sie keinen Einfluss nehmen konnte und die insofern ihrer Situation eine gewisse Tragik verliehen. Zimmer gehörte als Mittfünfzigerin einer Alterskohorte an, deren Jugend mit der Blütezeit der DDR zusammenfiel. Nach kurzfristigen Mangelerscheinungen im unmittelbaren Gefolge des Mauerbaus 1961 waren die 60er-Jahre in der DDR ein Jahrzehnt der ökonomischen Prosperität, hoher wirtschaftlicher Wachstumsraten und steigenden Wohlstandes.[110] Unter Honecker forcierte der ostdeutsche Staat in den 70er-Jahren dann seine Sozialpolitik und erhöhte den Anteil der Sozialleistungen am Bruttosozialprodukt ganz erheblich. Zwischen „Neuem Ökonomischem System" und der „Einheit von Wirtschafts- und Sozialpolitik", ostdeutschem Wirtschaftswunder und der Expansion des Sozialstaates aufgewachsen, entfalteten weniger Krisensymptome wie die Niederschlagung des Prager Frühlings 1968 eine generationelle Prägekraft, „als vielmehr die Stabilisierung der DDR unter Ulbricht und Honecker"[111].

---

[110] Wolle (Anm. 16), S. 28.
[111] Zit. nach: Lindner, Bernd: Zwischen Integration und Distanzierung. Jugendgenerationen in der DDR in den sechziger und siebziger Jahren, in: Aus Politik und Zeitgeschichte 53 (2003) 45, S. 33-39, hier S. 36.

Zugleich lag die Zeit vor dem Mauerbau außerhalb des Bewusstseins der Mittfünfziger. Sie waren daher die erste Generation, die nichts anderes als die DDR erlebte, „die ersten Kinder der anderen Republik"[112]. Im Ergebnis waren sie die Kohorte, deren Integration in den sozialistischen Staat am unumstrittensten war, und die durchweg positive Einstellungen zu seinen Zielen und Werten besaß.[113] Charakteristisch für die Generation Gabi Zimmers waren daher geradlinige Lebensläufe, ein widerspruchsfreies Engagement in den staatsnahen Organisationen und eine selbstverständliche Loyalität gegenüber dem System bis 1989. Dieser Regel entsprachen die Lebensläufe aller bekannten Mittfünfziger: Egal ob Roland Claus, der Nachfolger Gysis im Fraktionsvorsitz, Schwerins Mitregierender Helmut Holter oder Bundesgeschäftsführer Dietmar Bartsch – ein jeder wies eine „typische DDR-Biografie" auf.[114] Protest ist auch aus Gabi Zimmers Biographie nicht überliefert. Nach ihrer Ausbildung zur Dolmetscherin arbeitete sie ab 1977 im Suhler Fahrzeug- und Jagdwaffenwerk, stieg dort zur Redakteurin der Betriebszeitung auf und avancierte schließlich zur hauptamtlichen Mitarbeiterin der Betriebsparteileitung.

Ihr angepasster, monotoner und spannungsarmer Werdegang ließ die Mittfünfziger Verhaltensweisen entwickeln, die wenig Erfolg versprechend in der Mediendemokratie der Berliner Republik waren. Hier wurde unkonventionelles Verhalten goutiert, die provokative Attitüde, die geheimnisumwitterte Undurchschaubarkeit. Andersartigkeit und Originalität wurden prämiert. Die Mittfünfziger dagegen waren samt und sonders dröge, farblos, bieder und verkniffen.[115] Gabi Zimmer erschien vielen gar als Inbegriff des (ost-)deutschen Spießers. Ein frühes Portrait bescheinigte ihr die Auffälligkeit der „Frau, die im Supermarkt die Regale einräumt"[116].

Dabei hatte das mediale Bild für die PDS unter Zimmer eine ganz neue Bedeutung erlangt. Am Beginn des neuen Jahrtausends waren die Risse im postkommunistischen Milieu unübersehbar geworden. Parteiinterne Studien kamen jetzt zu dem Ergebnis, dass man sich über den „Stammwählerbestand" keine Illusionen machen dürfe, dass auch für die PDS Wahlen offen seien, sie keinen automatischen Bonus ihrer Wählerschaft zu erwarten habe und zahlreiche Wähler sich erst kurz vor ihrer Stimmabgabe entschieden.[117] Zudem blieb die Überalterung der Mitgliedschaft mit zwei Dritteln Über-60-Jährigen nur scheinbar konstant. Denn in Wirklichkeit verschärfte sich das Problem, wurden die PDS-

---

[112] Molitor, Andrea: Die Gruppe 49, in: Die Zeit, 20.05.1999.
[113] Vgl. Lindner (Anm. 111), S. 35.
[114] Vgl. Seils, Christoph: Wach-Wechsel, in: Die Woche, 14.03.1997.
[115] Vgl. Fuhrer, Armin: Die PDS im Kreis, in: Die Welt, 16.05.2000.
[116] Matte, Christina: Abschied auf Raten, in: Neues Deutschland, 18.02.1997.
[117] Vgl. Kalbe, Uwe: Zweifel an Kompetenz der PDS wecken Zweifel in ihren Reihen, in: Neues Deutschland, 24.05.2002.

Rentner immer älter. Aus Über-60-Jährigen waren unbemerkt Über-70-Jährige geworden, aus einstmals rüstigen Aktivisten, die als Ruheständler viel Zeit mitbrachten und die Wahlkämpfe vor Ort trugen, tattrige Greise, die sich gesundheitsbedingt aus der politischen Arbeit zurückzogen.[118] Den in dieser Situation liegenden Anforderungen, die einer werbewirksamen Medienpräsentation eine enorme Bedeutung zuschrieben, war Gabi Zimmer nicht gewachsen. Die PDS-Verantwortlichen versteckten sie regelrecht vor der Öffentlichkeit, ordneten sie stattdessen für den Innendienst der Partei ab. Für die Agitationsarbeit, für Reklame, Propaganda und PR, stellten die Genossen ihr drei Parteifreunde zur Seite – Petra Pau, Roland Claus und Dietmar Bartsch –, welche aber ähnlich spröde, steif und graugesichtig waren, und die den Abgang Gregor Gysis gemeinsam so wenig wie alleine kompensieren konnten.[119]

Ähnelte Gabi Zimmer hier ihren Generationsgenossen und Führungskollegen, so unterschied sie sich in einem anderen Punkt sehr von ihnen. Sie distanzierte sich nach 1989 weniger zügig und unsentimental von der DDR. Die Mittfünfziger verhielten sich zu DDR-Zeiten zwar hochgradig systemkonform. Ihre Loyalität freilich war wenig krisenfest und wandlungsresistent, sie ruhte in keinem wetterbeständigen Fundament. Sie war ja auch aus Alternativlosigkeit heraus entwickelt worden, etwas anderes als den real-existierenden Sozialismus hatte die erste richtige DDR-Generation nicht erlebt. Die Kinder des Arbeiter- und Bauernstaates kannten nur ihre Seite der bipolaren Welt, den Ostblock. Die herrschenden Lebensumstände, die Rechte und Pflichten, Optionen und Beschränkungen, waren ihnen daher selbstverständlich, der Vergleich der DDR mit einer vor oder außerhalb der sozialistischen Hemisphäre gelegenen Welt ausgeschlossen. Damit war ihnen aber auch eine Sichtweise des ostdeutschen Staates als Wiedergutmachung für vorangegangenes Unrecht lebensgeschichtlich fremd. Die älteren Generationen dagegen, die Geburtsjahrgänge 1910-1930, konnten die DDR als Chance zum Neubeginn begreifen, als Möglichkeit, die Vergangenheit vergessen zu machen und sich durch den Aufbau des nationalsozialistischen Konterparts, des Kommunismus, rein zu waschen. Daraus resultierte eine besonders feste Verbundenheit. Hinzu kam das Aufbauerlebnis, das zusammenschweißende Moment, am Wiederaufbau beteiligt gewesen zu sein.[120] Aus einem solchen Loyalitätsdepot konnten die Mittfünfziger nicht schöpfen.

---

[118] Vgl. Loreck, Jochen: Die Zugkraft schwindet, in: Mitteldeutsche Zeitung, 08.05.2001.

[119] Vgl. Stadlmayer, Tina: Rückhaltloser Wahlkampf mit einem Lächeln, in: Financial Times Deutschland, 07.05.2002; Grassmann, Philip: Für viele Bürger nicht sinnlich genug, in: Süddeutsche Zeitung, 31.07.2002.

[120] Vgl. Zwahr, Hartmut: Umbruch durch Ausbruch und Aufbruch: Die DDR auf dem Höhepunkt der Staatskrise 1989. Mit Exkursen zu Ausreise und Flucht sowie einer ostdeutschen Generationenübersicht, in: Kaelble, Hartmut u.a. (Hg.): Sozialgeschichte der DDR, Stuttgart 1994, S. 44 ff.

Obendrein waren sie zum Zeitpunkt der Wende 1989 Anfang 30. Sie standen erst am Beginn ihrer Berufskarrieren, waren jung genug, sich zu verändern und noch einmal neu anzufangen. Prototypisch verkörperte Dietmar Bartsch diesen Habitus. Vor 1989 auf dem Weg zum Erfolg versprechenden SED-Kader, führte er nach der Wende die FDJ-Zeitung „Junge Welt" in die Marktwirtschaft. Alte Zöpfe wollte er abschneiden, traditionsgesättigten Ballast abwerfen. Er plauderte unvoreingenommen mit Managern, Unternehmern und Bankern, hielt den Oppositionsgestus seiner Partei bloß für ein „Übergangsphänomen" – und kokettierte schon einmal mit einem Übertritt zur FDP.[121]

Gabi Zimmer war aufgrund ihres landespolitischen Schwerpunktes und ihrer festen lokalen Verwurzelung sehr viel bodenständiger und basisnäher. Sie wusste, wie die Genossen vor Ort dachten, deren Diskussionskultur war ihr vertraut. Im Übrigen war sie in ihrem alltäglichen landes- und lokalpolitischen Geschäft auch sehr viel weniger schroff und unmittelbar mit den westdeutschen Verhältnissen konfrontiert. Daher hatte sie ostdeutsche Wesenszüge und Angewohnheiten bis hin zu ihrem Äußeren stärker konserviert als ihre Generationsgenossen in der Parteiführung, Bartsch zumal.[122] Sie glich so der Generationsbasis letztlich stärker als der Generationselite. Zimmers Ähnlichkeit zur Basis war ein Vorteil im Hinblick auf die Wahl zur Parteivorsitzenden. Bartsch beispielsweise wäre nicht durchsetzbar gewesen. Andererseits war ihre „Ostigkeit" aber auch Quelle für ein abfälliges Presseecho, für medialen Hohn und Spott über „Zonen-Gabi".[123]

Die Melange aus Zugehörigkeit zur Generation beziehungsweise Generationselite der Mittfünfziger und individueller Abweichung von der Regel verschärfte die Schwierigkeiten von Gabi Zimmer. Unter ihren Alterskameraden in der Parteispitze, die in das bundesrepublikanische Establishment drängten und sich an westdeutschen Maßstäben sowie der veröffentlichten Meinung orientierten, verstärkte die belächelte „Ostigkeit" Zimmers noch die Geringschätzung, das Überlegenheitsgefühl, das sie ihr gegenüber ohnehin empfanden. Als Autorität akzeptierten sie die Vorsitzende jedenfalls nicht. Vielmehr hielten sie sich selbst für geeigneter, ihre Ansprüche auf den Posten für gerechtfertigter, sich

---

[121] Vgl. Seils, Christoph: Genosse Osterwelle, in: Die Woche, 31.03.2000; Fehrle, Brigitte: Die große Angst vor der Wirklichkeit, in: Berliner Zeitung, 17.04.2000.

[122] Vgl. Kalinowski, Burga: Zu Hause in Hinternah, in: Freitag, 30.06.2000; Fehrle, Brigitte: Nach den Vordenkern, in: Berliner Zeitung, 30.05.2000; Staud, Toralf: Auf dem Weg zur CSU des Ostens, in: Die Zeit, 19.10.2000.

[123] Vgl. Berg, Stefan / Hielscher, Almut: Allein gegen den Männerbund, in: Der Spiegel, 02.10.2000; Heidtmann, Jan: Gabi statt Gysi, in: Der Stern, 12.10.2000.

selbst nur durch ungünstige Umstände verhindert. Mit Kritik waren sie daher schnell bei der Hand.[124]

Die Alt-Genossen hingegen legten Zimmer gegenüber das Misstrauen nie ab, das sie generell bei der jüngeren Generation beschlich. Dass die Vorsitzende häufig vermittelnde Positionen einzunehmen versuchte, sich selbst von allen innerparteilichen Lagern, auch demjenigen der Reformer, distanzierte und auf die Traditionsbataillone zuzugehen versuchte, wog demgegenüber nicht schwer. Die PDS-Senioren glaubten dem Nachwuchs seinen Sozialismus nicht. Schließlich hatten sie sich schon 1989 einander gegenüber gestanden, als die DDR-Aufbaugenerationen den real-existierenden Sozialismus zu retten versuchten, während die Jungen als Hauptträgergruppe der Demonstranten das Staatsgebäude zum Einsturz brachten. Dagegen halfen keine linken Beteuerungen auf dem Geraer Parteitag und auch die Einberufung eines „Ältestenrates" als Beratungsgremium nicht. Zumal Zimmer durch die Entschuldigung für die Zwangsvereinigung von SPD und KPD zur SED sowie die Erklärung zum Mauerbau alle Ressentiments zu bestätigen schien.[125] Wohl mochte man sich mit ihr vorübergehend verbünden, wenn es gegen die Radikalreformer aus der Gruppe um Bartsch, Claus und Holter ging. Doch das waren fragile Bündnisse, auf Zeit geschlossen; die Traditionalisten blieben für Zimmer immer unsichere Kantonisten.

So wurde Gabi Zimmer während ihrer Zeit als Vorsitzende von allen Seiten unter Beschuss genommen. Von den Reformern, den Traditionalisten – und auch von den abgetretenen Altvorderen, von Gysi und Bisky, die keineswegs daran dachten, sich vollständig aus der Politik zurückzuziehen, sondern weiterhin ein gewichtiges Wort mitreden und den Kurs mitbestimmen wollten. In dieser Situation hätte Zimmer – wenn überhaupt – eine Chance nur besessen, wenn sie Bündnisse geschmiedet, gekungelt und sich Mehrheiten organisiert hätte. Sie hätte ihre reformistischen Gegner in der Parteiführung umgarnen und ihnen schmeicheln müssen, um einen Keil zwischen sie zu treiben, die Oppositionsfront aufzubrechen und Unterstützer für sich und ihren politischen Kurs zu gewinnen. Stattdessen schottete sie sich ab. Bald ließ sie kaum noch jemanden an sich heran. Auf Kritik reagierte sie selbstgerecht und zeigte sich zunehmend beratungsresistent. Je härter die Attacken wurden, desto verbissener und realitätsblinder hielt sie an ihrem Amt fest. Zum Schluss schien es ihr zum Selbstzweck geworden zu sein. Um des kurzfristigen Machterhalts willen ließ sie sich schließlich auf dem Geraer Bundesparteitag 2002 in die Ecke der traditionssozialistischen Lordsiegelbewahrer drängen.

---

[124] Vgl. u.a. Seils, Christoph: Von Führung keine Spur bei den Genossen der PDS, in: Berliner Zeitung, 03.07.2000.
[125] Vgl. Leithäuser, Johannes: Auf dem Weg nach Deutschland, in: Frankfurter Allgemeine Zeitung, 16.10.2000; Feldenkirchen, Markus: Ohr des Ostens, in: Der Tagesspiegel, 21.04.2001.

Mit diesem Parteitag vom Oktober 2002, auf dem Zimmer im Bündnis mit den Linkssektierern die Reformer besiegte, hatte sie ihr baldiges Ende schließlich selbst herbeigeführt. Praktische Politik war mit dem neuen Spitzenpersonal nicht zu machen. Schlagzeilen machte die PDS nur noch mit Skandalen um den Bundesgeschäftsführer Uwe Hiksch und den stellvertretenden Parteivorsitzenden Dieter Dehm. Zu einem loyalen Verhalten gegenüber der Vorsitzenden war der neue Vorstand noch weniger fähig als der alte. Dennoch wollte Gabi Zimmer von Rücktritt auch jetzt noch nichts wissen.[126] Erst als die Lage völlig aussichtslos geworden und der Zeitpunkt für einen Abgang ohne vollständigen Gesichtsverlust längst verstrichen war, als der amtierende Vorstand beschlussunfähig danieder lag und sie für eine neue Führung unter ihrem Vorsitz keine Kandidaten mehr finden konnte – erst da zog sie den lange überfälligen Schlussstrich unter ihre Amtszeit.[127]

Damit soll nicht gesagt werden, dass die Parteivorsitzende Gabi Zimmer nicht auch einige positive Leistungen hätte vorweisen können. Die Erklärungen zu Zwangsvereinigung und Mauerbau brachten die PDS auf ihrem Weg zur Koalitionsfähigkeit auch auf Bundesebene voran, die Arbeiten am neuen Parteiprogramm waren durch Zimmers Initiative weit gediehen. Dennoch war die PDS bei Zimmers Rücktritt in einem völlig desolaten Zustand. Bei der Bundestagswahl 2002 gescheitert, desorientiert, demotiviert und von Spaltung bedroht, war ihre Situation so ernst wie zuvor vielleicht nur 1989.

Einer ungewissen Zukunft entgegen: Lothar Biskys zweite Amtszeit

Noch ist es zu früh, eine Bilanz von Lothar Biskys zweiter Amtszeit zu ziehen. Zu kurz ist die Spanne seit seinem Wiederantritt auf dem Berliner Parteitag im Juni 2003. Schon jetzt lässt sich allerdings konstatieren, dass es ihm gelungen ist, die PDS aus dem Tränental herauszuführen. Unter Zimmer hatten die Genossen in den Abgrund geblickt. Nicht zum ersten Mal zwar, ein tatsächlicher Absturz war diesmal aber nahe liegender und realistischer als in den Krisenmomenten früherer Jahre. Die Parteiführung hatte sich monatelang selber gelähmt, sich politikunfähig gezeigt und aus der öffentlichen Wahrnehmung verabschiedet. Noch kurz zuvor unmittelbar vor der Implosion stehend, sind mit dem Führungswechsel die Richtungskämpfe beendet und die Parteiflügel in friedlicher Harmonie vereint. Der Vorstand arbeitet engagiert und konstruktiv, die Gesamt-

---

[126] Vgl. Bullion, Constanze von: Gabi Zimmer. Immer wieder angefochtene Chefin der PDS, in: Süddeutsche Zeitung, 03.05.2003.
[127] Vgl. Meisner, Matthias: Vorwärts ins Vergessen, in: Der Tagesspiegel, 09.05.2003.

partei ist in den großen gesellschaftlichen Debatten wieder präsent.[128] Der alte, neue Vorsitzende genießt im Unterschied zu seiner Vorgängerin die uneingeschränkte Unterstützung der PDS-Spitzenpolitiker, ernsthafte Widersacher braucht er gegenwärtig nicht zu fürchten. Selbst Gysi steht am Jahresende 2004 kurz vor seiner Rückkehr in die aktive Parteiarbeit. Inhaltlich steuert die Partei mittlerweile einen klaren Reformkurs, sie hat sich ein neues Programm gegeben und die veränderten Verhältnisse zur Kenntnis genommen.[129]

Es lässt sich zwischenbilanzieren, dass Lothar Bisky aus seinen Fehlern gelernt zu haben scheint. Seine Konsenssuche in den 90er-Jahren belegt er jetzt mit dem Verdikt, „zu große Geduld"[130] gehabt zu haben und sieht darin seinen schwersten Fehler. Für eine kategorische Integration der widerstrebenden Flügel, Plattformen und Arbeitsgemeinschaften will er sich nicht länger hergeben, eine Trennung von bestimmten Gruppen ist für ihn kein Tabu mehr. Wurde ihm zum Ende seiner ersten Amtszeit angelastet, die Herausbildung einer politischen Mitte in der PDS verhindert zu haben, setzt er es sich jetzt zum Ziel, ein solches Zentrum zu entwickeln.[131] Überhaupt tritt auch habituell ein gewandelter Bisky vor seine Partei. Er hat seine Lebensgewohnheiten drastisch verändert, trinkt keinen Alkohol mehr und hat – als vormaliger Kettenraucher – mit dem Rauchen aufgehört. Ehemals als Zögerer und Zauderer bekannt, geht er jetzt tatkräftig und resolut ans Werk. Geradezu euphorisch schwärmt er von der politischen Arbeit und der „radikalen Veränderung meines Lebens"[132], die durch sie bedingt sei. In der zweiten Hälfte der 90er-Jahre hatte er noch unübersehbar unter den Zumutungen des Amtes gelitten und kaum eine Gelegenheit ausgelassen, sich als Wissenschaftler und als politischer Exot zu stilisieren.

Biskys Leidensfähigkeit ist aktuell deutlich begrenzt, seine Bereitschaft, abermals als „Mülltonne" für alle PDS-Probleme herzuhalten, d.h. die Rolle zu spielen, die er sich selbst in den 90er-Jahren zugeschrieben hatte, stark vermindert. Während der ersten Amtszeit war das anders, da fühlte er sich der PDS noch durch Dankbarkeit verpflichtet. Was er erreicht hatte, war er schließlich durch sie bzw. ihre Vorgängerin, die SED, geworden. Daher tat er alles, um die Partei vor Unbill, vor Streit und Spaltung, zu bewahren. Für Probleme und Klagen hatte er immer Verständnis, niemanden wollte er aus der Parteigemeinschaft ausschließen. Nachdem er 2003 nur der PDS zuliebe noch einmal angetreten ist,

---

[128] Vgl. Grassmann, Philip: „Eine Adresse des Widerstands", in: Süddeutsche Zeitung, 03.07.2003; Dörries, Bernd: Der PDS schwerstes Jahr, in: Süddeutsche Zeitung, 09.12.2003.
[129] Vgl. Grassmann, Philip: Der Herbergsvater als Modernisierer, in: Süddeutsche Zeitung, 12.08.2003.
[130] Göldner, Igor: Die neuen Freiräume des Lothar Bisky, in: Märkische Allgemeine, 17.08.2001.
[131] Vgl. Mallwitz, Gudrun: Bisky schlägt Kutzmutz als PDS-Bundesgeschäftsführer vor, in: Die Welt, 28.05.2003.
[132] George, Klaus / Uhlmann, Steffen: „Das ist sozialer Zynismus...", in: Wirtschaft & Markt, 9/2003.

hält er seine Schuld den Genossen gegenüber nun für abgegolten, sind beide Seiten quitt.

Daher muss er sich jetzt nicht mehr verbiegen, kann der Partei seinen Willen aufzwingen und Gefolgschaft einfordern. Die Exponenten der Parteiflügel drängte er im Vorfeld seiner Wiederwahl dazu, nicht für den Parteivorstand zu kandidieren und sich für ein Jahr aus der Führungsarbeit herauszuhalten. Völlig entgegen den innerparteilichen Gewohnheiten legte er dem Berliner Parteitag 2003 eine detaillierte Kandidatenliste für die Vorstandswahlen vor und nötigte die Delegierten, die Parteispitze mit eigenen Vertrauten und Brandenburger Getreuen zu besetzen. Bisky klebt nicht an seinem Amt; er betont, sich jederzeit zurückziehen zu können. Schon zeigt sein verändertes Auftreten unverhoffte Wirkung: Die Traditionalisten werden ihrer aussichtslosen Stellung gewahr und wenden sich in größerer Zahl von der Partei ab, treten aus der PDS aus und erleichtern dem Vorsitzenden sein Geschäft, ohne dass er selbst sie hätte ausschließen müssen.[133]

Zudem scheint es Lothar Bisky zu gelingen, auch Gregor Gysi wieder mit ins Parteiboot zu holen. Am Ende des Jahres 2004 jedenfalls spricht einiges dafür, dass Gysis Abschied aus der Politik nicht endgültig war. Beide hatten sich schon während der 90er-Jahre gut ergänzt und die Postkommunisten weitestgehend erfolgreich durch schwierige Zeiten geführt. Sollte es ihnen gelingen, ihre Schwächen zu überwinden – Gysi seine Ungeduld und Bisky seine Konfliktscheu – dann könnten sie die ideale Besetzung abgeben. Die äußeren Umstände dafür sind jedenfalls günstig. Seit der Jahrtausendwende erodiert das ostdeutsche Milieu der PDS erkennbar, die überalterte Traditionswählerschaft schrumpft unaufhaltsam, ungebundene Wechsel- und Protestwähler werden für die Partei immer wichtiger. Gleichzeitig besteht durch die Wirtschafts- und Sozialpolitik der rot-grünen Bundesregierung erstmals seit ihrem Bestehen für die PDS eine reelle Chance, sich in die alten Bundesländer auszudehnen. Die „Agenda 2010", die Vernachlässigung des gesellschaftlichen Unten durch die Sozialdemokratie, sowie die Vergrößerung der Schere zwischen Arm und Reich, Ost und West ermöglichen der PDS, mit dem sozialpolitischen Thema, für das die Partei obendrein als kompetent gilt, zugleich ihre ostdeutsche Kraft zu konsolidieren und sich im Westen zu etablieren. Erst diese Entwicklungen schaffen die Bedingungen, unter denen Gysi seine Talente Gewinn bringend einsetzen und seine Zugkraft auf dem Wählermarkt zugunsten der PDS voll entfalten kann.

Freilich birgt die Zukunft für die PDS auch Risiken. Ihre Aussichten sind nüchtern betrachtet eher ambivalent als rosig. Infolge der Erosion des PDS-Milieus drohen auch Gefahren. Die flächendeckende Verwurzelung im Osten, ein ausdifferenziertes vorpolitisches Vereinsumfeld und das vielfältige gesell-

---

[133] Vgl. o.V.: Tiefroter Aderlass, in: Der Spiegel, 22.09.2003.

schaftliche Engagement ihrer Anhänger waren bisher das wichtigste Pfund der Partei bei Wahlen. Die immer dramatischer überalternde Mitgliedschaft kann diese Aufgaben schon jetzt immer weniger erfüllen. Anhaltende altersbedingte Mitgliederverluste gefährden obendrein die Stellung der PDS als größte Ostpartei und führen zu einer bedrohlichen Ausdünnung ihrer lokalen Präsenz.

Unklarheit besteht erst recht im Hinblick auf den Zustand der Partei selbst. So könnte der Exitus der Altmitglieder den PDS-Reformern entgegenkommen. Denn mit den Rentnern schwinden auch nostalgische Sichtweisen auf DDR sowie SED und immobiles Verharren in der ostdeutschen Nische. Programmatischer Wandel könnte dadurch erleichtert, die Attraktivität der PDS für Westwähler gesteigert werden. Andererseits verdichten sich die Anzeichen dafür, dass die jüngeren Generationen den innerparteilichen Streit eher verschärfen. Sie sind in ihren Ansichten kompromissloser, vertreten ihre Positionen unnachgiebiger und ordnen sich immer weniger einer abstrakten Parteidisziplin unter. Die Fronten zwischen den Flügeln jedenfalls haben sich in den letzten Jahren insgesamt verhärtet. Die internen Auseinandersetzungen sind auch jetzt nicht dauerhaft beigelegt, sie schwelen unter der Oberfläche weiter. Die Positionen sind unversöhnlicher und die Konflikte härter geworden. Dieser Trend lässt sich mustergültig an der „Kommunistischen Plattform" (KPF) ablesen. Die KPF-Gründer um Lothar Hertzfeld waren noch relativ moderat und verständigungsbereit, ebenso ist es bis heute die weißhaarige, unideologische KPF-Basis. Die Berliner Führung um Sahra Wagenknecht, 1969 geboren und bei der Wende gerade zwanzig Jahre alt, ergeht sich dagegen in dogmatischen und apodiktischen Reden, die jeden Bezug zur offiziellen Parteipolitik verloren haben.

Zwar verliefen die ersten beiden Parteitage unter Bisky betont harmonisch. Neue Wunden wurden einander nicht zugefügt, stattdessen der Wille zur Einigkeit betont. Entwarnung lässt sich deswegen allerdings nicht geben. Die ersten Parteitage waren bisher unter jedem Vorsitzenden Harmonieveranstaltungen. Nach den Krisen zum Ende der jeweiligen Amtszeit und dem vollzogenen Personalwechsel dürstete es die Parteimitglieder jedes Mal nach einem Ende der Auseinandersetzungen, nach Frieden, Ruhe, Geschlossenheit. Aufschlussreicher für den gegenwärtigen Zustand der Partei werden daher erst die folgenden Bundeskonvente sein. Dass es auf diesen wieder konfliktträchtiger zugehen wird, dafür spricht auch die nur auf ein Jahr befristete Verbannung der Flügelexponenten aus dem Parteivorstand. Die Wortführer der mächtigen Plattformen und Arbeitsgemeinschaften werden sich nicht dauerhaft von der ersten Reihe fernhalten lassen. Die gegenseitigen Spannungen und Blockaden dürften dann erneut aufflammen. Zumal Bisky und – wenn er denn wiederkommt – Gysi nicht zuletzt aufgrund ihres Alters nur als Übergangslösung gelten. Bald schon könnten die Generations- und Diadochenkämpfe in eine neue Runde gehen. In dieser Situation wird es darauf ankommen, wie konfliktfähig der gewandelte Lothar Bisky wirklich ist; ob er Krisen bewältigen und trotzdem den Reformkurs halten kann; oder ob er dann schnell die Lust am Amt verliert, zurücktritt – und die PDS erneut in die Orientierungslosigkeit schlittern lässt.

Ein Automatismus in Richtung interner Befriedung geht, wie die Geschichte der Partei lehrt, selbst von Wahlsiegen nicht aus. Insofern bedeutet auch das aktuelle Stimmungshoch der PDS keine Garantie für inneren Frieden. Vielmehr folgten den Wahlsiegen bei den Bundestagswahlen von 1994 und 1998 Phasen verschärften Streits und öffentlich ausgetragener Kontroversen. Nie allerdings zerfleischten sich die Genossen so hemmungslos und selbstzerstörerisch, wie nach der Niederlage 2002. Für den Vorsitzenden, so lässt sich konstatieren, sind Niederlagen eine Katastrophe und Wahlsiege gefährlich.

Die aus der Spannung zwischen der Identität der PDS als systemoppositionelle Ostpartei auf der einen, dem Kurs der Westorientierung und Regierungsbeteiligung auf der anderen Seite resultierenden Probleme dürften sich überhaupt erst in Zukunft richtig auswirken. Die Erosion des PDS-Milieus im Osten und die abnehmende Verteufelung der Partei im Westen werden die Kombattanten ebenso auf den Plan rufen wie die sich bei den letzten Wahlen verdichtenden Abwärtstrends der PDS in Bundesländern, in denen sie an der Regierung beteiligt ist. Begründet liegen sämtliche Dissonanzen und Unwägbarkeiten letztlich in der Heterogenität der Sozialistenpartei: in den gravierenden strukturellen Differenzen zwischen Führung und Basis, Mitgliedschaft und Wählern, Anhängern im Osten und Westen sowie den ideologischen Flügeln.

Vor diesem Hintergrund wird verständlich, warum der Königsweg für politische Führung in der PDS immer noch nicht gefunden zu sein scheint. Bisher jedenfalls scheiterten alle Vorsitzenden an ihrer Aufgabe, die Partei zusammenzuhalten und gleichzeitig in die bundesrepublikanische Wirklichkeit zu führen. Gysi preschte zu weit vor, kam damit zwar selber im wiedervereinigten Deutschland an, nahm die Partei aber nicht mit. Bisky hielt die Ränder zusammen, versäumte es aber, der Partei seinen Stempel aufzudrücken, sie strategisch voranzubringen und ihr eine klare Richtung vorzugeben. Er bezahlte die politische Integration mit inhaltlicher Stagnation. In Gabi Zimmers Amtszeit fallen zwar einige Aufsehen erregende Erklärungen der PDS zu ihrer Vergangenheit, sie wurde aber der internen Konflikte nie Herr, führte die Partei an den Rand der Spaltung und hinterließ ihrem Nachfolger schließlich einen Scherbenhaufen. Und ob es einem geläuterten Parteichef Bisky gelingt, die komplexen Herausforderungen zu bewältigen, mit denen sich PDS-Vorsitzende konfrontiert sehen, bleibt abzuwarten.

Die PDS hat sich in der Vergangenheit alles in allem als nahezu unführbar erwiesen. Fast möchte man dem amtierenden Vorsitzenden und denen, die ihn beerben wollen, einen Ratschlag des dänischen Philosophen Søren Kierkegaard mit auf den Weg geben: Häng dich oder häng dich nicht, bereuen wirst du beides.

Missglückte politische Führung. Die gescheiterten Nachkriegsparteien

Michael Schlieben

Einleitend Überparteiliches

Sie fristen ein Schattendasein. Von den zeitgenössischen Wählern zusehends ignoriert, von Parteienforschern meist stiefväterlich vernachlässigt – die hier im letzten Kapitel als „Nachkriegsparteien" zusammengefassten Parteien vereint ein ähnliches Schicksal. Alle waren sie in Fraktionsstärke[1] im ersten und/oder zweiten Deutschen Bundestag vertreten. Danach verloren sie zunehmend an Bedeutung. Manche fusionierten, andere lösten sich auf. Zwei wurden verboten, wieder andere beteiligen sich noch heute am Parteienwettbewerb mit Wahlergebnissen im Promillebereich. Aus gegenwärtiger Sicht erscheinen sie wie Relikte der nunmehr gut ein halbes Jahrhundert zurückliegenden Nachkriegszeit.

Nichtsdestotrotz lohnt ein Blick auf diese heute versiegten politischen Strömungen und deren Protagonisten – und dies nicht bloß aus parteihistorischer Motivation. Die Geschichte der abhanden gekommenen Nachkriegsparteien stellt mehr dar als ein Gemisch von programmatischen Glaubenskämpfen, organisatorischen Fehlversuchen und persönlichen Dramen. Die Schwäche, das Verschwinden dieser Parteien trug ursächlich zur Stabilität des bundesrepublikanischen Parteiensystems bei und birgt insofern allgemein-parteitheoretisches Interesse. Denn diese Stabilität gründete sich auch darauf, dass die Alternativangebote wenig zugkräftig waren. Mit dem historischen Erfahrungshintergrund ihres kollektiven Scheiterns soll der Frage nachgegangen werden, welche Faktoren für den jeweiligen Niedergang und darüber hinaus für das allgemeine Parteisterben dieser Zeit verantwortlich waren.

---

[1] 1949 wurden 10 Abgeordnete benötigt, um im Bundestag eine Fraktion bilden zu können. 1952 wurde mit neuer Geschäftsordnung die zur Bildung nötige Abgeordnetenzahl auf 15 erhöht. Es kam auch bereits vorher schon zu diversen Parlamentsbündnissen und Fraktionsgemeinschaften. Die DRP verfügte nicht über Fraktionsstatus; sie war nur (gemeinsam mit einem Abgeordneten der Nationaldemokratischen Partei) als Gruppe vertreten. Insgesamt fanden in der ersten Legislaturperiode des deutschen Bundestags 108 Fraktionswechsel statt; 1953 gab es 20 fraktionslose Abgeordnete. So war auch die SRP für anderthalb Jahre im Bundestag vertreten. Auf den SSW (Südschleswigscher Wählerverbund), der 1949 einen Abgeordneten entsandte, wird hier nicht weiter eingegangen.

Bevor mit der Übersichtsdarstellung der einzelnen Parteien und deren politischen Führer begonnen wird, ist es sinnvoll, einige Differenzierungen vorzunehmen sowie zentrale externe Faktoren als Kontextbedingungen aufzuführen, die das Scheitern mitverursachten. Bei den zu portraitierenden Parteien lässt sich grob und nicht ausschließlich trennscharf zwischen vier verschiedenen Typen unterscheiden: Zunächst sind die Parteien zu nennen, die bereits in der Weimarer Republik existierten (Kommunistische Partei Deutschlands [KPD], Deutsche Zentrumspartei). Hierbei handelt es sich um Wiedergründungen (nach Illegalität bzw. Auflösung), die organisatorisch, ideologisch und personell an die Partei-Tradition von vor 1933 anknüpfen konnten.[2] Zweitens kam es zu Neugründungen mit starken regionalen Hochburgen (Wirtschaftliche Aufbauvereinigung [WAV], Bayernpartei [BP], Deutsche Partei [DP]).[3] Diese profitierten von dem 1949 noch gültigen Wahlgesetz, das den Bundestagseinzug vorsah, sobald in einem einzigen Bundesland die 5%-Quote erreicht wurde. Als eine dritte Gruppe entstanden postfaschistische Parteien, die personell wie ideologisch eine große Kontinuität zu der untergegangen NSDAP aufwiesen (Deutsche Konservative Partei – Deutsche Rechtspartei [DKP-DRP], Sozialistische Reichspartei [SRP], Deutsche Reichspartei [DRP]). Die SRP konnte sich erst nach einer Lockerung der von den alliierten Besatzungsmächten auferlegten Lizenzierungspflicht gründen und wurde bald vom Bundesverfassungsgericht, wie später auch die KPD, als verfassungsfeindlich verboten. Viertens seien die Parteien genannt, die die Interessen von Flüchtlingen und Kriegsgeschädigten vertraten (hier: Block der Heimatvertriebenen und Entrechteten [BHE]). Diese konstituierten sich ebenfalls erst nach der Auflockerung des Lizenzierungsverfahrens.

Die bereits angeklungenen, sich aus dem Kontext der Nachkriegszeit ergebenden institutionellen Einschränkungen für Parteien seien hier noch einmal systematisiert, da sie das Agieren ihrer Vorsitzenden maßgeblich beeinflussten: Nach Kriegsende bis 1949/50 waren Parteien lizenzierungspflichtig, und zwar von der kommunalen Ebene an. Sie waren also, wie auch bei der Teilhabe an vorparlamentarischen Gremien, von dem Vetorecht der Alliierten abhängig. Außerdem schränkten Wahlgesetze eine Ausfransung des Parteiensystems ein. So galt 1949, dass in einem Bundesland mindestens 5% der abgegebenen Stimmen erreicht sein mussten, um in den Bundestag einziehen zu können. Bereits 1953 wurde diese Bestimmung auf die heute bundesweit gültige 5%-Sperrklausel verschärft. Als dritte große Restriktion für die Führung von Nachkriegsparteien erwiesen sich Parteiverbote, die ebenfalls eine Konzentration des Parteiensys-

---

[2] Vgl. dazu Falter, Jürgen: Kontinuität und Neubeginn. Die Bundestagswahl 1949 zwischen Bonn und Weimar, in: Politische Vierteljahresschrift 22 (1981) 3, S. 236-263.
[3] Diese verfügten teilweise ebenfalls über indirekte Vorgängerorganisationen.

tems zur Folge hatten. Diese waren zwar verfassungsrechtlich begründet, stets aber auch politisch motiviert.[4]

Geprägt von Nazi-Herrschaft und darauf folgender „Besatzungsdemokratie"[5] befand sich Deutschland das erste Jahrzehnt nach dem Zweiten Weltkrieg parteipolitisch in einer Übergangs- und Umbruchssituation. Nach Krieg, Hunger und Vertreibung formte und konstituierte sich das Elektorat der jungen bundesdeutschen Republik erst allmählich. Die aus den 1949er-Wahlen hervorgegangene Regierungs- und Parlamentsbeschaffenheit erwuchs aus der besonderen historischen Nachkriegs-Konstellation und wirkte formend auf das künftige Parteiensystem.[6]

Will man personalisieren, und das ist Aufgabe dieses Buchs, sollten konsequenterweise ein „Held", nämlich Bundeskanzler Adenauer, und viele (rund 20) weniger bedeutendere Antagonisten in den Mittelpunkt der Betrachtung gestellt werden. Denn es wird sich zeigen, dass der Misserfolg der „sonstigen" Parteien, ähnlich wie der frühe Erfolg der CDU, auch personell bedingt ist, dass der Niedergang der Nachkriegsparteien auch Ergebnis eines vielschichtigen Führungsversagens war. Während die Zustimmung für die CDU, seit sie den Kanzler stellte, bis 1957 sprunghaft anstieg[7], verschwanden die „sonstigen" Parteien peu à peu von der politischen Bildfläche. Entscheidend für die Popularität der Kanzlerpartei, welche auch direkt durch Spaltungs- und Wahlbündnisinitiativen auf die kleineren Konkurrenzparteien einwirkte, war der unter Adenauers Ägide stattfindende wirtschaftliche Aufschwung. Gleich zu Beginn des Kalten Krieges, der Botschaft und Gegner bot, wuchs der Wohlstand für einen Großteil der Bevölkerung. Mit dem Wiederaufbau vollzog sich in der Bundesrepublik im Windschatten des Kräftemessens der beiden globalen Großmächte bei steigenden Löhnen und wachsenden Beschäftigungsraten eine sukzessive „Nivellierung der

---

[4] Die Mittel und Wege der „erzwungenen Konzentration" des Parteiensystems sind kaum mehr mit heutigen rechtsstaatlichen Methoden vergleichbar. Vgl. hierzu Schildt, Axel: Modernisierung im Wiederaufbau. Die westdeutsche Gesellschaft der fünfziger Jahre, in: Faulstich, Werner: Die Kultur der fünfziger Jahre, S. 11-21, hier S. 18 f.; o.V.: Kommt das Zweiparteisystem von selbst?, in: Die Gegenwart, 15.01.1955.

[5] Vgl. Lange, Max Gustav: Betrachtungen zum neuen deutschen Parteisystem, in: Parteien in der Bundesrepublik. Studien zu der Entwicklung der deutschen Parteien bis zur Bundestagswahl 1953, Stuttgart/Düsseldorf 1953, S. 493-518, hier S. 493.

[6] Vgl. Sternberger, Dolf: Mutation des Parteiensystems. Eine Betrachtung zur dritten Bundestagswahl, in: Faul, Erwin (Hg.): Wahlen und Wähler in Westdeutschland, Villingen/Schwarzwald 1960, S. 1-16.

[7] Die SPD stagnierte in der gleichen Zeit bundesweit bei zwischen 30% und 35%. Zu Dynamik und Stagnation der Volksparteien vgl. Erbe, Friedrich: Vierzehn Jahre Wahlen in Westdeutschland (1946-1960), in: Faul (Anm. 6), S. 17-111.

Klassengesellschaft"[8]. Und so korrespondierte das „Wirtschaftswunder" mit dem in den 50er-Jahren so wahrgenommenen „Wahlwunder" von 1953 und 1957. Die deutsche Wählerschaft brach bei hohen Wahlbeteiligungen mit ihrer Gewohnheit, in fünf bis sieben verschiedene Richtungen auseinander zu driften und formte erstmals bei freien nationalen Wahlen eine absolute Mehrheit.[9]

Diese externen, kontextabhängigen Gründe für das Verschwinden der Kleinparteien sind bekannt. Weniger weiß man hingegen über die Repräsentanten, die Parteivorsitzenden und Prototypen, dieser inzwischen versiegten Strömungen. Dabei verbergen sich hinter ihnen oft nicht nur interessante und wirkungskräftige Politiker-Biographien, deren Darstellung schon allein lohnen würde; zusätzlich verfügen Fragen nach dem Parteiführungsverhalten der Nachkriegsparteien – wie reagieren Parteivorsitzende auf anhaltende Zustimmungsverluste? welche Krisenmechanismen greifen bei andauernder Erfolglosigkeit? – auch über bleibenden parteitheoretischen Erkenntniswert. Basierend auf diesen Ausgangsüberlegungen münden die anschließenden Kurzportraits in einem vergleichenden Fazit. Darin wird zu sehen sein, dass nicht nur mehrere Parteien als Gesamtentwurf scheiterten, sondern dass sich letztlich auch konkrete Entwürfe und Typen von Parteiführung als untauglich erwiesen.

Die einzelnen Parteien und ihre politischen Führer

Kommunistische Partei Deutschlands (KPD)

Max Reimann: der westdeutsche Kommunistenführer

Zu Beginn der 1950er-Jahre gab es zwei verbreitete Sichtweisen auf Max Reimann, den Nachkriegsparteivorsitzenden der westdeutschen KPD. Sie standen einander so konträr gegenüber, wie sich dies im Prinzip nur in zwei ideologisch differenten, einander feindlich gesinnten (Deutungs-)Systemen ereignen kann. Für die einen war er „Reimann, der Bergarbeiter, der Sohn des Volkes, [...] der Bevölkerung Westdeutschlands kühnster Vorkämpfer"[10]. Die anderen sahen in ihm den „Agenten Moskaus", einen Politganoven, dem mindestens 55 Verbre-

---

[8] Schildt, Axel: Ende der Ideologien? Politisch-ideologische Strömungen in den 50er Jahren, in: Schildt, Axel / Sywottek, Arnold (Hg.): Modernisierung im Wiederaufbau. Die westdeutsche Gesellschaft der 50er Jahre, Bonn 1993, S. 627-645, hier S. 629.
[9] Vgl. Sternberger (Anm. 6), S. 3.
[10] Vgl. o.V.: Die Forderung von Millionen: Redefreiheit für Max Reimann! Der Immunitätsraub muss rückgängig gemacht werden, in: Volksstimme, Köln, 25.01.1951. Laut „Volksstimme" war er ebenfalls „der populärste Mann in Westdeutschland [...], der populärste Westdeutsche in der ganzen Welt."

chen und Straftaten zuzurechnen waren, die von Hochverrat über Beihilfe zum Menschenraub bis zu Rauschgiftsucht reichten.[11] Der erste Bundestagspräsident Erich Köhler entzog Reimann unter lauten Beifallsbekundungen aufgebracht das Wort: „Halten Sie den Mund!", als dieser gegen die Erklärung des Bundestages polemisierte, in der die DDR-Anerkennung der Oder-Neiße-Linie zur deutschen Ostgrenze „als Beweis für die beschämende Hörigkeit dieser Stelle gegenüber einer fremden Macht"[12] gegeißelt wurde. Die KPD-Fraktion versuchte bei der ausbrechenden Prügelei im Plenarsaal ihren kampfeslustigen Parteichef vor den Parlamentsordnern und Abgeordneten anderer Parteien mit ganzer Fraktionsstärke zu verteidigen. An der Person Max Reimanns ist viel abzulesen von der feindseligen Rhetorik und kompromisslosen Unvereinbarkeit verschiedener Sichtweisen, die in der neugegründeten Bundesrepublik auch auf parlamentarischer und parteipolitischer Ebene aufeinanderprallten.

Die Vita des 1898 im ostpreußischen Elbing geborenen Max Reimann war bereits früh von kommunistischen Einflüssen geprägt. Seine Karriere verlief in vieler Hinsicht prototypisch für die (west-)deutsche kommunistische Bewegung: Als 12-jähriger Werft- und Bergarbeiter wurde er Mitglied der sozialistischen Arbeiterjugend, bald auch Anhänger des Spartakusbundes und Demonstrant gegen den Ersten Weltkrieg. Dennoch zur Infanterie eingezogen, trieb er hier jung-revolutionäres Unwesen. Er entfernte sich unerlaubt von der Truppe und erfuhr von der russischen Oktoberrevolution 1917 typhuskrank in einem Lazarett. Er gelangte wieder nach Elbing, wo er mithalf, „die Revolution durchzuführen und für die Macht von Arbeiter- und Soldatenräten zu sorgen"[13]. 1919 trat er der soeben gegründeten KPD bei und wurde bald darauf wegen seiner revolutionären Taten für ein Jahr verhaftet. Anschließend folgte Reimann dem Auftrag der kommunistischen Parteileitung, ins Ruhrgebiet zu gehen, um dort beim Parteiaufbau mitzuwirken. Spätestens auf den Marktplätzen Ahlens und Solingens mauserte sich der Autodidakt mit proletarischer Herkunft zu einem bemerkenswerten Agitator. Seine frei vorgetragenen, wütenden Reden, der leidenschaftliche Ton und lebhafte Gestus – all das verfehlte seine Wirkung nicht. Er erreichte die revolutionär gesinnten Kräfte und verschreckte die bürgerlichen. Reimann lebte seine Worte, vermittelte, „immer auch von der Sache selbst gepackt zu sein"[14]. Auch wenn ihn Journalisten und Parlamentskollegen später aufgrund

---

[11] Vgl. o.V.: Die 55 Verbrechen des KP-Chefs. Reimann schon verhaftet? Als Abgeordneter noch „immun", in: Ruhr-Nachrichten, Dortmund, 29.09.1953.

[12] O.V.: Tumult um Max Reimann. Der Bundestag billigt eine Erklärung zur Oder-Neiße-Linie, in: Frankfurter Allgemeine Zeitung, 14.06.1950.

[13] Was nicht sonderlich schwer fiel, „denn Elbing hatte [...] eine revolutionäre Arbeiterschaft". So berichtet der kommunistisch-autorisierte Reimann-Biograph. Vgl. Ahrens, Franz: Streiflichter aus dem Leben eines Kommunisten, Hamburg 1968, S. 55.

[14] Ebd., S. 68 f.

seiner zornigen Ausbrüche einfach häufig nur despektierlich auslachten, zumindest sich selbst wusste der kommende Kommunistenchef stets mitzureißen und zu gefallen.[15]

Der junge Reimann stieg in der jungen KPD der Weimarer Republik dank seiner Verve und Bedingungslosigkeit rasch zum Bezirkssekretär und Betriebsfunktionär auf. Allerdings gehörte er bis zum Verbot der KPD 1933 allenfalls zur „zweiten Garnitur der deutschen Kommunisten"[16]. Das Dritte Reich bekämpfte er parteikonform in der Illegalität, was ihn ins Zuchthaus und ins Konzentrationslager Sachsenhausen brachte. Anschließend jedoch, nach dem Untergang des Hitler-Regimes, führte bei der Übernahme von Parteileitungsfunktionen kaum ein Weg an Reimann vorbei, der noch 1945, nach einem Zwischenaufenthalt beim KP-Zentralkomitee in Berlin, ins Ruhrgebiet zurückkehrte und die dortige KPD mitbegründete. Denn schon die Personallage war für die westdeutsche KPD prekär. Der kommunistische Widerstand gegen die Nationalsozialisten hatte viele Opfer gefordert, ein großer Teil der KPD-Führung der Weimarer Republik lebte 1945 nicht mehr. Andere frühere KP-Spitzenfunktionäre gingen in die sowjetische Besatzungszone zur Beteiligung am Aufbau des Realsozialismus. Die Wiedergründung der KPD sowie die anschließende Parteiführung lagen somit in der Hand ehemaliger mittlerer Führungskader. Keiner der nun hervorgehobenen Aktivisten war vor 1933 mit einer oberen Leitungsaufgabe betraut gewesen.[17]

Im Unterschied zu der kommunistischen Partei in der sowjetischen Besatzungszone, die zentral aus Ost-Berlin von einer Gruppe während des Krieges in der Sowjetunion extra dafür geschulter Exil-Kommunisten (Gruppe Ulbricht) geführt wurde, vollzog sich im Westen eine gegenteilige Entwicklung: Die westlichen Besatzungsmächte gestatteten nach Kriegsende zunächst nur Parteigründungen auf Orts- und Kreisebene, was sich für die Führung zentralistischer Organisationen äußerst ungünstig auswirkte.[18] Die westdeutsche KPD gründete sich später und uneinheitlicher als die ostdeutsche, zur Staatspartei avancierende Schwesterpartei. Außerdem musste die KPD beim Parteiwiederaufbau weitge-

[15] Zu Reimanns Selbstgefälligkeit vgl. Erdmann, Herbert: Symbol und Symptom des Untergangs. Das Ende der Kommunistischen Partei an der Ruhr, in: Deutsche Tagespost, Augsburg, 29.06.1953.
[16] Klocksin, Jens Ulrich: Kommunisten im Parlament. Die KPD in Regierungen und Parlamenten der westdeutschen Besatzungszonen und der Bundesrepublik Deutschland (1945-1956), Bonn 1993, S. 440.
[17] Vgl. Staritz, Dietrich: Die Kommunistische Partei Deutschlands, in: Stöss, Richard (Hg.): Parteien-Handbuch. Die Parteien der Bundesrepublik 1945-1980. Bd. II: FDP bis WAV, Opladen 1984, S. 1663-1810, hier S. 1666-1672. Zu Kurt Müller, früher Vorstandsmitglied der nationalen und internationalen Kommunistischen Jugend, und Hermann Nuding, ehemaliges Mitglied der Zentralen Kontrollkommission der KPD, die 1950/51 ihre Funktionen verloren, vgl. Klocksin (Anm. 16), S. 239-245.
[18] Vgl. Staritz (Anm. 17), S. 1667.

hend auf den Import von „Genossen Heimkehrern" aus der Sowjetunion sowie gänzlich auf die Protektion durch die Besatzungsmächte verzichten. Die in vieler Hinsicht überlegene SED, mit der die KPD, bis es 1947 untersagt wurde, auch offiziell in einer Arbeitsgemeinschaft vereinigt war, beeinflusste ideologisch und organisatorisch die Geschicke im Westen.[19]

Ihre größten Erfolge erzielte die KPD in den ersten drei Nachkriegsjahren. In dieser Zeit verbuchte die Partei, die als erste mit großen und lauten[20] antifaschistischen Kundgebungen und Propagandaaktionen auf den Plan getreten war, die höchsten Stimmergebnisse bei Wahlen. Auch wenn sie nicht mehr an ihre Zustimmungsraten der ersten Republik anknüpfen konnte, erreichte sie bei der Landtagswahl 1947 in Reimanns Nordrhein-Westfalen doch immerhin noch 14%. Sie verzeichnete Mitgliederzuwächse[21], vermied weitgehend Konfrontationen mit den Militärregierungen und bastelte zaghaft an einem Schulterschluss mit der SPD. Die Nachkriegs-KPD gab sich radikal-demokratisch, nicht revolutionär; von einer Diktatur des Proletariats war zu dieser Zeit keine Rede, dafür aber von einem „besonderen deutschen Weg zum Sozialismus"[22]. An fast allen der ersten westdeutschen (Allparteien-)Landesregierungen waren Kommunisten als Minister beteiligt. Einige Jahre lang sah es so aus, als würde die KPD ein fester und womöglich tragfähiger Bestandteil des westdeutschen Parteiensystems, was durchaus im internationalen Trend gelegen hätte. Auch in Frankreich und Italien etablierten sich gerade mit ähnlichen Stimmanteilen die Parlamentskommunisten. Solange sich die KPD innerhalb der vorgegeben Einschränkungen bewegte, war sie einigermaßen erfolgreich und hatte Teil an der Gestaltung des politischen Wiederaufbaus.

Nur, der große Erfolg, das eigentliche Ziel, blieb ihr verwehrt: die Spaltung Deutschlands zu verhindern und die Möglichkeit aufrechtzuerhalten, ein vom Westblock unabhängiges Land dem Sozialismus zuzuführen. Und so wechselten in den späten 40er-Jahren mit dem Beginn des Kalten Krieges und der Konkretisierung der Bundesrepublik die Paradigmen der KP-Parteiführung, weil die Direktiven aus Ost-Berlin sich änderten. Es begann die Phase der unverhohlenen Angriffe auf das westdeutsche und alliierte Establishment und der eingeforderte

---

[19] Besonders auch durch finanzielle Unterstützung. Nur so konnte die KPD ihren ungleich großen und kostspieligen Parteiapparat unterhalten. Sie beschäftigte mehrere tausend Parteimitglieder hauptamtlich.

[20] 1949 klagte General Robertson: Die KPD „ist eine sehr geräuschvolle Partei, sie macht einen Krach, der in keinem Verhältnis zu ihrer Bedeutung steht." Zu den Auseinandersetzung der britischen Besatzer mit der kommunistischen Partei vgl. o.V.: Die „Puppenpartei" vor dem Kontrollrat. Die bisher offenste Erklärung, in: Der Telegraf, 12.03.1948.

[21] Im September 1947 verfügte die KPD mit 324.000 Mitgliedern über ihr historisches Nachkriegshoch. Zu den Zahlen und ihrer Problematik vgl. Staritz (Anm. 17), S. 1782-1788.

[22] Vgl. dazu Kluth, Hans: Die KPD in der Bundesrepublik. Ihre politische Tätigkeit und Organisation 1945-1956, Köln/Opladen 1959, S. 29 ff.

„Umbau" der KPD zur „Partei neuen Typs"[23]. Reimann, seit 1948 Vorsitzender der KPD in den drei West-Zonen, zeichnete sich dabei als großer Provokateur und als eifriger Umbauer aus.

Zunächst war er der einzige KPD-Delegierte, der allen vor Gründung der Bundesrepublik bestehenden parlamentarischen Gremien angehörte.[24] Seine Strategie dabei war unverfroren und somit Aufsehen erregend: Regelmäßig beantragte er eingangs, die Arbeit dieser Gremien, so die Beratung über eine separate westdeutsche Verfassung, einzustellen. Dass die Parlamentskollegen ihn zuweilen zu ignorieren versuchten, brachte ihn noch mehr in Rage. Er störte, protestierte „energisch" gegen die „Intimität deutscher Politiker" mit den Besatzungsmächten, dass vor aller Welt „Fraternisierung" gespielt werde;[25] er nannte die Westdeutschen „Eingeborene von Trizonien" und bezeichnete die anderen Frühparlamentarier mal als „Quislinge", mal als „alliiertes Hilfspersonal". Daraufhin erließ die britische Militärregierung schließlich Haftbefehl wegen Misskreditierung der am demokratischen Aufbau wirkenden Kräfte. Allerdings entließ man ihn vorzeitig aus dem Untersuchungsgefängnis – angesichts einer Vielzahl von Protesten von der nicht unberechtigten Furcht geleitet, so Reimann unnötig zum nationalen Märtyrer aufzubauen.[26]

Auch beim angeordneten stalinistischen Umbau der KPD zur „Partei neuen Typs" spielte Reimann eine tragende Rolle; bei ihm vermengten sich „politische und persönliche Motive"[27]. In der KPD der frühen 50er-Jahre vollzog sich ein rigider politischer Gleichschaltungsprozess. Die Partei sollte, so hieß es auf KPD-Deutsch, eine monolithische Einheit nach dem Prinzip des demokratischen Zentralismus bilden. Das hieß: Über Macht und Vetorecht bei der Kandidatenaufstellung verfügten bald die nicht gewählten, sondern eingesetzten Parteisekretariate. Damit niemand aus der Parteilinie ausscheren konnte, waren höhere Parteiorganisationen für die je unteren bindend verantwortlich. Die leitenden Kader wurden mit einem aufwendig-bürokratischen Nomenklatur-System kontrolliert. Um interne Gruppen- und Fraktionsbildung zu verhindern, gab es ausschließlich vorstrukturierte Diskussionen. Ebenfalls zu diesem Zwecke führte die Parteileitung im Kampf gegen so genannte „trotzkistische und titoistische Unterwanderung"[28] politische Säuberungen durch – die sich im Westen meist auf den Parteiausschluss beschränkten. So fand 1951 eine lebhafte Fluktuation innerhalb der Parteiführung statt. Acht der elf Landesvorsitzenden, die sämtlich noch über

---

[23] Staritz (Anm. 17), S. 1782.
[24] Dem Zonenbeirat, dem 1. und 2. Wirtschaftrat und dem Parlamentarischer Rat.
[25] Auch im Folgenden zit. nach Reimann, Max: Entscheidungen 1945-1956, Frankfurt a. M. 1973, S. 68 ff.
[26] Vgl. Klocksin (Anm. 16), S. 222.
[27] Kluth (Anm. 22), S. 35.
[28] Ebd., S. 38.

Verbindungslinien zur Weimarer KPD verfügten, wurden ausgewechselt. Schon bald besetzten Stalinisten die Schlüsselpositionen. Weil deshalb für den Bundesparteitag eine „offene Revolte"[29] drohte, verlegte die SED-Leitung den Parteitag kurzerhand von München nach Weimar. Spätestens zu diesem Zeitpunkt war klar, wer der eigentliche Parteiführer der KPD war: In Weimar führte nicht Reimann, sondern Walter Ulbricht das Wort.[30]

Die Maßnahmen der ostdeutschen Parteileitung kamen nicht von ungefähr. Tatsächlich gärte es in der KPD. Viele Altkommunisten hatten es satt, vorgestanzte Direktiven marionettenartig verlesen zu müssen und von der Bevölkerung ob der Moskauhörigkeit verachtet zu werden. Die Funktionäre fühlten sich bevormundet und wurden dafür geächtet. Schließlich verließ eine Vielzahl die Partei freiwillig. Bis 1952 verlor die KPD innerhalb von fünf Jahren fast zwei Drittel ihrer Mitglieder. Prominenter Höhepunkt der unfreiwilligen Parteiaustritte war 1950 die Entführung von Reimanns Stellvertreter für den Parteivorsitz, Kurt Müller. Die Verschleppung des Bundestagsabgeordneten nach Ost-Berlin und anschließend in die Sowjetunion verdeutlichte vor aller Augen die Parteipraktiken. Der arrivierte „Kuschi" Müller, in der Weimarer Zeit Vorsitzender des Kommunistischen Jugendverbandes, danach elf Jahre im nationalsozialistischen Konzentrationslager, war mehr als Reimanns persönlicher Rivale. Bereits 1949 drohte Müller, „alle Fehler und Schwächen Reimanns und dessen Schuld an der Krise der KPD schonungslos"[31] aufzudecken. Der ostdeutschen Parteileitung in Pankow war Müller, der darauf drängte, selbstständige kommunistische Politik zu betreiben, unangenehm, auch da er schon öfter mit SED-kritischen Äußerungen aufgefallen war. Reimann, der die SED-Unterordnung befürwortete und unzufrieden war über „opportunistische Fehler" seiner „anpassungsbereiten" Mitstreiter, verstand es, den kommunistischen Parteiapparat in Bewegung zu setzen und gegen Müller zu instrumentalisieren.[32]

1949 hatte die KPD bundesweit noch 5,7% der Stimmen erhalten und konnte 15 Abgeordnete stellen. Reimann übernahm im Bundestag, im Gegensatz zu seinem von vielen Parlamentariern durchaus geschätzten Stellvertreter Heinz Renner, die Rolle des nur zu deutschlandpolitischen Themen sprechenden, gänzlich unbeliebten Agitators. Vier Jahre später verpasste die KPD den Wiederein-

---

[29] O.V.: SED befahl: Münchener KP-Parteitag in Weimar, in: Die Welt, 12.03.1951.
[30] Vgl. auch Major, Patrick: The Death of the KPD. Communism and Anti-Communism in West Germany 1945-1956, Oxford 1997, S. 204. Hier heißt es zu Ulbricht und Reimann: „If anybody can be regarded as the pilot of the KPD [...] it must be the East German leader, Walter Ulbricht. Notoriously autocratic in his personal style of leadership, he determined the overall direction of the western party. [...] Max Reimann was at best a dutiful co-pilot."
[31] O.V.: Max Reimann in Ungnade? Rätselraten um bundesdeutschen KP-Chef, in: Aktuelle Reportage Pressedienst, April 1954.
[32] Kluth (Anm. 22), S. 35; Staritz (Anm. 17), S. 1796; Klocksin (Anm. 16), S. 247.

zug in den Deutschen Bundestag; sie fuhr mit 2,2% eine flächendeckende Niederlage ein, kam in keinem Bundesland über 5%. 1954 war sie einzig im Bremer Landtag noch vertreten, alte Hochburgen wie das Ruhrgebiet oder Hamburg waren weggebrochen. Aggressiv und monoton waren die Kommunisten aufgetreten: Das von Reimann 1952 vor einer belustigten Presse verlesene „nationale Befreiungsprogramm" verlangte nicht nur in fanatischem Duktus den revolutionären Sturz „des Adenauer-Regimes und der rechten SPD-Führer"[33] – es entbehrte auch argumentativ der sozialen und politischen Grundlage, von Esprit ganz zu schweigen. Reimann leugnete das Wirtschaftswunder, obgleich sich die Löhne seiner Klientel, der Industriearbeiter, pro Wahlperiode nahezu verdoppelten. Das Angebot an SPD und Zentrum 1953 zur Bildung einer Volksfront gegen die CDU lehnten Ollenhauer und Brockmann als fadenscheinig ab. Die kommunistische Phraseologie verfehlte ihre potentielle westdeutsche Zuhörerschaft. Häufige hektische Aufrufe, die stets aus einem Schwall altbekannter Schlagwörter zusammengesetzt waren – „wer einmal eine solche Rede hörte, kennt alle anderen von vornherein"[34] – griffen zunehmend ins Leere. Die KPD gab sich rhetorisch den Anschein, eine große Oppositionspartei zu sein. Die Resonanz bei den Massen fehlte ihr indes vollkommen. Reimanns Krisenmanagement war wenig konstruktiv: Er bezeichnete bereits die 1949er-Wahl als „Fehlentscheidung in historischer Stunde" und interpretierte „unreifes" Wahlverhalten als Ergebnis der antikommunistischen, „irreführenden Propaganda" der Regierungsverantwortung tragenden „Chauvinisten und Revanchisten".[35]

Die konservative Bundesregierung ging in der Tat massiv gegen die KPD vor. Parteihäuser wurden konfisziert, die Beschäftigung von KPD-Mitgliedern im öffentlichen Dienst wurde verboten, der Verbotsantrag vorbereitet. In den Parlamenten bürgerte sich als Standardreaktion auf Anträge der durchaus aktiven KPD-Fraktionen die süffisante Formel „Übergang zur Tagesordnung" ein. Wortbeiträge wurden boykottiert oder von „Schickt ihn nach Moskau!"-Rufen unterbrochen. Der neuen, fein gesäuberten KPD-Führungsriege, in der Reimann die einzig bekannte Persönlichkeit blieb, war nicht mehr viel Zeit vergönnt. Am 17. August 1956 wurde die KPD vom Bundesverfassungsgericht als verfassungswidrig verboten. Wenigstens musste Reimann jetzt keine Ausreden mehr für die Wahlniederlagen suchen. Denn es bleibt festzuhalten, dass vor dem Verbot der Misserfolg gestanden hatte. Bevor die KPD vom Parteienwettbewerb ausgeschlossen wurde, hatte sie schon weitgehend an Bedeutung verloren. Die verbliebenen Kommunisten verlegten ihre Arbeit: Sie gingen in den Untergrund

---

[33] Zu dem Befreiungsprogramm vgl. Kluth (Anm. 22), S. 42-49.
[34] O.V: KPD-Reimanns Logik, in: Der Telegraf, 27.11.1951.
[35] Reimann, Max: Aus Reden und Aufsätzen 1946-1963, Berlin 1963, S. 167.

oder in die DDR; sie starteten Infiltrierungsversuche in Betrieben, Parteien und Gewerkschaften oder versuchten es mit Parteineugründungen.

Max Reimann verbrachte bereits die letzten Jahre seiner legalen Parteiführerschaft auf illegalen Wegen. Nach dem Verlust des immunitätsstiftenden Bundestagsmandats (infolge der Müller-Entführung) wurde er, nicht zum ersten Mal, per Haftbefehl gesucht. Bereits seit 1950 lebte er „aus Sicherheitsgründen" meist in der DDR. So war es ihm kaum mehr möglich, den umfangreichen Parteiapparat zu dirigieren oder offen gegen das drohende Verbot zu kämpfen. 1954 war er auf dem KP-Parteitag in Hamburg ebenso wie auf dem der SED in Berlin nicht anwesend, grüßte nur noch per Telegramm und versuchte, per Kurier oder Botschaft aus dem Exil-Radio die Partei zu leiten. Der westdeutsche Nachkriegskommunistenführer verlor in der anonymen Illegalität den letzten Rest an Einfluss. Schon bald wurde kolportiert, dass Reimann nun mehr auch in Pankow „als glatter Versager"[36] gelte; eine Reorganisation an der Parteispitze – an die Stelle des Generalsekretärs trat ein Mehr-Männerkollegium – verdeutlichte dies. Kurz vor Toresschluss, vor der Verkündigung des Verboturteils tat Reimann ein Novum, er übte öffentliche Selbstkritik, die allerdings ebenfalls ihren sowjetischen Hintergrund hatte. Chruschtschow hatte Stalin abgelöst. Künftig, so lautete die poststalinistische Parole, solle bessere „Aufklärungsarbeit" geleistet und weniger „Personenkult" betrieben werden.[37]

Denn trotz aller Häme, der Reimann auch in den eigenen Reihen ausgesetzt war, kann man den Kommunisten eine gewiss plakative, führerkultische Verehrung für „unseren Max"[38] nicht absprechen. Die 1968 gegründete DKP machte ihn zum Ehrenvorsitzenden; bei seinem Begräbnis 1977, ähnlich wie auch schon bei seinen Verhaftungen in den 40er-Jahren, fanden große Prozessionen mit überdimensionalen Fotos seines markant-ansprechenden Konterfeis statt. „Die Werktätigen von Paris [bis] Peking" standen „in unerschütterlicher Verbundenheit" hinter „dem unerschrocken mutigen Kämpfer für den Frieden"[39]. In seinem Milieu war Reimann durchaus Vorbild, ja Volksheld. Zur Totenfeier kamen Gesandte aus allen kommunistischen Ländern, die einen Politiker würdigten, der sich zu Lebzeiten als geselliger Zeitgenosse, vor allem aber als kritikloser Verfechter des sowjetischen Gedankens ausgezeichnet hatte. In der Tat: Reimann war die beste Marionette Moskaus; er war Säuberer und Provokateur und erwies so seiner Partei einen Bärendienst. Letztlich schadete das, was ihn für diesen spezifischen Parteivorsitz qualifizierte, seiner Partei. Denn der unmoderate Rei-

---

[36] O.V.: Vorbereitungen auf die Illegalität. Kollektives Führungsprinzip nun auch in der KPD, in: Südwest Rundschau, Freiburg/Br., 31.12.1954.
[37] Vgl. o.V.: Max Reimann übt Selbstkritik. „Wir haben die Folgen des Personenkults mitverschuldet", in: Die Welt, 31.07.1956.
[38] O.V.: Unser Max ist stärker als die Provokateure, in: Volksstimme, Köln, 19.02.1951.
[39] O.V.: Ein Sohn des Volkes, in: Volksstimme, 01.08.1950.

mann verfügte über zu wenig adaptives oder dialektisches Einfühlungs- und Kooperationsvermögen hinsichtlich des „westlichen Klassenfeinds", in dessen Territorium er sich nun einmal bewegte, und auch hinsichtlich der Sozialdemokraten, die der CDU beim Verbotsantrag alles andere als Steine in den Weg legten. Es gelang ihm nicht, überparteiliche Bündnispartner von gesellschaftlicher Relevanz zu finden. All dies erschwerte zumindest eine etwaige legale Integration der KPD ins bundesdeutsche Parteiensystem. Vermutlich hätte es die Filialpartei KPD aber auch ohne Reimann schwer gehabt, in der BRD zu reüssieren. Zu lähmend wirkte die aufoktroyierte Gleichschaltung, als zu diffizil erwies sich das Vorhaben, in zwei differenten Staatssystemen eine einheitliche Politik zu propagieren. Max Reimann war ein Befehlsempfänger, der bei der willfährigen Befehlsausführung den richtigen Ton nicht traf. Er schätzte die westdeutsche Gesellschaft und deren antirevolutionäre Bedürfnislage falsch ein, was ihn wiederum für die exponierte Zusammenarbeit mit der SED prädestinierte.

Die Deutsche Zentrumspartei

Besitzstandswahrer, CDU-Fusionäre und die erste Bundesparteivorsitzende der Republik

Die Zentrumspartei erwies sich als die größte Verliererin im Vergleich zur Vorgängerrepublik. In Bonn bis Mitte der 50er-Jahre nahezu vollständig von der CDU absorbiert, war die Partei in Weimar noch wählerstarke Vertreterin des politischen Katholizismus gewesen: Das Zentrum hatte den Kulturkampf gegen Bismarck geführt und sich infolgedessen zur katholischen Massenintegrationspartei entwickelt. Die Partei hatte in Weimar fünf Reichskanzler gestellt und vor der Selbstauflösung dem Ermächtigungsgesetz der Nationalsozialisten zugestimmt.

Als Reaktion auf die sich bereits formierende christdemokratische Union, die auf den personellen und organisatorischen Ressourcen des Weimarer Zentrums basierte, gründeten im Herbst 1945 frühere Spitzenfunktionäre der Partei das Zentrum wieder. Sie waren während der NS-Zeit in westfälischen oder rheinländischen Diskussionszirkeln miteinander in Kontakt geblieben und hatten hier mentalen Widerstand geleistet. Mit der Unions-Idee – dem Parteiprojekt für eine moderne überkonfessionelle Sammelkraft – konnten die Zentrumsgründer wenig anfangen: Sie hielten eine Neuparteigründung für ein unüberschaubares Wagnis und sahen ihre Partei als historisch gewachsene Vertreterin der katholischen Interessen. Sie warfen den „Unionisten" vor, ohne Not einen Parteinamen aufzugeben, der in Weimar die „zentrale" Position zwischen Nationaldemokraten und Sozialisten zum Ausdruck gebracht hatte, somit auch dem programmatischen Anspruch entsprach. Hinzu kam, dass man im Zentrum, anders als in der Union, mit ehemaligen Nationalsozialisten innerparteilich nichts mehr zu tun haben wollte. Aber auch persönliche Animositäten spielten in den verschiedenen Gründerkreisen eine Rolle. Viele alte Funktionsträger fühlten sich bei der Neugründung schlicht zu wenig eingebunden oder übergangen. Dass in der Bundesrepublik zwei einander bald bekämpfende, überwiegend katholische Parteien entstanden, ist also sowohl auf differente Auffassungen bezüglich des politischen Konfessionalismus als auch auf persönliche Ressentiments, auf die Profilierungslust individueller Akteure zurückzuführen.[40]

Im Frühjahr 1945 war die Situation noch einigermaßen offen: Es gab eine Vielzahl von Initiativen zur Umstrukturierung der alten Parteien; was die Alliierten planten, wusste keiner so genau. So kam es in Nordrhein-Westfalen, dem Kerngebiet des preußischen Zentrums, schließlich zu Konferenzen zwischen Vertretern beider Partei-Ideen. Insgesamt zeigte sich bei diesem auf vielen Ebenen stattfindenden Differenzierungsprozess zwischen Union und Zentrum, dass die CDU-Gründungsväter zielsicherer und auch durchtriebener agierten. Oft stellten sie ihre Gegenüber vor vollendete, ausgeklügelte Tatsachen. Sie beeinflussten Abstimmungen, indem sie beispielsweise mehr Delegierte als vereinbart entsandten. Die Traditionszentristen, die sich gutwillig an die Vereinbarungen hielten, fühlten sich von den Unionisten bald majorisiert.[41]

Für die Analyse politischer Führung markant und zugleich etwas unübersichtlich ist das Zentrum insofern, als es die Nachkriegspartei ist, die den größten Verschleiß an Vorsitzenden aufweist. In den ersten vier Jahren gaben sich fünf Amtsinhaber die Klinke in die Hand; bis zur Bedeutungslosigkeit war das Zentrum auf der Suche nach dem richtigen Führungsentwurf. Der erste Nachkriegsparteiführer war der 1883 geborene *Wilhelm Hamacher*, bis 1933 Generalsekretär des rheinischen Zentrums. Hamacher verfasste programmatische Schriften, in denen er die Fortexistenz des Zentrums rechtfertigte. Nach holländischem Vorbild propagierte er eine Zwei-Säulen-Theorie, in der die Konfessionen politisch getrennt marschieren und sich gegebenenfalls in Koalitionen zusammentun. Den Troisdorfer „schmerzte es"[42], dass „ausgerechnet von Köln und vom Rheinland her es Männer des Zentrums gewagt haben, Namen und Tradition preiszugeben, und, wie sie selbst sagen, ein Experiment zu versuchen, von dem sie selbst nicht wissen, ob es gelingen wird" – so dürfe man nicht „mit einem Volk spielen". Vielmehr sei es in Krisenzeiten geboten, an das Überlieferte anzuknüpfen.

---

[40] Vgl. auch Schmidt, Ute: Zentrum oder CDU. Politischer Katholizismus zwischen Tradition und Anpassung, Opladen 1987, S. 175 f.
[41] Vgl. ebd., S. 209-218; Wieck, Hans-Georg: Die Entstehung der CDU und die Wiedergründung des Zentrums im Jahre 1945, Düsseldorf 1953, S. 57 ff.
[42] Auch im Folgenden zit. nach Wieck (Anm. 41), S. 85.

Der promovierte Studienrat Hamacher vermittelte alles andere als Aufbruchsstimmung. Er war ursprünglich nicht grundsätzlich gegen die CDU-Idee; er forderte nur einen Aufschub der Entscheidung, bis sich die konkrete öffentliche Meinung gebildet hatte. Als ihm andere die Initiative abnahmen, die Union auch ohne sein Mitwirken konkret wurde, ließ sich der alte Spitzenfunktionär zögerlich – „es geht nun nicht mehr anders"[43] – an die Spitze der restaurativen Zentrumsbefürworter setzen. Hamacher war kein mitreißender Redner, eher der Typ des auf kompliziert geistigem Niveau argumentierenden Gebildeten. Seine mit resignierendem Unterton und von historischen Reminiszenzen gespickten, „fremdartigen"[44] Darlegungen entfalteten wenig Wirkungskraft. Leitthematisch klammerte sich das Zentrum unter Hamacher an die bedeutende Parteigeschichte und an althergebrachte Kategoriemuster. Für Adenauer war Hamacher aufgrund seiner Entscheidungsschwäche und auch Harmlosigkeit ein dankbarer und bequemer Gegner. Während das Zentrum demonstrativ bei der „Wiederbegründung" zugleich den 75. Parteigeburtstag feierte, wurden andernorts die politischen Weichen gestellt. Die Jubilare ließen wertvolle Zeit mit Vergangenheitsbewältigung verstreichen und hofften mit viel Gottvertrauen auf eine das Zentrum begünstigende Zukunft. Bereits bei den ersten Kommunalwahlen in Nordrhein-Westfalen 1946 wurden sie mit 3,6% der Stimmen eines Besseren belehrt. Der Zentrumsgedanke hatte überwintert – und war dabei sinnbildlich in der Person Hamachers gealtert und theoretisiert.

Bewegung und Chaos in die Partei brachte erst der Parteivorsitzende *Carl Spiecker*.[45] Der 1888 geborene Journalist und Weimarer Linksrepublikaner war Sonderbeauftragter der Regierung Brüning zur Bekämpfung des Nationalsozialismus gewesen. Nach dem Krieg, den er u.a. im englischen Exil überlebt hatte, und einem anschließend erfolglosen Versuch, nach britischem Vorbild eine deutsche Labour-Party zu gründen, kam er verspätet zum Nachkriegszentrum. Hier exponierte er sich als Gegner der „weltanschaulichen Richtung" Hamachers und Co. und leitete so die Linkswende des Zentrums ein. Durch aufrührerische Reden avancierte er zum Stellvertreter, durch eine knapp gewonnene Kampfabstimmung wenige Monate später zum Parteivorsitzenden. Spiecker sprach sich gegen den Kleinkrieg mit der CDU aus. Er forderte, einen „erneuten Kulturkampf"[46] zu vermeiden und den unzeitgemäßen Zusammenhang von Weltanschauung und Politik aufzulösen. Auch mahnte er, angesichts der Unterstützung der Kirchen für die CDU, sich nach anderen strategischen Partnern umzusehen. Tatsächlich

---

[43] Wieck (Anm. 41), S. 98 f.; Schmidt (Anm. 40), S. 220.
[44] Schmidt (Anm. 40), S. 212.
[45] Hamacher war erkrankt. Sein Interims-Nachfolger Johannes Brockmann, Mitglied im Parlamentarischen Rat, der den Parteivorsitz 1948 wegen Arbeitsüberlastung niederlegte, übernahm 1952 das Amt erneut; siehe das Ende dieses Kapitels.
[46] Schmidt (Anm. 40), S. 238.

wurden Gründung und Gedeihen der schwesterlichen Konkurrenzpartei vom Klerus und auch von den Militärregierungen nach den ersten Wahlerfolgen gutgeheißen und gefördert: Per Bischofskonferenz, Hirtenbrief oder Kanzelpredigt wurde für die Union geworben.

Spiecker blieb ganze 57 Tage an der Spitze seiner Partei. Schon seit seiner Stellvertreter-Zeit war zwischen den altmilieubefangenen Traditionalisten und der von ihm angeführten fortschrittlichen „Essener Richtung" ein innerparteilicher Konflikt ausgebrochen, der das Zentrum in der entscheidenden Republik-Gründungsphase 1946/47 nahezu paralysierte.[47] Der Streit „weltanschauliche" vs. „Essener" Richtung minderte beim Zentrum, als die ersten regionalen Wahlen und Regierungsbildungen ins Haus standen, Vertrauenswürdigkeit und Handlungsfähigkeit. Und er bot vor allem der CDU die Möglichkeit, Spaltungs- und Abwerbungsversuche zu intensivieren. Bald schon wurde Spiecker vorgeworfen, die Partei undemokratisch zu führen.[48] Vielen galt er als taktierender Karrierist, der es auf den Außenministerposten abgesehen hatte. Oder, schlimmer noch: Er wurde verdächtigt, als Agent der britischen Besatzer zu arbeiten, die an einer Schwächung des Zentrums zugunsten einer starken CDU interessiert sein sollten. Neue Nahrung erhielt dies Gerücht, als Spiecker dann tatsächlich die Fusion vorbereite.[49] Die Union habe sich zur eigentlichen Trägerin des Zentrumsgedankens entwickelt, so seine Begründung. Und er, Spiecker, wolle nicht als Vorsitzender einer „Ghettopartei"[50] politisch versauern.

Der Fusionsvorschlag wurde auf einer außerordentlichen Delegiertentagung 1949 abgelehnt: 239:26 lautete das eindeutige Stimmergebnis pro Zentrum. Spiecker trat zurück und wechselte bald darauf zur CDU. Viele taten es ihm gleich. Spieckers Nachfolger *Fritz Stricker*, 1897 geborener Verlagsdirektor aus der Zentrumshochburg Münster, war der bei der zwei Monate zurückliegenden Kampfabstimmung noch unterlegene Landesvorsitzende von Nordrhein-Westfalen. Stricker war gegen die „Aufsaugung"[51] durch die Union. Die Zentrumsanhänger seien weder „Strandgut" noch „biegsames Wachs". Er plädierte vielmehr für ein gemäßigtes „Sich-finden" mit der CDU und war gegen „überstürzte Entscheidungen". Stricker, der noch im selben Jahr verstarb, repräsentierte, wie auch seine Nachfolgerin im Amt, Helene Wessel, eine Gruppe von Zentrumsanhängern, die sich in Weimar gegen den späten nationalkonservativen Kurs der Partei unter Franz von Papen gewehrt hatte. Stricker und Wessel waren

---

[47] Vgl. Schmidt (Anm. 40), S. 256.
[48] Er besetzte das Parteidirektorium nach seinem Gutdünken, verlangte diverse Blankovollmachten. Vgl. ebd. (Anm. 40), S. 280.
[49] Auch seine Kampagne vor der 1949er-Bundestagswahl, das Zentrum solle aufgeben, machte die Essener Richtung im Nachhinein zumindest zwielichtig.
[50] Schmidt (Anm. 40), S. 287.
[51] Zit. auch im Folgenden nach ebd. (Anm. 40), S. 284 f.

keine verbohrten Traditionalisten mehr. Sie konnten den fortschrittlichen Ausführungen Spieckers durchaus etwas abgewinnen, wollten aber ihre alte politische Heimat, das Zentrum, nicht aufgeben. So kündigten sie für den Fall einer
Fusion eine Neugründung des Zentrums an. Spiecker, der von Ministerpräsident
Arnold mit werbewirksamem Händedruck aufgenommen wurde, lästerte über
seine ehemaligen Mitstreiter, dass das einigende Band, das die Partei überhaupt
noch verbinden würde, die persönliche Feindschaft zur CDU sei.[52]

Nach dem plötzlichen Tod Strickers wurde mit *Helene Wessel* zum ersten
Mal eine Frau mit der Führung einer Bundespartei betraut. Die 1898 geborene
Helene Wessel war bereits im preußischen Landtag Mitglied der Zentrumsfrakti-
on gewesen. Als couragiert-streitlustige Rednerin und Politikertochter hatte sie
sich schnell von einer jungen Partei-Sekretärin zur jüngsten Frau im Reichspar-
teivorstand des Windhorstbundes emporgearbeitet. Die katholische Jugend- und
Frauenorganisation war eine gängige Sprosse der Rekrutierungsleiter für die
Weimarer Zentrums-Elite. Dass Wessel ausgebildete Fürsorgerin war, machte sie
zur sozialpolitischen Expertin ihrer Partei. Sie war Mitglied im Parlamentarischen Rat und lehnte das Grundgesetz ab, weil sie zentrale Natur- und Gruppen-
rechte verletzt sah, so die Freiheit der Kirche, ein separates Schulsystem anzu-
bieten, und das Recht der Eltern, den Bildungsauftrag selbst zu vergeben. Anders
als die alte Hamacher-Riege stand sie allerdings für eine überkonfessionelle
Öffnung des Zentrums und mühte sich, die Partei als sozial-fortschrittlich zu
verorten. Von Spiecker wiederum unterschied sie ihre Koalitionspräferenz: Frau
Wessel sah die SPD als strategischen Partner.

Dementsprechend erstickte sie 1949 potentielle Koalitionsverhandlungen
mit der CDU bereits im Keim. Schriftlich lehnte sie vorsorglich etwaige Gespräche ab, denn besonders Adenauer war ihr verleidet. Sie kritisierte als dessen
Grundmangel einen autoritären Führungsstil; ihm fehlten „Wärme und Verbind-
lichkeit"[53]. Als das Zentrum 1949 mit zehn Abgeordneten in den Bundestag
einzog, übernahm Wessel, die auch den Wahlkampf in der Münsteraner Parteizentrale geleitet hatte, den Fraktionsvorsitz.[54] Auf parlamentarischer Ebene trat
sie ebenfalls besonders durch ihre Kritik an der Politik Adenauers in Erscheinung. Sie lehnte die Remilitarisierung und eine zu starke Westanbindung rigide
ab und stimmte bei Bundestagsdebatten zumeist mit der SPD. Ihr „Oppositions-
geist" fand schnell seine Kritiker innerhalb des Zentrums; beunruhigt beobachte-

---

[52] Vgl. Friese, Elisabeth: Helene Wessel (1898-1969). Von der Zentrumspartei zur Sozialdemokratie,
Essen 1993, S. 82-93.
[53] Ebd., S. 121.
[54] 1949-51: parlamentarische Arbeitsgemeinschaft mit WAV. Danach bis 1953: koalitionsähnliches
Bündnis mit BP unter dem Namen Föderalistische Union. Diese taktischen Parlaments-Bündnisse
trugen dazu bei, das politische Profil der Partei weiter zu verwischen. Ähnliche Auswirkungen hatten
Fusionen mit anderen Klein- und Regionalparteien.

te besonders die nordrhein-westfälische Parteispitze den Kurs Wessels „in den Fußstapfen von Schumacher"[55]. Die Landespolitiker hatten zum Teil auf Bundestagsmandate verzichtet, um weiter wie seit Jahren einträchtig mit der hiesigen CDU zu koalieren. Und nun litten sie unter einer Parteichefin, die ihre individuelle Politik-Konzeption immer weiter von der Anhängerschaft fortentwickelte. Als Reaktion auf die Erfahrung, eigenwilligen Führungskonzeptionen wie denen Spieckers oder Wessels ausgeliefert zu sein, änderte die Partei 1951 unter dem Stichwort „Ablösung vom Führerprinzip" ihre Satzung.[56] Fortan setzte das Zentrum auf Führung durch das um Kompetenzen aufgewertete Direktorium. Diese Kompetenzbeschneidung und die offenbare Diskrepanz zu ihrer Gefolgschaft bewegten die progressive Parteichefin zum Rücktritt. Gemeinsam mit dem früheren Bundesinnenminister Gustav Heinemann gründete sie die Gesamtdeutsche Volkspartei (GVP). Allerdings scheiterte das Vorhaben, für einen nationalneutralistischen „dritten Weg" der Bundesrepublik zu werben, bei der Bundestagswahl 1953 eindeutig. 1957 löste sich die GVP auf. Wessel und Heinemann traten der SPD bei.

Das Zentrum verpasste 1953 den Wiedereinzug in den Bundestag. Mit bundesweiten 0,8% und einem Verlust von noch mal mehr als einer halben Millionen Stimmen im Vergleich zur Vorwahl war es zur Splitterpartei geschrumpft.[57] Nach Wessel übernahm erneut ein Vorsitzender aus Nordrhein-Westfalen den Parteivorsitz. Der Landesverband war zuletzt das faktische Führungs- und Finanzierungsgremium der Partei. Der 1888 geborene *Johannes Brockmann*, ebenfalls früherer Vorsitzender einer katholischen Nachwuchsorganisation und später ein von der Gestapo verfolgter Gegner der Nationalsozialisten, hatte vor Spiecker das Amt schon einmal kurzzeitig inne gehabt. Unter Brockmann, Compturritter eines hohen päpstlichen Ordens, hatte das Zentrum nun endlich, was es lange davor entbehren musste: über mehrere Jahre ein und denselben Parteichef. Der „bedächtige Ratgeber"[58] Brockmann band das Zentrum wieder stark an die CDU. 1953 schloss er mit der Union ein Wahlabkommen, das einer „Selbstaufgabe"[59] des Zentrums nahe kam, und zog so selbst noch einmal in den Bundestag ein. Seine Ausführungen über die weitere Eigenständigkeit der Partei blieben

---

[55] Friese (Anm. 52), S. 184.

[56] Vgl. dazu Schmidt, Ute: Die Deutsche Zentrums-Partei, in: Stöss, Richard (Hg.): Parteien-Handbuch. Die Parteien der Bundesrepublik 1945-1980. Bd. I: AUD bis EFP, Opladen 1983, S. 1192-1242, hier S. 1228.

[57] Bis Mitte der 50er-Jahre blieb das Zentrum in einigen alten Hochburgen Nordrhein-Westfalens und wenigen Niedersachsens (mit lokalen, meist von der Parteispitze unabhängigen Honoratioren) für die CDU eine unangenehme kommunale Konkurrenz. Zur Mitglieds- und Wahlentwicklung vgl. ebd., S. 1221 und S. 1233-1238.

[58] Thadden, F.L. von: Der Weg des Zentrums. Die „christliche Opposition" ist zuversichtlich, in: Die Welt, 18.08.1953.

[59] So formulierte es Helene Wessel. Vgl. Friese (Anm. 52), S. 205.

letztlich Lippenbekenntnisse. Unter seiner Ägide, die bis 1969 andauerte, verlor sich das Zentrum in der Bedeutungslosigkeit.

In der Zentrumspartei der Nachkriegszeit kam es zu einem Neben- und Durcheinander diverser Politikansätze: Die fünf Parteivorsitzenden, die allesamt über unmittelbare Kontinuität zum Zentrum der Weimarer Republik und (bis auf Spiecker) auch über eine enge Bindung untereinander im Exil verfügten, standen sich, was ihre Führungsstrategie anging, zum Teil konträr gegenüber. Es gab Besitzstandswahrer wie Hamacher, Reformatoren wie Wessel und Fusionisten wie Spiecker. Sie alle waren mit der dilemmatischen Ausgangslage konfrontiert, dass sich mit der christdemokratischen Union nach dem Krieg eine Partei präsentierte, die sich aus den Besitzständen des Zentrums speiste, und die der Zersplitterung sowie dem konfessionellen Schisma alter bürgerlicher Parteipolitik erfolgreich ein Ende zu bereiten suchte. Die Parteivorsitzenden des Zentrums vermochten es nicht, ein eigenes Partei-Profil neben der CDU zu entwickeln, von der sie sich selbst im Prinzip programmatisch, abseits aller Ressentiments, mit Ausnahme Wessels, nur geringfügig unterschieden.[60] Auch standen bei keinem Vorsitzenden der nur regional verankerten, chronisch finanzschwachen Partei eine bundesweite Ausdehnung oder das Suchen nach einflussreichen Unterstützern ganz oben auf der Dringlichkeitsagenda. Möglicherweise hätte ein einzelner der diversen Führungsentwürfe funktionieren können; die vielen personellen wie programmatischen Wechsel binnen kurzer Zeit konnten allerdings der Partei in der entscheidenden Re-Konstituierungsphase nicht gut tun.

Die Wirtschaftliche Aufbau-Vereinigung (WAV)

Alfred Loritz: die Ein-Mann-Partei

Die Wirtschaftliche Aufbau-Vereinigung verbindet mit den soeben besprochenen Parteien, dass sie ihren größten Erfolg nach 1945 in der unmittelbaren Nachkriegsphase hatte. Ihr Zenit war 1949 mit dem Einzug in den Bundestag bereits überschritten. Streng genommen war die WAV also keine bundesrepublikanische, sondern viel mehr eine vor-republikanische Partei. Was sie jedoch deutlich von den anderen Parteien unterschied, war, dass sie im Dezember 1945 als erste Partei zugelassen wurde, die sich eben gerade nicht auf Weimarer Wurzeln berufen wollte. Im Gegenteil: Selbst wenn die WAV partiell eine personelle und inhaltliche Kontinuität zu früheren Mittelstandsparteien aufwies, distanzierte sie

---

[60] Zwar wurde immer wieder auf grundsätzlich differente sozial- und konfessionell-kulturpolitische Unvereinbarkeiten hingewiesen. Aber bei jedem der männlichen Fallbeispiele lässt sich auch eine gewisse Sympathie für den Unionsgedanken nicht leugnen.

sich ausdrücklich von den Weimarer Parteien, die sie, in gewohnt polemischer Manier, als „Totengräber"[61] der letzten Republik oder als „alte Versagerparteien"[62] bezeichnete. Die Programmatik der WAV war ein in sich widersprüchlicher Aufguss von antidemokratischen Rezepten: Die Münchner „Mittelstandspartei" schmeichelte grundsätzlich jeder sozialen Schicht oder Gruppierung – außer den plakativ verteufelten Nationalsozialisten und Millionären – vom Bauern zum Flüchtling, vom Selbstständigen bis hin zum Berufsbeamten.[63]

Kurios und einzigartig machte die Wirtschaftliche Aufbau-Vereinigung ihr Parteichef, Alfred Loritz. Nahezu eigenhändig gründete und zerstörte er die WAV; er war erstes und letztes Parteimitglied. Loritz überstand in seiner Partei mehrere Umsturzversuche und war gegen Ende im Bundestag ihr einziger noch verbliebener Abgeordneter. Alle übrigen hatte er bis dahin vergrault. Loritz war ein enfant terrible, Münchner Stadtgespräch im ersten Nachkriegsjahrzehnt, Gegenstand der Sensationspresse. Per Haftbefehl gesucht, reiste er unerkannt mit falschen Schnurrbärten oder in Frauenkleidern durchs Land. Loritz war cholerisch und demagogisch. Er ohrfeigte regelmäßig seinen Chauffeur, dem er später zu einem Bundestagsmandat verhalf.

Alfred Loritz wurde 1902 in München als Sohn einer wohlhabenden Beamtenfamilie geboren. Sein Vater war vor 1933 Vize-Regierungspräsident von Oberbayern. Der Sohn genoss eine profunde katholisch-humanistische Erziehung. Er hörte in der Universität Max Weber. Und er lernte in der bayerischen Bierkeller-Szene auch Adolf Hitler kennen.[64] Loritz wurde Anwalt und Kreisvorsitzender der Reichspartei des deutschen Mittelstandes, einer Splitterpartei. Bereits in dieser Zeit zog der bald wieder aus der Partei Ausgestoßene einen „Kometenschweif von Prozessen und strafrechtlichen Verfolgungen"[65] nach sich, u.a. wegen Veruntreuung von Wahlkampfgeldern oder Anstiftungen zum Meineid. Die NS-Zeit verbrachte Loritz überwiegend im Ausland, wo er für verschiedene Geheimdienste arbeitete. Er prahlte damit, Anführer einer großen deutschen Widerstandsbewegung gewesen zu sein – wovon jedoch, außer in Loritz' eige-

---

[61] Woller, Hans: Die Loritz-Partei. Geschichte, Struktur und Politik der Wirtschaftlichen Aufbau-Vereinigung (WAV) 1945-1955, Stuttgart 1982, S. 28.

[62] Mandera, Willi: Wirtschaftliche Aufbau-Vereinigung, in: Nürnberger Nachrichten, 25.01.1950.

[63] Vgl. Bauer, Arnold: Die WAV – Der gescheiterte Versuch einer mittelständischen Massenpartei, in: Schriften des Instituts für Politische Wissenschaft (Hg.): Parteien in der Bundesrepublik. Studien zur Entwicklung der deutschen Parteien zur Bundestagswahl 1953, Stuttgart/Düsseldorf 1955, S. 483-492.

[64] Loritz hielt Hitler für einen emporgekommenen Sprücheklopfer. Vgl. Woller (Anm. 61), S. 25.

[65] Allgemein zu Loritz' dubiosen Tätigkeiten vgl. Niethammer, Lutz: Entnazifizierung in Bayern. Säuberung und Rehabilitierung unter amerikanischer Besatzung, Frankfurt am Main 1972, S. 436-482, hier S. 441.

nen Aussagen, wenig bekannt ist. Hartnäckig hielt sich das Gerücht, tatsächlich sei er ein agent provocateur, ein Doppelspitzel gewesen.[66]

In jedem Fall besaß der auch bald auf dem Schwarzmarkt aktive Loritz nach dem Krieg nicht nur ausgesprochen viel Geld, das er bündelweise in seinen Taschen mit sich trug; zusätzlich verfügte er über gute persönliche Kontakte zu hohen amerikanischen Besatzungsoffizieren. Anhand von Loritz lässt sich exemplarisch zeigen, dass es eine für diese „besatzungsdemokratische" Zeit spezifische und erfolgversprechende Ressource für politische Führer darstellte, wenn sie über Beziehungen zu den Besatzern verfügten, also zu der Instanz, die die Führung zunächst installierte.

Von einem vertrauten Besatzungsoffizier erhielt Loritz, der es 1945 vorerst sowohl bei kommunistischen als auch bei monarchistischen Gruppierungen versucht hatte, den Tipp, eine mittelständische Neupartei unter dem Label des Wirtschaftlichen Aufschwungs zu gründen. Und so begann er, mit Hilfe mehrerer befreundeter Familien seine von München ausgehende WAV auf ganz Bayern auszubreiten. Auch fanden sich schon bald zahlreiche Anhänger ein, oftmals solche, die in anderen Parteien nicht willkommen waren. Die WAV wurde ein Auffangbecken „verhinderter Parteien"[67], ein Gravitationszentrum aktivistisch-nationalistischer und kleinbürgerlich-bäuerlicher Gruppen, kurzum und wortwörtlich: eine „Gangsterpartei"[68]. Der notorisch schreiende, harsch kommandierende Vorsitzende regierte seine von einer starken Mitglieder-Fluktuation gekennzeichnete Parteiorganisation mit Hilfe von einigen ihm auch finanziell-persönlich verpflichteten Anhängern. Der Parteivorstand tagte dagegen so gut wie nie. Parteitage degradierte Loritz zu bloßen Akklamationsforen.

Über den „diktatorischen Führungsstil"[69] von Loritz regte sich immer wieder Unmut, und es bildeten sich innerhalb der WAV Parallelstrukturen; zumal sich der Parteivorsitzende 1947/48 auf monatelanger Flucht vor der Polizei befand, was ihn nicht davon abhielt, regelmäßig Pressekonferenzen zu geben. Es zeigte sich, dass Loritz selbst noch aus dem Untergrund innerparteiliche Oppositionen ausschalten konnte. So kam er 1947 eines Nachts seinen Widersachern zuvor, die seinen Parteiausschluss durchführen wollten. Er ließ die in seiner Abwesenheit Rebellierenden kurzerhand selbst exkludieren. Ähnliches geschah häufiger. Zeitweilig existierten drei verschiedene, sich als legitime WAV-Chefs

---

[66] Ob der nationalistisch und monarchistisch gesinnte Loritz tatsächlich im Verborgenen mit den Nationalsozialisten sympathisierte, ist umstritten. Zumindest seine Abneigung gegenüber Hitler scheint authentisch. Auch völkisch-rassistische Parolen machte er sich nicht zu Eigen.

[67] Zur Auffangpolitik der WAV vgl. Woller (Anm. 61), S. 29-42; zu den Mitgliedszahlen vgl. ebd., S. 153 ff.

[68] Bauer (Anm. 63), S. 489.

[69] Woller, Hans: Die Wirtschaftliche Aufbau-Vereinigung, in: Stöss (Anm. 17), S. 2458-2481, hier S. 2472.

begreifende Parteivorsitzende nebeneinander. Am Ende behielt der „trickreiche Ränkeschmied"[70] Loritz stets die Oberhand, auch dank nicht immer durchsichtiger überparteilicher Protektion und Insiderinformation. Er gewährte seiner Partei zinslose Darlehen, so dass es ihm möglich war, die finanzielle Abhängigkeit mit politischen Forderungen und persönlichen Machtansprüchen zu verknüpfen. Außerdem gelang es Loritz, zahlreiche direkte Kontrahenten durch Parteiausschlüsse zu entmachten und innerparteiliche Schlüsselpositionen mit Claqueuren zu besetzen. Die jeweils Entmachteten und Verprellten wendeten sich nach und nach von der „Gefolgschafts- und Führerpartei"[71] ab, die so zusehends an Reichweite verlor. Bereits 1948 hatte sich fast die Hälfte aller Wahlkreisgruppen auch schon wieder aufgelöst.[72]

Alfred Loritz blieb ein unverwüstlicher Parteivorsitzender. Eine große individuelle Fähigkeit, die ihn, neben ausgesprochener Skrupellosigkeit, zu einem politischen Führer mit Erfolgsaussicht qualifizierte, war sein Talent als massenwirksamer Publikumsmagnet. Von „Orgien der Führerbegeisterung"[73] war bei Auftritten des adlergesichtigen, spindeldürren und strohblonden Agitators die Rede. Seine Wahlkampfveranstaltungen waren in den ersten Nachkriegsjahren die bestbesuchten Münchens. Oft sprach er vor über 30.000 Menschen.[74] Er schimpfte auf das bayerische Establishment vor, während und nach dem Dritten Reich. Er gab, wie es Lutz Niethammer formulierte, den „aggressiven Anwalt jener politisch nicht verankerten Stimmung, welche die Verantwortung für den NS bei der politischen Führerschaft suchte"[75]. Dabei inszenierte er sich als Volkstribun, der nach seinen kalkulierten Wut-Tiraden auf den Schultern begeisterter Anhänger zur S-Bahn-Station getragen wurde. Drei Haltestellen weiter wartete dann schon sein Chauffeur.

Den größten, aber zugleich auch letzten Erfolg erzielte die WAV 1949, als sie mit zwölf Abgeordneten und 14,4% der bayerischen Stimmen in den Bundestag einzog. Die zuhauf in giftgrüner Farbe verteilten Flugzettel gegen die „Versagerparteien Weimars"[76] verfehlten ihre Wirkung nicht, obgleich gegnerische Spitzenpolitiker, besonders die der CSU, bis zuletzt alle Register gezogen hatten, um Loritz in Bonn zu verhindern. Aber selbst eine Radio-Erklärung des bayeri-

---

[70] Woller (Anm. 61), S. 80.
[71] Woller (Anm. 69), S. 2478.
[72] Als Erstes verließen die bürgerlichen Kreise die WAV. Danach kam es u.a. 1947 zu Abspaltungen des Deutschen Blocks unter Loritz-Konkurrent Karl Meißner. 1951 gründete eine Gruppe abgefallener WAV-Landtagsmitglieder die Deutsche Partei Bayern.
[73] Niethammer (Anm. 65), S. 443.
[74] 1947 soll er sogar 80.000 Menschen auf den Münchner Königsplatz gelockt haben. Vgl. Langendorf, Wulffius G.: In München fing's an, München 1985, S. 55.
[75] Niethammer (Anm. 65), S. 443.
[76] Vgl. Kempski, Hans Ulrich: „WAV – einzige echte Oppositionspartei." Loritz will „mit den übrigen Versagerparteien abrechnen", in: Frankfurter Rundschau, 25.08.1950.

schen Justizministers, mit der dieser noch am Vorabend der Wahl versuchte, vor Loritz als „Psychopathen mit [...] paranoiden und querulatorischen Zügen"[77] zu warnen, war vergeblich. Dass die schon im Auflösen begriffene WAV letztlich mit einem so stattlichen Ergebnis einziehen konnte, war der Tatsache geschuldet, dass Loritz noch kurz vor der Wahl ein Abkommen mit dem Neubürgerbund[78] geschlossen hatte: Viele der WAV-Anhänger von 1949 waren Heimatvertriebene, die die Partei ebenso schnell wieder verließen wie deren sechs über die WAV in den Bundestag eingezogenen Repräsentanten. Als 1950 die Lizenzierungspflicht für Parteien aufgehoben wurde, wechselten sie schnell entweder zu Heimatvertriebenen- oder zu nationalistischen Parteien. Loritz, 1951 aus der dezimierten Fraktion ausgeschlossen und vorübergehend zur SRP gewechselt, hatte bald sämtliche Gefolgsleute eingebüßt. Er war zum Vorsitzenden ohne Partei mutiert, zu einem Abgeordneten, den man in keiner Fraktion mehr haben wollte.

1953 reichte der inzwischen auch finanziell abgebrannte Loritz keine erneute Liste mehr für die Bundestagswahl ein. Der einzige Landesverband der WAV, Bayern, war nach vernichtenden Niederlagen bei den zurückliegenden Kommunal- und Landtagswahlen längst in sich zerfallen. Nun wieder ohne Mandat und Immunität, musste Loritz sich erneut einer Fülle von Prozessen erwehren. 1959 wurde er zu einer mehrjährigen Haftstrafe verurteilt. Er tauchte unter, beantragte in Österreich Asyl. Seit 1979 ist er auf dem Wiener Armenfriedhof begraben.

Die Wirtschaftliche Aufbau-Vereinigung des ungehemmt demagogischen Alfred Loritz reüssierte ausschließlich, dafür aber beachtlich, in der Nachkriegszeit. Spätestens mit der Verbesserung des allgemeinen Lebensstandards und der Etablierung der nationalistischen und der Flüchtlingsparteien gab es für die WAV bezeichnenderweise keinen Bedarf mehr. Loritz war es mit seinem antidemokratischen Führungsstil bis zum Ende geglückt, kraft seines suggestiven Temperaments, seiner dubiosen Geldquellen und überparteilichen Unterstützer die persönliche Loyalität seiner wechselnden und immer weniger werdenden Anhänger auf sich zu vereinigen. Für eine kurzzeitig erfolgreiche Parteiherrschaft brachte Loritz vieles mit sich: Er konnte begeistern und mauscheln; er hatte eine stützende Hausmacht und verstand es, andere zu instrumentalisieren und gegeneinander auszuspielen; er war überaus liquide und verfügte über ein

---

[77] Bauer (Anm. 63), S. 491. Spätestens nach seinem schnellen Rauswurf 1947 als erster Landes-Entnazifierungsminister galt Loritz in fast allen Parteien Bayerns als nicht koalitionstauglich und als kontakt-unwürdig. Loritz leitete sein Ministerium, dies nur zwei prägnante Vorwürfe, vetternwirtschaftlich und willkürherrschaftlich. Vgl. dazu Niethammer (Anm. 65).

[78] Vgl. dazu Goetzendorff, Günter: Das Wort hat der Abgeordnete. Parlamentarier der ersten Stunde, München 1989. Aus dem Buch des Neubürgerbundführers sind auch einige der Loritz-Anekdoten hier entnommen. Die WAV ging zu Beginn mit dem Zentrum eine Fraktionsgemeinschaft ein, die das Zentrum unter Wessel allerdings kündigte, als Loritz 1951 zwei Abgeordnete der SRP hospieren ließ. Der Versuch, nach dem SRP-Verbot 1952 deren Nachfolgepartei zu werden, misslang.

auf ihn ausgerichtetes Arbeitsumfeld – und sei es die Baracke im Münchner Untergrund. Für den Aufbau einer stabilen, sich über Generationen reproduzierenden Parteiorganisation war die programmatisch allzu inkonsistente „Loritz-Partei" und besonders ihr manischer Spiritus Rector freilich denkbar ungeeignet.

Die Bayernpartei (BP)

Der Bierbank-Professor, der Bauernführer und der Monarchist

Die Bayernpartei forderte einen autonomen bayerischen Staat und bezeichnete das neue Konstrukt Bundesrepublik als eine „Vergewaltigung"[79] Bayerns. In derber, oft doktrinär scharfer Sprache wehrten sich die Radikal-Föderalisten gegen jedwede Bundesverstaatlichungs- und Zentralisierungsbestrebung. Sie wollten partout nicht auf sämtlichen Gebieten der neuen Gesetzgebung und Verwaltung bevormundet werden. Sie hielten ihre Parteitage im Hofbräuhaus ab, wo sie nach rasch getaner Parteiarbeit die Patrona Bavariae besangen. Die Bayernpartei machte „Bierbankpolitik"[80]. 1948 in Anlehnung an die alte Bauern- und Heimatvereinigung Bayerische Volkspartei (BVP) verspätet auf Landesebene gegründet[81], sollte sie über zehn Jahre eine starke Gegnerin für ihre große Konkurrentin CSU darstellen. Vereinzelt sogar mit besseren BP-Wahlergebnissen, fand zwischen CSU und Bayernpartei im ersten Nachkriegsjahrzehnt ein selten familiär geführter „Bruderkampf" statt.[82]

Mehrere Bauernführer und ein stadtbekannter Kriminalkommissar aus München waren die lokalen Gründungsväter der Bayernpartei. Nach der Lizenzierung des Landesverbands 1948 entwickelte sie sich rasch zum Auffangbecken, und dies nicht nur für Mitglieder der Bayerischen Königspartei und anderer Splittergruppen. Auch enttäuschte CSUler fanden sich schnell in der BP ein: So war der erste Landesparteivorsitzende der Bayernpartei, Joseph Baumgartner, ehedem Gründungsmitglied der CSU und darüber hinaus erster bayerischer Landwirtschaftsminister gewesen. Auch der erste BP-Generalsekretär, der für den Parteiaufbau zentrale Ernst Falkner, war von den Christlichsozialen gekom-

---

[79] Junius: Heimat als Programm, in: Süddeutsche Zeitung, 21.06.1949.

[80] So der 1952 „wegen parteischädigenden Verhaltens" aus der BP ausgeschlossene Bundestagsfraktionsvorsitzende Seelos. Vgl. o.V.: Baumgartner wieder Vorsitzender der Bayernpartei. Vor der BP-Landesversammlung setzt sich Dr. Seelos für enge Zusammenarbeit mit der CSU ein, in: Süddeutsche Zeitung, 09.07.1951.

[81] Einige lokale Gruppierungen waren bereits früher zugelassen worden.

[82] Vgl. dazu allg. Wolf, Konstanze: CSU und Bayernpartei. Ein besonderes Konkurrenzverhältnis 1948-1960, Köln 1984.

men. Zwei „CSU-Dissidenten"[83] standen nun also an der Spitze der Bayernpartei. Sie hatten die Parteigründer aus der ersten Führungsgarnitur verdrängt.

Der 1904 geborene, aus kleinbäuerlich bescheidenen Verhältnissen stammende *Joseph Baumgartner* war ein sozialer Aufsteiger.[84] Schon als Kind erwies er sich als sehr gescheit, aber auch als ein wenig rebellisch und wichtigtuerisch. Baumgartner blieb, obwohl er zum Studieren nach München ging, seiner oberbayerischen Heimat verbunden. Er kehrte regelmäßig zu den Bauernhöfen und -festen zurück, suchte die Mitgliedschaft im Bayerischen Bauernverband und in der BVP. Nachdem diese 1933 aufgelöst worden war, kämpfte Baumgartner bald im Widerstand, was ihm 1942 eine Haftstrafe einbrachte. Da er bei den Geheimdiensten als NSDAP-Gegner bekannt war, stand ihm nach dem Krieg manche Tür offen: Statt als Generalsekretär des Bauernverbands, wofür er sich noch vergeblich bewarb, startete Baumgartner eine Parteikarriere in der CSU. Allein aufgrund seines zuständigen Ministeramts – er amtierte in einer Zeit, da Lebensmittelmarken, Essensknappheit und Flüchtlingsströme den Alltag bestimmten – wurde er schnell einer der berühmtesten bayerischen Staatsmänner. In seiner Streitlust legte sich Baumgartner nicht nur mit den Besatzern an, auch in der CSU machte er sich schnell prominente Feinde. Als die Kontroversen sich häuften, trat der oft Jähzornige aus der CSU aus, was er im Nachhinein den „vielleicht größten Fehler meines Lebens"[85] nannte, und wechselte zu der bis dahin noch bedeutungslosen Bayernpartei. Der berühmte Ex-Minister wurde Landesgründungsparteivorsitzender. Das Programm des „Chefideologen"[86] Baumgartner wurde zum Programm der BP.

Baumgartner war ein Volksredner. In seinen Vorträgen schwärmte er von Bayern als traditionsreichem „führenden Staat in Europa"[87] und traf damit den Nerv seiner bierseligen Zuhörer. Semi-intellektuell und heimatverehrend goss er den diffusen bayerischen Unmut der Nachkriegszeit in schicke, einfach gestrickte Sentenzen. In der CSU war er vielleicht ob seiner Bayerntümelei noch zuweilen verspottet worden, in der BP war der promovierte Baumgartner hochverehrt. Als geeigneten BP-Parteiführer ließ ihn zusätzlich erscheinen, dass er, anders als noch in der CSU, zwischen den divergierenden Kräften der Partei vermitteln konnte.[88] In der Bayernpartei konnte man nämlich nicht nur zu Gegnern, also zu Preußen oder CSUlern, grob sein. Innerhalb der BP standen sich ein bauernbünd-

---

[83] Unger, Ilse: Die Bayernpartei. Geschichte und Struktur 1945-1957, Stuttgart 1979, S. 32.

[84] Zur Biographie Baumgartners vgl. Lohmeier, Georg: Joseph Baumgartner. Ein bayerischer Patriot, München 1974.

[85] Ebd., S. 127.

[86] Mintzel, Alf: Die Bayernpartei, in: Stöss (Anm. 56), S. 395-489, hier S. 436.

[87] Frank, Herbert: Begeisterung, Verbrüderung und Einigkeit im Hofbräuhaussaal. Bilder am Rande der Landesversammlung der Bayernpartei, in: Münchner Merkur, 08.08.1950.

[88] Vgl. Mintzel (Anm. 86), S. 476.

lerischer und ein ursprünglich monarchisch gesinnter Flügel mit allen Mitteln bekämpfend gegenüber.[89] Während Ersterer in der Union die Wurzel des Übels erkannte, waren die Königstreuen an einer konstruktiven Arbeit mit der CSU interessiert.

Nach dem Bundestagseinzug 1949 mit 17 Mandaten und 20,9% der bayerischen Stimmen erwiesen sich die innerparteilich oppositionellen Flügel für die Partei als Problem mit Sprengkraft. Denn bis dahin war es Baumgartner, unterstützt vom Generalsekretär Falkner, gelungen, die programmatische Unvereinbarkeit – radikale Separatisten vs. kooperative Föderalisten – einigermaßen zu kaschieren.[90] Nun, als die Abgeordneten ins ferne Bonn entsandt waren, stellte sich dies als nicht mehr so einfach dar. Es begann damit, dass ein Teil der Fraktion, trotz Enthaltungsbeschluss, Adenauer zum Bundeskanzler wählte. Nach etlichen Fraktionskrächen kam es zur schubweisen Abspaltung der „Gemäßigten"; sie wechselten meist zur CSU, was auch bald bei den Mitgliederzahlen seinen Widerhall fand.[91] Die finanziell klamme BP verlor in dieser Zeit viele, auch für die Verbindung zu einflussreichen Unterstützern zentrale Anhänger.[92] All dies wurde auch der Parteiführung angelastet: Der auf sein Bundestagsmandat verzichtende Baumgartner war bald dem Vorwurf ausgesetzt, zu wenig auf die Geschehnisse in Bonn einzuwirken. Mit heftiger werdenden Anfeindungen verlor der Vorsitzende schließlich die Lust zur Parteiführung. Er kränkelte und wollte nun habilitieren. So stellte er 1952 sein Amt zur Verfügung, wurde Ehrenvorsitzender und blieb Fraktionschef im bayerischen Landtag. 1954 übernahm er den Parteivorsitz, um einen akademischen Grad reifer, erneut. Jedes Mal, wenn Baumgartner antrat, wurde er mit hohen Mehrheiten gewählt.

1952 war die Bayernpartei jedoch erst einmal führerlos. Falkner war 1950 verstorben; ein anderer, zwischen den Kräften vermittelnder Kandidat hatte sich nicht hervorgetan. So kam es zur Kampfabstimmung zwischen den beiden Flügeln. Zwei Anwärter um den Parteivorsitz traten innerhalb von zehn Monaten zweimal gegeneinander an. 1952 gewann Bauernführer Fischbacher, 1953 Ex-Monarchist Besold.

Der von Freunden ziemlich abrupt aufs Schild gehobene *Jakob Fischbacher* hatte bereits der ersten Generation lokaler BP-Gründer angehört. Fischbacher

---

[89] Beim Sichten der Nachlässe stieß der Verf. auf ein Sammelsurium bayerischer Streitkultur: Briefe, in denen Beleidigung, Verleumdung, zum Teil auch Erpressung keine Seltenheit sind. Dagegen standen bei Parteitagen häufig Diskussionen gar nicht erst auf der Tagesordnung.
[90] Die BP hatte keine Vertreter zum Parlamentarischen Rat entsenden dürfen und das Grundgesetz entschieden abgelehnt.
[91] Der Höhepunkt der Mitgliederentwicklung war 1950 mit etwa 25.000 Mitgliedern erreicht. Vgl. Unger (Anm. 83), S. 71 ff.
[92] U.a. den ausgeschlossenen Schatzmeister und Baumgartner-Widersacher Konsul Schmidhuber.

war, so hofften es zumindest die Unterstützer, die „krachlederne Variante"[93] Baumgartners. Sie trauten dem 1888 geborenen, „ungekrönten König vom Chiemgau"[94] zu, unnachgiebiger gegenüber der Bonner Fraktion zu sein. Mit ihm sollte es wieder ungeschminkter in der BP zugehen. Der zierliche Fischbacher konnte brüllen und poltern. Dass er Ehen Einheimischer mit z.b. Preußen als „a Bluatsschand"[95] bezeichnete, brachte ihm vorübergehend den Ruf ein, ein „Preußenfresser" zu sein, was er sich wiederum gerne eine Zeit lang gefallen ließ. Spätestens mit dem neuen Vorsitzenden begann die öffentliche Meinung allerdings, die Bayernpartei nicht mehr ernst zu nehmen. Unter seiner Ägide häuften sich Skandale, die immer spöttischer kommentiert wurden.

Auch die Erwartungen seiner Unterstützer erfüllte Fischbacher nicht. So wurde er in knapper Wahl vom Bundestagsabgeordneten und neuen Generalsekretär *Anton Besold* abgelöst, den Fischbacher in der vorangegangen Wahl noch hatte bezwingen können. Der 1904 geborene Kriegsleutnant Besold war von den Königstreuen zur BP gekommen. Ihm war die Skandal- und Bierbankpolitik der BP ein Greul. Er fühlte sich als Bundes-, nicht als Provinzpolitiker. Auch konnte Besold der Adenauer-Politik einiges abgewinnen und sah die Sozialisten als Feinde der Bayernpartei. Als der Duz-Freund von Franz Josef Strauß auch noch Wahlabkommen mit der Union in Erwägung zog, ließ die innerparteiliche Rebellion nicht lange auf sich warten. Der Kreisverband München unter dem Kriminalkommissar Ludwig Lallinger (Gründer, Identifikationsfigur und Leiter des wichtigsten Kreisverbandes der BP) kündigte Besold die Gefolgschaft. Er trat kurzzeitig aus der BP aus – wegen der neuen „Salonfähigkeit"[96] der Partei – und erzwang so Besolds Rücktritt. Der Desavouierte wechselte bald darauf zur CSU.

Froh war man in der BP, als der „alte Trommler"[97] Joseph Baumgartner den Vorsitz wieder übernehmen wollte. Lallinger wurde Stellvertreter, und Baumgartner verhalf der BP noch einmal zu einer kleinen Blütezeit. Zwar verfehlte sie 1953 den Bundestagseinzug deutlich; ein Jahr später aber gelang der BP noch einmal ein Coup, der besonders die Erzfeindin CSU ärgerte. Mit der SPD schmiedete Baumgartner – ohne Wissen, geschweige denn offiziellen Auftrag seiner Partei – eine Viererkoalition gegen die CSU. Baumgartner erwies sich dabei als geschickter Verhandlungsführer. Jeder dritte Posten ging, obwohl proportional nicht nachvollziehbar, an seine Partei. Aufgrund der Wahlarithmetik

---

[93] Geißler, Hans: Im Fahrwasser Fischbachers, in: Münchner Merkur, 26.08.1952.
[94] Frank, Herbert: Begeisterung, Verbrüderung und Einigkeit im Hofbräuhaussaal. Bilder am Rande der Landesversammlung der Bayernpartei, in: Münchner Merkur, 08.08.1950.
[95] Bäumler, Ernst: Jakob Fischbacher. Der alte Streiter für die weiß-blauen Farben Fraktionsvorsitzender der Bayernpartei, in: Süddeutsche Zeitung, 22.06.1957.
[96] O.V.: Das Ende?, in: Frankfurter Allgemeine Zeitung, 12.09.1953.
[97] Augustus: Der neue Kurs der Bayernpartei, in: Schwäbische Landeszeitung, Augsburg, 18.11.1953.

und dank des neuen stellvertretenden Ministerpräsidenten wurde „über Nacht eine ultrachauvinistische Rebellengruppe"[98] regierungsfähig. Dass man neben der SPD mit der FDP und den Flüchtlings-Vertretern (BHE) koalierte, die den meist Bauern und Kleinbürgern in der BP ursprünglich ein Anstoßstein zur Parteigründung gewesen waren, fand im Verhältnis zu dem Schnippchen, das man der CSU geschlagen hatte, in Baumgartners Partei nur ein begrenztes Maß an Kritik.

Das Ende dann kam schnell. 1957 zerbrach die Koalition, und Baumgartner war daran nicht schuldlos. Unzufrieden mit dem BHE, mit Ministerpräsident Hoegner, kam ihm spätestens nach der für die Union triumphalen Bundestagswahl der Gedanke, aus der Koalition auszubrechen. Er führte inoffizielle Gespräche mit der CSU, erhielt die Zusage für ein neues Regierungsbündnis bei Koalitionsbruch – und war am Ende selbst der Ausgebootete. Zudem initiierte die neue aus CSU, BHE und FDP bestehende Landesregierung wegen der seit 1955 in Bayern schwelenden „Spielbankenaffäre"[99] einen Untersuchungsausschuss. Bald darauf wurde der ehemalige Landesminister Baumgartner in Handschellen abgeführt. Wegen Meineids drohte ihm eine langjährige Freiheitsstrafe. All dies beschleunigte den Erosionsprozess der Bayernpartei. Gruppenweise kam es zur „Fahnenflucht" auf der mittleren und unteren Parteiebene.[100] Baumgartner, der 1964 verstarb, wurde die Lehrerlaubnis entzogen. Für die BP, die noch bis in die 60er-Jahre hinein eine teils hartnäckige Regionalkonkurrenz der CSU blieb, war die „Spielbankaffäre" ein vernichtendes Ereignis. Nicht nur, dass so posthum ihre Regierungspolitik diskreditiert wurde. Die Partei verlor hier ihre wenigen prominenten und charismatischen Führungspersönlichkeiten im Handstreich.

Inwiefern das Scheitern der Bayernpartei auch auf Führungsversagen zurückzuführen ist, liegt – angesichts des selbst verschuldeten, finalen Skandals – auf der Hand. Möglicherweise ist bei der BP aber auch zusätzlich eine gegenläufige Interpretation angebracht: Baumgartner holte aus der Bayernpartei das Maximum heraus. Die erst 1948 zugelassene Bayernpartei war am Staatsaufbau nicht beteiligt worden; sie war die erste bayerische Protestpartei. Und Ex-Minister Baumgartner war der prominente Dissident, der die frühen CSU-Unzulänglichkeiten auf inbrünstig-bayerischen Kundgebungen wählerwirksam kundtat. Er war polemisch gegen Gegner und schmeichelte als Bauernakademiker der Parteiseele. Er war sowohl bierkeller- als auch salonfähig, so dass er, im Gegensatz zu so manch einem seiner weiß-blauen Mitstreiter, auch durchaus bei anderen Parteien als ernst genommener Verhandlungs- und Koalitionspartner

---

[98] Maschner, W.F.: Der Wiederaufstieg der Bayern-Partei, in: Stuttgarter Zeitung, 07.06.1955. Das CSU-Koalitionsangebot wurde im Übrigen als „beleidigend" abgelehnt.

[99] Vgl. allgemein zu der Affäre Mintzel (Anm. 86), S. 436 f.

[100] Vgl. ebd., S. 479.

durchging, wenngleich ihm dabei manch taktischer Fehler unterlief. Baumgartner war das benötigte Relais. Er behielt innerhalb der BP die Deutungshoheit,
auch weil er zielsicher gegen Widersacher vorging, u.a. mit mehreren Parteiaus-
schlussverfahren. Auf eine bundesweite Ausweitung konnte sich die oft genug
neurotisch separatistische Regionalpartei BP, im Gegensatz zur nachfolgenden
DP, schwerlich einlassen.[101] Dass sie Mitte der 50er-Jahre noch einmal in einer
Landesregierung verhältnismäßig erfolgreich vertreten wurde, war ebenfalls
nicht zuletzt Baumgartners Verdienst.

Deutsche Partei (DP)

Heinrich Hellwege: Parteichef der Welfen

Der Parteiname ist ein wenig trügerisch. Denn die *Deutsche* Partei entstand 1947
als kalkuliertes Ausdehnungs-Vorhaben der ursprünglich dezidiert auf regional-
spezifische Anliegen ausgerichteten Niedersächsischen Landespartei (NLP).
Diese resultierte wiederum aus den Traditionsbeständen der früheren Deutsch-
Hannoverschen Reichspartei (DHP). Anfänglich also war die DP eine rundherum
niedersächsische Heimatpartei. Es war ein Grund-Dilemma: Je stärker die Deutsche Partei, die an drei Bundeskabinetten Adenauers beteiligt war, ihre Auswei-
tungsbemühungen vorantrieb, umso mehr verlor sie ihren ursprünglichen Charakter. Die Vorgängerinnen NLP und DHP hatten sich noch gegen die politische
Vormachtstellung Preußens im alten Welfengebiet konstituiert und standen in
enger Verbindung zum degradierten Königshaus von Hannover. Nach Kriegsende 1945 war bald, mit der Errichtung des Bundeslandes Niedersachsen, ein wesentliches Anliegen der Partei realisiert worden. Das über die Jahrzehnte zusammenschweißende Langzeitprojekt war durch die Rückgewinnung der Teil-
Autonomie plötzlich obsolet. So expandierte die Partei in den 50er-Jahren und
verlor mit einer steigenden Zahl an Landesverbänden zusehends an Stimmigkeit,
an Überzeugungskraft, an Relevanz. Bald prägten (preußische) Nationalisten den
bundesweiten DP-Kurs. Obgleich die Welfen stets die numerische Mehrheit
behielten, wurde selbstdefinitorisch aus dem „konservativen Gewissen der Regierung" eine „nationale Sammlung".[102] Seit ihrer Gründung 1947 bis 1962 hatte
die DP nur einen Parteivorsitzenden: Heinrich Hellwege, zwischenzeitlich Bun-

---

[101] Sieht man von dem taktischen, wenig glücklichen Fusionsversuch mit dem Zentrum zur Föderalistischen Union ab, mit der beide Parteien nicht zufrieden waren. Ein 1957 diskutiertes Wahlbündnis
erwies sich ebenfalls aufgrund divergierender Föderalismus-Verständnisse als undurchführbar.
[102] Zu Ideologie und programmatischer Entwicklung der DP vgl. Schmollinger, Hans W.: Die Deutsche Partei, in: Stöss (Anm. 56), S.1025-1112, hier S. 1042-1058.

desminister und Ministerpräsident von Niedersachsen, gründete und erweiterte die Partei. Kurz vor der Fusion der DP mit dem BHE trat er zurück.

Der 1908 in Neuenkirchen geborene Heinrich Hellwege stammte aus dem Alten Land. Über Jahrhunderte schon waren seine Vorfahren als Bauern, Kaufleute oder Handwerker in den Elbmarschen tätig und bereits seit mehreren Generationen in anti-preußischen Heimatvereinen engagiert. Wie viele im Alten Land waren sie reichsverdrossen. Mit Elbwasser getauft und auf Plattdeutsch erzogen, übernahm auch Heinrich Hellwege das welfisch-störrische Gemüt: In der Schule fiel er mit ketzerischen Auffassungen zur Politik Bismarcks auf;[103] mit Mitte Zwanzig wurde er Landesvorsitzender der Deutsch-Hannoverschen Partei. Von den neuen Machthabern nach 1933 ließ er sich ebenfalls wenig gefallen. So verhinderte er die Überführung seiner Kreisjugendorganisation in die SA, beteiligte sich an der illegalen „Niedersächsischen Freiheitsbewegung" und bewies Zivilcourage mit mutigen Stellungnahmen in Tageszeitungen oder bei der Verteilung von den Schriften Martin Niemöllers. Ungeachtet dessen trieb er seine privatwirtschaftliche Karriere voran. Nach längerem Aufenthalt als Export-Kaufmann in Hamburg hatte er das kleine Kolonialwarengeschäft seines Vaters übernommen und es mit Hilfe der neu aus der Hafenmetropole erworbenen technischen und distributiven Kenntnisse zu einer florierenden Firma entwickelt. Ähnliches versuchte er bald auch mit seiner Partei.

Hellwege war ein „Politiker der ersten Stunde"[104]; er erwies sich bei der Neugründung der NLP als treibende Kraft. Nach dem Krieg reiste er quer durch Norddeutschland, verteilte Flugzettel, knüpfte und wiederbelebte Kontakte, lud zu sich nach Hause ein. „Faktisch", so schreibt Arnulf Baring, „konstituierte sich die NLP in Hellweges Stube"[105]. Und Hellwege schlug aus dem Heimvorteil politisches Kapital. Obgleich es durchaus Kreise gab, die für den Neubeginn lieber einen Akademiker an der Spitze gesehen hätten, lief er den älteren Parlamentariern den Rang ab: Der ebenso agile wie widerborstige Hellwege konnte die nötige Aufbruchsstimmung vermitteln und auch den programmatischen Kurs vorgeben.[106] Er wurde 1945 mit 37 Jahren und ohne Gegenkandidat zum Gründungsvorsitzenden der NLP gewählt.

Mehrere Positionen ermöglichten es Hellwege, beim Aufbau Niedersachsens zentral mitzuwirken und so auch für die sich kristallisierende BRD an Bedeutung zu gewinnen. Zunächst einmal wurde Hellwege Landrat von Stade. Und Landräte waren „damals nach den Besatzungsoffizieren die mächtigsten Män-

---

[103] Zur Biographie Hellweges vgl. das Buch seines früheren vertrauten Mitarbeiters Ehrich, Emil: Heinrich Hellwege. Ein konservativer Demokrat, Hannover 1977.

[104] Ebd., S. 31.

[105] Baring, Arnul: Vorwort, in: Schmidt, Claudius: Heinrich Hellwege, der vergessene Gründervater. Ein politisches Lebensbild. Mit einem Vorwort von Arnulf Baring, Stade 1991, S. 10-13, hier S. 11.

[106] Vgl. Schmidt (Anm. 105), S. 64 f.

ner"[107] für die kommunal startende Neugestaltung. Bei den Besatzern war Hellwege beliebt: Sie lobten den früher von der Gestapo Gesuchten als einen „open
and upright character", ferner seinen „anglophilism"[108]. In der Tat sah Hellwege,
in guter welfischer Tradition, die britische Parlaments-Monarchie als geeignetes
Vorbild. Der kleinbürgerlich Geprägte war ein großer Freund des Adels. Dass er
in seiner Partei die Monarchie-Frage nicht explizit erörtern ließ, lag daran, dass
er sich nicht expressis verbis dagegen stellen wollte.[109] Er selbst verfügte über
vertrauliche Kanäle zum hannoverschen Adelsgeschlecht, wovon auch bald die
DP profitierte. Ein befreundeter Großgrundbesitzer stellte Hellwege ein schmu-
ckes Anwesen zur Parteileitung zur Verfügung.

Auf dem Elbufer-Schloss Agathenburg verselbständigte sich die Parteiarbeit; abseits des formellen Parteidirektoriums residierte hier „Hellweges persönlicher Stab"[110]. Nicht delegierte Parteimitglieder, sondern Männer aus seinem
Betrieb oder aus der von ihm betreuten Parteipresse – Privatwirtschaftler, Wissenschaftler und medial erfahrene Menschen, allesamt ohne Karriereabbruch
während des Dritten Reichs – übernahmen die informelle Parteileitung. Diese
Gruppe, darunter auch der spätere Hellwege-Gegner Hans-Christoph Seebohm,
sollte Hellwege beraten, die Parteiausdehnung organisieren. Dabei begannen sie,
den Parteicharakter zu wandeln. Und Hellwege ließ vieles gewähren, was er
später bereuen sollte. Denn das Welfentum sagte seinem Braintrust herzlich
wenig, nicht wenige der Berater waren preußischer Provenienz. So öffneten sie
die von NLP in DP umbenannte Partei nach rechts und initiierten die bald für die
DP charakteristische Propaganda für „Recht und Achtung für den Soldaten"
sowie gegen die „Wahnlehre" der Kollektivschuldthese.[111]

Auch für die Bundesregierungsbildung 1949 wurde Schloss Agathenburg
ein nicht unwichtiger Schauplatz. Die DP, die bei den ersten niedersächsischen
Landtagswahlen auf beinahe 18% kam, erhielt 1949 bundesweit 4%, mit nach
wie vor starker Konzentration im Norden, und konnte 17 Abgeordnete nach
Bonn schicken. Hellwege, der im britischen Zonenbeirat und später im Frankfurter Wirtschaftsrat manche seiner künftigen Koalitionspartner kennen gelernt
hatte, legte bei den Koalitionsverhandlungen eine für ihn typische Verhaltens-
weise an den Tag. Während andere in dieser Zeit in hektische Reiselust verfielen,
harrte der „Kaltblüter"[112] gelassen der Dinge. Er empfing auf seinem Schloss die
Unterhändler, so den stellvertretenden FDP-Vorsitzenden Franz Blücher oder

---

[107] Baring (Anm. 105), S. 11.
[108] Schmidt (Anm. 105), S. 66.
[109] Vgl. ebd. S. 81.
[110] Ebd., S. 84.
[111] Schmollinger (Anm. 102), S. 1031.
[112] Schröder, Georg: „Kaltblütiger" Hellwege. Der Mann, der in Niedersachsen das Ruder übernahmen soll, in: Die Welt, 26.05.1955.

den Adenauer-Vertrauten Herbert Blankenhorn, und avancierte schließlich zum jüngsten Mitglied der ersten Bundesregierung. Der schwergewichtige Hellwege war kein hastiger Finasseur, kein intriganter Taktierer. Er war geduldig und vertrauenswürdig, und er verfügte über ein ordentliches Maß an „Gemüt, Humanität und Bauernschläue"[113].

Hellwege wurde Bundesminister für Angelegenheiten des Bundesrates, ein „extra erfundenes"[114] Ressort mit winzigem Etat. Gegenüber Adenauer war er loyal. Obwohl gegen das Grundgesetz oder später gegen die Bodenreform und für ein schnelles Ende der Entnazifizierung, trug die DP in der Regel die Kabinettsbeschlüsse mit. Bald wurde gespottet, die DP sei der „zuverlässigste Teil der Adenauerfraktion"[115] und Hellwege sei der treueste Minister des Kanzlers. Mit seinem Ministerium chronisch unterbelastet, blieb ihm derweil als Parteichef Zeit, den Aufbau seiner Parteiorganisation weiter voranzutreiben. Angesichts der sich bald einstellenden Erfolge rechtsextremer Parteien sah der „reichstreue Föderalist" bald die „Integration der rechtsextremen Kräfte" als „staatspolitische Aufgabe"[116] der DP – was sich als anspruchsvolles Unterfangen erwies. Denn als Bundesminister verwahrte er sich davor, seine Reden vor den schwarz-weiß-roten Flaggen zu halten, die die von ihm als Parteichef geworbenen neuen Anhänger gern hinter ihm platziert sehen wollten.

Bald schon machten die jungen Landesverbände Ärger. In Hessen oder Nordrhein-Westfalen hatten frühere hohe NSDAP-Funktionäre, so alte NS-Oberbürgermeister oder der Ex-Reichsstudentenführer, leitende Parteiämter übernommen. Sie forderten Frontalopposition in Bonn, so dass andere Parteien regional bald nichts mehr mit der DP zu tun haben wollten, und sich auch die Adelsvertreter immer seltener auf Parteiveranstaltungen blicken ließen. Weil die Parteileitung allenfalls halbherzig dagegen vorging[117], wurde Hellwege wurde bald nur noch als demokratisches Aushängeschild der Partei gesehen.[118] Die erste innerparteiliche Niederlage erlebte er dann 1952 auf dem Parteitag in Gos-

---

[113] Henkels, Walter: Der neue Kopf von Niedersachsen. Heinrich Hellwege, in: Frankfurter Allgemeine Zeitung, 17.05.1955.

[114] Henkels, Walter: Bundesminister Heinrich Hellwege. Bonner Köpfe X, in: Frankfurter Allgemeine Zeitung, 08.03.1950.

[115] Was Adenauer übrigens lange ähnlich gesehen haben soll. Vgl. o.V.: Heinrich Hellwege, in: Die Zeit, 11.06.1953.

[116] Zit. nach Henkels, Walter: Bundesminister Heinrich Hellwege. Bonner Köpfe X, in: Frankfurter Allgemeine Zeitung, 08.03.1950 und nach Schmollinger (Anm. 102), S.1033.

[117] Vgl. Naßmacher, Karl-Heinz: Parteien im Abstieg, Wiederbegründung und Niedergang der Bauern- und Bürgerparteien in Niedersachsen, Opladen 1989, S. 59.

[118] Oder wie „Der Bund" aus Bern schreibt: „Hellwege [soll] im Sinne der Neofaschisten vorerst noch die Rolle des Tarners übernehmen." Vgl. o.V.: Die „Deutsche Partei" als Sammelbecken rechtsextremer Elemente, in: Der Bund, 22.10.1952. Die ostdeutsche „Tägliche Rundschau" sah in Hellwege einen „typisch schwankenden Kleinbürger mit engem Horizont". Vgl. o.V.: „Königskrone und Hakenkreuz", in: Tägliche Rundschau, 07.06.1953.

lar, als sich Bundesverkehrsminister Seebohm kurzfristig zu einer Gegenkandidatur überreden ließ. Seebohm gewann mit einer Stimme Vorsprung, lehnte aber geschmeichelt ab.[119] Der in Tränen aufgelöste Hellwege wurde per Akklamation erneut zum Parteichef gewählt. Seebohms Sieg war ein Indikator dafür, dass die neuen Rechten dem niedersächsischen Parteigründer den Rang abgelaufen hatten. Sie waren mehrheitsfähig und gaben am demokratischen Aushängeschild vorbei den innerparteilichen Kurs vor. Der gedemütigte Hellwege konzentrierte sich auf seine Tätigkeiten im Bundestag und in Niedersachsen und hielt sich aus der operativen Parteileitung zusehends heraus.

Drei Jahre später sollte sich dann in Niedersachsen für Hellwege ein Lebenstraum erfüllen. Als gemeinsamer Kandidat des Bürgerblocks mit der CDU, der Niedersächsischen Union[120], wurde er 1955 als Landesvater einer Regierung mit BHE und FDP vereidigt. Dass ausgerecht der DP bei gerade 12,4% der Stimmen die Ehre zuteil wurde, den Ministerpräsidenten zu stellen, war unter anderem auf „ausdrückliche Bonner Empfehlung"[121], auf den Einfluss Adenauers zurückzuführen. Auch war der aussichtsreichste Kandidat innerhalb der CDU kürzlich verstorben. Allerdings missglückte Hellwege die Führung der Bürgerblockkoalition. Nachdem er bereits den FDP-Kultusminister, Inhaber einer neonazistischen Verlagsanstalt, entlassen hatte, verzichtete er nach zwei Jahren gänzlich auf die FDP und koalierte stattdessen mit der SPD um Wilhelm Kopf. Nach der zermürbenden, von persönlichen Kleinkriegen gekennzeichneten bürgerlichen Koalition empfand Hellwege die ruhige Zusammenarbeit mit der SPD als wohltuend. Diese wiederum vergrätzte nicht nur viele in der DP, sondern auch den Bürgerblockpartner CDU, der für die nächsten Landtagswahlen wieder einen eigenen Kandidaten aufstellte. Auch zu Adenauer erwuchs hieraus eine Entfremdung. Schließlich kam es 1959 zu einer SPD-Regierungsbildung unter Kopf, der gänzlich auf die nun entzweiten Bürgerblockparteien verzichten konnte. Die CDU ließ die DP, Adenauer ließ Hellwege bald spüren, dass die Schuldigkeit getan war.

Der Entwicklung der Deutschen Partei, die 1953 und 1957 noch mit Hilfe von CDU-Wahlabkommen in den Bundestag einzog, entsprach seit Mitte der 50er-Jahre einer mühselig nachzuzeichnenden Geschichte gelungener und gescheiterter Fusionen und Abspaltungen.[122] Gerade die die Partei stark machenden

---

[119] Vgl. Schmidt (Anm. 105), S. 123.
[120] Die Union wollte die DP, trotz eigener absoluter Mehrheit im Bund, an sich binden, um ihr Ausscheren zur SPD zu verhindern und um die gemeinsame 2/3-Mehrheit im Bundesrat zu sichern. Man einigte sich auf einen gemeinsamen Kandidaten je Wahlkreis und tat sich im Landtag zusammen, damit man die Rechte der größten Fraktion genießen konnte (Huckepacksystem).
[121] Schmollinger (Anm. 102), S. 1036.
[122] U.a. kam es 1957 zu einer kurzzeitigen, wenig einbringenden Fusion mit FDP-Sezessionisten zur Freien Volkspartei. Vgl. dazu Schmollinger (Anm. 102), S. 1037 ff.

ländlichen Kernwähler aus Niedersachsen scherten aus. Zu den Landtagswahlen 1955 gründete sich die in der DP zunehmend unterrepräsentiert fühlende Strömung als DHP in Niedersachsen erneut. Hellweges Kampf um den Parteivorsitz ließ sich stets auch als Behauptungskampf des zunehmend unterjochten niedersächsischen Parteikerns auffassen. Durch seine hannoversche Regierungstätigkeit stark gefordert, verlor Hellwege allerdings noch zusätzlich an Einfluss in der DP. Dennoch gelang ihm 1960 in Heilbronn ein letzter innerparteilicher Triumph: Er wurde vom DP-Fraktionsvorsitzenden Herbert Schneider zur Kampfabstimmung um den Parteivorsitz herausgefordert. Schneider war ein früherer, vom Krieg körperlich und mental gekennzeichneter Luftwaffenhauptmann, der von Seebohm die Rolle des rechten Aushängeschilds übernommen hatte. Hellwege überzeugte ein letztes Mal seine aus dem Ruder laufende Partei.

Doch seine knappe Wiederwahl erwies sich für die DP als Pyrrhussieg. Als Reaktion darauf verließ ein großer Teil der Bundestagsfraktion die Partei, darunter die beiden Bundesminister. Spätestens hier wurde der Zerfallsprozess auch auf der obersten Repräsentationsebene offenkundig. Kurz vor der Fusion mit dem BHE zur Gesamtdeutschen Partei legte Hellwege 1961 den Parteivorsitz „mit trotziger Gebärde"[123] nieder. Der für die Fusion eintretende Schneider wurde neuer Parteivorsitzender. Hellwege verließ die Partei, über die er einstmals gewisse Urheberrechte besessen hatte und tat es früheren Widersachern gleich. Er wechselte noch 1961 zur CDU, wo er relativ wirkungslos blieb.

Heute existiert die DP wieder. Die Demission ihres Gründungsvorsitzenden war allerdings das letzte Ereignis von größerem Interesse, die letzte Zäsur von Bedeutung. Als die DP unter Schneider ein zwischenzeitliches Bündnis mit dem BHE einging, erzielte sie bald schlechtere Zustimmungsquoten als die neuen niedersächsischen Heimatparteien. Als Rechtspartei war die DP unter Hellwege inkonsequent, was in diesem Fall vielleicht noch nicht einmal das schlechteste Erfolgsrezept zur Parteiführung darstellte. Wähler und besonders Verhandlungspartner schätzten den „Dicken" aus Neuenkirchen, der „überall wohlgelitten"[124] war. Die Ersten sahen ihm einen tüchtigen (Lokal-)Patrioten, und die Zweiten trauten ihm zu, das konservativ-nationalistische Gemisch, das in seiner Partei gärte, in Zaum zu halten. Unter Hellwege war die DP in der Frühphase der Bundesrepublik ein bestimmender Akteur des Parteiensystems. Sie integrierte einen Rechtsteil, ohne – unterm Strich – verfassungsfeindlich zu sein, und sie schloss diverse Koalitionsbündnisse. Vom Bürgerblockbündnis profitierte indes vor allem die Union; die starke zwischenzeitliche Anlehnung an die CDU machte die Deutsche Partei regierungsfähig, aber bald auch entbehrlich.

---

[123] O.V.: Was macht DP-Mitglied Hellwege?, in: General-Anzeiger, 24.01.1961.
[124] Henkels, Walter: Der neue Kopf von Niedersachsen, in: Frankfurter Allgemeine Zeitung, 17.05.1955.

Deutsche Konservative Partei - Deutsche Rechtspartei (DKP-DRP),
Sozialistische Reichspartei (SRP), Deutsche Reichspartei (DRP)

Fabrikanten, NSDAP-Funktionäre, Kriegshelden und ein junger Partei-Manager

Die nationalistischen, oft neofaschistischen Parteien der ersten zwei Nachkriegs-
jahrzehnte waren eng miteinander verflochten und standen unter strenger Beobachtung. Sämtliche Parteivorsitzenden bewegten sich somit im Spannungsfeld
zwischen Fusion oder Abspaltung auf der einen Seite und Lizenzauflagen oder
drohendem Verbot auf der anderen. Sich den Auflagen konform zu verhalten,
war in diesem speziellen Parteityp Führungsressource und -restriktion zugleich.
Jede Fusion veränderte nicht nur die Führungskonstellation, sondern darüber
hinaus auch das politische Profil.[125] Es kam zu einer kaum mehr überschaubaren
Vielzahl von personellen und programmatischen Wechseln, was an dieser Stelle
ein starkes Abstrahieren erforderlich macht.

Die zeitlich erste dieser Parteien war die *DKP-DRP*. Sie zog 1949 mit fünf
Abgeordneten in den Bundestag. Personell speiste sie sich zunächst überwiegend
aus den Restkadern der Deutschnationalen Volkspartei (DNVP) und hatte das
programmatische Vorhaben, den früheren, preußisch-monarchistisch orientierten
Konservatismus auf die Nachkriegszeit zu übertragen. Dies erhielt seinen Ausdruck auch darin, dass Prinz Oskar von Preußen ursprünglich als Gründungsvorsitzender vorgesehen war, dieser jedoch ablehnte.[126] Die Partei war zudem eine
Anlaufstelle für Rechtsextreme unterschiedlicher Prägung bis hin zu Anhängern
des Nationalsozialismus. Da andere gehandelte Kandidaten, hohe Nazis, ohnehin
von der Militärregierung an der Parteispitze nicht akzeptiert worden wären,
wählte man schließlich ein kollektives Parteileitungssystem mit den Umständen
angemessenen Aushängeschildern an der Spitze. So waren die ersten Vorsitzenden auf Zonenebene[127], wie Kurzwarengroßhändler Wilhelm Jaeger oder Papierfabrikant Hermann Klingspor, politische Unternehmer, die auch schon vor 1933
im Reichs- oder preußischen Landtag vertreten waren.[128] Ihre finanzielle Unabhängigkeit war mitausschlaggebend dafür, dass sie sich zunächst durchsetzten.

---

[125] Vgl. Schmollinger, Hans W.: Die Deutsche Reichspartei, in: Stöss (Anm. 56), S. 1112-1191, hier
S. 1185.
[126] Vgl. Schmollinger, Horst W.: Die Deutsche Konservative Partei – Deutsche Rechtspartei, in: Stöss
(Anm. 56), S. 982-1025, hier S. 982 und S. 1018.
[127] Aus den insgesamt zehn Parteivorsitzenden (in ständig wechselnden Konstellationen) der direkt-
oralen Parteiführung der ersten drei Jahre sind hier die beiden meistbesprochenen stellvertretend
aufgeführt. Vgl. zur kompletten Übersicht Schmollinger (Anm. 126), S. 1017 f.
[128] Jaeger starb 1949. Klingspor, bis 1947 mit politischem Betätigungsverbot belegt, wechselte 1954
zur FDP.

Die Parteikonstellation DKP-DRP existierte in dieser Form nicht lange. Die meisten Stimmen erhielt sie dort, wo entweder auch die NSDAP ihre besten Ergebnisse gehabt hatte, oder wo die Zahl der Wähler rasch gestiegen war. So erzielte sie in der jungen Retortenstadt Wolfsburg bei den Kommunalwahlen 1948 nahezu 70%. Aber bis auf ein paar Anfangserfolge vor allem in Niedersachsen glückte der Partei wenig; ihre kurze Geschichte bis 1950 war ein permanenter Auflösungsprozess. Sie verlor Abgeordnete und Wähler zum einen an die gemäßigteren Bürgerblockparteien FDP und DP, zum anderen an die 1949 gegründete, neofaschistische SRP. Der dritte Teil fusionierte 1950 mit einigen Teilen der Nationaldemokratischen Partei und ergab die namentlich zielgenauere Nachfolgeorganisation Deutsche *Reichs*partei. Zuvor noch war der alte Vorstand entmachtet worden, da er, so die Begründung, „mit Sozialreaktionären und Monarchisten kooperiert und die Parteilinie verwässert"[129] habe.

Der den Radikalisierungsprozess forcierende Gründungsvorsitzende der *DRP* war ein Falschspieler – in jeder Beziehung. „Dr. Franz Richter" handelte als Spaltungsvorsitzender im Auftrag der SRP. Er sollte die Partei sprengen, so viele Funktionäre wie möglich zur SRP führen. Sein Ansinnen wurde schnell enttarnt; nach drei Monaten zwang man ihn zum Rücktritt.[130] Hinzu kam, dass „Richter" tatsächlich Fritz Rößler hieß. Der frühere Ex-Gauhauptstellenleiter hatte sich nach dem Krieg eine neue Identität zugelegt. Auch hierin wurde er 1952 demaskiert. Gleichwohl, die Spaltungsbemühungen waren erfolgreich: Zwischenzeitlich gab es im Bundestag nur noch einen einzigen Abgeordneten, der das DRP-Fähnchen schwenkte. Als Gegenreaktion auf die vielen Abgewanderten radikalisierte sich die nun bedeutungslose DRP unter dem neuen Vorsitzenden Hans-Heinrich Scheffer noch zusätzlich.[131]

Die *SRP* hatte von ihrer Gründung im Oktober 1949 bis zum Verbot im Oktober 1952 ein und denselben Parteivorsitzenden. Dr. Fritz Dorls war nach Selbstbezeichnung Schriftsteller und, in dieser Reihenfolge, Ex-NSDAP-, Ex-CDU-, Ex-DKP-DRP-Mitglied. Der ehemalige Lehrer einer NS-Schulungsburg und anschließende Häftling im britischen Inhaftierungslager hatte gemeinsam mit fast ausschließlich anderen Inhaftierten, nach missglückten Anläufen bei anderen Parteien, die SRP gegründet. Die Führungsriege der Partei war nicht nur mit durchschnittlich 40 Jahren auffallend jung; es waren zudem mehrheitlich Akademiker, ausgebildet und berufen im Nazi-Regime. Zum Teil schon lange vor 1933 NSDAP-Mitglieder, waren sie nach 1945 allesamt soziale Absteiger, Verlierer des Entnazifizierungsprozesses.

---

[129] Schmollinger (Anm. 126), S. 1007.
[130] Vgl. Schmollinger (Anm. 125), S. 1137.
[131] Allerdings weckte der „farblose" Scheffer kaum mehr Medienresonanz. Vgl.: Schmidt, Seff: Rechtsradikale finden kein Interesse mehr. Wahlniederlage war vernichtend. Restgruppen suchen Propagandamöglichkeiten, in: Westdeutsche Allgemeine, 04.12.1953.

Aus taktischen Erwägungen wurde in der SRP die Parole ausgegeben, nicht offen staatsradikal oder antisemitisch aufzutreten, was vielen Funktionären nicht leicht fiel. Ihre Gesinnung war zu offensichtlich: Viele „alte Kämpfer" bewarben sich bei der Partei mit ihren gerade vergilbten NSDAP-Urkunden und gelobten ihre unweigerliche „Treue zum Reich". Als Aushängeschild sollte der prominente und höchstdekorierte Fliegerleutnant Hans-Ulrich Rudel um die früheren Wehrmachtssoldaten werben. Rudel war allerdings nur begrenzt für seine Partei einsetzbar; man spottete über ihn: Er könne zwar fliegen wie der Teufel, aber leider sei er ein furchtbar schlechter Redner.[132]

Während ihrer kurzen Existenz erfreute sich die SRP trotz frühen Verbotsantrags einigen Zuspruchs. Sie hatte bis zuletzt häufig Stimmanteile von etwa 10% und drang tief in die soziale Basis anderer Parteien ein; besonders die CDU verlor Wähler und auch Repräsentanten an die SRP.[133] Bereits 1950 erklärte die Bundesregierung die SRP als „staatsfeindlich"[134]; fast von Anbeginn stand die Parteileitung unter Anklage. Am Ende versuchte die SRP-Führungsriege, dem Bundesverfassungsgericht zuvorzukommen und beschloss die Selbstauflösung. Diese wurde juristisch allerdings nicht nachvollzogen, da sie, symptomatisch für die SRP-Praktiken, nicht mit dafür nötiger 3/4-Mehrheit beschlossen, sondern ein autoritärer Beschluss-Akt einer kleinen Clique war. Die Führung der SRP funktionierte nach einem hörig-hierarchischen Subordinationsprinzip; es gab de facto keine Parteisatzung. Die Parteileitung unter Dorls und Rößler schuf und kontrollierte mit alleinigem Vorschlagsrecht bei Vorstandswahlen die Parteistrukturen. So konnten sie Verbände auflösen, sobald sie die Partei „gefährdeten".[135] Einzig, wer die kruden Positionen von Dorls teilte, konnte es hier zu etwas bringen; Ungehorsame wurden ausgeschlossen. Kurz: Die SRP war konformistisch und anti-demokratisch. Sie wurde gegründet, aufgebaut und zerstört als ein Akt autoritärer Führung. Und dabei waren ihre Führer selbst disziplinlos, Saboteure und Denunzianten, für die interne Streitigkeiten geradezu kennzeichnend waren.[136] Der Aufruf der im zynischen Komisston miteinander verkehrenden, vor dem Zerfall stehenden Führungsclique beim Verbot: „In die Katakom-

---

[132] Vgl. z.B. o.V.: Jetzt kommt der Oberst, in: Trierische Landeszeitung, 27.08.1953. Später wirkte Rudel aus dem südamerikanischen Exil per Grußtelegrammen als eine Art Schattenvorsitzender der DRP.

[133] Vgl. Schmollinger, Horst W.: Die Sozialistische Reichspartei, in: Stöss (Anm. 17), S. 2274-2337, hier S. 2274 und S. 2277.

[134] Ebd., S. 2301.

[135] Vgl. Schmollinger (Anm. 133), S. 2274, S. 2286, S. 2318 ff.

[136] Vgl. Büsch, Otto / Furth, Peter: Geschichte und Gestalt der SRP, in: Institut für politische Wissenschaft (Hg.): Rechtsradikalismus in Nachkriegsdeutschland. Studien über die SRP, Berlin/Frankfurt 1957, S. 7-192, hier S. 69 und S. 71.

ben!"[137], blieb folgenarm. Viele Anhänger wechselten zur DRP (zurück). Sämtliche Mandate der SRP wurden für nichtig erklärt.

In der DRP wechselten die Führungsentwürfe mit den folgenden Fusionen und Dissoziationen in rascher Abfolge. 1953 trat an die Stelle des farblosen Oberst a.D. Scheffer ein dreiköpfiges Direktorium, das die ganze soziale Bandbreite der Klientel abdecken sollte. Der NS-Staatsrat Wilhelm Meinberg stand als früherer SS-Studentenführer und prominenter Vertreter der Landvolkbewegung für die einmalig hohe Funktionärskontinuität der NSDAP zur DRP. Der soeben aus griechischer Kriegsgefangenschaft zurückgekehrte General Alexander Andrae warb um die ehemaligen Militärs. Und der Dritte im Bund, Adolf von Thaddden, sollte sich zeitgeistgemäß um die jungen Postfaschisten kümmern. Allerdings reifte in der DRP bald die Erkenntnis, dass zu viel „Demokratur"[138] für die Partei selbstzerstörerisch wirke. Außer diffusem NS-Folklorismus war vielen in der DRP selbst nicht klar, wofür die Reichspartei eigentlich stand. Anders als beispielsweise in der DP gab es hier keine verbindliche Schulung oder Betreuung der Mitglieder und Funktionärskader. Nicht nur auf Parteitagen kam es, auch wegen der Uneindeutigkeit der Parteiführung, zu handfesten Kämpfen einzelner Parteirichtungen. Bald sehnte sich die DRP nach einem starken Mann, auf den sich alles fokussieren konnte. Und so wurde 1955 Meinberg[139], der NS-Mann, alleiniger Parteiführer. Er blieb es, mit Unterbrechung, bis 1960.

Die auch unter Meinberg im Auftritt inkonsistente DRP konnte nicht mehr an die Erfolge der SRP anschließen. Schon 1953 hatte sie bei der Bundestagswahl gerade 1,1% erhalten. In den frühen 60er-Jahren verloren die noch vorhandenen Rechtsparteien, also auch die hervorgegangenen Abspaltungen, ihre vorerst letzten Mandate auf Landesebene. Angesichts fortwährend schlechter Wahlergebnisse fasste der langjährige Parteimanager und seit 1961 auch Vorsitzende der DRP, Adolf von Thadden[140], den Entschluss zum Neubeginn. Er hielt es, geprägt von der Erfahrung, dass Fusionen nicht funktionierten und bloß neue

---

[137] Ebd., S. 174.
[138] Innerparteiliche Demokratie behindere „eine geschlossene und befähigte Parteileitung", so die DRP-Wochenzeitung „Reichsruf", zit. nach Schmollinger (Anm. 125), S. 1185.
[139] Wilhelm Meinberg hatte als junger Mann die Gründung einer Stahlhelm-Gruppe initiiert und diese 1929 zur NSDAP überführt. Angesichts vieler nationalsozialistischer Ämter und 22 Monaten Haft musste er sich nach 1945 mit Leitungsfunktionen vorerst zurückhalten. Als Meinberg 1953 der DRP beitrat, wurde er sofort Spitzenrepräsentant.
[140] Adolf von Thadden war ein redebegabter Mann von „adliger Arroganz". (Vgl. Schmidt, Josef: Der junge Herr Thadden und seine Mannschaft. Mit Optimismus und alten Bekannten aus der Nazizeit zieht die Deutsche Rechtspartei in den Wahlkampf, in: Süddeutsche Zeitung, 18.08.1953.) Seine Halbschwester war von den Nationalsozialisten als Widerständlerin hingerichtet worden, er selbst blieb als junger überzeugter Oberleutnant an der Front. Von Thadden war der erste rechtspopulistische Berufspolitiker der BRD; beständig blieb er auf der Suche nach einer zeitgemäßen, rechtsextremen Nische im Parteiensystem. Bis in die 70er-Jahre war er nationalistischer Parteipromoter und Parlamentarier, 1967-71 Parteivorsitzender der NPD.

Abspaltungen provozierten, für wenig ratsam, weiterhin „jungen Wein in alte Schläuche zu gießen"[141]. Und so kam es zum Ende der Reichspartei: Erfolglos und zerfasert beschloss ihre Führung die Auflösung. Die Restkader unter von Thadden, dem sie intern das Talent attestierten, „auftretende Spannungen auszugleichen"[142], initiierten und dominierten 1964 die Neugründung der Nationaldemokratischen Partei Deutschlands, der heutigen NPD.

Weniger als 20 Jahre nach dem Untergang des Hitler-Regimes waren die unmittelbaren Nachfolgeparteien der NSDAP, die in der Bundesrepublik nicht allzu unverhohlen nachfolgen durften, zerstritten und zersplittert. Sie erhielten mitunter auch deshalb nur so geringen Zuspruch, weil ihre Parteiführer entweder radikal und offensichtlich, auch in ihren binnenorganisatorischen Führungspraktiken, an die verbotene NSDAP erinnerten und erinnern wollten. Solche wurden vom Parteienwettbewerb ausgeschlossen, zumindest aber von den übrigen Parteien und Journalisten hart attackiert. Zudem verprellte der autoritär-kompromisslose Führungsstil nicht selten potentielle Anhänger und Funktionäre. Oder aber die Parteiführer blieben blass und scheinheilig, Wölfe im Schafspelz, auf ihre Art mitgliederabstoßend und intern durchsetzungsschwach. Die NPD, die 1966-72 in insgesamt sieben Landesparlamenten vertreten war, unternahm als erste nationalistische Partei den Versuch, sich von den Traditionen und Kategoriemustern aus Weimar und der Nazi-Zeit, von Reich und Nationalsozialismus programmatisch zu lösen. Sie basierte auf bereits annähernd zwei Jahrzehnten gelebter Bundesrepublik, und sie hatte in ihrer ersten Erfolgsphase mit von Thadden einen Vorsitzenden, der genau studiert hatte, woran die Vorgängerparteien gescheitert waren.

Der Block der Heimatvertriebenen und Entrechten (BHE)

Bundesminister wider Parteiwillen

1950 lebten in der Bundesrepublik knapp zwölf Millionen Heimatvertriebene und Flüchtlinge. Sie wurden überwiegend in ländlichen, strukturschwachen Gebieten staatlich angesiedelt, was nicht selten zu Konfrontationen mit den Einheimischen führte. 1946 verboten die Alliierten die Bildung von Flüchtlingsparteien, auch um einer institutionellen Verstetigung des sozialen Konflikts vorzubeugen. Die zugelassenen Parteien allerdings schlugen sich im Zweifel eher auf die Seite der Arrivierten und vernachlässigten die politische Integration der Flüchtlinge. Daher wurde das strikte Verbot peu à peu aufgeweicht, bald existier-

---

[141] Rufer, D.: Adolf von Thadden. Wer ist dieser Mann?, Hannover 1969, S. 70.
[142] Hoffmann, Uwe: Die NPD. Entwicklung, Ideologie und Struktur, Frankfurt a.M. 1999, S. 394.

ten zuhauf lokale „Notgemeinschaften" oder „Neubürgerbünde", deren Vertreter als Unabhängige oder auf den Listen anderer Parteien kandidierten. Wenige Monate nach dem Ende der formellen Lizenzierungspflicht für Parteien (in der britischen Zone: März 1950) fuhr der schleswig-holsteinische BHE bei der Landeswahl mit über 23% sein Rekord-Ergebnis ein. Daraufhin erst initiierte der Kieler Landesverband den bundesweiten Parteizusammenschluss. Neben Flüchtlingen warb die Partei auch um einheimische „Entrechtete"[143]. Der BHE, der ab 1953 zwei Bundesminister stellte, verstand sich als moderne „Interessenpartei", bewusst abgegrenzt von den „Weltanschauungsparteien", die man für „Konstrukte der Alliierten" aus „der Mottenkiste Weimars" hielt.[144] Der BHE koalierte, weltanschaulich ungebunden, jeweils mit der Partei, die seiner Klientel im konkreten Fall am meisten zu bieten hatte. Mit dem ersten innerparteilichen Führungswechsel geschah 1955, was bisher mit Bedacht vermieden worden war: Eine nationalistische Stoßrichtung gewann die Oberhand. Dies war auch eine Reaktion darauf, dass sich Heimatvertriebene, sobald sie gesellschaftlich integriert waren, meist vom BHE abwendeten. Mit der Flüchtlingseingliederung verlor die Partei in den späten 50er-Jahren ihre soziale Grundlage.

Schleswig-Holstein war das Bundesland mit dem größten Flüchtlingsanteil. Jeder Dritte, der 1950 hier lebte, war erst kürzlich zugezogen. So kam es im ärmsten aller Bundesländer zu heftigen Verteilungskämpfen zwischen Einheimischen und Heimatvertriebenen.[145] Die Konstellation also, die der BHE bei seinem historischen Ursprungserfolg vorfand, war günstig. Allerdings startete die Flüchtlingspartei auch mit spezifischen Handicaps: Sie verfügte nicht über ein erfahrenes, einander bekanntes Funktionärsnetz. Die führenden Köpfe waren überwiegend arbeitslose Flüchtlinge, die zwar viel Zeit, aber nur wenig Mittel besaßen, um den Aufbau der Parteiorganisation voranzutreiben.[146] Manches misslang allein schon deswegen, weil keine Transportmöglichkeit für den Weg von Kiel nach Flensburg aufgetrieben werden konnte. Auf den ersten, übervoll besuchten Kundgebungen versuchte man Eintrittsgeld zu kassieren – von Hörern, die ebenfalls nichts hatten. Kurzum: Der BHE war eine Partei für „die

---

[143] Ein mit Absicht unklarer Begriff, der definitorisch von Bombenopfer über Spätheimkehrer bis Kriegsverbrecher reichen konnte.

[144] Zit. nach Schäfer, Thomas: Die Schleswig-Holsteinische Gesellschaft 1950-1958. Mit einem Beitrag zur Entstehung des „Blocks der Heimatvertrieben und Entrechteten", Neumünster 1987, S. 37.

[145] Zu der BHE-Gründung in Schleswig Holstein und auch zu den mit dem BHE verbundenen Vertriebenorganisationen und -vereinen, die bereits früher zugelassen worden waren, vgl. ebenfalls Schäfer (Anm. 144).

[146] Vgl. zu Geschichte, Erfolgsursachen und -restriktionen des BHE auch Neumann, Franz: Der Block der Heimatvertriebenen und Entrechteten 1950-1960. Ein Beitrag zur Geschichte und Struktur einer politischen Interessenpartei, Meisenheim an der Glan 1968.

Ärmsten der Armen"[147]. Anliegen des Blocks war gerade, diese Armut zu lindern. Der Erfolg 1950 in Kiel, als der BHE mit 23,4% zweitbeste Landespartei wurde, wirkte 1950 wie ein bundesweiter Paukenschlag. Andere Landesverbände wollten am nordischen Erfolgsmodell partizipieren. Der neue stellvertretende Ministerpräsident, *Waldemar Kraft*, der nach harten Koalitionsverhandlungen fast alle BHE-Forderungen durchsetzte, wurde Parteigründer und prägende Figur des BHE-Entwicklungsprozesses. Er stieg innerhalb der nächsten Jahre vom mittellosen, ziemlich unbekannten Flüchtling mit SS-Vergangenheit zum einflussreichen Führer einer heiß umworbenen Partei auf.

Der 1898 geborene Waldemar Kraft verfügte bereits über Erfahrung in der politischen Führung von entrechteten Minderheiten. Nach dem Ersten Weltkrieg, an dem er sich als freiwilliger Reserveoffizier beteiligt hatte, war seine Heimat Posen in polnischen Besitz gefallen. Und so vertrat Kraft damals schon als Abgeordneter, bis hinauf ins polnische Parlament, die Interessen der deutschen Bauern. Im Zweiten Weltkrieg wurde Kraft, der erst 1943 der NSDAP beitrat, als Direktor der Reichsgesellschaft für Landbewirtschaftung in Posen zum Ehren-Hauptsturmführer der SS ernannt. Er setzte sich, unterbrochen von über zwei Jahren Haft im britischen Internierungslager, vom Weichsel- und Warthe-Land nach Schleswig ab. Nachdem er sich vergeblich um ein Mandat bei der CDU bemüht hatte[148], hob Kraft den BHE aus der Taufe. Maßgeblich koordinierte und präjudizierte er die Landes- und darauffolgende Bundesparteigründung. Er verhinderte den Namen „Flüchtlingspartei" und war für die programmatische Ausgestaltung der ersten Jahre zentraler Akteur: Kraft erst erhob „Dogmenlosigkeit" und „grundsätzliche Koalitionsbereitschaft" zum Partei-Prinzip.[149] In den frühen 50er-Jahren wurde die Interessenpartei BHE angeregt als „Partei neuen Stils" diskutiert, bei der, nach Kraft, der „Gegensatz zwischen Kapitalisten und Arbeitern" gegenstandslos sei.[150] Die Konzeption hatte einen gewissen Schick, nicht zuletzt auch deshalb, weil der Parteivorsitzende sich gegen rechtsradikale Tendenzen im BHE verwahrte.[151] Er verhinderte „sehr kühl und sehr unsentimen-

---

[147] Ebd., S. 95.

[148] Vgl. Schäfer (Anm. 144), S. 26.

[149] Vgl. dazu Neumann (Anm. 146), S. 63 f.; Stöss, Richard: Der Gesamtdeutsche Block / BHE, in: Stöss (Anm. 17), S. 1424-1460, hier S. 1449.

[150] Vgl. Schäfer (Anm. 144), S. 37; o.V.: BHE – Partei neuen Stils?, in: Salzburger Nachrichten, 19.09.1953.

[151] Obgleich sich der ökonomisch-soziale Interessenansatz der „Richtung Kraft" zunächst gegen konkurrierende nationalistische Konzepte durchsetzte, gab es im BHE mehr ehemalige NS-Funktionäre als in den Bürgerblockparteien. Seit 1952 hieß er auch in Reaktion auf den Verbotsantrag rechtsextremer Parteien „Gesamtdeutscher Block / BHE". Vgl. Stöss (Anm. 149), S. 1430 ff. und S. 1441.

tal"[152] ein Abdriften ins Demagogische und bereitete stattdessen die Bundestagskoalition mit der CDU vor. Der BHE zog 1953 mit 5,9% und 27 Abgeordneten (ohne Direktmandat) nach Bonn. Ein Ergebnis, das angesichts des viel höheren Flüchtlingsprozentsatzes im Verhältnis zur Gesamtbevölkerung, offen enttäuscht auf die bescheidenen finanziellen Wahlkampfmittel zurückführt wurde.

Die Regierungsfähigkeit des BHE aufrechtzuerhalten, kostete Kraft viel Mühe. Schnell geriet der als aufgabenloser Sonder-Bundesminister vereidigte Parteichef in die Kritik wegen seines „selbstherrlichen"[153] Führungsstils. Denn zumeist fasste Kraft stellvertretend für den BHE Beschlüsse, für die ihn niemand beauftragt hatte. Der Bundesregierungseintritt selbst war nicht per Beschluss abgesegnet, geschweige denn von allen goutiert. Als überaus diszipliniertes Kabinettsmitglied vertrat Kraft nun regierungsfreundliche Positionen. Dabei verlor der grobknochige Kraft, „der sein Herz niemals – das weiß jeder – auf der Zunge"[154] trug und die Beherrschung nur nach Kalkül verlor, die Tuchfühlung zu seinen Unterstützern. Er vernachlässigte die mühselige Parteikleinarbeit; stundenlange Geschäftsordnungsdebatten waren ihm verhasst. Intellektuelle Überlegenheit ließ er sein Gegenüber oft unangenehm spüren. Vergeblich versuchte Krafts Konkurrent und Stellvertreter aus Niedersachsen, Friedrich von Kessel, ihn davor zu warnen, diejenigen, auf die er angewiesen sei, immer „vor den Kopf zu stoßen"[155]. Ein spezielles Ärgernis war vielen im BHE Krafts persönliche parteidiktierende „Kamarilla"[156]. Auf dem Bundesparteitag 1954 ließen die Delegierten ihren Parteivorsitzenden das spüren. Sie verweigerten, trotz ausdrücklicher Bitte, seiner engen Vertrauten, der für Werbung und Beratung zuständigen Gräfin Finck von Finckenstein, die Zustimmung als Beisitzerin. Kraft, der „keinen Entschluß fasste, den er nicht vorher mit der Gräfin"[157] beriet, war die Parteiführung nach dieser Niederlage verleidet. Er verweigerte die Annahme seiner bereits vollzogenen Wiederwahl. Sein Nachfolger, Bundesminister Oberländer, nahm die Nachfolge ebenfalls nur widerwillig an.

Der 1905 in Meiningen geborene *Theodor Oberländer* hatte der „akademischen Elite" des Nationalsozialismus angehört. Er war 1923 Teilnehmer am

---

[152] Zu der für die Ex-NS-Mentalität oft symptomatischen „Kühle" und „Robustheit" Krafts vgl. o.V.: Der Weg Waldemar Krafts, in: Frankfurter Allgemeine Zeitung, 11.05.1953.

[153] So damals das parteiinterne Schlagwort. Vgl. z.B. Stöss (Anm. 149), S. 1435.

[154] Vgl. Kempinski, Walter: Waldemar Kraft hat viele Trümpfe in der Hand. Der erste Mann des BHE bereitet sich auf eine neue Runde im innenpolitischen Ring vor, in: Süddeutsche Zeitung, 03.03.1953.

[155] Vgl. Niedersächsisches Hauptstaatsarchiv, VVP 18, Nr. 19, Brief von Kessel an Kraft, 01.12.1952, und Krafts Antwort vom 04.12. Der Nachlass des darob bespöttelten Vielbriefeschreibers von Kessel erwies sich für einen Blick ins BHE-Seelenleben als Fundgrube.

[156] Vgl. z.B. Stöss (Anm. 149), S. 1455.

[157] Schmidt, Josef: Oberländer macht die große Kraft-Probe. Die Entscheidung beim BHE-Parteitag fand nicht im Saale statt. Das Nein zu Gräfin Finckenstein, in: Süddeutsche Zeitung, 11.05.1954.

Münchner Hitler-Putsch, seit 1933 NSDAP-Mitglied und seit 1934 NS-Professor in Danzig, Königsberg und Prag gewesen.[158] Dann, nach 1945, gehörte der nun Vertriebene und „Entrechtete" nach einem kurzen FDP-Zwischenspiel den bayerischen BHE-Gründerkreisen an. Als Autor von Büchern zur Flüchtlingsproblematik[159] galt er über Parteigrenzen hinaus als Experte auf diesem Gebiet. Dr. Dr. Oberländer redete schnell und forsch; manchmal überschlug er sich dabei. Die Unlust des Bundesministers zur Parteiführung ergab sich daraus, dass er im Prinzip ein Anhänger der „Richtung Kraft"[160] war: Oberländer war überaus bürgerblockfreundlich; auch ihm war daran gelegen, dem BHE die Regierungsfähigkeit zu erhalten. Indessen erwog der mit Vielen inzwischen überworfene Kraft eine Spaltung des BHE. Es kam zum Eklat, als sich die Minister hinter das Saarstatut der Bundesregierung stellten, die Partei aber die Zustimmung verweigerte und noch zusätzlich ihre Parteiführung durch organisatorische Kompetenzbeschneidungen abstrafte. Kraft und Oberländer, bald im BHE nur noch abfällig „K.O.-Gruppe" genannt, wechselten 1955 zur CDU. Sie nahmen sieben weitere Bundesparlamentarier, zahlreiche Anhänger und auch ihre Ministerposten mit, was die hinterbliebene Partei, die bereits gedanklich mit der Neupostenverteilung begonnen hatte, am meisten erzürnte. Kraft verlor in der Union bald an Einfluss. Oberländer blieb bis zu seinem Rücktritt 1960 Bundesvertriebenenminister. Öffentlicher Druck aufgrund seiner Tätigkeit in der berüchtigten ukrainischen Einheit „Nachtigall"[161] hatte den Professor zu diesem Schritt bewogen. Im Nachhinein sah Oberländer seine Tätigkeit im BHE als „Durchgangsstation"[162]. Die K.O.-Gruppe war im Nachholverfahren vom Bürgerblock integriert und letztlich absorbiert worden.

Der ministerlose BHE stand nun vor der Situation, dass Parteigründer und Parteivorsitzender auf einen Schlag ausgetreten waren. Der Block hatte zugkräftige Spitzenrepräsentanten und auch den Status der Regierungspartei auf Bundesebene eingebüßt. Die neue Parteileitung versuchte aus der zugewiesenen Rolle als Oppositionspartei Kapital zu schlagen, indem sie einem sozialnationalen Radikalisierungsprozess das Wort redete und das „Ende einer Politik ohne Dogma"[163] ausrief. Der neue Parteivorsitzende *Friedrich von Kessel* war niedersächsischer BHE-Parteigründer und Landesminister. Er versprach „straffe

---

[158] Kritiker nannten ihn später „einen Vordenker der Vernichtung". Vgl. Wachs, Philipp-Christian: Der Fall Theodor Oberländer (1905-1998). Ein Lehrstück deutscher Geschichte, Frankfurt a.M. 2000, S. 13.

[159] Oberländer, Theodor: Die Eingliederung der heimatvertriebenen Landwirte in die westdeutsche Landwirtschaft, Hannover 1952 und ders.: Bayern und sein Flüchtlingsproblem, München 1953.

[160] Stöss (Anm. 149), S. 1433.

[161] Vgl. Wachs (Anm. 158), S. 60-95. Vgl. allgemein zu den BHE-Charakteren und ihren Machtkämpfen auch das Buch des Neubürgerbundführers Goetzendorff (Anm. 78), hier S. 266.

[162] Neumann (Anm. 146), S. 164.

[163] Vgl. Neumann (Anm. 146), S. 169.

Führung"[164] für die durch die K.O.-Krise gespaltene Partei und beschwor preußischen Disziplin-Geist. Aber auch der elegante, baumlange von Kessel erwies sich nicht als „strafferer" Leader. Die zumeist in Regierungen befindlichen Landesverbände führten zunehmend ihr Eigenleben. Bald lief ihm der junge Fraktionsvorsitzende, geschäftsführende Vorsitzende und Wahlkampf-Koordinator Frank Seiboth innerparteilich den Rang ab.

1957 verpasste der BHE den Wiedereinzug knapp mit 4,6%. Ohne Wahlabkommen konnte die Partei, anders als ebenfalls an der 5%-Hürde gescheiterte Konkurrenten, keinen Abgeordneten entsenden. 1960 tat es von Kessel seinen Vorgängern nach und verließ den BHE in Richtung Union. Der letzte Parteivorsitzende, seit 1958 der 1912 geborene Sudetendeutsche *Frank Seiboth*, führte die Fusionsverhandlungen mit der Deutschen Partei. Er sah darin den sichersten Weg für einen „unter allen Umständen"[165] zu erreichenden Wiedereinzug in den Bundestag, da der BHE ohne koordinierendes Bundeszentrum zunehmend zersplittere. Die gemeinsame Gesamtdeutsche Partei scheiterte bei den Bundestagswahlen 1961 mit 2,8% deutlich.

Der BHE war unmittelbar nach seiner formellen Konstituierung in den frühen 50er-Jahren am wählerstärksten. Als noch der größte Bedarf an einer solch speziellen Interessenvertretung existierte, war auch das Rezept der ersten Parteileitung für diesen Fall ein adäquates: Die dogmenlose Partei hatte zwischenzeitlich sieben verschiedene Koalitionspartner gleichzeitig. Sie drängte unter der Führung der früheren Nationalsozialisten Kraft und Oberländer nach kühler Kosten-Nutzen-Rechnung in die Regierungen, ohne dafür innerdemokratische Willensbildungsprozesse abzuwarten. So konnte sie „praktische Sozialpolitik"[166] betreiben, die dem überwiegenden Bedürfnis einer Klientel entsprach, das keine unfruchtbare Frontalopposition gebrauchen konnte. Diese erlebte man schließlich auf den Bauernhöfen und Amtsstuben tagtäglich oft genug. Sobald der BHE aber versuchte, sich zu verstetigen, sich ebenfalls in ein Weltanschauungskorsett zu zwängen, wurde er selektiv und so sinnlos. Die Interessenpartei verlor dadurch ihre Nische, ihre Eigenständigkeit und befand sich stattdessen schnell in einem in einer gescheiterten Fusion mündenden Wettbewerb mit konkurrierenden nationalistischen Parteien. Aber dies war nichts, wofür die Heimatvertriebenen eine eigene Partei benötigten. Die ersten drei Parteivorsitzenden bewiesen es eindrucksvoll: Beim erstgeeigneten Zeitpunkt entschieden sie sich nüchtern, ohne dabei einen weltanschaulichen Verlust erleiden zu müssen, für einen Partei-Absprung ins bürgerliche Lager.

---

[164] Ebd.
[165] Ebd., S. 229.
[166] Ebd., S. 63 f.

Muster des Scheiterns

Ein Quervergleich zu anderen Ländern zeigt es: Abwegig oder absurd waren die Partei-Entwürfe nicht, woanders funktionierten sie, zum Teil bis heute. Europaweit gab und gibt es kommunistische und katholisch-konfessionelle Parlamentsparteien, Mittelstandsparteien sowie in Nationalparlamenten etablierte Regionalparteien, postfaschistische oder spezielle Interessenvertretungsparteien. Dass sie in der Bundesrepublik nicht reüssieren konnten, dafür waren, wie angeführt, institutionelle (Wahlgesetze, Lizenzen), kontextuelle (Besatzungsdemokratie der Alliierten, Nachkriegssituation und Integrationskraft der CDU) und soziale (Flüchtlingsintegration, Wirtschaftswunder) Gründe mitverantwortlich. Zusätzlich fallen bei den verschwundenen Nachkriegsparteien aber auch Faktoren auf, die sich nicht anders als missglückte, folgenschwere politische Führungsakte bewerten lassen. Dabei weisen die einzelnen Nachkriegsparteien nicht selten, neben den in den Einzelkapiteln beschriebenen, spezifischen Restriktionen und Ressourcen, gewisse Ähnlichkeiten auf, die hier als „Muster des Scheiterns" zusammengefasst werden sollen.

Antidemokratische Parteiführung konnte sich nicht durchsetzten – weder das Subordinationsprinzip der SRP, noch der „demokratische Zentralismus" der KPD, noch die „Führerpartei" WAV, noch Krafts Kamarilla-Politik. Der Vorteil eines autokratischen Führungsstils ist zwar, dass er in der Außendarstellung inhaltliche Stringenz suggeriert, indem er sie oktroyiert. Je weniger Stimmen zum Sprechen autorisiert sind, desto weniger vielstimmig kann eine Partei handeln und wirken. Programmatische Monokultur kann in bestimmten Momenten wählerwirksam sein, sie ist aber stets auch ein exkludierender Zustand, und sie schadet dem inneren Parteileben. Denn ambitionierte oder selbständig denkende Funktionäre und Mitglieder verlangen ein Mindestmaß an innerparteilicher Demokratie und Einflussmöglichkeit. Auf Dauer verprellt es, wenn ein Einzelner oder eine kleine Parteielite ohne Rückkoppelungsprozess ihrem Unterbau die Strukturen vorgibt. La partie – c'est moi?, das kann auf einem freien Parteienmarkt nicht lange funktionieren, da es in Krisenzeiten keine Loyalitäten bindet. Die vielen Abspaltungen und personellen Wechsel in Parteien mit antidemokratischen Führungsstrukturen zeigen dies. Der Parteivorsitzende sollte immer auch Sprachrohr, nie ausschließlich Bildner der Parteimeinung sein, andernfalls droht ihm bald die Isolation; sein Herrschaftsmittel ist die Schlichtung, das Arrangement, weniger der Zwang oder die Bestrafung.

Eine komplett gegenteilige Parteiführung scheint wiederum auch wenig empfehlenswert. Zuviel Laisser-faire oder Vertrauen in innerdemokratische Willensbildung führt leicht zu innerparteilichen Streitigkeiten und programmatischer Unklarheit. Als Paradebeispiel dafür mag die Zentrumspartei dienen, partiell auch die BP oder DRP. Parteiführung sollte durchaus strategisch und machtversiert angelegt sein, sonst mündet sie leicht in heilloser Kakophonie und letztlich in Handlungsunfähigkeit. Aus demselben Grund darf die Unstimmigkeit zwischen parallelen Machtzentren wie Parteileitung, Bundes-Parlamentariern oder einzelnen Landesverbänden nicht zu groß sein (wie bei DP und BHE).

Parteidisziplin und auch Parteitreue sind für politische Führer wichtige Tugenden. Ins Auge springt die Vielzahl der hier portraitierten Parteivorsitzenden, die ihre Partei verließen und aus verantwortlicher Position heraus zur Konkurrenz wechselten (Zentrum, BP, DP, DKP-DRP, BHE). Von 1949 bis 1953 fanden im Bundestag 108 Fraktionswechsel statt; keine der Parteien beendete die erste Legislaturperiode in derselben Zusammensetzung, wie sie sie begonnen hatte. Solches erfolgt heute wesentlich seltener und war spezifisches Phänomen einer allgemeinen Findungs- und Rekonstruierungsphase im Neuland BRD. An der hohen Anzahl konvertierter Spitzenrepräsentanten zeigt sich auch, dass, wenn Repräsentant und Gefolgschaft sich voneinander entfernen, es nur eine Frage der Zeit ist, bis die Führung ausgewechselt wird oder freiwillig geht. Den angeführten Fallbeispielen bekam der Parteiwechsel selten; in der Regel verringerte sich ihr Gestaltungseinfluss, sobald sie bei etablierten Großparteien anheuerten.

Neben den Parteiwechseln erwiesen sich auch Parteispaltungen selten als persönlich gewinnbringendes Mittel. Die Spalter, die sich mit einem Teil der Mitgliedschaft von einer Partei trennten, um einen Neuversuch zu starten, verloren sich zumeist in einer atomisierten Splitterparteienlandschaft und erlangten selten wieder so viel Einfluss wie zuvor als störende Querulanten.

Ein wenig anders ist die Situation bei Fusionisten. Ein wesentliches Erfolgsmerkmal der Adenauer-CDU war sicher, dass sie viele Strömungen zu integrieren und zu absorbieren vermochte. Das gelang dem ersten Bundeskanzler auch, indem er die Vorsitzenden der Konkurrenzparteien mit belanglosen Ministerien köderte, die zwar formell Regierungsteilhabe, faktisch aber wenige Einfluss- und Profilierungsmöglichkeiten boten. Allgemein können Vorsitzende davon profitieren, wenn sie Widerspenstigkeit domestizieren und einstige Konkurrenten zur Parteidisziplin verpflichten. Die Fusionen und Bündnisse unter unseren Kleinparteien jedoch brachten nicht den erhofften Reichweitensteigerungseffekt. Dafür waren die Verbindungen zu sehr reines Krisenkalkül im Existenzkampf, zu parteifremd: DP & BHE (Norddeutsche und Neudeutsche), Zentrum & BP (Traditionskatholiken und Bierbankpolitiker), SRP & WAV (Postfaschisten und enfant terrible) – diese Allianzen überspannten den Bogen, da sie oft das negierten, wofür sich die Parteien einst überhaupt erst konstituiert hatten. Die Fusionisten waren zumeist Mitglieder der zweiten Führungsgeneration, die sich, als Nachfolger der Parteigründer, im Taktischen verzettelten.

Die Parteigründer hingegen waren häufig ungeeignet als Parteiverteidiger. Sie hatten die Initiatividee, die Verve, womöglich das Charisma, einer neuen

Partei den Stempel aufzudrücken. Sie verloren aber nicht selten die Lust, wenn mit steigender oder fallender Zahl an Mitgliedern die Vorstellungen bezüglich der Parteilinie auseinander drifteten, wenn aus Anhängern Nörgler wurden. Sobald die Parteigründer gingen, verselbständigte sich die Partei. Man wollte nachholen, was vorher unter dem identitätsstiftenden Gründungspatron nicht möglich gewesen war und verlor sich dabei (wie bei DP, BHE oder BP).

Besonders markant und erschwerend: Mehrere Nachkriegs-Parteichefs waren strafgesetzlich gesuchte Verbrecher, deren Vergehen sich nicht ausschließlich auf politische Täterschaften beschränkten. Selbst wenn es zuweilen gelang, per Verkleidung, Telegramm oder aus dem Exil eine Partei zu führen, ist eine solche Konstellation auf mittlere Frist zum Scheitern verurteilt. Ein untergetauchter Vorsitzender, der nicht für seine Partei, den politischen Wettbewerb und dessen Kommentatoren erreichbar ist, entzieht sich nicht nur der Verantwortlichkeit, er verliert auch die Übersicht sowie die persönliche Loyalität seiner Anhänger.

Als letztes Muster des Scheiterns sei eine typische Uneindeutigkeit bezüglich der eigenen machtstrategischen Rolle genannt: Viele der Nachkriegsparteien schwankten zwischen Opposition und Regierung. Bis auf die SRP standen alle der aufgeführten Parteien den Annehmlichkeiten der Regierungsverantwortung, den Vorzügen einer kooperativen Zusammenarbeit nicht gänzlich abgeneigt gegenüber. Zugleich allerdings sahen sie sich dem Selbstverständnis nach meist als frontale Oppositionsparteien. Nicht wenige der Vorsitzenden versuchten sich zu profilieren, indem sie die Verfehlungen der Regierenden anprangerten, schielten aber heimlich danach, mit diesen gegebenenfalls zu paktieren. Eine zu starke Anlehnung an Regierungsparteien wiederum, speziell an die CDU, schwächte die identitätsstiftenden Konturen, machte sie alsbald entbehrlich.

Zusätzlich zu diesem Katalog des Scheiterns ist aber eines nicht zu vergessen: Bei den hier aufgeführten Parteien und deren Vorsitzenden handelt es sich natürlich auch um Erfolgsgeschichten. Alle setzten sich gegen innerparteiliche Konkurrenz durch; sie waren also in ihrem Umfeld die Cleversten, die Geeignetesten, oft Volksredner, zum Teil Leitfiguren. Außerdem waren alle Parteien, bis auf KPD und Zentrum, nie so erfolgreich wie zu eben dieser Zeit. Unter Hellwege, Baumgartner, Kraft, Loritz hatten die Parteien ihren jeweiligen absoluten Höhepunkt. Zumindest bei den drei Erstgenannten war ein Wendepunkt nach unten in der Entwicklung ihrer Partei deren Demission. Ihr nicht deckungsgleicher, aber doch auch nicht konträrer Erfolg lag darin begründet, dass sie sich als geschickte Sucher nach einflussreichen, über- und außerparteilichen Unterstützern erwiesen. Sie verfügten zumeist über Geldgeber und Protektion der Besatzungsmächte. Ihnen war an Koalitions- und Regierungsfähigkeit gelegen, an einer Partei-Profilbildung, die zwar markant war, die aber die Partei nicht gegenüber anderen verschloss.

„Politische Führung" und Parteivorsitzende. Einige systematische Überlegungen

Peter Lösche

Einleitung

Die politischen Biographien der einzelnen Parteivorsitzenden nach 1945 stehen nicht unmittelbar im Zentrum dieses Bandes. Vielmehr dienen sie als Forschungsschlüssel zur analytischen Betrachtung von „politischer Führung" in Parteien. Dabei geht es um Fragen wie: Was macht eigentlich „politische Führung" aus? Unter welchen gesellschaftlichen und historischen Kontexten kann „politisch geführt" werden? Was heißt „politische Führung durch Parteivorsitzende"? Was ist und was meint überhaupt „politische Führung"? Ein Begriff, dem in der deutschen politischen Kultur noch die Last nationalsozialistischer Vergangenheit nachhängt, der aber für politikwissenschaftliche Untersuchungen – nicht zuletzt unter dem Einfluss angelsächsischer „leadership"-Forschungen – eine analytische Dimension gewinnen könnte.

Zunächst irritiert die Schwammigkeit des Begriffs, eine Allerweltskategorie, wie geschaffen für Palaver am Stammtisch. Sieht man von dem umgangssprachlichen Gebrauch dieses Begriffs ab, dann ist mit „politischer Führung" aber auch nicht allein und technokratisch Leitung, Steuerung und Lenkung gemeint, sondern mehr, wie in der Einleitung zu diesem Band ausgeführt worden ist: In Demokratien, in demokratischen Parteien allemal, macht *erstens* den Wesenskern politischer Führung das aus, was im sozialwissenschaftlichen Jargon „politische Kommunikation" heißt. Ein Parteiführer muss reden, erklären, überzeugen, argumentieren, integrieren, Mehrheiten schaffen, Koalitionen schmieden, Kompromisse aushandeln, Konsens herstellen. *Zweitens* weist „politische Führung" sich dadurch aus, dass nach schier endlosem Aushandeln schließlich Entscheidungen getroffen werden, die sich in ihrer Summe zu einem Konzept verdichten, anspruchsvoll formuliert: eine Strategie ergeben. Einige Akteure sprechen davon, dass sie „politisch gestalten" wollen, was nichts anderes bedeutet, als dass sie eine Vorstellung davon haben, wo es hingehen soll, welche Richtung einzuschlagen ist. *Drittens* ist es eine wesentliche Voraussetzung „politischer Führung", dass überhaupt Entscheidungsspielräume vorhanden sind, Alternativen sich bieten, Prioritäten gesetzt werden können. Erst in einer relativ offenen historischen und gesellschaftlichen Situation vermag ein Politiker entlang eines bestimmten Weges zu führen, anderen Pfaden bewusst nicht zu folgen. Schließlich hat *viertens* „politische Führung" zentral mit Macht zu tun, nämlich (in der bekannten Formulierung Max Webers) auch gegen Widerstand den eigenen Willen durchzusetzen. Um erfolgreich zu führen, den Weg zu bestimmen, bedarf es mithin bestimmter Machtressourcen und Machtmittel.

Im Unterschied zu Kanzlern, Ministerpräsidenten oder Präsidenten haben Parteivorsitzende den Vorteil, dass sie nicht an der Spitze eines Staates (oder eines Bundeslandes) und einer – national heterogenen – Gesellschaft stehen, sondern einem Gebilde vorsitzen, in dem nur ein Teil der Gesellschaft sich organisiert, der zudem durch ein Minimum an Gemeinsamkeiten, durch ähnliche Überzeugungen oder verwandte soziale Interessen miteinander verbunden ist. Eine Partei bildet eben keine Zwangsorganisation wie ein Staat, sondern beruht auf freiwilliger Mitgliedschaft. Man sollte meinen, dass eine Partei zu führen einfacher, komplikationsloser sein sollte als an der Spitze einer Regierung zu stehen.

Indes, diese Vermutung trügt. Die politischen Biographien der deutschen Parteiführer nach 1945, die in diesem Band versammelt sind, zeugen davon. Noch hatte jeder Vorsitzende größte Mühe, seine Partei zusammenzuhalten, hatte Machtkämpfe zu bestehen, Intrigen abzuwehren. Und mancher ist gestrauchelt, ja gestürzt und verstoßen worden. Betrachtet man Parteiführung in der Geschichte der Bundesrepublik aus der Vogelperspektive, dann ergibt sich ein unübersichtliches, buntes, in sich widersprüchliches Bild; der Analytiker sucht vergeblich nach einer „Mechanik der Macht", nach der „Physik der Parteiführung". Es gibt sie nicht. Auch sperrt sich das historische Material gegen jede Art systematischer und zugleich plausibler Periodisierung. Vieles erscheint in den politischen Biographien der Parteivorsitzenden situativ, scheinbar zufällig, an die Schwächen und Stärken der einzelnen Persönlichkeit gebunden. Auch die Systematisierung nach Machtressourcen und Machtrestriktionen will nicht so recht gelingen. Denn was dem einen Parteivorsitzenden in einer bestimmten historischen Situation und unter einer spezifischen Machtkonstellation als Kraftquell gereicht, wird dem anderen zur Belastung, zum Hindernis und Einflussverlust. Während Konrad Adenauer nicht zuletzt mit der Autorität des Bundeskanzlers seine Partei „im Griff hatte" und sie ihm als Machtressource diente, wurde für den Reformkanzler Gerhard Schröder die eigene Partei zum Klotz am Bein. War für Adenauer der Parteivorsitz also Machtquell, wurde er für Schröder zur Machtrestriktion.

Gleichwohl bieten die im vorliegenden Band ausgebreiteten und auf „politische Führung" befragten Biographien die Möglichkeit, vorsichtig zu verallgemeinern. Bestimmte Muster sind erkennbar. Das auf den ersten Blick undurchdringliche Dickicht von Daten, Ereignissen, Widersprüchen und Verhaltensweisen kann doch etwas geordnet werden. Wir folgen dem, was in der Einleitung als

Dreieck von Person – Institution – Umwelt entwickelt worden ist, in dem „politische Führung" stattfindet.

Darüber hinaus reflektieren wir ergänzend und explizit, welche Machtmittel Parteivorsitzenden zur Verfügung stehen, wenn sie politisch führen. Diese Fragen werden im Folgenden diskutiert:

1. Welche Persönlichkeitsmerkmale qualifizieren oder disqualifizieren einen Parteivorsitzenden, um politisch zu führen? Bei der Beantwortung dieser Frage soll nicht individualpsychologisch dilettiert und spekuliert werden. Vielmehr werden jene Charakteristika herausgearbeitet, die in den vorausgegangenen politischen Biographien angelegt und der politikwissenschaftlichen Analyse zugänglich sind.
2. In welcher strukturellen Konstellation agiert ein Parteivorsitzender, um politisch zu führen – oder zu versagen? Hier geht es um so Banales wie die Ausstattung des Vorsitzendenbüros, vor allem aber um die Machtzentren innerhalb der Partei, aber auch in Verfassungsorganen wie in der Bundestagsfraktion oder im Kabinett. Gegenstand unserer Untersuchung ist also nicht nur die Partei als Organisation, sondern auch die „party in government", also die Partei in den Parlamenten (nämlich die Fraktionen), in den Kabinetten sowie in den Kommunalverwaltungen. Nur mit Hilfe dieses weiten, nicht auf die Organisation beschränkten Parteibegriffs vermag „politische Führung" durch Parteivorsitzende zutreffend analysiert zu werden.
3. Welche historischen und gesellschaftlichen Voraussetzungen ermöglichen es Parteivorsitzenden, politisch zu führen? Welche Bedingungen hingegen beschränken oder verhindern die Durchsetzung politischen Führungspotentials? Hier geht es um den historisch-gesellschaftlichen Kontext, in dem Parteivorsitzende Politik machen; es geht um das, was in der politikwissenschaftlichen Forschung seit einiger Zeit „Gelegenheitsstruktur" genannt wird.
4. Welche Machtmittel stehen Parteivorsitzenden zur Verfügung, um ihren Willen durchzusetzen? Bei dieser Frage, die über die einleitend genannte Triade von Person – Institution –Umwelt hinausführt, geht es nicht primär um die gleichsam technischen Instrumente der Machtausübung, sondern darum, wie ein Vorsitzender sich durch seine Politik in seiner eigenen Partei und in der Öffentlichkeit zu legitimieren und damit auch politisch zu führen vermag.

Die vier Fragestellungen sollen helfen, vorsichtig zu generalisieren, einen schärferen und empirisch angereicherten Begriff von „politischer Führung" zu gewinnen, der exemplarisch an den deutschen Parteivorsitzenden nach 1945 entwickelt ist. Schließlich wird am Schluss versucht werden, noch einen Schritt weiter zu gehen, etwas mehr zu verallgemeinern und drei Herrschaftstypen von Parteivorsitzenden anzudeuten.

„Politische Führung" und Parteivorsitzende

Persönlichkeitsmerkmale

Natürlich, wer wüsste nicht, über welche Qualitäten ein „guter", ein erfolgreicher Parteivorsitzender verfügen sollte: ein Mindestmaß an Belastbarkeit, Sensibilität, Intelligenz, Kommunikationsvermögen, inhaltliche Kompetenz (in möglichst verschiedenen Politikfeldern), mitreißende Rhetorik. Doch auf welchen Beruf in gehobener Stellung träfen diese Kriterien heute nicht zu?

Was Parteivorsitzende in besonderer Weise auszeichnen sollte und häufig tatsächlich charakterisiert, ist *Ehrgeiz*, der starke und energische Wille sich durchzusetzen. Ein Parteivorsitzender braucht das Feuer des Ehrgeizes, des Machtwillens, nicht nur um – wie es in Sonntagsreden heißt – „politisch zu gestalten", sondern allein schon deswegen, um sich an der Spitze seiner Partei halten zu können, entgegen aller Kritik, entgegen unfairer Attacken der Presse und der Parteifreunde und entgegen fein eingefädelter Intrigen. Wer auf den Vorstandssitz geschubst und geschoben werden muss, wer zum Jagen getragen, zur Kandidatur überredet wird, wie Björn Engholm, hat von Anfang an verloren. Dies gilt erst recht für diejenigen, die physisch oder psychisch in dem Augenblick schon ausgebrannt sind, in dem sie die höchste Stufe der Parteihierarchie erklimmen, wie Angelika Beer.

Auffällig an den Biographien der Parteivorsitzenden ist, dass viele von ihnen Sozialaufsteiger sind. Alle CSU-Vorsitzenden entstammten ärmlichen Verhältnissen, bekanntlich auch Gerhard Schröder bei den Sozialdemokraten, während mancher seiner Vorgänger in der Weimarer Republik und auch noch Erich Ollenhauer aus dem Facharbeitermilieu hervorgegangen war. Bringt sozialer Aufstieg auch die Fähigkeit mit, sich durchzusetzen, Ehrgeiz zu entwickeln, zielgerichtet und mit der Ausdauer eines Marathonläufers den Parteivorsitz oder gar das Kanzleramt anzustreben? Wir haben darauf keine Antwort, wollen nicht mit der Sozialpsychologie konkurrieren. Gleichwohl fällt dieser Sachverhalt ins Auge.

Selbstvertrauen, sich selbst trauen, sich seiner selbst sicher sein – das ist der Stoff, aus dem „große" Vorsitzende geformt werden. Ein Parteivorsitzender sollte nicht nur ertragen, sondern es goutieren, wenn enge Mitarbeiter ihn kritisieren und ihm damit helfen, aktuelle Situationen realistisch einzuschätzen, so wie Klaus Harpprecht und Egon Bahr bei Brandt oder Eduard Ackermann bei Helmut Kohl. Wenn der Parteivorsitzende in der Lage ist, andere starke, hoch qualifizierte, vielleicht auch ehrgeizige Mitstreiter, ja potentielle Konkurrenten an sich zu binden, dann ist das Ausdruck persönlicher Souveränität. Man denke an die Jahre, in denen Kohl mit Kurt Biedenkopf und später mit Heiner Geissler ein Zweckbündnis eingegangen ist – bis es an nicht mehr zu kaschierender Konkurrenz platzte. Man erinnere sich auch an das andere bekannte Zweckbündnis, jene Troika zwischen Brandt, Schmidt und Wehner, Persönlichkeiten, die sich zeitweise nicht ausstehen konnten, ja hassten, und dennoch zweckrational und selbstbewusst kooperierten. Und es spricht durchaus für die persönliche Selbstsicherheit eines Vorsitzenden, wenn er Entscheidungen aussitzen kann, wenn er in der Lage ist, auf den richtigen Moment zu warten, auch beredt zu schweigen und trotz aller Angriffe Ruhe und Nerven zu wahren vermag.

Sichtet man quer durch die Parteien die Biographien ihrer Vorsitzenden, fällt ein Qualifikationskriterium immer wieder ins Auge: *persönliche Integrität*, moralisch unanfechtbar zu sein oder doch wenigstens ein entsprechendes Image zu haben. Genau das erwartet man bei den gesinnungsethischen Grünen. Aber es gilt auch für die CSU, CDU und FDP, erst recht für die SPD. Die persönliche Integrität Hanns Seidels spielte im skandalgebeutelten Bayern der zweiten Hälfte der 1950er-Jahre eine Rolle. Und die Stärke Klaus Kinkels lag genau darin, als anständig, redlich, ehrenhaft und geradeaus zu gelten. So wie Angela Merkel „einzigartige Glaubwürdigkeit" gewann, als sie sich auf dem Höhepunkt der Parteispendenaffäre mit einem knappen, bissigen Zeitungsartikel von ihrem Übervater Kohl löste. Erst recht galten – wenigstens innerparteilich – Kurt Schumacher und Willy Brandt mit ihren makellosen antifaschistischen Biographien als unumstrittene moralische Autoritäten. Kurt-Georg Kiesinger schien dagegen – trotz aller schönen Reden – wegen seiner NSDAP-Mitgliedschaft moralisch belastet, auch bei einigen Gruppen in seiner eigenen Partei. Moral und persönliche Integrität, das sind durchaus Machtressourcen für einen Parteivorsitzenden.

Schließlich gehört in das persönliche Qualifikationsprofil eines Parteivorsitzenden etwas Banales, was gleichwohl zuweilen nicht immer beachtet worden ist: Wer auch nur halbwegs erfolgreich sein will, braucht *politische Erfahrung*, muss seine Partei von innen her kennen, muss Parteipolitik von der Pike auf gelernt haben, muss die formellen und informellen Machtzentren, die Personenklüngel und die Netzwerke kennen. Er braucht Gespür für innerparteiliche Stimmungen, mögliche Revolten und Putsche, und er sollte die innerparteilichen Gegner und die eigenen Freunde einschätzen können. Helmut Kohl war ein Meister darin. *Seiteneinsteiger* aber versagen. Die Liberalen, in ihrem zuweilen liebenswert-naiven Individualismus, haben dieses komplizierte, chaotische, widersprüchliche Gebilde „Partei" zuweilen unterschätzt. Gerade die FDP ist anfällig für parteipolitische Frischlinge, für Seiteneinsteiger gewesen, wie Franz Walter zeigt. Exzentrische Außenseiter oder biedere Bürokraten machten plötzlich

Blitzkarrieren, stiegen zum Helden eines Parteitages auf – und stürzten wenig später ab wie Ikarus. So Klaus Kinkel: 1991 der Partei beigetreten, war er nur zwei Jahre später Bundesvorsitzender, Minister des Auswärtigen und Vizekanzler. Doch von Parteipolitik verstand der glänzende, integere Verwaltungsjurist nichts, er blieb ein Greenhorn, stürzte ab, wurde Ende 1994 zum Gespött seiner Partei und der Journalisten, sah sich auf dem Geraer Parteitag gezwungen, die Vertrauensfrage als Parteivorsitzender zu stellen. Ganz ähnlich das politische Schicksal eines anderen Liberalen, des Christdemokraten Ludwig Erhard. Erst 1963 trat der Vater des Wirtschaftswunders in die Partei ein, für die er seit 1949 im Kabinett saß. Und 1966, sein Stern war bereits im Sinken begriffen, wurde er zum Parteivorsitzenden gewählt. Die Partei blieb ihm aber immer fremd, zu führen vermochte er sie nicht.

Nochmals, Seiteneinsteiger versagen, wenn sie sich plötzlich auf dem Sessel des Parteivorsitzenden wiederfinden. Als Vorsitzender zu reüssieren vermag nur, wer Lehrjahre an der Parteibasis, in der Jugendorganisation und im Regionalverband, wer Gesellenjahre in Fachausschüssen, Fraktionen und Kabinetten hinter sich hat. Die Ochsentour wird von schnittig-kosmopolitischen Journalisten und spießig-engen Kleinbürgern gleichermaßen diffamiert – und gleichwohl gibt sie das Curriculum ab, politische Erfahrungen zu sammeln und „politische Führung" zu lernen.

Strukturelle Konstellation

Bei der Frage, in welchen strukturellen Konstellationen Parteivorsitzende agieren, ist zu vergegenwärtigen, dass die Institutionen, von denen die Rede ist, im Verlauf der bundesrepublikanischen Geschichte zwar ihren Namen und ihr Etikett, vielleicht auch ihre äußere Form bewahrt, sich aber inhaltlich grundlegend verändert haben. Die SPD Münteferings ist nicht mehr die Schumachers, das Kanzleramt als Regierungszentrale unter Schröder nicht mehr das, was es unter Adenauer war. Mehr als ein halbes Jahrhundert politische Erfahrungen haben die politischen Institutionen geprägt und verändert, vor allem aber sind sie gesellschaftlichem Wandel unterworfen gewesen.

Zu bedenken ist auch, dass Partei nicht gleich Partei ist: Haben wir es mit einer komplex organisierten und ausdifferenzierten Mitglieder-, Funktionärs- und Wählerpartei, einer ehemaligen Volkspartei zu tun oder mit einer Kleinpartei, in der nur wenige Tausend Mitglieder organisiert sind, die über keinen „Apparat" verfügt und die die 5%-Klausel bei Wahlen nicht oder nur punktuell als Sammelbecken für Protestwähler überspringt? Ist eine Partei in Fraktionsstärke im Bundestag, in den Landtagen und in den Kommunalparlamenten vertreten oder nicht? Gehören Repräsentanten einer Partei der Bundesregierung, Landesregierungen an? Stellt die Partei gar den Kanzler bzw. Ministerpräsidenten oder führt sie die Opposition an? Von der Beantwortung dieser Fragen hängt die institutionelle Konstellation ab, in der ein Parteivorsitzender sich bewegt.

Wie gravierend und tiefgreifend institutionelle Veränderungen in der Geschichte der Bundesrepublik gewesen sind, lässt sich plastisch an den *persönlichen Büros* und der Infrastruktur illustrieren, die den Parteivorsitzenden größerer Parteien, die im Bundestag vertreten sind, zuarbeiten. Heute verfügt der bzw. die Vorsitzende einer der beiden großen Parteien über ein Büro, an dessen Spitze der Büroleiter steht. Es ist in mehrere Referate unterteilt. Dem Vorsitzenden arbeiten ein oder mehrere persönliche Referenten direkt zu. Und selbstverständlich finden sich Mitarbeiter und Sekretärinnen, die für den Terminkalender, die Logistik oder die Korrespondenz zuständig sind. Insgesamt arbeiten in den Berliner Parteizentralen der beiden großen Parteien etwa 250 Personen, Praktikanten nicht eingeschlossen. Schließlich gibt es noch den Generalsekretär der Partei und den Bundesgeschäftsführer, die beide prinzipiell den Parteivorsitzenden dabei unterstützen, politisch zu führen. Je nach personeller Konstellation und historischer Situation wird zwischen diesen dreien die Arbeitsteilung verabredet, wer etwa die Rolle des Organisators, wer die des Programmentwicklers, wer die des Provokateurs gegenüber dem politischen Gegner übernimmt. Unter dem Parteivorsitz Schröders war es beispielsweise klar, dass sein Generalsekretär Müntefering faktisch den SPD-Vorsitz übernommen hatte und nur in brisanten, konfliktreichen Situationen der Kanzler selbst als Parteiführer einsprang. Im Vergleich zur heutigen Situation blieben Adenauer und Schumacher bzw. Ollenhauer als Parteivorsitzende fast ohne infrastrukturelle Unterstützung. Adenauer führte die CDU aus dem Kanzleramt. Und an der Spitze der SPD stand ein Kollegium hauptamtlicher Parteisekretäre, darunter der Vorsitzende selbst.

Zweifellos: Die hier angedeuteten innerparteilichen und infrastrukturellen Veränderungen sind nur Ausdruck dessen, was als Professionalisierung der Politik bezeichnet wird. Selbst die Grünen können sich dem Sog dieser Entwicklung nicht entziehen. Noch Mitte der 1990er-Jahre hielt die grüne Basis die Bundespartei kurz, stattete sie finanziell und personell schlecht aus. Nur etwas über 10% des Budgets ging damals an die Zentrale. Ein Referat für Ökologie gab es bei der Umweltpartei nicht. Und für 4.000 DM Netto mussten die hauptamtlichen Vorstände sieben Tage in der Woche schuften, hatten keine persönlichen Hilfskräfte (siehe Saskia Richter). Heute hingegen gebieten die beiden Parteisprecher, Reinhard Bütikofer und Claudia Roth, über einen ausdifferenzierten und spezialisierten Mitarbeiterstab.

Zur strukturellen Konstellation und den Bedingungen „politischer Führung" gehört traditionell in der politikwissenschaftlichen Diskussion die Frage, ob ein Parteivorsitzender sich auf eine *Hausmacht* zu stützen vermag oder nicht. Dahinter verbirgt sich die These, dass, wer sich einer Hausmacht sicher sei – eines großen Landesverbandes, einer Vereinigung bzw. Arbeitsgemeinschaft in einer der beiden großen Parteien oder der Mehrheit in der Bundestagsfraktion –, um so legitimer und unangefochtener, um so effizienter politisch zu führen vermag. Und in der Tat ist eine Hausmacht hilfreich, von Adenauers Verankerung im Rheinland und in der Britischen Zone bis zur – manchmal zähneknirschenden – Unterstützung Gerhard Schröders durch den niedersächsischen Landesverband der SPD. Die Zahl gescheiterter Vorsitzender ohne Hausmacht ist hingegen Legende, beispielhaft zu nennen sind Ludwig Erhard, Klaus Kinkel, Martin Bangemann aber auch Wolfgang Schäuble, der durch seine autoritär-ungeduldige Art seine potentielle Unterstützergruppe, nämlich die eigene Bundestagsfraktion, vergrellt hatte. Aber: Auch ohne Hausmacht kann ein Politiker aufsteigen, sich als legendärer politischer Führer entpuppen. So Willy Brandt. Dieser war in den 1950er-Jahren Parteitag auf Parteitag bei den Vorstandswahlen unterlegen. Der Berliner Landesverband, aus dem er kam, war nicht nur an Delegiertenzahl klein, sondern zudem noch in sich gespalten. Brandt gelangte schließlich zur bundesweiten Prominenz und in die Parteiführung, da er als Regierender Bürgermeister von Berlin in internationalen Krisensituationen geschickt auftrat. Zudem machte er sich als Parteireformer einen Namen und wurde schließlich 1961 zum Kanzlerkandidaten nominiert, folgte dann 1964 Ollenhauer nach dessen Tod im Parteivorsitz.

Auch Angela Merkel gehört zu jenen, die Parteivorsitzende wurden, ohne sich innerparteilich auf Verbündete stützen zu können. Ihr Landesverband Mecklenburg-Vorpommern steht mit wenigen Tausend Mitgliedern ohne bundespolitischen Einfluss da. Aber das Glück, der Zufall, Fortuna kamen ihr immer wieder zur Hilfe: Sie wurde zum rechten Zeitpunkt Generalsekretärin, distanzierte sich im richtigen Moment vom Übervater Kohl, wurde zur geborenen Nachfolgerin Schäubles. Und es war Stoiber, nicht sie, der die Bundestagswahl 2002 verlor – das Wolfratshäuser Frühstück erwies sich im Nachhinein als eine Sternstunde Merkels, in der der Kelch der Kanzlerkandidatur an ihr vorbeiging. 2003/04 halfen wieder glückliche Umstände: Die einst „Jungen Wilden", ihre schärfsten innerparteilichen Widersacher um Kanzlerkandidatur und Parteivorsitz, siegten grandios in Landtagswahlen, wurden Ministerpräsidenten und neutralisierten sich in ihrem Ehrgeiz gegenseitig. Inzwischen arbeitet Angela Merkel an ihrem eigenen Netzwerk, gewinnt insbesondere einige Parteifrauen und Landesvorsitzende aus den neuen Bundesländern (siehe Frank Bösch / Ina Brandes). Ihr Parteivorsitz ist trotz mancher Fehler unangefochten, wohl auch die Kanzlerkandidatur 2006. Wahlsieg und Kanzleramt ohne Hausmacht? Die Nagelprobe kommt nach der Bundestagswahl.

Ohne Zweifel: Sich auf eine Hausmacht berufen zu können, hilft auf dem Weg zur Parteispitze, nützt auch, die einmal errungene Machtposition abzusichern. Doch wird die Bedeutung einer Hausmacht als wesentliche Bedingung erfolgreicher „politischer Führung" wohl überschätzt. Gerade in der Gegenwart stehen Politikern andere Machtressourcen zur Verfügung: die Medien, programmatische Profilierung, Sachkompetenz, spektakuläre lokale oder regionale Wahlsiege.

Was die Macht eines Parteivorsitzenden und sein Führungspotential nachdrücklich zu stärken vermag, ist die *Anhäufung von Ämtern* in seiner Person – so will es jedenfalls auf den ersten Blick scheinen. Oder ist es politisch nicht rational, wenn eine Partei mit nur einer Zunge spricht, durch eine Person handelt und durch sie in jeder Weise repräsentiert, ja auch in den Medien inszeniert wird, wenn der Parteivorsitzende also je nach politischer Konstellation auch das Amt des Kanzlers bzw. des Kanzlerkandidaten bzw. des Vizekanzlers oder des Fraktionsvorsitzenden und Oppositionsführers zusätzlich übernimmt? Eine derartige Ämterkumulation wird auch durch unser Verständnis vom parlamentarischen Regierungssystem legitimiert, das sich wesentlich vom Konstitutionalismus des 18. und 19. Jahrhunderts unterscheidet. Es stehen sich eben nicht mehr das Parlament als Vertreter des Volkes und die Regierung als Handlanger des königlichen Herrschers gegenüber, sondern Regierungsmehrheit und Opposition. Dabei konstituiert sich die Regierungsmehrheit aus der Mehrheit der Mitglieder des Bundestages und dem Kabinett mit dem Kanzler an der Spitze. Sie bildet eine politische Aktionseinheit, die durch Fraktions- bzw. Koalitionsdisziplin zusammengehalten wird. Um eben diese Aktionseinheit auch personell zu gewährleisten, erscheint es politisch vernünftig, dass der Kanzler zugleich den Parteivorsitz übernimmt. Für die Seite der parlamentarischen Minderheit, für die Opposition, also für die Regierungsmehrheit im Wartestand, gilt, dass an ihrer Spitze Fraktionsvorsitz, Parteivorsitz und Kanzlerkandidatur in einer Person zusammengefasst werden. Ähnlich haben sich kleinere Koalitions- oder Oppositionsparteien verhalten, indem Parteiführung, Fraktionsvorsitz bzw. Kabinettszugehörigkeit in einer Person vereinigt wurden. Die gerade skizzierte Art der Ämterkumulation gilt als typisch für parlamentarische Regierungssysteme. Sie findet sich auch in der Geschichte der Bundesrepublik – allerdings von einigen, inzwischen paradigmatischen Ausnahmen abgesehen.

Bei der Bündelung der genannten Funktionen in einer Person hatten die einzelnen Ämter je unterschiedliche Relevanz. Die des Kanzlers oder des Fraktionsvorsitzenden haben mehr Gewicht gehabt als die des Parteivorsitzenden. So war für Adenauer das Kanzleramt der Führungsort auch für die Partei. Und Rainer Barzel agierte primär als Parlaments-, nur sekundär als Parteipolitiker. Erst mit Helmut Kohl und der „nachgeholten Parteibildung" der CDU zur Mitgliederorganisation wuchs auch die Bedeutung des Parteivorsitzes, wurde dieser schließlich 1982 zur entscheidenden Machtressource für den Kanzler im Wartestand. Auch in der Sozialdemokratie galt das Prinzip der Ämterkumulation, so bei Schumacher, Ollenhauer, später bei Brandt bis zu seinem Rücktritt als Kanzler 1974. Doch nach 1974 fielen in der SPD die Spitzenämter immer wieder auseinander, waren wiederholt nicht auf eine Person zentriert. Gleichwohl ist festzuhalten, dass in der bundesrepublikanischen Geschichte die Ämterkumulation ihre eigene Sogkraft entwickelt hat und bis in die 1970er-Jahre das typische Muster für „politische Führung" durch Parteivorsitzende abgegeben hat.

Heute kann aus guten Gründen gefragt werden, ob nicht das Zeitalter monokratischer, auf eine Person fixierter Parteiführung abgelaufen ist und sich das am Horizont abzeichnet, was man als kollektive oder kooperative oder arbeitsteilige Führung bezeichnen könnte. Die Parteien sind nämlich so heterogen und in sich widersprüchlich geworden, politische Entscheidungen so komplex und kompliziert, dass sie von einer Person allein nicht mehr vertreten werden können. Bekannt ist vor allem die Führungsperiode in der SPD nach Brandts Rücktritt als Kanzler 1974. Er blieb Parteivorsitzender, hielt seinem Nachfolger als Kanzler, Helmut Schmidt, den Rücken frei, und der Fraktionsvorsitzende Herbert Wehner sorgte für die parlamentarische Unterstützung. Ohne diese Arbeitsteilung in der legendären Troika wäre die sozial-liberale Koalition wahrscheinlich früher geplatzt, auch wenn Altkanzler Schmidt in jüngster Zeit verlauten lässt, er hätte den Fehler begangen, nicht auch den Parteivorsitz von Brandt übernommen zu haben. Die Konflikte zwischen Partei und Regierungspolitik in den Fragen der Nachrüstung und – nach 1980 – in der Wirtschafts- und Sozialpolitik gingen so tief, dass eine Person allein sie nicht hätte überbrücken können.

Die damalige Situation ist durchaus mit der aktuellen vergleichbar, in der die SPD sich 2003/04 wiederfand. Die „Agenda 2010", vom Kanzlerparteivorsitzenden Gerhard Schröder konzipiert und ohne Rücksprache mit den Parteigremien vom Pult des Bundestages verkündert, schien die SPD zu zerreißen. Nur mit der Androhung des Kanzlerrücktritts fand sich eine Parteitagsmehrheit. Eine linke Abspaltung drohte. Der Druck der Gewerkschaften auf den Kanzler schien unerträglich. Da geboten Vernunft und Machtkalkül die Ämtertrennung, die Trennung von Kanzleramt und Parteivorsitz. Die Arbeitsteilung zwischen Schröder und Müntefering scheint zu funktionieren, der neue Parteivorsitzende und langjährige Fraktionsvorsitzende hält dem Chef der Exekutive den Rücken frei – und er selbst hat offensichtlich keine Ambitionen, Kanzler zu werden.

Weniger dramatische, aber ähnlich konzipierte Arbeitsteilungen erweisen sich auch bei den kleineren, heterogenen Parteien als vernünftig, nämlich die Trennung von Partei- und Fraktionsvorsitz, so zwischen Lothar Bisky und Gregor Gysi bei der PDS, zwischen Guido Westerwelle und Wolfgang Gerhardt bei der FDP. Und bei den Grünen bewährt sich die Dreifach- bzw. Doppelspitze seit ihrer Gründung als Bundespartei. Sie vermag die Norddeutschen und die Süddeutschen, die Frauen und die Männer, die heterogenen Strömungen wie die Fundis und die Realos, die Traditionslinken und die Wirtschaftsliberalen zu integrieren.

Will ein Parteivorsitzender politisch die Richtung vorgeben, Weichen stellen und eigene Wege beschreiten, will er also tatsächlich führen, dann muss er *informelle Gruppierungen* und informell sich konstituierende Machtzentren und -konstellationen in seine Analyse und in sein Handeln einbeziehen. Da geht es um solch eigenartige Gruppen wie die „Kanalarbeiter" und die „Netzwerker", die „Jungen Wilden" und die von der „Pizza-Connection", aber auch die Linken und die Rechten, die Zentristen und die Radikalen, die Kommunaldezernenten und die Landespolitiker. Außerhalb der formalen Institutionen wird verhandelt und gemauschelt, werden diskret und für Außenstehende undurchschaubar Absprachen getroffen, Kompromisse geschmiedet, ja wird in Geben und Nehmen regelrecht gekuhhandelt. Dies ist die andere Seite, die Schattenseite, die informale Seite innerparteilicher Gremien und Willensbildungsprozesse. Diese informellen Gruppierungen sind in den formalen Institutionen präsent, sie bereiten deren Sitzungen vor, verabreden am Biertisch oder Telefon das, was nur noch offiziell abzusegnen ist. Wehe dem Vorsitzenden, der sich mit der formellen, aber auch der informellen Seite von Entscheidungsprozessen nicht auskennt. Erst beide Seite zusammengenommen ergeben das Gesamtbild tatsächlicher Machtkonstellation.

Bekanntlich sind die Grünen Meister informeller Strukturen und Willensbildung geworden. Provoziert durch das ursprüngliche Gebot direkter Demokratie, durch die Forderung nach Transparenz, nach Öffentlichkeit der Sitzungen und Teilnahme aller Mitglieder an den Gremien, ist die Parteielite in vertrauliche Telefonate, undurchsichtige Mauscheleien, private Zusammenkünfte ausgewichen. Im Schatten der offiziellen Strukturen bildeten sich amorphe Netzwerke heraus. Den gewählten Parteisprechern blieb da häufig kaum eine Chance, politisch zu führen. Wer sich in dieser klandestinen (Un)struktur auskannte und darin brillant zu taktieren vermochte, war der geheime Parteivorsitzende. So wurde Joschka Fischer zum Inbegriff informeller Parteiführung. Doch wird dessen Machtstellung heute zunehmend dadurch relativiert, dass die Grünen in Parlamenten, Landesregierungen und Bundesregierung ihre eigene Identität gefunden haben und die Parteiarbeit professionalisiert worden ist. Die beiden Parteisprecher haben politisch entsprechend an Gewicht zugelegt und mit schwindender direkter Demokratie haben die informellen Netzwerke an Macht verloren, die offiziellen Gremien hingegen gewonnen.

Historisch-gesellschaftlicher Kontext

Wenn vom historisch-gesellschaftlichen Kontext im Zusammenhang mit „politischer Führung" durch Parteivorsitzende die Rede ist, geht es im Grunde zunächst um Triviales: Denn mit dem *gesellschaftlichem Wandel*, der sich in einem halben

Jahrhundert bundesrepublikanischer Geschichte vollzogen hat, haben sich auch
die Voraussetzungen, Bedingungen und Faktoren geändert, unter denen „politische Führung" möglich ist. Mit der Ausdifferenzierung der Gesellschaft, der
Pluralisierung der Lebensstile und der Individualisierung wächst auch die soziale, organisatorische und programmatische Heterogenität der Parteien, und damit
wird es immer schwieriger, eindeutige politische Strategien zu formulieren und
durchzusetzen. Die Professionalisierung der Politik, auch der Parteipolitik, kann
als Reaktion auf eben diese Entwicklung begriffen werden. Zwar ist ziemlich
präzis zu bestimmen, wann welcher Parteiführer die Professionalisierung in
seiner Partei eingeführt und vorangetrieben hat, doch ist Professionalisierung
nur Merkmal eines allgemeinen historisch-gesellschaftlichen Trends. Und erwar-
tungsgemäß verschieben sich mit der Entfaltung der Mediengesellschaft jene
Qualifikationsmerkmale, die an einen Parteiführer angelegt werden – so wird die
Fähigkeit, mit Medien umzugehen, zum gewichtigen Kriterium. Welcher Parteivorsitzende, welche Parteivorsitzende wollte nicht telegen sein?

Der historisch-gesellschaftliche Kontext ist der Ausgangspunkt, ja die
Grundlage dafür, dass ein Parteivorsitzender seine persönlichen Fähigkeiten
überhaupt erst zu entwickeln vermag. Ein Parteivorsitzender kann noch so geschickt kommunizieren und integrieren, Willen zur Macht haben, über Ressourcen der Machtausübung verfügen, von den notwendigen Finanzen bis zur Patronage: Er braucht eine in der Wählerschaft verankerte, von einer *sozialen Basis*
getragene und im Parteiensystem entsprechend verortete Partei, um seine Füh-
rungspotentiale zu realisieren. Manches spricht dafür, dass Helene Wessel, Alfred Loritz, Waldemar Kraft und Heinrich Hellwege durchaus talentierte Parteivorsitzende gewesen sind (siehe Michael Schlieben). Allein ihren Parteien fehlte
die solide gesellschaftliche Grundlage, um ihnen auf Dauer einen Platz im Parteiensystem zu sichern. Mit dem „Wirtschaftswunder" wurden die Flüchtlinge
und Sozialabsteiger integriert, erschien der Hannover-welfische Regionalismus
antiquiert. Vor allem: Politisch saugte die CDU die vielen Splitter- und Minipar-
teien auf. Als interkonfessionelle Union erwies sie sich als Erfolgsmodell
schlechthin.

Historisch-gesellschaftlicher Kontext kann auch situativer, punktueller gefasst werden, hat dann etwas mit *Gelegenheitsstruktur*, mit „window of opportu-
nity" zu tun, mit dem, was Machiavelli „Fortuna" genannt hat. Passt also eine
bestimme Persönlichkeit in eine konkrete historische Situation? Konkret: Gregor
Gysi ist genau zu dem Zeitpunkt Gründungsvorsitzender der PDS geworden, als
die Altkommunisten eines charismatischen, weltgewandten Parteiführers bedurf-
ten, um ihre stalinistisch-bürokratische Vergangenheit zu verdecken. Als diese
Qualitäten Gysis nicht mehr gefragt waren, die Partei sich etabliert hatte, erwies
sich die Sprunghaftigkeit des Alles-Talkers als kontraproduktiv (siehe Matthias
Micus). Gysis Gegentyp, Lothar Bisky, folgte im Vorsitz. Parteivorsitzende

können also unter veränderten historischen Bedingungen als nicht mehr zeitgemäß erscheinen. So in gewisser Hinsicht auch Kurt Schumacher und Erich Ollenhauer, die dem alten sozialdemokratischen Milieu so stark verhaftet waren, dass sie keinen rechten Instinkt mehr für gesellschaftliche und politische Veränderungen und Verwerfungen besaßen.

Schließlich kann „Gelegenheitsstruktur", „historisch-gesellschaftlicher Kontext", noch simpler, ja konkretistisch verstanden werden. Etwa: Gibt es eine personelle Alternative zu einem amtierenden Vorsitzenden oder nicht? Die relative Stärke eines Parteivorsitzenden kann nämlich auch darin begründet sein, dass sich trotz genereller innerparteilicher Unzufriedenheit mit ihm kein Herausforderer anbietet. Genau dies war Guido Westerwelles Lage nach der Bundestagswahl 2002. Rangeln hingegen mehrere Konkurrenten um den Vorsitz, dann kann im Extremfall gegen den Amtsinhaber nahezu geputscht werden, so wie es 1995 Lafontaine gegen Scharping tat.

Machtmittel

Im Folgenden wird nicht nach jenen Instrumenten politischer Machtausübung gefragt, die mit unserer zentralen Kategorie spontan assoziiert werden, etwa Überzeugen, Verhandeln, Kompromisse schließen oder – gleichsam die „Hardware" „politischer Führung" – über Geld und Positionen verfügen zu können. Vielmehr sollen Strategien der Machtabsicherung und -erweiterung reflektiert werden, mit deren Hilfe ein Parteivorsitzender sich in seiner eigenen Partei und in der Öffentlichkeit zu legitimieren vermag. Dabei wird wiederum deutlich werden, dass so etwas wie eine „Mechanik" oder „Physik" der „politischen Führung" nicht existiert. Ob ein Parteiführer bestimmte Instrumente, bestimmte Machtmittel für sich zu nutzen vermag oder nicht, hängt nicht zuletzt von jenen drei Kriterien ab, die wir oben diskutiert haben, nämlich von Persönlichkeitsmerkmalen, der strukturellen Konstellation und dem historisch-gesellschaftlichen Kontext.

Zum Beispiel die *Medien*: Wer mit der Presse umzugehen vermag, wer sich richtig vor den Kameras inszeniert und zu deren Liebling erkoren wird, wer als perfekter PR-Mann und politischer Kommunikator auftritt, der wird zum Medien-Bonaparte gekrönt, der kann seine Partei gleichsam über „Bildzeitung", „Abendschau" und „Heute Journal" führen. So jedenfalls eine gängige, vielleicht etwas simplifizierte Vorstellung. Paradebeispiel: Der Medienkanzler Gerhard Schröder, der im Zenit seiner medialen Karriere auch Parteivorsitzender war. Doch wer von den Medien groß gezogen wird, kann von ihnen auch politisch zerstört oder doch zumindest angeschlagen werden. Was aus der Sicht des Parteiführers gerade noch als schlitzohrig-geschickte Medienstrategie erschien, kann zum „Kampagnejournalismus" konvertieren, der sich gegen ihn richtet. Der Medienkanzler steht dann plötzlich nackt und bloß wie ein Opfer auf dem Forum. Die Machtressource Medien entpuppt sich als Machtrestriktion. Nicht nur, wer wie Rudolph Scharping vor der Kamera hölzern und nervös wirkt und nicht so recht für die Medienwelt geschaffen scheint, ist im ureigensten Interesse gehalten, achtsam, zurückhaltend und genau kalkulierend mit den Medien umzugehen, um sich nicht eilfertig einer potentiellen Machtressource zu entledigen.

Den Gegensatz zum Medien-Bonaparte bildet gewissermaßen der Organisations-Vorsitzende. Dieser führt mit Hilfe der *Organisation*, der „Apparat" ist seine primäre Machtressource. Er kennt die Partei von innen, eben wie seine Westentasche, vom Parteivorstand herunter bis in den letzten Ortsverein bzw. Ortsverband. Häufig wird mit „der Basis", mit den Kreisvorsitzenden telefoniert. Der Organisationsmensch schneidert Machtstrukturen auf seine Person zu, wie der erste christdemokratische Berufspolitiker Helmut Kohl, oder er fügt sich in die vorhandenen nahtlos ein, wie Erich Ollenhauer oder Lothar Bisky. Auch in den informellen Netzwerken kennt der Organisator sich bestens aus, hat sie vielleicht sogar selbst gestrickt. Das „System Kohl" mag besonders ausgeklügelt und raffiniert angelegt worden sein, aber Ähnliches findet sich auch in anderen Parteien. Als politische Basis des Organisationsvorsitzenden fungiert die mittlere Parteielite, die Parteifunktionäre. Natürlich ist es von Vorteil, seine Partei „im Griff" zu haben, eine schlagfertige Organisation hinter sich zu wissen. Doch die Schattenseite des Organisators offenbart sich leicht: Dieser Vorsitzende beflügelt nicht die politische Phantasie seiner Mitglieder und Funktionäre, auch nicht die der Journalisten. Man erkennt nicht so recht, wo es hingehen soll. Strategie scheint ein Fremdwort, Taktik das Zauberwort. Und die negativen Adjektive häufen sich, in der Partei, in den Medien: dröge, bieder, grau, solide, konfliktscheu, moderiert nur, führt nicht. Der Parteivorsitzende als sein eigener Generalsekretär bzw. Bundesgeschäftsführer? Organisationskompetenz ist somit nicht unbedingt eine Machtressource für einen Parteivorsitzenden, kann in politisch herausfordernden Situationen, in denen es auf alternatives politisches Denken und Handeln ankommt, zur Machtrestriktion mutieren.

Ähnlich ambivalent als Machtressource erweist sich *Patronagepolitik*, auch wenn sie auf den ersten unkritischen Blick als Königsweg „politischer Führung" scheinen könnte. So etwa kann ein Parteivorsitzender, der zugleich als Kanzler amtiert, innerparteiliche Widersacher in die Regierung berufen und damit in die Kabinettsdisziplin einbinden, er kann die Zahl der Ressorts entsprechend vermehren. So geschehen mit Heiner Geissler, als dieser Kohl zu selbständig wurde. Die Kunst der Patronage wird wohl am geschicktesten von der CSU in Bayern praktiziert. Wer deren Erfolg verstehen will, kann dies nicht, ohne den Öffentlichen Dienst, die Bürgermeistereien und Landratsämter mit ihren Beamten und Angestellten einzubeziehen. Seit es sich Anfang der 1960er-Jahre unter Strauß'

Regime als Parteivorsitzender lohnte, aus Karrieregründen in die CSU einzutreten, stiegen deren Mitgliederzahlen, stand sie finanziell gut da. Und ähnlich wie sein Lehrmeister Franz-Josef Strauß setzt auch Edmund Stoiber auf ein „Belohnungs- und Pfründensystem", versucht er Vertraute in der Staatskanzlei und in der Parteigeschäftsstelle um sich zu scharen (siehe Kay Müller). Doch stehen bekanntlich gerade Bayern und die CSU dafür, wie zweischneidig Patronagepolitik als Machtinstrument zu sein vermag. Sie kann leicht „nach hinten" losgehen, das Gegenteil von dem bewirken, was eigentlich intendiert ist. Da gab es nicht nur die Skandale um Strauß und die verschiedenen Amigo-Affären, die sich im Wesentlichen auf der Kabinettsebene abspielten. Sondern viel gravierender kommen die Hohlmeier-Affäre und ähnliche Skandale daher, weil sie sich an der Basis der Partei selbst abspielen und in einem unentwirrbaren Dschungel von Ämtervergabe, Stimmenkauf und -verkauf und Drohungen mit Geheimdossiers, kurz: in Parteifilz münden. Auch für die Patronagepolitik gilt: Als Machtressource ist mit ihr achtsam, vorsichtig, behutsam umzugehen, sonst wird sie zur Machtrestriktion. Der Tatbestand, aber auch schon das Gerücht über Korruption kann einem Politiker die Karriere vernichten.

Schließlich: *Inhaltliche Kompetenz*, die Fähigkeiten strategisch zu denken, Programme zu formulieren, können als Machtressource für Parteivorsitzende bzw. für Politiker auf ihrem Weg an die Spitze fungieren. Dieses Instrument der Profilierung und Machtausübung ist weniger ambivalent als die drei anderen, die hier diskutiert wurden. Dabei darf der Programmbegriff nicht zu eng gefasst werden, sich nicht auf die von Parteitagen offiziell und feierlich verabschiedeten Grundlinien und Prinzipien beschränken, sondern er umfasst auch andere richtunggebende Konzepte, auch wegweisende Regierungserklärungen eines Kanzlers. So etwa wurde Helmut Kohls Parteikarriere dadurch beflügelt, dass er in Zeiten bitter erfahrener christdemokratischer Opposition als Reformer und Programmerneuerer auftrat, so dazu beitrug, dass sich – wie die folkloristische Formulierung lautet – seine Partei „in der Opposition zu regenerieren" vermochte. Fast drei Jahrzehnte später ist ein führender Politiker der Grünen einen ähnlichen Weg gegangen. Als Bundesgeschäftsführer leitete Reinhard Bütikofer die Grundsatzprogrammkommission, trug wesentlich zu dem 2002 verabschiedeten Entwurf „Grün 2020 – Wir denken bis übermorgen" bei. Er wurde noch im gleichen Jahr Parteisprecher. Programmarbeit wurde hier also zur Machtressource. So paradox es klingen mag, selbst Gerhard Schröder, dem immer vorgeworfen worden war, prinzipien-, programm- und inhaltloser Pragmatiker zu sein, passt in diese Kategorie. Denn eben dieses Image, Opportunist zu sein, hat er mit dem so genannten Schröder-Blair-Papier und mit der „Agenda 2010" konterkariert. Er hat damit seine Partei in eine bestimmte politische Richtung geführt (siehe Anne-Kathrin Oeltzen / Daniela Forkmann). Wenn der SPD-Vorsitzende damit auch nicht jubelnde Zustimmung in seiner Partei erreichte, so hat er damit doch seine

Machtposition als Kanzler gestärkt und innerparteilich von einigen Gruppen – wie den Netzwerkern – Unterstützung gewonnen.

Die Beispiele Kohl, Bütikofer und Schröder zeigen, dass Programmarbeit zur Machtgewinnung bzw. Machtsicherung nützlich sein kann. Der einzige Einwand, der sich gegen Programmarbeit richtet und deren Ambivalenz andeuten könnte, ist der, dass ein Politiker zu sehr Theoretiker sei und von der Praxis nichts verstehe. Dieser Vorwurf ist in der Tat gegen Vorstands- oder Präsidiumsmitglieder von Parteien (etwa gegen Peter von Oertzen in der SPD) gerichtet worden, nie aber – und dies aus guten Gründen nicht – gegen Parteivorsitzende. Diese kommen eher in den Verdacht, opportunistisch und karrierebewusst zu handeln. Programmarbeit bewährt sich in diesen Fällen als Machtressource, um zu dokumentieren, dass ein Parteivorsitzender auch konzeptionell denkt und handelt.

Konklusion

Am Schluss dieses Buches wird gefragt, ob aus den Portraits der einzelnen Parteivorsitzenden und aus den eher systematischen Überlegungen zur „politischen Führung" durch Parteivorsitzende im vorliegenden Kapitel noch weiter verallgemeinert werden kann, ob sich vielleicht auch eine Typologie herausarbeiten lässt, die zwar durchaus von der historischen Konkretion ausgeht, jedoch bestimmte Aspekte, Elemente und Kriterien übersteigert, andere bewusst vernachlässigt. In der Tat deuten sich die Konturen dreier Typen „politischer Führung" durch Parteivorsitzende an, die an Max Weber angelehnt sind: (1) die charismatische, (2) die organisatorisch-bürokratische und (3) die präsidiale Parteiführung.

(1) *Charismatische Führung*: Unter Charisma wird die als außeralltäglich geltende Anziehungskraft einer Persönlichkeit verstanden, die dadurch Anhängerschaft gewinnt und diese zu beeinflussen vermag – bei den Parteivorsitzenden nicht nur die Parteielite, sondern auch die Parteiaktivisten und Mitglieder und darüber hinaus auch Wähler. Diese Anziehungskraft resultiert nicht zuletzt daraus, dass charismatische Parteiführer wissen (oder zu wissen scheinen, also einen entsprechenden Eindruck, ein Image verbreiten), wohin sie die Partei oder ein Land zu führen beabsichtigen. Sie sind in der Lage, strategisch-innovativ zu denken, und sie mobilisieren auf diese Weise ihre Anhänger. Besonders in Krisenzeiten vermag sich diese Fähigkeit zu entfalten. Konkret: Bei Adenauer in den Gründungsjahren der Republik, bei Brandt während der Berlin-Krisen 1958-61, bei Gysi unmittelbar nach dem Zusammenbruch von DDR und SED. Charismatische Persönlichkeiten verfolgen ein bestimmtes Projekt, bei Adenauer war dies die Westintegration und soziale Marktwirtschaft, bei Brandt die Ost-Politik,

bei Gysi die Umwandlung einer stalinistischen Partei in eine demokratische. Auf eine charismatische Führungsfigur werden von den Anhängern Erwartungen, Hoffnungen, Wünsche projiziert, die häufig überhaupt nicht realisierbar sind. In diesem Moment werden die Begrenzungen charismatischer Führung erkennbar, beginnt häufig das außergewöhnliche Ansehen eines charismatischen Parteivorsitzenden zu schwächeln, sein Stern zu sinken. Spätestens wenn die aktuelle Krise überwunden ist und die Alltagsprobleme wiederkehren, verblasst das Charisma. So bei Adenauer Ende der 1950er-Jahre, als „der Alte" zunehmend als verknöchert und engstirnig galt; bei Brandt 1973/74, als die Ostpolitik abgeschlossen war und seine Partei bei Landtagswahlen Niederlage auf Niederlage hinnehmen musste; bei Gysi 1993, als sich die PDS konsolidiert hatte. Charisma ist also ein flüchtiges, unstetes Phänomen. Es sind dann die Historiker, die Politikwissenschaftler und die ehemaligen Anhänger, die an das Charisma einer Persönlichkeit erinnern, diese zum Helden, ja Heiland stilisieren. In der CDU wie in der SPD wird heute flapsig und zugleich doch voller Verehrung von der „Heiligsprechung" Adenauers bzw. Brandts gesprochen.

Ein charismatischer Parteivorsitzender führt seine Partei von außen und über die Medien. Der Ort „politischer Führung" liegt in der Regel nicht in der Parteizentrale, sondern im Kanzleramt, in der Staatskanzlei eines Ministerpräsidenten, im Büro eines Fraktionsvorsitzenden. Charismatische Parteiführer nehmen außer dem Vorsitz ihrer Organisation meist weitere Ämter in der Legislative oder Exekutive wahr. Diese staatlichen Funktionen sind von der Politikkonzipierung, von der Politikdurchsetzung sowie der medialen Umsetzung her relevanter als die Parteiposition. Es sind dabei nicht primär die Medien, die einen Parteivorsitzenden zum Charismatiker stilisieren, obwohl ihnen natürlich zentrale Bedeutung zukommt. Vielmehr entspringt Charisma zuallererst aus der Fähigkeit, an einem in die Zukunft weisenden Politikprojekt zu arbeiten. Hier liegt die eigentliche Machtressource, durch die die Anhänger überzeugt und gewonnen werden, die Partei und auch die Öffentlichkeit mobilisiert und mitgerissen wird.

(2) *Organisatorisch-bürokratische Führung*: Im Unterschied zum Charismatiker führt der Organisator seine Partei von innen her, fast bürokratisch, über und durch die Organisation, mit Hilfe der formellen Gremien und der informellen Zirkel. Organisatoren kennen die Partei in- und auswendig. Sie haben die Ochsentour hinter sich, von der Jugendorganisation über den Ortsverein bzw. Ortsverband in den Kreisvorstand, in den Gemeinderat, den Kreistag, den Landtag bis in den Bundestag, in den Parteivorstand, dann in das Parteipräsidium und schließlich an die Spitze. Sie haben ein Gespür für innerparteiliche Stimmungen, sie sind sensibel für alle Veränderungen, wittern Intrigen gegen den Wind und bevor sie so richtig gesponnen werden. Diese Parteisoldaten sind grundsolide, wach, intelligent, zugleich uneitel, fast unscheinbar. Sie verstehen etwas vom

„gemeinen Parteimitglied", sind eigentlich selbst immer eins geblieben. Und sie können – wie es heute heißt – „im Team" arbeiten, kollegial, genossenschaftlich und doch machtorientiert. Sie erscheinen als bieder, bodenständig, bedächtig – und sie sind es auch, wie zum Skat spielen geschaffen. Anders als die Charismatiker sind sie nicht Unruhestifter, vielmehr Ruhestifter.

Ihre Stärke liegt darin, die Partei zu integrieren, über das Delegiertensystem die auseinander strebenden Flügel, Gruppen, Strömungen und Regionalverbände immer wieder zusammenzufassen. Das ist unspektakuläre Kärrnerarbeit. Ihnen fehlt aber die Fähigkeit zu strategischem Denken, sie sind keine Visionäre, die in die Zukunft führen. Aber: Für Reformen sind sie durchaus offen, gerade dann natürlich, wenn es um die Organisation geht. Sie sind diejenigen, die – an Effizienz orientiert – die Professionalisierung der Parteiarbeit befördert haben, die den Veränderungen nicht im Wege standen, sie aber nicht selbst auf den Weg gebracht haben.

In der bundesrepublikanischen Parteiengeschichte sind diesem Typus des Organisators Erich Ollenhauer und Lothar Bisky am nächsten gekommen, beide dem sozialdemokratisch-sozialistischen bzw. kommunistischen Milieu entstammend, in denen Organisation Vorrang hatte, ja denen Organisationspatriotismus nachgesagt worden ist. Auch Helmut Kohl, dem katholischen Milieu mit seinen vielfältigen Organisationsnetzwerken verbunden, hat in bestimmten Phasen seines Parteivorsitzes, etwa als es um die „nachgeholte Parteibildung" in den 1970er-Jahren ging, organisatorisch-bürokratisch geführt. Das „System Kohl" hat sich erst allmählich entwickelt, war aber Ausdruck von Kohls Organisationskompetenz, die er als Machtressource glänzend zu nutzen wusste. Auch Franz Müntefering mit seiner schönen Formulierung „Politik ist Organisation" und einer entsprechenden Praxis gehört zum Organisator-Typus. Selbst bei den beiden heterogenen, bunten, individualistischen liberalen Parteien, der FDP und den Grünen, finden sich Parteivorsitzende bzw. Parteisprecher, die sich dem Typus organisatorisch-bürokratischer Herrschaft angenähert haben, so Ludwig Vollmer, Erich Mende oder Wolfgang Gerhard.

(3) *Präsidiale Führung*: Ähnlich der charismatischen Führung einer Partei läuft die präsidiale Führung darauf hinaus, dass eine Partei von außen geführt wird. Sie unterscheidet sich von charismatischer Führung aber darin, dass eher Führung einer Partei mit leichter Hand, nicht autoritär, ohne feste Anhängerschaft, eben präsidial-wohlwollend und nicht primär an Machterhalt und Politikdurchsetzung orientiert, gemeint ist. In den Portraits jener Parteivorsitzenden, die diesem Typus nahe kommen, tauchen solche paradoxen Formulierungen auf wie „Führung durch Führungslosigkeit", „effiziente Führungslosigkeit", „erfolgreiche Führung durch Nichtführen" oder „milde Führungslosigkeit". Kennzeichnend ist, dass die Parteien, denen Präsidenten-Parteiführer vorsaßen, fragile,

widersprüchliche, föderal und dezentral aufgebaute, nur locker miteinander verbundene Zusammenschlüsse lokaler und regionaler Territorialverbände darstellen, die sich zudem dadurch auszeichnen, dass ihre Mitglieder programmatisch weit auseinander liegende Positionen einnehmen. Beispielhaft ist die FDP der 1950er-Jahre, eine Honoratiorenpartei, die gegensätzliche Lebenswelten verband, ländliche, konservative, eher deutschnationale Altmittelständler, dann urbane und eher bürgerrechtliche und freisinnige Mittelständler aus dem Dienstleistungsbereich, aber auch ehemalige Nationalsozialisten. Theodor Heuss und Reinhold Maier führten je unterschiedlich im Einzelnen, insgesamt aber geleitet von dem Motto „leben und leben lassen", durch Väterlichkeit, ja Großväterlichkeit – und gerade dadurch vermittelten sie Ruhe, Stabilität, Verlässlichkeit. Hätten sie mit harter Hand in die Partei eingegriffen, versucht, eine klare Richtung zu bestimmen und Prinzipien der Politik von oben zu diktieren, dann wäre die Einheit der Freidemokraten gefährdet gewesen. Ein später Abkömmling dieses Führungsstils, mehr innerer Gelassenheit und vielleicht sogar Faulheit entspringend, nicht aus politischen Notwendigkeiten resultierend, fand sich Mitte der 1980er-Jahre in Martin Bangemann.

Zwei Vorsitzende von Volksparteien präsidierten in ähnlicher Weise über ihre Organisationen. Die strukturelle Konstellation und der historische Kontext ließen ihnen eigentlich keine Führungsalternative. Das war zum einen Erich Ollenhauer, der vom Organisationsführer zu einer Art Parteipräsident mutierte, als sich mit der Stuttgarter Organisationsreform der SPD das Machtzentrum von der Parteiorganisation zur Bundestagsfraktion und dort in die Reformergruppe um Carlo Schmid, Fritz Erler und Herbert Wehner verschob. Und zum anderen ist Kurt Georg Kiesinger zu nennen, Kanzler der Großen Koalition, aber eben aus dieser Machtkonstellation heraus ohne großen Einfluss. Als Parteivorsitzender musste er sich auf die Rolle des Vermittlers, des Integrators beschränken, sein Spottname „Silberzunge" galt auch der Art und Weise, in der er den Parteivorsitz wahrnahm.

Der Typus präsidialer Parteiführung trifft – dies sei zur Abgrenzung hervorgehoben – nicht auf die Grünen zu. Bei diesen sind die Parteisprecher zwar des Öfteren von der Partei, insbesondere von der Bundestagsfraktion und den Regierungsmitgliedern sowie von den informalen Einflussstrukturen abgekoppelt gewesen, sie waren aber schlicht machtlos, ohnmächtig. Sie haben nicht durch Führungslosigkeit geführt.

Der Typus präsidialer Parteiführung findet sich heute nicht mehr unter den amtierenden Parteivorsitzenden. Diese Art „politischer Führung" erscheint historisch überholt, abundant. Denn um diesen Typus entstehen zu lassen, bedarf es (abgesehen von eben historisch einmaligen Konstellationen wie bei Ollenhauer und Kiesinger) einer heterogenen, nur lose verbundenen Honoratiorenpartei, einer Organisation, die von Amateurpolitikern geprägt ist. Und dieser Typus von

Partei existiert nicht mehr, ist spätestens mit der Professionalisierung der Politik an sein Ende gekommen. Der Typus des Parteipräsidenten war immer dann gefragt, wenn eine Partei sich in ihren Gebietsverbänden und Interessengruppen selbst organisierte und nur eines symbolischen Oberhauptes bedurfte.

Es braucht nicht besonders betont zu werden: Der vorsichtig vorgenommene Versuch, „politische Führung", Parteiführung zu typisieren, spiegelt nicht die historische Wirklichkeit wider. Vielmehr soll das typisierende Verfahren bekanntlich helfen, die Vielfalt der Geschichte, den Dschungel von höchst unterschiedlichen Persönlichkeiten, Führungsstilen, Machtkonstellationen, von Machtinstrumenten und von politischen und historischen Gelegenheiten etwas zu ordnen, zu systematisieren, wenn möglich auch zu periodisieren. Moderne Parteiführung heute stellt sich immer als Mischung von charismatischer und organisatorisch-bürokratischer Führung dar.

Damit ist aber auch klar: Den „idealen" Parteiführer gibt es nicht, wohl aber den, der aufgrund seiner Persönlichkeit, aufgrund der Machtressourcen und der Machtmittel, die ihm zur Verfügung stehen, aufgrund der strukturellen Konstellationen und des historisch-gesellschaftlichen Kontexts erfolgreich ist – oder auch versagt.

Kurzbiographien der im Buch untersuchten Parteivorsitzenden

Kurzbiographien CDU

*** Konrad Adenauer (1876-1967) trat 1906 dem Zentrum bei und übernahm nach einigen Erfahrungen als Beigeordneter der Stadt Köln von 1917-33 das Amt des Oberbürgermeisters. Nach seiner Absetzung und anschließend politischer Zurückhaltung im Nationalsozialismus wurde er 1946 Vorsitzender der neu gegründeten CDU in der britischen Besatzungszone. Seine Arbeit als Präsident des Parlamentarischen Rates 1948/49 war eine Weichenstellung, die den Weg zum Kanzleramt öffnete, das er von 1949-63 innehatte. 1951-55 amtierte er zugleich als Außenminister. Vorsitzender der CDU Deutschlands war er von ihrer Gründung 1950-66.

*** Ludwig Erhard (1897-1977) arbeitete als promovierter Ökonom bis zum Kriegsende an verschiedenen Wirtschaftsinstituten. 1945/46 wurde er bayerischer Wirtschaftsminister. Anschließend bereitete er 1947 als Leiter der Expertenkommission „Sonderstelle Geld und Kredit" die Währungsreform mit vor und wurde im Jahr darauf zum Direktor der Wirtschaft der Bizone gewählt. 1949-63 amtierte er als Wirtschaftsminister der Regierung Adenauer. 1963-66 trat er dessen Nachfolge als Bundeskanzler an. Der CDU trat er aller Wahrscheinlichkeit nach erst 1963 bei. 1966/67 amtierte er als deren Parteivorsitzender. Bis zu seinem Tod 1977 blieb Erhard Bundestagsabgeordneter.

*** Kurt Georg Kiesinger (1904-1988) war 1933-45 Mitglied der NSDAP. Ab 1940 arbeitete der gelernte Jurist in der Rundfunkabteilung des Reichsaußenministeriums, deren stellvertretender Abteilungsleiter er 1943 wurde. Nach der Internierung 1945/46 übernahm er im folgenden Jahr das Amt des Landesgeschäftsführers der CDU Südwürttemberg-Hohenzollern. 1949-59 war er ein aktives Mitglied des Bundestages, 1950-57 Vorsitzender des Vermittlungsausschusses und 1954-58 Vorsitzender des Ausschusses für Auswärtige Angelegenheiten. 1958-66 amtierte er als Ministerpräsident von Baden-Württemberg, um dann 1966-69 das Amt des Bundeskanzlers zu übernehmen. Nachdem er 1951 bereits dem geschäftsführenden Vorstand der CDU angehört hatte, übernahm er von 1967-71 auch den Parteivorsitz, danach den Ehrenvorsitz. Von 1969-80 war Kiesinger erneut Mitglied des Bundestages.

*** **Rainer Barzel** (geb. 1924) war von 1949-56 in verschiedenen Funktionen als Beamter bei der nordrhein-westfälischen Landesregierung tätig. 1956 trat der promovierte Jurist der CDU bei, für die er 1957-87 dem Bundestag angehörte. Im letzten Kabinett Adenauer fungierte er 1962-63 als Bundesminister für Gesamtdeutsche Fragen. Nachdem er bereits seit 1960 dem CDU-Bundesvorstand angehört hatte, übernahm er 1971 von Kurt-Georg Kiesinger den Bundesvorsitz seiner Partei, den er bis 1973 innehatte. Barzel unterlag 1972 dem damaligen Bundeskanzler Willy Brandt sowohl bei einem Konstruktiven Misstrauensvotum als auch bei der wenig später stattfindenden Bundestagswahl. Unter Bundeskanzler Kohl war er 1982-83 Bundesminister für innerdeutsche Beziehungen. 1983-84 hatte er das Amt des Bundestagspräsidenten inne.

*** **Helmut Kohl** (geb. 1930) trat 1947 der CDU bei, für die der promovierte Historiker 1959-76 dem rheinland-pfälzischen Landtag angehörte. 1969-76 war er Ministerpräsident von Rheinland-Pfalz und 1966-73 dortiger Landesvorsitzender. Nachdem er bereits seit 1967 dem CDU-Bundesvorstand angehört hatte, übernahm er 1973 von Rainer Barzel den Bundesvorsitz seiner Partei, den er bis 1998 behielt. 1976 trat er als Kanzlerkandidat vergeblich gegen Helmut Schmidt an. Seit jenem Jahr war Kohl ebenfalls Mitglied des Bundestages, dem er bis 2002 angehörte. 1976-82 führte er die CDU/CSU-Bundestagsfraktion. 1982-98 war Kohl Bundeskanzler. Er wurde 1998 Ehrenvorsitzender der CDU. In Folge der Spendenaffäre seiner Partei legte Kohl den Ehrenvorsitz 2000 nieder.

*** **Wolfgang Schäuble** (geb. 1942) arbeitete 1971-72 bei der Steuerverwaltung des Landes Baden-Württemberg. 1965 trat der promovierte Jurist der CDU bei, für die er seit 1972 Abgeordneter im Bundestag ist. 1981-84 war Schäuble Parlamentarischer Geschäftsführer der CDU/CSU-Bundestagsfraktion. Unter Bundeskanzler Kohl war er 1984-89 Bundesminister für besondere Aufgaben und Chef des Bundeskanzleramts, 1989-91 fungierte er als Bundesminister des Inneren. 1991-2000 war er Fraktionsvorsitzender. 1998 übernahm er von Helmut Kohl den Bundesvorsitz über seine Partei, den er bis 2000 behielt. Seit 2002 ist Schäuble stellvertretender Vorsitzender der CDU/CSU-Bundestagsfraktion.

*** **Angela Merkel** (geb. 1954) arbeitete von 1978-90 als wissenschaftliche Mitarbeiterin am Zentralinstitut für Physikalische Chemie an der Akademie der Wissenschaften in Ostberlin. 1989 war sie Mitglied des „Demokratischen Aufbruchs", 1990 stellvertretende Regierungssprecherin der Regierung de Maizière. 1990 trat die promovierte Physikerin der CDU bei und ist seitdem Bundestagsabgeordnete. Unter Bundeskanzler Kohl fungierte sie 1990-94 als Bundesministerin für Frauen und Jugend, 1994-98 war sie Bundesministerin für Umwelt, Naturschutz und Reaktorsicherheit. Nachdem sie bereits seit 1990 dem CDU-

Bundesvorstand angehört hatte, übernahm sie im Jahr 2000 den Vorsitz ihrer Partei von Wolfgang Schäuble. Seit 2002 ist Angela Merkel zudem Vorsitzende der CDU/CSU-Bundestagsfraktion.

Kurzbiographien SPD

*** Kurt Schumacher (1895-1952) war Kriegsfreiwilliger im Ersten Weltkrieg. Er studierte Rechts- und Staatswissenschaften, 1926 erfolgte die Promotion. Von 1920-33 arbeitete er für die Parteizeitung „Schwäbische Tagwacht". Seit 1918 Mitglied der SPD, war er 1924-31 Abgeordneter seiner Partei im württembergischen Landtag, seit 1928 gehörte er dem Fraktionsvorstand an. 1930-33 war er Abgeordneter des Deutschen Reichstages. Im Nationalsozialismus war er 1933-43 im KZ inhaftiert und wurde 1944 erneut verhaftet. Auf dem ersten Nachkriegsparteitag 1946 übernahm er den Parteivorsitz der Westzonen-SPD. Bei den Wahlen zum Ersten Deutschen Bundestag trat er als Spitzenkandidat der SPD an. Bis zu seinem Tod 1952 war Schumacher Mitglied des Deutschen Bundestages und Fraktionsvorsitzender der SPD.

*** Erich Ollenhauer (1901-1963) trat 1918 in die SPD ein. Seit 1920 war er Sekretär und Mitglied des Hauptvorstandes des Verbands der deutschen Arbeiterjugendvereine und 1928-33 Vorsitzender des Verbands der Sozialistischen Arbeiterjugend Deutschlands. Zugleich arbeitete er 1921-46 als Sekretär der Sozialistischen Jugend-Internationale. Seit April 1933 Mitglied des SPD-Parteivorstands, gehörte er 1933-46 dem Exilparteivorstand in Prag, Paris und London an. Nach seiner Rückkehr nach Deutschland wurde er 1946 stellvertretender Parteivorsitzender. 1949-63 war er Mitglied des Deutschen Bundestages. 1952 trat er die Nachfolge Schumachers im Parteivorsitz und im Vorsitz der Bundestagsfraktion an, beides blieb er bis zu seinem Tod. Bei den Bundestagswahlen 1952 und 1957 war er Spitzenkandidat der SPD. Kurz vor seinem Tod wurde er 1963 Präsident der Sozialistischen Internationale.

*** Willy Brandt (1913-1992) trat 1930 in die SPD ein und wechselte 1931 zur Sozialistischen Arbeiterpartei. Im Exil in Norwegen (1933-40) und Schweden (1940-45) unterstützte er den innerdeutschen Widerstand und arbeitete für die norwegische Arbeiterbewegung sowie als Journalist. 1944 trat er wieder in die SPD, Ortsgruppe Stockholm, ein. Als Korrespondent kehrte er 1945 nach Deutschland zurück. 1948 leitete er das Berliner Sekretariat des SPD-Vorstands und war 1949-57 und 1961 Vertreter Berlins im Deutschen Bundestag und von 1969 bis zu seinem Tod Bundestagsmitglied. 1950-69 war er Mitglied des Berliner Abgeordnetenhauses und 1955-57 dessen Präsident. Regierender Bürgermeister von Berlin war er 1957-66, den Landesvorsitz der Berliner SPD übte er 1958-63 aus. Seit 1958 Mitglied des Parteivorstands, wurde er 1962 stellvertretender Parteivorsitzender. 1964 übernahm er den Parteivorsitz. Während der Großen Koalition war er 1966-69 Vizekanzler und Bundesaußenminister. Von 1969 bis zu seinem Rücktritt 1974 führte er als Bundeskanzler die sozial-liberale Koalition. Für seine Ost- und Entspannungspolitik wurde ihm 1971 der Friedensnobelpreis verliehen. 1976-92 war er Präsident der Sozialistischen Internationale. 1979-83 gehörte er dem Europäischen Parlament an. 1987 trat Brandt als Parteivorsitzender zurück und blieb bis zu seinem Tod Ehrenvorsitzender der SPD.

***Hans-Jochen Vogel** (geb. 1926) studierte ab 1946 Rechtswissenschaften in Marburg und München und promovierte 1950. Im selben Jahr trat er in die SPD ein und war nach Tätigkeit im bayerischen Justizministerium 1960-72 Münchner Oberbürgermeister. Von 1972-76 stand er der SPD in Bayern vor, seit 1970 war er Mitglied des Bundesvorstands. Ab 1972 leitete Vogel das Bundesministerium für Raumordnung, Bauwesen und Städtebau, nach dem Kanzlerwechsel stand er bis 1981 dem Justizressort vor. In den Jahren 1972-81 und 1983-94 war Vogel Mitglied des Bundestages. 1981 trat er die Nachfolge von Dietrich Stobbe als Regierender Berliner Bürgermeister an und wurde nach der Wahlniederlage dort Oppositionsführer. 1983 war Vogel Kanzlerkandidat der SPD, nach der verlorenen Wahl führte er von 1983-91 die Bundestagsfraktion, von 1987-91 hatte er den Parteivorsitz inne.

*** **Björn Engholm** (geb. 1939) erwarb nach der Mittleren Reife und einer Lehre als Schriftsetzer die Hochschulreife und schloss 1972 das Studium der Politologie, Volkswirtschaft und Soziologie ab. 1962 in die SPD eingetreten, war Engholm 1965-69 Vorsitzender der Lübecker Jungsozialisten und von 1969-89 Mitglied des Deutschen Bundestages. In den Jahren 1977-81 arbeitete Engholm als Parlamentarischer Staatssekretär im Bundesbildungsministerium, 1981-82 stand er dem Ressort für Bildung und Wissenschaft vor, zusätzlich war er 1982 kurze Zeit Bundesminister für Ernährung, Landwirtschaft und Forsten. Nach einer verlorenen Kandidatur 1983 war er bis 1988 Kieler Oppositionsführer und anschließend 1988-93 schleswig-holsteinischer Ministerpräsident. Engholm gehörte 1988-93 dem Präsidium der SPD an und war von 1991 bis zu seinem Rücktritt 1993 Parteivorsitzender.

*** **Rudolf Scharping** (geb. 1947) ist seit 1966 Mitglied der SPD. Im selben Jahr begann er in Bonn das Studium der Politikwissenschaft, Soziologie und Rechtswissenschaft, das er 1974 abschloss. Von 1969-74 war er Landesvorsitzender der Jusos Rheinland-Pfalz und 1974-76 stellvertretender Bundesvorsitzender. Von 1975-94 Mitglied des rheinland-pfälzischen Landtags, hatte Scharping von 1979-85 das Amt des Parlamentarischen Geschäftsführers der Landtagsfraktion inne, 1985-93 war er Fraktionsvorsitzender. Parallel dazu amtierte er 1984-90 als Vorsitzender des Bezirks Rheinland/Hessen-Nassau und 1985-93 als Landesvorsitzender. 1991-94 war er Ministerpräsident in Rheinland-Pfalz. Scharping wurde 1993 durch eine Urwahl Bundesvorsitzender seiner Partei. 1995 löste ihn Oskar Lafontaine ab; 1995-2003 war er stellvertretender Parteivorsitzender. 1994 war Scharping Kanzlerkandidat der SPD und von 1994 bis zur Bundestagswahl 1998 Fraktionsvorsitzender im Bundestag. Nach der Wahl hatte Scharping bis Juli 2002 das Amt des Bundesministers für Verteidigung inne.

*** **Oskar Lafontaine** (geb. 1943) studierte 1962-69 Physik in Bonn und Saarbrücken und trat 1966 in die SPD ein. Nach kurzem Engagement bei den Jusos, Mitgliedschaft im Saarbrücker Stadtrat 1969/70 und Tätigkeit als Abgeordneter im saarländischen Landtag 1970-75, war er ab 1974 Bürgermeister und 1976-85 Oberbürgermeister in Saarbrücken. Ab 1977 im Bundesvorstand der SPD, führte Lafontaine 1977-96 den saarländischen Landesverband. 1985 wurde er Ministerpräsident des Saarlands und blieb dies bis zur Bundestagswahl 1998. 1990 übernahm Lafontaine die Kanzlerkandidatur der SPD. In den Jahren 1995 bis zu seinem Rücktritt 1999 war er Bundesvorsitzender seiner Partei, von Oktober 1998 bis März 1999 zugleich Bundesfinanzminister.

*** **Gerhard Schröder** (geb. 1944) absolvierte nach dem Volksschulabschluss eine Lehre als Einzelhandelskaufmann, erwarb in den Jahren 1962-66 Mittlere Reife und Abitur und studierte anschließend 1966-71 Rechtswissenschaften in Göttingen, 1976 legte er das zweite Staatsexamen ab. Nach dem Parteieintritt 1963 war er 1969/70 Vorsitzender der Göttinger Jusos, 1978-80 Bundesvorsitzender des Jugendverbands. Schröder war 1983-93 Vorsitzender des SPD-Bezirks Hannover. Seit 1979 gehörte er dem Parteirat an, seit 1986 ebenfalls dem Bundesvorstand und seit 1989 dem Präsidium der SPD. 1980-86 und seit 1998 war er zudem Mitglied des Bundestags. 1992-98 war Schröder Ministerpräsident in Niedersachsen, bevor er 1998 der dritte sozialdemokratische Bundeskanzler wurde. Schröder war 1999-2004 Bundesvorsitzender der SPD.

*** **Franz Müntefering** (geb. 1940) ist seit 1966 Mitglied der SPD. Nach der Volksschule absolvierte er eine Lehre als Industriekaufmann. 1969-79 war er Mitglied im Stadtrat von Sundern/Sauerland. 1975-92 und erneut seit 1998 war er Mitglied des Deutschen Bundestages, 1990-92 zugleich Parlamentarischer Geschäftsführer der SPD-Bundestagsfraktion. Müntefering war 1996-2000 im nordrhein-westfälischen Landtag vertreten, 1992-95 leitete er das Landesressort für Arbeit, Gesundheit und Soziales. 1992-98 stand er dem SPD-Bezirk Westliches Westfalen vor, 1998-2001 war er Landesvorsitzender der nordrheinwestfälischen SPD. 1995-98 und kommissarisch von September bis Dezember 1999 war er Bundesgeschäftsführer seiner Partei und übte anschließend bis 2002 das Amt des Generalsekretärs aus. Von Oktober 1998 bis September 1999 führte er das Bundesministerium für Raumordnung, Bauwesen, Städtebau und Verkehr. Müntefering gehörte seit 1991 dem Bundesparteivorstand an und ist seit 2002 Vorsitzender der SPD-Bundestagsfraktion, seit März 2004 ebenfalls Parteivorsitzender.

Kurzbiographien FDP

*** **Theodor Heuss** (1884-1963) war 1910-18 Mitglied der Fortschrittspartei, trat dann 1918 der DDP bei. 1924-28 saß der promovierte, später habilitierte Nationalökonom und gelernte Journalist für die Deutsche Demokratische Partei (DDP) im Reichstag, 1930-33 vertrat er dort die Deutsche Staatspartei. Nach dem Zweiten Weltkrieg 1945/46 kurzzeitig Kultusminister in Württemberg-Baden und Mitglied des Landtags, wurde er 1948 zum ersten westdeutschen FDP-Vorsitzenden gewählt. Dem Bundestag gehörte Heuss von August bis September 1949 an, bis er anschließend unter Aufgabe seiner FDP-Vorsitzendenfunktion zum ersten Bundespräsidenten der Bundesrepublik Deutschland gewählt wurde. Seine Amtszeit währte 10 Jahre.

*** **Franz Blücher** (1896-1959) war 1938-45 Bankdirektor in Essen und trat nach dem Krieg der FDP bei, für die er 1947-49 im nordrhein-westfälischen Landtag saß. Er amtierte 1946-49 als Finanzminister in Nordrhein-Westfalen, anschließend als stellvertretender FDP-Bundesvorsitzender an der Seite von Theodor Heuss, dessen Nachfolger er als Bundesvorsitzender von 1949-54 war. Dem Bundestag gehörte Blücher 1949-57 an, in den ersten beiden Kabinetten Konrad Adenauers besaß er die Position des Vizekanzlers. 1949-53 fungierte er als Bundesminister für den Marshallplan, anschließend, nach Umbenennung des Ressorts, bis 1957 als Bundesminister für wirtschaftliche Zusammenarbeit.

*** **Thomas Dehler** (1897-1967) war 1920-30 Mitglied der DDP, ab 1930 der Staatspartei. Während der NS-Zeit firmierte er als Rechtsanwalt in München und Bamberg und war 1947-49 Präsident des Oberlandesgerichts Bamberg. 1946-56 Vorsitzender des FDP-Landesverbands Bayern sowie 1946-49 Abgeordneter im Bayrischen Landtag, gehörte er 1948/49 dem Parlamentarischen Rat an und gelangte 1949 für 18 Jahre in den Bundestag. 1949-53 leitete er das Bundesjustizministerium und avancierte 1953 zum Vorsitzenden der FDP-Bundestagsfraktion. 1954 übernahm er als Nachfolger Franz Blüchers den FDP-Parteivorsitz, musste ihn 1957 zusammen mit der Fraktionsführung jedoch wieder abgeben. Seit 1960 war er Vizepräsident des Deutschen Bundestages.

*** Reinhold Maier (1889-1971) trat nach seiner Rückkehr aus dem Ersten Weltkrieg 1919 der DDP bei, deren Vorsitzender er 1924 in Stuttgart, später in Württemberg wurde. 1930-33 Wirtschaftsminister in Württemberg, gehörte der promovierte Jurist 1932-33 dem Vorstand der Deutschen Staatspartei sowie dem Württemberger Landtag und dem Reichstag an. 1945-53 erster Nachkriegsministerpräsident von Baden-Württemberg, kam er nach seinem Rücktritt in den Bundestag, dem er bis 1959 angehörte. 1957-60 stand er als Bundesvorsitzender an der Parteispitze der FDP und wurde anschließend zum Ehrenvorsitzenden ernannt.

*** Erich Mende (1916-1998) absolvierte den Zweiten Weltkrieg zuletzt als Regimentskommandeur im höheren Offiziersrang. 1949-70 gehörte der Berufssoldat und promovierte Jurist dem FDP-Bundesvorstand an, 1949-80 besaß er ein Bundestagsmandat. Nachdem er 1953-56 als Parlamentarischer Geschäftsführer und stellvertretender Vorsitzender der FDP-Bundestagsfraktion fungierte, übernahm er 1957-63 den Bundesfraktions-, 1960-68 den Bundesparteivorsitz der FDP. Dem Kabinett Erhard gehörte er 1963-1966 als Vizekanzler und Bundesminister für Gesamtdeutsche Fragen an. Als Gegner der sozial-liberalen Koalition verließ er 1970 die FDP und wechselte zur CDU-Fraktion.

*** Walter Scheel (geb. 1919) trat 1946 der FDP bei, für die er 1950-53 dem nordrhein-westfälischen Landtag angehörte. 1953-74 war der Prokurist, Wirtschaftsberater und Geschäftsführer verschiedener Unternehmen Bundestagsmitglied, von 1958-61 außerdem Mitglied des Europa-Parlaments. In den Kabinetten unter Adenauer und Erhard fungierte er 1961-66 als Bundesminister für wirtschaftliche Zusammenarbeit und war 1967 für zwei Jahre Vizepräsident des Deutschen Bundestages. Nachdem er bereits 1956 dem FDP-Bundesvorstand angehört hatte, übernahm er 1968 von Erich Mende den Bundesparteivorsitz. Im ersten Brandt-Kabinett Vizekanzler und Bundesaußenminister, wählte ihn die Bundesversammlung 1974 zum vierten Bundespräsidenten der Bundesrepublik Deutschland; sämtliche andere Funktionen gab Scheel dabei auf. Seit 1979 ist Walter Scheel Ehrenvorsitzender der FDP.

*** Hans-Dietrich Genscher (geb. 1927) war bis zu seiner Übersiedlung in die Bundesrepublik 1952 Mitglied der Liberal-Demokratischen Partei Deutschlands (LDPD) in der sowjetischen Besatzungszone. Seit 1952 ist er Mitglied der FDP. 1962-64 war der Jurist Bundesgeschäftsführer der FDP, dem Bundestag gehörte er 1965-98 an. Nach seiner Tätigkeit als Parlamentarischer Geschäftsführer der FDP-Bundestagsfraktion 1965-69 gehörte er dem ersten Brandt-Kabinett 1969-74 als Bundesinnenminister an. Seit 1974 agierte Genscher unter den Kanzlern Schmidt und Kohl als Vizekanzler und Bundesaußenminister, bis er 1992 demissionierte. 1974-85 führte er die FDP als Bundesvorsitzender, 1992 ernannte ihn seine Partei zum Ehrenvorsitzenden.

*** **Martin Bangemann** (geb. 1934) ist seit 1963 Mitglied der FDP. 1969-74 war der promovierte Jurist stellvertretender FDP-Landesvorsitzender in Baden-Württemberg. 1970 kam er in den FDP-Bundesvorstand und war 1973-78 Landesvorsitzender der FDP in Baden-Württemberg. Dem Bundestag gehörte er 1972-80 sowie 1987/88 an, außerdem war Bangemann 1974-84 Mitglied des Europäischen Parlaments. Dem FDP-Präsidium gehörte er 1974/75 sowie 1978-84 an, 1974/75 fungierte er als Generalsekretär. Während seiner Amtszeit als Bundeswirtschaftsminister unter Kanzler Kohl 1984-88 übernahm er auch als Nachfolger von Hans-Dietrich Genscher 1985-88 den FDP-Bundesparteivorsitz. Nachdem er 1988 sein Bundestagsmandat und den Parteivorsitz niedergelegt und als Bundesminister demissioniert hatte, engagierte er sich von 1989-99 als Kommissar in der EU-Kommission.

*** **Otto Graf Lambsdorff** (geb. 1926) ist seit 1951 Mitglied der FDP. Während seiner Tätigkeit als FDP-Landesschatzmeister in Nordrhein-Westfalen 1968-78 gelangte er 1972 in den Bundesvorstand der FDP. Im selben Jahr erhielt der promovierte Jurist ein Bundestagsmandat, das er bis 1998 ausübte. In den Bundesregierungen unter den Kanzlern Schmidt und Kohl leitete er ab 1977 das Wirtschaftsressort, bis er 1984 im Zuge des Parteispendenskandals seinen Rücktritt nehmen musste. In das FDP-Präsidium kam er 1982, 1988-93 amtierte er als FDP-Bundesvorsitzender. 1991-94 war Lambsdorff Präsident der Liberalen Internationale, seit 1995 ist er Vorsitzender der Friedrich-Naumann-Stiftung.

*** **Klaus Kinkel** (geb. 1936) ist seit 1991 FDP-Mitglied. Der promovierte Jurist leitete 1979-82 den Bundesnachrichtendienst, nachdem er zuvor 1968-74 im Bundesinnenministerium tätig gewesen war, zuletzt als Hans-Dietrich Genschers persönlicher Referent. 1982-91 fungierte er als Staatssekretär im Bundesjustizministerium, bis er 1991/92 das Ressort als Minister übernahm. 1992 folgte er Genscher als Bundesaußenminister, 1993 wurde er Vizekanzler unter Kohl. Kinkel amtierte 1993-95 als FDP-Bundesvorsitzender. Nach der Wahlniederlage 1998 verlor er seinen Kabinettsposten. 1994-2002 war er Mitglied des Deutschen Bundestages.

*** **Wolfgang Gerhardt** (geb. 1943) ist seit 1965 Mitglied der FDP. Der promovierte Philologe gehörte mehrfach dem hessischen Landtag an (1978-82, 1983-87, 1991-94). 1982 avancierte er zum FDP-Landesvorsitzenden in Hessen und wurde Mitglied im FDP-Bundesvorstand. Die FDP-Landtagsfraktion führte er als Vorsitzender 1983-87 sowie 1991-94. Unter Regierungschef Walter Wallmann amtierte er in Hessen 1987-91 für eine Legislaturperiode als stellvertretender Ministerpräsident und Staatsminister für Wissenschaft und Kunst. Seit 1994 gehört Gerhardt dem Bundestag an. Nachdem er seit 1985 stellvertretender FDP-Bundesvorsitzender war, übernahm er als Nachfolger Klaus Kinkels 1995 den Bundesparteivorsitz. 2001 gab er den Parteivorsitz an Guido Westerwelle ab, leitet aber seit 1998 noch als Vorsitzender die FDP-Bundestagsfraktion.

*** **Guido Westerwelle** (geb. 1961) ist seit 1980 Mitglied der FDP. Als Mitbegründer der Jungliberalen war er 1983-87 deren Bundesvorsitzender. Seit 1988 Mitglied im FDP-Bundesvorstand, war er 1994-2001 Generalsekretär seiner Partei. Seit 1996 ist der promovierte Jurist Mitglied des Deutschen Bundestages. 2001 löste er Wolfgang Gerhardt als Parteivorsitzenden ab. Westerwelle ließ sich 2002 zum ersten Kanzlerkandidaten in der Geschichte der FDP nominieren.

Kurzbiographien SPV „Die Grünen", Die Grünen und Bündnis 90/Die Grünen

*** **Herbert Gruhl** (1921-1993) war 1954-78 CDU-Mitglied. 1965-74 war er Vorsitzender des Kreisverbandes Hannover-Land, 1961-72 im Stadtrat von Barsinghausen. Er war 1969-80 Mitglied des Bundestages, ab 1978 fraktionslos. Der Umweltpolitiker veröffentlichte 1975 das Buch „Ein Planet wird geplündert – Die Schreckensbilanz unserer Politik". Im selben Jahr wurde er Mitbegründer und Bundesvorsitzender vom „Bund für Natur- und Umweltschutz Deutschland" (zunächst BNUD, ab 1977 BUND). Nach seinem CDU-Austritt gründete er 1978 die „Grüne Aktion Zukunft" (GAZ) und wurde zum Vorsitzenden gewählt. 1979 wurde er Sprecher der Sonstigen Politischen Vereinigung (SPV) "Die Grünen". 1981 verließ er die Grünen, wurde Mitbegründer der „Ökologisch-Demokratischen Partei" (ÖDP), 1982-89 deren Vorsitzender. 1990 trat er aus der ÖDP wegen innerparteilicher Kontroversen aus.

*** **August Haußleiter** (1905-1989) war 1946 Mitbegründer der CSU und wurde 1948 stellvertretender Vorsitzender. Er war Mitglied der verfassunggebenden Landesversammlung und 1948-54 des bayerischen Landtags. 1949 trat er aus der CSU aus. Er war Mitbegründer und stellvertretender Vorsitzender der „Deutschen Gemeinschaft" (DG), die er 1965 mit der „Aktionsgemeinschaft Unabhängiger Deutscher" (AUD) zusammenführte. 1950-52 war er Fraktionsvorsitzender der DG im bayerischen Landtag. Mit der AUD war er später maßgeblich an der Gründung der SPV und der Grünen beteiligt. 1979 wurde er Sprecher der SPV "Die Grünen", 1980 Sprecher der Bundespartei „Die Grünen". Im Juni desselben Jahres musste er aufgrund der Kritik an seiner rechtskonservativen Vergangenheit sein Amt niederlegen. Haußleiter vertrat die Grünen 1986-87 als Abgeordneter weiter im bayerischen Landtag.

*** **Helmut Neddermeyer** (geb. 1938) war in der Anti-Atom- und der Friedensbewegung aktiv. Seit 1976 war der Lehrer Mitglied der Ökumenischen Initiative „Eine Welt" und der „Gewerkschaft Erziehung und Wissenschaft" (GEW), 1977 Mitbegründer der „Grüne Liste Umweltschutz" (GLU) Niedersachsen. 1977-79 war er Kreisvorsitzender der GLU Hannover-Land. Neben Herbert Gruhl und August Haußleiter wurde er im März 1979 zum Sprecher der SPV "Die Grünen" gewählt. 1981-82 gehörte Neddermeyer dem Landesvorstand der Grünen an. 1982-85 war er Mitglied des niedersächsischen Landtages, 1983-84 Vorsitzender der dortigen Fraktion.

*** **Petra Kelly** (1947-1992) war seit 1970 in der Anti-Atom-, Friedens- und Frauenbewegung aktiv. 1971 kam sie zur Europäischen Gemeinschaft, wo sie 1973 Verwaltungsrätin im Wirtschafts- und Sozialausschuss wurde. Gleichzeitig trat sie in die SPD ein und engagierte sich ab 1972 beim „Bundesverband Bürgerinitiativen Umweltschutz" (BBU). Hier wurde sie 1979 in den Vorstand gewählt. Nach ihrem Austritt aus der SPD wurde sie 1979 Listenführerin der SPV "Die Grünen" bei den Wahlen zum Europäischen Parlament. 1980-82 war sie Sprecherin der Grünen und verzichtete dann gemäß dem Rotationsprinzip auf diesen Posten. 1982 bekam sie den Alternativen Nobelpreis verliehen. 1983-90 war sie Mitglied des Bundestages, zunächst außerdem Fraktionsvorsitzende neben Otto Schily und Marieluise Beck-Oberdorf. 1985 rotierte sie trotz Kritik aus den eigenen Reihen nicht. 1991 scheiterte sie mit einer erneuten Kandidatur zur Parteisprecherin.

*** **Norbert Mann** (geb. 1943) engagierte sich seit Ende der 70er-Jahre in Bürgerinitiativen. Er begründete die GLU in Nordrhein-Westfalen mit, 1979/80 auch die Grünen. Bis 1981 gehörte er dem geschäftsführenden Bundesvorstand an, und bis 1984 arbeitete er in der Kommunalpolitik als Bezirksvertreter der Stadt Mühlheim an der Ruhr. 1979-80 war er Schriftführer im Bundesvorstand der SPV "Die Grünen", 1980-81 Sprecher der Partei. 1983 zog er als Nachrücker über die Landesliste Nordrhein-Westfalen in den Bundestag ein. Offizielles Mitglied des Bundestages war er 1985-87. 1989 wurde er nochmals als Beisitzer in den Bundesvorstand gewählt.

*** Dieter Burgmann (geb. 1939) war über die AUD zu den Grünen gekommen. Er war Gründungsmitglied und 1980-81 Sprecher der Partei. Er wurde der Nachfolger von August Haußleiter und setzte sich gegen Herbert Gruhl durch, der ebenfalls als Parteisprecher kandidierte und prominenter Gegenkandidat war. 1983-85 war Burgmann Mitglied des Bundestages. 1999 verließ er die Grünen wegen der NATO-Luftangriffe im Kosovo.

*** Manon Maren-Griesebach (geb. 1931) war in der Friedensbewegung und im „Verein gegen tierquälerische Massentierhaltung" engagiert. 1979 kam sie über eine Bürgerinitiative zur GLU, 1980 wurde sie Mitbegründerin der Grünen. In Buchholz/Nordheide baute sie einen Ortsverband auf. 1981-83 war die Dozentin für Literaturwissenschaft Sprecherin ihrer Partei. 1982 veröffentlichte sie das Buch „Philosophie der Grünen". Sie war Mitglied im niedersächsischen Landesvorstand und Mitbegründerin der Demokratischen Fraueninitiative. Ende der 80er-Jahre beteiligte sie sich am „Grünen Aufbruch '88".

*** Wilhelm Knabe (geb. 1923) kehrte 1945 als Pazifist aus Krieg und Gefangenschaft zurück. 1946-66 war er Mitglied der CDU, bis 1959 der CDU-Ost. Der studierte Forstwissenschaftler siedelte 1959 nach Westdeutschland über und wurde Regierungsdirektor an der Landesanstalt für Immissions- und Bodennutzungsschutz in Essen und an der Landesanstalt für Ökologie, Landschaftsentwicklung und Forstplanung in Düsseldorf und Recklinghausen. In den Jahren 1978/79 war er Mitbegründer, Beisitzer und Sprecher der GLU, 1979-80 Mitbegründer und Landessprecher der Grünen in Nordrhein-Westfalen. 1980 war er Mitbegründer der Grünen, 1982-84 deren Sprecher. 1987-90 war er Abgeordneter im Bundestag, 1994-99 Zweiter Bürgermeister in Mühlheim an der Ruhr. 2004 wurde er Vorsitzender der neu gegründeten Seniorenorganisation „Grüne Alte".

*** Rainer Trampert (geb. 1946) war Anfang der 70er-Jahre in der IG Chemie-Papier-Keramik und als Betriebsrat aktiv. 1978 wurde der Atomkraftgegner Kandidat der Bunten Liste Hamburg, 1979 Gründungsmitglied der Grünen. 1980 trat er nach kurzer Mitgliedschaft im maoistischen „Kommunistischen Bund Westdeutschland" mit der undogmatischen sozialistischen Gruppe Z wieder aus. 1982-87 war Trampert Sprecher der Grünen, er verzichtete auf eine erneute Bewerbung für den Bundesvorstand. 1984 erschien sein Buch „Die Zukunft der Grünen. Ein realistisches Konzept für eine radikale Partei" (zusammen mit Thomas Ebermann). Beide Ökosozialisten verließen die Partei im Frühjahr 1990.

*** Rebekka Schmidt (geb. 1954) war in den 70er-Jahren im Umkreis der KPD aktiv. In den 80er-Jahren war sie Mitglied der Alternativen Liste (AL) Berlin, die lange in Konkurrenz zum Berliner Landesverband stand. 1980/81 war sie Mitglied des Geschäftsführenden Ausschusses. Nach anfänglichem Zögern ließ sie sich im November 1983 zur Sprecherin wählen. Neben Wilhelm Knabe und Rainer Trampert blieb sie bis Dezember 1984 im Amt.

*** **Lukas Beckmann** (geb. 1950) war während der 70er-Jahre u.a. in Dritte-Welt- und Umwelt-Gruppen engagiert. 1978 war er Mitinitiator der Bunten Liste Bielefeld. 1979 wurde er Gründungsmitglied der Grünen. Für die SPV baute er während des Europawahlkampfes eine Geschäftsstelle auf, die er bald als hauptamtlicher Geschäftsführer übernahm. 1984 gab er diese Position ab und wurde als Sprecher in den Vorstand gewählt. Als wertkonservativer realpolitisch orientierter Politiker bildete er ein Gegengewicht zu seinen Sprecherkollegen Jutta Ditfurth und Rainer Trampert. 1987 verzichtete er wegen interner Differenzen auf eine erneute Kandidatur, engagierte sich für den Grünen Aufbruch und wurde Geschäftsführer der Heinrich-Böll-Stiftung. 1990 wechselte er in die Bundestagsgruppe von Bündnis 90/Die Grünen und wurde 1994 Geschäftsführer der Fraktion.

*** **Jutta Ditfurth** (geb. 1951) engagierte sich in den 70er-Jahren in der Anti-Atom-, der Frauen- und später der Ökologiebewegung. 1980 wurde sie Mitbegründerin der Grünen, 1981-85 Abgeordnete im Frankfurter Römer. 1984-88 war sie Sprecherin im Bundesvorstand der Partei und wortführend für den fundamentalistischen Flügel. Sie wurde zweimal in ihrem Amt bestätigt und trat nach einer Vertrauensfrage mit dem gesamten Vorstand im Dezember 1988 zurück. 1990 kandidierte sie für den Bundestag. 1991 verließ sie die Partei mit anderen radikalökologischen Grünen, begründete die „Ökologische Linke" mit und wurde Herausgeberin der Zeitschrift „ÖkoLinX". Sie veröffentlichte zahlreiche Bücher.

*** **Regina Michalik** (geb. 1958) engagierte sich während des Studiums in der autonomen Frauenbewegung und wurde 1983 Mitarbeiterin in der grünen Bundestagsfraktion. Ein Jahr später folgten der Parteieintritt und die Wahl in den Bundesvorstand. Bundessprecherin wurde sie 1987. Zusammen mit Jutta Ditfurth legte sie 1988 ihr Amt nieder. Danach zog sie sich kurzfristig von der Parteiarbeit zurück. Die Feministin ließ sich in den Vorstand der Stiftung „Frauen-Anstiftung" wählen und begründete 1993 die Frauenzeitschrift „LOLApress" mit. 1995 ging sie in die Kommunalpolitik. 1999-2003 war sie Landessprecherin in Berlin.

*** **Christian Schmidt** (geb. 1943) war als promovierter Lehrer Mitglied der Gewerkschaft Erziehung und Wissenschaft, 1965-81 außerdem Mitglied der

SPD. Ab 1981 gehörte er der AL in Hamburg an, ab 1984 den Grünen. Schmidt war Nachrücker im Bundestag. 1987 wurde er zum Parteisprecher gewählt. Im Dezember 1988 trat er gemeinsam mit Jutta Ditfurth und Regina Michalik zurück. 1990 verließ er die Partei zusammen mit Rainer Trampert.

*** **Ralf Fücks** (geb. 1951) engagierte sich bis 1977 im Kommunistischen Bund. 1980 gründete er u.a. gemeinsam mit Rainer Trampert die Zeitschrift „Moderne Zeiten" (MOZ), deren Redaktion er 1982 verließ. Im selben Jahr trat er in die grüne Partei ein. Durch das Rotationsverfahren rückte er 1985 als Abgeordneter in die Bremer Bürgerschaft nach. 1989-90 war Fücks Sprecher der Grünen, 1991-95 Senator für Umweltschutz und Stadtentwicklung in der Bremer Ampelkoalition, 1993-95 Bürgermeister in Bremen. 2000-01 vertrat er die Grünen in der von der Bundesregierung eingesetzten Zuwanderungskommission. 1996 wurde Fücks in den Vorstand der Heinrich-Böll-Stiftung gewählt.

*** **Ruth Hammerbacher** (geb. 1953) wurde 1976 Mitglied der SPD. 1979 wechselte sie aufgrund der sozialdemokratischen Atompolitik zu den Grünen. 1981-86 war sie Ratsmitglied und Beigeordnete der Stadt Osnabrück, 1986-89 Mitglied des niedersächsischen Landtages, 1986-87 auch Vorsitzende der dortigen Fraktion. Als Realpolitikerin war Hammerbacher 1989-90 Sprecherin der Grünen.

*** **Verena Krieger** (geb. 1961) war seit 1977 in der Friedens- und Frauenbewegung engagiert. 1980-82 war sie Mitglied des Landesvorstandes der Grünen in Nordrhein-Westfalen, Mitte der 80er-Jahre auch Sprecherin der Bundesarbeitsgemeinschaft Frauen der Grünen. 1987 wurde sie jüngste Bundestagsabgeordnete in Bonn. Sie setzte sich für frauenpolitische Themen ein. 1989 wechselte sie aus dem Bundestag in den Parteivorstand, wurde Sprecherin. 1990 verließ die Vertreterin des linken Flügels und Kritikerin des Fraktionsvorstandes die Parteispitze und die Grünen.

*** **Renate Damus** (geb. 1940) wurde 1974 Professorin für Politikwissenschaft an der Universität Osnabrück. 1983 trat sie den Grünen bei, war anschließend in der Kommunalpolitik tätig und ab Dezember 1988 Mitglied des kommissarischen Bundesvorstandes. 1989 wurde die sich zur undogmatischen Linken zählende Damus auf der Duisburger Bundesversammlung zur Schriftführerin gewählt. 1990-91 war sie Sprecherin der Grünen.

*** **Heide Rühle** (geb. 1948) war während ihres Studiums im Sozialistischen Deutschen Studentenbund aktiv. Nachdem sie sich zunächst aus der Politik zurückgezogen hatte, trat sie 1984 den Grünen bei. 1987-90 war sie Sprecherin für den baden-württembergischen Landesvorstand. 1990 wurde sie Sprecherin der Bundespartei, 1991 politische Bundesgeschäftsführerin. Strömungspolitisch ungebunden, blieb sie bis 1998 im Amt. 1999 war sie Spitzenkandidatin der Grünen für die Europawahl. Seitdem ist Rühle Mitglied des Europäischen Parlaments und Schatzmeisterin der europäischen Grünen.

*** **Christian Ströbele** (geb. 1939) trat 1970 in die SPD ein. 1972 wurde der Jurist Wahlverteidiger von Andreas Baader. Die SPD schloss ihn Mitte der 70er-Jahre aufgrund seiner Position zur RAF aus. 1977 war Ströbele Mitbegründer der Tageszeitung „taz" und später der Berliner AL. 1985-87 vertrat er die Grünen als Abgeordneter im Bundestag. 1990-91 war er Sprecher der Grünen. 1992 wurde er Vorsitzender der Grünen-Fraktion in der Bezirksverordnetenversammlung Berlin-Tiergarten. In den Landesvorstand wurde er 1995 gewählt. Seit 1998 ist Ströbele Mitglied des Bundestages, seit 2002 mit Direktmandat in Kreuzberg-Friedrichshain. Im Untersuchungsausschuss zur CDU-Spendenaffäre wurde er 2000 Obmann der Grünen. In der rot-grünen Koalition mobilisierte Ströbele Teile der grünen Basis gegen eine Anpassung an die SPD und gegen bundesdeutsche Beteiligung an Kriegseinsätzen.

*** **Christine Weiske** (geb. 1949) war als Ärztin für Allgemeinmedizin in der evangelischen Kirche der DDR aktiv. 1989 kam sie in Kontakt zur Bürgerrechtsbewegung „Demokratie Jetzt" und beteiligte sich am Aufbau einer grünen Partei. 1989/90 war sie zunächst im provisorischen Sprecherrat, dann im Vorstand tätig. 1991-93 war Weiske Sprecherin der Grünen. Wie ihr Sprecherkollege Ludger Volmer wurde sie dem linken Flügel zugerechnet; sie selbst bezeichnete sich als linke Realpolitikerin.

*** **Ludger Volmer** (geb. 1952) war 1979 Mitbegründer der Grünen. 1983-85 war er Nachrücker, 1985-90 Mitglied des Bundestages. Dort war er im Ausschuss für wirtschaftliche Zusammenarbeit, im Auswärtigen Ausschuss und im Finanzausschuss tätig. 1986 war er Fraktionssprecher, 1988 Mitbegründer des innerparteilichen „Linken Forums". 1991 wurde er Sprecher des Bundesvorstandes und trug entscheidend zur Vereinigung der Grünen mit dem Bündnis 90 im Jahre 1993 bei. 1994 kehrte Volmer in den Bundestag zurück. 1998-2002 war er Staatsminister im Auswärtigen Amt. 2002 wurde er außenpolitischer Sprecher der Fraktion Bündnis 90/Die Grünen.

*** **Marianne Birthler** (geb. 1948) engagierte sich seit den 70er-Jahren in der evangelischen Kirche der DDR. 1986 war sie Gründungsmitglied des Arbeitskreises Solidarische Kirche, ab 1987 Referentin im Evangelischen Stadtjugendpfarramt in Berlin. 1988 begann ihre Zusammenarbeit mit der Initiative für Frie-

den und Menschenrechte. 1990 war sie zunächst Abgeordnete und Fraktionssprecherin für das Bündnis 90/Grüne in der Volkskammer der DDR, anschließend Mitglied des Bundestages und Fraktionssprecherin von Die Grünen/Bünd-
nis 90. 1990-92 war sie Ministerin für Bildung, Jugend und Sport in Brandenburg. 1993-94 war sie Sprecherin im ersten gemeinsamen Vorstand der neu gegründeten Partei Bündnis 90/Die Grünen. 1995 wurde sie Leiterin des Berliner
Büros der Bundestagsfraktion. Seit 2000 ist Birthler Bundesbeauftragte für die
Unterlagen des Staatssicherheitsdienstes der ehemaligen DDR.

*** **Krista Sager** (geb. 1953) war seit Mitte der 70er-Jahre in Bürgerinitiativen
gegen Atomkraft aktiv. Während ihres Studiums schloss sie sich der „Sozialistischen Studentengruppe" an. 1982 wurde sie Mitglied der GAL, 1983 Mitglied
des Landesvorstandes der Grünen. 1989-94 war sie Mitglied der Hamburger
Bürgerschaft, lange auch als Fraktionsvorsitzende. Sprecherin von Bündnis 90/Die Grünen war sie 1994-96 neben Jürgen Trittin. 1996-97 war sie Vorsitzende der GAL in Hamburg, 1997-2001 Zweite Bürgermeisterin der Stadt und
Senatorin für Wissenschaft und Forschung. 2002 wurde sie in den Bundestag
und neben Katrin Göring-Eckardt zur Fraktionsvorsitzenden gewählt.

*** **Jürgen Trittin** (geb. 1954) war während seines Studiums Mitglied im Allgemeinen Studierendenausschuss (AStA) und Präsident des Studentenparlamen-
tes der Universität Göttingen. 1980 wurde er Mitglied der Grünen, 1982 Geschäftsführer der grün-alternativen Ratsfraktion in Göttingen, 1984 Pressesprecher der grünen Fraktion im niedersächsischen Landtag. 1985-90 sowie 1994
war er Mitglied des niedersächsischen Landtages, 1985-86 und 1988-90 Fraktionsvorsitzender, 1994 stellvertretender Vorsitzender. 1990-94 leitete er das niedersächsische Ministerium für Bundes- und Europaangelegenheiten. 1994-98
war der pragmatische Parteilinke zunächst neben Krista Sager, dann neben Gunda Röstel Sprecher im Bundesvorstand. 1998 wurde er Mitglied des Bundestages
und Bundesminister für Umwelt, Naturschutz und Reaktorsicherheit.

*** **Gunda Röstel** (geb. 1962) war 1989 Gründungsmitglied des Neuen Forums
im sächsischen Flöha, 1990-94 Abgeordnete im Kreistag in Flöha. 1991 gründete
sie Bündnis 90/Die Grünen in Sachsen mit und wurde in den Vorstand gewählt.
1993 und 1994 war sie Landessprecherin. Als Vertreterin des realpolitischen
Flügels wurde sie 1996 neben Jürgen Trittin Sprecherin des Bundesvorstandes,
1998-2000 neben Antje Radcke. 1999 war sie Spitzenkandidatin der Grünen für
die Landtagswahl in Sachsen. Sie verzichtete im März 2000 auf eine erneute
Kandidatur für den Bundesvorstand. 2000 wechselte Röstel aus der Politik zu
einem Wirtschaftsunternehmen.

*** **Antje Radcke** (geb. 1960) war 1990-93 Mitglied der SPD, danach trat sie den Grünen bei. 1993 wurde sie für die Bezirksversammlung Hamburg-Nord als Abgeordnete gewählt, 1995 zur Fraktionsvorsitzenden der GAL in Hamburg, 1996 zur Landessprecherin. Neben Gunda Röstel war sie 1998-2000 Sprecherin des grünen Bundesvorstandes. Anschließend ging Radcke zurück in die Landespolitik und wurde 2000-01 wieder Vorstandssprecherin der GAL in Hamburg. Sie ist Autorin des Buches „Das Ideal und die Macht. Das Dilemma der Grünen" (2001).

*** **Renate Künast** (geb. 1955) war in den 70er-Jahren in der Anti-Atom-Bewegung engagiert. Sie wurde 1979 Mitglied der West-Berliner AL und 1982 Mitglied des Geschäftsführenden Ausschusses der Grünen in Berlin. 1985 beendete die Sozialarbeiterin ihr Jura-Studium und wurde Rechtsanwältin. 1985-87 sowie 1989-2000 war sie Mitglied des Berliner Abgeordnetenhauses, 1990-93 und 1998-2000 Fraktionsvorsitzende, 1995-98 stellvertretende Fraktionsvorsitzende. 2000-01 war sie gemeinsam mit Fritz Kuhn Bundesvorsitzende der Grünen. Künast galt als pragmatische Parteilinke und wurde 2001 Bundesministerin für Verbraucherschutz, Ernährung und Landwirtschaft, weshalb sie ihr Parteiamt niederlegte. Seit 2002 ist sie Mitglied des Bundestages.

*** **Fritz Kuhn** (geb. 1955) war bis 1978 Mitglied der SPD. Er verließ die Partei aus Protest gegen die Atompolitik unter Helmut Schmidt. 1979-80 war Kuhn im Kreisvorstand der Grünen in Tübingen und begründete die Partei in Baden-Württemberg mit. 1980-82 war er Mitglied des Landesvorstandes, 1984-88 sowie 1992-2000 Landtagsabgeordneter, zeitweise auch Vorsitzender der grünen Fraktion in Baden-Württemberg. 1989-92 hatte er eine Professur für sprachliche Kommunikation in Stuttgart inne. 2000 wurde er Vorsitzender der Grünen neben Renate Künast, dann neben Claudia Roth. 2002 gab er sein Parteiamt ab und wurde Mitglied des Bundestages.

*** **Claudia Roth** (geb. 1955) war 1971-90 Mitglied der Jungdemokraten. 1982-85 managte die Theaterwissenschaftlerin und Dramaturgin die Polit-Rock-Band „Ton Steine Scherben". 1985 wurde sie Pressesprecherin der Grünen im Bundestag, erst 1987 trat sie selbst der Partei bei. 1989-98 vertrat sie die Grünen als Abgeordnete im Europäischen Parlament. 1994 wurde sie dort Fraktionsvorsitzende. 1998 wurde sie in den Bundestag gewählt, wo sie Vorsitzende im Ausschuss für Menschenrecht und Humanitäre Hilfe war. 2001 wurde sie Sprecherin der Grünen, bis sie 2002 wieder in den Bundestag wechselte. 2003 wurde sie Beauftragte der Bundesregierung für Menschenrechtspolitik und humanitäre Hilfe im Auswärtigen Amt. Im Oktober 2004 wurde sie erneut zur Vorsitzenden gewählt, diesmal neben Reinhard Bütikofer.

*** **Angelika Beer** (geb. 1957) engagierte sich in den 70er-Jahren in den Bürginitiativen der Friedens- und Anti-Atom-Bewegung und war Mitglied im Kommunistischen Bund. In Schleswig-Holstein wurde sie zunächst Gründungsmitglied der „Liste für Demokratie und Umweltschutz", später der Grünen. 1987-90 sowie 1994-2002 war sie Mitglied des Bundestages, in der letzten Phase auch verteidigungspolitische Sprecherin und Obfrau der Fraktion im Verteidigungsausschuss und im Unterausschuss für Rüstungskontrolle und Abrüstung, gleichzeitig war sie Referentin für Menschenrechtsfragen. 1991-94 war sie Mitglied des Bundesvorstandes, 1992-94 Koordinatorin der internationalen Kampagne zur Ächtung von Landminen/medica international. 2002-04 war sie Bundesvorsitzende neben Rainer Bütikofer. 2004 wurde sie ins Europäische Parlament gewählt.

*** **Reinhard Bütikofer** (geb. 1953) war 1974-80 Mitglied der Kommunistischen Hochschulgruppe in Heidelberg. Ab 1982 engagierte er sich in der GAL. 1984 wurde er Mitglied der Grünen und im selben Jahr in den Stadtrat von Heidelberg gewählt. 1988-96 war er Abgeordneter im baden-württembergischen Landtag und finanzpolitischer Sprecher. 1997-99 war er Landesvorsitzender der Grünen in Baden-Württemberg. 1998-2002 übernahm er die Stelle des politischen Bundesgeschäftsführers im Vorstand der Bundespartei. Er war maßgeblich an der Erarbeitung eines neuen Grundsatzprogramms beteiligt. Seit 2002 ist Bütikofer Parteivorsitzender von Bündnis 90/Die Grünen.

Kurzbiographien CSU

*** **Josef Müller** (1898-1979) war bis 1933 Mitglied der Bayerischen Volkspartei (BVP) und besaß während der NS-Herrschaft Widerstandskontakte zu militärischen Regimegegnern; er selbst gehörte katholischen Oppositionskreisen an. 1945 aus der KZ-Internierung befreit, zählte er zu den Mitbegründern der CSU, deren erster Landesvorsitzender er 1946-49 war. Anschließend amtierte er 1952-60 als Vorsitzender des CSU-Bezirksverbands München und war 1950-52 bayerischer Justizminister. Nach einer erfolglosen Kandidatur gegen Hans-Jochen Vogel für das Amt des Oberbürgermeisters in München im Jahre 1960 zog er sich aus der Politik zurück. Er war weiterhin als Rechtsanwalt tätig und besetzte diverse Positionen in der freien Wirtschaft.

*** **Hans Ehard** (1887-1980) war seit 1919 Staatsanwalt im bayerischen Justizministerium, 1925-28 im Reichsjustizministerium. 1933-45 Senatspräsident am Oberlandesgericht München und anschließend Staatssekretär im bayerischen Justizministerium, saß er 1946-66 im bayerischen Landtag. 1945 wirkte Ehard, der schon während der Weimarer Republik der BVP als Mitglied angehört hatte, bei der CSU-Gründung mit und gehörte ab 1946 ihrem Landesvorstand an. Er war 1946-54 bayerischer Ministerpräsident und übte den CSU-Landesvorsitz 1949-1955 aus. 1954-60 war er bayerischer Landtagspräsident, ehe er nach einer Erkrankung Hanns Seidels 1960-62 mit seinem insgesamt vierten Kabinett noch einmal als Ministerpräsident amtierte. Aus Altersgründen zurückgetreten, übernahm er 1962-66 das bayerische Justizministerium und zog sich anschließend aus der aktiven Politik zurück.

*** **Hanns Seidel** (1901-1961) war 1932/33 Mitglied der BVP. Er unterlag während der NS-Diktatur beruflichen Restriktionen und diente 1940-45 als Wehrmachtsangehöriger. 1945 in die CSU eingetreten, fungierte er 1945-47 als Landrat von Aschaffenburg und übte 1946-61 in Bayern ein Landtagsmandat aus. 1947-54 leitete er unter Ministerpräsident Erhard das Wirtschaftsressort, 1955-61 stand er außerdem als Landesvorsitzender an der Spitze der CSU. 1957 zum bayerischen Regierungschef gewählt, gab er das Amt aus gesundheitlichen Gründen 1960 wieder ab und legte im selben Jahr auch den Parteivorsitz nieder.

*** **Franz-Josef Strauß** (1915-1988) trat 1945 in die CSU ein und avancierte 1946 zum Landrat von Schongau. 1948-52 war er CSU-Generalsekretär, 1949 zog er in den Bundestag ein, dem er bis 1980 angehörte. Seit 1949 stellvertretender Vorsitzender der CDU/CSU-Bundestagsfraktion, amtierte er 1952-61 auch als stellvertretender CSU-Landesvorsitzender. Unter Adenauer war er 1953-55 Bundesminister für besondere Aufgaben, 1955/56 Bundesminister für Atomfragen. Anschließend Bundesverteidigungsminister, musste er 1962 im Zusammenhang mit der Spiegel-Affäre zurücktreten. 1952-57 und 1963-66 amtierte er als Vorsitzender der CSU-Landesgruppe im Deutschen Bundestag. Von 1961 bis zu seinem Tod 1988 führte er die CSU als Landesvorsitzender. 1966-69 in der Großen Koalition unter Kiesinger noch einmal als Finanzminister engagiert, wählte ihn der bayerische Landtag 1978 zum Ministerpräsidenten, der er bis zu seinem Tod blieb. 1980 trat er als erster Kanzlerkandidat der CSU erfolglos gegen Bundeskanzler Helmut Schmidt an.

*** **Theodor Waigel** (geb. 1939) ist seit 1960 Mitglied der CSU. 1971-75 Landesvorsitzender der Jungen Union in Bayern, besaß er 1972-2002 ein Bundestagsmandat. 1973-88 leitete Waigel die Grundsatzkommission der CSU. 1980 avancierte er zum wirtschaftspolitischen Sprecher der CDU/CSU-Bundestagsfraktion und amtierte 1982-89 als deren erster stellvertretender Vorsitzender. 1982-89 außerdem Vorsitzender der CSU-Landesgruppe im Deutschen Bundestag, war er 1983-89 Mitglied im CSU-Präsidium. 1987-88 bereits Bezirksvorsitzender der CSU Schwaben, wählte ihn seine Partei nach dem plötzlichen Tod von Franz-Josef Strauß 1988 zu ihrem Landesvorsitzenden. Unter Bundeskanzler Helmut Kohl führte er von 1989-98 das Bundesfinanzministerium. Nach der Wahlniederlage gab er 1999 das Amt des CSU-Landesvorsitzenden ab.

*** **Edmund Stoiber** (geb. 1941) erhielt 1974 sein Mandat für den bayerischen Landtag. 1978-83 war er CSU-Generalsekretär und 1982-88 Leiter der bayerischen Staatskanzlei, seit 1986 Staatsminister. Er war 1988-93 Innenminister von Bayern und leitete 1989-93 die Grundsatzkommission der CSU. Nach der Amigo-Affäre um Max Streibl löste er diesen 1993 im Amt des bayerischen Ministerpräsidenten ab. Seit 1989 stellvertretender CSU-Vorsitzender, wählte ihn seine Partei als Nachfolger von Theo Waigel 1999 zum Landesvorsitzenden. 2002 trat Stoiber als zweiter Kanzlerkandidat der CSU für die Union an, unterlag aber knapp dem amtierenden Regierungschef Gerhard Schröder.

Kurzbiographien PDS

*** **Gregor Gysi** (geb. 1948) trat 1962 der FDJ und 1966 der SED bei. Nach dem Studium der Rechtswissenschaften an der Berliner Humboldt-Universität 1966-70 wurde er 1971 als Rechtsanwalt zugelassen. In dieser Funktion verteidigte er die DDR-Dissidenten Rudolf Bahro und Robert Havemann sowie die Oppositionsgruppe „Neues Forum". Seit Dezember 1989 gehörte er dem Arbeitsausschuss zur Vorbereitung des außerordentlichen Parteitages der SED an, auf dem er am 9. Dezember 1989 zum Vorsitzenden der SED-PDS gewählt wurde. Den Parteivorsitz hatte er bis Januar 1993 inne. Von März bis Oktober 1990 war er Abgeordneter der Volkskammer der DDR, 1990-2000 Mitglied des Deutschen Bundestages. Hier fungierte er von 1990 - 2000 als Vorsitzender zuerst der Gruppe der PDS, seit der Bundestagswahl 1998 - 2000 als Fraktionsvorsitzender. Er war von Januar bis Juli 2002 Bürgermeister von Berlin und Senator für Wirtschaft, Arbeit und Frauen, ehe er im Gefolge der Bonus-Meilen-Affäre seine Ämter niederlegte.

*** **Lothar Bisky** (geb. 1941) wuchs als Kind einer hinterpommerschen Flüchtlingsfamilie in Schleswig-Holstein auf. 1959 übersiedelte er in die DDR, wo er 1963 in die SED eintrat. Nach dem Studium der Kulturwissenschaften an der Universität Leipzig war er 1967-80 Mitarbeiter am dortigen Zentralinstitut für Jugendforschung, wo er promovierte und habilitierte. Nach einer Tätigkeit als Dozent an der Akademie für Gesellschaftswissenschaften beim Zentralkomitee der SED wurde er 1986 Ordentlicher Professor für Film- und Fernsehwissenschaften an der Hochschule in Potsdam-Babelsberg, der er 1986-90 auch als

Rektor vorstand. Von März bis Oktober 1990 Volkskammerabgeordneter, ist er seit Oktober 1990 Mitglied des Brandenburger Landtages. 1990-2004 war er Vorsitzender der PDS-Landtagsfraktion, zwischen 1991 und 1993 zusätzlich Landesparteivorsitzender. 1993-2000 schon einmal Bundesvorsitzender, wurde er nach dem Rücktritt Gabi Zimmers im Juni 2003 wiedergewählt und im Oktober 2004 im Amt bestätigt.

*** Gabi Zimmer (geb. 1955) wuchs im thüringischen Schleusingen, nahe Suhl, auf. Nach dem Russisch- und Französischstudium mit Abschluss als Diplomsprachmittlerin an der Universität Leipzig arbeitete sie ab 1977 zuerst als Sachbearbeiterin, später als Redakteurin der Betriebszeitung im Fahrzeug- und Jagdwaffenwerk „Ernst Thälmann" in Suhl. In der Wendezeit avancierte sie im November 1989 zur Mitarbeiterin der SED-Betriebsparteileitung. Nach dem Umbruch gehörte sie zu den Mitbegründern des Landesverbands der PDS in Thüringen, den sie 1990-97 als Vorsitzende führte und dessen Landtagsfraktion sie 1999-2001 vorstand. 1997-2000 bereits stellvertretende Bundesvorsitzende der PDS, folgte sie im Jahr 2000 Lothar Bisky im Amt des Bundesvorsitzenden nach. Nachdem die PDS bei der Bundestagswahl 2002 als Partei den Einzug in den Bundestag verpasst hatte, kündigte Zimmer im Mai 2003 an, auf einem einzuberufenden Sonderparteitag nicht erneut zu kandidieren. Seit der Europawahl 2004 ist sie PDS-Abgeordnete im Europaparlament.

Kurzbiographien Nachkriegsparteien[1]

Kommunistische Partei Deutschlands (KPD)

*** Max Reimann (1898-1977), seit 1912 politisch und gewerkschaftlich organisiert, trat 1919 der KPD bei. Der Berg- und Werftarbeiter wirkte bis 1933 im Ruhrgebiet als KPD-Bezirkssekretär und Betriebsfunktionär. Wegen Widerstands gegen die Nationalsozialisten wurde er zu Zuchthaus- und KZ-Strafen verurteilt. 1945 ins Ruhrgebiet zurückgekehrt, wurde er zunächst Vorsitzender des KPD-Landesverbands Nordrhein-Westfalen, bald darauf KP-Vorsitzender der britischen Zone und 1948 des neugebildeten westdeutschen KPD-Parteivorstands. Er vertrat die KPD im nordrhein-westfälischen Landtag seit 1947, im Wirtschaftsrat, im Parlamentarischen Rat und als Fraktionsvorsitzender im Deutschen Bundestag 1949-53. Seit 1950 lebte der mehrfach per Haftbefehl

---

[1] Die Daten basieren überwiegend auf den Angaben des von Richard Stöss herausgegebenen Parteienhandbuchs.

Gesuchte meist in der DDR, 1969 siedelte er nach Düsseldorf über. Die Deutsche Kommunistische Partei (DKP) machte ihn 1971 zum Ehrenvorsitzenden.

Deutsche Zentrumspartei

*** **Wilhelm Hamacher** (1883-1951) war 1920-33 Generalsekretär und 1926-33 Reichsrat der Rheinischen Zentrumspartei, danach wieder als promovierter Studienrat im Schuldienst tätig. Er nahm 1945 an der Programmkommission und konstituierenden Sitzung der Christlich-Demokratischen Partei (CDP) teil, entschied sich aber für das Zentrum, bei dessen Wiedergründung er 1945 zum ersten Vorsitzenden gewählt wurde. Seit 1946 war er Vorsitzender der rheinischen Zentrumspartei und erster Kultusminister von Nordrhein-Westfalen. Noch im selben Jahr schied er wegen Krankheit aus allen Ämtern aus. Seit 1948 war Hamacher stellvertretender Parteivorsitzender und von 1949 bis zu seinem Tod im Deutschen Bundestag vertreten.

*** **Johannes Brockmann** (1888-1975) war 1925-33 Zentrumsabgeordneter im preußischen Reichstag und in mehreren katholischen Verbänden tätig, u.a. als Vorsitzender des katholischen Junglehrerverbandes. 1933 wurde er entlassen, 1944 inhaftiert und 1945 als Schulrat im Kreis Münster wieder eingesetzt. Er war 1946-58 Fraktionsvorsitzender des Zentrums im Landtag von Nordrhein-Westfalen (seit 1947 auch Landesvorsitzender) und 1948/49 Mitglied des Parlamentarischen Rates. Seit 1946 war er geschäftsführender, 1948 vorübergehend auch gewählter Bundesvorsitzender. 1949 legte er sein Bundestagsmandat zugunsten seiner Tätigkeit als Landtagsfraktionsvorsitzender nieder. Nach einem Wahlabkommen mit der CDU war er 1953-57 Bundestagsabgeordneter. 1953 wurde er zum zweiten Mal Parteivorsitzender, bis ihn 1969 Gerhard Ribbeheger aus Altersgründen ablöste.

*** **Carl Spiecker** (1888-1953) war 1912-16 Parlamentskorrespondent für das Zentrum, dann Kriegsteilnehmer. 1919-22 war er Staatskommissar und 1923-25 Ministerialdirektor im Reichskanzleramt und Leiter der Presseabteilung der Reichsregierung. 1930/31 wurde er als Sonderbeauftragter zur Bekämpfung des Nationalsozialismus abgestellt. 1933 entlassen, emigrierte er nach Frankreich, England, USA und Kanada, publizierte und arbeitete mit westlichen Kriegsalliierten zusammen. 1947 war er Mitglied des nordrhein-westfälischen Landtags und des Wirtschaftsrates der Bizone. Bereits 1946 wurde er zweiter Vorsitzender und 1948 Parteivorsitzender der Zentrumspartei. Er betrieb die Fusion mit der CDU und musste deshalb 1949 von seinen Ämtern zurücktreten. Sein Essener Ortsverband schloss ihn aus; er wechselte zur CDU.

*** **Fritz Stricker** (1897-1949) war seit 1919 Mitglied des Zentrums, seit 1924 Stadtverordneter in Münster und 1926-33 Verlagsdirektor und leitender Redakteur der „Münsterischen Morgenpost". 1945 wurde er zum Generalreferenten für Verkehr und zum Pressechef in der Provinzregierung Westfalens ernannt; 1946/47 war er Verkehrsminister und Landespressechef von Nordrhein-Westfalen. Stricker war seit 1945 Direktoriumsmitglied der Zentrumspartei, seit 1949 bis zu seinem Tod im selben Jahr auch erster Parteivorsitzender.

*** **Helene Wessel** (1898-1969) war von 1915-28 Parteisekretärin des Zentrums in Dortmund und 1928-33 Abgeordnete im preußischen Landtag. Die ausgebildete Fürsorgerin wurde Vorstandsmitglied bei der Wiedergründung 1945 und vertrat die Partei 1946-50 im nordrhein-westfälischen Landtag, im Parlamentarischen Rat, und seit 1949 im Deutschen Bundestag (als Fraktionsvorsitzende). 1949 übernahm sie nach dem Tod Strickers den Parteivorsitz. 1951 gründete sie gemeinsam mit Gustav Heinemann die „Notgemeinschaft für den Frieden Europas". 1952 trat sie den Zentrumsvorsitz an Brockmann ab. Im selben Jahr verließ sie die Partei, um mit Heinemann die Gesamtdeutsche Volkspartei zu gründen; 1957 wechselten beide zur SPD. Helene Wessel war 1957-69 erneut im Bundestag vertreten.

Wirtschaftliche Aufbauvereinigung (WAV)

*** **Alfred Loritz** (1902-1979) war 1928-32 Mitglied der Reichspartei des deutschen Mittelstandes. Der Rechtsanwalt unterhielt nach 1933 Kontakte zu mehreren Widerstandsgruppen und emigrierte 1939 in die Schweiz. 1945 war er Gründungsvorsitzender der WAV, 1946 Mitglied der bayerischen verfassungsgebenden Landesversammlung, 1946-50 Landtagsmitglied und 1946/47 Staatsminister für Sonderaufgaben. 1947 erfolgte eine Verhaftung wegen Verleitung zum Meineid und Schwarzgeldgeschäften. Er flüchtete und lebte bis zur erneuten Verhaftung 1948 im Untergrund. Nach teilweisem Freispruch bzw. Amnestie war er 1949-53 Bundestagsabgeordneter, seit 1951 fraktionslos. 1955 kam es zur erneuten Anklage und 1959 zur Verurteilung zu dreieinhalb Jahren Zuchthaus und fünf Jahren Verlust der bürgerlichen Ehrenrechte. Loritz gelang noch im selben Jahr die Flucht nach Österreich, wo er erfolgreich politisches Asyl beantragte.

Bayernpartei (BP)

*** **Joseph Baumgartner** (1904-1964) war stellvertretender Generalsekretär des Bayerischen Bauernverbandes (1929-33) und Mitglied der Bayerischen Volkspartei. Der später habilitierte Volkswirt kam 1942 wegen Vergehen gegen das Heimtückegesetz in Haft. 1945 war er Mitbegründer der CSU, seit 1946 Landtagsmitglied und bis 1947 bayerischer Landwirtschaftsminister. 1948 verließ er die CSU und wurde Gründungsvorsitzender der Bayernpartei. Er war 1949 Bundestagsabgeordneter, gab dies Amt aber bald zugunsten seiner Tätigkeit als Landtagsabgeordneter auf. 1952 trat er als Parteivorsitzender zurück, wurde Ehrenvorsitzender und übernahm das Amt 1953 erneut. 1954-57 war er stellvertretender Ministerpräsident Bayerns. In Folge der „Spielbankenaffäre" wurde Baumgartner mit einer Haftstrafe wegen Meineids belegt. Sein Nachfolger im Parteivorsitz wurde 1959 Joseph Panholzer.

*** **Jakob Fischbacher** (1888-1971) war vor 1933 im Oberbayerischen Christlichen Bauernverein u.a. als Direktor tätig und 1945-48 Direktor des Oberbayerischen Bauernverbands. Er gehörte zu den Gründungsmitgliedern der Bayernpartei im Chiemgau. Er war vier Jahre stellvertretender, sowie 1952/53 erster Parteivorsitzender. 1946 ins bayerische Vorparlament berufen, zog er anschließend in den Landtag ein, dessen Vizepräsident er 1950-60 war. 1960 machte ihn die BP zu ihrem Ehrenvorsitzenden.

*** **Anton Besold** (1904-1991) war Münchner Rechtsanwalt und 1941-45 Kriegsteilnehmer, zuletzt als Leutnant. Er gehörte der 1947 aufgelösten Bayerischen Königspartei an, war danach für die BP aktiv, zunächst als Münchner Stadtrat. 1950-53 war er Generalsekretär, anschließend kurzzeitig Landesvorsitzender der BP, die er 1954 wieder verließ. Besold wechselte 1955 zur CSU und gehörte 1955-61 dem CSU-Landesvorstand an. Er war Mitglied des Bundestages, 1949-53 für die Bayernpartei, 1957-69 für die CSU.

Deutsche Partei (DP)

*** **Heinrich Hellwege** (1908-1991) war vor dem Krieg u.a. als Kreisvorsitzender für die Deutsch-Hannoversche Partei aktiv. Danach engagierte er sich für die illegale Niedersächsische Freiheitsbewegung und die Bekennende Kirche. 1945 wurde der Im- und Exportkaufmann Mitbegründer und Vorsitzender des Direktoriums der Niedersächsischen Landespartei (NLP), seit 1946 ihr Vorsitzender. Er blieb es auch nach ihrer Umbenennung in DP bis 1961. Er war 1946-47 Landrat des Kreises Stade und seit 1947, mit Unterbrechung, bis 1963 Mitglied des niedersächsischen Landtags. Er gehörte zudem seit 1949 dem Deutschen Bundestag an und war 1949-55 Bundesminister für Angelegenheiten des Bundesrats. 1955-59 übte er das Amt des niedersächsischen Ministerpräsidenten aus. Hellwege trat 1961 von seinen DP-Ämtern zurück und wechselte zur CDU, die er 1979 wieder verließ.

*** **Herbert Schneider** (1915-1995) ging nach seinem Abitur 1935 zur Luftwaffe und war 1944/45 Generalstabshauptmann. Er trat 1946 der NLP bei, war 1947-62 Mitglied der Bremischen Bürgerschaft, 1951-61 Landesvorsitzender der DP in Bremen und 1952/53 Generalsekretär der Bundespartei. Er war 1953-61 Bundestagsabgeordneter, seit 1957 DP-Fraktionsvorsitzender und seit 1958 stellvertretender Parteivorsitzender. 1961 übernahm Schneider den ersten Vorsitz und war nach der Fusion der DP mit dem BHE zur Gesamtdeutschen Partei (GDP) einer der beiden Parteivorsitzenden. 1962 legte er alle Parteiämter nieder, wurde Geschäftsführer des Bundesverbandes der deutschen Luft- und Raumfahrtindustrie und wechselte 1967 zur CDU, die er 1969-72 als Bundestagsabgeordneter vertrat.

Deutsche Konservative Partei – Deutsche Rechtspartei (DKP-DRP)

*** **Wilhelm Jaeger** (1887-1949) vertrat die Deutschnationale Volkspartei (DNVP) 1924-28 im preußischen Landtag, 1930-33 im Reichstag. Er war Inhaber eines Textilgeschäfts sowie Mitglied und Spitzenfunktionär in mehreren Handelstagen und Berufsgenossenschaften. 1946 wurde er Schatzmeister der DKP-DRP; wenige Monate später wurde er Mitglied der der neuen kollektiven Parteileitung, was er bis 1949 blieb.

*** **Hermann Klingspor** (1885-1969) war 1920-24 Mitglied des Reichstages für die Deutsche Volkspartei (DVP). Der Papierfabrikant begründete die DKP 1945 in Siegen als Teil der Deutschen Aufbau-Partei (DAP) mit. Er war 1946-50 mit Unterbrechungen, vor allem wegen eines politischen Betätigungsverbots, an führender Stelle der DKP-DRP tätig. 1950 wechselte er zur Nationalen Rechten und 1954 zur FDP. Hier war er 1959-64 Vorsitzender des Bezirksverbandes Westfalen Süd und somit Mitglied des FDP-Landesvorstands in Nordrhein-Westfalen. Seit 1966 war er Ehrenvorsitzender des FDP-Kreisverbands Siegen.

*** **Fritz Rößler** (geb. 1912) war 1930 in die NSDAP eingetreten und wurde 1935 NS-Schulungsleiter und später sächsischer Gauhauptstellenleiter. Nach 1945 ging er unter dem falschen Namen Franz Richter in den niedersächsischen Schuldienst, aus dem er 1949 wegen rechtsextremistischer Äußerungen entlassen wurde. Er zog 1949 über die DKP-DRP in den ersten Bundestag ein und war nach ihrer Fusion mit Teilen der Nationaldemokratischen Partei (NDP) zur DRP 1950/51 Mitglied des Führungsdirektoriums. 1950 trat er nach seinem DRP-Ausschluss zur SRP über. 1952 wurde seine wahre Identität als Fritz Rößler enttarnt, und er wurde zu 18 Monaten Gefängnis verurteilt. 1953-57 war er auf internationalen faschistischen Kongressen aktiv.

Sozialistische Reichspartei (SRP)

*** **Fritz Dorls** (geb. 1910) war seit 1929 Mitglied der NSDAP, 1939-45 Soldat, danach interniert. Nach seiner Entlassung war er zunächst CDU-Mitglied und u.a. als Schriftleiter des CDU-Blatts „Niedersächsische Rundschau" tätig. 1949 begründete er die Gemeinschaft unabhängiger Deutscher (GuD) mit und kandidierte bei der Bundestagswahl 1949 für die DKP-DRP. Er wurde im selben Jahr aus der Partei ausgeschlossen und begründete noch am selben Tag die SRP mit, die er bis zu ihrem Verbot 1952 als Parteivorsitzender vertrat. Er verlor sein Bundestagsmandat, arbeitete für den Verfassungsschutz und wurde 1957 wegen Rädelsführerschaft einer verfassungsfeindlichen Organisation zu einer Gefängnisstrafe verurteilt.

Deutsche Reichspartei (DRP)

*** **Hans-Heinrich Scheffer** (geb. 1903) war bis 1945 Berufssoldat. Der ostfriesische Bauer war 1950-53 Parteivorsitzender der DRP, zur selben Zeit sowie 1957-60 Landesvorsitzender in Niedersachsen. Er trat zur 1962 gegründeten Deutschen Freiheits-Partei über, kandidierte 1965 vergeblich für die Aktionsgemeinschaft Unabhängiger Deutscher (AUD) für den Bundestag. 1969 verließ er die Partei, zu deren Bundesvorstand er 1967-69 als niedersächsischer AUD-Vorsitzender gehört hatte.

*** **Alexander Andrae** (1888-1979) war Generalstabsoffizier im Ersten Weltkrieg, danach im Polizeidienst und 1919-33 DVP-Abgeordneter in Potsdam. In der NS-Zeit war er Kommandant mehrerer Luftgaustäbe und bis 1943 (Besatzungs-) Kommandant von Kreta. Nach seiner Begnadigung als Kriegsverbrecher aus griechischer Gefangenschaft entlassen, gründete er 1953 den „Reichsblock" mit. 1953-55 war er Mitglied im DRP-Führungsdirektorium, 1956 schied er aus allen Parteifunktionen aus und beteiligte sich anschließend aktiv in mehreren neutralistischen Zirkeln.

*** **Wilhelm Meinberg** (1898-1973) war Kriegsfreiwilliger im Ersten Weltkrieg und trat 1919 dem „Völkischen Schutz- und Trutzbund" bei. 1923 initiierte er die Gründung einer Stahlhelm-Gruppe, die er 1929 in die NSDAP überführte. Seit 1932 war das SA-Mitglied Vertreter der NSDAP im preußischen Landtag und bis 1945 u.a. preußischer Staatsrat, Präsident des Reichslandbundes, Mitbegründer und Präsident des „Reichsnährstandes", Träger des „Goldenen Parteiabzeichens", SS-Brigadeführer, Reichshauptamtleiter der NSDAP. 1952 begründete er den „Reichsblock" mit, 1953-55 war er Vorsitzender des DRP-Führungsdirektoriums, 1955-60 alleiniger DRP-Vorsitzender (mit einmonatiger Unterbrechung 1957).

*** **Adolf von Thadden** (1921-1996) trat 1947 als früherer Soldat und Reichsarbeitsdienstler aus Pommern in die DKP-DRP ein. Er wurde Mitglied des niedersächsischen Landesvorstands und 1948-58 Ratsherr in Göttingen. 1949-53 vertrat er die Partei – zeitweise als Einziger – im Deutschen Bundestag, 1955-59 im niedersächsischen Landtag. 1961-64 war er Vorsitzender der DRP, 1953-55 bereits Mitglied im Führungsdirektorium und seit 1960 Vorsitzender in Niedersachsen. Er initiierte die Neuparteigründung der NPD und war 1964-67 stellvertretender, 1967-71 erster NPD-Parteivorsitzender und erneut drei Jahre im niedersächsischen Landtag vertreten. 1971 schied er aus dem Parteivorstand aus, 1975 verließ er die NPD und war als Chefredakteur der rechtsextremen „Deutschen Wochenzeitung" tätig.

Block der Heimatvertriebenen und Entrechteten (BHE)

*** **Waldemar Kraft** (1898-1977) war vor 1939 Landwirtschaftsfunktionär aus Posen, Vertreter der Interessen deutscher Bauern in Polen. 1940-45 war er Geschäftsführer der „Reichsgesellschaft für Landbewirtschaftung" in Berlin und seit 1943 NSDAP-Mitglied. 1950 gründete er den BHE, war bis 1954 erster Parteivorsitzender. Seit 1950 vertrat er den BHE im schleswig-holsteinischen Landtag als stellvertretender Ministerpräsident und Finanzminister. 1953 zog er in den Bundestag ein und amtierte bis 1956 als Bundesminister für besondere Aufgaben. 1955 verließ er den BHE und wechselte 1956 zur CDU, für die er bis 1961 Bundestagsabgeordneter blieb.

*** **Theodor Oberländer** (1905-1998) war 1923 Teilnehmer am Münchner Hitler-Putsch, seit 1933 NSDAP-Mitglied. Der Land- und Volkswirt erhielt Professuren in Danzig, Königsberg und Prag. 1940-43 war er Ostexperte bei der von der Wehrmacht aufgestellten Ukrainer-Einheit „Nachtigall". Nach 1945 heuerte er kurz bei der FDP an und kam 1950 zum BHE, für den er im selben Jahr bayerischer Landesvorsitzender und -parlamentarier wurde. 1953 zog er für den BHE in den Bundestag ein und war bis 1960 Bundesvertriebenenminister. 1954 übernahm er den Bundesvorsitz seiner Partei, die er 1955 wieder verließ, um zur CDU zu wechseln, für die er 1957-61 und als Nachrücker 1963-65 Bundestagsabgeordneter war. In der DDR wurde er (in Abwesenheit) wegen der Beteiligung an der Ermordung von Juden und Polen zu einer lebenslangen Zuchthaus-Strafe verurteilt; in der BRD wurden die Untersuchungen eingestellt. Oberländer blieb Mitglied in der rechtsextremen „Gesellschaft für freie Publizistik".

*** **Friedrich von Kessel** (1896-1975), schlesischer Gutsbesitzer, war vor 1933 Kreisvorsitzender der DNVP, während der NS-Zeit politisch nicht aktiv. 1950 begründete er den BHE in Niedersachsen mit und war dort bis 1956 Landesvorsitzender und 1951-57 Landesminister für Ernährung, Landwirtschaft und Forsten. Seit 1954 war er stellvertretender, 1955-58 Bundesvorsitzender des BHE. 1960 verließ er die Partei und wechselte zur CDU.

*** **Frank Seiboth** (1912-1994), sudetendeutscher Journalist und Mitglied der Sudetendeutschen Partei, wurde 1939 Gauleiter der NSDAP für Schulung und Leiter des NS-Schulungslagers im Sudetengebiet. Nach Kriegsende bis 1948 in der CSSR interniert, war er 1951-53 Chefredakteur des „Wegweisers für Heimatvertriebene" und 1953 Landesobmann der Sudetendeutschen Landsmannschaft. Bereits 1952 trat er dem BHE bei, den er 1953-57 im Bundestag, seit 1954 im Bundesvorstand vertrat. 1958-66 war er Mitglied im hessischen Landtag. 1958 wurde er Parteivorsitzender und nach der Gründung der GDP 1961/62 einer der beiden Bundesvorsitzenden. 1967 trat er zur SPD über.

Autoren

Dr. Frank Bösch, geboren 1969 in Lübeck, ist Juniorprofessor für Medienge-
schichte am Historischen Institut der Universität Bochum

Ina Brandes, geboren 1977 in Dortmund, arbeitet an einer Promotion über christdemokratische Parteien in Europa

Daniela Forkmann, geboren 1975 in Northeim, arbeitet an einer Promotion über
junge Generationen in der SPD

Prof. Dr. Peter Lösche, geboren 1939 in Berlin, ist Professor für Politikwissenschaft an der Universität Göttingen

Matthias Micus, geboren 1977 in Hannover, arbeitet an einer Promotion über
sozialdemokratische Parteien in Europa

Dr. Kay Müller, geboren 1973 in Hamburg, ist Politologe und arbeitet beim
Schleswig-Holsteinischen Zeitungsverlag

Anne-Kathrin Oeltzen, geboren 1974 in Bad Gandersheim, ist Stipendiatin der
Friedrich-Ebert-Stiftung und arbeitet an einer Promotion über die SPD in Ostdeutschland seit 1989

Saskia Richter, geboren 1978 in Gehrden, arbeitet an einer Promotion zur Gründungsgeschichte der Grünen

Michael Schlieben, geboren 1979 in Frankfurt a.M., arbeitet an einer Studie über
die CDU als Oppositionspartei

Prof. Dr. Franz Walter, geboren 1956 in Steinheim/Westfalen, ist Professor an
der Universität Göttingen und leitet die Arbeitsgruppe Parteienforschung

Namensregister

Neu im Programm
Politikwissenschaft

Arthur Benz (Hrsg.)

Governance – Regieren in komplexen Regelsystemen

Eine Einführung
2004. 240 S. Governance Bd. 1.
Br. EUR 24,90
ISBN 3-8100-3946-2

Governance: Ein Modebegriff oder ein sinnvolles wissenschaftliches Konzept? Das Buch erläutert das Konzept in unterschiedlichen Diskussionszusammenhängen und begründet seine Relevanz.

Jürgen Hartmann

Das politische System der Bundesrepublik Deutschland im Kontext

Eine Einführung
2004. 311 S. Br. EUR 21,90
ISBN 3-531-14113-9

Diese Einführung in das politische System der Bundesrepublik schildert den Parlamentarismus, den Bundesstaat, die Parteien, die Gesetzgebung und die politische Verwaltung, die Praxis der Koalitionsregierung und das Verfassungsgericht. Das Buch wählt eine vergleichende Perspektive, um diese tragenden Strukturen des politischen Systems zu beleuchten. Es skizziert die entsprechenden Strukturen in den Nachbarländern und in den USA. Das politische System wird immer stärker vom Umfeld der Europäischen Union bestimmt. Dem trägt das Buch mit einer komprimierten Darstellung der EU-Institutionen sowie mit einer Schilderung der wichtigsten Nahtstellen zwischen der deutschen und der europäischen Politik Rechnung.

Beate Kohler-Koch,
Thomas Conzelmann,
Michèle Knodt

Europäische Integration – Europäisches Regieren

2004. 348 S. Grundwissen Politik Bd. 34.
Geb. EUR 26,90
ISBN 3-8100-3543-2

In diesem Einführungsbuch stehen Entwicklung und Funktionsweise der Europäischen Union im Mittelpunkt. Die Exemplifizierung theoriegeleiteter Analyse soll dazu verhelfen, den sperrigen Gegenstand der europäischen Integration eigenständig zu erschließen. Dieses Einführungsbuch soll dazu dienen, die Entwicklung und Funktionsweise der Europäischen Union besser zu begreifen.
Die Autoren wählen eine theoriegeleitete Analyse der Entwicklung und Gestaltung europäischer Politik. Gleichzeitig gibt das Buch einen Überblick über unterschiedliche Theorieansätze und deren Anwendung auf konkrete Tätigkeitsbereiche und Strukturentwicklungen.

Erhältlich im Buchhandel oder beim Verlag.
Änderungen vorbehalten. Stand: Januar 2005.

www.vs-verlag.de

VS VERLAG FÜR SOZIALWISSENSCHAFTEN

Abraham-Lincoln-Straße 46
65189 Wiesbaden
Tel. 0611.7878-722
Fax 0611.7878-400

Neu im Programm
Politikwissenschaft

Kofi Annan

Die Vereinten Nationen im 21. Jahrhundert
Reden und Beiträge 1997 - 2003
Herausgegeben von Manuel Fröhlich.
2004. 298 S. Br. EUR 24,90
ISBN 3-531-13872-3

Klaus von Beyme

Das politische System der Bundesrepublik Deutschland
Eine Einführung
10. Aufl. 2004. 436 S. Br. EUR 19,90
ISBN 3-531-33426-3

Steffen Dagger / Christoph Greiner /
Kirsten Leinert / Nadine Meliß /
Anne Menzel (Hrsg.)

Politikberatung in Deutschland
Praxis und Perspektiven
2004. 223 S. Br. EUR 24,90
ISBN 3-531-14464-2

Bernhard Frevel / Berthold Dietz

Sozialpolitik kompakt
2004. 241 S. Br. EUR 16,90
ISBN 3-531-13873-1

Andreas Kießling

Die CSU
Machterhalt und Machterneuerung
2004. 380 S. Br. EUR 34,90
ISBN 3-531-14380-8

Herbert Obinger

Politik und Wirtschaftswachstum
Ein internationaler Vergleich
2004. 271 S. mit 16 Abb. und 48 Tab.
Br. EUR 29,90
ISBN 3-531-14342-5

Rudolf Schmidt

Die Türken, die Deutschen und Europa
Ein Beitrag zur Diskussion
in Deutschland
2004. 156 S. Br. EUR 21,90
ISBN 3-531-14379-4

Petra Stykow / Jürgen Beyer (Hrsg.)

Gesellschaft mit beschränkter Hoffnung
Reformfähigkeit und die Möglichkeit
rationaler Politik. Festschrift für
Helmut Wiesenthal
2004. 358 S. mit 3 Abb. und 20 Tab.
Br. EUR 49,90
ISBN 3-531-14039-6

Erhältlich im Buchhandel oder beim Verlag.
Änderungen vorbehalten. Stand: Januar 2005.

www.vs-verlag.de

VS VERLAG FÜR SOZIALWISSENSCHAFTEN

Abraham-Lincoln-Straße 46
65189 Wiesbaden
Tel. 0611.7878-722
Fax 0611.7878-400